Kompensationsgeschäfte im internationalen Marketing

Wirtschaftswissenschaftliche Beiträge

Band 1: Ch. Aignesberger, Die Innovationsbörse als Instrument zur Risikokapitalversorgung innovativer mittelständischer Unternehmen, XVIII/308 Seiten, 1987

Band 2: U. Neuerburg, Werbung im Privatfernsehen, XIII/302 Seiten, 1988

Band 3: J. Peters, Entwicklungsländerorientierte Internationalisierung von Industrieunternehmen, IX/155 Seiten, 1988

Band 4: G. Chaloupek, J. Lamel, J. Richter (Hrsg.), Bevölkerungsrückgang und Wirtschaft, VIII/470 Seiten, 1988

Band 5: P. J. J. Welfens, L. Balcerowicz (Hrsg.), Innovationsdynamik im Systemvergleich, XIX/446 Seiten, 1988

Band 6: K. Fischer, Oligopolistische Marktprozesse, XI/169 Seiten, 1988

Band 7: M. Laker, Das Mehrproduktunternehmen in einer sich ändernden unsicheren Umwelt, IX/209 Seiten, 1988

Band 8: I. von Bülow, Systemgrenzen im Management von Institutionen, XII/278 Seiten, 1989

Band 9: H. Neubauer, Lebenswegorientierte Planung technischer Systeme XII/171 Seiten, 1989

Band 10: P. M. Sälter, Externe Effekte: „Marktversagen" oder Systemmerkmal? VII/188 Seiten, 1989

Band 11: P. Ockenfels, Informationsbeschaffung auf homogenen Oligopolmärkten, X/163 Seiten, 1989

Band 12: O. Jacob, Aufgabenintegrierte Büroinformationssysteme, VII/177 Seiten, 1989

Band 13: J. Walter, Innovationsorientierte Umweltpolitik bei komplexen Umweltproblemen, IX/208 Seiten, 1989

Band 14: D. Bonneval, Kostenoptimale Verfahren in der statistischen Prozeßkontrolle, V/180 Seiten, 1989

Band 15: T. Rüdel, Kointegration und Fehlerkorrekturmodelle, VIII/138 Seiten, 1989

Band 16: K. Rentrup, Heinrich von Storch, das „Handbuch der Nationalwirthschaftslehre" und die Konzeption der „inneren Güter", X/146 Seiten, 1989

Band 17: M. A. Schöner: Überbetriebliche Vermögensbeteiligung, XVI/417 Seiten, 1989

Band 18: P. Haufs, DV-Controlling, IX/166 Seiten, 1989

Band 19: R. Völker, Innovationsentscheidungen und Marktstruktur, XI/221 Seiten, 1990

Band 20: P. Bollmann, Technischer Fortschritt und wirtschaftlicher Wandel, VIII/184 Seiten, 1990

Band 21: F. Hörmann, Das Automatisierte, Integrierte Rechnungswesen, XI/408 Seiten, 1990

Band 22: W. Böing, Interne Budgetierung im Krankenhaus, XIV/274 Seiten, 1990

Band 23: G. Nakhaeizadeh, K.-H. Vollmer (Hrsg.), Neuere Entwicklungen in der Angewandten Ökonometrie, X/248 Seiten, 1990

Band 24: T. Braun, Hedging mit fixen Termingeschäften und Optionen, VII/167 Seiten, 1990

Band 25: G. Inderst, P. Mooslechner, B. Unger, Das System der Sparförderung in Österreich, VIII/126 Seiten, 1990

Band 26: Th. Apolte, M. Kessler (Hrsg.), Regulierung und Deregulierung im Systemvergleich, XIII/313 Seiten, 1990

Band 27: J. Lamel, M. Mesch, J. Skolka (Hrsg.), Österreichs Außenhandel mit Dienstleistungen, X/335 Seiten, 1990

Band 28: I. Heinz, R. Klaaßen-Mielke, Krankheitskosten durch Luftverschmutzung, XVI/147 Seiten, 1990

Band 29: B. Kalkofen, Gleichgewichtsauswahl in strategischen Spielen, XIII/214 Seiten, 1990

Band 30: K. G. Grunert, Kognitive Strukturen in der Konsumforschung, X/290 Seiten, 1990

Band 31: S. Felder, Eine neo-österreichische Theorie des Vermögens, X/118 Seiten, 1990

Band 32: G. Uebe (Hrsg.), Zwei Festreden Joseph Langs, VII/116 Seiten, 1990

Band 33: U. Cantner, Technischer Fortschritt, neue Güter und internationaler Handel, XVI/289 Seiten, 1990

Band 34: W. Rosenthal, Der erweiterte Maskengenerator eines Software-Entwicklungs- Systems, XIV/275 Seiten, 1990

Band 35: U. Nessmayr, Die Kapitalsituation im Handwerk, XII/177 Seiten, 1990

Band 36: H. Wüster, Die sektorale Allokation von Arbeitskräften bei strukturellem Wandel, IV/148 Seiten, 1990

Band 37: R. Hammerschmid, Entwicklung technisch-wirtschaftlich optimierter regionaler Entsorgungsalternativen, X/239 Seiten, 1990

Band 38: P. Mitter, A. Wörgötter (Hrsg.), Austro-Keynesianismus, V/102 Seiten, 1990

Band 39: A. Katterl, K. Kratena, Reale Input-Output Tabelle und ökologischer Kreislauf, VIII/114 Seiten, 1990

Band 40: A. Gehrig, Strategischer Handel und seine Implikationen für Zollunionen, XII/174 Seiten, 1990

Band 41: G. Nakhaeizadeh, K.-H. Vollmer (Hrsg.), Anwendungsaspekte von Prognoseverfahren, IX/169 Seiten, 1991

Band 42: C. Fantapié Altobelli, Die Diffusion neuer Kommunikationstechniken in der Bundesrepublik Deutschland, XXIV/319 Seiten, 1991

Band 43: J. Richter, Aktualisierung und Prognose technischer Koeffizienten in gesamtwirtschaftlichen Input-Output Modellen, VII/376 Seiten, 1991

Band 44: E. Spranger, Expertensystem für Bilanzpolitik, VIII/228 Seiten, 1991

Band 45: F. Schneider, Corporate-Identity-orientierte Unternehmenspolitik, XXI/295 Seiten, 1991

Band 46: B. Gygi, Internationale Organisationen aus der Sicht der Neuen Politischen Ökonomie, XI/258 Seiten, 1991

Band 47: L. Hennicke, Wissensbasierte Erweiterung der Netzplantechnik, VII/194 Seiten, 1991

Band 48: T. Knappe, DV-Konzepte operativer Früherkennungssysteme, VII/176 Seiten, 1991

Band 49: P. Welzel, Strategische Handelspolitik, XIII/207 Seiten, 1991

Band 50: H. Wiethoff, Risk Management auf spekulativen Märkten, XIV/202 Seiten, 1991

Band 51: R. Riedl, Strategische Planung von Informationssystemen, XII/227 Seiten, 1991

Band 52: K. Sandmann, Arbitrage und die Bewertung von Zinssatzoptionen, VIII/172 Seiten, 1991

Band 53: P. Engelke, Integration von Forschung und Entwicklung in die unternehmerische Planung und Steuerung, XVII/352 Seiten, 1991

Band 54: F. Blumberg, Wissensbasierte Systeme in Produktionsplanung und -steuerung, XVII/268 Seiten, 1991

Fortsetzung auf Seite 369

Claudia Fantapié Altobelli

Kompensations-geschäfte im internationalen Marketing

Eine Analyse von Handelsformen auf Gegenseitigkeit und Möglichkeiten zu ihrer optimalen Gestaltung

Mit 40 Abbildungen und 32 Tabellen

Physica-Verlag
Ein Unternehmen
des Springer-Verlags

Reihenherausgeber
Werner A. Müller

Autor
Priv.-Doz. Dr. habil. Claudia Fantapié Altobelli
Universität der Bundeswehr Hamburg
Fachbereich WOW
Institut für Marketing
Holstenhofweg 85
D-22043 Hamburg

ISBN 978-3-7908-0801-8 ISBN 978-3-642-51528-6 (eBook)
DOI 10.1007/978-3-642-51528-6

CIP-Titelaufnahme der Deutschen Bibliothek
Fantapié Altobelli, Claudia:
Kompensationsgeschäfte im internationalen Marketing : eine Analyse von Handelsformen auf Gegenseitigkeit und Möglichkeiten zu ihrer optimalen Gestaltung / Claudia Fantapié Altobelli. - Heidelberg : Physica-Verl., 1994
(Wirtschaftswissenschaftliche Beiträge ; Bd. 104)

NE: GT

88/2202-543210 - Gedruckt auf säurefreiem Papier

Vorwort

Vor dem Hintergrund der Verschuldungskrise vieler Entwicklungsländer und der dramatischen wirtschaftlichen Situation in den meisten osteuropäischen Reformstaaten haben Kompensationsgeschäfte (Countertrade) an Bedeutung gewonnen. Die chronische Devisenknappheit dieser Länder hat zur Folge, daß notwendige Importe auf herkömmlichem Wege nicht mehr finanziert werden können; aus diesem Grunde werden Importgeschäfte zunehmend an die Bedingung geknüpft, daß vom Exporteur im Gegenzug Waren oder Dienstleistungen abgenommen werden. Auf diese Weise fließen Devisen ins Land, welche zur Bezahlung der getätigten Importe verwendet werden können. Darüber hinaus kann mittels eines Kompensationsgeschäfts die heimische Industrie gefördert sowie die Absatzorganisation des - i. d. R. westlichen - Partners genutzt werden. Mittlerweile fordern aber auch hochentwickelte Industrienationen zunehmend Kompensation, insbesondere für militärische und zivile Großprojekte; insofern ist der Kompensationshandel in einer modernen Wirtschaft nicht mehr wegzudenken.

Trotz der großen Bedeutung des Kompensationshandels betrachten westliche Firmen, die mit Kompensationsforderungen konfrontiert werden, solche Geschäfte eher als ein notwendiges Übel zur Erlangung von Aufträgen und nicht als Chance und als Quelle von Wettbewerbsvorteilen. Diese reaktive Einstellung hat zur Folge, daß Kompensationsgeschäfte nicht als aktives Marketing-Instrument eingesetzt und einer bewußten Planung unterworfen werden, sondern vielfach das Ergebnis von ad-hoc-Entscheidungen darstellen.

Trotz der Fülle an - insbesondere praxisorientierten - Veröffentlichungen zum Problembereich "Kompensationsgeschäfte" fehlt bislang eine umfassende, theoretisch ausgerichtete und methodisch fundierte Untersuchung über diese Thematik. In der vorliegenden Arbeit wird diese Problematik zum Anlaß genommen, auf der Basis der Erfahrungen und Erfordernisse der Praxis ein Konzept zu entwickeln, welches sowohl einem westlichen Anbieter als auch einem ausländischen Nachfrager eine optimale Angebotspolitik bei internationalen Kompensationsgeschäften ermöglicht. Ausgehend von der Bedeutung und der Handhabung von Kompensationsgeschäften in der betrieblichen Praxis wird gezeigt, auf welche Weise sowohl der ausländische Nachfrager als auch der westliche Anbieter für die verschiedenen Teilentscheidungen im Rahmen internationaler Kompensationsgeschäfte optimale Verhaltensweisen ermitteln können. Aufgrund der herausragenden Bedeutung der Preisfindung bei internationalen Kompensationsgeschäften wird dieser Entscheidungssituation ein gesonderter Teil gewidmet. Die methodische Vorgehensweise wird anschließend anhand eines umfassenden Beispiels demonstriert.

Die vorliegende Arbeit wurde von der wirtschaftswissenschaftlichen Fakultät der Universität Tübingen als Habilitationsschrift angenommen. Mein besonderer Dank gilt meinem akademischen Lehrer, Herrn Prof. Dr. Ralph Berndt, für seine hervorragende wissenschaftliche Betreuung und seine unermüdliche Unterstützung in jeder Phase der Entstehung dieser Arbeit. Zu Dank verpflichtet bin ich auch Herrn Prof. Dr. Franz Xaver Bea für die bereitwillige Übernahme der Zweitberichterstattung. Mein Dank gilt ferner dem Dekan der Wirtschaftswissenschaftlichen Fakultät, Herrn Prof. Dr. Ralf Ewert, wie auch allen Mitgliedern der Fakultät für die zügige Abwicklung des Habilitationsverfahrens. Dank schulde ich auch meinen Kollegen, Herrn Dr. Matthias Stelzer, Herrn Dr. Jürgen Mengele, Herrn Dr. Matthias Sander und Herrn Dipl. -Kfm. Michael Streich für die kritischen Diskussionen und die zahlreichen Verbesserungsvorschläge während der Entstehung dieser Arbeit.

Eine praktische Fundierung dieser Arbeit wäre ohne die Unterstützung durch die Praxis nicht möglich gewesen. Den vielen Vertretern aus Industrie und Handel, welche sich die Zeit für lange persönliche Gepräche genommen haben, gebührt mein herzlicher Dank. Danken möchte ich schließlich Herrn Dr. Peter Schuster, stellvertretender Verlagsleiter des Physica-Verlags, für die reibungslose Zusammenarbeit bei der Drucklegung der Arbeit.

Tübingen, im Mai 1994 Claudia Fantapié Altobelli

Inhaltsverzeichnis

Abbildungsverzeichnis XV

Tabellenverzeichnis XVIII

Abkürzungsverzeichnis XX

1. Teil: Einführung 1

A. Problemstellung 1

B. Gang der Untersuchung 2

2. Teil: Kompensationsgeschäfte als Instrument des Internationalen Marketing 5

A. Systematik und Charakterisierung von Kompensationsgeschäften 5

I. Zum Begriff "Kompensationsgeschäft" 5

II. Klassifikation von Kompensationsgeschäften 6

III. Darstellung ausgewählter Formen von Kompensationsgeschäften 9

1. Handelskompensation 9

a. Das klassische Bartergeschäft 9

b. Kompensationsgeschäfte i. e. S. 11

c. Parallelgeschäfte 12

d. Junktimgeschäfte 14

2. Industriekompensation 15

a. Buy-back-Geschäfte 15

b. Offset-Geschäfte 18

3. Finanzkompensation 21

a. Clearing-Geschäfte 21

b. Switch-Geschäfte 22

B. Die Bedeutung von Kompensationsgeschäften im Außenhandel 22
I. Der Stellenwert von Kompensationsgeschäften im Welthandel 22
II. Die Bedeutung des Kompensationshandels nach Ländergruppen 25
1. Industrieländer 25
2. Osteuropäische Länder 27
3. Schwellenländer 28
4. Entwicklungsländer 30
III. Die Sichtweise der internationalen Organisationen 31

C. Kompensationsgeschäfte in der Praxis deutscher Unternehmen 32
I. Überblick 32
II. Die bisherigen Erfahrungen deutscher Unternehmen mit Kompensationsgeschäften 33
1. Teilnahme an Kompensationsgeschäften 33
2. Motive für die Teilnahme an Kompensationsgeschäften 34
3. Realisierte Formen von Kompensationsgeschäften 36
4. Regionale Verteilung von Kompensationsgeschäften 37
5. Art und Verwendung der Gegenwaren 38
6. Geforderte Kompensationsquoten 41
7. Kompensationsspezifische Kosten 42
8. Geforderte Preise für Haupt- und Gegenleistung 44
9. Fehlerquellen und Probleme bei Kompensationsgeschäften 45
III. Organisatorische Aspekte bei der Abwicklung von Kompensationsgeschäften 46
1. Überblick 46
2. Möglichkeiten und Grenzen der organisatorischen Einbindung von Kompensationsgeschäften in das Unternehmen 47
a. Abwicklung innerhalb der bestehenden Organisationsstruktur 47
b. Neuausrichtung der Unternehmensorganisation auf die Erfordernisse von Kompensationsgeschäften 49

3. Teil: Die Planung internationaler Kompensationsgeschäfte 55
A. Überblick über Aktionsparameter und Handlungsalternativen von Kompensationsgeschäften 55

I. Der allgemeine Ablauf eines Kompensationsgeschäfts 55

II. Entscheidungen im Vorfeld eines Kompensationsgeschäfts 57

1. Die Entscheidung über die Durchführung eines Kompensationsgeschäfts 57

2. Die Wahl der Kompensationspartner 58

III. Die Gestaltung des Kompensationsvertrags 59

1. Überblick 59

2. Die Festlegung von Art und Menge der ausgetauschten Güter 61

3. Die Festlegung der Kompensationsquote 62

4. Die Entscheidung über die zu fordernden Preise 62

5. Die Vereinbarung der Liefertermine 63

6. Transferklausel, Anrechnung und Destination 64

7. Pönale 64

B. Die Planung eines Kompensationsgeschäfts aus der Sicht des ausländischen Nachfragers 66

I. Die Entscheidungssituation des ausländischen Nachfragers bei internationalen Kompensationsgeschäften 66

1. Mit Kompensationsgeschäften verfolgte Ziele 66

a. Überblick 66

b. Finanzpolitische Ziele 67

c. Beschaffungspolitische Ziele 70

d. Absatzpolitische Ziele 71

e. Wirtschaftspolitische Ziele 72

f. Sonstige Ziele 74

2. Entscheidungsrelevante Daten 75

a. Unternehmensexterne Faktoren 76

b. Unternehmensinterne Faktoren 77

II. Die Grundsatzentscheidung über die Durchführung eines Kompensationsgeschäfts 78

1. Die Wahl des Vergabeverfahrens als Grundlage für die Ermittlung der Vorteilhaftigkeit eines Kompensationsgeschäfts 79

a. Die Vergabeverfahren im Überblick 79

b. Die Entscheidung über das Vergabeverfahren ... 81

2. Die Ermittlung der Vorteilhaftigkeit eines Kompensationsgeschäfts ... 81

a. Der Planungsprozeß zur Ermittlung der Vorteilhaftigkeit eines Kompensationsgeschäfts ... 81

b. Methodische Vorgehensweise zur Entscheidungsfindung ... 84

aa. Ziele ... 84

bb. Umweltanalyse ... 84

cc. Stärken-Schwächen-Analyse ... 87

dd. Wirtschaftlichkeitsanalyse ... 89

(1) Die Entscheidungssituation im Rahmen der Wirtschaftlichkeitsanalyse ... 89

(2) Die Ermittlung der Wirtschaftlichkeit eines Kompensationsgeschäfts ... 92

III. Die Entscheidung über die Art des Kompensationsgeschäfts ... 107

1. Entscheidungsfindung bei einmaligen Handelstransaktionen ... 107

2. Entscheidungsfindung bei industriellen Großprojekten ... 113

IV. Die Wahl der Geschäftspartner ... 122

1. Die Vorauswahl der Geschäftspartner bei beschränkten Ausschreibungen und freihändigen Vergaben ... 122

a. Grundlagen ... 122

b. Die Herleitung entscheidungsrelevanter Kriterien ... 123

c. Die Erstellung des Beschaffungs- und des Absatzportfolios ... 127

d. Die Erstellung des Gesamtportfolios und die Vorauswahl der Geschäftspartner ... 132

2. Die Feinauswahl der Geschäftspartner und die Auftragsvergabe ... 133

C. Die Planung eines Kompensationsgeschäfts aus der Sicht des westlichen Anbieters ... 138

I. Die Entscheidungssituation des westlichen Anbieters bei internationalen Kompensationsgeschäften ... 138

1. Mit Kompensationsgeschäften verfolgte Ziele ... 138

a. Finanzpolitische Ziele ... 138

b. Beschaffungspolitische Ziele ... 139

c. Absatzpolitische Ziele 139
d. Wirtschaftspolitische Ziele 140
2. Entscheidungsrelevante Daten 140
a. Unternehmensexterne Faktoren 140
b. Unternehmensinterne Faktoren 142
3. Strategien und Handlungsalternativen im Rahmen von internationalen Kompensationsgeschäften 144
II. Die Grundsatzentscheidung über die Teilnahme an Kompensationsgeschäften 145
1. Der Planungsprozeß zur Entscheidung über die Teilnahme an Kompensationsgeschäften 145
2. Methodische Vorgehensweise zur Entscheidungsfindung 146
a. Ziele 146
b. Umweltanalyse 149
c. Stärken-Schwächen-Analyse 152
III. Die Wahl der Geschäftspartner 156
1. Planungsphasen im Rahmen der Wahl der Geschäftspartner 156
2. Die Vorauswahl der in Frage kommenden Länder 157
a. Die Herleitung entscheidungsrelevanter Kriterien 157
b. Ländersegmentierung und Länderselektion 159
3. Die Grobauswahl der zu bearbeitenden Anfragen 161
a. Grundlagen 161
b. Die Herleitung entscheidungsrelevanter Kriterien 162
c. Die Erstellung des Beschaffungs- und des Absatzportfolios 166
d. Die Erstellung des Gesamtportfolios und die Vorauswahl der zu bearbeitenden Anfragen 169
4. Die Feinauswahl der zu bearbeitenden Anfragen 171
a. Die Entscheidung zwischen Eigen- und Fremdkompensation als Grundlage der Feinauswahl 172
aa. Die allgemeine Entscheidungssituation bei der Wahl zwischen Eigen- und Fremdkompensation 172
bb. Die Entscheidung zwischen Eigen- und Fremdkompensation bei Möglichkeit der Verwendung der Gegenwaren im eigenen Produktionsprozeß 174

cc. Die Entscheidung zwischen Eigen- und Fremdkompensation bei Möglichkeit der Aufnahme der Gegenwaren in das eigene Absatzprogramm 186

(1) Die Ausgangssituation bei Möglichkeit der Aufnahme der Gegenwaren in das eigene Absatzprogramm 186

(2) Entscheidungsfindung bei nicht im Absatzprogramm enthaltenen Gegenwaren 188

(3) Entscheidungsfindung bei bereits im Absatzprogramm enthaltenen Gegenwaren 194

b. Wirtschaftlichkeitsanalyse 206

(1) Wirtschaftlichkeitsanalyse bei einmaligen Handelstransaktionen 208

(2) Wirtschaftlichkeitsanalyse bei industriellen Großprojekten 214

IV. Die Entscheidung über die Art des Kompensationsgeschäfts 225

1. Entscheidungsfindung bei einmaligen Handelstransaktionen 225

2. Entscheidungsfindung bei industriellen Großprojekten 227

4. Teil: Die Preisfindung als zentrales Problem bei der Planung internationaler Kompensationsgeschäfte 231

A. Überblick 231

B. Praktikermethoden zur Preisfindung bei internationalen Kompensationsgeschäften 233

I. Kostenorientierte Preisbestimmung 233

II. Konkurrenzorientierte Preisbestimmung 240

III. Nachfrageorientierte Preisbestimmung 242

IV. Nutzenorientierte Preisbestimmung 245

1. Nutzenorientierte Preisbestimmung auf der Grundlage von Leistungsmerkmalen 246

2. Nutzenorientierte Preisbestimmung auf der Basis ökonomischer Größen 251

C. Optimierungsmodelle zur Preisfindung bei internationalen Kompensationsgeschäften 254

I. Optimale Preispolitik bei freihändigen Vergaben 254

1. Die Besonderheiten von Kompensationsgeschäften bei freihändigen Vergaben 254

2. Optimale Preispolitik bei Parallelgeschäften 255

a. Optimale Preispolitik bei bekannter Kompensationsquote 256

aa. Entscheidungsfindung bei vorgegebenen Preisen für die Gegenwaren 256

bb. Entscheidungsfindung bei noch zu bestimmenden Preisen für die Gegenwaren 258

b. Optimale Preispolitik bei unbekannter Kompensationsquote 266

aa. Entscheidungsfindung bei vorgegebenen Preisen für die Gegenwaren 266

bb. Entscheidungsfindung bei noch zu bestimmenden Preisen für die Gegenwaren 270

3. Optimale Preispolitik bei Offset-Geschäften 274

a. Optimale Preispolitik bei bekannter Kompensationsquote 275

aa. Entscheidungsfindung bei vorgegebenen Preisen für die Gegenwaren 275

bb. Entscheidungsfindung bei noch zu bestimmenden Preisen für die Gegenwaren 278

b. Optimale Preispolitik bei unbekannter Kompensationsquote 285

aa. Entscheidungsfindung bei vorgegebenen Preisen für die Gegenwaren 285

bb. Entscheidungsfindung bei noch zu bestimmenden Preisen für die Gegenwaren 287

II. Optimale Preispolitik bei Ausschreibungen 289

1. Die Besonderheiten von Kompensationsgeschäften bei Ausschreibungen 289

2. Optimale Preispolitik bei Parallelgeschäften 292

a. Optimale Preispolitik bei bekannter Kompensationsquote 292

aa. Entscheidungsfindung bei vorgegebenen Preisen für die Gegenwaren 292

bb. Entscheidungsfindung bei noch zu bestimmenden Preisen für die Gegenwaren 299

b. Optimale Preispolitik bei unbekannter Kompensationsquote 302

aa. Entscheidungsfindung bei vorgegebenen Preisen für die Gegenwaren 303

bb. Entscheidungsfindung bei noch zu bestimmenden Preisen für die Gegenwaren 305

3. Optimale Preispolitik bei Offset-Geschäften ... 307
a. Optimale Preispolitik bei bekannter Kompensationsquote ... 308
aa. Entscheidungsfindung bei vorgegebenen Preisen für die Gegenwaren ... 308
bb. Entscheidungsfindung bei noch zu bestimmenden Preisen für die Gegenwaren ... 312
b. Optimale Preispolitik bei unbekannter Kompensationsquote ... 313
aa. Entscheidungsfindung bei vorgegebenen Preisen für die Gegenwaren ... 313
bb. Entscheidungsfindung bei noch zu bestimmenden Preisen für die Gegenwaren ... 315

5. Teil: Ein zusammenfassendes Beispiel zur simultanen Entscheidung über die optimale Preisforderung und die optimale Verwendung der Gegenwaren bei internationalen Kompensationsgeschäften ... 317

A. Die Entscheidungssituation ... 317
B. Die Entscheidung über die optimalen Warenkörbe bei Eigen- und Fremdkompensation ... 321
C. Die Ermittlung der optimalen Preisforderung und die Entscheidung zwischen Eigen- und Fremdkompensation ... 330

6. Teil: Zusammenfassung und Ausblick ... 342

Anhang: Interviewerleitfaden ... 345

Literaturverzeichnis ... 349

Verzeichnis der durchgeführten Gespräche ... 368

Abbildungsverzeichnis

Abb. 2.1: Unterscheidungsmerkmale von Kompensationsgeschäften ... 7

Abb. 2.2: Arten von Kompensationsgeschäften ... 9

Abb. 2.3: Das klassische Bartergeschäft ... 10

Abb. 2.4: Kompensation i. e. S. ... 12

Abb. 2.5: Parallelgeschäft ... 13

Abb. 2.6: Junktimgeschäft ... 15

Abb. 2.7: Buy-back-Geschäft ... 16

Abb. 2.8: Offset-Geschäft ... 19

Abb. 2.9: Bilaterales Clearing-Abkommen ... 21

Abb. 2.10: Countertrade-Abteilung und Countertrade-Teams in einer Spartenorganisation ... 52

Abb. 2.11: Countertrade-Abteilung und Countertrade-Teams in einer funktionalen Organisation ... 52

Abb. 3.1: Der allgemeine Ablauf eines Kompensationsgeschäfts ... 56

Abb. 3.2: Der Vertragskomplex bei Kompensationsgeschäften ... 60

Abb. 3.3: Die Entscheidung über die Durchführung eines Kompensationsgeschäfts aus der Sicht des ausländischen Nachfragers ... 83

Abb. 3.4: Ausgangssituationen im Rahmen der Wirtschaftlichkeitsanalyse aus der Sicht des ausländischen Nachfragers ... 93

Abb. 3.5: Beschaffungsportfolio des ausländischen Nachfragers ... 129

Abb. 3.6: Absatzportfolio des ausländischen Nachfragers ... 131

Abb. 3.7: Gesamtportfolio zur Wahl der Geschäftspartner aus der Sicht des ausländischen Nachfragers ... 133

Abb. 3.8: Die Entscheidung über die Durchführung eines Kompensationsgeschäfts aus der Sicht des westlichen Anbieters 147

Abb. 3.9: Portfolio-Matrix zur Länderselektion bei Kompensationsgeschäften 160

Abb. 3.10: Beschaffungsportfolio des westlichen Anbieters 167

Abb. 3.11: Absatzportfolio des westlichen Anbieters 168

Abb. 3.12: Gesamtportfolio zur Wahl der Geschäftspartner aus der Sicht des westlichen Anbieters 170

Abb. 3.13: Ausgangssituationen im Rahmen der Entscheidung zwischen Eigen- und Fremdkompensation 173

Abb. 3.14: Ausgangssituationen im Rahmen der Wirtschaftlichkeitsanalyse aus der Sicht des westlichen Anbieters 207

Abb. 4.1: Ermittlung der Ausgangspreisforderung bei Grobprojektierung 235

Abb. 4.2: Hierarchische Strukturierung einer Anlage 236

Abb. 4.3: Subjektiv geschätzter, vorgetäuschter und tatsächlicher Verhandlungsbereich 245

Abb. 4.4: Gewinne der beteiligten Geschäftspartner in Abhängigkeit des Gegenwaren-Preises 265

Abb. 4.5: Geforderte, vertraglich vereinbarte und realisierte Kompensationsquoten am Beispiel der ehemaligen Sowjetunion und der ehemaligen DDR 267

Abb. 4.6: Entscheidungsbaum zur Ermittlung der optimalen Preisforderung bei freihändigen Vergaben bei unbekannter Kompensationsquote und bekannten Gegenwaren-Preisen 269

Abb. 4.7: Entscheidungsbaum zur Ermittlung der optimalen Preisforderung bei freihändigen Vergaben bei unbekannter Kompensationsquote und unbekannten Gegenwaren-Preisen 273

Abb. 4.8: Der allgemeine Ablauf eines Competitive-Bidding-Modells zur Bestimmung der Preisforderung des westlichen Anbieters unter Berücksichtigung eines Kompensationsgeschäfts 295

Abb. 4.9: Ermittlung der Erfolgswahrscheinlichkeit gegenüber den einzelnen Konkurrenten 298

Abb. 4.10: Entscheidungsbaum zur Ermittlung der optimalen Preisforderung bei Ausschreibungen bei bekannter Kompensationsquote und bekannten Gegenwaren-Preisen 299

Abb. 4.11: Entscheidungsbaum zur Ermittlung der optimalen Preisforderung bei Ausschreibungen bei bekannter Kompensationsquote und unbekannten Gegenwaren-Preisen 301

Abb. 4.12: Entscheidungsbaum zur Ermittlung der optimalen Preisforderung bei Ausschreibungen bei unbekannter Kompensationsquote und bekannten Gegenwaren-Preisen 304

Abb. 4.13: Entscheidungsbaum zur Ermittlung der optimalen Preisforderung bei Ausschreibungen bei unbekannter Kompensationsquote und unbekannten Gegenwaren-Preisen 306

Abb. 5.1: Gewinne, Zuschlagswahrscheinlichkeiten und bedingte Gewinnerwartungswerte bei alternativen eigenen Gesamtangeboten des westlichen Anbieters 338

Abb. 5.2: Entscheidungsbaum zur simultanen Bestimmung der optimalen Preisforderung für die Hauptleistung und der optimalen Verwendung der Gegenwaren für den westlichen Anbieter 340

Tabellenverzeichnis

Tab. 2.1: Wichtigste Merkmale der einzelnen Formen von Kompensationsgeschäften im Überblick 23

Tab. 2.2: Anteil von Kompensationsgeschäften am Welthandel (in Prozent) 24

Tab. 2.3: Anteil von Kompensationsgeschäften am Ost-West-Handel (in Prozent) 27

Tab. 2.4: Kompensationsgeschäfte nach Branchen (in Prozent) 34

Tab. 2.5: Realisierte Formen von Kompensationsgeschäften (in Prozent der an Kompensationsgeschäften beteiligten Unternehmen) 37

Tab. 2.6: Regionale Verteilung von Kompensationsgeschäften 38

Tab. 2.7: Art der Gegenwaren 39

Tab. 2.8: Verwendung der Gegenwaren 40

Tab. 2.9: Vergleichende Beurteilung des Cost-Center und des Profit-Center-Konzepts zur Führung einer Countertrade-Abteilung 53

Tab. 3.1: Durch Kompensationsgeschäfte verfolgte Ziele nach Ländergruppen 68

Tab. 3.2: Matrix zur Bewertung der Lieferantenattraktivität 128

Tab. 3.3: Matrix zur Bewertung der Wettbewerbsposition gegenüber dem Lieferanten 129

Tab. 3.4: Matrix zur Bewertung der Abnehmerattraktivität 130

Tab. 3.5: Matrix zur Bewertung der Verhandlungsposition gegenüber dem Abnehmer 131

Tab. 3.6: Netto-Anschaffungsauszahlungen bei unterschiedlichen Formen von Kompensationsgeschäften bei einmaligen Handelstransaktionen 135

Tab. 3.7: Netto-Anschaffungsauszahlungen bei unterschiedlichen Formen von Kompensationsgeschäften bei industriellen Großprojekten 136

Tab. 3.8: Beispielhafte Bewertung der Umweltsituation 153

Tab. 3.9: Beispielhafte Bewertung der kompensationsspezifischen Stärken und Schwächen 156

Tab. 3.10: Zusätzliche Gewinne bei einmaligen Handelstransaktionen bei alternativer Verwendung der Gegenwaren 212

Tab. 3.11: Zusätzliche Kapitalwerte bei Buy-back-Geschäften bei alternativer Verwendung der Gegenwaren 221

Tab. 3.12: Zusätzliche Kapitalwerte bei indirekten Offset-Geschäften bei alternativer Verwendung der Gegenwaren 222

Tab. 4.1: Vertragstypen bei freihändigen Individualtransaktionen auf der Basis von Kostenpreisen 238

Tab. 4.2: Bedingte Eintrittswahrscheinlichkeiten des Gegenwaren-Preisniveaus in Abhängigkeit der eigenen Preisforderung 272

Tab. 5.1: Erzielbare Gewinne des westlichen Anbieters bei Eigen- bzw. Fremdkompensation und einer eigenen Preisforderung in Höhe von 2.500.000 324

Tab. 5.2: Erzielbare Gewinne des westlichen Anbieters bei Eigen- bzw. Fremdkompensation und einer eigenen Preisforderung in Höhe von 2.750.000 325

Tab. 5.3: Erzielbare Gewinne des westlichen Anbieters bei Eigen- bzw. Fremdkompensation und einer eigenen Preisforderung in Höhe von 3.000.000 326

Tab. 5.4: Mögliche Ergebnisse aus dem Kompensationsgeschäft für den westlichen Anbieter und für den ausländischen Nachfrager 331

Tab. 5.5: Absolute Häufigkeiten der relativen Konkurrenzpreisforderungen bei vergangenen Ausschreibungen 332

Tab. 5.6: Wahrscheinlichkeitsverteilung der absoluten Konkurrenzpreisforderungen bei der aktuellen Ausschreibung 333

Tab. 5.7: Bedingte Wahrscheinlichkeiten der einzelnen Gegengeschäftsangebote der Konkurrenten bei alternativen Preisforderungen für die Hauptleistung 334

Tab. 5.8: Gemeinsame Wahrscheinlichkeiten der einzelnen Gegengeschäftsangebote und Preisforderungen für die Hauptleistung der Konkurrenten 335

Tab. 5.9: Erfolgswahrscheinlichkeiten gegenüber den einzelnen Konkurrenten und Zuschlagswahrscheinlichkeiten bei alternativen eigenen Gesamtangeboten des westlichen Anbieters 337

Abkürzungsverzeichnis

ASEAN	Association of South-East Asian Nations
COCOM	Coordinating Committee for East-West-Trade Policy
COMECON	Council for Mutual Economic Assistance (ó RGW)
EG	Europäische Gemeinschaft
EIU	The Economist Intelligence Unit
FAZ	Frankfurter Allgemine Zeitung
GATT	General Agreement on Tariffs and Trade
GUS	Gemeinschaft unabhängiger Staaten
IMF	International Monetary Fund (ó IWF)
IWF	Internationaler Währungs-Fonds
LSP	Leitsätze für die Ermittlung von Preisen auf Grund von Selbstkosten
NATO	North Atlantic Treaty Organization
OECD	Organisation for Economic Co-operation and Development
OPEC	Oil Producing and Exporting Countries
RGW	Rat für gegenseitige Wirtschaftshilfe
UNCTAD	United Nations Conference on Trade and Development
UNESCO	United Nations Economic and Social Council
WiSt	Wirtschaftswissenschaftliches Studium
WISU	Das Wirtschaftsstudium
ZfB	Zeitschrift für Betriebswirtschaft

ZfbF	Zeitschrift für betriebswirtschaftliche Forschung
ZfhF	Zeitschrift für handelswissenschaftliche Forschung
ZFP	Zeitschrift für Forschung und Praxis

1. Teil: Einführung

A. Problemstellung

In den letzten Jahren findet man in der Presse zunehmend Hinweise auf Kompensationsgeschäfte. Zum Teil handelt es sich um Abschlüsse von hohem Auftragswert: Paradebeispiel ist das in den siebziger Jahren abgeschlossene Erdgas-Röhren-Geschäft zwischen einer Vielzahl westlicher Firmen und der Sowjetunion, im Rahmen dessen der Wert der vom Westen gelieferten Ausrüstung insgesamt 10 Mrd. DM betrug.

Die **Ursachen** für die Zunahme des Kompensationshandels sind dabei vielfältiger Natur. Der Zerfall des Bretton-Woods-Systems von fixen Wechselkursen brachte für alle im Kompensationshandel involvierten Ländergruppen ein steigendes Währungsrisiko mit sich (vgl. *Jalloh*, 1990, S. 26 f.). Weitere Konsequenzen gingen von der Ölpreiserhöhung in den Jahren 1971 bis 1974 aus, welche bei ölimportierenden Ländern Leistungsbilanzdefizite verursachte. Die nachfolgende Rezession bewirkte auf den Rohstoffmärkten fallende Preise und damit für die ölimportierenden Entwicklungsländer geringere Einnahmen. Gleichzeitig weiteten die Banken ihr Kreditgeschäft mit den wirtschaftliches Wachstum versprechenden Schwellenländern wie Mexiko und Brasilien aus, wobei für die Kreditgewährung Marktkonditionen - und nicht etwa günstigere Konditionen - vereinbart wurden. Dies führte zu einer Verschuldungskrise vieler Schwellenländer, die durch die Verdoppelung der Ölpreise 1979/80 und durch den Anstieg der US-Zinsen schließlich in der Zahlungsunfähigkeit Mexikos gipfelte. Zusätzlich zogen sich dann viele Banken aus dem Kreditgeschäft mit Entwicklungsländern zurück und lösten dort eine Liquiditätskrise aus. Verschärft wurde die Situation 1985/86 durch den Ölpreisverfall, wodurch nun auch die ölexportierenden Entwicklungsländer in Zahlungsschwierigkeiten gerieten.

Eine weitere Ursache für die Zunahme von Kompensationsgeschäften in jüngster Zeit ist die politische und wirtschaftliche Umwälzung in Osteuropa mit dem schwierigen Übergang von der Plan- zur Marktwirtschaft. Die derzeitige Devisenknappheit aller osteuropäischen Länder führt dazu, daß Geschäftsabschlüsse verstärkt in Form von Kompensationsgeschäften stattfinden.

Hinsichtlich der Häufigkeit und der Intensität von Kompensationsgeschäften ist eine starke Konjunkturabhängigkeit gegeben: Bei guter Konjunktur im Westen steigen die Exportchancen der osteuropäischen bzw. der Entwicklungsländer, so daß der Kompensationsdruck nachläßt. In einer Rezession - so wie es derzeit der Fall ist - werden seitens des Westens dagegen zunehmend protektionistische Maßnahmen ergriffen, so daß die Exportchancen osteuropäischer und Entwicklungsländer sinken und damit die Kompensationsforderungen steigen. Andererseits ist in einer rezessiven Phase die Bereitschaft seitens westlicher Industrieländer, Kompensationsgeschäfte abzuschließen, größer, da die auf Kompensationsbasis abgeschlossenen Geschäfte einen Beitrag zur Kapazitätsauslastung und Arbeitsplatzsicherung leisten.

Westliche Firmen, die sich an Kompensationsgeschäften beteiligen, wahren i. d. R. äußerste Diskretion. Dies ist darin begründet, daß Kompensationsgeschäfte immer noch negative Assoziationen hervorrufen und vielfach mit dem einfachen Tauschhandel gleichgesetzt werden; in Wirklichkeit verbergen sich heutzutage unter Kompensationsgeschäften z. T. äußerst komplexe und raffinierte Vertragskonstruktionen, welche hohe Anforderungen an Verhandlungsgeschick und Vertragsgestaltung stellen.

Zudem fürchten westliche Firmen auch Imageeinbußen: Kompensationswaren aus Osteuropa oder aus Entwicklungsländern gelten oft als qualitativ minderwertig, so daß derartige Transaktionen verschwiegen werden. Außerdem scheuen viele Unternehmen die in Verbindung mit Kompensationsgeschäften anfallenden zusätzlichen Kosten, wobei die Möglichkeit, im Wege von Kompensationsgeschäften Zusatzaufträge zu erlangen, häufig übersehen wird. So kommt es zu Aussagen wie "Das beste und preiswerteste Kompensationsgeschäft ist immer noch das, was nicht zustande kommt" (*Engelmann*, 1987, S. 7).

Andererseits haben sich viele westliche Firmen mittlerweile auf diese Handelsform eingestellt, was u. a. dadurch zum Ausdruck kommt, daß sie institutionalisierte Kompensationsabteilungen bis hin zu eigenen Tochtergesellschaften zur Abwicklung von Kompensationsgeschäften unterhalten. Insgesamt ist auch in Zukunft eine steigende Bedeutung dieser Handelsform zu erwarten.

B. Gang der Untersuchung

Trotz der mittlerweile hohen Häufigkeit von Geschäftsabschlüssen auf Kompensationsbasis ist in der Praxis eine systematische Einbindung von Kompensationsgeschäften in die Unternehmensplanung häufig zu vermissen; Kompensationsgeschäfte sind vielfach das Ergebnis von ad-hoc-Entscheidungen, nicht eines systematischen Planungsprozesses. Wenig hilfreich erweisen sich dabei auch die bisherigen Veröffentlichungen zu diesem Bereich: Ein Großteil der Publikationen befaßt sich zwar mit der praktischen Seite, jedoch ohne jegliche methodische Fundierung. Weitere Publikationen beruhen auf empirischen Erhebungen, welche zwar ebenfalls Einblick in die Praxis des Kompensationshandels geben, jedoch ausschließlich deskriptiven Charakter haben. Die bislang spärlichen Veröffentlichungen, welche Kompensationsgeschäfte aus theoretisch-methodischer Sicht beleuchten, behandeln wiederum nur Partialaspekte. Gerade bei internationalen Kompensationsgeschäften handelt es sich jedoch - insbesondere bei industriellen Großprojekten - um umfassende **strategische** Entscheidungen mit weitreichenden Konsequenzen. **Ziel** dieser Arbeit ist es daher, auf der Basis der Erfahrungen und Erfordernisse der Praxis ein zielgerichtetes Konzept zur Planung und Abwicklung von Kompensationsgeschäften zu entwickeln; auf diese Weise kann das Risiko von Fehlentscheidungen reduziert werden. Dabei wird nicht nur die Seite eines westlichen Unternehmens, sondern auch die des ausländischen Geschäftspartners betrachtet; die zugrunde liegende Überlegung ist, daß gerade bei Kompensationsgeschäften aufgrund der Verbundenheit der Beschaffungs- und Absatztransaktion eine gleichzeitige Betrachtung beider Marktseiten unerläßlich ist. Insofern unterscheidet sich diese Arbeit von den bisherigen Veröffentlichungen zu dieser Thematik, da diese bisher ausschließlich eine Seite - i. d. R. das eigene Land - betrachten.

Im nachfolgenden **2. Teil** werden Kompensationsgeschäfte zunächst charakterisiert und systematisiert, anschließend wird die Bedeutung von Kompensationsgeschäften im Außenhandel ausführlich erörtert. Den Schwerpunkt bildet jedoch die umfassende Darstellung von Kompensationsgeschäften in der Praxis, wobei hier eine Einschränkung auf deutsche Unternehmen erfolgt. Verarbeitet werden hier zum einen die Ergebnisse bisheriger empirischer Untersuchungen, zum anderen zahlreiche von der Verfasserin im Zeitraum 1991/92 durchgeführten Interviews mit ausgewählten Vertretern aus Industrie und Handel. Abgeschlossen wird der zweite Teil durch eine vergleichende Beurteilung alternativer Möglichkeiten zur organisatorischen Einbindung der im Zusammenhang mit Kompensationsgeschäften anfallenden Aufgaben in ein Unternehmen. Dies ist insofern erforderlich, als eine systematische Planung und Abwicklung von Kompensationsgeschäften nur möglich ist, wenn die organisatorische Struktur eines Unternehmens eine reibungslose Koordination der anfallenden Aktivitäten erlaubt.

Auf der Basis der im 2. Teil gewonnenen Erkenntnisse wird im **3. Teil** ein umfassendes theoretisches Konzept zur Planung von Kompensationsgeschäften entwickelt, wobei besonderer Wert auf die methodische Fundierung gelegt wird. Nach einer Darstellung des allgemeinen Ablaufs und der verschiedenen Aktionsparameter von Kompensationsgeschäften in Kapitel A wird in Kapitel B zunächst der Planungsprozeß aus der Sicht des ausländischen Nachfragers dargelegt, da dieser i. d. R. der Auslöser eines Kompensationsgeschäfts ist. Betrachtet werden dabei die Planungsphasen

- Entscheidung über die Durchführung eines Kompensationsgeschäfts,
- Entscheidung über die Art des Kompensationsgeschäfts und

- Wahl der Geschäftspartner.

Analog wird der Planungsprozeß beim westlichen Anbieter in Kapitel C untergliedert, wobei die Wahl der Geschäftspartner beim westlichen Anbieter vor der Entscheidung über die Art des Kompensationsgeschäfts gefällt werden muß. Der Grund ist darin zu sehen, daß die im Zusammenhang mit der Form eines Kompensationsgeschäfts zu treffenden Entscheidungen sich bereits auf ein ganz konkretes Gegengeschäftsangebot beziehen, der Geschäftspartner also zu diesem Zeitpunkt bereits feststeht.

Die im **4. Teil** dargestellten Möglichkeiten zur Preisfindung bei internationalen Kompensationsgeschäften betreffen simultan beide Geschäftsparteien, da die Beschaffungs- und die Absatztransaktion miteinander verbunden sind. Aus modelltheoretischer Sicht erscheint es dabei zweckmäßig, die methodische Vorgehensweise in Abhängigkeit des Vergabeverfahrens zu entwickeln (freihändige Vergabe oder Ausschreibung); aus diesem Grunde erfolgt die Darstellung der optimalen Angebotspolitik zum einen für den Fall einer Verhandlungssituation, wie dies bei freihändigen Vergaben der Fall ist, zum anderen in einer Ausschreibungssituation, bei der Nachverhandlungen über den Preis ausgeschlossen sind. Ergänzt werden die Ausführungen durch ein hypothetisches Beispiel im **5. Teil**. Im Rahmen dieses Beispiels wird für eine exemplarische Entscheidungssituation gezeigt, auf welche Weise ein westlicher Anbieter simultan über die optimale Preisforderung, die optimale Verwendung der zu beziehenden Gegenwaren sowie den jeweils optimalen Warenkorb befinden kann.

Da auch in Zukunft mit einer großen Bedeutung von Kompensationsgeschäften im Außenhandel gerechnet werden kann, werden im **6. Teil** abschließend die Perspektiven des Kompensationshandels erörtert; auch hier wird auf die durchgeführten Interviews Bezug genommen.

2. Teil: Kompensationsgeschäfte als Instrument des Internationalen Marketing

A. Systematik und Charakterisierung von Kompensationsgeschäften

I. Zum Begriff "Kompensationsgeschäft"

Kompensationsgeschäfte umfassen alle Handelsformen, bei denen sich die Geschäftspartner verpflichten,
- Waren und/oder Dienstleistungen ganz oder teilweise gegen Waren und Dienstleistungen auszutauschen bzw.
- wechselseitig Waren oder Dienstleistungen abzunehmen oder für ihre Abnahme zu sorgen (*Jalloh*, 1990, S. 19 f.).

Es handelt sich hierbei um Transaktionen, bei denen das Angebot einer Leistung in irgendeiner Weise mit der Abnahme einer anderen Leistung verbunden ist, und zwar unabhängig davon, ob Zahlungsströme fließen oder nicht.

An dieser Stelle ist darauf hinzuweisen, daß der Begriff "Kompensationsgeschäft" nicht einheitlich gehandhabt wird; so findet man in Theorie und Praxis die Begriffe
- Kompensationsgeschäft,
- Gegengeschäft,
- Verbundgeschäft,
- Gegenkaufgeschäft,
- Countertrade,
- Counterpurchase,

welche z. T. synonym verwendet werden; der Begriff "Kompensationsgeschäft" wird teils als Oberbegriff, teils als eine spezielle Ausprägung von Handelsformen auf Gegenseitigkeit verstanden. Im Rahmen dieser Arbeit soll die Bezeichnung "Kompensationsgeschäft" als Oberbegriff verwendet werden, wobei die Begriffe "Gegengeschäft", "Verbundgeschäft" und die englische Bezeichnung "Countertrade" als Synonyme verwendet werden; dagegen werden die Begriffe "Gegenkaufgeschäfte" bzw. die zugehörige englische Bezeichnung "Counterpurchase" als spezielle Unterformen verstanden (vgl. hierzu die Ausführungen in Abschnitt III.).

II. Klassifikation von Kompensationsgeschäften

Die wachsende Beliebtheit von Kompensationsvereinbarungen hat zu einer kaum mehr überschaubaren Fülle von Vertragstypen geführt; die einzelnen Kompensationsgeschäfte lassen sich dabei anhand einer Vielzahl von **Merkmalen** beschreiben. *Abbildung 2.1* zeigt die wichtigsten Unterscheidungskriterien und die jeweils zugehörigen Ausprägungen im Überblick.

Als ein erstes Unterscheidungsmerkmal können die durch ein Kompensationsgeschäft verfolgten **Ziele** herangezogen werden; so können Kompensationsgeschäfte primär der Exportförderung (absatzorientierte Kompensationsgeschäfte) oder aber der Sicherung von Bezugsquellen für benötigte Inputgüter dienen (beschaffungsorientierte Kompensationsgeschäfte). Nach der **Anzahl der beteiligten Parteien** kann zwischen einem einfachen Kompensationsgeschäft (bei zwei Parteien) und einem Dreiecks- bzw. Mehrecksgeschäft (bei mehr als zwei Parteien) unterschieden werden; jede einbezogene Partei tritt dabei sowohl als Verkäufer als auch als Käufer auf. Ein weiteres wichtiges Unterscheidungsmerkmal ist die **Geschlossenheit des Güterkreislaufs.** Kann die betrachtete Unternehmung die erhaltenen Gegenwaren selbst verwenden - z. B. durch Einsatz im Produktionsprozeß oder durch Aufnahme in das Absatzprogramm -, so ist von **Eigenkompensation** die Rede; **Fremdkompensation** findet dagegen dann statt, wenn die Vermarktung der bezogenen Gegenwaren an eine andere Unternehmung - i. d. R. an ein auf Kompensationsgeschäfte spezialisiertes Handelshaus - delegiert wird. Fremdkompensation ist jedoch nicht mit einem Dreiecksgeschäft zu verwechseln, da der Fremdkompensateur nicht als Geschäftspartei auftritt, sondern lediglich die Funktion eines Absatzmittlers innehat und die Vermarktung der Gegenwaren gegen Entgelt übernimmt (vgl. *Schuster*, 1988b, S. 34 ff.).

Nach dem **wertmäßigen Verhältnis** zwischen der Hauptleistung und der Gegenleistung unterscheidet man zwischen Teil-, Voll- und Überkompensation; der wertmäßige Anteil der Gegenlieferung an der Hauptleistung wird dabei als **Kompensationsquote** bezeichnet. **Vollkompensation** beinhaltet die wertmäßige Übereinstimmung von Hauptleistung und Gegenlieferung (Kompensationsquote in Höhe von 100%); eine **Teilkompensation** liegt dagegen dann vor, wenn der Wert der Gegenlieferung unterhalb des Wertes der Hauptleistung liegt (Kompensationsquote unter 100%). Übersteigt der Wert der Gegenleistung den Wert der Hauptleistung (Kompensationsquote über 100%), liegt der Fall einer **Überkompensation** vor (vgl. *Schuster*, 1988b, S. 36 f.).

Die **zeitliche Abfolge** der wechselseitigen Lieferungen hat insbesondere Einfluß auf das Risiko der Nichtlieferung oder von Mängeln bei den Gegenwaren. So besteht beim zeitlich vorgelagerten Gegenkauf die Möglichkeit, bei Nichtlieferung oder bei qualitativen Mängeln die eigene Lieferung zurückzuhalten; diese Möglichkeit ist beim zeitlich nachgelagerten Gegenkauf nicht gegeben. Beim simultanen Güteraus-

Merkmale	Merkmalsausprägungen
(1) Countertrade-Ziele	- *absatzorientiertes Kompensationsgeschäft* - *beschaffungsorientiertes Kompensationsgeschäft* - *absatz- und beschaffungsorientiertes Kompensationsgeschäft*
(2) Anzahl der Parteien	- *einfaches Kompensationsgeschäft* - *Dreiecksgeschäft*
(3) Geschlossenheit des Güterkreislaufs	- *Eigenkompensation* - *Fremdkompensation* - *teilweise Fremdkompensation*
(4) Wertmäßiges Verhältnis von Haupt- und Gegenlieferung	- *Vollkompensation* - *Teilkompensation* - *Überkompensation*
(5) Abfolge der wechselseitigen Lieferungen	- *nachgelagerter Gegenkauf* - *vorgelagerter Gegenkauf* - *simultaner Güteraustausch* - *zeitlich unterschiedlich verteilte Teillieferungen*
(6) Konkretisierungsgrad der Gegenwaren	- *nicht spezifizierte Gegenwaren* - *Grobabgrenzung der Gegenwaren* - *Paketkompensation* - *Ein-Produkt-Kompensation*
(7) Materielle Verbundenheit von Lieferung und Gegenlieferung	- *beziehungslose Kompensation* - *Gegenlieferung erst durch Hauptleistung möglich (Rückkaufgeschäft)*
(8) Technik des Leistungsausgleichs	- *keine Einschaltung von Zahlungsmitteln* - *Einschaltung von Zahlungsmitteln*
(9) Vertragsgestaltung	- *ein einziger Vertrag* - *getrennte Verträge* - *getrennte Verträge mit Rahmenvertrag*

Quelle: In Anlehnung an *Schuster*, 1988b, S. 40.

Abb. 2.1: Unterscheidungsmerkmale von Kompensationsgeschäften

tausch ist zwar die Gegenlieferung als solche - in aller Regel - gesichert, nicht jedoch deren Qualität. Bei zeitlich unterschiedlich verteilten Lieferterminen kann das Risiko der Nichtlieferung oder von mangelhafter Ware zumindest auf kleinere Einheiten begrenzt werden (vgl. *Schuster*, 1988b, S. 37).

Ein weiteres Unterscheidungskriterium von Kompensationsverträgen ist der **Konkretisierungsgrad** bzgl. der Art der Gegenlieferung. In dem für den westlichen Anbieter günstigsten (Extrem-)fall wird im Vertrag lediglich die Verpflichtung zur Abnahme irgendeiner beliebigen Gegenleistung in einem festgelegten wertmäßigen Verhältnis zur Hauptleistung geregelt (nicht-spezifizierte Gegenwaren). Wird ein Warenkorb festgelegt, aus dem die Gegenwaren zu wählen sind, so spricht man von einer Grobabgrenzung der Gegenwaren. Werden Warenarten und -mengen genau spezifiziert, so liegt eine sogenannte Paketkompensation vor. Schließlich handelt es sich um eine Ein-Produkt-Kompensation, wenn sich die Gegenlieferung lediglich auf eine Produktart in einer festgelegten Menge bezieht. Der Grad der **materiellen Verbundenheit** der getauschten Produkte beschreibt dabei die Beziehung zwischen Lieferung und Gegenlieferung. Beim Austausch von materiell unverbundenen Produkten spricht man von beziehungsloser Kompensation. Wird die Erstellung der Gegenlieferung erst mit Hilfe der Hauptleistung möglich, liegt ein **Rückkaufgeschäft** (Buyback-Geschäft) vor. Auch hier sind Mischformen denkbar (vgl. *Schuster*, 1988b, S. 37 f.).

Bei der **Technik des Leistungsausgleichs** handelt es sich darum, ob der Realgütertausch ohne Einschaltung von Zahlungsmitteln erfolgt (klassischer Barter), oder ob die Lieferung und Gegenlieferung in einer vereinbarten Währung fakturiert werden (moderner Barter) (vgl. *Schuster*, 1988b, S. 38).

Bei der **Vertragsgestaltung** unterscheidet man schließlich danach, ob die Lieferung der Hauptleistung und die Gegenlieferung in einem einzigen Vertrag geregelt werden, oder ob für jedes Teilgeschäft ein eigener Vertrag aufgesetzt wird (Parallelgeschäft); i. d. R. wird noch in einem Rahmenvertrag die Verpflichtung geregelt, bestimmte Leistungen und Gegenleistungen wertmäßig miteinander zu verrechnen (vgl. *Schuster*, 1988b, S. 38 f.).

Ein konkreter Kompensationsvertrag resultiert somit als Kombination einzelner Merkmalsausprägungen. Es wird deutlich, daß die verschiedenen Kombinationsmöglichkeiten zu einer großen Anzahl grundsätzlich möglicher Vertragstypen führen. Durch Heranziehung einiger weniger Hauptkriterien können jedoch die einzelnen Vertragstypen zu bestimmten **Grundformen** von Kompensationsgeschäften zusammengefaßt werden. In der Literatur wurde bislang eine Vielzahl von Klassifikationsschemata entwickelt (vgl. z. B. *Bürgin*, 1986, S. 11; *Gabrisch/Stankowsky*, 1986, S. 4; *Iske*, 1986, S. 103; *Schuster*, 1988b, S. 34 ff.; *Jalloh*, 1990, S. 19); für den Zweck dieser Arbeit erscheint jedoch die Systematik von *Jalloh* (1990, S. 19) als am geeignetsten.

Grundsätzlich werden hier drei Hauptformen von Kompensationsgeschäften unterschieden:
- die Handelskompensation,
- die Industriekompensation sowie
- die Finanzkompensation.

Während die einzelnen Formen der **Handelskompensation** eher kurzfristig orientiert und mit herkömmlichen Import-Export-Geschäften vergleichbar sind, umfaßt die **Industriekompensation** langfristig angelegte Gegengeschäfte, die eher mit Kooperationen oder Direktinvestitionen zu vergleichen sind. Die **Finanzkompensation** umfaßt schließlich Instrumente der Handelsfinanzierung mit dem Ziel, internationale Transferzahlungen zu erleichtern (vgl. *Jalloh*, 1990, S. 20); in der Regel werden diese Formen nicht mehr zu den Kompensationsgeschäften im engeren Sinn gerechnet, da die Verträge nicht zwischen Unternehmen, sondern zwischen Staaten abgeschlossen werden. *Abbildung 2.2* zeigt die Systematik mit den jeweils wichtigsten Formen von Kompensationsgeschäften. Eine ausführliche Beschreibung und inhaltliche Charakterisierung der einzelnen Formen erfolgt im nachfolgenden Abschnitt III.

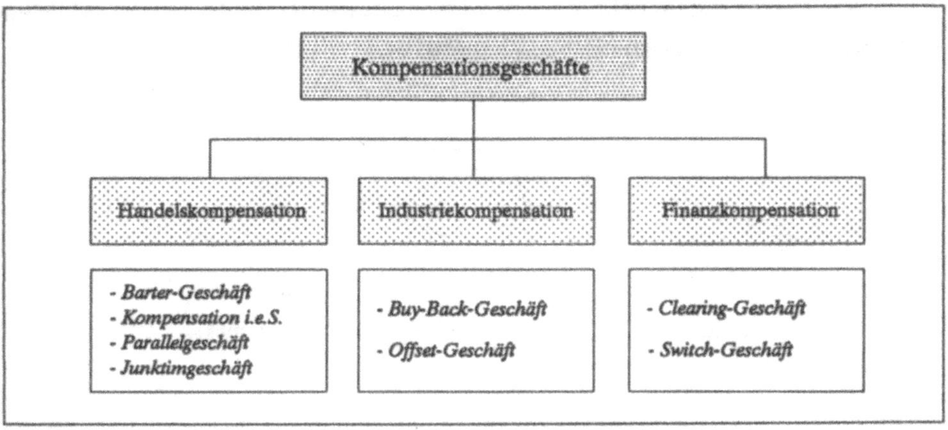

Quellen: In Anlehnung an *Jalloh*, 1990, S. 19; *Gabrisch/Stankowsky*, 1986, S. 4.

Abb. 2.2: Arten von Kompensationsgeschäften

III. Darstellung ausgewählter Formen von Kompensationsgeschäften

1. Handelskompensation

a. Das klassische Bartergeschäft

Beim klassischen Bartergeschäft handelt es sich um einen direkten, zahlungslosen Warenaustausch; eine schematische Darstellung des klassischen Barters findet sich in

Abbildung 2.3. Die wesentlichen **Merkmale** des klassischen Barters lassen sich wie folgt charakterisieren (vgl. z. B. *Altmann/Clement*, 1979, S. 9; *Schuster*, 1988b, S. 42 f.):

- Zwischen den beteiligten Parteien wird ein einziger Vertrag abgeschlossen, der sämtliche Bedingungen über Lieferung und Gegenlieferung enthält; die getauschten Produkte sind dabei häufig völlig unverbunden (vgl. *Vogt,* 1985, S. 120).
- Eine Fakturierung in einer vereinbarten Währung erfolgt nicht, bei der Abwicklung treten also keinerlei Finanzströme auf. Für deutsche Exporteure hat dies zur Folge, daß eine Absicherung durch die HERMES-Kreditversicherung nicht möglich ist, da keine Forderungen in Geld vorliegen (vgl. *Schuster*, 1988b, S. 45).
- Dritte - i. S. von Fremdkompensateuren - werden nicht eingeschaltet; dies setzt vollkommene wertmäßige Übereinstimmung von angebotenen und nachgefragten Waren voraus. Bartergeschäfte beinhalten immer eine Vollkompensation.
- Die Abwicklung der Geschäfte erfolgt meist zeitgleich. Der Grund hierfür ist zum einen darin zu sehen, daß die Gefahr vermindert wird, daß die Gegenpartei die vereinbarte Leistung nicht erbringt; zum anderen müßte die zuerst leistende Partei bei zeitversetztem Warentausch de facto die gesamte Vorfinanzierung des Geschäfts übernehmen, da sie das Entgelt für ihre Lieferung - in Form der Gegenwaren - erst zu einem späteren Zeitpunkt erhalten würde. Zudem ist es aufgrund der fehlenden Geldforderung schwierig, von Banken Exportkredite zu erhalten.[1)]

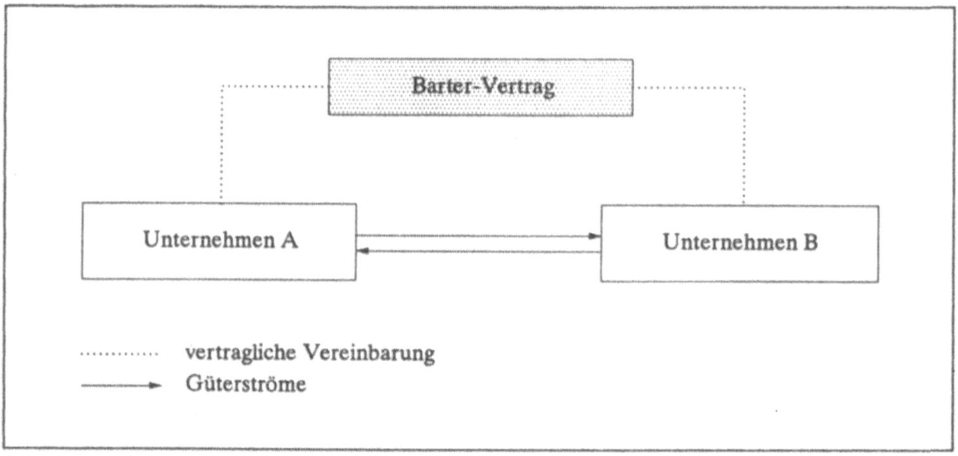

Quelle: In Anlehnung an *Iske*, 1986, S. 19.

Abb. 2.3: Das klassische Bartergeschäft

1) Ein Beispiel für ein reines Bartergeschäft stellt das 1989 abgeschlossene Abkommen zwischen einer Reihe von japanischen Firmen (unter Führung von Mitsubishi Corp.) und der ehemaligen Sowjetunion dar: Die japanischen Firmen verpflichteten sich, Planierraupen und Maschinen für Furnierwerke gegen Holzprodukte aus Sibirien zu liefern. Ein weiteres Beispiel ist der Tausch von 150 PKWs von Volkswagen AG gegen 700.000 Säcke Rohkaffee aus Mexiko (vgl. *Jalloh*, 1990, S. 62 f.).

Von den diversen Formen von Kompensationsgeschäften haben Barter-Transaktionen, insbesondere im Hinblick auf die implizit zugrunde gelegten Preise, die geringste Transparenz. So kann ein Unternehmen bei niedrigen Weltmarktpreisen versuchen, über die Festlegung des Tauschverhältnisses zwischen Haupt- und Gegenlieferung einen überhöhten Preis durchzusetzen, der als solcher aber nicht nach außen in Erscheinung tritt. Zum anderen kann aber ein Unternehmen durch eine Unterbewertung der eigenen Ware die eigene Leistung zu Dumping-Preisen anbieten und damit diesbezügliche wettbewerbsrechtliche Regelungen umgehen (vgl. *Vogt*, 1985, S. 129). Reine Bartergeschäfte können daher Anwendung finden, wenn es im Interesse einer Unternehmung liegt, die eigene Preispolitik zu verschleiern (wenn beispielsweise eine auf andere Weise nicht durchsetzbare Preisdifferenzierung erreicht werden soll).

Die praktische Bedeutung des klassischen Barters ist insgesamt betrachtet jedoch vergleichsweise gering; die Rolle reiner Barter-Transaktionen bleibt i. d. R. auf meist ungeplante "ad-hoc"-Geschäfte beschränkt, welche als Reaktion auf kurzfristige absatzpolitische oder finanzielle Engpässe abgeschlossen werden (vgl. *Outters-Jäger*, 1979, S. 24). So erklärt die finanzielle Misere in den neuen Bundesländern, warum reine Tauschgeschäfte seit Beginn der neunziger Jahre eine neue Blüte erleben (vgl. *Keller*, 1991, o. S.).

b. Kompensationsgeschäfte i. e. S.

Bei der Kompensation i. e. S. verpflichtet sich der Exporteur, nach erfolgreicher Abwicklung eines Exportgeschäfts im Gegenzug Waren vom Importeur abzunehmen (vgl. *o. V.*, 1984, S. 41 und *OECD*, 1981, S. 19). Hierbei handelt es sich letztlich um die Verbindung eines Export- und eines Import-Geschäfts im Rahmen eines Vertrags (vgl. *Ponomarjow*, 1983, S. 30). *Abbildung 2.4* zeigt die Struktur eines Kompensationsgeschäfts i. e. S. in vereinfachter Form.

Folgende charakteristische **Merkmale** von Kompensationsgeschäften i. e. S. lassen sich anführen (vgl. z. B. *Altmann/Clement*, 1979, S. 10; *Iske*, 1986, S. 59 ff.; *Schuster*, 1988b, S. 48 ff.):

- Es wird - wie beim klassischen Barter - ein einziger Vertrag über Lieferung und Gegenlieferung abgeschlossen. Im Vertrag wird die Abhängigkeit von Basis- und Gegengeschäft vermerkt; dabei findet eine genaue Spezifizierung von Güterarten, -mengen und -preisen sowie der Zahlungsmodalitäten statt.
- Im Gegensatz zum Barter wird in einer vereinbarten Währung fakturiert. In manchen Fällen ist daher eine Kreditversicherung oder Finanzierung durch Banken möglich, da Geldforderungen vorliegen.
- Die Abwicklung der Geschäfte erfolgt getrennt durch Zahlungsströme, die den Güterströmen entgegenfließen.

- Die Kompensationsverpflichtung kann einem Fremdkompensateur gegen Zahlung einer Stützungsprämie übertragen werden.
- Bezüglich der Kompensationsquote sind Voll-, Teil- oder Überkompensation möglich.

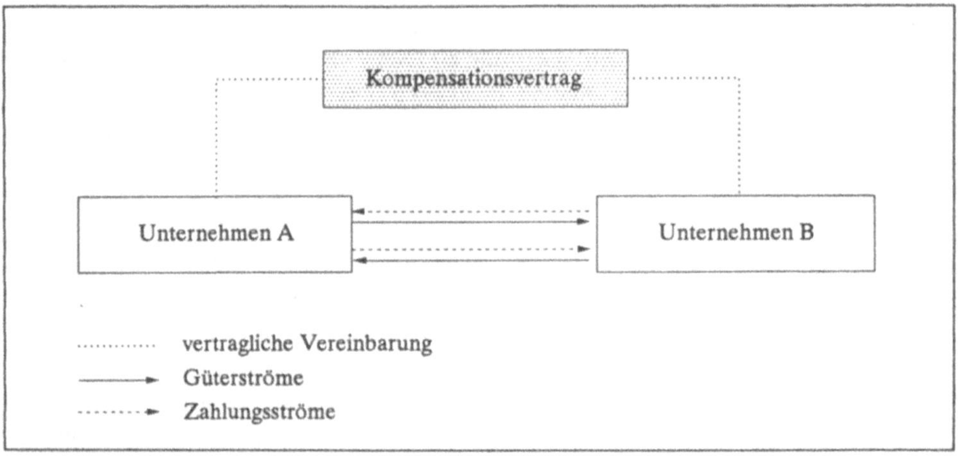

Quelle: In Anlehnung an *Iske*, 1986, S. 61.

Abb. 2.4: Kompensation i. e. S.

Nachteilig an Kompensationsgeschäften i. e. S. ist zum einen die umständliche und zeitraubende Geschäftsabwicklung, die daraus resultiert, daß Export- und Importgeschäft als eine einzige Transaktion aufgefaßt werden (vgl. *Kreisel*, 1980, S. 56). Darüber hinaus ist eine Inanspruchnahme der HERMES-Kreditversicherung nicht möglich, da HERMES keine Geschäfte mit Kompensationscharakter absichert (vgl. *Iske*, 1986, S. 63). Aus diesem Grunde haben Kompensationsgeschäfte i. e. S. kaum mehr praktische Bedeutung.

c. *Parallelgeschäfte*

Um die mit Kompensationsgeschäften i. e. S. verbundenen Probleme zu umgehen, haben sich in der Praxis die sog. Parallelgeschäfte durchgesetzt. Wie die - im nachfolgenden Unterabschnitt d. dargestellten - Junktimgeschäfte gehören diese zu den sog. **Gegenkaufgeschäften** (Counterpurchase). Folgende **Charakteristika** von Parallelgeschäften lassen sich anführen (vgl. *Altmann/Clement*, 1979, S. 10 f.):

- Es werden zwei getrennte Verträge abgeschlossen - ein Basis-Exportvertrag und ein Gegenlieferungsvertrag - die unabhängig voneinander abgewickelt werden (vgl. *Abbildung 2.5*). In der Regel werden die beiden Verträge durch ein **Protokoll** miteinander verbunden.
- Die Fakturierung erfolgt in einer vereinbarten Währung.

- Die Abwicklung erfolgt durch Zahlungsströme, die den Güterströmen entgegenlaufen.
- Beide Verträge können zeitgleich, aber auch zeitlich versetzt abgewickelt werden.
- Die Einschaltung von Dritten ist i. d. R. möglich.
- Im Gegenlieferungsvertrag wird eine Frist vereinbart, innerhalb der die Gegenkaufverpflichtung erfüllt werden muß und die meist 1 - 2 Jahre beträgt (vgl. *Marcuss/Grushkin*, 1984, S. 21); insbesondere im Ostgeschäft sind jedoch Fristen von 3 bis 5 Jahren nicht unüblich (*McVey*, 1985, S. 15).

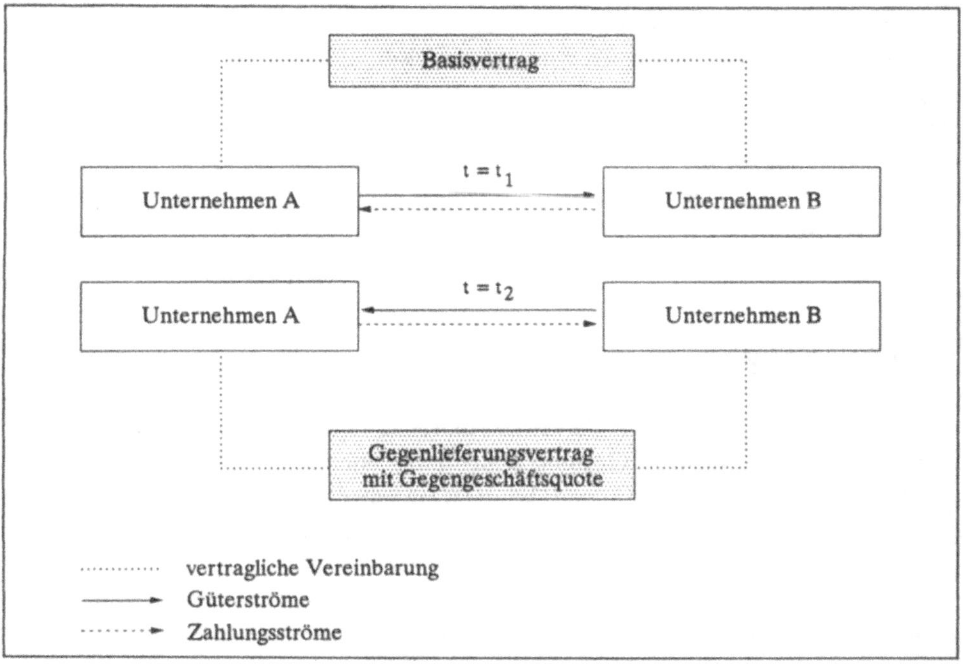

Quelle: In Anlehnung an *Iske*, 1986, S. 66.

Abb. 2.5: Parallelgeschäft

- Erfüllt der Exporteur die Gegenkaufverpflichtung nicht, so wird i. d. R. eine **Pönale** vertraglich festgelegt. Die Pönale wird auf der Basis des Gegenwarenwerts berechnet und kann z. T. recht hoch ausfallen: Beispielsweise ist in Indonesien die Pönale gesetzlich auf 50% des Gegenwarenwerts festgelegt (vgl. *Niggemann*, 1987, S. 172).[2]

2) Als Beispiel für ein Parallelgeschäft kann der 1988 abgeschlossene Vertrag zwischen Opel und der ungarischen Gesellschaft Mogurt angeführt werden (vgl. *Jalloh*, 1990, S. 69). Opel lieferte Opel Kadett-Fahrzeuge an Ungarn und verpflichtete sich, innerhalb von drei Jahren Filter, Zündkerzen und Karosserien für Minibusse aus Ungarn zu kaufen; als Pönale für die Nichterfüllung des Gegenlieferungsvertrags wurden 50% des Werts der nichterfüllten Verpflichtung angesetzt. Häufig sind jedoch die getauschten Produkte völlig unverbunden: Beispielsweise lieferte ein US-amerikanischer

Anders als beim Kompensationsgeschäft i. e. S. berühren Probleme, die möglicherweise bei der Gegenlieferung auftreten, das Basis-Exportgeschäft nicht. So wirkt sich die Nichtannahme der Gegenlieferung - z. B. aufgrund qualitativer Mängel - in keinster Weise auf die Abwicklung des Basis-Exportgeschäfts aus, da zwei getrennte Verträge vorliegen (vgl. *Schuster*, 1988, S. 52 f.). Ein weiterer Vorteil - wie bei Kompensationsgeschäften i. e. S. - ist, daß im Falle der zeitversetzten Abwicklung die zuerst leistende Partei die Vorfinanzierung des Geschäfts nicht übernehmen muß, da ihre Lieferung umgehend durch eine Nominalgüterleistung abgegolten wird (vgl. *Engelhard/Schuster*, 1980, S. 107 f.). Das Vorliegen getrennter Verträge ermöglicht es überdies, die HERMES-Kreditversicherung in Anspruch zu nehmen, da der Kompensationscharakter der Transaktion nach außen verborgen bleibt; darüber hinaus ist das Geschäft auch im nachhinein in den seltensten Fällen als Kompensationsvorgang identifizierbar, so daß die Beteiligten keine negativen Imagewirkungen zu befürchten haben (vgl. *Engelhardt/Schuster*, 1980, S. 108). Diese Vorteile haben dazu geführt, daß Parallelgeschäfte die gebräuchlichste Form von Kompensationsgeschäften darstellen, insbesondere im Handel mit Osteuropa und mit einer Reihe von Entwicklungs- und Schwellenländern (vgl. *o. V.*, 1987, S. 6).

d. Junktimgeschäfte

Junktimgeschäfte gehören wie Parallelgeschäfte zu den Gegenkaufgeschäften. Auch hier werden für Haupt- und Gegenlieferung zwei getrennte Verträge abgeschlossen, die in einer vereinbarten Währung fakturiert werden; im Unterschied zu Parallelgeschäften wird bei dieser Art von Gegengeschäftstransaktionen jedoch zuerst der Gegenlieferungsvertrag erfüllt, dann wird erst der Basis-Exportvertrag abgewickelt (vgl. *Abbildung 2.6*). Dabei wird vereinbart, daß die Einkäufe aus dem Partnerland auf spätere Exporte angerechnet werden (vgl. *Altmann/Clement*, 1979, S. 11).3)

Diese Form von Kompensationsgeschäften kann den Markteintritt westlicher Unternehmen in zahlungsschwache Länder erleichtern: So kann durch die zeitlich vorgezogene Erfüllung des Gegenlieferungsvertrags der Partner mit Devisen versorgt werden, die er dann für die Bezahlung der Waren aus dem Basis-Exportgeschäft benötigen wird (vgl. *Iske*, 1986, S. 66 f. und *Reichardt*, 1990, S. 14 f.). Insbesondere nach dem Umbruch in Osteuropa hat diese Gegengeschäftsform an Attraktivität gewon-

---

Luftfahrzeughersteller der jugoslawischen Regierung Flugzeuge und verpflichtete sich, größere Mengen jugoslawischer Kristallwaren, Schneidegeräte, Ledermäntel und Dosenschinken abzunehmen (vgl. *McVey*, 1985, S. 15). In einem solchen Fall ist die Einschaltung von Fremdkompensateuren fast unumgänglich.

3) Als beispielsweise Mitte der achtziger Jahre Rumänien den Abbau von Auslandsschulden zum offiziellen Ziel erklärte, mußten potentielle westliche Exporteure zunächst Einkäufe von rumänischen Waren bis zu 50% des geplanten Exportwerts vorweisen, bevor das Exportgeschäft überhaupt zustande kam; danach mußten sie weitere Gegengeschäftsverpflichtungen in Höhe von 50 - 100% des Exportwerts übernehmen (vgl. *Jalloh*, 1990, S. 66).

nen, da der planfreie Sektor der Wirtschaft nunmehr von der Devisenzuteilung ausgeschlossen wird und sich daher aus eigener Kraft mit den erforderlichen Zahlungsmitteln versorgen muß.

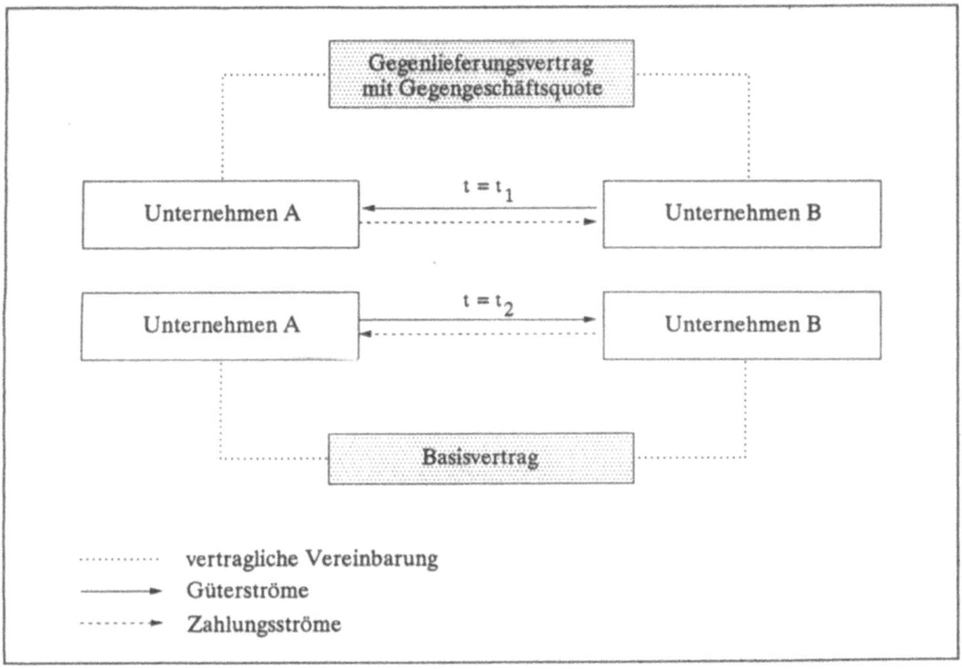

Quelle: In Anlehnung an *Iske*, 1986, S. 67.

Abb. 2.6: Junktimgeschäft

2. Industriekompensation

a. Buy-back-Geschäfte

Charakteristisch für Buy-back-Geschäfte - auch Rückkaufgeschäfte genannt - ist, daß der eine Geschäftspartner - meist ein westlicher Anbieter - Lizenzen, Produktions- und/oder Transportanlagen liefert und sich gleichzeitig verpflichtet, Produkte, die mit Hilfe der gelieferten Anlagen hergestellt wurden, bis zu einer gewissen Höhe ihres Lieferwertes in Zahlung zu nehmen (vgl. *Pollak*, 1982, S. 20). Seit Mitte der siebziger Jahre sind Buy-back-Geschäfte mit die beliebteste Vertragsform im Ost-West-Handel, wobei ein enger Zusammenhang mit Verträgen über eine industrielle Kooperation besteht; allerdings sind Buy-back-Geschäfte in letzter Zeit etwas zurückgegangen. Der Grund ist darin zu sehen, daß in Osteuropa in den Jahren vor dem Umbruch ein Trend zum Kauf von Anlagen nicht zur Herstellung von Endprodukten, sondern zunehmend zur Produktion von schwer verkäuflichen Investitionsgütern bestand, was solche Geschäfte für die westlichen Partner unattraktiver machte (vgl. *Gabrisch/Stankowsky*, 1986, S. 8 ff.).

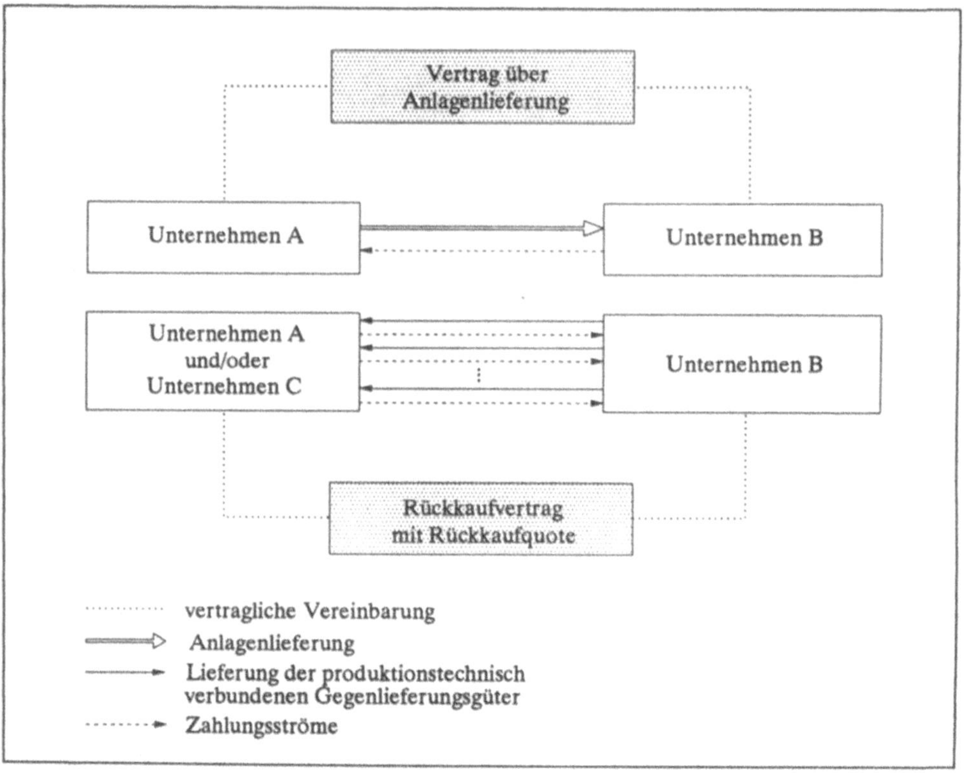

Quelle: In Anlehnung an *Iske*, 1986, S. 76.

Abb. 2.7: Buy-back-Geschäft

Allgemein lassen sich Buy-back-Geschäfte durch folgende **Merkmale** charakterisieren (vgl. *Pollak*, 1982, S. 20 und *Jalloh*, 1990, S. 79 f.):

- Die Projekte sind i. d. R. durch ein großes Auftragsvolumen gekennzeichnet (typischer Vertragswert: 100 Mio. - 1 Mrd. US-Dollar) und langfristig angelegt (i. d. R. 7 - 12 Jahre, gelegentlich aber bis zu 20 - 25 Jahren).
- Lieferung und Gegenlieferung finden zeitlich verzögert statt, wobei die Gegenlieferung aus Erzeugnissen der Anlage i. d. R. 3 - 4 Jahre nach der Erstlieferung beginnt und über einen längeren Zeitraum verteilt wird.
- In ihrer Grundform umfassen Buy-back-Geschäfte zwei juristisch getrennte Verträge jeweils für Haupt- und Gegenlieferung sowie meist einen Kreditvertrag zur Überbrückung der Zeitdifferenz zwischen Lieferung und Gegenlieferung. Jedoch können Buy-back-Geschäfte sehr komplexe Formen annehmen, insbesondere dann,

wenn mehr als zwei Parteien beteiligt sind, und eine sehr große Anzahl von Verträgen beinhalten; diese lassen sich in folgende drei Gruppen unterteilen:
- Kredit-, Finanzierungs- und Rückzahlungsverträge;
- Verträge, die den Verkauf der Ausrüstungen, den Bau der Anlagen oder das Lizenzabkommen regeln;
- Verträge, die die Bedingungen der Rückzahlungsverpflichtungen festlegen.

- Bei Großprojekten wird i. d. R. in harter Währung fakturiert und bezahlt, bei kleineren Projekten findet sich dagegen häufig die Form des Buy-back-Barters (vgl. *Schuster*, 1988b, S. 58 f.).[4]

Eine schematische Darstellung von Buy-back-Geschäften findet sich in *Abbildung 2.7.*

Angebahnt werden Buy-back-Geschäfte i. d. R. nicht von westlicher Seite; eine Ausnahme bilden Verträge zur Sicherung der Rohstoffversorgung - meist Rohölversorgung (vgl. *Pollak*, 1982, S. 20). In diesem Zusammenhang ist auch das eingangs erwähnte Erdgas-Röhren-Geschäft zu sehen. Der ausländische Partner verspricht sich i. d. R. - neben dem zentralen Motiv des Technologietransfers - eine schnelle Projektdurchführung, die Sicherung der Qualität der gekauften Ausrüstung sowie eine Absatzgarantie für die damit hergestellten Produkte; auf westlicher Seite dominieren als Motive der Markteintritt sowie die Aussicht auf Ergänzungs- und Folgeaufträge.

Bei Großprojekten sind Buy-back-Geschäfte durchaus eine Alternative zu Joint Ventures oder anderen Formen der Direktinvestition. Dem ausländischen Partner erlauben Buy-back-Geschäfte die alleinige Kontrolle sowie die Verfügung über die Gewinne, was dem Unabhängigkeitsstreben der Countertrade betreibenden Länder meist entgegenkommt; für den westlichen Partner resultiert ein geringeres finanzielles Risiko (vgl. *Fraser/Hite*, 1988, S. 97). Als nachteilig kann sich auswirken, daß der ausländische Partner durch den erfolgten Technologie-Transfer zum Konkurrenten für den westlichen Lieferanten werden kann. Weitere Probleme, die bei Buy-back-Geschäften entstehen können, sind folgende (vgl. *Schuster*, 1988b, S. 59):
- Insbesondere für Rohstoffe können sich die Weltmarktpreise ändern; aus diesem Grunde sind in den Verträgen unbedingt Preisgleitklauseln einzubauen.
- Im Zeitablauf kann sich der Bedarf des westlichen Anbieters ändern, oder aber es können neue, günstigere Lieferanten des Gegenprodukts auf den Markt treten.
- Staatliche Einfuhrregelungen können sich ändern.

---

4) Buy-back-Geschäfte können sehr einfach ausgestaltet sein: Beispielsweise lieferte VW an die ehemalige DDR Produktionsanlagen für Polo-Motoren und nahm 100.000 fertige Motoren ab (vgl. *Keller*, 1991, o. S.). Sie können jedoch auch sehr komplexe Formen annehmen: Das wohl bekannteste Beispiel für ein Buy-back-Geschäft ist das Erdgas-Röhren-Geschäft mit der ehemaligen Sowjetunion. Europäische, japanische und amerikanische Firmen schlossen bereits in den siebziger Jahren Verträge zum Bau einer Rohrleitung von der Sowjetunion nach Westeuropa im Wert von rd. 10 Mrd. US-Dollar ab; seit 1984 erhalten die europäischen Erdgasfirmen im Gegenzug 25 Jahre lang jährlich 30 Mrd. Kubikmeter Erdgas (eine umfassende Darstellung des Erdgas-Röhren-Geschäfts findet sich bei *Wörmann*, 1986).

b. Offset-Geschäfte

Offset-Geschäfte finden i. d. R. bei Großeinkäufen staatlicher Institutionen statt; hierbei handelt es sich meist um Gegengeschäfte mit hohem Auftragswert, die vielfach Rüstungsgüter, aber auch Bohrinseln, Atomkraftwerke, Schiffe und Flugzeuge zum Gegenstand haben (vgl. *Jones*, 1984, S. 15 und *Iske*, 1986, S. 79). Das Grundprinzip von Offset-Geschäften besteht darin, daß bei Ausschreibungen für öffentliche Bau- und Beschaffungsaufträge oder bei Rüstungsaufträgen potentielle ausländische Lieferanten verpflichtet werden, Unteraufträge an Lieferanten des Auftragslandes zu erteilen (vgl. *Jalloh*, 1989b, S. 171). Dabei unterscheidet man zwischen zwei Grundformen, dem direkten und dem indirekten Offset. Beim **direkten Offset** verpflichtet sich der westliche Partner, zu einem festgelegten Anteil des Auftragswertes bestimmte Teile vom ausländischen Abnehmer bzw. von den im Partnerland ansässigen Unternehmen fertigen zu lassen, wobei der westliche Anbieter ggf. auch technische Unterstützung bei der Herstellung leistet; dagegen verpflichtet sich der westliche Anbieter beim **indirekten Offset** lediglich, im Abnehmerland Gegenkäufe zu tätigen oder für diese zu vermitteln (vgl. *Jones*, 1984, S. 16 und *DeMarines*, 1985, S. 64). Insofern stellen indirekte Offset-Geschäfte letztendlich eine Form langfristig angelegter Gegenkaufgeschäfte zwischen staatlichen Institutionen dar. *Abbildung 2.8* zeigt die Struktur eines Offset-Geschäfts in vereinfachter Form.

Die Erfüllung der Offset-Verpflichtung kann generell durch Lizenzproduktion, Subcontracting, Direktinvestitionen im Partnerland, Export und Infrastrukturförderung erfolgen (zu den Einzelheiten der einzelnen Offset-Maßnahmen vgl. *Taprogge*, 1991, S. 31 f., *Francis*, 1987, S. 25 f., *Neuman*, 1987, S. 188). Die Besonderheit liegt dabei darin, daß von seiten des ausländischen Partners die verschiedenen möglichen Maßnahmen zur Erfüllung einer Offset-Verpflichtung mit bestimmten Gewichtungsfaktoren (sog. Multiplikatoren) versehen werden. Ist bei einer bestimmten Offset-Leistung des westlichen Partners der Multiplikator kleiner als Eins, so bedeutet dies, daß die Offset-Maßnahme nicht in vollem Umfang als Erfüllung der Offset-Verpflichtung angerechnet wird; umgekehrt verhält es sich bei Multiplikatoren größer als Eins. Der Gesamtwert der vom westlichen Partner zu tätigenden Gegenkäufe resultiert somit als Summe der mit den jeweiligen Multiplikatoren gewichteten Werte der einzelnen Leistungen bis zur Erfüllung der vorgeschriebenen Kompensationsquote (vgl. *Hadjiminas*, 1989, S. 47). Die Höhe der einzelnen Multiplikatoren ist dabei von den im Partnerland herrschenden Prioritäten abhängig (vgl. *Hadjiminas*, 1989, S. 45); i. d. R. werden Maßnahmen, bei denen Kapital ins Land fließt (z. B. Direktinvestitionen, Infrastrukturausbau), höher bewertet als reine Gegenkäufe von Waren.

Die Zahlungsmodalitäten sind bei Offset-Geschäften üblicherweise die gleichen wie bei Gegenkaufgeschäften; aufgrund des im allgemeinen hohen Auftragswerts stellt die exportierende Firma dem Abnehmerland i. d. R. mittelfristige Kredite zur Verfügung (vgl. *UNCTAD*, 1986, S. 5). Anders als bei Gegenkauf- und Buy-back-Geschäften kann die Gegengeschäftsverpflichtung selten an Drittfirmen übertragen werden (vgl. *Jalloh*, 1990, S. 82), auch werden im Falle der Nichterfüllung der Abnahmeverpflichtung i. d. R. keine Sanktionen vereinbart; allerdings werden spätere Geschäftsbeziehungen dadurch erheblich beeinträchtigt. Darüber hinaus werden im Rahmen von Offset-Geschäften häufig zusätzliche Klauseln vereinbart. Gebräuchlich ist nach

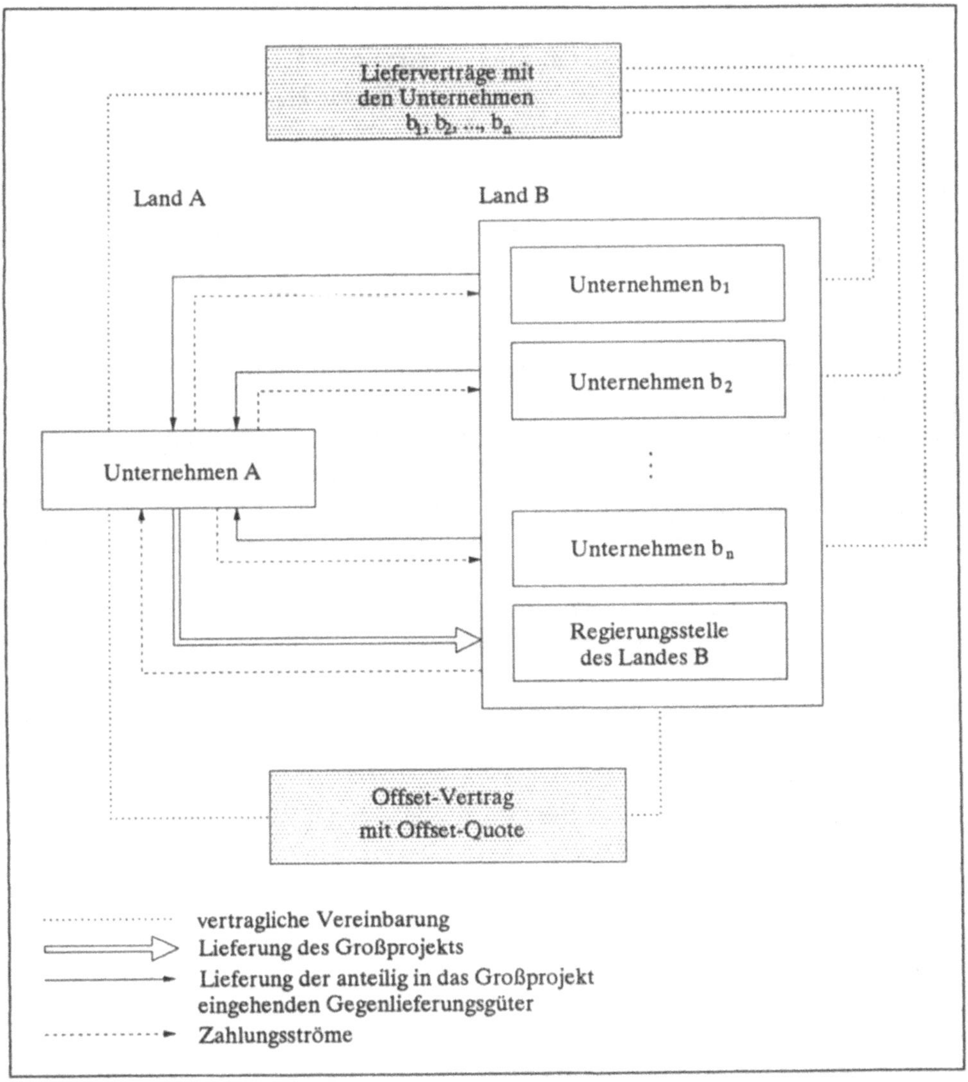

Quelle: In Anlehnung an *Iske*, 1986, S. 80.

Abb. 2.8: Offset-Geschäft

Aussage von *Kuypers* zum einen die sog. "**Additionality**": Der westliche Partner hat den Nachweis zu erbringen, daß es sich bei den im Partnerland getätigten Gegenkäufen um Zusatzgeschäfte handelt, die über das übliche Importvolumen aus dem betreffenden Land hinausgehen. Vielfach wird auch die sog. "**Distributionality**" gefordert, d. h. die Erfüllung der Offset-Verpflichtung wird auf bestimmte Regionen oder Branchen beschränkt; angestrebt wird dadurch eine gezielte Strukturförderung.

Westliche Unternehmen, die an Offset-Geschäften beteiligt sind, sind i. d. R. große multinationale Gesellschaften der Luftfahrt- und Verteidigungsindustrie, in den USA z. B. Lockheed und Boeing, in Europa British Aerospace und Aérospatiale (vgl. *Jones*, 1984, S. 15). Im Ost-West-Geschäft hatten Offsets bis Ende der achtziger Jahre keine Bedeutung, da Offset-Geschäfte den Bestimmungen der COCOM-Liste entgegenstanden; seit dem Umbruch in Osteuropa und dem damit verbundenen Wegfall der COCOM-Liste wird jedoch eine Zunahme dieser Art von Kompensationsgeschäften erwartet.[5)]

Die Übernahme einer Offset-Verpflichtung ist für den westlichen Anbieter oft die einzige Möglichkeit, um bei der Erteilung eines Großauftrags berücksichtigt zu werden; seitens des Abnehmerlands wird das Ziel verfolgt, die heimische Industrie zu unterstützen. Jedoch sind Offset-Geschäfte häufig umstritten; insbesondere werden folgende **Nachteile** genannt (vgl. *Iske*, 1986, S. 79):

- Durch den erfolgenden Technologietransfer wachsen - wie auch bei Buy-back-Geschäften - die Abnehmerländer zu potentiellen Konkurrenten heran;
- aufgrund der engen Zusammenarbeit mit dem Partnerland wird befürchtet, daß Wege zur Industriespionage eröffnet werden;
- unter Umständen ergibt sich für den westlichen Lieferanten eine Kostensteigerung, und zwar dann, wenn das Abnehmerland bei der Herstellung der Teile komparative Kostennachteile im Vergleich zum westlichen Anbieter oder zu anderen potentiellen Lieferanten besitzt;
- schließlich wird befürchtet, daß die im Ausland hergestellten Teile das westliche Qualitätsniveau nicht erreichen.

5) So hat die ehemalige Sowjetunion bereits eine Gesellschaft gegründet (Glavkosmos), die gegen Bereitstellung von Meß- und Kontrollgeräten sowie von Komponenten für Raumfahrzeuge Aufträge für die Förderung von Satelliten im Weltall annimmt (vgl. *Jalloh*, 1990, S. 82). Als Beispiel für ein indirektes Offset-Geschäft kann dagegen die Vereinbarung zwischen den Regierungen der USA und der Schweiz angeführt werden: 1975 kaufte die Schweiz 72 von Nortrop Corporation hergestellte F5-Flugzeuge; als Gegenleistung verpflichtete sich die US-Regierung, den Export schweizerischer Erzeugnisse und Dienstleistungen nach Ägypten, Saudi Arabien, Türkei, Paraguay und Indonesien zu unterstützen (vgl. *DeMarines*, 1985, S. 64 f.).

3. Finanzkompensation

a. Clearing-Geschäfte

Clearing-Geschäfte - wie auch die im folgenden Unterabschnitt b. skizzierten Switch-Geschäfte - werden i. d. R. nicht mehr zu den "eigentlichen" Kompensationsgeschäften gerechnet; im folgenden werden sie daher nur kurz angesprochen. Im allgemeinen werden bilaterale Clearing-Abkommen zwischen Regierungen von Ländern mit Devisenmangel und Devisenbewirtschaftung abgeschlossen; in der Regel sehen solche Verträge vor, daß die beteiligten Länder während eines festgelegten Zeitraums Sach- und Dienstleistungen zu einem bestimmten Wert voneinander abnehmen; angestrebt wird dadurch der wertmäßige Ausgleich zwischen Exporten und Importen der beteiligten Länder am Ende des festgelegten Zeitraums. Die konkrete Durchführung der einzelnen Geschäfte bleibt dabei den in den jeweiligen Ländern tätigen Unternehmen überlassen (vgl. *Schuster*, 1988b, S. 65).

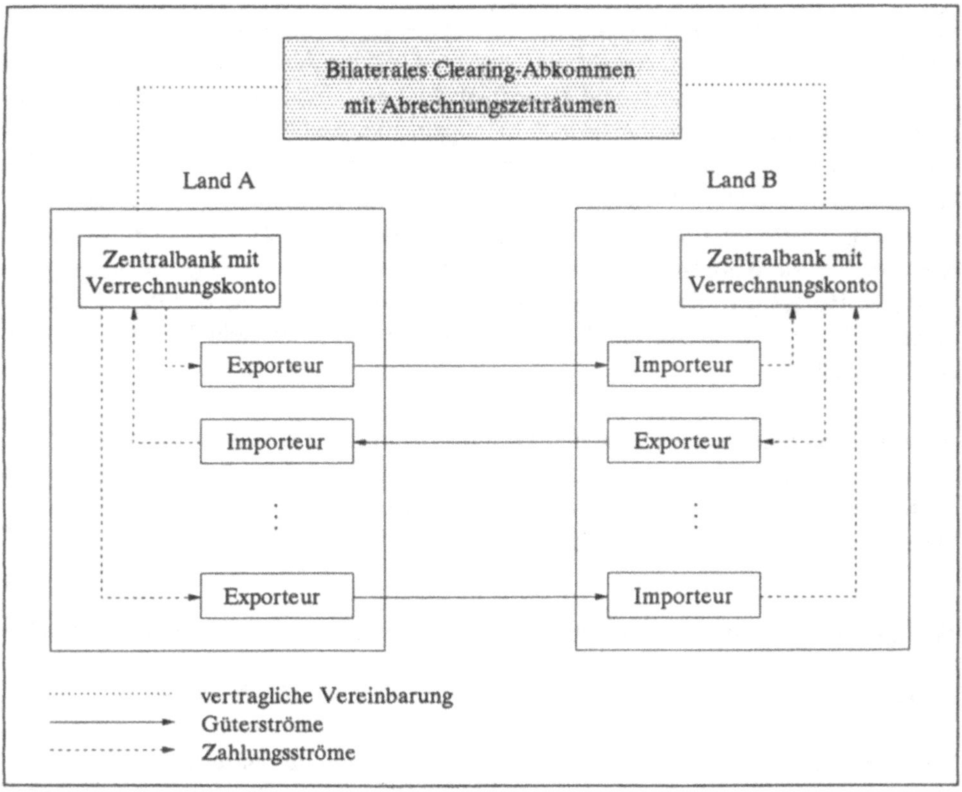

Quelle: In Anlehnung an *Iske*, 1986, S. 94.

Abb. 2.9: Bilaterales Clearing-Abkommen

Die Abrechnung der Import-bzw. der Exporttransaktionen erfolgt über Verrechnungskonten bei den Außenhandels- oder Zentralbanken der Beteiligten. Der Importeur eines Landes zahlt bei seiner Zentralbank den Rechnungsbetrag in Landeswährung ein; die Zentralbank des Importeurs gewährt daraufhin der Zentralbank des Exporteurs eine Gutschrift in sog. **Clearing-Dollar**, welche den Charakter von Verrechnungseinheiten haben. Auf der Basis dieser Gutschrift erhält der Exporteur seinen Rechnungsbetrag in Landeswährung (vgl. *Halbach/Osterkamp*, 1988, S. 31).

Der Vorteil von Clearing-Abkommen liegt darin, daß die Partnerstaaten in der Lage sind, voneinander Waren und Dienstleistungen zu beziehen, ohne dafür harte Devisen zur Verfügung stellen zu müssen. Die Grundstruktur eines bilateralen Clearing-Geschäfts ist in *Abbildung 2.9* skizziert.

b. Switch-Geschäfte

Switch-Geschäfte basieren auf den im vorangegangenen Unterabschnitt a. dargestellten Clearing-Abkommen. Angestrebt wird bei Clearing-Abkommen der wertmäßige Ausgleich zwischen Import- und Exportvolumen zum Ende des vereinbarten Zeitraums. In der Praxis kommt es jedoch im allgemeinen zu Ungleichgewichten, d. h. eines der beteiligten Länder verfügt am Ende des Vertragszeitraums über ein Guthaben in Clearing-Dollar. Gestattet das Clearing-Abkommen eine Abtretung des Guthabens an Dritte, so kommt es zu einem sog. Switch-Geschäft. Das Clearing-Guthaben wird unter Abzug einer Provision einem Switch-Händler abgetreten; dadurch wird die Realgüterforderung in harte Währung umgewandelt, so daß dem Land mit einem Clearing-Guthaben am Ende des Vertragszeitraums kein Nachteil entsteht (vgl. *Iske*, 1986, S. 99).

Eine zusammenfassende Übersicht über die wesentlichen Charakteristika der einzelnen beschriebenen Formen von Kompensationsgeschäften ist in *Tabelle 2.1* enthalten. In der Praxis sind vielfach Mischformen anzutreffen, so daß einzelne Geschäfte den hier angeführten Grundformen nicht mehr eindeutig zuzurechnen sind.

B. Die Bedeutung von Kompensationsgeschäften im Außenhandel

I. Der Stellenwert von Kompensationsgeschäften im Welthandel

Trotz der herrschenden Einigkeit darüber, daß die Bedeutung des Kompensationshandels eine steigende Tendenz hat, sind zuverlässige Angaben über dessen Anteil am Welthandel kaum zu ermitteln. Der Grund liegt zum einen darin, daß ein Großteil der Gegengeschäfte in Form von Parallelgeschäften abgewickelt wird, so daß sie nach außen hin nicht als Kompensationsgeschäfte in Erscheinung treten (vgl. *Möhring*,

Gruppe	Formen	Gestaltungsmerkmale	Besonderheiten
Handels-kompen-sation	Bartergeschäft	- ein einziger Vertrag für beide Teilgeschäfte - zeitgleiche Abwicklung von Kauf und Gegenkauf - reiner Gütertausch ohne Zahlungsströme - Vollkompensation - keine Einschaltung von Dritten	- keine HERMES-Absicherung möglich
	Kompensationsgeschäft i.e.S.	- ein einziger Vertrag für beide Teilgeschäfte - Fakturierung in einer vereinbarten Währung - getrennte Güter- und Zahlungsströme - Voll-, Teil- oder Überkompensation - Einschaltung von Dritten möglich	- keine HERMES-Absicherung möglich; u.U. Kreditversicherung oder Finanzierung durch Banken, da Geldforderungen vorliegen
	Parallelgeschäft	- zwei getrennte Verträge - Fakturierung in einer vereinbarten Währung - getrennte Güter- und Zahlungsströme - Voll-, Teil- oder Überkompensation - zeitgleiche Abwicklung oder nachgelagerter Gegenkauf - Einschaltung von Dritten möglich	- HERMES-Absicherung möglich - einfachere Abwicklung durch Unabhängigkeit der Verträge
Industrie-kompen-sation	Junktimgeschäft	- wie Parallelgeschäfte mit dem Unterschied, daß der Gegenkauf zeitlich vorgezogen wird	- Versorgung des Geschäftspartners mit den erforderlichen Devisen
	Buy-back-Geschäft	- zwei getrennte Verträge sowie weitere Ergänzungsverträge für Kredit-, Lieferungs-, Zahlungsbedingungen etc. - kann auf Barterbasis oder mit Zahlungsströmen erfolgen - zeitlich nachgelagerter Gegenkauf - Voll-, Teil- oder Überkompensation - Einschaltung von Dritten möglich	- Gegenlieferungen werden mit Hilfe der gelieferten Hauptleistung erstellt
	Offset-Geschäft	- zwei getrennte Verträge sowie weitere Ergänzungsverträge für Kredit-, Lieferungs-, Zahlungsbedingungen etc. - beim direkten Offset zeitlich vorgelagerter Gegenkauf, beim indirekten Offset zeitgleiche oder zeitversetzte Abwicklung - Voll-, Teil- oder Überkompensation - getrennte Güter- und Zahlungsströme - i.d.R. keine Einschaltung von Dritten - häufig Zusatzklauseln (z. B. Additionality)	- Offset-Leistungen werden je nach Priorität des ausländischen Nachfragers mit spezifischen Multiplikatoren bewertet
Finanz-kompen-sation	Clearing-Geschäft	- bilaterales Handelsabkommen zwischen Regierungen - gegenseitige Verpflichtung, während eines festgelegten Zeitraums zu einem bestimmten Wert Güter voneinander abzunehmen - Durchführung bleibt den in den beteiligten Ländern ansässigen Unternehmen überlassen - Abrechnung über Verrechnungskonten bei den jeweiligen Zentralbanken	- Partnerstaaten können voneinander Güter beziehen, ohne harte Devisen bereitstellen zu müssen
	Switch-Geschäft	- Abtretung etwaiger Clearing-Guthaben zum Ende des Verrechnungszeitraums an Dritte	

Tab. 2.1: Wichtigste Merkmale der einzelnen Formen von Kompensationsgeschäften im Überblick

1991, S. 9). Da man aus diesem Grunde zur Feststellung des Kompensationsvolumens auf freiwillige Angaben der Beteiligten angewiesen ist, diese jedoch - insbesondere im Westen - i. d. R. äußerste Diskretion wahren, muß in den meisten Fällen auf Schätzungen zurückgegriffen werden. Es verwundert daher nicht, daß der Anteil von Gegengeschäften am Welthandelsvolumen in einer Bandbreite von 4 - 40% angegeben wird. Dies läßt sich auch dadurch erklären, daß der Begriff "Kompensationshandel" unterschiedlichen Abgrenzungen unterliegt; z. B. werden Clearing- und Switch-Ge-

Jahr	**Organisation**	**Anteil am Welthandel**			
		mit Offsets, Switch, Clearing	mit Offsets, ohne Switch, Clearing	ohne Offsets, mit Switch, Clearing	ohne Offsets, Switch, Clearing
1980	IWF				1 %
1983	Business International				10 %
	GATT (1984)			8 %	
	OECD (1985)				4-5 %
1984	IWF		5-10 %		
	EIU (Economist, London)	15-20 %			
1985	Group of Thirty, New York		8-10 %		
	The Canadian East-European Trade Council				10 %
1987/88	UNCTAD	15-20 %			
1988	Ifo-Institut, München				10-12 %
	GATT	8-20 %			
	Institut der deutschen Wirtschaft	15-20 %			
1990	Jalloh	15-20 %			
1991	Industriehandel Handels- und Industrieausrüstung GmbH	20 %			
1992	Wesser (United Technologies)	25 %			

Quellen: *Jalloh*, 1989a, S. 41; *Jalloh*, 1990, S. 24; *Keller*, 1991, o. S.; *Wesser*, 1992, o. S.

Tab. 2.2: Anteil von Kompensationsgeschäften am Welthandel (in Prozent)

schäfte oftmals hinzugerechnet, was eine Erhöhung des Anteils von Gegengeschäften am Welthandel zur Folge hat. Die meisten Schätzungen bewegen sich zwischen 15 und 20% (vgl. *Tabelle 2.2*); in Presseberichten wird gelegentlich ein Anteil von 40% angegeben, was jedoch stark übertrieben sein dürfte. Auch die Prognose, bis zur Jahrtausendwende würden 50% des Welthandels als Kompensationshandel betrieben werden (*Gwiazda*, 1991, S. 114), erscheint deutlich überhöht. Absolut gesehen wurde das Kompensationsvolumen 1983 von der OECD auf 80 Mrd. US-Dollar geschätzt (vgl. *Roosa*, 1985, S. 4); einer UNCTAD-Schätzung zufolge betrug das Volumen 1988 bereits 500 Mrd. US-Dollar.

Die zunehmende Bedeutung des Kompensationshandels wird auch deutlich, wenn man die Entwicklung der Zahl der Länder betrachtet, die Kompensationsforderungen stellen. Waren es 1972 noch 15, so waren es 1983 bereits 76, 1990 sogar knapp 150 (vgl. *Jalloh*, 1988, S. 21 und 1990, S. 24). Dies bedeutet, daß mittlerweile fast jedes Land - in welcher Form auch immer - Kompensationsforderungen stellt, das Phänomen "Kompensation" also keineswegs auf Osteuropa und Entwicklungsländern beschränkt ist.

II. Die Bedeutung des Kompensationshandels nach Ländergruppen

Trotz der Knappheit an zuverlässigem Datenmaterial lassen sich für die einzelnen Ländergruppen - westliche Industrieländer, osteuropäische Länder, Schwellen- und Entwicklungsländer - Aussagen über die jeweilige Bedeutung des Kompensationshandels treffen; allerdings sind viele Daten nur punktuell vorhanden, eine umfassende Statistik fehlt.

1. Industrieländer

War die Praxis des Kompensationshandels früher nur im Handel mit Ostblock- und Entwicklungsländern verbreitet, so ist diese Handelsform mittlerweile auch im Westen "gesellschaftsfähig" geworden und inzwischen auch im Handel der westlichen Industrieländer untereinander verbreitet; hier dominieren insbesondere Geschäfte im Bereich der Luft- und Raumfahrtindustrie (vgl. *Möhring*, 1991, S. 12), aber auch im Bereich der Rüstungsindustrie. So schätzt *Wesser*, daß 80% der westlichen Rüstungsexporte in Form von Offset-Geschäften abgewickelt werden; *Kuypers* schätzt sogar, daß 98% des Weltmarkts für verteidigungspolitische Produkte offset-gebunden sind: Nur vier Länder (Japan, Taiwan, Hongkong und Südafrika) verlangen bei Rüstungsimporten kein "Local content". Hinsichtlich der Bedeutung von Gegengeschäften im Handel der westlichen Industrieländer mit den einzelnen Ländergruppen wird davon ausgegangen, daß der Kompensationshandel

- 3 - 5% des Handels mit anderen Industrieländern,

- 20 - 40% des Handels mit osteuropäischen Ländern und
- 10 - 15% des Handels mit Entwicklungsländern

ausmacht (vgl. *Halbach/Osterkamp*, 1988, S. 42 f. und *Jalloh*, 1990, S. 24).

In **Westeuropa** werden Kompensationsgeschäfte seitens den EG offiziell abgelehnt (vgl. *Samsinger*, 1986, S. 90); in der Praxis werden sie jedoch stillschweigend akzeptiert. Besonders häufig sind dabei Spanien, Belgien, Italien und Großbritannien an Kompensationsgeschäften beteiligt (vgl. *Casey*, 1985, S. 33); aber auch in der Bundesrepublik Deutschland gaben 50% der 1988 vom Institut der Deutschen Wirtschaft befragten Unternehmen an, sich zwischen 1982 und 1987 an Kompensationsgeschäften beteiligt zu haben. Der Anteil am Exportvolumen soll dabei bei nur rd. 4% liegen, was allerdings zweifelhaft erscheint (vgl. *Möhring*, 1991, S. 10).

In **Kanada** existieren detaillierte offizielle Bestimmungen über die Abwicklung von Kompensationsgeschäften. Bei Offset-Geschäften wird nach Aussage von *Kuypers* beispielsweise nicht nur ein "Local content" gefordert, es wird häufig zusätzlich auch noch vorgeschrieben, aus welchen Regionen die kanadischen Unterlieferanten heranzuziehen sind. Dies erfolgt mit dem Ziel, regionales Gefälle abzumildern. Bereits 54% der kanadischen Firmen haben Erfahrungen mit Kompensationsgeschäften (*United Nations*, 1988d, S. 2).

Auch in den **USA** sind Kompensationsgeschäfte weit verbreitet: Mindestens 65% der an der New Yorker Börse vertretenen Firmen beteiligen sich in irgendeiner Weise an Kompensationsgeschäften, davon besitzen 28% eine eigene Kompensationsabteilung (*Fraser/Hite*, 1988, S. 96). Von den US-Rüstungsexporten wurden bereits 1985 rd. 50% als Offset-Geschäfte abgewickelt (*DeMarines*, 1985, S. 64), dieser Anteil dürfte mittlerweile deutlich höher sein; von den von den USA exportierten Flugzeugen werden rd. zwei Drittel gegen Kompensation gehandelt (*Bragg*, 1988, S. 61).

Offizielle Bestimmungen zur Abwicklung von Kompensationsgeschäften existieren auch in **Australien** und **Neuseeland** (*Casey*, 1985, S. 34), wobei in diesen Ländern überwiegend Offset-Geschäfte abgeschlossen werden. Bezüglich Australien wurde dabei von *Kuypers* die Besonderheit berichtet, daß i. d. R. zwar keine Pönale für die Nichterfüllung der Kompensationsverpflichtung vereinbart wird, die australische Regierung jedoch jährlich eine Broschüre herausgibt, in der einerseits die Unternehmen angeführt werden, die die Kompensationsverpflichtungen erfüllt haben, andererseits diejenigen, bei denen dies nicht der Fall war; diese "schwarze Liste" wird weltweit verteilt.

In **Japan** gibt es keine offizielle staatliche Unterstützung von Kompensationsgeschäften, jedoch zeichnet sich Japan durch ein vergleichsweise hohes Gegengeschäftsvolumen aus. In den meisten japanischen Kompensationsgeschäften sind dabei große Handelshäuser (Sogo Shoshas) beteiligt (vgl. *Schuster*, 1988b, S. 87). Ein Überblick über die Ergebnisse verschiedener empirischer Untersuchungen bzgl. des Gegengeschäftsvolumens in ausgewählten Ländern findet sich bei *United Nations* (1988a-e).

2. Osteuropäische Länder

Auch bezüglich des Ost-West-Handels beruhen die Angaben auf Schätzungen, die Aussagen sind z. T. widersprüchlich. Einigkeit besteht lediglich darin, daß erstens der Anteil von Kompensationsgeschäften am Ost-West-Handel höher liegt als der Anteil am Welthandel insgesamt, zweitens der Trend steigend ist (vgl. *Tabelle 2.3*). Wurde der Anteil am Ost-West-Handel 1984 von der OECD noch auf 15 - 20% beziffert, so wird er heute auf bis zu 50 - 60% geschätzt (vgl. *Gwiazda*, 1991, S. 115).

Quelle	Anteil von Kompensationsgeschäften am Ost-West-Handel
OECD (1984)	15 % - 20 %
Business International (1985)	15 % - 20 %
Samsinger (1986)	20 % - 30 %
Ifo-Institut (1988)	20 % - 30 %
Jalloh (1990)	30 % - 40 %
Gwiazda (1991)	50 % - 60 %

Quellen: *Gabrisch/Stankowsky*, 1986, S. 1; *Gwiazda*, 1991, S. 115; *Jalloh*, 1989, S. 22; *Jalloh*, 1990, S. 24; *Samsinger*, 1986, S. 42.

Tab. 2.3: Anteil von Kompensationsgeschäften am Ost-West-Handel (in Prozent)

Der Anstieg des Gegengeschäftsvolumens im Ost-West-Handel bereits vor dem Umbruch hatte u. a. folgende **Ursachen** (vgl. *Gabrisch/Stankowsky*, 1986, S. 1 f.):

- die starke Verschuldung der osteuropäischen Länder, verbunden mit Devisenmangel und einem durch hohe Zinsen verschärften hohen Schuldendienst;
- eine stagnierende Konjunktur in den westlichen Industrieländern, welche den Export aus Osteuropa erschwerten;
- die Erschwerung der Finanzierung normaler Handelsgeschäfte durch hohe Realzinsen und sinkendes Kreditangebot;
- das weitgehende Scheitern des Versuchs, durch internationale Kooperation weltmarktfähige Produkte herzustellen.

Allgemein wird davon ausgegangen, daß nach dem Umbruch im Osten die Bedeutung des Kompensationshandels weiter gestiegen ist. Der Grund ist darin zu suchen, daß sich seit dem Umbruch 1989/90 die wirtschaftliche Lage in den ehemaligen RGW-

Staaten mit dem Übergang zur Marktwirtschaft zusehends verschlechtert hat; angesichts fehlender Devisen konnte in Osteuropa eine drastische Zunahme reiner Tauschgeschäfte beobachtet werden (vgl. *Keller*, 1991, o. S.). Auch der Handel mit der ehemaligen Sowjetunion schrumpft weiter: Neue Geschäftsabschlüsse sind nur gegen Vorkasse und in Kompensation gegen Rohstoffe möglich, die Außenstände der ehemaligen Sowjetunion - einst ein zuverlässiger Schuldner - gegenüber dem Westen betrugen Mitte 1991 bereits 2 Mrd. DM (*o. V.*, 1991a, S. 17). Der Wegfall der staatlichen Außenhandelsorganisationen und der krasse Devisenmangel führten dazu, daß in den GUS-Staaten der Verkauf von Westwaren gegen Geld nur noch in Ausnahmefällen möglich ist, etwa dann, wenn die sowjetischen Unternehmen Guthaben auf Auslandskonten besitzen. So wird geschätzt, daß im Jahre 1992 40% der deutschen Exporte in die ehemalige Sowjetunion auf Kompensationsbasis stattgefunden haben (vgl. *Böhmer/Buchwald*, 1992, S. 167 f.). Ende 1992 war der gesamte Osthandel praktisch zusammengebrochen; die Förderung des Tauschhandels schien die einzige Lösung (vgl. *Velte*, 1992, S. 1). Problematisch ist jedoch, daß die Zahl der kompensationsfähigen Produkte immer weiter schrumpft, da die Industrieproduktion in vielen Bereichen zusammengebrochen ist; erschwert wird der Außenhandel auch durch sich beinahe täglich ändernden Bestimmungen und die unübersichtliche Währungssituation (vgl. *Böhmer/Buchwald*, 1992, S. 168 ff.).

3. Schwellenländer

Eine besondere Bedeutung für den Kompensationshandel haben in erster Linie die Schwellenländer aus **Südostasien**. So ergab eine Analyse von 262 bekanntgewordenen Kompensationsgeschäften im Zeitraum 1977 - 1983 zwischen OECD-Ländern und Entwicklungs- und Schwellenländern folgende Verteilung (*Jones*, 1984, S. 46 ff.):

- 64% der Gegengeschäfte wurden mit asiatischen Ländern abgeschlossen, darunter vor allem mit Indonesien und China;
- 23% der Kompensationsgeschäfte wurden mit Ländern aus Lateinamerika und der Karibik abgewickelt,
- 7% mit afrikanischen Ländern und
- 6% mit dem Mittleren Osten.

In der OECD am häufigsten beteiligt waren Japan, die USA und die Bundesrepublik Deutschland. Auch *Fischer* sieht im pazifischen Raum nicht nur eine große aktuelle Bedeutung, sondern auch die größten Zukunftspotentiale; die interessantesten Länder sind derzeit Malaysia, Indonesien, Thailand und Indien.

Über das konkrete Gegengeschäfts-Niveau der einzelnen Länder in Südostasien herrscht allerdings Uneinigkeit. So zitiert *Hansson* (1991, S. 29) zwei völlig widersprüchliche Quellen: Nach *Elderkin/Nordquist* (1987) ist China am häufigsten an Kompensationsgeschäften beteiligt, Indonesien, Südkorea und Malaysia durchschnittlich, Singapur, Taiwan und Thailand selten und die Philippinen sehr selten. Dagegen wird von *Kostecky* (1987) das Kompensationsvolumen der Philippinen als überdurchschnittlich, von China und Malaysia als durchschnittlich und von Korea und Thailand als unterdurchschnittlich bezeichnet. Die meisten Quellen geben jedoch Indonesien und Malaysia als die im Hinblick auf Gegengeschäfte bedeutendsten Länder an (vgl. z. B. *Halbach/Osterkamp*, 1988, S. 43 und *Engels*, 1989, S. 408).

Bezüglich der in südostasiatischen Schwellenländern praktizierten **Formen** gilt, daß Barter-Geschäfte relativ selten durchgeführt werden, wenn sich auch Indonesien und Südkorea kürzlich an Barter-Transaktionen beteiligt haben. Gegenkaufgeschäfte werden vor allem in Indonesien und Malaysia bevorzugt, Buy-back-Geschäfte überdurchschnittlich von China praktiziert; insbesondere in Südkorea und Taiwan sind Offset-Geschäfte eine häufige Erscheinung (vgl. *Hansson* 1991, S. 29 f.).

In vielen südostasiatischen Ländern unterliegt die Abwicklung von Countertrade detaillierten rechtlichen Regelungen. So ist in Indonesien und Malaysia die Kompensationsquote gesetzlich auf 100% bzw. 40% festgesetzt; weitere Einschränkungen bestehen z. B. im Hinblick auf den abzunehmenden Warenkorb, Zusatzklauseln wie Additionality und Distributionality u. ä. (vgl. *Hansson*, 1991, S. 37 ff.). Daß westliche Industrieländer - trotz der strengen Regelungen - mit diesen Ländern vergleichsweise gern Gegengeschäfte abschließen, liegt vor allem daran, daß dort eine große Transparenz im Kompensationshandel herrscht und damit das Risiko unangenehmer Überraschungen für den westlichen Partner sehr gering ist.

Mit Schwellenländern aus anderen Kontinenten werden Kompensationsgeschäfte seltener abgeschlossen. In **Lateinamerika** ist vor allem Brasilien an Kompensationsgeschäften beteiligt, aber auch Uruguay und Mexiko (vgl. *Engels*, 1989, S. 408 und *Fraser/Hite*, 1988, S. 96). In **Afrika** wird diese Handelsform vor allem von Ägypten, Tunesien, Zimbabwe und von den OPEC-Ländern Algerien, Lybien und Nigeria praktiziert, wobei in Nigeria der gesamte Tauschhandel über Staatsbetriebe abgewickelt wird (vgl. *Halbach/Osterkamp*, 1988, S. 49 ff.). Bei den OPEC-Ländern finden insbesondere Öl-Bartergeschäfte statt: 1985 wurde geschätzt, daß 15 - 25% des OPEC-Öl-handels auf Tauschbasis abgewickelt wurde (*Halbach/Osterkamp*, 1988, S. 45). In **Europa** sind die weniger entwickelten Länder wie Portugal, Griechenland und Türkei vergleichsweise häufig an Kompensationsgeschäften beteiligt (vgl. *Casey*, 1985, S. 33).

Betrachtet man die Gruppe der Schwellenländer insgesamt und vergleicht man die von ihnen praktizierten Formen mit denen der anderen Ländergruppen, so wurde auf der Basis von 1277 bekanntgewordenen Kompensationsgeschäften festgestellt, daß Schwellenländer überdurchschnittlich häufig Gegenkauf- und Offset-Geschäfte durchführen (vgl. *Hennart*, 1990). Dabei werden vor allem Industrieerzeugnisse und Dienstleistungen - vor allem i. S. von Nebenleistungen wie Schulung, Service u. ä. - getauscht (vgl. *Halbach/Osterkamp*, 1988, S. 47).

4. Entwicklungsländer

Dem Kompensationshandel mit den Entwicklungsländern wurde bereits in den achtziger Jahren ein hohes Wachstumspotential prophezeit (vgl. *Moser*, 1986, S. 48). Schon in den siebziger Jahren konnte eine Zunahme des Kompensationshandels mit den Entwicklungsländern festgestellt werden. Aufgrund des Preisverfalls für viele von der Dritten Welt angebotene Rohstoffe, der insgesamt nachlassenden weltwirtschaftlichen Dynamik und der zunehmenden Verschuldung der Entwicklungsländer schienen Kompensationsgeschäfte ein geeignetes Mittel, Devisenmangel und Zahlungsunfähigkeit zu begegnen. Auf westlicher Seite entstanden dadurch zum einen neue Absatzmärkte, zum anderen aber auch neue Risiken, da es in den Entwicklungsländern noch an bewährten Abwicklungsmustern fehlte, wie sie z. B. im Osthandel durch jahrzehntelange Praxis entstanden waren (vgl. *Engels*, 1989, S. 407).

Im Außenhandel westlicher Industrieländer mit Entwicklungsländern wird meist **Handelskompensation** (vgl. *OECD*, 1985, S. 10), insbesondere in Form von Barter- und Gegenkaufgeschäften betrieben. Buy-back- und Offset-Verträge werden kaum abgeschlossen; bei Offset-Geschäften liegt der Grund darin, daß über Offsets überwiegend komplexe Waffensysteme, größere Bauprojekte u. ä. abgewickelt werden, für deren Durchführung es den meisten Entwicklungsländern an den hierfür erforderlichen finanziellen Mitteln mangelt (vgl. *Hennart*, 1990, S. 256). Die Geschäfte werden typischerweise zwischen einem privatwirtschaftlich organisierten Vertragspartner im Westen und einem staatlichen Unternehmen bzw. einer Regierungsstelle in der Dritten Welt abgeschlossen. Die große Rolle des Staates ist dadurch zu erklären, daß viele Drittweltregierungen stark im Außenhandel des betreffenden Landes involviert sind: Das reicht von Importlizenzierung und Devisenzuteilung bis hin zum völligen Außenhandelsmonopol (vgl. *Halbach/Osterkamp*, 1988, S. 50 f.); daher überwiegen im Handel der Entwicklungsländer untereinander bilaterale Regierungsvereinbarungen (vgl. *Engels*, 1989, S. 411).

Über das aktuelle Ausmaß des Kompensationshandels mit Entwicklungsländern liegt kein statistisches Datenmaterial vor. Einer Schätzung von *Jalloh* (1990, S. 44) zufolge beträgt der Anteil von Gegengeschäften am Handel der westlichen Industrienationen mit Entwicklungsländern insgesamt rd. 15 - 20%, während der Kompensationshandel zwischen den ehemaligen RGW-Staaten und Entwicklungsländern ganze 60% des Handels insgesamt ausmachen soll. Innerhalb der Entwicklungsländer wird das Gegengeschäftsvolumen auf 40% geschätzt (vgl. *Halbach/Osterkamp*, 1988, S. 42 f.); vergleichbare Schätzungen wurden bereits von *Samsinger* (1986, S. 42 f.) abgegeben. Am häufigsten sind dabei Pakistan sowie einige ostafrikanische Staaten wie Kenya, Uganda und Tansania an Kompensationsgeschäften beteiligt (vgl. *Agarwala*, 1991, S. 142; *Engels*, 1989, S. 408).

Ein Problem beim Kompensationshandel mit Entwicklungsländern stellen die angebotenen **Gegenwaren** dar, da es sich häufig um Produkte handelt, die sich auf Hartwährungsmärkten nicht absetzen lassen. Angeboten werden überwiegend mineralische und landwirtschaftliche Grundprodukte mit weltweiter Überversorgung, niedrigen Preisen und Marktregulierungsabkommen, oder aber Fertigwaren, die - insbesondere bei technischen Erzeugnissen - dem westlichen Qualitätsstandard nicht entsprechen; nur selten werden industrielle Fertigwaren angeboten, die an sich absetzbar wären, für die es den Entwicklungsländern lediglich an dem erforderlichen Marketing-Know-how fehlt (vgl. *Engels*, 1989, S. 410). Insgesamt macht der Rohstoffanteil rd. zwei Drittel des gesamten Gegengeschäftsvolumens der Entwicklungsländer aus (*Halbach/Osterkamp*, 1988, S. 45 f.).

Gelegentlich wird die Durchführung von Kompensationsgeschäften mit Entwicklungsländern als Beitrag zur Entwicklungshilfe angesehen. So meint *Wesser*, Gegengeschäfte seien die einzige Möglichkeit, unterentwickelte Länder mit harter Währung zu versorgen, damit diese die von ihnen so dringend benötigten Industrie-Erzeugnisse finanzieren können. Auch *Sammel* sieht Kompensationsgeschäfte als ein Weg zur Entwicklungshilfe, jedoch aus einer etwas anders gelagerten Perspektive: Einige Entwicklungsländer, wie z. B. Kenya, Angola, die Elfenbeinküste oder Syrien, verfügen z. T. über Industrie, insb. Textilindustrie; die Produkte sind jedoch qualitativ minderwertig und daher nur schwer vermittelbar. Neben dem ursprünglichen Kompensationsgeschäft wird daher von der Handelsfirma häufig ein weiteres Geschäft vermittelt: Zusätzlich wird ein Partner gesucht, der diese Länder mit Maschinen zur Verbesserung der lokalen Produktion versorgt; damit werden weitere Investitionen im Land getätigt, und die Handelsfirma kann dann über bessere Gegenwaren verfügen, die leichter vermittelbar sind; damit entsteht im Prinzip für alle Beteiligten ein Vorteil. Dieser Weg erscheint durchaus eine vielversprechende Möglichkeit, nicht nur den Kompensationshandel mit Entwicklungsländern zu fördern, sondern auch einen Beitrag zu deren Wirtschaftsentwicklung zu leisten.

III. Die Sichtweise der internationalen Organisationen

Im allgemeinen stehen internationale Organisationen Kompensationsgeschäften eher kritisch gegenüber. Negative gesamtwirtschaftliche Implikationen werden insbesondere aus ordnungspolitischer Sicht gesehen. Die am häufigsten angeführten Bedenken werden mit einer verringerten Markttransparenz, Wettbewerbsverzerrungen und mit durch Dumping von Kompensationswaren ausgelösten Marktstörungen begründet. Diesen Argumenten wird gelegentlich entgegengehalten, daß der Welthandel ohnehin schon durch eine Vielzahl tarifärer und nichttarifärer Handelshemmnisse beschränkt wird, so daß Kompensationsgeschäfte kaum ins Gewicht fallen; diese Art der Rechtfertigung ist jedoch aus wirtschaftspolitischer Sicht kritisch zu hinterfragen.

Die oppositionelle Stellung des **GATT** leitet sich aus den GATT-Grundsätzen der Liberalität, Multilateralität und der Ausweitung des Freihandels ab. Zwar werden durch Kompensationsgeschäfte per se keine ausdrücklich bestehende GATT-Normen verletzt, sie stehen jedoch sicherlich nicht im Einklang mit dem Geist des Abkommens. Außerdem können im Einzelfall gewisse Maßnahmen im Zusammenhang mit Kompensationsgeschäften durchaus gegen GATT-Bestimmungen verstoßen, so z. B., wenn protektionistische Effekte oder Exportsubventionierung nachgewiesen werden können (vgl. *Jalloh* , 1990, S. 54 f. und *Engels*, 1989, S. 411 ff.).

Der **IMF** und die **Weltbank** betrachten internationale Kompensationsgeschäfte vor allem als Gelegenheit für die Entwicklungsländer, bestehende Verpflichtungen hinsichtlich Zins- und Tilgungsleistungen zu umgehen, da durch Kompensationsgeschäfte Exporterlöse verschleiert und dem Zugriff der Gläubiger entzogen werden können. Daraus resultiert eine strikt ablehnende Haltung (vgl. *Samsinger*, 1986, S. 89 f.). Anstatt zu Kompensationsgeschäften Zuflucht zu nehmen wird gefordert, diese Länder zu ermutigen, die Effizienz ihrer Wirtschaft wieder herzustellen.

Im Gegensatz dazu hat sich die **OECD** im Zeitablauf zu einer pragmatischen Haltung durchringen können. Die OECD unterscheidet dabei zwischen einer kurzfristigen und einer langfristigen Sichtweise. Aus kurzfristiger Sicht seien Kompensationsgeschäfte durchaus eine akzeptable Second-best-Lösung; langfristig würden jedoch eindeutig die Nachteile überwiegen (vgl. *Engels*, 1989, S. 412). Solche Nachteile werden vor allem in Wettbewerbsverzerrungen, Fehlallokation von Ressourcen, erhöhten Transaktionskosten und der Notwendigkeit verstärkter staatlicher Interventionen gesehen (vgl. *Samsinger*, 1986, S. 90).

Die offizielle Haltung der **EG** zu Kompensationsgeschäften ist ablehnend: Probleme werden insbesondere in der erschwerten Durchführbarkeit und Ineffizienz gesehen, obgleich Kompensationsgeschäften in manchen Fällen durchaus eine gewisse Zweckmäßigkeit zugesprochen wird; schon 1977 wurde von der EG-Kommission vorgeschlagen, einen "Verhaltenskodex für Kompensationsgeschäfte" zu erarbeiten (vgl. *Samsinger*, 1986, S. 90).

C. Kompensationsgeschäfte in der Praxis deutscher Unternehmen

I. Überblick

Hinsichtlich der Bedeutung von Gegengeschäften speziell für deutsche Unternehmen liegt eine empirische Untersuchung aus dem Jahre 1988 vor (vgl. i. e. *Jalloh*, 1989a), die im folgenden schwerpunktmäßig zugrunde gelegt werden soll, da sie von der Vielzahl der zu diesem Bereich durchgeführten Untersuchungen die umfassendste und die einzige mit einer nennenswerten Rücklaufquote ist. Durchgeführt wurde die Studie vom Institut der Deutschen Wirtschaft auf der Basis einer repräsentativen schriftlichen Befragung von 400 Industrieunternehmen und 100 Handelsunternehmen. Bei den Industrieunternehmen betrug die Rücklaufquote 23%, bei Handelsunternehmen sogar 50%. Da die Studie jedoch einige Jahre zurückliegt und der Einfluß der Umwälzung in Osteuropa auf den Kompensationshandel aus diesem Grunde nicht erfaßt werden konnte, erschien es erforderlich, die aktuelle Situation näher zu untersuchen. Aus diesem Grunde wurden von der Verfasserin im Zeitraum zwischen September 1991 und Februar 1992 mehrere Interviews mit Unternehmen durchgeführt, bei denen der Verfasserin bekannt war, daß sie sich an Kompensationsgeschäften beteiligen. Dabei wurde darauf geachtet, Unternehmen aus unterschiedlichen Branchen einzubeziehen; vertreten sind sowohl die Konsumgüter- als auch die Investitionsgüterindustrie bis hin zur Rüstungsindustrie. Darüber hinaus wurden eine Handelsfirma und ein Countertrade-Berater befragt, um das Bild abzurunden. Daneben erkärten sich einige weitere Unternehmen bereit, zumindest einige schriftlichen Auskünfte zu geben. Von einigen der Befragten konnten Details über einzelne Kompensationsverträge insb. im Hinblick auf Preisforderungen, kompensationsspezifische Kosten u. a. gewonnen werden; dies war jedoch eher die Ausnahme. Schon bei der telefonischen Kontaktaufnahme baten die meisten Firmen um Verständnis dafür, daß keine firmeninternen Daten mitgeteilt werden konnten. Trotzdem konnten auf diesem Wege insgesamt wertvolle Erkenntnisse über die Praxis des Countertrade, aktuelle Entwicklungen und Perspektiven gewonnen werden. Um die Vergleichbarkeit mit der eingangs erwähnten empirischen Untersuchung zu gewährleisten, wurden dabei im Kern die gleichen Inhalte erfragt; da es sich bei den Antworten z. T. um vertrauliche Angaben handelte, werden die einzelnen Befragten im folgenden nicht namentlich genannt. Der von der Verfasserin herangezogene Interviewerleitfaden findet sich im Anhang.

II. Die bisherigen Erfahrungen deutscher Unternehmen mit Kompensationsgeschäften

1. Teilnahme an Kompensationsgeschäften

Von den an der Umfrage des Instituts der Deutschen Wirtschaft teilnehmenden Unternehmen gaben 33% der Industrieunternehmen und 72% der Handelsunternehmen an, im Zeitraum zwischen 1982 und 1987 Kompensationshandel betrieben zu haben. Allerdings werden Kompensationsgeschäfte überwiegend von Großunternehmen praktiziert: 42% der Gegengeschäfte betreibenden Unternehmen haben einen Jahresumsatz von über 1 Mrd. DM und über 1000 Beschäftigte (vgl. *Jalloh*, 1989a, S. 25 f.).

Die wertmäßige **Bedeutung** des Kompensationshandels für deutsche Unternehmen scheint jedoch vergleichsweise gering zu sein: Auf die Frage nach dem Anteil von Gegengeschäften am Auslandsumsatz im Zeitraum 1982 - 1987 gab ein Drittel der

Befragten keine Auskunft, ein weiteres Drittel gab einen Anteil zwischen 2 und 4%, 27% der Befragten einen Anteil von unter 1% an. Nur zwei Firmen bezifferten den bei ihnen realisierten Anteil am Auslandsumsatz auf etwa 10% (vgl. *Jalloh*, 1989a, S. 27).

Branche	**Anteil der Befragten** (n = 69)
Chemie, Mineralölverarbeitung	11,6 %
Kunststoff- und Gummiverarbeitung	1,4 %
Steine, Erden, Feinkeramik	1,4 %
Eisen und Stahl	3,0 %
Maschinen- und Fahrzeugbau	17,4 %
Elektrotechnik	5,8 %
Textilien, Bekleidung, Leder	4,3 %
Nahrungs- und Genußmittel	1,4 %
Handel	52,2 %
Gesundheits- und Körperpflege	1,4 %

Quelle: *Jalloh*, 1989b, S. 48.

Tab. 2.4: Kompensationsgeschäfte nach Branchen (in Prozent)

Aufschluß über die Branchenzugehörigkeit der beteiligten Unternehmen gibt *Tabelle 2.4*. Es wird ersichtlich, daß beim Verarbeitenden Gewerbe der Maschinen- und Fahrzeugbau mit 17,4% an erster Stelle liegt; dies liegt insofern nahe, als die Exportquote im Maschinen- und Anlagenbau z. T. bis zu 90% beträgt (vgl. *Hohmann*, 1988, S. 47) und daher Kompensationsforderungen besonders häufig zu erwarten sind. Auch die chemische Industrie ist verstärkt vom Kompensationshandel betroffen, teilweise auch die Elektrotechnik (vgl. *Jalloh*, 1989a, S. 26). Aus den Interviews zeigte sich ferner, daß die Einstellung zu Countertrade von der Exportabhängigkeit der Unternehmen bedingt wird: Exportabhängige Unternehmen haben mehr Erfahrung mit Gegengeschäften und lehnen diese weniger ab als Unternehmen, die nur das Inland oder höchstens die EG beliefern.

2. Motive für die Teilnahme an Kompensationsgeschäften

In der schon zitierten Umfrage war bei den Industrieunternehmen der Hauptbeweggrund für die Teilnahme an Kompensationsgeschäften der Devisenmangel in den

Ostblock- und Entwicklungsländern. Dieser Grund wurde von 94% der Befragten angegeben. Als weitere Gründe wurden insbesondere Marktsicherung (48%) und politischer Druck (30%) genannt. Bei den Handelsunternehmen gaben die meisten als Anlaß zum Countertrade den direkten Kontakt zu RGW-Staaten oder zu Entwicklungsländern an (64% bzw. 11% der Befragten) und 25% die Entdeckung einer Marktlücke; nur 6% handelten im Auftrag der Muttergesellschaft (vgl. *Jalloh*, 1989a, S. 25 f.).

Aus den von der Verfasserin durchgeführten Interviews ergab sich teilweise ein etwas anderes Bild, wobei sowohl die Einstellung zu Countertrade, als auch die angegebenen Motive der befragten Unternehmen häufig sehr unterschiedlich ausfielen. Von einigen Unternehmen werden Kompensationsgeschäfte durchaus als Teil einer aktiven Marketingstrategie gesehen, um den **Markteintritt** in ein bestimmtes Land zu erleichtern oder überhaupt erst zu ermöglichen. Countertrade wird nicht mehr rein passiv zur Vertriebsunterstützung betrieben, sondern als Marketing-Instrument eingesetzt; gelegentlich werden Kompensationsgeschäfte sogar aktiv vorgeschlagen, wenn in einem bestimmten Land Marktpotentiale erkannt werden, die sich ohne westliche Hilfeleistung im Hinblick auf die Zahlung nicht realisieren lassen würden. In Erwartung von Folgeaufträgen werden Kompensationsgeschäfte u. U. auch dann durchgeführt, wenn sie zwar zunächst Verluste einbringen, der Präsenz im Lande jedoch eine hohe Priorität eingeräumt wird. Ein gutes Gegengeschäftsangebot kann darüber hinaus bei Ausschreibungen die **Zuschlagswahrscheinlichkeit** erhöhen.

Wichtig ist dabei eine genaue Länderanalyse im Vorfeld, um geeignete lokale Zulieferer zu finden. Viele Erzeugnisse können vor Ort eingekauft werden, was z. B. Importkosten, meist auch Lohnkosten spart; außerdem wird das lokale Beschäftigungsziel gefördert. In diesem Zusammenhang gab die befragte Handelsfirma (eine Tochtergesellschaft eines multinationalen Konzerns) an, daß sie auch im Vorfeld attraktive Waren von bestimmten Ländern aufkauft; nach dem Verkauf der Ware werden die Devisen auf ein Sonderkonto eingezahlt, aus dem das Partnerland zu einem späteren Zeitpunkt seine Importe aus dem Konzern finanzieren kann. Dieses antizipative Vorgehen ermöglicht außerdem, daß die Firma mittel- bis langfristig gut absetzbare Gegenwaren für den Konzern sichert; für die Konkurrenz wird damit das Eindringen in den Markt schwieriger, weil als Gegenwaren nur noch schwer absetzbare, nicht weltmarktfähige Produkte übrigbleiben.

Als ein weiteres Motiv wurde die Möglichkeit der **Reduzierung von Exportrisiken** genannt. Während bei einer Geldforderung für die Hauptleistung die Gefahr der Zahlungsunfähigkeit des Partnerlandes nicht ausgeschlossen werden kann, kann durch ein Kompensationsgeschäft die Bezahlung in harter Währung eher sichergestellt werden.

Für die Teilnahme an Kompensationsgeschäften wurde von einigen Unternehmen der **Wettbewerb** als Motiv angeführt. Insbesondere in Branchen, in denen aufgrund weltweiter Überkapazitäten der Wettbewerb sehr intensiv ist, können Kompensationsgeschäfte kaum umgangen werden. Gerade im militärischen Bereich ist das Eingehen auf Offset-Geschäfte in den meisten Fällen die einzige Möglichkeit, Aufträge zu erhalten.

Bei Großkonzernen spielen auch **politische Überlegungen** eine Rolle: Man kann sich dem Druck nicht entziehen, "schwache" Volkswirtschaften zu unterstützen, u. a. um eine Bevölkerungswanderung aus wirtschaftlich schwachen in wirtschaftlich starke Länder zu verhindern.

Einige der Befragten äußerten sich eher negativ zum Kompensationshandel: Kompensation als aktives Marketing-Instrument wird in diesen Unternehmen nicht eingesetzt, die Firmen gehen nur dann auf Kompensation ein, wenn sie ausdrücklich vom Nachfrager verlangt wird, versuchen jedoch immer, sie zu vermeiden. Das Argument des Eintritts in einen neuen Markt zieht nicht, im Gegenteil: Handelt es sich um ein neues Produkt auf einem neuen Markt und wird Kompensation gefordert, wird das Geschäft abgelehnt, die Summe der Risiken ist dann zu groß. Lediglich für den Fall, daß in den Ausschreibungsunterlagen zwar kein Hinweis auf Kompensation steht, jedoch mit einer Kompensationsforderung zu rechnen ist - z. B. aufgrund rechtlicher Bestimmungen -, wird aktiv ein Kompensationsvorschlag gemacht. Dadurch kann Einfluß auf den Warenkorb, die Quote usw. gewonnen werden, so daß die Verhandlungsmargen sowie die Möglichkeit, die Risiken und auch den Preis zu kalkulieren, verbessert werden (die nachträgliche Durchsetzung eines höheren Preises aufgrund einer später eingegangenen Kompensationsforderung ist in der Regel nicht möglich).

3. Realisierte Formen von Kompensationsgeschäften

Die praktizierten Formen von Kompensationsgeschäften sind aus *Tabelle 2.5* ersichtlich. Deutlich wird, daß Gegenkaufgeschäfte am häufigsten durchgeführt werden: 67% der Industrieunternehmen und 58% der Handelsunternehmen gaben an, im Zeitraum 1982 - 1987 an Gegenkaufgeschäften beteiligt gewesen zu sein; Dreiecksgeschäfte folgen mit 30 bzw. 39%. Etwas überraschend ist die vergleichsweise hohe Bedeutung von Bartergeschäften (25%), denen i. d. R. - weltweit gesehen - kein allzu großer Stellenwert beigemessen wird. Offset-Geschäfte wurden von nur 12% der Befragten genannt (vgl. *Jalloh*, 1989a, S. 27 f.).

Die Ergebnisse der Erhebung des Instituts der Deutschen Wirtschaft steht den Ergebnissen anderer empirischer Untersuchungen entgegen; auch im Rahmen der von der Verfasserin durchgeführten Interviews waren **Offset-Geschäfte** mit die am häufigsten genannte Form. Einschränkend ist jedoch anzumerken, daß bei den befragten

Unternehmen die Raumfahrt- und die Rüstungsindustrie überrepräsentiert waren, diese Branchen jedoch bekanntlich am häufigsten Offset-Geschäfte praktizieren. Durch die Interviews konnte jedoch allgemein festgestellt werden, daß die Bedeutung der Industriekompensation gestiegen ist; der Grund liegt darin, daß immer mehr Länder - insb. Schwellenländer - nicht mehr nur Absatzhilfe für ihre Rohstoffe suchen, sondern Know-how-Transfer im Rahmen industrieller Großprojekte. Bei großen Investitionen nehmen **Buy-back-Geschäfte** zu, wobei sie oft durch bestimmte Finanzierungsformen so verschleiert werden, daß sie als Gegengeschäfte nicht mehr erkennbar sind. **Switch-Geschäfte** haben dagegen an Bedeutung verloren. Bei Einzelgeschäften im Rahmen der Handelskompensation rangieren **Gegenkaufgeschäfte** - also Parallel- und Junktimverträge - nach wie vor an der Spitze.

Formen / Anteil der Unternehmen	Industrie (n = 33)	Handel (n = 36)	Gesamt (n = 69)
Barter	36,4 %	13,9 %	24,6 %
Gegenkauf	66,7 %	58,3 %	62,3 %
Buy-back	9, %1	19,4 %	14,5 %
Dreiecks-Geschäft	30,3 %	38,9 %	34,8 %
Trade-Offset	15,2 %	8,3 %	11,6 %
Sonstige	27,3 %	11,1 %	18,8 %
Mehrfachnennungen möglich			

Quelle: In Anlehnung an *Jalloh*, 1989a, S. 49.

Tab. 2.5: Realisierte Formen von Kompensationsgeschäften (in Prozent der an Kompensationsgeschäften beteiligten Unternehmen)

4. Regionale Verteilung von Kompensationsgeschäften

Tabelle 2.6 zeigt die Verteilung von Kompensationsgeschäften westdeutscher Unternehmen nach Ländern. Erwartungsgemäß wurden die meisten Countertrade-Transaktionen mit den ehemaligen RGW-Staaten durchgeführt (53% der Nennungen bei Industrieunternehmen und 71% bei Handelsunternehmen). Mit insgesamt 6% der Nennungen rangiert der Kompensationshandel mit westlichen Industrieländern immerhin an dritter Stelle, während der Handel mit Südostasien mit insgesamt knapp 2% der Nennungen eine eher untergeordnete Bedeutung innehat.

Ländergruppe / Anteil der Nennungen	Industrie (n = 81)	Handel (n = 79)	Gesamt (n = 160)
RGW-Staaten	53,1 %	70,9 %	61,9 %
Jugoslawien	9,9 %	11,4 %	10,6 %
China	2,5 %	0 %	1,3 %
Sonst. sozialistische Staaten	3,7 %	0 %	1,9 %
Asien (darunter Südostasien)	4,9 % (3,7 %)	2,5 % (0 %)	3,8 % (1,9 %)
Afrika	2,5 %	3,8 %	3,1 %
Lateinamerika	4,9 %	3,8 %	4,4 %
OPEC-Staaten	0,1 %	0 %	0,6 %
Sonst. Entwicklungsländer	3,7 %	3,8 %	3,8 %
Westl. Industrieländer	9,9 %	2,5 %	6,3 %
Sonst. Länder	3,7 %	1,3 %	2,5 %
Mehrfachnennungen möglich			

Quelle: In Anlehnung an *Jalloh*, 1989a, S. 51.

Tab. 2.6: Regionale Verteilung von Kompensationsgeschäften

Wie die von der Verfasserin durchgeführten Interviews zeigten, hat inzwischen eine gewisse Verlagerung der Schwerpunkte stattgefunden:

- Eines der Schwerpunkte wird heute im pazifischen Raum gesehen, insbesondere im Hinblick auf die dort vorhandenen Potentiale;
- allgemein hat eine Verschiebung von Osteuropa nach Afrika, Asien, aber auch Westeuropa stattgefunden, hier insbesondere Holland, Norwegen, Portugal. Zur Zeit werden allerdings wieder viele Kompensationsgeschäfte mit Osteuropa getätigt, tendenziell in der Form des Barters;
- mit Südamerika und Afrika werden auch schwerpunktmäßig Barter-Geschäfte abgeschlossen;
- im Bereich der militärischen Offsets werden Verträge insbesondere mit Nato-Ländern, vereinzelt auch mit Australien abgewickelt.

5. Art und Verwendung der Gegenwaren

Bezüglich der **Art der Gegenwaren** zeigte sich bei der Studie des Instituts der Deutschen Wirtschaft, daß Fertigwaren mit 40% der Nennungen an erster Stelle liegen, gefolgt von Rohstoffen (31%) und Zwischenprodukten (24%) (vgl. *Tabelle 2.7*). Mit 5%

der Nennungen haben Dienstleistungen als Gegenwaren eine nur untergeordnete Bedeutung. Der hohe Anteil von Fertigprodukten ist vor allem darauf zurückzuführen, daß sowohl Schwellenländer als auch die osteuropäischen Länder in der Lage und auch gewillt sind, höherwertigere Produkte insbesondere der Elektronik- und Chemiebranche als Gegenwaren anzubieten (vgl. *Jalloh*, 1989a, S. 30 f.).

Anteil der Nennungen / Produktart	Industrie (n = 49)	Handel (n = 53)	Gesamt (n = 102)
Rohstoffe	18,0 %	43, %1	31,4 %
Zwischenprodukte	28,5 %	18,9 %	23,5 %
Fertigwaren	49,0 %	32,1 %	40,2 %
Dienstleistungen	4,1 %	5,7 %	4,9 %
Mehrfachnennungen möglich			

Quelle: In Anlehnung an *Jalloh*, 1989a, S. 52.

Tab. 2.7: Art der Gegenwaren

Dies wurde auch im Rahmen der von der Verfasserin durchgeführten Interviews bestätigt. Inzwischen hat eine Verschiebung von Rohstoffen in Richtung Technologie stattgefunden, die u. a. mit westlicher Hilfe produziert werden soll. Ob diese Waren den westlichen Qualitätsstandards entsprechen, ist freilich eine andere Frage. Probleme kann es beispielsweise dann geben, wenn die Normen unterschiedlich sind: Die Vermarktung solcher Gegenwaren ist dann nur mit enormen Abschlägen möglich, so daß u. U. der gesamte Gewinn aus dem Geschäft verschwindet. Probleme können aber auch bei "einfachen" Produkten entstehen. So wird vor dem Trugschluß gewarnt, einfache Teile in weniger entwickelten Ländern fertigen zu lassen: Auch für einfache Teile steigen die technologischen Anforderungen; wenn in einem Land die Technologie im Zeitablauf nicht mitwächst, so kann dort selbst die aus westlichem Blickwinkel technologisch niedrigste Ebene nicht mehr erfüllt werden.

Im Hinblick auf den Umfang des angebotenen Warenkorbs ließen sich dabei sehr große länderspezifische Unterschiede feststellen:

- In Ländern wie Kolumbien oder Bolivien sind die Möglichkeiten, den Warenkorb mitzudefinieren, äußerst gering; auch in Indonesien und Malaysia ist die angebotene Palette sehr eng: Waren wie Kautschuk oder Tee, die problemlos absetzbar wären, sind nicht erlaubt. Außerdem herrscht in diesen Ländern - wie auch in China - das Problem, daß die Liste der kompensationsfähigen Produkte teilweise von Monat zu Monat wechselt. Ist mühsam aus der Palette der erlaubten Waren ein Warenkorb zusammengestellt worden, der sich mit relativ geringen Kosten vermarkten läßt, so

ist die Liste zum Zeitpunkt der Angebotsabgabe nicht mehr aktuell, teilweise wird dann plötzlich die zusätzliche Forderung gestellt, daß ein bestimmter Prozentsatz der Hauptleistung mit einer Ware kompensiert werden muß, die vorher gar nicht in Erwägung gezogen wurde.
- Westliche Industrieländer, die Kompensationsforderungen stellen, bieten als Gegenwaren oft nur High-Tech-Produkte an, die aus der Sicht eines Handelshauses oft schwer vermittelbar sind: Andere westliche Länder stellen diese Produkte selbst her, haben also keinen Bedarf; devisenschwache Länder auf der anderen Seite können sich solche teuren Produkte nicht leisten.

Bezüglich der **Verwendung der Gegenwaren** ergab sich aus der Untersuchung des Instituts der Deutschen Wirtschaft, daß die Gegenwaren in aller Regel von den Unternehmen selbst (42% der Nennungen) oder über Dritte (27% der Nennungen; vgl. *Tabelle 2.8*) vertrieben werden. Nur wenige (rd. 20% der Nennungen) verwenden die Waren im eigenen Produktionsprozeß; mit 11% der Nennungen ist auch der Export der Waren in ein anderes Land weniger bedeutend. Dabei wird der Absatz über Dritte vor allem von kleineren und mittelgroßen Firmen bevorzugt, da diese weder über ein diversifiziertes Produktionsprogramm, noch über ein ausreichendes eigenes Vertriebsnetz verfügen (vgl. *Jalloh*, 1989a, S. 31); dies erhöht natürlich die kompensationsspezifischen Kosten.

Anteil der Nennungen / Verwendung	Industrie (n = 63)	Handel (n = 69)	Gesamt (n = 132)
Eigenverwendung	38,1 %	---	18,2 %
Absatz im Eigenvertrieb	27,0 %	49,3 %	38,6 %
Absatz über Dritte	34,9 %	31,9 %	25,0 %
Reexport	---	20,6 %	9,8 %
Mehrfachnennungen möglich			

Quelle: In Anlehnung an *Jalloh*, 1989a, S. 52.

Tab. 2.8: Verwendung der Gegenwaren

Bestätigt wurde dieser Sachverhalt auch von den im Rahmen der persönlichen Interviews befragten Unternehmen:
- Große Konzerne haben eher Möglichkeiten zur Eigenverwendung; so ist bei einem der befragten Unternehmen ein "Arbeitskreis Kompensation" eine ständige Einrichtung, in dem alle Geschäfts- und Unternehmensbereiche vertreten sind und der als konzerninterne Tauschbörse fungiert. Ziel ist es, so früh wie möglich zu erfahren, wo welche Waren angeboten werden, um eine konzernweite Abstimmung der ge-

handelten Waren herbeizuführen. Selbst bei dem genannten Konzern werden jedoch mindestens 50 - 70% der Gegenwaren über Dritte abgesetzt. Mittelständler haben aufgrund des i. d. R. weniger diversifizierten Produktions- und damit Beschaffungsprogramms so gut wie keine Möglichkeit, die Gegenwaren selbst zu verwenden und sind daher meist gezwungen, Kompensationsgeschäfte über Dritte abzuwickeln.

- Die Verwendung der Gegenwaren ist u. a. von der Art des Kompensationsgeschäfts abhängig: So beinhalten beispielsweise direkte Offsets ex definitione die Eigenverwendung im Produktionsprozeß; Unternehmen, die überwiegend im Offset-Bereich engagiert sind, haben daher einen höheren Anteil an Eigenverwendung als solche Unternehmen, die andere Gegengeschäftsformen praktizieren. Bei indirekten Offsets wird dagegen i. d. R. ein Fremdkompensateur eingeschaltet.
- Die Verwendung der Gegenwaren wird aber auch von der Art der im Produktionsprozeß benötigten Inputgüter bedingt: Je höher der High-Tech-Anteil ist, umso weniger Einsatzfaktoren können im Wege der Kompensation bezogen werden. Der Eigenverwendungs-Anteil ist in solchen Unternehmen sehr gering, welche Inputgüter einer hohen Technologiestufe einsetzen, da derartige Güter in den wenigsten Fällen als Gegenware angeboten werden.

6. Geforderte Kompensationsquoten

Aus den von der Verfasserin durchgeführten Interviews konnten auch Informationen über die derzeit geforderten Kompensationsquoten, auch im Vergleich zu früheren Geschäftspraktiken, gewonnen werden. Die Kompensationsquoten sind dabei sehr unterschiedlich und variieren von Land zu Land:

- In manchen Ländern sind die Quoten gesetzlich vorgeschrieben: So sind in Indonesien 100%, in Malaysia 40% gesetzlich festgelegt.
- In den ehemaligen Ostblock-Ländern war die Quote z. T. ebenfalls vorgeschrieben, inzwischen ist die Handhabung jedoch flexibler geworden, da die Betriebe unter einem hohen Absatzdruck stehen. Die ehemalige DDR war früher auf die volle Wiederbeschaffung der ausgelegten Devisen ausgerichtet, was nicht nur den Lieferwert der Hauptleistung, sondern auch die Finanzierungskosten umfaßte; aus diesem Grunde lagen die geforderten Kompensationsquoten i. d. R. über 100%. Die niedrigsten Quoten im ganzen Ostblock hatte die Sowjetunion; meist wurden zwischen 10 und 30% verlangt, die de facto aber nicht erfüllt wurden, da dort die Kontrollmechanismen fehlten, um die Erfüllung zu überprüfen.
- Die schärfsten Bedingungen haben die westlichen Industrieländer: Im Offset-Bereich verlangt Norwegen beispielsweise 60%, Holland und die Schweiz 100%, Belgien sogar ganze 300%.

Die Höhe der geforderten Quote ist nach Aussage der Befragten von verschiedenen **Faktoren** abhängig:

- Eine Rolle spielt zum einen die Art des Geschäfts. So geben sich bei Gegenkaufgeschäften viele Länder mit 30% zufrieden, im Offset-Bereich sind dagegen 60 - 80% die Regel, wobei eine Bandbreite zwischen 40 und 100% noch als "normal" angesehen wird.
- Die Quote ist jedoch auch von den im Vertrag enthaltenen Bedingungen abhängig: Findet eine Beschränkung auf bestimmte Gegenwaren statt, oder ist ein Unternehmen der einzige Erfüllungsberechtigte, so werden nur niedrigere Quoten akzeptiert.
- In manchen Ländern wird die geforderte Quote vom westlichen Partner sogar übererfüllt, um einerseits dort Goodwill aufzubauen, andererseits, um die Konkurrenz dadurch fernzuhalten, daß man sich die attraktiven Gegenwaren sichert. So kann es allerdings dazu kommen, daß über den Wettbewerb die Quoten hochgeschraubt werden; durch das Bieten einer höheren Kompensationsquote kann zwar u. U. die Zuschlagswahrscheinlichkeit erhöht werden, allerdings kann dies zu einem ruinösen Wettbewerb führen. Dadurch werden auch die Kompensationsforderungen des Auslands im Zeitablauf höher.

Häufig kann über die Quoten verhandelt werden, so z. B. in Norwegen. Selbst dort, wo die Quote gesetzlich geregelt ist, bestehen noch Verhandlungsspielräume, insbesondere dann, wenn immaterielle Leistungen wie Know-how-Transfer damit verbunden sind: Wie hoch diese immateriellen Leistungen bewertet und als Erfüllung anerkannt werden, ist letztlich eine Frage der richtigen Argumentation. Ob über die Kompensationsquote verhandelt werden kann, ist aber auch von der Dringlichkeit des Bedarfes der Hauptleistung abhängig: Je höher die Priorität ist, umso eher ist ein Herabsetzen der Quote möglich. So wird empfohlen, rechtzeitig festzustellen, wie dringend das Produkt gebraucht wird, insbesondere auch im Hinblick darauf, ob bezüglich des Produktes der eigenen Firma Präferenzen im Vergleich zur Konkurrenz bestehen. Dadurch kann der Verhandlungsspielraum abgeschätzt werden.

Die Rolle der Kompensationsquote ist nach Angabe eines Befragten jedoch nicht überzubewerten: Wichtiger sind die Erfüllungsbedingungen. Forderungen wie "Gegenwaren der gleichen Technologiestufe wie die Haupleistung" oder die sog. "Additionality" bewirken, daß 10% Kompensation unter solchen Bedingungen viel schwieriger zu erfüllen sind als beispielsweise 100% mit der Schweiz, die in der Hinsicht sehr entgegenkommend ist.

7. Kompensationsspezifische Kosten

Zusätzlich zu einem "normalen" Exportgeschäft fallen im Zusammenhang mit Kompensationsgeschäften eine ganze Reihe zusätzlicher Kosten an. Im einzelnen handelt es sich um folgende Kostenarten:

(1) Stützungsprämien

Stützungsprämien dienen der Subventionierung schwer absetzbarer Gegenwaren bei Übergabe an einen Fremdkompensateur und werden als Prozentsatz des Gegenwarenwerts berechnet. Aus den durchgeführten Interviews zeigte sich, daß die Stützungssätze sehr unterschiedlich sind und in Abhängigkeit der Ware, aber auch in Abhängigkeit des Herkunftslands variieren:

- Allgemein bewegen sich die Stützungssätze in einer Bandbreite zwischen 10% und 30%; berichtet wurde jedoch auch von Stützungssätzen zwischen 0,25% und 85%, wobei der insgesamt zu zahlende Stützungsbetrag generell umso niedriger ist, je breiter die Produktpalette ist. Der Grund liegt darin, daß - bei gleichbleibendem Gegenwarenwert - kleinere Mengen unterschiedlicher Waren leichter unterzubringen sind als größere Partien eines einzigen Produkts.
- Zu beachten ist auch die Wertschöpfungsstufe der Gegenwaren: So müssen Rohstoffe i. d. R. nur wenig gestützt werden, während für Halb- und Fertigfabrikate höhere Stützungssätze veranschlagt werden, da diese Waren den westlichen Qualitätsstandards oft nicht entsprechen und daher nur mit Mühe absetzbar sind. Beispielsweise kann die Stützung bei bestimmten Rohstoffen, z. B. Erzen, zwischen 1 und 4% betragen, während für Werkzeugmaschinen durchschnittlich Stützungssätze von 25% und mehr verlangt werden.
- Auch das Herkunftsland spielt bei der Festlegung des Stützungssatzes eine Rolle. Für viele Produkte aus Rumänien, Albanien, Algerien, Griechenland, Ägypten oder Syrien werden aufgrund des schlechten Qualitätsimages hohe bis sehr hohe Stützungssätze verlangt - wobei allerdings auch hier das konkrete Produkt ausschlaggebend ist.

(2) Kommissionen

Kommissionen werden an Fremdkompensateure für die Übernahme der Gegenware oder die Erfüllung der Kompensationsverpflichtung entrichtet. Berechnet werden sie auf der Basis des Geschäftsvolumens und unter Berücksichtigung der Auflagen der Kompensationsvereinbarung; i. d. R. betragen sie zwischen 1% und 15% (vgl. *Jalloh*, 1990, S. 129). Viele Handelshäuser weisen Kommissionen jedoch nicht gesondert aus, diese sind bereits in der Stützungsprämie enthalten.

(3) Provisionen

Für die Anbahnung oder Vermittlung eines Gegengeschäfts durch ein Kreditinstitut oder durch eine Beratungsfirma muß eine Provision entrichtet werden, die i. d. R. zwischen 1% und 3% liegt; mit Stammkunden vereinbaren Banken jedoch häufig nur einen festen Betrag zur Deckung des Verwaltungsaufwands (vgl. *Jalloh*, 1990, S. 129).

(4) Inspektionsgebühren

Sinnvoll ist in vielen Fällen die Untersuchung der Gegenwaren am Versandort - hinsichtlich Menge, Qualität, Verpackung, Sortimentierung, Umwelt- und Gesundheitsbestimmungen, etc. In den ehemaligen Ostblockländern wurde die Inspektion früher durch die eigene Handelskammer des jeweiligen Landes durchgeführt; inzwischen sind jedoch auch internationale Inspektoren zugelassen, so z. B. die Societé Générale de Surveillance in Genf oder Lloyds in London, welche im Auftrag des Abnehmers Kontrollen am Versandort durchführen und ein Zertifikat über Menge, Qualität etc. erstellen. Die Inspektionsgebühren betragen i. d. R. zwischen 1% und 3% des Gegenwarenwerts (*Jalloh*, 1990, S. 129).

Weitere Kosten können ggf. für die Nachbesserung der Gegenlieferung oder für Marketinghilfen entstehen. Weiterhin entstehen bei Eigenverwendung u. U. zusätzliche Kosten, beispielsweise ein höherer Ausschuß aufgrund qualitativer Mängel der im Produktionsprozeß eingesetzten Gegenwaren, Opportunitätskosten aufgrund entgangener Rabatte bei den Stammlieferanten oder Verluste durch Verkauf der Gegenwaren unter dem Einstandspreis.

8. Geforderte Preise für Haupt- und Gegenleistung

Sowohl die von der Verfasserin mündlich befragten Unternehmen als auch diejenigen, die nur zu einer schriftlichen Auskunft bereit waren, waren sich i. d. R. einig, daß der geforderte Preis für die Hauptleistung höher angesetzt wird als der Preis, den man bei einem vergleichbaren Exportgeschäft verlangen würde. Der Grund liegt darin, daß im Rahmen von Kompensationsgeschäften i. d. R. eine Reihe zusätzlicher Kosten entstehen (Stützungen, Provisionen, Reisekosten u. ä.; vgl. den vorangegangenen Unterabschnitt 7.); die meisten Unternehmen versuchen, diese Kosten wenigstens teilweise in den Angebotspreis einzukalkulieren. Eine vollständige Berücksichtigung der kompensationsspezifischen Kosten bei der Ermittlung des Angebotspreises für die Hauptleistung ist i. d. R. - auch aus Wettbewerbsgründen - nicht durchsetzbar. Daher wird bei einem der befragten Unternehmen ein anderer Weg gegangen: Sind beispielsweise 60% der Gegenwaren problemlos absetzbar, so werden die übrigen 40% als Risikofaktor aufgefaßt; nur auf diese 40% wird dann ein Risikozuschlag berechnet. Dabei werden beim Angebotspreis die kompensationsspezifischen Kosten nicht explizit ausgewiesen, da die ausländischen Partner beim Abschluß eines Kompensationsgeschäfts i. d. R. kostenlose Leistungen erwarten.

Schwierig wird es jedoch im Falle, daß für die Hauptleistung ein Weltmarktpreis existiert und dieser dem ausländischen Partner auch bekannt ist. Es gibt auch Fälle, bei denen eine Berücksichtigung kompensationsspezifischer Kosten im Angebotspreis generell nicht zulässig ist, z. B. bei NATO-Aufträgen: Diese werden wie nationale Aufträge behandelt, unterliegen also den nationalen Verordnungen (z. B. LSP). Solche Aufträge unterliegen einer Preisprüfung, Kosten für Kompensation sind für die Preiskalkulation nicht vorgesehen.

Hinsichtlich der Preise für die Gegenwaren läßt sich dagegen keine eindeutige Aussage treffen: So können die für die Gegenwaren geforderten Preise geringer als der Weltmarktpreis sein, wenn das Ziel des betreffenden Landes ein Verdrängungswettbewerb ist; dies kann bis zum Dumping reichen. Andererseits fordern manche Länder überhöhte Preise - so früher die Ex-DDR -, um das Image der qualitativen Hochwertigkeit der eigenen Produkte aufrechtzuerhalten (vgl. *Keller*, 1991, o. S.) - was freilich in aller Regel nur Wunschdenken ist.

9. Fehlerquellen und Probleme bei Kompensationsgeschäften

Aus den von der Verfasserin durchgeführten Interviews konnten eine ganze Reihe von Problembereichen herauskristallisiert werden, die bei dem Abschluß und der Abwicklung von Kompensationsgeschäften unbedingt zu beachten sind. Ein erstes Problem resultiert aus der häufigen **Unterschätzung der Bedeutung** von Kompensationsgeschäften. Mittlerweile sind fast alle Länder betroffen, d. h. es ist fast immer mit Kompensationsforderungen zu rechnen. Wichtig in diesem Zusammenhang ist auch, die Kosten einer möglichen Kompensationsforderung zu antizipieren, denn nur auf diese Weise lassen sich die Kosten über den Preis der Hauptleistung (wenigstens teilweise) auf den ausländischen Nachfrager abwälzen.

Weitere Fehlerpotentiale werden in der mangelnden **Kenntnis des Partnerlandes** gesehen. Es ist daher unerläßlich, vor Abschluß des Geschäfts alle Informationsquellen zu nutzen, Beziehungen zu knüpfen, die Mentalität und die Gepflogenheiten der Menschen zu verstehen und bei den Entscheidungsinstanzen im Ausland Vertrauen aufzubauen. Auch darf bei Offset-Geschäften nicht der Fehler begangen werden, die Fähigkeiten des Partnerlandes zu überschätzen, die erforderlichen Inputgüter herzustellen - selbst dann, wenn es sich um in technischer Hinsicht relativ einfache Teile handelt; aber auch eine Unterschätzung sollte vermieden werden, da diese dazu führt, daß keine echten Bemühungen unternommen werden, geeignete Unterlieferanten zu suchen, obwohl solche an sich vorhanden wären.

Zum Problem kann die **Erfüllung der Kompensationsverpflichtung** werden, insbesondere dann, wenn die Gegenwaren nicht selbst verwendet werden können. Aus einem möglicherweise hohen Druck, den Auftrag zu erhalten, werden oft Verträge ohne eine ausreichende Überprüfung der Erfüllungsmöglichkeiten unterschrieben oder gar in dem Bewußtsein, daß eine Erfüllung von vornherein nicht möglich ist; eine mangelnde Erfüllung führt jedoch dazu, daß keine Folgeaufträge erlangt werden können. Das Bieten nicht erfüllbarer Kompensationsleistungen mit dem Hintergedanken, sich durch Zahlung einer Pönale von der Kompensationsverpflichtung "freikaufen" zu können, ist ebenfalls nicht zu empfehlen, da in manchen Ländern die Pönale nicht von der Kompensationsverpflichtung entbindet.

Eine weitere Fehlerquelle wird in der **organisatorischen Abwicklung** von Kompensationsgeschäften gesehen. Der Abschluß eines Kompensationsgeschäfts sollte nicht allein dem Vertrieb überlassen, sondern es sollte rechtzeitig der Einkauf eingeschaltet bzw. der Kontakt mit Fremdkompensateuren hergestellt werden. Bei Einschaltung eines Fremdkompensateurs sollte auch klargestellt werden, daß dieser bei Nichterfüllung der Kompensationsverpflichtung die Haftung übernimmt. Insbesondere für Handelshäuser ist es auch erforderlich, potentielle Abnehmer der Gegenwaren langfristig für sich zu sichern; außerdem darf kein zu eng definierter Warenkorb akzeptiert werden.

Ein Fehler kann auch daraus resultieren, daß ein auf den ersten Blick unrentables Geschäft von vornherein abgelehnt wird. Oft ist es möglich, ein für das westliche Unternehmen tragbares Alternativkonzept zu entwickeln, das im Partnerland auch akzeptiert wird. Hierzu ist es aber erforderlich, sich darüber Klarheit zu verschaffen, welche Ziele das Partnerland durch das vorgeschlagene Kompensationsgeschäft verfolgt, um darauf aufbauend ein für beide Partner akzeptables Konzept zu entwickeln.

Abschließend ist noch darauf hinzuweisen, daß die empirische Untersuchung des Instituts der Deutschen Wirtschaft vor der deutschen Wiedervereinigung stattgefunden hat und sich die Angaben daher ausschließlich auf die alten Bundesländer beziehen. In der ehemaligen DDR gehörte der Kompensationshandel - wie in allen sozialistischen Staaten - seit jeher zum üblichen "Tagesgeschäft". Heute wird der Kompensationshandel in den neuen Bundesländern wieder gefördert (vgl. *Velte*, 1992, S. 1): Am 23. 9. 1992 wurde vom Bundeswirtschaftsminister ein Programm verabschiedet, das eine Reihe von Sofortmaßnahmen zur Förderung der ostdeutschen Wirtschaft umfaßt. Neben der Entwicklung von Privatisierungsmodellen und der Unterstützung der Umstrukturierung und Modernisierung der Unternehmen in den neuen Bundesländern, um die Produkte der ostdeutschen Industrie konkurrenzfähig zu machen, sollen Gegengeschäfte und Tauschhandel explizit gefördert werden.

III. Organisatorische Aspekte bei der Abwicklung von Kompensationsgeschäften

1. Überblick

Angesichts der gestiegenen Bedeutung von Kompensationsgeschäften im Internationalen Marketing ist es erforderlich, die Abwicklung von Gegengeschäften in die Aufbau- und Ablauforganisation eines Unternehmens systematisch zu integrieren. Reicht bei einem sporadischen Auftreten von Kompensationsgeschäften eine ad-hoc-Abstimmung der tangierten Unternehmensbereiche aus, so ist diese Lösung bei einer regelmäßigen Beteiligung an Kompensationsgeschäften nicht mehr effizient.

Charakteristisch für Gegengeschäfte - im Vergleich zu isolierten Import- bzw. Exportgeschäften - ist die Tatsache, daß die Anzahl der betroffenen Unternehmensbereiche i. d. R. größer ist (vgl. *Schuster*, 1988b, S. 129 und 133): Beteiligt sind meist
- der Absatz (bezüglich der Export-Transaktion),
- der Einkauf (bezüglich der Import-Transaktion),
- die Finanzierung (insbesondere im Falle der Industriekompensation) und
- die Fertigung, sofern die Gegenwaren in den eigenen Produktionsprozeß eingesetzt werden. Eine Koordination der Aktivitäten in diesen Unternehmensbereichen ist daher eine Mindestanforderung, die bei der Abwicklung von Kompensationsgeschäften an die Organisation eines Unternehmens gestellt werden muß. Bei häufigem Auftreten von Kompensationsgeschäften und größeren Vertragsvolumina empfehlen sich jedoch weitergehende Organisationsmodelle wie eine Countertrade-Abteilung oder gar eine eigene Countertrade-Tochtergesellschaft.

Im folgenden sollen die grundsätzlichen Möglichkeiten zur Einbindung von Kompensationsgeschäften in die Organisationsstruktur eines Unternehmens diskutiert werden; dabei lassen sich die einzelnen Formen danach gliedern,
- ob Kompensationsgeschäfte innerhalb der bestehenden Organisationsstruktur abgewickelt werden, oder
- ob eine Neuausrichtung der Organisationsstruktur im Hinblick auf Kompensationsgeschäfte erfolgt.

Zur Beurteilung der jeweiligen Eignung der einzelnen Formen werden dabei die Erfahrungen der von der Verfasserin befragten Unternehmen herangezogen. Sofern nicht anders angegeben, beruhen die folgenden Ausführungen auf Aussagen der Befragten, welche zwecks Wahrung der Anonymität nicht namentlich genannt werden.

2. Möglichkeiten und Grenzen der organisatorischen Einbindung von Kompensationsgeschäften in das Unternehmen

a. Abwicklung innerhalb der bestehenden Organisationsstruktur

Eine erste Möglichkeit besteht darin, die mit Kompensationsgeschäften verbundenen Aktivitäten innerhalb der im Unternehmen bereits vorhandenen Abteilungen abwickeln zu lassen. In der Praxis gebräuchlich sind dabei folgende Formen:

Zuordnung zum Vertrieb
Die "klassische" Variante bei der Abwicklung von Kompensationsgeschäften besteht darin, die Planung und Durchführung von Countertrade-Projekten der Vertriebsabteilung zu überlassen oder einem Spezialisten, der unmittelbar der Vertriebsleitung unterstellt ist und evtl. sogar mit einem Vetorecht ausgestattet ist. Diese in der betrieblichen Praxis weit verbreitete Form liegt insofern nahe, als Kompensationsforde-

rungen meist dem Verkauf gestellt werden; allerdings ist sie mit schwerwiegenden Problemen verbunden:

- Der dem Verkauf innewohnende Druck, Verträge abzuschließen, führt oftmals dazu, daß über die Kompensationsquote sowie über die Zusammenstellung des Warenkorbs nicht hart genug verhandelt wird (vgl. *Schuster*, 1988b, o. S.).
- Aus Unkenntnis der Verwendungsmöglichkeiten der Gegenwaren und des Bedarfs des Einkaufs werden Klauseln unterschrieben, die der Einkauf gar nicht erfüllen kann; nicht verwendbare Gegenwaren nachträglich auf dem Markt unterzubringen ist jedoch häufig nur mit enormen Abschlägen möglich.

Zuordnung zum Einkauf

Eine alternative Möglichkeit ist die Ansiedlung von Kompensationsgeschäften beim Einkauf oder bei der Materialwirtschaft. Vorteilhaft ist dabei der direkte Einfluß auf die Beschaffung: Ein beim Einkauf angesiedelter Kompensateur kann die Einkäufer veranlassen, bisher anderswo beschaffte Teile im Wege der Kompensation zu beziehen. Als nachteilig erweisen sich jedoch folgende Punkte:

- Aus der Sicht des Einkaufs ergeben sich durch Kompensationsgeschäfte oftmals beschaffungspolitische Nachteile, z. B. aufgrund mangelhafter Qualität, überhöhter Preise oder der mangelnden Ausnutzung von Rabatten bei den Stammlieferanten; dies führt dazu, daß Kompensationsgeschäfte negativ beurteilt werden und das Bestreben des Einkaufs daher dahin zielt, solche Geschäfte nach Möglichkeit zu vermeiden. Aus absatzpolitischer Sicht möglicherweise lukrative Geschäfte werden aus diesem Grunde u. U. von vornherein abgelehnt (vgl. hierzu *Schuster*, 1988b, o. S.).
- Der Einkauf ist i. d. R. nicht in der Lage, nach alternativen Verwendungsmöglichkeiten der angebotenen Gegenwaren zu suchen; ein Vertrieb im eigenen Namen oder die Zwischenschaltung eines Fremdkompensateurs sind Maßnahmen, die durch einen Einkäufer aufgrund eines mangelnden Marktüberblicks i. d. R. nicht in Erwägung gezogen werden.
- Vom Persönlichkeitsbild her sind Einkäufer eher konservativ eingestellt und wenig kreativ; Kreativität und Flexibilität sind jedoch unbedingt erforderlich, will man Kompensationsgeschäfte erfolgreich abwickeln.

Zuordnung zum Finanzbereich

Dieser Variante liegt die Auffassung zugrunde, Kompensationsgeschäfte seien eine alternative Form der Exportfinanzierung (vgl. *Schuster*, 1988b, S. 131). Mag der Finanzierungsaspekt bei langfristig angelegten industriellen Großprojekten bei beiden Geschäftspartnern eine zentrale Rolle spielen, so entspringt die Reduzierung von Kompensationsgeschäften auf den rein finanziellen Bereich einer eher kurzsichtigen Denkweise:

- Marketingpolitische Aspekte, wie z. B. das Eindringen in einen neuen Markt - auch im Hinblick auf die Erlangung von Folgeaufträgen - werden völlig außer acht gelassen.

- Die Betrachtung von Kompensationsgeschäften als reines Finanzierungsinstrument ist in vielen Fällen sogar völlig falsch: Zwar können Gegengeschäfte gelegentlich die Finanzierung durch den ausländischen Partner erleichtern oder gar erst ermöglichen, allerdings werfen sie aufgrund der mittlerweile gestiegenen Komplexität von Kompensationsverträgen eine ganze Reihe zusätzlicher Finanzierungsfragen auf, so daß Kreditinstitute, staatliche oder private Exportkreditversicherungen u. ä. hinzugezogen werden müssen.
- Viele ausländische Partner streben durch das Stellen von Kompensationsforderungen nicht so sehr eine Erleichterung der Finanzierung ihrer Importe an, sondern erwarten vielmehr Marketing-Unterstützung für den Absatz ihrer Gegenwaren (*Schuster*, 1988b, S. 131 f.). Eine Abwicklung von Kompensationsgeschäften durch die Finanzierungsabteilung ist in dieser Hinsicht wohl kaum hilfreich.

Zuordnung zur Vertragsabteilung
Diese Variante wird beispielsweise bei Dornier praktiziert. Der Vorteil liegt darin, daß man Liefer- und Leistungsverträge "aus einer Hand" mit Kompensationsverträgen koppeln kann; die häufig vorhandenen "Tücken" in Kompensationsverträgen können überdies von der Vertragsabteilung eher erkannt werden. Nachteilig ist jedoch der mangelnde Zugriff auf die betroffenen Abteilungen.

Insgesamt betrachtet kann die Abwicklung von Kompensationsgeschäften innerhalb der vorhandenen Organisationsstruktur eines Unternehmens dann sinnvoll sein, wenn das Unternehmen nur vergleichsweise selten mit Kompensationsgeschäften konfrontiert wird; unabhängig davon, welche Abteilung mit dem Abschluß und der Durchführung von Kompensationsgeschäften betraut ist, sollte jedoch die Abstimmung mit allen tangierten Unternehmensbereichen gesichert sein. Dazu gehört beispielsweise, daß der Verkauf - an den i. d. R. die Kompensationsforderungen vom ausländischen Partner gestellt werden - sich rechtzeitig mit dem Einkauf, ggf. mit dem Finanzbereich und - nach Abstimmung mit dem Einkauf - mit potentiellen Abnehmern für die Gegenwaren und mit Fremdkompensateuren in Verbindung setzt. Die Aktivitäten der beteiligten Unternehmensbereiche sollen dabei dahingehend koordiniert werden, daß auf die Erreichung von **Unternehmenszielen** abgezielt wird, nicht auf die Erfüllung individueller Bereichsziele. Aus diesem Grunde ist die Rentabilität der Beschaffungs- und der Absatztransaktion **simultan** zu betrachten (vgl. hierzu auch die Ausführungen im 3. und 4. Teil); eine isolierte Optimierung der Export- bzw. der Importtransaktion wird i. d. R. aus gesamtunternehmerischer Sicht zu nur suboptimalen Ergebnissen führen.

b. Neuausrichtung der Unternehmensorganisation auf die Erfordernisse von Kompensationsgeschäften

Insbesondere bei solchen Unternehmen, die vergleichsweise häufig Kompensationsforderungen zu erfüllen haben, empfiehlt es sich, Countertrade zu institutionalisieren und in die Organisationsstruktur des Unternehmens offiziell zu verankern. So zeigte eine empirische Untersuchung von *Huszagh* und *Barksdale* aus dem Jahre 1986, daß Unternehmen, die stark in Countertrade engagiert sind, spezielle organisatorische Strukturen aufweisen (vgl. *Huszagh/Barksdale*, 1986, S. 24 f.). Hierfür sind grundsätzlich folgende Möglichkeiten gegeben:

Countertrade-Projektteams
Für Unternehmen, die sich zwar regelmäßig an Kompensationsgeschäften beteiligen, für die jedoch diese Geschäftsform im Vergleich zu den unverbundenen Geschäften eine volumenmäßig nur untergeordnete Bedeutung hat, können anstehende Kompensationsgeschäfte in Projektform geplant und abgewickelt werden (vgl. hierzu *Schuster*, 1988b, S. 133 f.): Nach Bekanntwerden der Kompensationsforderung werden - vorab bestimmte - Mitarbeiter aus allen betroffenen Unternehmensbereichen für die Dauer des Projekts zu einem Countertrade-Team zusammengefaßt, das die Aufgabe hat, das Projekt auf seine Realisierbarkeit hin zu überprüfen und ggf. zu gestalten und abzuwickeln. Die konkreten Vertragsverhandlungen können grundsätzlich nach wie vor der bisher zuständigen Abteilung, z. B. dem Verkauf, überlassen werden; diese soll jedoch vor Vertragsabschluß die Zustimmung des Countertrade-Teams einholen.

Diese Variante hat den Vorteil, daß eine weitreichende organisatorische Umwälzung nicht erforderlich ist; außerdem kann das Team jederzeit wieder aufgelöst werden, z. B. dann, wenn die Überprüfung des Projekts ergibt, daß das Geschäft keine Aussichten auf Erfolg hat. Insofern ist diese Form kostengünstig. Nachteilig sind der oftmals erhöhte Zeitaufwand aufgrund langwieriger Abstimmungs- und Entscheidungsprozesse zwischen den beteiligten Stellen sowie ggf. unklare Kompetenzabgrenzungen und Weisungsbefugnisse. Außerdem besteht die Gefahr, daß die dem Countertrade-Team zugehörigen Mitarbeiter bei häufigem Auftreten von Kompensationsgeschäften ihre ursprünglichen Aufgaben nicht mehr wahrnehmen können.

Countertrade-Beauftragter
Aufgrund der oben genannten Probleme bei der Abwicklung von Kompensationsgeschäften durch Countertrade-Teams ist man in vielen Unternehmen dazu übergegangen, eine gesonderte Stelle einzurichten, die ausschließlich mit der Planung und Durchführung von Kompensationsgeschäften betraut ist. Je nach der organisatorischen Eingliederung dieser Stelle in das Unternehmen - ob z. B. als Stab oder als Linieninstanz - reichen die Kompetenzen des Countertrade-Beauftragten von der bloßen Koordination der betroffenen Unternehmensbereiche bis hin zur gesamten Abwicklung einschließlich der Führung und des Abschlusses von Vertragsverhandlungen. Zu seinen Funktionen gehören üblicherweise (vgl. *Schuster*, 1988b, S. 134 ff.):

- die Koordination der Aktivitäten der tangierten Abteilungen bzw. (falls vorhanden) des Countertrade-Projektteams;

- die systematische Erfassung und Aufbereitung der für Countertrade relevanten Daten;
- die Herstellung und Pflege von Kontakten mit Handelsfirmen, externen Kompensationsspezialisten, Finanzierungsinstituten;
- die Informationsbeschaffung über interessante ausländische Märkte und die dort ansässigen potentiellen Lieferanten und Kunden;
- die Vermittlung zwischen den von Kompensationsgeschäften betroffenen Abteilungen und der Geschäftsleitung; zu diesem Zweck sollte der Countertrade-Beauftragte in der Unternehmenshierarchie möglichst hoch angesiedelt sein.

Vorteilhaft ist bei dieser Organisationsform, daß alle beteiligten unternehmensinternen und -externen Stellen einen kompetenten Gesprächspartner in kompensationsspezifischen Fragen haben; unklare Zuständigkeiten und Kompetenzabgrenzungen wie bei der Team-Lösung entfallen. Als nachteilig kann sich die Überlastung dieser Stelle auswirken, insbesondere dann, wenn eine Vielzahl ausländischer Märkte mit jeweils unterschiedlichen Anforderungen bearbeitet werden muß und wenn Kompensationsgeschäfte im Unternehmen sehr häufig vorkommen. Selbst bei Großunternehmen ist die Abwicklung von Kompensationsgeschäften durch eine einzige Stelle jedoch oftmals ausreichend: So ist bei einem der befragten Unternehmen keine eigenständige Countertrade-Abteilung vorhanden, die gesamte Koordination und Abwicklung wird von einer einzigen Stelle wahrgenommen. Der Stelleninhaber gibt bei einem anstehenden Kompensationsgeschäft die damit verbundenen Aufgaben an diejenigen Mitarbeiter weiter, die die Aufgaben im konkreten Fall am besten erfüllen können. Dies sei nicht nur effizienter, sondern auch wesentlich kostengünstiger: Ein in einer Kompensationsabteilung beschäftigter Mitarbeiter verursacht Personalkosten von mindestens 150.000 DM pro Jahr, bei einer 10-Personen-Abteilung wären es also bereits 1,5 Mio. DM jährlich. Dies seien jedoch nichts anderes als indirekte Stützungssätze: Bei einem "üblichen" Gegengeschäftsvolumen von einigen Hunderttausend DM jährlich führt dies leicht dazu, daß die kompensationsspezifischen Kosten insgesamt um ein Vielfaches steigen. Der Befragte führt die Beliebtheit von großen Kompensationsabteilungen auf das Prestigedenken einiger Unternehmen zurück.

Countertrade-Abteilung
Bei größeren Countertrade-Volumina ist es möglicherweise sinnvoll, eine eigenständige Abteilung mit mehreren Mitarbeitern einzurichten. Wie der Countertrade-Beauftragte sollte diese Abteilung in der Unternehmenshierarchie möglichst weit oben angesiedelt sein (*Schuster*, 1988b, S. 136); die von der Countertrade-Abteilung wahrzunehmende Aufgaben - ob nur Planung und Koordination, oder auch Vertragsverhandlung und Vertragsabschluß - entsprechen denjenigen eines einzelnen Countertrade-Beauftragten und sind davon abhängig, ob sie als Stabsabteilung geführt wird oder in der Linie angesiedelt ist. Auch bei Vorhandensein einer Countertrade-Abteilung ist der ergänzende Einsatz von Countertrade-Teams grundsätzlich denkbar; die Möglichkeiten der organisatorischen Einbindung von Countertrade-Teams in die Or-

ganisationsstruktur eines Unternehmens sind in den *Abbildungen 2.10* und *2.11* dargestellt.

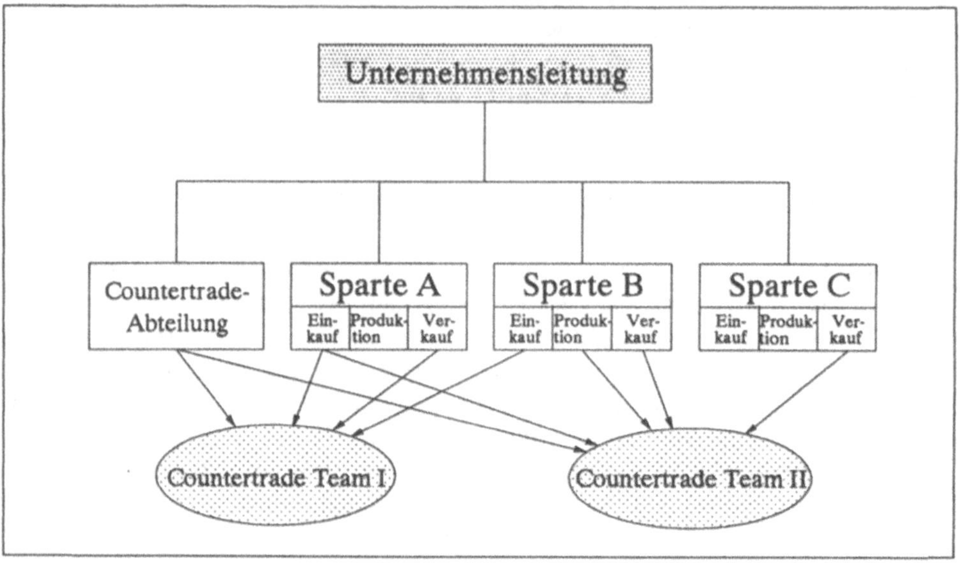

Quelle: In Anlehnung an *Schuster*, 1988b, S. 137.

Abb. 2.10: Countertrade-Abteilung und Countertrade-Teams in einer Spartenorganisation

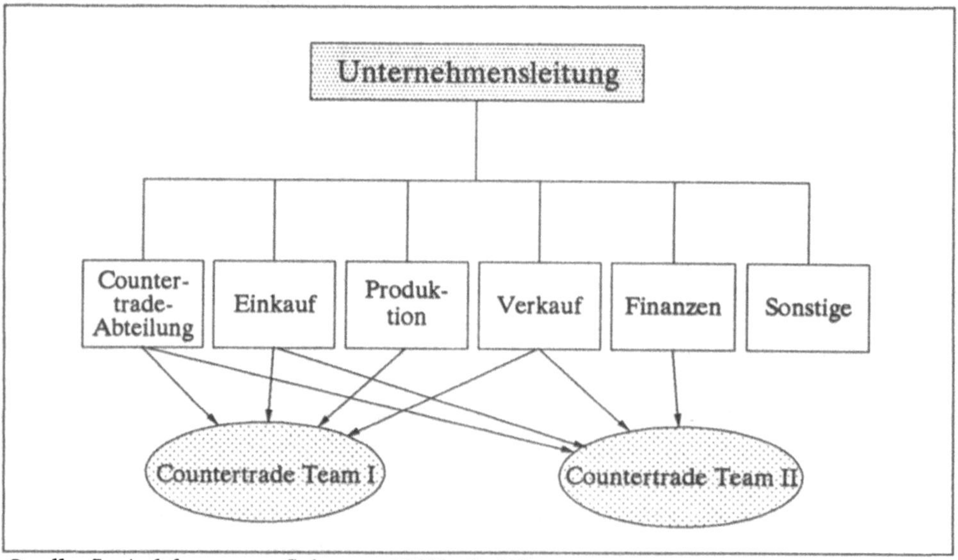

Quelle: In Anlehnung an *Schuster*, 1988b, S. 138.

Abb. 2.11: Countertrade-Abteilung und Countertrade-Teams in einer funktionalen Organisation

Grundsätzlich kann eine Countertrade-Abteilung sowohl als Cost Center als auch als Profit Center geführt werden. Bei einer Umfrage von *Business International* aus dem Jahre 1984 wiesen 41 Unternehmen ihre Countertrade-Abteilung als Profit Center und 57 Unternehmen als Cost Center aus. Im Rahmen des **Cost-Center-Konzepts** dient die Countertrade-Abteilung nur der Marketing-Unterstützung und operiert aufgrund von Zielvorgaben bzgl. der zu erbringenden Dienstleistung im Rahmen der ihr zugestandenen Kosten; dabei wird versucht, die verursachten Kosten soweit wie möglich auf die Gegenlieferungen umzuschlagen (vgl. *Goldsmith*, 1982, S. 42). Nach diesem Muster arbeiten beispielsweise Coca Cola und Pepsi. Beim **Profit-Center-Konzept** besitzt dagegen die Countertrade-Abteilung Gewinnverantwortung; oft wird ihr in diesem Fall auch die Möglichkeit eingeräumt, ihre Dienste an Drittparteien anzubieten. Eine vergleichende Gegenüberstellung der beiden Konzepte findet sich in *Tabelle 2.9*.

	Cost-Center	**Profit-Center**
Vorteile	• einfacher Einstieg in die interne Countertrade-Abwicklung • Beurteilung nur nach der Effizienz der Leistungserbringung für andere, daher keine Interessenkollisionen • flexibler Aufbau und Auflösung der Countertrade-Einheit möglich • Möglichkeit, operative Funktionen und Prozesse zu gestalten • Möglichkeit zur späteren Umwandlung in ein Profit-Center • für divisional organisierte Unternehmen geeignet	• Leistungsanreiz kann größer sein, wenn genügend Erfahrungen bei Kompensationsgeschäften vorhanden sind und Volumen groß genug ist • arbeitet gewinnorientiert, daher quasi "marktwirtschaftliche" Steuerung • die eigenständige Leitung der Countertrade-Einheit kann manifestiert werden • Möglichkeit, unabhängig der Muttergesellschaft langfristige Strategien zu entwickeln • für große, funktional organisierte Unternehmen geeignet
Nachteile	• geringer Leistungsanreiz, da der Nutzen nicht bewertet wird • Leistungsmessung der Mitarbeiter ist schwierig • erfordert ein hohes Maß an Loyalität und Kooperationsbereitschaft • die Countertrade-Mitarbeiter können aufgrund von Unverständnis seitens der Linienmanager in die Organisationsstruktur "versinken"	• kann nicht von Anbeginn als Profit-Center geführt werden • Interessenkonflikte mit anderen Abteilungen sind möglich, die Zusammenarbeit kann behindert werden • Gefahr der Verselbständigung und der Kollision mit Unternehmenszielen • Probleme bei der Zurechnung von Erlösen und Kosten • Countertrade-Einheit ist für das Image der Unternehmung wichtig und darf nicht kurzfristigem Gewinnstreben "geopfert" werden

Quelle: In Anlehnung an *Samsinger*, 1986, S. 233 und *Welt*, 1985, S. 72.

Tab. 2.9: Vergleichende Beurteilung des Cost-Center- und des Profit-Center-Konzepts zur Führung einer Countertrade-Abteilung

Countertrade-Tochtergesellschaft
Eine weitere Alternative ist die Gründung oder der Zukauf einer rechtlich selbständigen Countertrade-Gesellschaft, die für das Unternehmen den gesamten Kompensationshandel abwickelt; dies ist bei einem der befragten Unternehmen der Fall. Die Countertrade-Tochtergesellschaft wickelt nicht nur für den Konzern, sondern auch - als selbständige Tochter mit Gewinnverantwortung - für externe Unternehmen Kompensationsgeschäfte ab.

Für multinationale Konzerne mit einem großen Kompensationsvolumen ist eine eigene Countertrade-Tochter sicherlich zu erwägen, wenn auch eine solche Tochtergesellschaft eine hausinterne Abteilung nicht ersetzen kann: Vielmehr ist es in der Praxis so, daß die Kompensationsforderung zunächst an die hausinterne Abteilung herangetragen wird; diese wiederum setzt sich mit der Countertrade-Gesellschaft in Verbindung, letztere wickelt dann das Geschäft ab, sucht nach potentiellen Käufern für die Gegenware usw.

Die interne Organisation einer solchen Countertrade-Gesellschaft kann so aussehen, daß eine regionale Aufgliederung der Zuständigkeiten erfolgt. So hat die befragte Handelsfirma in Berlin ein Büro, das ausschließlich die ehemaligen RGW-Staaten und die übrigen kommunistischen Länder betreut, während die Niederlassung in Stuttgart die Geschäfte mit Afrika, Nahost, Mittelost, Fernost, Westeuropa und Südamerika abwickelt; für jedes Land bzw. jede Ländergruppe sind jeweils Länderexperten zuständig, die über die einzelnen Länder ein umfassendes Know-how besitzen. Der Vertriebsbeauftragte eines Unternehmens setzt sich mit der Handelsfirma in Verbindung, die Anfrage wird sofort an den zuständigen Länderexperten weitergeleitet. Dieser prüft die Kompensationsverpflichtung und sucht im betreffenden Land aktiv Gegenwaren sowie hierfür potentielle Käufer.

Oft sind Verträge über attraktive Gegenwaren bereits vorhanden, dann kann die Firma auf das betreffende ausländische Ministerium Druck ausüben, Konzernprodukte zu beziehen; oder aber die Gelder aus dem Verkauf der Gegenwaren werden auf Treuhandkonten eingezahlt und stehen dann für Bezüge des Partnerlands vom Konzern später zur Verfügung. Damit kann die Handelsfirma nicht nur Kompensationsgeschäfte abwickeln, sondern auch neue Geschäftsabschlüsse vermitteln, ihre Aufgaben sind also viel weitreichender als die einer hausinternen Abteilung.

3. Teil: Die Planung internationaler Kompensationsgeschäfte

Ziel der folgenden Ausführungen ist die Erarbeitung einer systematischen, rationalen Vorgehensweise zur Planung von Kompensationsgeschäften. Zunächst wird in Kapitel A ein Überblick über den allgemeinen Ablauf und die verschiedenen Aktionsparameter von Kompensationsgeschäften gegeben. In den sich anschließenden Kapiteln B und C wird die Planung eines Kompensationsgeschäfts zunächst aus der Sicht eines ausländischen Nachfragers, dann aus der Sicht eines westlichen Anbieters dargestellt (die Bezeichnungen "Anbieter" und "Nachfrager" werden im Rahmen dieser Arbeit auf die Hauptleistung bezogen). Aufgrund der überragenden Bedeutung der Preisfindung bei internationalen Kompensationsgeschäften wird diese gesondert im 4. Teil behandelt.

A. Überblick über Aktionsparameter und Handlungsalternativen von Kompensationsgeschäften

I. Der allgemeine Ablauf eines Kompensationsgeschäfts

Wie aus den vorangegangenen Ausführungen bereits deutlich wurde, umfassen Kompensationsgeschäfte eine Vielzahl von Teilentscheidungen sowohl auf der Seite des ausländischen Nachfragers als auch auf der Seite des westlichen Anbieters. Trotz der Vielzahl an Erscheinungsformen solcher Geschäfte läßt sich deren Ablauf weitgehend verallgemeinern; *Abbildung 3.1* zeigt den grundsätzlichen Ablauf eines Kompensationsgeschäfts im Überblick.

Der Anstoß zu einem Kompensationsgeschäft geht im Regelfall vom **ausländischen Nachfrager** aus. Vor der eigentlichen Entscheidung über die Durchführung eines Kompensationsgeschäfts hat er zunächst über das heranzuziehende Vergabeverfahren zu befinden (vgl. Abschnitt B.I.); im Falle einer beschränkten Ausschreibung oder einer freihändigen Vergabe hat er eine Vorauswahl der potentiellen Anbieter zu treffen (die Vorauswahl der Geschäftspartner wird zusammen mit der Feinauswahl und der Auftragsvergabe in Abschnitt B.III. behandelt). Nach der Grundsatzentscheidung

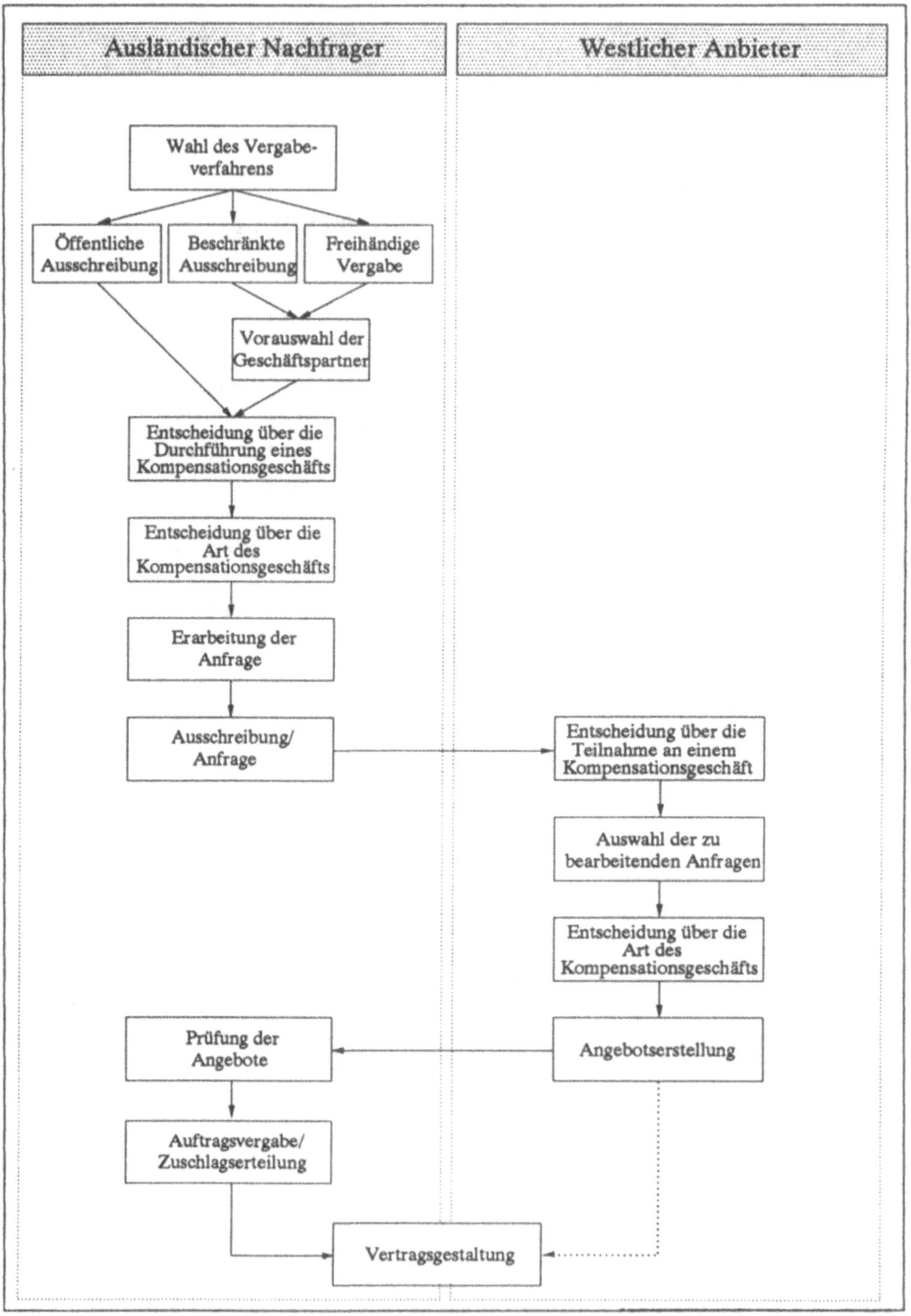

Abb. 3.1: Der allgemeine Ablauf eines Kompensationsgeschäfts

über die Durchführung eines Kompensationsegschäfts (vgl. Abschnitt B.II.) wird die Anfrage erarbeitet; im Anschluß daran erfolgt die Ausschreibung bzw. die Anfrage.

Nach Eingang der Anfrage hat nun der **westliche Anbieter** zu entscheiden, ob ein Kompensationsgeschäft für ihn überhaupt in Frage kommt (vgl. Abschnitt C.I.). Nach positivem Ausgang der Entscheidung über die Teilnahme an einem Kompensationsgeschäft ist (sind) die eingegangene(n) Anfrage(n) zu prüfen; ggf. ist eine Auswahl zu treffen (vgl. Abschnitt C.II.). Sofern bei den verbleibenden Anfragen ein Spielraum besteht, hat der westliche Anbieter anschließend über die Art des Kompensationsgeschäfts zu befinden (vgl. Abschnitt C.III.); im Anschluß daran erfolgt die Angebotserstellung.

Die beim **ausländischen Nachfrager** eingegangenen Angebote werden nun von ihm geprüft; in Abhängigkeit des Zuschlagskriteriums erfolgt anschließend die Auftragsvergabe (vgl. Abschnitt B.III.). **Beide Partner** beteiligen sich schließlich an der Vertragsgestaltung; hier werden die Details wie Art und Menge der Gegenwaren, Pönalen, Preise usw. festgelegt (eine ausführliche Betrachtung der Preisfindung bei internationalen Kompensationsgeschäften erfolgt im 4. Teil).

Eine kurze Charakterisierung der einzelnen Handlungsalternativen und Aktionsparameter von Kompensationsgeschäften erfolgt im nachfolgenden Unterabschnitt 2.; dabei wird zwischen Entscheidungen im Vorfeld eines Kompensationsgeschäfts und Entscheidungen im Zusammenhang mit der Gestaltung des Kompensationsvertrags unterschieden.

II. Entscheidungen im Vorfeld eines Kompensationsgeschäfts

1. Die Entscheidung über die Durchführung eines Kompensationsgeschäfts

Die Entscheidung über die Durchführung eines Kompensationsgeschäfts stellt sich zunächst beim ausländischen Nachfrager. Nach Feststellung eines Bedarfs nach einem (westlichen) Produkt hat er jedoch vorab über das **Vergabeverfahren** zu befinden: öffentliche Ausschreibung, beschränkte Ausschreibung oder freihändige Vergabe (eine ausführliche Darstellung der einzelnen Vergabeverfahren findet sich bei *Berndt*, 1988, S. 30 ff.; vgl. hierzu auch die Ausführungen in Unterabschnitt B.I.1.a. in diesem Teil). Die Wahl des Vergabeverfahrens stellt sich im Prinzip unabhängig davon, ob die nachgefragte Hauptleistung im Wege eines Kompensationsgeschäfts oder eines herkömmlichen Importgeschäfts bezogen werden soll, sie ist also nicht direkt der Planung eines Kompensationsgeschäfts i. e. S. zuzuordnen. Da das herangezogene Vergabeverfahren jedoch den für die nachgefragte Leistung zu erwartenden Preis maßgeblich beeinflußt (vgl. hierzu Unterabschnitt B.I.1.b.), dieser wiederum in die Wirtschaftlichkeitsanalyse im Zusammenhang mit der Entscheidung über die Durchführung eines Kompensationsgeschäft einfließt (vgl. Unterabschnitt B.I.2.b.dd.), sollte das Vergabeverfahren zweckmäßigerweise vorab festgelegt werden. Welches Vergabeverfahren zu wählen ist, ist teilweise - bei öffentlichen Nachfragern - gesetzlich vorgeschrieben; ansonsten kommen Kriterien wie Art der Leistung, Umfang der Leistung, Dringlichkeit, spezielle Erfordernisse wie besondere Leistungsfähigkeit oder Geheimhaltung sowie ggf. vorhandene Schutzrechte wie Patente oder Gebrauchsmuster zur Anwendung.

Im Anschluß an die Wahl des Vergabeverfahrens hat der ausländische Nachfrager grundsätzlich zu überprüfen, ob er das betreffende Produkt im Wege eines herkömmlichen Importgeschäfts beziehen oder ob er die Importtransaktion im Rahmen eines Kompensationsgeschäfts abwickeln soll. Die entscheidungsrelevanten Kriterien lassen sich aus den **Zielen** ableiten - in diesem Fall vor allem, ob vorwiegend beschaffungspolitische oder auch absatzpolitische Ziele verfolgt werden; zu beachten sind dabei die entscheidungsrelevanten **Daten** wie z. B. Verschuldungsgrad, Devisenbestand und etwaige vorhandene Handelshemmnisse. Hat sich der ausländische Nachfrager für die Durchführung eines Kompensationsgeschäfts entschieden, so hat er anschließend über die konkrete **Form** zu befinden. Bei der Handelskompensation ist beispielsweise zwischen Barter oder Gegenkaufgeschäft, bei der Industriekompensation zwischen Buy-back- und Offset-Geschäft zu entscheiden. Die Entscheidung wird maßgeblich von den verfolgten Zielen bestimmt, beispielsweise davon, ob die Deviseneinsparung oder der Technologie-Transfer im Vordergrund stehen.

Auch der westliche Anbieter hat zu entscheiden, ob er sich an Kompensationsgeschäften beteiligen soll. Einige Firmen - wie z. B. IBM - lehnen Gegengeschäfte grundsätzlich ab; als Grund wird häufig die Furcht vor Imageeinbußen genannt, da Kompensationsgeschäfte, trotz ihrer mittlerweile hohen Verbreitung, immer noch negative Assoziationen wecken. In anderen Fällen ist die Teilnahme an Kompensationsgeschäften aufgrund ungünstiger Rahmenbedingungen nicht möglich: Beispielsweise fehlt es in vielen kleinen und mittelständischen Unternehmen an dem erforderlichen Knowhow sowie an den Kontakten zu Dritten, die für eine erfolgreiche Abwicklung von Kompensationsgeschäften unabdingbar sind.

2. Die Wahl der Kompensationspartner

Auf der Seite des ausländischen Nachfragers stellt sich die Auswahl der Geschäftspartner in einer ersten Stufe im Falle einer beschränkten Ausschreibung oder einer freihändigen Vergabe in Form einer **Vorauswahl** der potentiellen Anbieter; hierfür sind i. w. die üblichen Kriterien zur Lieferanten-Vorauswahl heranzuziehen wie z. B. Preis, Qualität, Service u. a. (vgl. *Berndt*, 1988, S. 119 ff.). Bei öffentlichen oder beschränkten Ausschreibungen erfolgt nach Eingang und Prüfung der Angebote die **Zuschlagserteilung**, wobei i. d. R. der wirtschaftlichste Anbieter den Zuschlag erhält. Die Auftragsvergabe bei freihändigen Vergaben ist dagegen das Ergebnis von **Verhandlungen.**

Die Wahl der Geschäftspartner seitens des westlichen Anbieters ist ebenfalls mehrstufig. Zunächst hat er darüber zu befinden, mit welchen Ländern er überhaupt Geschäftsbeziehungen knüpfen will (**Länderselektion**). In einem weiteren Schritt hat er eine **Grobauswahl der zu bearbeitenden Anfragen** vorzunehmen; hier sind bei der Entscheidungsfindung simultan die Beschaffungs- und die Absatztransaktion zu betrachten. In einem letzten Schritt hat der westliche Anbieter bei den verbleibenden Anfragen eine **Detailauswahl** nach ökonomischen Kriterien zu treffen; hierfür ist auch zu prüfen, welche Gegenwaren-Lieferanten bei den einzelnen Geschäften wünschenswert sind. Besonders wichtig ist es in diesem Zusammenhang, zu klären, ob die anvisierten Lieferanten und damit verbunden der angestrebte Warenkorb vom ausländischen Nachfrager genehmigt werden, da viele Länder diesbezüglich schon in den Ausschreibungsunterlagen sehr restriktive Bedingungen stellen; i. d. R. bestehen jedoch durchaus Verhandlungsspielräume. Die endgültige Auswahl der zu bearbeitenden Anfragen kann erst dann erfolgen, wenn das Problem der Gegenwaren-Lieferanten erfolgversprechend geklärt ist.

III. Die Gestaltung des Kompensationsvertrags

1. Überblick

Die Gestaltung des Kompensationsvertrags umfaßt eine Vielzahl von Teilverträgen, die die einzelnen Bestandteile eines Kompensationsgeschäfts regeln. Die Anzahl der Verträge und deren konkrete Ausgestaltung ist in erster Linie von der Form der Gegengeschäftstransaktion abhängig (eine sehr ausführliche Darstellung der verschiedenen Vertragsstrukturen bei internationalen Kompensationsgeschäften und der damit verbundenen juristischen Implikationen findet sich bei *Bopp*, 1992). Geht man von der Form eines **Parallelgeschäfts** aus, so ergibt sich die Grundstruktur der *Abbildung 3.2.* In der Regel werden folgende Verträge abgeschlossen (vgl. *Schuster*, 1988b, S. 119 f.; *Hobér*, 1987, S. 28 f.):

- Die Export-Transaktion wird durch einen Exportvertrag geregelt, der die Modalitäten des Verkaufs von Waren eines westlichen Unternehmens an die Außenhandelsorganisation des Partnerlandes festlegt.
- Ergänzt wird der Export-Vertrag durch einen Transport-, einen Kredit- und einen Versicherungsvertrag.
- Der Gegengeschäftsvertrag wird i. d. R. in Form eines Import-Rahmenvertrags ausgestaltet, in dem sich das westliche Unternehmen zur Abnahme bestimmter Gegenlieferungen verpflichtet. Der Vertrag muß einen Hinweis enthalten, daß die Erfüllung des Gegengeschäfts vom erfolgreichen Abschluß des Basisgeschäfts abhängig ist.

- Der Import-Rahmenvertrag wird durch einzelne Importverträge konkretisiert, in dem die Gegenlieferungen spezifiziert werden und in denen auch geregelt wird, ob weitere Geschäftsparteien einbezogen werden dürfen.
- Jeder Importvertrag wird durch Verträge ergänzt, die die Einschaltung von Fremdkompensateuren, den Transport, die Finanzierung und die Versicherung regeln.
- Ergänzend wird ein Protokoll aufgestellt, in dem ausdrücklich festgelegt wird, daß die Export- und die Importtransaktion im Rahmen eines Gegengeschäfts getätigt werden; beide Hauptverträge und das Protokoll werden gleichzeitig unterschrieben.

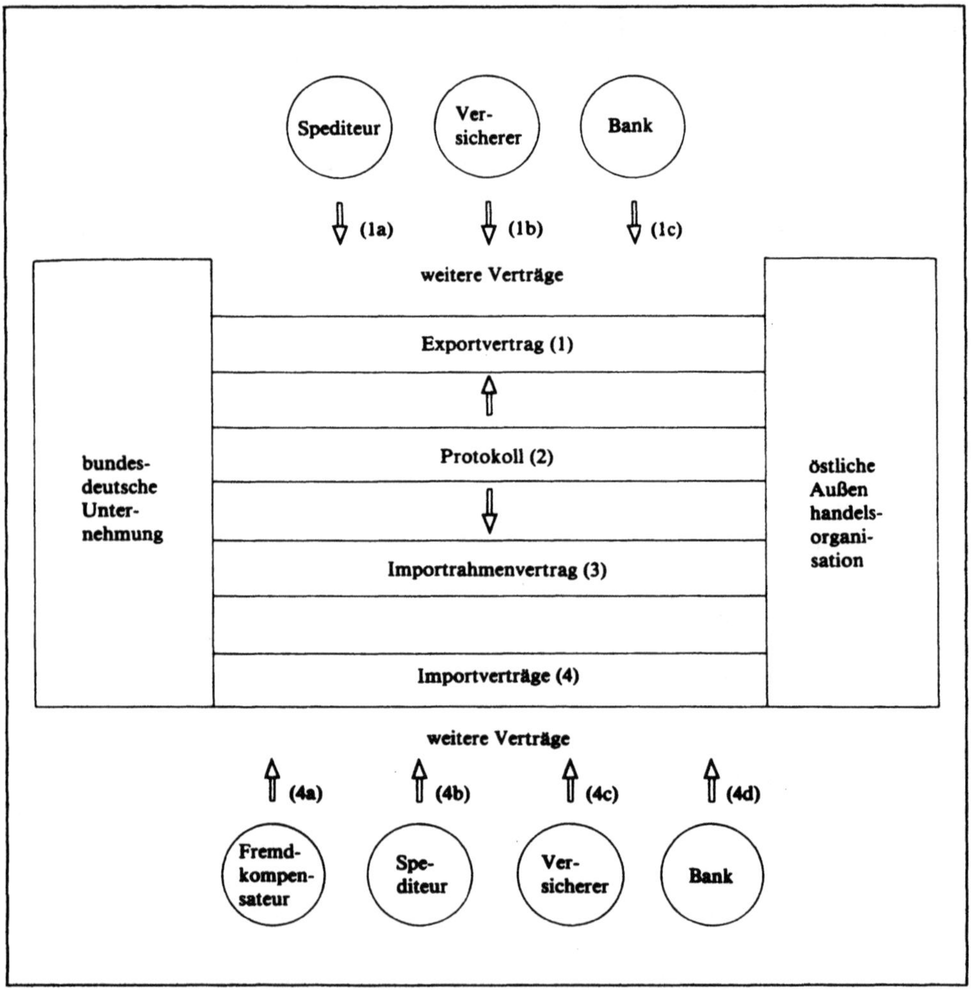

Quelle: *Schuster*, 1988b, S. 119.

Abb. 3.2: Der Vertragskomplex bei Kompensationsgeschäften

Sinnvollerweise sind dabei zunächst die Einzelheiten der Gegengeschäftsverpflichtung abzuklären, bevor der Basis-Exportvertrag endgültig konkretisiert wird. In den folgenden Unterabschnitten b. - g. soll auf die konkreten Vertragsinhalte eingegangen werden; i. e. handelt es sich um

- die Festlegung von Art und Mengen der ausgetauschten Güter,
- die Festlegung der Kompensationsquote,
- die Festlegung der Preise für Haupt- und Gegenlieferung,
- die Vereinbarung der Liefertermine,
- die Einigung über Transferklausel, Anrechnung und Destination der Gegenwaren,
- die Vereinbarung einer Pönale.

2. Die Festlegung von Art und Menge der ausgetauschten Güter

Der Bedarf der Hauptleistung nach Art und Menge steht bei einem Kompensationsvertrag bereits fest; dagegen kann in der Regel der Warenkorb für die Gegenleistung - unter der Nebenbedingung, daß die Kompensationsquote insgesamt erfüllt werden muß - aus einer Palette von Gütern ausgewählt werden (vgl. *Hobér*, 1987, S. 31). Die konkrete Auswahl des Warenkorbs nach Art und Mengen ist in erster Linie davon abhängig, ob die Waren im eigenen Produktions- oder Absatzprogramm aufgenommen werden können (Eigenkompensation); ist dies nicht möglich, bleibt als Alternative nur die Fremdkompensation übrig; hierfür sind jedoch an den Fremdkompensateur Stützungszahlungen zu leisten. In diesem Zusammenhang ist darauf hinzuweisen, daß rechtzeitig vor Vertragsabschluß Kontakt mit einem Fremdkompensateur aufgenommen werden sollte, um frühzeitig die Absatzmöglichkeiten der angebotenen Gegenwaren festzustellen. Aus der Sicht des westlichen Anbieters sind allgemein solche Gegenwaren vorzuziehen, die börsennotiert sind und sich ohne große Abschläge auf dem Weltmarkt absetzen lassen (z. B. Rohstoffe), oder aber solche, die - wie Halbfertigwaren - im Westen weiterverarbeitet werden können. Am schwierigsten ist der Absatz von technischen Gütern, da sie häufig den westlichen Standards nicht entsprechen (vgl. *Glied*, 1988, S. 7 und *Hobér*, 1987, S. 31).

Zu beachten ist dabei, daß erhebliche Unterschiede bestehen je nachdem, ob der ausländische Nachfrager eine staatliche Instanz oder ein privater Betrieb ist (vgl. hierzu *Reichardt*, 1990, S. 80 f.). Ist der Nachfrager eine staatliche Instanz, z. B. eine zentrale Außenhandelsorganisation oder ein Ministerium, so ist die Palette der angebotenen Gegenwaren relativ breit. Handelt es sich dagegen um einen einzelnen Betrieb, so ist der angebotene Warenkorb vergleichsweise eng definiert, so daß es u. U. schwieriger wird, Fremdkompensateure zu finden.

I. d. R. wird die Entscheidung mit dem Ziel der **Kostenminimierung** getroffen; bei der Möglichkeit der Aufnahme in das eigene Absatzprogramm kann aber auch das Ziel der **Gewinnmaximierung** verfolgt werden (vgl. die Ausführungen in Kapitel

C.). Als mögliche Restriktionen sind insbesondere Ein- und Ausfuhrbeschränkungen für bestimmte Waren in den einzelnen Ländern zu nennen, eine etwaige Verletzung von Schutzrechten (z. B. Patente) im Westen durch die ausländische Ware sowie unterschiedliche Normen (vgl. *Glied*, 1988, S. 7).

3. Die Festlegung der Kompensationsquote

Die Kompensationsquoten sind i. d. R. unterschiedlich je nachdem, ob man mit staatlichen Instanzen oder mit den einzelnen Betrieben verhandelt. So fordern die privaten Betriebe in den ehemaligen RGW-Ländern häufig höhere Kompensationsquoten (oft zwischen 125 und 150%), die nicht verhandlungsfähig sind. Der Grund liegt darin, daß die Betriebe von den Ministerien keine Devisen mehr erhalten; außerdem müssen sie einen Teil ihrer Deviseneinnahmen an Kommunen oder regionale Verwaltungen abführen. Dies führt dazu, daß die geforderten Kompensationsquoten vergleichsweise hoch sind (vgl. *Jalloh*, 1990, S. 139 f.; *Reichardt*, 1990, S. 66).

Zu beachten ist, daß häufig eine Abweichung zwischen geforderter, vertraglich vereinbarter und tatsächlich realisierter Kompensationsquote festzustellen ist (dieser Tatbestand wurde im Osthandel schon von *Altmann/Clement*, 1979, S. 38 ff. nachgewiesen). Der Grund ist insbesondere in der Schwerfälligkeit des Systems zu sehen: Es fehlen die Kontrollmechanismen, um die korrekte Erfüllung der Kompensationsverpflichtung zu überprüfen. Anders ist es im Falle einer gesetzlich vorgeschriebenen Kompensationsquote; diese ist dann nicht Verhandlungsgegenstand, sondern ein Datum.

In diesem Zusammenhang ist es auch unerläßlich, daß die Basis zur Berechnung der Kompensationsquote genau definiert wird. In der Praxis üblich sind folgende Varianten (vgl. *Hobér*, 1987, S. 30):
- reiner Warenwert,
- Wert frei Grenze,
- Warenwert einschließlich Versicherung, Verpackung etc.

Dies ist deswegen von Bedeutung, weil die Kompensationsquote den Gesamtwert der Gegenlieferung bestimmt, damit auch den Umfang der Preisstützung im Falle der Fremdkompensation. Je höher die Kompensationsquote ausfällt, umso höher werden i. d. R. auch die kompensationsspezifischen Kosten; diese sollten bei der Preiskalkulation für die Hauptleistung auch berücksichtigt werden.

4. Die Entscheidung über die zu fordernden Preise

In der Praxis wird der Preis für die **Hauptleistung** kostenorientiert angesetzt. Dabei werden Kompensationsgeschäfte i. d. R. als Zusatzaufträge aufgefaßt, d. h. angestrebt wird die Deckung der Einzelkosten einschließlich aller anfallenden kompensationsspezifischen Kosten wie Stützungen, Distributionskosten für die Gegenwaren etc. (vgl. *Neale/Shipley*, 1988, S. 59; zu den einzelnen anfallenden Kosten vgl. die Ausführungen in Unterabschnitt C.II.7. im 2. Teil).

Die Preise für die **Gegenwaren** werden oft im Vergleich zum Weltmarktpreis überhöht angesetzt, um den Schein des Werts der eigenen Produkte zu wahren. Zu beobachten ist aber auch das genaue Gegenteil, nämlich daß die Gegenwaren zu Dumpingpreisen angeboten werden; dies ist insbesondere bei Waren der Fall, die einem Preis- oder Quotenkartell unterliegen (vgl. *Hansson*, 1991, S. 31). Die Entscheidung über die zu fordernden Preise wird ausführlich im 4. Teil behandelt.

Bei langfristigen Kompensationsverträgen, z. B. in Form von Buy-back-Geschäften, ist ferner eine **Preisgleitklausel** zu vereinbaren, d. h. eine Klausel, daß die Preise jeweils den Marktverhältnissen angepaßt werden sollen. Beispielsweise sind die Preise für die Erdgaslieferungen der Ex-Sowjetunion im Zusammenhang mit dem schon erwähnten Erdgas-Röhren-Geschäft an den Welt-Erdölpreis gekoppelt. Bei börsennotierten Gütern ist bei Vereinbarung einer Preisgleitklausel ferner darauf zu achten, daß genau festgelegt wird, welche Börse zugrunde gelegt wird (vgl. *Jalloh*, 1990, S. 115).

5. Die Vereinbarung der Liefertermine

Die Vereinbarung der Liefertermine ist zu einem großen Teil davon abhängig, in welcher Form das Kompensationsgeschäft abgewickelt wird, nämlich ob Haupt- und Gegenlieferung zeitgleich oder zeitlich versetzt erfolgen (vgl. die Ausführungen in Abschnitt A.III. des 2. Teils). Im Zusammenhang mit Kompensationsgeschäften ist dabei insbesondere die **Erfüllungsfrist** für die Gegenleistung von Bedeutung. Im Falle eines Junktimgeschäfts ist es dabei im Interesse des westlichen Partners, das Gegengeschäft möglichst schnell abzuwickeln, damit der ausländische Partner mit den Devisen zur Erfüllung des Hauptgeschäfts versorgt wird; dagegen sollte bei Parallelgeschäften eine möglichst späte Erfüllung vereinbart werden, um ggf. die Vermarktung der Gegenwaren vorzubereiten (vgl. *Business International*, 1984, S. 136). (Ausnahme ist dabei der Fall, daß die Gegenwaren im eigenen Produktionsprozeß eingesetzt werden sollen). Üblich sind dabei Zeiträume zwischen 1 und 5 Jahren. Zu klären ist auch, ob die Gegengeschäftsverpflichtung bereits bei der Bestellung der Gegenwaren als erfüllt gilt, oder erst nach Abnahme und Bezahlung.

Läuft die Abnahmeverpflichtung über einen längeren Zeitraum, z. B. im Falle von Buy-back-Geschäften, ist unbedingt genau festzulegen, welche Mengen zu welchen Zeitpunkten geliefert werden sollen, um eine langfristige Planung bzgl. des Absatzes der Gegenwaren zu ermöglichen bzw. - beim Einsatz im eigenen Produktionsprozeß - um Engpässe zu vermeiden.

6. Transferklausel, Anrechnung und Destination

Sofern der westliche Anbieter die Gegenwaren weder im eigenen Produktionsprozeß verwenden, noch in das eigene Absatzprogramm aufnehmen kann, muß der Kompensationsvertrag unbedingt eine **Transferklausel** enthalten. Diese Klausel legt fest, an wen die Gegengeschäftsverpflichtung abgetreten werden kann. Im Interesse des westlichen Partners liegt dabei die Einigung auf einen möglichst breiten Kreis von Erfüllungsberechtigten; dadurch ist sein Handlungsspielraum größer (vgl. hierzu *Business International*, 1984, S. 130 f.).

Die **Anrechnungsklausel** regelt, inwieweit Käufe im Partnerland - ggf. auch vorgezogene - als Erfüllung der Kompensationsverpflichtung angerechnet werden. Viele Länder verlangen "Additionality"; die Erfüllung der Kompensationsverpflichtung wird dadurch deutlich erschwert, da der Nachweis erbracht werden muß, daß es sich bei der Abnahme der Kompensationswaren um ein Zusatzgeschäft handelt. Unbedingt ist in diesem Zusammenhang nach der erfolgten Durchführung der Transaktion ein "Letter of release" anzufordern, in dem die Erfüllung bzw. das Erlöschen der Kompensationsverpflichtung bestätigt wird (vgl. *Business International*, 1984, S. 136 f. und *Hobér*, 1987, S. 32).

Schließlich ist noch die **Destination** zu klären, d. h. in welche Länder die Gegenwaren überhaupt exportiert werden dürfen. Im Rahmen der von der Verfasserin durchgeführten Interviews wurde berichtet, daß einige ausländische Partner - so z. B. Venezuela - den Kreis der potentiellen Abnehmerländer für ihre Produkte einzuschränken versuchen, weil sie in manchen Ländern bereits Fuß gefaßt haben und dort daher keiner Konkurrenz seitens des westlichen Partners ausgesetzt sein wollen. Eine Konkurrenz ist in manchen Fällen jedoch auch für den Westpartner nachteilig: Für besonders attraktive Märkte sollte er daher versuchen, exklusive Verkaufsrechte für die Gegenwaren auszuhandeln.

7. Pönale

Durch Vereinbarung einer Pönale sichert sich der ausländische Geschäftspartner gegen die Nichterfüllung der Kompensationsverpflichtung seitens des westlichen Lieferanten ab. Die Höhe der Pönale ist dabei i. d. R. Verhandlungssache: Durchschnittlich liegt sie zwischen 8% und 18% des Gegenwarenwerts, sie kann aber auch bis zu 50% - 100% reichen (vgl. *Business International*, 1984, S. 137 f.). In einigen Ländern ist die Pönale gesetzlich vorgeschrieben, so z. B. in Indonesien mit 50% des Gegenwarenwerts (vgl. *Niggemann*, 1987, S. 173).

Durch hohe Pönalen soll der westliche Anbieter zur Erfüllung der Kompensationsverpflichtung angehalten werden, da die Erfahrung gezeigt hat, daß viele westliche Lieferanten die Pönale von vornherein als Betrag einkalkulieren, mit dem sie sich von der Kompensationsverpflichtung "freikaufen" können. So verblüffte ein japanisches Unternehmen seinen rumänischen Partner dadurch, daß er ihm unmittelbar nach der Vertragsunterzeichnung einen Scheck in Höhe der vereinbarten Pönale aushändigte (vgl. *Business International*, 1984, S. 137). Allerdings ist zu beachten, daß - sofern dies nicht im Vertrag explizit vereinbart wird - die Zahlung der Pönale grundsätzlich nicht von der Kompensationsverpflichtung entbindet, d. h. der westliche Partner muß nach wie vor die Gegengeschäftstransaktion durchführen; durch Zahlung der Pönale entstehen ihm lediglich zusätzliche Kosten (vgl. *Business International*, 1984, S. 139). Unabhängig davon ist aber auch der Aspekt zu beachten, daß im Falle der Nichterfüllung spätere Geschäftsbeziehungen beeinträchtigt werden.

Bei der Vereinbarung einer Pönale ist auch darauf zu achten, ob sie sich auf den Wert der Grundlieferung oder der Gegenlieferung bezieht. Darüber hinaus ist eine Klausel zu vereinbaren, daß die Abnahmeverpflichtung für den westlichen Partner erlischt, wenn der ausländische Abnehmer die Gegenwaren gar nicht, nicht termingerecht oder nicht in der vereinbarten Qualität liefert, oder wenn in seinem Land plötzlich eine die Gegenwaren betreffende Ausfuhrbeschränkung eingeführt wird ("Force-majeure-Klausel"); ansonsten kann es vorkommen, daß trotz der Unfähigkeit des ausländischen Partners, die Kompensationsvereinbarungen einzuhalten, der westliche Anbieter nach wie vor an seine Abnahmeverpflichtung gebunden bleibt (vgl. *Hobér*, 1987, S. 29 und *Business International*, 1984, S. 133 f.). Darüber hinaus kann u. U. eine Klausel durchgesetzt werden, die von der Abnahmeverpflichtung auch dann befreit, wenn im Land des westlichen Lieferanten eine Einfuhrbeschränkung eintritt.

Bei Einschaltung eines Fremdkompensateurs ist ferner zu vereinbaren, daß - falls der Kompensateur die Gegenwaren entgegen der Abmachung nicht abnimmt - die Pönale an den ausländischen Partner von ihm zu entrichten ist.

B. Die Planung eines Kompensationsgeschäfts aus der Sicht des ausländischen Nachfragers

Nachdem die einzelnen Entscheidungstatbestände in Zusammenhang mit der Planung eines Kompensationsgeschäfts im vorangegangenen Kapitel A. im Überblick angeführt wurden (vgl. auch *Abbildung 3.1*), sollen jetzt für ausgewählte Entscheidungssituationen in diesem Kapitel Entscheidungshilfen erarbeitet werden, um die Planung eines Kompensationsgeschäfts aus der Sicht des ausländischen Nachfragers methodisch zu fundieren und um jeweils optimale Verhaltensweisen zu ermöglichen. Nach einem Überblick über die allgemeine Entscheidungssituation eines ausländischen Nachfragers bei Kompensationsgeschäften wird anschließend auf die einzelnen Entscheidungstatbestände im Detail eingegangen.

I. Die Entscheidungssituation des ausländischen Nachfragers bei internationalen Kompensationsgeschäften

1. Mit Kompensationsgeschäften verfolgte Ziele

a. Überblick

Wie im 2. Teil bereits deutlich wurde, sind mittlerweile fast alle Länder in Kompensationsgeschäften involviert; unterschiedlich sind jedoch i. d. R. die mit dieser Form von Geschäften verfolgten Ziele. Zum einen ergeben sich Unterschiede daraus, ob ein Land aktiv ein Kompensationsgeschäft fordert oder passiv auf ein solches Geschäft eingeht; zum anderen ist aber auch die wirtschaftliche und politische Situation der einzelnen Ländergruppen - westliche Industrieländer, osteuropäische Länder, Schwellen- und Entwicklungsländer - sehr verschieden, so daß eine globale Betrachtung der verfolgten Ziele trotz einiger sicherlich bestehenden Gemeinsamkeiten wenig sinnvoll wäre. Selbst innerhalb der einzelnen Ländergruppen variieren die Zielinhalte von Land zu Land, ja sogar von Geschäft zu Geschäft.

Die Ziele der **osteuropäischen Staaten** haben sich - nach Aussage einiger der von der Verfasserin befragten Unternehmen - seit dem Umbruch teilweise verändert; entfallen sind beispielsweise die systemimmanenten ideologischen Motive wie etwa das Prestigedenken in den einzelnen Ministerien. Einige Ziele haben jedoch nach wie vor ihre Gültigkeit beibehalten, wenn auch mittlerweile in etwas veränderter Form. Bei **Schwellenländern** unterscheiden sich die Ziele teilweise je nachdem, ob diese Länder marktwirtschaftlich oder planwirtschaftlich geführt werden. Die Ziele, die von den **Entwicklungsländern** verfolgt werden, sind häufig völlig anders geartet: Vor dem Hintergrund der Liquiditätskrise der Dritten Welt aufgrund steigender Verschuldung, dem damit verbundenen hohen Schuldendienst bei einem gleichzeitigen weltweiten Sinken der Nachfrage nach vielen Rohstoffen und infolgedessen fallenden Rohstoffpreisen auf dem Weltmarkt geht es in Entwicklungsländern vielfach um das bloße Überleben (vgl. *OECD*, 1985, S. 14 und *Mensah*, 1989, S. 37). Auch im Handel zwischen hochentwickelten **Industrienationen** gehören Gegengeschäfte mittlerweile zur üblichen Geschäftspraxis; hierbei handelt es sich vor allem um Offset-Geschäfte zur Abwicklung komplexer Projekte in der Verteidigungs-, Luft- und Raumfahrtindustrie. Regelmäßig wird bei solchen Projekten ein "Local content" gefordert, der in der Größenordnung zwischen 40 und 100% der Wertes der Hauptleistung variiert. Begrüßt - und häufig explizit gefordert - werden dabei zusätzliche Dienstleistungen wie Schulungen oder gar Coproduktion.

Die von den einzelnen Ländergruppen schwerpunktmäßig verfolgten Zielinhalte sind in *Tabelle 3.1* angeführt. Im Rahmen der folgenden Ausführungen werden die einzelnen Ziele in die Hauptgruppen:
- finanzpolitische Ziele,
- beschaffungspolitische Ziele,
- absatzpolitische Ziele,
- wirtschaftspolitische Ziele sowie
- sonstige Ziele

untergliedert.

b. Finanzpolitische Ziele

Ausgleich der Zahlungsbilanz

Der Verbesserung der Zahlungsbilanzsituation wurde in den osteuropäischen Staaten vor dem Umbruch eine hohe Priorität eingeräumt (vgl. *Gwiazda*, 1991, S. 116). Erklärtes Ziel vieler osteuropäischer Staaten - als ein typisches Beispiel kann die Ex-DDR genannt werden - war, die Devisenbilanz auszugleichen, d. h. sämtliche Devisen, die für Importe aus dem Land flossen, mußten im Wege der Kompensation wiederbeschafft werden; damit wurde die Beibehaltung der internationalen Kreditwürdigkeit angestrebt, um beispielsweise Weltbankkredite zu akzeptablen Konditionen zu erhalten. Durch Forderung von Kompensationsquoten von über 100% konnte die Devisenbilanz sogar verbessert werden. Bedingt durch die derzeitige Krisensituation spielt der Ausgleich der Zahlungsbilanz nach wie vor eine bedeutende Rolle, stärker steht jedoch die reine Deviseneinsparung im Vordergrund.

Für die übrigen Ländergruppen - mit Ausnahme solcher Staaten, die planwirtschaftlich geführt werden - hat das Ziel des Ausgleichs der Zahlungsbilanz eine nur ergänzende Bedeutung.

Deviseneinsparung

Bedingt durch die derzeitige Krisensituation steht das Ziel der Deviseneinsparung bei den osteuröpäischen Reformstaaten sowie bei Entwicklungsländern im Vordergrund (vgl. *Fraser/Hite*, 1988, S. 95). Damit einhergehend ist das Ziel der Erhöhung der Li-

Ziele		Ländergruppe			
		Westliche Industrieländer	Osteuropäische Länder	Schwellenländer	Entwicklungsländer
(1) Finanzpolitische Ziele	*Ausgleich der Zahlungsbilanz*	o	+	(+)	(+)
	Devisen-einsparung	o	+	o	+
	Import- bzw. Projektfinanzierung	o	+	+	(+)
	Erleichterung des Schuldendienstes	o	o	o	+
(2) Beschaffungspolitische Ziele	*Erreichen eines Technologietransfers*	+	+	+	o
	Sicherung von Bezugsquellen	o	+	o	o
(3) Absatzpolitische Ziele	*Absatzförderung*	o	+	+	+
	Stabilisierung der Handelsströme	o	(+)	o	+
	Markteintritt	o	(+)	(+)	o
	Erlangung von Wettbewerbsvorteilen	o	o	(+)	o
	Durchsetzung einer Preisdifferenzierung	o	(+)	o	o
(4) Wirtschaftspolitische Ziele	*Förderung der heimischen Industrie*	+	+	+	+
	Erreichen eines Beschäftigungsausgleichs	+	o	+	o
	Umgehung von Handelshemmnissen	o	+	o	+
	Kapazitätsauslastung	(+)	o	o	o
(5) Sonstige Ziele	*Politische Ziele*	+	o	o	+
	Erleichterung der Planung	o	+	o	o

+ : schwerpunktmäßig verfolgtes Ziel
(+) : ergänzend verfolgtes Ziel
o : untergeordnete Bedeutung

Tab. 3.1: Durch Kompensationsgeschäfte verfolgte Ziele nach Ländergruppen

quidität, um ein Mindestmaß an internationaler Kreditwürdigkeit zu behalten (vgl. *Isu*, 1989, S. 57 und *Kaikati*, 1976, S. 19). Dennoch sind für viele Entwicklungsländer Kredite gar nicht oder nur zu nicht akzeptablen Konditionen erhältlich (vgl. *Kostecky*, 1987, S. 9); die Finanzierung notwendiger Importe ist damit nur gegen heimische Waren möglich. Typischerweise werden dabei reine Bartergeschäfte bevorzugt.

Dem Argument der Deviseneinsparung wird gelegentlich entgegengehalten, daß die im Wege von Bartergeschäften angebotenen Gegenwaren offenbar auch auf dem Weltmarkt - wenn auch über viele Ecken - unterzubringen sind, da sich immer Partner finden lassen, die diese Gegenwaren abnehmen. Die Länder wären also besser beraten, ihre Produkte direkt einer Handelsfirma anzubieten, statt den umständlichen Weg eines Kompensationsgeschäfts einzuschlagen. Damit könnten sie ihre Exporterlöse steigern und die zur Finanzierung ihrer Importe erforderlichen Devisen selbst erwirtschaften (vgl. *Hansson*, 1991, S. 32). Zu beachten ist allerdings, daß vielen Ländern insb. der Dritten Welt die Verhandlungsmacht fehlt, um bei den Handelsfirmen günstige Konditionen durchzusetzen: Von den im Rahmen von Kompensationsgeschäften zwischengeschalteten westlichen Industrieunternehmen erhofft sich das Partnerland beispielsweise die Erzielung besserer Preise für die Gegenwaren (vgl. *Sercu*, 1990, S. 260 f.). Andererseits haben Kompensationsgeschäfte jedoch tendenziell zur Folge, daß für Importe höhere Preise gezahlt werden müssen, da die westlichen Partner in der Regel versuchen, die kompensationsspezifischen Kosten auf den ausländischen Nachfrager abzuwälzen (vgl. *Yoffie*, 1985, S. 15); dies steht dem Argument der Deviseneinsparung eindeutig entgegen.

Im Zusammenhang mit der Einsparung von Devisen ist auch das häufig zu beobachtende Bestreben zu sehen, die Importe zu drosseln. Früher in den COMECON-Ländern, jetzt noch in einigen Entwicklungsländern werden Importbeschränkungen durch nahezu unerfüllbare Kompensationsforderungen geschaffen (vgl. *Stankowsky*, 1986, S. 160; *Menzler/Hokkanen*, 1989, S. 109 ff.).[6)]

Import- und Projektfinanzierung

Zur Finanzierung größerer industrieller Projekte wurden in Osteuropa Kompensationsgeschäfte - hier insbesondere Buy-back-Geschäfte - gezielt eingesetzt, vor allem im Handel mit der Sowjetunion (vgl. *Jalloh*, 1990, S. 29; *Hohmann*, 1988, S. 47). Dieses Ziel besitzt heute noch Gültigkeit, das Volumen der Geschäfte ist jedoch kleiner geworden. Die derzeitige Krisensituation in den ehemaligen Ostblockstaaten hat den großen industriellen Prestigeprojekten ein drastisches Ende gesetzt; der Osthandel ist nahezu zusammengebrochen, zudem müssen sich nach dem Wegfall der Außenhandelsorganisationen die einzelnen Betriebe selbst um die Devisen zur Finanzierung ih-

6) So wurden beispielsweise 1984 in Kolumbien die Importe von Luxusgütern mit sehr hohen Kompensationsverpflichtungen gekoppelt, die bis zu 200% des Wertes der Hauptleistung betrugen (vgl. *Yoffie*, 1985, S. 22).

rer Importe bemühen. Aus diesem Grunde werden zunehmend reine Bartergeschäfte abgeschlossen, die häufig sogar von westlicher Seite vorgeschlagen werden.[7] Auch in Schwellen- und Entwicklungsländern werden Kompensationsgeschäfte zur Finanzierung erforderlicher Importe eingesetzt.

Erleichterung des Schuldendienstes

Dieses von Entwicklungsländern häufig angeführte Ziel ist aus zwei verschiedenen Perspektiven zu betrachten: Zum einen - dies entspricht der offiziellen Version - können durch Kompensationsgeschäfte die Exporte gesteigert, die Zahlungsbilanz verbessert und der Devisenbestand erhöht werden; dieser steht dann zur Tilgung der Auslandsschulden zur Verfügung (vgl. *Sell*, 1989, S. 110). Zum anderen werden aber durch Kompensationsgeschäfte Exporterlöse verschleiert, da sie in Form importierter Industrieländerprodukte anfallen; diese können dann den internationalen Gläubigern, wie z. B. dem IWF, vorenthalten werden (vgl. *Engels*, 1989, S. 415).[8]

c. *Beschaffungspolitische Ziele*

Erreichen eines Technologietransfers

Die Erlangung von Technologie ist eines der wichtigsten Motive bei Offset-Geschäften zwischen westlichen Industrienationen, wobei es hierbei um High-Tech der höchsten Stufe geht.[9] Dem Technologie-Import wurde auch in den ehemaligen Ostblockstaaten höchste Priorität eingeräumt (vgl. *Jalloh*, 1990, S. 31). Durch Kompensationsgeschäfte konnten Investitionen im Lande getätigt werden bei gleichzeitiger Vermeidung eines aus ideologischen Gründen nicht erwünschten privaten und/oder ausländischen Eigentums (vgl. *Hansson*, 1991, S. 31). Auch das Ziel der Importsubstitution ist in diesem Zusammenhang zu nennen.

Durch Technologietransfer wird auch eine Verbesserung der Angebotsstruktur angestrebt. Die Länder aus Osteuropa wie auch viele Entwicklungsländer kämpfen mit einem schlechten Image der angebotenen heimischen Produkte; wenn aber ein westliches Unternehmen bereit ist, im Wege eines Buy-back-Geschäfts inländische Produkte abzunehmen - und die westliche Firma möglicherweise namhaft ist - so ist das erstens ein Signal für den Wert der gelieferten Technologie, zweitens für den Wert

7) Eine bedenkliche Entwicklung wurde im Rahmen der von der Verfasserin durchgeführten Interviews berichtet. In der ehemaligen Sowjetunion exportieren die dort ansässigen Betriebe nahezu alles, worüber sie verfügen - oft Güter, die sie selbst mittel- bis langfristig zum Überleben brauchen - um dringliche Importe zu finanzieren. Diesem Substanzverlust wurde in letzter Zeit durch eine ganze Reihe von staatlichen Verfügungen zu begegnen versucht, allerdings ohne nachhaltigen Erfolg.

8) Typische Vertreter dieser Politik sind Brasilien, Mexiko, Jamaika (vgl. *Yoffie*, 1985, S. 21).

9) So verlangt beispielsweise Holland bei über Offset abgewickelten Großprojekten explizit Know-how-Transfer und die Einbindung in die Entwicklungsarbeiten. Ähnlich auch Australien: Erklärtes Ziel ist dort Technologietransfer zur Sicherung der internationalen Wettbewerbsfähigkeit (vgl. *Liesch*, 1987, S. 3).

der damit produzierten Waren (vgl. *Sercu*, 1990, S. 262). Durch die damit einhergehende Verbesserung der Produktivität wird eine Erhöhung der Wettbewerbsfähigkeit auf dem Weltmarkt, aber auch eine Verbesserung der Inlandsversorgung angestrebt (vgl. *Jalloh*, 1990, S. 33).

Für Schwellenländer ist aufgrund des schon vergleichsweise hohen Industrialisierungsgrads die internationale Wettbewerbsfähigkeit in greifbare Nähe gerückt; dies erklärt, warum dem Ziel des Technologietransfers die höchste Priorität überhaupt eingeräumt wird.[10] Das Ziel des Technologietransfers wird dabei oft mit dem Ziel der Förderung bestimmter Industriezweige gekoppelt. Nach Aussage einiger befragter Unternehmen ist Technologietransfer jedoch nicht immer sinnvoll. Die Basis, um das Know-how, das in diese Länder transferiert wird, auch zu nutzen, ist vielfach nicht vorhanden, es fehlt eine hochentwickelte Industrie, die in der Lage wäre, die z. B. bei Offset-Geschäften notwendigen hochkomplizierten Teile zu liefern. Sinnvoller wäre eine Politik der Auslastung der dort schon vorhandenen Industrie.

Sicherung von Bezugsquellen
Dieses Ziel galt insbesondere in den osteuropäischen Staaten vor dem Umbruch: Bei Importen mit hoher Priorität konnten durch Kompensationsgeschäfte langfristig Bezugsquellen gesichert werden (vgl. *Samonis*, 1990, S. 119). Dieses Ziel ist nach dem Umbruch jedoch etwas in den Hintergrund getreten.

d. Absatzpolitische Ziele

Absatzförderung
Der Absatzförderung im eigenen Land kommt in osteuropäischen Ländern eine nur untergeordnete Bedeutung zu. Die osteuropäischen Märkte sind vielfach noch Verkäufermärkte, insbesondere für Konsumgüter; aber auch für viele Investitionsgüter bestehen im Inland kaum Absatzschwierigkeiten (vgl. *Engelman*, 1987, S. 7 und *Stankowsky*, 1986, S. 160). Anders sieht es im internationalen Wettbewerb aus: Viele Ostwaren sind auf dem Weltmarkt entweder nicht wettbewerbsfähig, oder es fehlt zu deren Vermarktung das hierfür erforderliche Marketing-Know-how wie auch der Zugang zu internationalen Distributionskanälen.

Das Ziel der Absatzförderung ist auch allen Schwellenländern und solchen Entwicklungsländern mit beginnender verarbeitender Industrie gemeinsam. Durch Zugang zu

10) Ein typischer Vertreter - wie von einigen der befragten Unternehmen berichtet wurde - ist Griechenland. Wenn nach Griechenland Militärgüter geliefert und im Wege des Offsets Inputgüter aus dem Militärbereich bezogen werden, werden Lieferung und Gegenlieferung wertmäßig im Verhältnis 2:1 gewichtet, die Erfüllung ist also aufwendig; wenn man sich aber bereit erklärt, Know-how-Transfer zu leisten, z. B. in Form von Lizenzen, wird dies im Verhältnis zwischen 1:8 und 1:40 (zugunsten des westlichen Lieferanten) gewichtet. Ähnlich ist es auch in der Türkei und in Israel, wobei in Israel Technologietransfer der höchsten Stufe nachgefragt wird.

Distributionskanälen und Erlangung von Marketingfähigkeiten streben sie nicht nur eine Erhöhung der eigenen Exporte an, sondern auch die Erlangung internationaler Wettbewerbsfähigkeit mit dem ehrgeizigen Ziel, die eigenen Waren mittelfristig gegen harte Devisen auf dem Weltmarkt verkaufen zu können (vgl. *Dennis*, 1982, S. 69). Angestrebt wird eine Diversifizierung der Exportgüterstruktur weg von den klassischen mineralischen Rohstoffen und Agrarprodukten zugunsten industrieller Halb- und Fertigerzeugnisse; gerade für solche Produkte sieht man sich aber mit hohen Eintrittsbarrieren auf ausländischen Märkten konfrontiert, die vor allem in fehlenden Distributionskanälen, geringem Marketing-Know-How und dem Vorhandensein etablierter Marken begründet liegen. Durch Kompensationsgeschäfte können die Marketingerfahrungen des westlichen Partners für die heimischen Waren genutzt und u. U. die Marketingkosten auf diesen abgewälzt werden (vgl. *Marcuss/Grushkin*, 1984, S. 20; *Gwiazda*, 1991, S. 116 und *Maier*, 1988, S. 118). Langfristig gesehen sind Kompensationsgeschäfte jedoch dem Ziel der Absatzförderung eher hinderlich, da sie verhindern, daß sich die ausländischen Partner selbst Marketing-Know-how aneignen.

Im Zusammenhang mit dem Ziel der Absatzförderung ist auch der Verdrängungswettbewerb auf Kosten konkurrierender Anbieter zu sehen, der in vielen Schwellenländern zu beobachten ist.[11)]

Stabilisierung der Handelsströme

Dieses Ziel ist für viele Entwicklungsländer typisch. Viele traditionelle Exportprodukte der Entwicklungsländer unterliegen starken Nachfrage- und Preisschwankungen. Durch eine entsprechende Ausgestaltung der Kompensationsverträge können mit dem Kompensationspartner langfristige Lieferverträge abgeschlossen und damit der Absatz der heimischen Produkte über einen längeren Zeitraum hinweg zu festen Preisen gesichert werden (vgl. *OECD*, 1985, S. 16 und *Menzler/Hokkanen*, 1989, S. 112 f.).

e. Wirtschaftspolitische Ziele

Förderung bestimmter Industriezweige oder Regionen

Insbesondere bei Offset-Geschäften zwischen westlichen Industrienationen werden die Offset-Bedingungen so detailliert ausgestaltet, daß eine gezielte Förderung bestimmter Branchen oder Regionen angestrebt wird, d. h. es wird nicht nur ein Local

11) Typisches Beispiel ist hier Indonesien: Westliche Partner werden nicht nur verpflichtet, indonesische Waren abzunehmen, sondern werden auch durch entsprechende Klauseln in den Kompensationsverträgen angehalten, diese in einer Art und Weise abzusetzen, daß den bisherigen indonesischen Exporten keine Konkurrenz gemacht wird. Die Folge ist, daß die Industrieländer praktisch gezwungen werden, bisherige Importe aus anderen ASEAN-Staaten durch indonesische Produkte zu substituieren. Mittlerweile sind auch andere Länder dieser Region - wie Malaysia, Thailand und die Philippinen - nachgezogen, um aus ihren traditionellen Märkten nicht verdrängt zu werden (vgl. *Engels*, 1989, S. 41).

content gefordert, sondern es wird auch angegeben, aus welchen Branchen bzw. aus welchen Gebieten die Erfüllung der Offset-Verpflichtung zu erfolgen hat (vgl. *Hennart*, 1987, S. 16); auf diese Weise kann mit Hilfe des Offset-Partners gezielt eine Politik der Industrialisierung strukturschwacher Gebiete verfolgt werden.[12)]

Auch in vielen Schwellen- und Entwicklungsländern steht beim Fordern von Kompensationsgeschäften die Förderung der heimischen Industrie im Vordergrund, wobei vielfach die Unterstützung sog. nichttraditioneller Exporte angestrebt wird (vgl. *Outters-Jaeger*, 1979, S. 60). Außerdem erhofft man sich die Erlangung von Know-how und damit einen Beitrag zur Entwicklungshilfe (vgl. *Fraser/Hite*, 1988, S. 95 und *OECD*, 1985, S. 18).

Erreichen eines Beschäftigungsausgleichs

Durch die Forderung, Unteraufträge an lokale Lieferanten zu vergeben, werden i. d. R. auch beschäftigungspolitische Ziele verfolgt. Dieses Ziel gewinnt insbesondere dann an Bedeutung, wenn im betreffenden Land eine Stagnation oder gar eine Rezession zu verzeichnen ist. Dies gilt insbesondere auch in vielen Schwellenländern, da sie derzeit vielfach mit schwerwiegenden innenpolitischen Problemen zu kämpfen haben.

Umgehung von Handelshemmnissen

Eine übliche Erscheinung in Staatshandelsländern waren Devisenbewirtschaftung und sonstige Handelshemmnisse wie Nicht-Konvertibilität der heimischen Währung und Protektionismus. Aufgrund der aufwendigen und bürokratisch komplizierten Erteilung von Export- und Importlizenzen waren Kompensationsgeschäfte die einfachste Möglichkeit, solche Handelshemmnisse zu umgehen (vgl. *Hennart*, 1987, S. 7 und *Gwiazda*, 1991, S. 116).

Dieses Ziel spielt auch in Entwicklungsländern eine Rolle. Für viele traditionelle Exportprodukte der Dritten Welt herrscht weltweite Überproduktion. Der Export vieler Rohstoffe und Agrarprodukte wird daher durch Quoten beschränkt, um einem Preisverfall entgegenzuwirken. Seitens der westlichen Industrieländer bestehen wiederum vergleichbare protektionistische Maßnahmen gegenüber vielen Industrieerzeugnissen aus Entwicklungsländern, um die heimische Industrie zu schützen - typisches Beispiel sind hier Textilien. In dieser Situation sind Kompensationsgeschäfte eine praktikable Möglichkeit, solche Handelshemmnisse zu umgehen, da unerwünschte Importe auf beiden Seiten durch die Koppelung an ein attraktives Exportgeschäft bei den zuständigen Regierungsstellen eher durchzusetzen sind (vgl. *Maier*, 1988, S. 111 und *Mensah*, 1989, S. 38).

---

12) Typische Länder, die sehr stark "Distributionality" verlangen, sind Belgien oder Kanada (vgl. hierzu die Ausführungen in Unterabschnitt A.III.2.b. im 2. Teil).

Eine ganze Reihe von Produkten sind nicht nur quotiert, sondern sie unterliegen regelrechten nationalen oder internationalen Preiskartellen. Kompensationsgeschäfte sind dann eine willkommene Möglichkeit, den Kartellpreis zu unterbieten, da Verstöße nur sehr schwer nachzuweisen sind, insbesondere dann, wenn das Geschäft in Form einer Bartertransaktion erfolgt und die Preise nicht zutage treten (vgl. *Hansson*, 1991, S. 31; *Engels*, 1989, S. 414 und *Hennart*, 1987, S. 9).[13)]

Ein weiteres Handelshemmnis liegt darin begründet, daß in vielen Ländern der Dritten Welt die nationale Währung nicht konvertibel oder überbewertet ist; dadurch sind Importe zwar billig, Exporte allerdings teuer. Eine entsprechende Preisgestaltung im Zusammenhang mit Kompensationsgeschäften hat damit die Wirkung einer selektiven Abwertung der heimischen Währung bezüglich einzelner Waren (vgl. *OECD*, 1985, S. 16 und *Stankowsky*, 1986, S. 160).

f. Sonstige Ziele

Politische Ziele

Im Rahmen der von der Verfasserin durchgeführten Interviews zeigte sich, daß insbesondere bei Offsets im militärischen Bereich politische Motive eine große Rolle spielen. Dem Finanzminister und der Öffentlichkeit soll demonstriert werden, daß durch Investitionen im Verteidigungsbereich auch ein positiver volkswirtschaftlicher Effekt erzeugt und der Staatshaushalt durch Militärinvestitionen nicht belastet wird.[14)]

Auch in vielen Entwicklungsländern werden Kompensationsgeschäfte aus politischen Motiven heraus abgeschlossen. So sind beispielsweise viele Abkommen mit dem ehemaligen sino-sowjetischen Block zu erklären, da viele Entwicklungsländer nach Erlangung der Unabhängigkeit von den jeweiligen Kolonialmächten mit der sozialistischen Idee sympathisierten und mit den ehemaligen Ostblockstaaten wirtschaftliche und politische Beziehungen knüpfen wollten (vgl. *Outters-Jaeger*, 1979, S. 60).

---

13) Neben Produkten wie Kaffee, Kakao oder Zucker gilt dies insbesondere für Rohöl: So werden rd. 25% des Ölhandels in Form von Bartergeschäften abgewickelt, und zwar nicht zuletzt, um die Kartellbestimmungen zu umgehen. Dieser hohe Prozentsatz erklärt sich dadurch, daß nach dem Vorstoß von Saudiarabien, das als erstes Land die Kartellpreise unterbot, die anderen ölproduzierenden Länder nachziehen mußten, um einem Verdrängungswettbewerb entgegenzuwirken (vgl. *Yoffie*, 1985, S. 19; *Hennart*, 1987, S. 9 und *Maier*, 1988, S. 119).

14) Typischer Vertreter dieser Politik sind die Niederlande: Aus politischen Gründen haben die Niederlande keine eigene Verteidigungsindustrie, d. h. sie müssen sämtliche militärischen Güter vom Ausland beziehen. Es wird dann so argumentiert, daß solche Investitionen vom niederländischen Bruttosozialprodukt, letztlich also vom Steuerzahler, finanziert werden müssen; daher sei es gerechtfertigt, zu verlangen, daß dieses entgangene Bruttosozialprodukt über die Offset-Verpflichtung auch ins Land wieder zurückfließt.

Erleichterung der Planung
Dieses Ziel resultierte aus der Ideologie einer Zentralplanwirtschaft mit dem ihr innewohnenden Mißtrauen gegenüber der Funktionsfähigkeit des Marktmechanismus (vgl. *Hansson*, 1991, S. 31 und *Sercu*, 1990, S. 260). Die Entscheidungen wurden auf der Basis langfristiger Pläne in Kategorien von zu beschaffenden bzw. zu liefernden Mengen getroffen; Kompensationsgeschäfte stehen damit im Einklang mit solchen Denkkategorien. Die langfristige Planung konnte dadurch erleichtert werden: Während Importe vergleichsweise leicht zu planen und zu steuern waren, war dies bei Exporten schwieriger, da diese abhängig von der ausländischen Nachfragesituation sind; durch den Abschluß langfristiger Kompensationsgeschäfte - insbesondere in Form von Buy-backs - konnten langfristig Exporterlöse gesichert werden (vgl. *Yoffie*, 1985, S. 20 und *Stankowsky*, 1986, S. 160).

Eine Gesamtbetrachtung der von den einzelnen Ländergruppen verfolgten Ziele zeigt, daß sie zum einen oft einer kurzfristigen Denkweise entspringen - so verhindern Kompensationsgeschäfte z. T. den eigenen Aufbau von Absatzkanälen und die Gewinnung von Marketing-Know-how. Zum anderen sind Kompensationsgeschäfte "an sich" zur Erreichung der deklarierten Ziele nicht immer als geeignetes Mittel zu bewerten, so z. B. im Hinblick auf die Deviseneinsparung, wenn für die Hauptleistung aufgrund von Kompensationsvereinbarungen z. T. höhere Preise gezahlt werden müssen. Vielmehr liegen oft ideologische und politische Motive zugrunde, weniger rationale wirtschaftliche Zielsetzungen. Dies gilt insbesondere für viele Entwicklungsländer, früher auch für die ehemaligen RGW-Staaten.

2. Entscheidungsrelevante Daten

Der Handlungsspielraum der beteiligten Unternehmen wird i. d. R. durch eine ganze Reihe von Rahmenbedingungen eingeschränkt, die zum einen außerhalb der Einflußsphäre der Unternehmen (z. B. gesamtwirtschaftliche Bedingungen), zum anderen im Unternehmen selbst liegen (z. B. vorhandene Absatzkanäle) und von ihm kurzfristig nicht beeinflußbar sind. Dabei sollen speziell jene Faktoren untersucht werden, welche in besonderem Maße für Gegengeschäftstransaktionen relevant sind; auf eine erschöpfende Darstellung aller denkbaren entscheidungsrelevanten Daten soll hier jedoch verzichtet werden, da diese in Abhängigkeit der konkreten Entscheidungssituation variieren. Die bei der konkreten Entscheidungssituation relevanten Rahmenbedingungen werden daher in der Arbeit gesondert aufgeführt. Allgemein gilt, daß bei ausländischen Nachfragern insbesondere unternehmensexterne Faktoren bedeutsam sind, da i. d. R. die Regierung oder sonstige staatliche Institutionen maßgeblich an Kompensationsgeschäften beteiligt sind; aus der Sicht des westlichen Anbieters spielen dagegen auch die unternehmensinternen Faktoren eine bedeutende Rolle.

a. Unternehmensexterne Faktoren

Zu den unternehmensexternen Faktoren, welche die Abwicklung eines Kompensationsgeschäfts verstärkt beeinflussen, gehören
- die gesamtwirtschaftliche Lage,
- der Grad der Industrialisierung,
- die Staatsform sowie
- staatliche Vorschriften.

Zur **gesamtwirtschaftlichen Lage** gehören zum einen Faktoren wie Konjunkturentwicklung, Zinsentwicklung für Kredite, Wechselkursentwicklung, Verschuldungsgrad, Beschäftigungssituation und Devisenbestand des Landes. Je ungünstiger diese Faktoren ausgeprägt sind, umso wahrscheinlicher wird das betreffende Land Kompensationsforderungen stellen, um über Deviseneinsparung einerseits und Exportförderung andererseits seine wirtschaftliche Lage zu verbessern. Beispielsweise zeigte sich, daß in Phasen steigender Zinsen auf westlichen Kapitalmärkten Gegengeschäftsforderungen zur Projektfinanzierung im Ost-West-Handel erheblich zunahmen (vgl. *United Nations*, 1984, S. 38 f.). Auch bei einem hohen Verschuldungsgrad werden verstärkt Kompensationsforderungen gestellt.

Der **Grad der Industrialisierung** hat insbesondere einen Einfluß auf die Form der geforderten Kompensationsgeschäfte. In wenig entwickelten Ländern ohne nennenswerte Industrie finden verstärkt reine Tauschgeschäfte statt, während in hochentwickelten Ländern die Form des Offsets bevorzugt eingesetzt wird (vgl. *Hennart*, 1987, S. 16).

Die **Staatsform** hat zum einen einen Einfluß darauf, ob überhaupt Kompensationsgeschäfte gefordert werden: Traditionell wird in Staatshandelsländern verstärkt Kompensation gefordert, da solche Geschäfte dem Zentralplangedanken dieser Länder entgegenkommen. Zum anderen beeinflußt die Staatsform auch die Abwicklung von Kompensationsgeschäften. Während in Marktwirtschaften eine flexible Anpassung an veränderte Marktbedingungen möglich ist, bewirkt die Schwerfälligkeit des bürokratischen Apparats zentraler Planungssysteme mit den damit verbundenen langen Informationswegen eine Starrheit, die die Abwicklung von Kompensationsgeschäften erschweren kann (vgl. *Frauendorfer*, 1988, S. 58 ff.).

Des weiteren ist auf **staatliche Vorschriften** hinzuweisen: So ist in manchen Ländern vorgeschrieben, daß bestimmte Importe nur gegen Kompensation zu tätigen sind; dies ist auch in vielen westlichen Ländern bezüglich militärischer Importe der Fall. In anderen Ländern ist die Abwicklung von Kompensationsgeschäften sehr detailliert durch eine Vielzahl staatlicher Normen geregelt, z. B. in Australien; in manchen Ländern werden sogar die zu fordernden Kompensationsquoten gesetzlich vorgeschrieben, z. B. in Indonesien und Malaysia (vgl. hierzu die Ausführungen in Abschnitt B.II. des 2. Teils).

Neben den o. g. kompensationsspezifischen Vorschriften sind darüber hinaus ggf. allgemeine Regelungen wie Import- und Exportbeschränkungen, Zölle und sonstige Handelshemmnisse zu beachten (vgl. *United Nations*, 1984, S. 42 f.). Daneben spielen rechtliche Regelungen, wie beispielsweise das Wettbewerbsrecht (z. B. bezüglich Dumping), eine bedeutende Rolle.

b. Unternehmensinterne Faktoren

Die erfolgreiche Abwicklung von Kompensationsgeschäften hängt auch von einer Reihe unternehmensinterner Faktoren ab. Im folgenden seien die wichtigsten genannt:
- Produktqualität,
- technologischer Stand der Anlagen,
- Angebots- und Nachfragesituation,
- Kostenstruktur,
- finanzielle Situation,
- internationale Erfahrung und Marketing-Know-how,
- Verhandlungsmacht gegenüber dem westlichen Partner.

Die **Produktqualität** beeinflußt insbesondere die Attraktivität der angebotenen Gegenwaren. Hochwertige Produkte sind leichter absetzbar und werden damit von westlicher Seite verstärkt nachgefragt. In diesem Zusammenhang ist auch auf ggf. abweichende Normen zu achten. Unterschiedliche Normen bzgl. einzelner Produkte im Partnerland können dazu führen, daß das geplante Kompensationsgeschäft nicht abgeschlossen werden kann.

Der **technologische Stand der Anlagen** kann einen Einfluß auf die Form des Kompensationsgeschäfts haben. So sind zur Verbesserung der Technologie Formen der Industriekompensation geboten. Indirekt wirkt sich der technologische Stand der Anlagen über die Produktqualität auf die Nachfrage nach den betrachteten Produkten aus.

Die **Angebots- und Nachfragesituation** bezüglich der angebotenen Produkte kann das Fordern von Kompensation begünstigen. So sind die traditionellen Exporte vieler Entwicklungsländer durch einen weltweiten Angebotsüberhang bei fallenden Weltmarktpreisen charakterisiert; die sich dadurch ergebenden Schwierigkeiten, die Produkte im Wege "normaler" Exporte zu einem akzeptablen Preis abzusetzen, führen dazu, daß die Abnahme solcher Waren in Kompensation für erforderliche Importe zur Bedingung gemacht wird (vgl. z. B. *Mensah*, 1989, S. 37). Andererseits ist aber die

Attraktivität solcher Transaktionen für den westlichen Partner eher gering, was das Zustandekommen des Geschäfts behindern kann.

Zur **Kostenstruktur** eines Unternehmens gehört insbesondere der Anteil fixer Kosten an den Gesamtkosten. Ein hoher Fixkostenanteil kann das Fordern von Kompensation begünstigen, insbesondere dann, wenn auf dem relevanten Absatzmarkt ein Angebotsüberschuß besteht; Kompensationsgeschäfte können dann zu einer verbesserten Kapazitätsauslastung beitragen (vgl. *Bieber*, 1988, S. 81 ff.).

Die **finanzielle Situation** umfaßt den Kapital- und Zahlungsmittelbestand eines Unternehmens. Je geringer dieser ist, umso eher werden Kompensationsgeschäfte initiiert, da solche Transaktionen i. d. R. nur einen verminderten Bedarf an Zahlungsmitteln auslösen bzw. der Bedarf an Zahlungsmitteln für erforderliche Importe durch das Koppeln an eine Exporttransaktion erwirtschaftet werden kann (vgl. *Bieber*, 1988, S. 78 ff. und *Fraser/Hite*, 1988, S. 95).

Das Fordern von Kompensationsgeschäften wird auch dann begünstigt, wenn der ausländische Nachfrager wenig **internationale Erfahrung und Marketing-Know-how** besitzt. Wenn die relevanten Angebotsmärkte durch hohe Eintrittsbarrieren gekennzeichnet sind, ist der Export in solche Märkte nur unter hohen Marketinganstrengungen möglich; fehlen die hierfür erforderlichen Fähigkeiten und Absatzkanäle, können die Marketing-Probleme im Wege eines Kompensationsgeschäfts auf den westlichen Partner abgewälzt werden (vgl. *Gwiazda*, 1991, S. 116).

Die **Verhandlungsmacht gegenüber dem westlichen Partner** hat Einfluß darauf, ob der ausländische Nachfrager seine Bedingungen durchsetzen kann. Dabei ist die Verhandlungsmacht insbesondere davon abhängig, welche Marktseitenverhältnisse auf beiden Märkten herrschen. Je unbedeutender der ausländische Nachfrager für den westlichen Anbieter ist - dies kann sich sowohl auf die Beschaffungs- als auch auf die Absatztransaktion beziehen -, umso geringer ist der Verhandlungsspielraum für den ausländischen Nachfrager (vgl. hierzu die sehr ausführliche Darstellung bei *Bieber*, 1988, S. 53 ff.).

II. Die Grundsatzentscheidung über die Durchführung eines Kompensationsgeschäfts

Im Rahmen der Grundsatzentscheidung über die Durchführung eines Kompensationsgeschäfts ist darüber zu befinden, ob die vom ausländischen Nachfrager benötigte Hauptleistung im Wege einer herkömmlichen Außenhandelstransaktion oder aber im Wege eines Kompensationsgeschäfts bezogen werden soll. Hierzu ist zunächst auf der Basis einer Situationsanalyse die grundsätzliche Durchführbarkeit, anschließend die Wirtschaftlichkeit des anvisierten Kompensationsgeschäfts zu prüfen.

1. Die Wahl des Vergabeverfahrens als Grundlage für die Ermittlung der Vorteilhaftigkeit eines Kompensationsgeschäfts

a. Die Vergabeverfahren im Überblick

Nach Feststellung eines Bedarfs an der Hauptleistung hat der ausländische Nachfrager - vor der eigentlichen Entscheidung über die Durchführung eines Kompensationsgeschäfts - zunächst darüber zu befinden, im Wege welchen Vergabeverfahrens der Auftrag für die Hauptleistung vergeben werden soll. Bezüglich der einzelnen Verfahren unterscheidet man dabei zwischen
- öffentlicher Ausschreibung,
- beschränkter Ausschreibung und
- freihändiger Vergabe.

Allgemein versteht man unter einer **Ausschreibung** (vgl. *Berndt*, 1988, S. 29 f.; *Schwanfelder*, 1989, S. 163 ff.) die Aufforderung von potentiellen Anbietern, Angebote für eine qualitativ, quantitativ und zeitlich fest umrissene Leistung einzureichen. Die Leistungsbeschreibung ist im sog. Lastenheft (Tender, Cahier de Charge) enthalten. Es handelt sich somit um ein Verfahren der organisierten Anbieterkonkurrenz, wobei bestimmte Spielregeln einzuhalten sind (vgl. *Barrmayer*, 1982, S. 11 ff.):
- Bis zum Ende der Angebotsfrist sind die Angebote geheimzuhalten,
- Nachverhandlungen sind ausgeschlossen,
- bis zum Vergabetermin sind die Anbieter durch die Bietungsgarantie an ihr Angebot gebunden,
- den Zuschlag erhält der Anbieter mit dem wirtschaftlichsten Angebot.

Eine **öffentliche Ausschreibung** ist dadurch charakterisiert, daß eine unbegrenzte Zahl von Anbietern aufgefordert wird, ein Angebot für die nachgefragte Leistung abzugeben. Ausgehend von einer genauen Leistungsbeschreibung erfolgt die Bekanntmachung der Ausschreibung; nach Ablauf der Angebotsfrist erfolgt die Öffnung und Verlesung der Angebote. Nach Prüfung der Angebote wird schließlich der Zuschlag erteilt.

Im Unterschied zur öffentlichen Ausschreibung wird bei einer **beschränkten Ausschreibung** eine Vorauswahl der potentiellen Anbieter vorgenommen, welche anschließend zu einer Angebotsabgabe aufgefordert werden; der weitere Ablauf erfolgt analog zu einer öffentlichen Ausschreibung (vgl. *Berndt*, 1988, S. 32).

Die Auftragsvergabe bei **freihändigen Vergaben** erfolgt dagegen formfrei nach freiem Ermessen des Nachfragers. Dabei unterscheidet man zwischen freihändigen Individualtransaktionen, welche insbesondere bei einmaligen Projekten größeren Auftragsvolumens zur Anwendung kommen, und freihändigen Routinetransaktionen, welche für habitualisierte Beschaffungsprozesse geringerer Komplexität relevant sind (vgl. *Berndt*, 1988, S. 105; *Backhaus*, 1993, S. 79 f. und 431).

Im Internationalen Marketing, insb. im Anlagengeschäft, spielen Ausschreibungen eine überragende Rolle. Nachfrager sind i. d. R. öffentliche Auftraggeber wie Ministerien und halbstaatliche Gesellschaften; offiziell geregelt ist das öffentliche Auftragswesen in Artikel V des GATT-Übereinkommens über das öffentliche Beschaffungswesen, wobei diesem Abkommen jedoch - neben den EG-Ländern - nur Österreich, Kanada, Finnland, Hongkong, Japan, Norwegen, Singapur, Schweden, die Schweiz und die USA beigetreten sind (vgl. *Fischbein*, 1984, S. 14).

Das Ausschreibungsverfahren entspricht in den einzelnen Ländern i. d. R. internationalem Standard; länderspezifische Unterschiede ergeben sich beispielsweise darin, ob nach Eingang und Öffnung der Angebote die Angebotspreise sowie nach Abschluß des Verfahrens die Endergebnisse der Ausschreibung offiziell bekanntgegeben werden müssen (vgl. *Fischbein*, 1984, S. 13 f.). Im Internationalen Marketing sind dabei folgende **Varianten** gebräuchlich (vgl. *Fischbein*, 1984, S. 16):

- **International Competitive Bidding** (Global Tenders)
  Hier handelt es sich um internationale öffentliche Ausschreibungen, bei denen jedes Unternehmen mitbieten kann.
- **Internationale Ausschreibungen mit vorheriger Vorauswahl** (Prequalification)
  Es werden nur solche Anbieter zur Angebotsabgabe aufgefordert, die sich zuvor im Rahmen einer Vorauswahl - welche i. d. R. ebenfalls in Form einer Ausschreibung initiiert wird - qualifiziert haben. Angefordert werden Referenzen wie System-, Komponenten-, Know-how- und Koalitionsreferenz (vgl. *Engelhardt/Schuster*, 1981, S. 126 ff.); im Zusammenhang mit Kompensationsgeschäften ist ggf. auch der Nachweis zu erbringen, daß früher eingegangene Kompensationsverpflichtungen vertragsgerecht erfüllt wurden.
- **Internationale Ausschreibungen mit vorheriger Registrierung**
  Diese gegenüber der Ausschreibung mit vorheriger Vorauswahl etwas abgeschwächte Form setzt für die Angebotsabgabe lediglich eine vorherige Registrierung voraus, nicht jedoch eine Qualifizierung.
- **Lokale Ausschreibungen mit Berücksichtigung ausländischer Hersteller und Lieferanten**
  Die Ausschreibungen werden nur in lokalen Zeitungen veröffentlicht, angesprochen sind in erster Linie einheimische Anbieter. Aufgrund des Fehlens einer geeigneten lokalen Industrie wird jedoch letztlich auf die Angebote ausländischer Unternehmen zurückgegriffen. Diese Praxis ist insbesondere in den Golfstaaten üblich.

b. Die Entscheidung über das Vergabeverfahren

Sofern das Vergabeverfahren nicht gesetzlich vorgeschrieben ist, hat der ausländische Nachfrager über das für ihn vorteilhafteste Verfahren zu befinden. Hierzu können beispielsweise folgende **Kriterien** zur Anwendung kommen (vgl. *Berndt*, 1988, S. 114 ff.):
- Förderung des Wettbewerbs,
- Erschweren der Kartellbildung,
- Verringerung der Gefahr einer Vorteilsgewährung,
- Erreichen einer Marktübersicht,
- Besondere Leistungsfähigkeit der Anbieter,
- Zeitaufwand der Beschaffung,
- Geheimhaltung der Beschaffung,
- Kosten des Vergabeverfahrens,
- Höhe des Beschaffungspreises.

Für eine öffentliche Ausschreibung - und, eingeschränkt, für eine beschränkte Ausschreibung - spricht insbesondere, daß der Wettbewerb gefördert, eine Kartellbildung erschwert und die Gefahr einer Vorteilsgewährung verringert wird; außerdem erhält man eine bessere Marktübersicht, die zu erwartenden Beschaffungspreise sind darüber hinaus günstiger als bei einer freihändigen Vergabe (so wurde von *Yuspeh* (1976) festgestellt, daß bei Übergang von freihändigen Vergaben zu Ausschreibungen der Beschaffungspreis durchschnittlich um knapp 45% reduziert werden konnte).

Eine freihändige Vergabe ist dagegen dann vorzuziehen, wenn Anbieter mit besonderen Fähigkeiten gesucht werden, die Beschaffung geheimgehalten werden soll oder die Beschaffung besonders dringlich ist. Eine simultane Berücksichtigung aller relevanten Kriterien kann beispielsweise mit Hilfe eines **Scoring-Modells** erfolgen (vgl. z. B. *Berndt*, 1992, S. 53 ff.).

2. Die Ermittlung der Vorteilhaftigkeit eines Kompensationsgeschäfts

a. Der Planungsprozeß zur Ermittlung der Vorteilhaftigkeit eines Kompensationsgeschäfts

Im folgenden wird vom Regelfall ausgegangen, daß es sich beim ausländischen Nachfrager um eine staatliche Stelle (Außenhandelsorganisation, Ministerium u. ä.) handelt. Ausgangspunkt der Entscheidung zwischen einem Kompensationsgeschäft und einer herkömmlichen Außenhandelstransaktion ist die Feststellung eines konkreten Bedarfs nach einem westlichen Produkt. Die Entscheidung ist dabei von folgenden **Faktoren** abhängig:
- von den verfolgten Zielen,
- von der Umweltsituation,

- von den eigenen Stärken und Schwächen und
- von der Wirtschaftlichkeit beider Transaktionsformen im Vergleich.

Zur Entscheidungsunterstützung kann dabei das Flußdiagramm der *Abbildung 3.3* herangezogen werden.

Aus dem Flußdiagramm wird ersichtlich, daß zunächst einige Kriterien zu berücksichtigen sind, welche die Beschaffung der Hauptleistung im Wege einer herkömmlichen Importtransaktion von vornherein ausschließen. Dies ist dann der Fall, wenn
- Kompensation für die Beschaffung des betrachteten Produkts gesetzlich vorgeschrieben ist oder
- Devisen zur Importfinanzierung nicht vorhanden und Importkredite nicht erhältlich oder zu teuer sind.

Sind diese Restriktionen gegeben, so ist zu prüfen, ob zu erwarten ist, daß potentielle westliche Lieferanten auf Kompensationsforderungen eingehen werden. Dies ist umso wahrscheinlicher, je höher der Absatzdruck bei den potentiellen Lieferanten ist, z. B. aufgrund von konjunkturellen Tiefs oder Branchenkrisen. Ist kein Eingehen auf Kompensationsforderungen zu erwarten, so muß der Prozeß abgebrochen und auf die Beschaffung des westlichen Produkts verzichtet werden.

Sind ausreichende Devisen vorhanden oder zu akzeptablen Konditionen beschaffbar, so kann der Bedarf grundsätzlich auch durch eine herkömmliche Importtransaktion gedeckt werden. Die Kompensation kommt als Alternative dann in Frage, wenn im Land des ausländischen Nachfragers neben beschaffungspolitischen Zielen auch explizit absatz- und/oder industriepolitische Ziele verfolgt werden. Ergibt eine anschließende Umweltanalyse, daß Kompensationsgeschäfte prinzipiell wünschenswert sind, so ist noch im Wege einer Stärken-Schwächen-Analyse zu überprüfen, ob ein Kompensationsgeschäft erfolgreich realisierbar ist. Von den Stärken und Schwächen sind die Absetzbarkeit der Gegenwaren und das Vorhandensein von Countertrade-Know-how besonders relevant; diese werden daher im Flußdiagramm gesondert aufgeführt. Sind keine ausreichenden Stärken vorhanden, so ist Kompensation als Alternative nicht weiterzuverfolgen. Bei positivem Ergebnis der Stärken-Schwächen-Analyse ist dagegen abschließend die Wirtschaftlichkeit eines Kompensationsgeschäfts im Vergleich zu einer herkömmlichen Importtransaktion zu prüfen. Die Entscheidung über die konkrete Form der Transaktion im Falle der Entscheidung zugunsten eines Kompensationsgeschäfts wird in Abschnitt III. in diesem Kapitel behandelt.

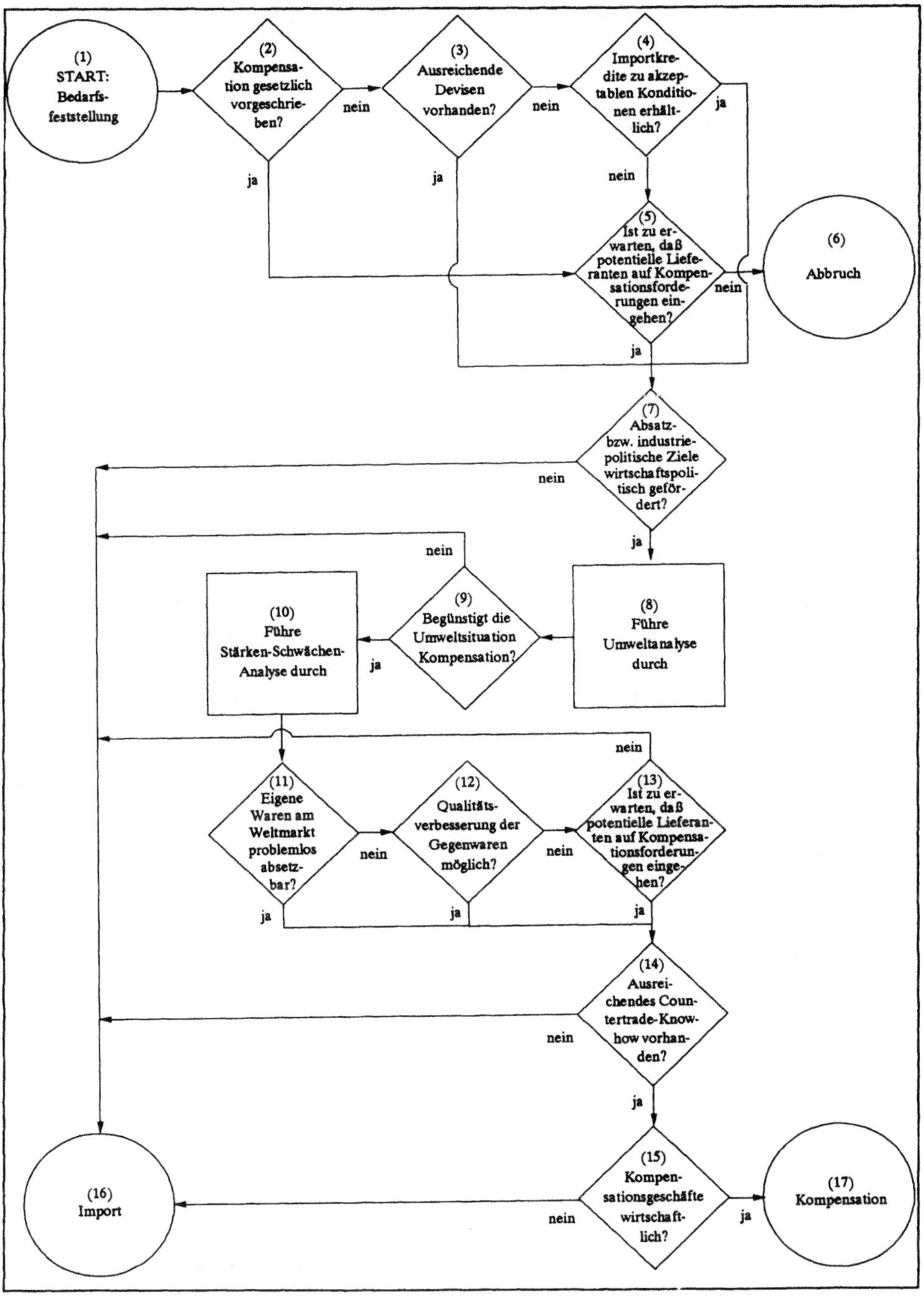

Abb. 3.3: Die Entscheidung über die Durchführung eines Kompensationsgeschäfts aus der Sicht des ausländischen Nachfragers

b. Methodische Vorgehensweise zur Entscheidungsfindung

aa. Ziele

Eine ausführliche Darstellung der vom ausländischen Nachfrager verfolgten Ziele im Rahmen von Kompensationsgeschäften (jeweils nach Ländergruppen) findet sich in Unterabschnitt A.I.2. in diesem Teil, so daß an dieser Stelle auf eine ausführliche Darstellung der einzelnen relevanten Ziele verzichtet werden soll. Hier soll lediglich angeführt werden, welche Ziele die Entscheidung zugunsten eines Kompensationsgeschäfts positiv beeinflussen können: Dies sind vor allem

- Ausgleich der Zahlungsbilanz,
- Importfinanzierung,
- Technologietransfer,
- Exportförderung,
- Förderung der heimischen Industrie.

Sind solche Ziele in der Wirtschaftspolitik des Nachfragerlandes verankert, so ist Kompensation eine naheliegende Alternative zu einem herkömmlichen Importgeschäft.

Sind prinzipiell beide Alternativen - Kompensationsgeschäft und Import - möglich, so findet ein abschließender Vergleich auf der Basis rein ökonomischer Kriterien statt. Bei Unterstellung rationalen Verhaltens sollte die wirtschaftlichere Alternative gewählt werden, z. B. diejenige, die zum größten Gesamtgewinn oder zu den geringsten Beschaffungskosten führt. In diesem Zusammenhang denkbar sind auch kombinierte beschaffungs- und absatzpolitische Ziele; exemplarisch seien hier folgende Zielsetzungen genannt:

- Umsatz- oder Absatzmengenmaximierung bzgl. der Gegenwaren mit der Nebenbedingung, daß die Beschaffungskosten für die Hauptleistung einen bestimmten Höchstbetrag nicht übersteigen;
- Minimierung der Beschaffungskosten für die Hauptleistung unter der Nebenbedingung, daß bei der Gegenleistung ein Mindestabsatz oder Mindestumsatz erreicht wird.

bb. Umweltanalyse

Gegenstand der Umweltanalyse ist die Überprüfung, ob die allgemeinen Rahmenbedingungen der Umwelt - einschließlich Branche und Wettbewerb - die Forderung von Kompensation begünstigen, wobei sich die Faktoren von Branche und Wettbewerb insbesondere auf die Märkte für die Gegenwaren beziehen. Eine allgemeingültige und erschöpfende Auflistung aller relevanten Umweltfaktoren ist an dieser Stelle nicht möglich; im folgenden sollen nur die wichtigsten genannt werden.

Die **allgemeinen Umweltbedingungen** lassen sich in folgende Hauptgruppen untergliedern (vgl. auch die Kriterienzusammenstellungen bei *Hinterhuber*, 1992, S. 77 ff.; *Berndt*, 1991a, S. 25 ff.):

Wirtschaftliche Entwicklung
- Bruttosozialprodukt und Volkseinkommen,
- Entwicklung der Wechselkurse,
- Zinsentwicklung für Fremdkapital,
- Devisenbestand,
- Verschuldungsgrad,
- Zahlungsbilanz.

Demographische Entwicklung
- Bevölkerungsentwicklung,
- Einkommensverteilung,
- Entwicklung der Erwerbstätigen,
- Arbeitslosenquote.

Technologische Entwicklung
- technologischer Stand der Wirtschaft,
- Möglichkeiten des Technologieimports.

Sozio-kulturelle Entwicklung
- Bildungs- und Ausbildungsstand der Bevölkerung,
- vorhandene Werte und Normen.

Politisch-rechtliche Entwicklung
- Vorhandensein bilateraler Wirtschaftsabkommen mit den Ländern potentieller Geschäftspartner,
- Vorhandensein von Treuhandkonten bei bestimmten Ländern bzw. Unternehmen,
- staatliche Förderungsmaßnahmen für bestimmte Produkte/Industrien,
- Vorhandensein von Anti-Dumping-Gesetzen, welche die Kompensationswaren betreffen können,
- Vorhandensein gesetzlicher Bestimmungen bezüglich Kompensationsgeschäften.

Zu den Faktoren von **Branche und Wettbewerb** gehören (vgl. auch die allgemeinen Kriterienkataloge von *Hinterhuber*, 1992, S. 78 f. und *Berndt*, 1991a, S. 26 ff.):

Branchenstrukturfaktoren
- technischer Wandel der Branche,
- Eintrittsbarrieren für Gegenwaren (technische Normen, Sicherheitsvorschriften, Anforderungen an Verpackungsgestaltung).

Lieferantenfaktoren
- Anzahl und Größe der potentiellen westlichen Anbieter,
- Diversifikationsgrad,
- vorhandene Absatzkanäle,
- Qualität der Produkte und der Produktnebenleistungen wie Service, Schulung etc.,
- Verhandlungsmacht der potentiellen Lieferanten.

Wettbewerbsfaktoren
- Art und Intensität der Nachfragerkonkurrenz bezüglich der Hauptleistung,
- Art und Intensität der Anbieterkonkurrenz bezüglich der Gegenwaren,
- Nachfrage- bzw. Angebotsvolumen der Konkurrenten,
- Art und Qualität der Konkurrenzprodukte.

Markt- und Kundenfaktoren
- Vorhandensein von Abneigungen bezüglich der Produkte aus dem eigenen Land,
- Vorhandensein von Überkapazitäten auf dem Weltmarkt bezüglich bestimmter Produkte,
- Entwicklung der Weltmarktnachfrage und der Weltmarktpreise für bestimmte Waren.

Zur Beurteilung, ob die Umweltsituation Kompensationsgeschäfte begünstigt, kann zum einen eine Checkliste herangezogen werden; da die einzelnen Faktoren u. U. einen unterschiedlichen Einfluß auf die Durchführung von Kompensationsgeschäften haben, kann alternativ wie folgt vorgegangen werden:
- In einem ersten Schritt sind die jeweils relevanten Umweltfaktoren U_i ($i = 1,...,n$) zu bestimmen und gemäß ihrer relativen Bedeutung zu gewichten ($0 < g_i < 1$ und $\Sigma g_i = 1$).
- Für die Ausprägungen der einzelnen Faktoren ist eine korrespondierende Skalierung vorzunehmen (z. B. von 0 = sehr ungünstig bis 5 = sehr günstig).
- Die Bewertung der einzelnen Faktoren erfolgt durch Vergabe von Punktwerten e_i ($i = 1,..., n$) bezüglich eines jeden Faktors gemäß der vorab festgelegten Skala.
- Die Gesamtbewertung der Umweltsituation resultiert durch Bildung einer gewichteten Gesamtpunktzahl über alle Faktoren:

$$GGPZ(U) = \sum_{i=1}^{n} g_i \cdot e_i.$$

Die Entscheidung, ob Kompensation als Alternative weiterzuverfolgen ist, kann z. B. davon abhängig gemacht werden, daß eine bestimmte Mindest-Gesamtpunktzahl insgesamt oder bezüglich der wichtigsten Kriterien erreicht wird. Werden mehrere Außenhandelsalternativen gleichzeitig betrachtet, so kann obige Vorgehensweise zu einem Scoring-Modell erweitert werden. (Ein Beispiel hierzu - aus der Sicht des westlichen Anbieters - findet sich in Unterabschnitt C.II.2.)

Vorteilhaft an diesem Verfahren ist die Berücksichtigung der unterschiedlichen Bedeutung der einzelnen Umweltfaktoren für die Entscheidungsfindung. Bei der Auswahl der Faktoren ist jedoch auf Vollständigkeit und Unkorreliertheit zu achten, um eine Verzerrung der Bewertung zu vermeiden; darüber hinaus ist aufgrund der Art der Amalgamation der Einzelbewertungen bei den einbezogenen Faktoren mindestens Intervallskalenniveau erforderlich. Des weiteren kann die Subjektivität der Gewichtung Probleme aufwerfen.

cc. Stärken-Schwächen-Analyse

Gegenstand der Stärken-Schwächen-Analyse ist die Untersuchung, inwieweit die eigenen Potentiale des ausländischen Nachfragers eine erfolgreiche Abwicklung von Kompensationsgeschäften erlauben. Ist dies nicht der Fall, so ist die Alternative "Kompensation" nicht weiterzuverfolgen. Gegenstand der Analyse sind insbesondere folgende Faktoren (in Anlehnung an *Hinterhuber*, 1992, S. 85 ff.):

Produktionsprogramm
- Zusammensetzung des Gegenwarenkorbs,
- Möglichkeit der Anpassung der Gegenwaren an spezielle Wünsche der potentiellen westlichen Partner,
- Stützungssätze für die eigenen Gegenwaren auf dem Weltmarkt.

Produktionspotential
- technologischer Stand der Anlagen,
- Wirtschaftlichkeit des Fertigungsprozesses,
- Flexibilität.

Forschung- und Entwicklung
- vorhandenes Know-how,
- Möglichkeiten zur Beseitigung etwaiger Know-how-Defizite,
- Möglichkeiten zum Erwerb von Lizenzen,
- Stand der Grundlagen- und Anwendungsforschung (z. B. angemeldete Patente),
- Möglichkeiten zur Gewinnung qualifizierter Wissenschaftler.

Personal
- Vorhandensein von qualifiziertem Personal mit Countertrade-Erfahrung,
- Vorhandensein von Personal mit Kenntnissen über die Länder der potentiellen Geschäftspartner (einschl. Fremdsprachenkenntnisse).

Beschaffung
- Lieferantenwahl-Kriterien (z. B. grundsätzlich "günstigster Anbieter"),
- Vorhandensein und Verbindlichkeit von Importprioritäten.

Absatz
- Vorhandensein von Marketing-Know-how,
- Zugang zu etablierten Absatzkanälen,
- vorhandene Absatzkanäle der potentiellen Geschäftspartner,
- Möglichkeit der Einschränkung des Absatzes der Gegenwaren seitens des westlichen Partners auf bestimmte (selbst nicht bearbeitete) Märkte,
- Möglichkeit des Ausschlusses der Übertragung der Kompensationsverpflichtung an Dritte.

Kosten
- zusätzlich anfallende Kosten für Kompensationsgeschäfte,
- zu erwartende Mehrkosten für den Bezug der Hauptleistung im Falle eines Kompensationsgeschäfts,
- Möglichkeiten der Abwälzung von Kosten auf die potentiellen westlichen Partner.

Finanzen
- vorhandene finanzielle Mittel,
- Devisenzuteilung von den Ministerien bzw. von der Zentralbank für bestimmte Importe,
- eigene Kreditwürdigkeit.

Management-Qualität
- Vorhandensein verbindlicher Beschaffungs- und Absatzziele,
- ausreichende und aktuelle Versorgung des Managements mit den relevanten Informationen,
- reibungsloser Informationsfluß und Koordination zwischen den betroffenen Stellen (Ministerien, Banken, Unternehmen).

Countertrade-Erfahrung
- Erfolg der bisherigen Countertrade-Praxis,
- eigene Konditionen (Quoten, Pönale etc.) im Vergleich zu den Hauptkonkurrenten,
- bisher praktizierte Formen von Kompensationsgeschäften,
- von den potentiellen westlichen Partnern präferierte Formen von Kompensationsgeschäften.

Die Entscheidung, ob die eigene interne Situation der erfolgreichen Abwicklung von Kompensationsgeschäften förderlich ist, kann analog zur Umweltanalyse durch Bildung einer gewichteten Gesamtpunktzahl über alle relevanten Faktoren S_j ($j = 1, \ldots, m$) und Festlegung von Mindest-Gesamtpunktzahlen insgesamt oder bzgl. besonders wichtiger Kriterien vorgenommen werden. Als gewichtete Gesamtpunktzahl für die eigenen kompensationsspezifischen Stärken resultiert:

$$GGPZ(S) = \sum_{j=1}^{m} g_j \cdot e_j$$

mit e_j = Ausprägung des Faktors S_j ($j = 1,...,m$),
g_j = Gewicht des Faktors S_j ($j = 1,...,m$).

Bei gleichzeitiger Betrachtung mehrerer Außenhandelsalternativen kann die Vorgehensweise auch hier zu einem Scoring-Modell erweitert werden (vgl. das Beispiel in Unterabschnitt C.II.2. aus der Sicht des westlichen Anbieters; zur Beurteilung des Verfahrens vgl. die Ausführungen im vorangegangenen Unterabschnitt bb.).

dd. Wirtschaftlichkeitsanalyse

(1) Die Entscheidungssituation im Rahmen der Wirtschaftlichkeitsanalyse

Erscheint die Kompensation bis zu dieser Stufe als eine brauchbare Alternative zu einem herkömmlichen Importgeschäft, so ist abschließend noch deren **Wirtschaftlichkeit** zu überprüfen. Bei der Beurteilung der Wirtschaftlichkeit wird im folgenden davon ausgegangen, daß die geplante Absatztransaktion den Charakter eines **Zusatzgeschäfts** hat, es wird also angenommen, der Absatz der Gegenleistung würde ohne Kompensationsgeschäft nicht zustandekommen. Diese Annahme entspricht am ehesten den Verhältnissen in der Praxis:
- Bei Formen der Handelskompensation werden i. d. R. überwiegend solche Gegenwaren angeboten, die sich auf dem Weltmarkt nicht oder nur mit großen Abschlägen verkaufen lassen;
- bei Offset-Geschäften wird vielfach die sog. "Additionality" verlangt, d. h. als Erfüllung der Kompensationsverpflichtung werden nur solche Käufe des westlichen Partners anerkannt, welche über das "normale" Bezugsvolumen hinausgehen;
- bei Buy-back-Geschäften wird die Absatztransaktion durch das Zustandekommen des Hauptgeschäfts überhaupt erst ermöglicht.

Des weiteren wird vom Regelfall ausgegangen, daß beide Teiltransaktionen in einer einheitlichen, vorab vereinbarten Währung fakturiert werden. Aus diesem Grunde werden die monetären Konsequenzen der Beschaffungs- und der Absatztransaktion im folgenden in derselben - hier nicht näher spezifizierten - Währung angegeben, d. h. es erfolgt keine explizite Berücksichtigung der Wechselkurse.[15)]

---

15) Da i. d. R. in harter Währung fakturiert wird ($, DM), also im Normalfall nicht in der Währung des ausländischen Nachfragers, muß dieser für die Beschaffung der Hauptleistung Devisen bereitstellen. Zu beachten ist, daß bei schwankendem Wechselkurs der Währung, in der fakturiert wird, der ausländische Nachfrager - wie auch der westliche Anbieter - zusätzlich zu den reinen Erlös- und

Im Rahmen der Wirtschaftlichkeitsanalyse wird von folgender **Entscheidungssituation** des ausländischen Nachfragers ausgegangen:

Als **Ziel** des ausländischen Nachfragers wird die Deviseneinsparung zugrunde gelegt. Diese Zielsetzung kann durch die Minimierung der Anschaffungsauszahlung für die Hauptleistung operationalisiert werden. Ein Kompensationsgeschäft ist für ihn demnach dann vorteilhaft, wenn die Anschaffungsauszahlung für die Hauptleistung im Rahmen eines Kompensationsgeschäfts niedriger ausfällt als beim Import. Zu berücksichtigen ist, daß im Falle eines Kompensationsgeschäfts auf die Anschaffungsauszahlung für die Hauptleistung der aus dem Absatz der Gegenwaren resultierende Zahlungsüberschuß anzurechnen ist, d. h. der Gewinn - bzw. der damit verbundene Zahlungsüberschuß - aus der Absatztransaktion verringert den zur Bezahlung der Hauptleistung erforderlichen Bedarf an Devisen. Aus diesem Grunde wird im folgenden davon ausgegangen, daß der ausländische Nachfrager im Falle eines Kompensationsgeschäfts bzgl. der Absatztransaktion das Ziel der Gewinnmaximierung verfolgt, da dadurch das Ziel der Minimierung der Anschaffungsauszahlung für die Hauptleistung und somit der Deviseneinsparung gefördert wird. Eine Gegengeschäftstransaktion ist im Vergleich zu einem Importgeschäft dann vorteilhaft, wenn die aus der Absatztransaktion erwirtschafteten Zahlungsüberschüsse die zusätzlichen, durch das Kompensationsgeschäft verursachten Auszahlungen (erhöhter Bezugspreis für die Hauptleistung, kompensationsspezifische Kosten) übersteigen.

Als **Handlungsalternativen** werden vereinfachend zum einen ein Kompensationsgeschäft, zum anderen ein herkömmliches Importgeschäft für die Hauptleistung betrachtet. Für die Alternative "Kompensationsgeschäft" hat der ausländische Nachfrager - ausgehend von einem definierten Gegenwarenkorb - einen Handlungsspielraum bzgl. der für die Gegenwaren zu fordernden Preise. Damit hat der ausländische Nachfrager simultan folgende Entscheidungen zu treffen:

- die Entscheidung zwischen einem Kompensationsgeschäft und einem herkömmlichen Importgeschäft sowie
- im Rahmen der Alternative "Kompensationsgeschäft" die Bestimmung der für die Gegenwaren zu fordernden Preise.

Die Entscheidungsfindung erfolgt unter folgender **Datenkonstellation:**

Ausgangspunkt der Wirtschaftlichkeitsanalyse ist ein festgestellter Bedarf einer Hauptleistung, x_h; dieser steht mengenmäßig i. d. R. von vornherein fest. Bei Bezug der Hauptleistung im Wege eines herkömmlichen Importgeschäfts erwartet der ausländische Nachfrager, daß er einen Preis in Höhe von p_h^I entrichten muß. Die An-

---

Kostenwirkungen der beiden Teiltransaktionen u. U. auch einen Kursgewinn bzw. -verlust erzielen können; dieser Fall wird jedoch hier und im folgenden nicht weiter betrachtet.

schaffungsauszahlung für die Hauptleistung im Falle eines Importgeschäfts (A_0^I) beträgt somit:

$$A_0^I = p_h^I \cdot x_h. \tag{3.1}$$

Im Falle der Durchführung eines Kompensationsgeschäfts erwartet er einen Bezugspreis in Höhe von p_h^K. Dieser Preis übersteigt i. d. R. den Preis bei einer herkömmlichen Importtransaktion, da der ausländische Nachfrager erwartet, daß der westliche Partner einen Teil der bei ihm anfallenden kompensationsspezifischen Kosten auf ihn abwälzt; es gilt also:

$$p_h^K = \alpha \cdot p_h^I \quad \text{mit } \alpha > 1.$$

Der Faktor α bringt dabei zum Ausdruck, um welchen Anteil der Preis im Falle eines Kompensationsgeschäfts den Preis bei einem Importgeschäft übersteigt; $\alpha = 1{,}1$ bedeutet beispielsweise, daß im Falle eines Kompensationsgeschäfts mit einem um 10% höheren Beschaffungspreis zu rechnen ist. In der Regel kann die Höhe des Faktors α aus Erfahrungen mit vergangenen Kompensationsgeschäften geschätzt werden. Die Anschaffungsauszahlung für die Hauptleistung im Falle eines Kompensationsgeschäfts (A_0^K) beträgt somit:

$$A_0^K = p_h^K \cdot x_h = \alpha \cdot p_h^I \cdot x_h. \tag{3.2}$$

Es wird im folgenden ausschließlich der Fall betrachtet, die **Kompensationsquote** - d. h. derjenige Anteil am Wert der Hauptleistung, zu dem der westliche Anbieter vom ausländischen Nachfrager Gegenwaren zu beziehen hat - sei im Land des ausländischen Nachfrager gesetzlich vorgeschrieben. Somit ist für den ausländischen Nachfrager die Kompensationsquote ebenfalls ein Datum.[16)]

Als bekannt wird ferner das **Nachfrageverhalten** der westlichen Anbieter bzgl. der Gegenwaren unterstellt, welches in einer Nachfragefunktion bzgl. der einzelnen Gegenwaren zum Ausdruck kommt. Die Schätzung der Nachfragefunktion seitens des ausländischen Nachfragers ist dabei mit Problemen verbunden. Bei Vorhandensein von Vergangenheitswerten kann eine Nachfragefunktion aus bekannten Wertepaaren (realisierte Preis-Mengen-Kombinationen in der Vergangenheit) regressionsanalytisch ermittelt werden. Im Falle von Kompensationsgeschäften ist jedoch aufgrund von deren vergleichsweise Neuartigkeit und Einmaligkeit davon auszugehen, daß sol-

16) Liegt die Festlegung der Kompensationsquote im Ermessen des ausländischen Nachfragers, so hat er für jede von ihm erwogene Kompensationsquote eine separate Wirtschaftlichkeitsanalyse durchzuführen. Innerhalb der Alternative "Kompensationsgeschäft" hat er für jede Kompensationsquote die Gegenwaren-Preise zu bestimmen; die insgesamt wirtschaftlichste Kombination im Rahmen der Alternative "Kompensationsgeschäft" ist anschließend mit der Alternative "Importgeschäft" zu vergleichen.

che Vergangenheitswerte i. d. R. nicht oder nicht in ausreichender Anzahl vorhanden sind, so daß der ausländische Nachfrager auf eine subjektive Schätzung der Nachfragefunktion angewiesen ist. Bei Kenntnis des Produktions- und des Absatzprogramms der einzelnen westlichen Anbieter kann der ausländische Nachfrager zumindest abschätzen, für welche Gegenwaren überhaupt ein Bedarf besteht, ggf. auch in welcher (maximalen) Höhe; auf dieser Basis kann er für jede Gegenware bei jedem potentiellen westlichen Anbieter die Sättigungsmenge abschätzen.[17] Sind für die einzelnen Gegenwaren Weltmarktpreise vorhanden, so können diese als Orientierungsgrößen herangezogen werden: Der ausländische Nachfrager hat abzuschätzen, um wieviel sein eigener Preis den Weltmarktpreis maximal übersteigen kann, d. h. er hat diejenige Preisgrenze anzugeben, ab der er keine Nachfrage mehr erzielt (Prohibitivpreis). Durch Verbindung beider Punkte kann er zumindest näherungsweise eine (lineare) Nachfragefunktion für die einzelnen Gegenwaren und für die einzelnen westlichen Partner ermitteln.

In der Regel wird der ausländische Nachfrager jedoch bzgl. der Nachfragefunktion der westlichen Anbieter von mehrwertigen Erwartungen ausgehen müssen, so daß die Prämisse der Sicherheit im weiteren Verlauf der Ausführungen aufgegeben wird.

(2) Die Ermittlung der Wirtschaftlichkeit eines Kompensationsgeschäfts

Im Rahmen der Wirtschaftlichkeitsanalyse ist zunächst zu unterscheiden, ob es sich bezüglich der Hauptleistung um eine einmalige Transaktion kurzfristigen Charakters oder um ein industrielles Großprojekt mit langfristigem Planungshorizont handelt. Eine weitere Unterscheidung kann danach vorgenommen werden, ob der ausländische Nachfrager ein einziges oder mehrere Produkte als Gegenwaren anbietet. Die bei der Wirtschaftlichkeitsanalyse behandelten Fälle werden zusammenfassend in *Abbildung 3.4* angeführt. Die Ermittlung der Wirtschaftlichkeit eines Kompensationsgeschäfts wird im Rahmen dieser Arbeit zunächst unter der Annahme sicherer Erwartungen bzgl. des Verhaltens der westlichen Anbieter erörtert, anschließend unter Zugrundelegung einer Risikosituation.

Vereinfachend wird im folgenden jeweils nur **ein einziger** potentieller westlicher Anbieter betrachtet. Bei mehreren erwogenen potentiellen Geschäftspartner ist für jeden einzelnen eine gesonderte Wirtschaftlichkeitsanalyse vorzunehmen. Zu beachten ist hierbei, daß auf dieser Stufe noch keine Auswahl der potentiellen Geschäftspartner stattfinden kann, da die tatsächlich geforderten Preise für die Hauptleistung sowie die einzelnen Gegengeschäftsangebote der westlichen Geschäftspartner erst nach der Ausschreibung bzw. der Anfrage bekannt sind. In dieser Phase der

---

17) Als Sättigungsmenge wird die maximal absetzbare Menge bei einem Angebotspreis in Höhe von 0 bezeichnet.

Planung eines Kompensationsgeschäfts kann der ausländische Nachfrager aufgrund des schlechten Informationsstands nur ein gewisses Spektrum angeben, innerhalb dessen sich die monetären Konsequenzen der einzelnen Transaktionen bewegen dürften; somit ist nur eine vergleichsweise grobe Beurteilung der Vorteilhaftigkeit eines Kompensationsgeschäfts möglich. Außerdem ist eine endgültige Beurteilung der Wirtschaftlichkeit eines Kompensationsgeschäfts erst bei Bekanntsein der konkreten Form der Gegengeschäftstransaktion möglich; insofern sind die Entscheidung über die Durchführung eines Kompensationsgeschäft und über die Art der Transaktion **simultan** zu treffen (vgl. Abschnitt III. in diesem Kapitel).

Zur Beurteilung der Wirtschaftlichkeit eines Kompensationsgeschäfts hat der ausländische Nachfrager in einem ersten Schritt die aus der Absatztransaktion zu erwartenden Gewinne und die damit verbundenen Zahlungsüberschüsse zu ermitteln; dabei wird er annahmegemäß für die Gegenwaren diejenigen Preise fordern, welche seinen Gewinn maximieren. Die Ermittlung der (optimalen) Gewinne für die Absatztransaktion wird im folgenden gemäß den in *Abbildung 3.4* aufgeführten Fällen vorgenommen.

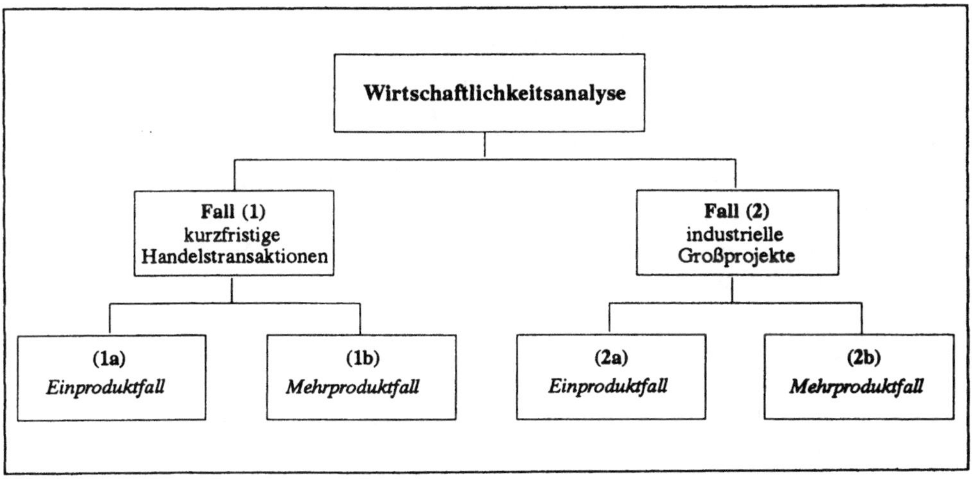

Abb. 3.4: Ausgangssituationen im Rahmen der Wirtschaftlichkeitsanalyse aus der Sicht des ausländischen Nachfragers

Fall (1): Kurzfristige Handelstransaktion

(1a): Einproduktfall

Ausgehend von einer gesetzlich vorgeschriebenen Kompensationsquote Q und dem erwarteten Preis für die Beschaffung der Hauptleistung sowohl im Falle eines Kompensationsgeschäfts als auch im Falle eines herkömmlichen Importgeschäfts steht der

Gesamtwert der Gegenleistung fest; im **Einproduktfall** resultiert für den vom westlichen Anbieter abzunehmenden Wert der Gegenleistung, $p_g \cdot x_g$, folgende Beziehung:

$$p_g \cdot x_g = Q \cdot p_h^K \cdot x_h = Q \cdot \alpha \cdot p_h^I \cdot x_h \tag{3.3}$$

mit p_g = Preis der Gegenware,
x_g = Menge der Gegenware,
x_h = Menge der Hauptleistung,
p_h^K = Preis der Hauptleistung im Falle eines Kompensationsgeschäfts,
p_h^I = Preis der Hauptleistung im Falle eines Importgeschäfts,
α = Verhältnis des Bezugspreises für die Hauptleistung im Falle eines Kompensationsgeschäfts zum Bezugspreis im Falle eines Importgeschäfts,
Q = Kompensationsquote.

Der Gesamtwert der zu beziehenden Gegenwaren ist somit ein festgelegter Anteil Q am Gesamtwert (bzw. aus der Sicht des ausländischen Nachfragers an der Anschaffungsauszahlung) für die Hauptleistung im Falle eines Kompensationsgeschäfts, $p_h^K \cdot x_h$; dieser wiederum übersteigt die Anschaffungsauszahlung für die Hauptleistung im Falle eines Importgeschäfts, $p_h^I \cdot x_h$, um den Faktor α.

Der Gesamtgewinn aus der Absatztransaktion kann wie folgt ermittelt werden: Zunächst ist davon auszugehen, daß der ausländische Nachfrager - unabhängig davon, welche Position er auf dem Weltmarkt innehat - bezüglich eines jeden potentiellen westlichen Anbieters im Falle des Zustandekommens des Kompensationsgeschäfts die Position eines **Monopolisten** innehat, da im Falle eines Kompensationsgeschäfts der westliche Anbieter nicht auf andere Gegenwaren-Lieferanten ausweichen kann. Wird von einer bekannten Nachfragefunktion des westlichen Anbieters bzgl. der angebotenen Gegenware der Form

$$x_g = x_g(p_g)$$

ausgegangen, so gilt für den in Abhängigkeit des Werts der Hauptleistung festgelegten Wert der Gegenleistung, $p_g \cdot x_g$:

$$p_g \cdot x_g = p_g \cdot x_g(p_g). \tag{3.4}$$

Bei der Ermittlung des für ihn gewinnmaximalen Preises der angebotenen Gegenware hat der ausländische Nachfrager das Nachfrageverhalten des westlichen Anbieters zu berücksichtigen, d. h. er kann nicht jede mögliche Preis-Mengen-Kombination wählen, die die *Nebenbedingung (3.3)* erfüllt, sondern nur solche, die gemäß der Nachfragefunktion des westlichen Anbieters von ihm auch abgenommen werden (ansonsten würde das Kompensationsgeschäft von westlichen Anbieter abgelehnt werden). Unterstellt man beispielsweise eine lineare Nachfragefunktion der Form

$$p_g = a - b \cdot x_g,$$

so gilt für den Wert der Gegenleistung

$$Q \cdot p_h \cdot x_h = (a - b \cdot x_g) \cdot x_g = a \cdot x_g - b \cdot x_g^2. \tag{3.5}$$

Es wird ersichtlich, daß *Gleichung (3.5)* bei Fehlen von Kapazitätsbeschränkungen genau zwei Lösungen hat:

$$x_g = \frac{a}{2b} \pm \sqrt{\frac{Q \cdot p_h \cdot x_h}{b} + \frac{a^2}{4b}} \tag{3.6}$$

mit $p_g = a - b \cdot x_g$;

es existieren also genau zwei $p_g x_g$-Kombinationen, die dem Gesamtwert der Absatztransaktion, $Q \cdot p_h \cdot x_h$, entsprechen. Der ausländische Nachfrager wird dabei diejenige $p_g^* x_g^*$-Kombination vorziehen, welche den größten Gewinn herbeiführt.[18] Im Einproduktfall kann das Optimierungsproblem also durch reine Vergleichsrechnungen gelöst werden, da eine stetige Variierbarkeit der Preise nicht gegeben ist: Die Menge der zulässigen $p_g x_g$-Kombinationen wird zum einen durch die Nachfragefunktion des westlichen Anbieters eingeschränkt, zum anderen durch die Nebenbedingung bezüglich des Gesamtwerts der Kompensationsverpflichtung gemäß *Gleichung (3.3)*.

Unter Berücksichtigung der für die Erstellung der Gegenleistung anfallenden Kosten ergibt sich somit für den (optimalen) Gewinn des ausländischen Nachfragers aus der Absatztransaktion, G^*:

$$G^* = p_g^* \cdot x_g^* - K(x_g^*) \tag{3.7}$$

mit p_g^* = optimaler Preis der Gegenware,
x_g^* = zugehörige optimale Menge der Gegenware,
$K(x_g^*)$ = für die Erstellung der Gegenware direkt zurechenbare Kosten.[19]

---

18) Verfolgt der ausländische Nachfrager dagegen Absatzziele - z. B. deswegen, weil er die westlichen Absatzmärkte durchdringen will -, ist u. U. eine andere $p_g x_g$-Kombination optimal. (Ist eine Kapazitätsrestriktion gegeben, so ergibt sich u. U. nur eine oder gar keine zulässige Lösung.)

19) Hier und im folgenden werden ausschließlich direkt zurechenbare Kosten berücksichtigt, da zum einen die Analyse unter der Annahme erfolgt, es handle sich um ein Zusatzgeschäft, zum anderen beim ausländischen Nachfrager vom Fall der Unterbeschäftigung auszugehen ist (vgl. *Schweitzer/Küpper*, 1991, S. 408). Weiterhin wird hier und im folgenden angenommen, die Erlöse wie auch die direkt zurechenbaren Kosten fallen mit Ein- und Auszahlungen in gleicher Höhe und in derselben Periode zusammen. Unter dieser Annahme ist der Gewinn aus der Absatztransaktion somit mit einem Zahlungsüberschuß in gleicher Höhe und in derselben Periode identisch. Bezüglich der Höhe der Zahlungen ist die Annahme unproblematisch, da keine kalkulatorischen Leistungen bzw. Kosten berücksichtigt werden; bei der Analyse ist jedoch auf eine korrekte Periodenzuord-

Dieser Zusatzgewinn kann voll auf die Anschaffungsauszahlung für die Hauptleistung angerechnet werden, d. h. die "Netto-Anschaffungsauszahlung" A_0^{K*} beträgt:

$$A_0^{K*} = \alpha \cdot p_h^I \cdot x_h - G*. \tag{3.8}$$

(1b): Mehrproduktfall

Bietet der ausländische Nachfrager **mehrere Produkte** als Gegenwaren an, so wird die Beziehung zwischen dem vom westlichen Anbieter abzunehmenden Gesamtwert der Gegenwaren und dem Wert der Hauptleistung analog zu *(3.3)* durch folgende Gleichung wiedergegeben:

$$\sum_{j=1}^{J} p_{gj} \cdot x_{gj} = Q \cdot p_h^K \cdot x_h = Q \cdot \alpha \cdot p_h^I \cdot x_h \tag{3.9}$$

mit p_{gj} = Preis der Gegenware j (j = 1,..., J),
x_{gj} = Menge der Gegenware j (j = 1,..., J),

d. h. die vom westlichen Anbieter zu erfüllende Kompensationsverpflichtung kann aus einem bestimmten Warenkorb zusammengestellt werden. Unterstellt man wiederum, für jede Gegenware sei dem ausländischen Nachfrager die Nachfragefunktion der westlichen Anbieter bekannt und ferner, der ausländische Nachfrager verfolge das Ziel der Gewinnmaximierung, so kann er die für ihn optimalen $p_{gj}x_{gj}$-Kombinationen dadurch ermitteln, daß er die *Zielfunktion*

$$G = \sum_{j=1}^{J} [p_{gj} \cdot x_{gj}(p_{gj}) - K_{gj}(x_{gj}(p_{gj}))] \tag{3.10a}$$

mit $K_{gj}(x_{gj}(p_{gj}))$ = direkt zurechenbare Kosten für die Erstellung der Gegenware j

maximiert unter der *Nebenbedingung (3.9)*; es gilt also:

$$G = \sum_{j=1}^{J} [p_{gj} \cdot x_{gj}(p_{gj}) - K_{gj}(x_{gj}(p_{gj}))] - \lambda \cdot [\sum_{j=1}^{J} p_{gj} \cdot x_{gj}(p_{gj}) - Q \cdot p_h^K \cdot x_h] \tag{3.10b}$$
$$\rightarrow \text{Max!}$$

Partielles Ableiten der *Zielfunktion (3.10b)* nach den unabhängigen Variablen p_{gj} und λ und Nullsetzen der Ableitungen führt zu:

$$\frac{\partial G}{\partial p_{gj}} = p_{gj} \cdot \frac{dx_{gj}}{dp_{gj}} + x_{gj} - \frac{dK_{gj}}{dx_{gj}} \cdot \frac{dx_{gj}}{dp_{gj}} - \lambda \cdot \left(p_{gj} \cdot \frac{dx_{gj}}{dp_{gj}} + x_{gj}\right) = 0 \quad \text{(für alle j)} \tag{3.11a}$$

nung der Zahlungen zu achten (zur Abgrenzung relevanter Begriffe der Kosten- und Leistungsrechnung vgl. z. B. *Schweitzer/Küpper*, 1991, S. 39 ff. und 52 ff.).

$$\frac{\partial G}{\partial \lambda} = -\sum_{j=1}^{J} p_{gj} \cdot x_{gj}(p_{gj}) + Q \cdot p_h^K \cdot x_h = 0.^{20)} \tag{3.11b}$$

Aus den *Gleichungen (3.11a)* und *(3.11b)* lassen sich für jede Gegenware j die optimalen Preis-Mengen-Kombinationen $p_{gj}{}^{*}x_{gj}{}^{*}$ bestimmen, welche die *Nebenbedingung (3.9)* erfüllen; auf dieser Basis läßt sich auch der (optimale) **Gewinn** aus der Absatztransaktion berechnen:

$$G^{*} = \sum_{j=1}^{J} [p_{gj}{}^{*} \cdot x_{gj}{}^{*} - K_{gj}(x_{gj}{}^{*})] \tag{3.12}$$

mit $p_{gj}{}^{*}$ = optimaler Preis der Gegenware j (j = 1,..., J),
$x_{gj}{}^{*}$ = zugehörige optimale Menge der Gegenware j (j = 1,..., J).

Fall (2): Industrielles Großprojekt

(2a): Einproduktfall
Im Falle eines industriellen Großprojekts ist die Besonderheit zu berücksichtigen, daß sich die Gegenlieferungen über einen längeren Zeitraum erstrecken: Dies gilt sowohl für den Fall langfristiger Lieferverträge im Rahmen eines Buy-back-Geschäfts als auch für den Fall einer langfristigen Bindung an Unterlieferanten im Rahmen eines Offset-Geschäfts. Bezüglich der Hauptleistung kann dagegen nach wie vor von einer einmaligen Lieferung ausgegangen werden. Wie im Falle einer kurzfristigen Handelstransaktion wird dabei die Regel sein, daß die im Wege eines Kompensationsgeschäfts stattfindende Absatztransaktion den Charakter eines **Zusatzgeschäfts** innehat, so daß der daraus resultierende Gewinn bzw. der damit verbundene Zahlungsüberschuß in voller Höhe auf die Anschaffungsauszahlung der Hauptleistung angerechnet werden kann.

Wie bei Fall (1) wird im folgenden angenommen, der ausländische Nachfrager sei in der Lage, eine Schätzung bezüglich des Preises für die Hauptleistung abzugeben, sowohl im Falle einer herkömmlichen Importtransaktion ($p_h{}^I$) als auch im Falle eines Kompensationsgeschäfts ($p_h{}^K = \alpha \cdot p_h{}^I$, $\alpha > 1$). Weiterhin wird angenommen, die Kompensationsquote Q sei gesetzlich vorgeschrieben.

---

20) Die Ableitungen erster Ordnung und Nullsetzen dieser Ableitungen stellen die notwendigen Bedingungen für einen Extremwert dar. Als zusätzliche zu überprüfende - hinreichende - Bedingung für einen Maximalwert an der Stelle $p_{gj}{}^{*}$ gilt allgemein:

$$\frac{\partial^n G}{\partial p_{gj}{}^{*n}} < 0 \text{ und n gerade}$$

(vgl. hierzu *Schwarze*, 1978, S. 40). Es wird hier und im folgenden davon ausgegangen, daß die hinreichenden Bedingungen jeweils erfüllt sind.

Bei einem industriellen Großprojekt gilt die Besonderheit, daß sich die Gegenlieferung aus einer bestimmten Anzahl von über einen festgelegten Zeitraum τ verteilten Teillieferungen zusammensetzt. Die Summe der auf den Ausgangszeitpunkt abgezinsten Werte der Teillieferungen muß dabei die Kompensationsverpflichtung erfüllen.[21] Unter der Annahme, es werde eine einzige Gegenware angeboten - dies ist z. B. bei Buy-back-Geschäften oftmals der Fall - und die Teilliuferungen würden in t = 1 beginnen, gilt bei einem Kalkulationszinssatz i:

$$\sum_{t=1}^{\tau} (p_{gt} \cdot x_{gt}) \cdot (1+i)^{-t} = Q \cdot p_h{}^K \cdot x_h \qquad (3.13)$$

mit
p_{gt} = Preis der Gegenware in der Periode t (t = 1,..., τ),
x_{gt} = Menge der Gegenware in der Periode t (t = 1,..., τ),
τ = Zeitraum, in dem sich die Gegenlieferungen erstrecken,
i = Kalkulationszinssatz.

Hinsichtlich des aus der Absatztransaktion resultierenden Gewinns gilt im Vergleich zu Fall (1) die Besonderheit, daß - unter Einhaltung der Nebenbedingung, die Summe der (abgezinsten) Werte der Teillieferungen entspreche dem Gesamtwert der Gegenleistung (*Gleichung (3.13)*) - die Verteilung der Teillieferungen im Zeitablauf so vorgenommen werden kann, daß der Kapitalwert des ausländischen Nachfragers aus der Absatztransaktion maximal wird.

Im Einproduktfall ist der Ausgangspunkt der Überlegungen die Nachfragefunktion des westlichen Anbieters bezüglich der Gegenware für jede Periode:

$$x_{gt} = x_{gt}(p_{gt}) \qquad \text{(für alle t).}$$

Analog zu Fall (1) hat der ausländische Nachfrager folgende Kapitalwertfunktion zu maximieren:

$$C_0 = \sum_{t=1}^{\tau} [p_{gt} \cdot x_{gt}(p_{gt}) - K_{gt}(x_{gt}(p_{gt}))] \cdot (1+i)^{-t} \qquad (3.14a)$$

21) Als Bezugszeitpunkt wird hier t = 0 als der Zeitpunkt definiert, an dem die Hauptleistung vom ausländischen Nachfrager bezogen wird und damit für den westlichen Anbieter die Kompensationsverpflichtung in Höhe von $Q \cdot p_h \cdot x_h$ anfällt. Die Werte der Teillieferungen sind aus folgendem Grund abzuzinsen: Ihre Höhe entspricht den aus der Sicht des ausländischen Nachfragers in jeder Periode t erzielbaren Exporterlösen, wobei diese annahmegemäß mit Einzahlungen in gleicher Höhe zusammenfallen. Der Gesamtwert der Exporterlöse des ausländischen Nachfragers muß dabei der vom westlichen Anbieter zu erfüllenden Kompensationsverpflichtung entsprechen. Da davon auszugehen ist, daß dem ausländischen Nachfrager Erlöse, die erst zu einem späteren Zeitpunkt anfallen, weniger wert sind als solche, die bereits zu einem früheren Zeitpunkt erwirtschaftet werden, wird hier und im folgenden die durch die Exporterlöse verursachte Zahlungsreihe jeweils auf den Ausgangszeitpunkt diskontiert.

mit $K_{gt}(x_{gt}(p_{gt}))$ = direkt zurechenbare Kosten für die Erstellung der Gegenware in der Periode t[22]

unter der *Nebenbedingung (3.13)*; es folgt also:

$$C_0 = \sum_{t=1}^{\tau} [p_{gt} \cdot x_{gt}(p_{gt}) - K_{gt}(x_{gt}(p_{gt}))] \cdot (1+i)^{-t} -$$

$$- \lambda \cdot \{ \sum_{t=1}^{\tau} [p_{gt} \cdot x_{gt}(p_{gt}) \cdot (1+i)^{-t}] - Q \cdot p_h^K \cdot x_h \} \rightarrow \text{Max!} \quad (3.14b)$$

Partielles Ableiten von *(3.14b)* nach p_{gt} und λ und Nullsetzen führt zu:

$$\frac{\partial C_0}{\partial p_{gt}} = (p_{gt} \cdot \frac{dx_{gt}}{dp_{gt}} + x_{gt} - \frac{dK_{gt}}{dx_{gt}} \cdot \frac{dx_{gt}}{dp_{gt}}) \cdot (1+i)^{-t} - \lambda \cdot [(p_{gt} \cdot \frac{dx_{gt}}{dp_{gt}} + x_{gt}) \cdot (1+i)^{-t}] = 0$$

$$\text{(für alle t)} \quad (3.15a)$$

$$\frac{\partial C_0}{\partial \lambda} = - \sum_{t=1}^{\tau} [p_{gt} \cdot x_{gt}(p_{gt}) \cdot (1+i)^{-t}] + Q \cdot p_h^K \cdot x_h = 0. \quad (3.15b)$$

Die für jede Periode gewinnmaximalen Preis-Mengen-Kombinationen $p_{gt}{}^*x_{gt}{}^*$ resultieren durch simultanes Lösen der *Gleichungen (3.15a)* und *(3.15b)*; da hier keine periodenübergreifenden Effekte berücksichtigt werden, sind die gewinnoptimalen Preis-Mengen-Kombinationen für jede Periode identisch. Mit Hilfe der ermittelten optimalen Preis-Mengen-Kombinationen läßt sich der optimale **Kapitalwert** der Absatztransaktion errechnen als

$$C_0{}^* = \sum_{t=1}^{\tau} [p_{gt}{}^* \cdot x_{gt}{}^* - K_{gt}(x_{gt}{}^*)] \cdot (1+i)^{-t} \quad (3.16)$$

mit $p_{gt}{}^*$ = optimaler Preis der Gegenware in der Periode t,
$x_{gt}{}^*$ = zugehörige optimale Menge der Gegenware in Periode t.

(2b): Mehrproduktfall

Im Falle **mehrerer Gegenwaren**, wie es beispielsweise bei Offset-Geschäften die Regel ist, setzt sich die vom westlichen Anbieter insgesamt zu erfüllende Kompensationsverpflichtung aus Teillieferungen pro Periode, welche jeweils aus verschiedenen Produkten in bestimmten Mengen bestehen. Es gilt somit:

$$\sum_{t=1}^{\tau} \sum_{j=1}^{J} (p_{gjt} \cdot x_{gjt}) \cdot (1+i)^{-t} = Q \cdot p_h^K \cdot x_h \quad (3.17a)$$

22) Auch hier wird davon ausgegangen, daß die für die Erstellung der Gegenwaren anfallenden direkt zurechenbaren Kosten mit Auszahlungen in gleicher Höhe und in derselben Periode zusammenfallen.

mit p_{gjt} = Preis der Gegenware j in der Periode t (j = 1,..., J, t = 1,..., τ),
x_{gjt} = Menge der Gegenware j in der Periode t (j = 1,..., J, t = 1,..., τ).

Zu berücksichtigen ist im Falle eines Offset-Geschäfts, daß die einzelnen Gegenleistungen j (j = 1,..., J) i. d. R. jeweils mit einem spezifischen Multiplikator β_j gewichtet werden (vgl. hierzu die Ausführungen in Unterabschnitt A.III.2.b. im 2. Teil): So werden Gegenleistungen mit aus der Sicht des ausländischen Nachfragers hoher Priorität - z. B. Know-how-Transfer - i. d. R. höher bewertet als Käufe von möglicherweise weltmarktfähigen Gegenwaren. Da die einzelnen Offset-Leistungen mit ihrem zugehörigen Gewicht in die Berechnung der Kompensationsverpflichtung eingehen, kann der westliche Anbieter bei Erbringen attraktiver Offset-Leistungen den (ungewichteten) Gesamtwert der von ihm zu erbringenden Offset-Leistungen reduzieren. Damit ist *(3.17a)* folgendermaßen zu modifizieren:

$$\sum_{t=1}^{\tau} \sum_{j=1}^{J} \beta_j \cdot (p_{gjt} \cdot x_{gjt}) \cdot (1+i)^{-t} = Q \cdot p_h^K \cdot x_h \tag{3.17b}$$

mit β_j = Multiplikator für die Offset-Leistung j.

In Abhängigkeit der Höhe der einzelnen Multiplikatoren kann der tatsächlich zu erfüllende (ungewichtete) Gesamtwert der erbrachten Gegenleistungen den Betrag $Q \cdot p_h^K \cdot x_h$ über- oder unterschreiten.

Unter Einhaltung der Nebenbedingung, die Summe der (abgezinsten und ggf. gewichteten) Werte der Teillieferungen entspreche dem Gesamtwert der Gegenleistung (*Gleichungen (3.17a)* bzw. *(3.17b)*) - kann der ausländische Nachfrager die Verteilung der Teillieferungen im Zeitablauf einschl. der art- und mengenmäßigen Zusammensetzung der Gegenwaren so vornehmen, daß sein Kapitalwert aus der Absatztransaktion maximal wird. Die zu maximierende *Zielfunktion* - unter der Annahme bekannter Nachfragefunktionen für die einzelnen Gegenwaren, $x_{gjt}(p_{gjt})$ - lautet:

$$C_0 = \sum_{t=1}^{\tau} \{ \sum_{j=1}^{J} [p_{gjt} \cdot x_{gjt}(p_{gjt}) - K_{gjt}(x_{gjt}(p_{gjt}))]\} \cdot (1+i)^{-t} -$$

$$- \lambda \cdot \{\sum_{t=1}^{\tau} \sum_{j=1}^{J} p_{gjt} \cdot x_{gjt}(p_{gjt}) \cdot (1+i)^{-t} - Q \cdot p_h^K \cdot x_h\} \rightarrow \text{Max!} \tag{3.18a}$$

Partielles Ableiten von *(3.18a)* nach p_{gjt} und λ und Nullsetzen führt zu:

$$\frac{\partial C_0}{\partial p_{gjt}} = (p_{gjt} \cdot \frac{dx_{gjt}}{dx_{gjt}} + x_{gjt} - \frac{dK_{gjt}}{dp_{gjt}} \cdot \frac{dx_{gjt}}{dp_{gjt}}) \cdot (1+i)^{-t} -$$

$$- \lambda \cdot [(p_{gjt} \cdot \frac{dx_{gjt}}{dp_{gjt}} + x_{gjt}) \cdot (1+i)^{-t}] = 0 \qquad \text{(für alle j, t)} \tag{3.19a}$$

$$\frac{\partial C_0}{\partial \lambda} = -\sum_{t=1}^{\tau} \sum_{j=1}^{J} p_{gjt} \cdot x_{gjt}(p_{gjt}) \cdot (1+i)^{-t} + Q \cdot p_h^K \cdot x_h = 0. \tag{3.19b}$$

Sind im Falle eines Offset-Geschäfts für die unterschiedlichen Gegenleistungen spezifische Multiplikatoren β_j zu berücksichtigen, so ist *(3.18a)* wie folgt zu modifizieren:

$$C_0 = \sum_{t=1}^{\tau} \{ \sum_{j=1}^{J} [p_{gjt} \cdot x_{gjt}(p_{gjt}) - K_{gjt}(x_{gjt}(p_{gjt}))]\} \cdot (1+i)^{-t} -$$

$$- \lambda \cdot \{\sum_{t=1}^{\tau} \sum_{j=1}^{J} \beta_j \cdot p_{gjt} \cdot x_{gjt}(p_{gjt}) \cdot (1+i)^{-t} - Q \cdot p_h^K \cdot x_h\} \rightarrow \text{Max!} \tag{3.18b}$$

Durch partielles Ableiten der *Zielfunktion (3.18b)* nach p_{gjt} und λ und Nullsetzen resultieren analog folgende Optimalitätsbedingungen:

$$\frac{\partial C_0}{\partial p_{gjt}} = (p_{gjt} \cdot \frac{dx_{gjt}}{dx_{gjt}} + x_{gjt} - \frac{dK_{gjt}}{dp_{gjt}} \cdot \frac{dx_{gjt}}{dp_{gjt}}) \cdot (1+i)^{-t} -$$

$$- \lambda \cdot \beta_j \cdot [(p_{gjt} \cdot \frac{dx_{gjt}}{dp_{gjt}} + x_{gjt}) \cdot (1+i)^{-t}] = 0 \quad (\text{für alle j, t}) \tag{3.19c}$$

$$\frac{\partial C_0}{\partial \lambda} = -\sum_{t=1}^{\tau} \sum_{j=1}^{J} \beta_j \cdot p_{gjt} \cdot x_{gjt}(p_{gjt}) \cdot (1+i)^{-t} + Q \cdot p_h^K \cdot x_h = 0. \tag{3.19d}$$

Es wird ersichtlich, daß bis auf den Index j die resultierenden Optimalitätsbedingungen die gleiche Struktur aufweisen wie die *Gleichungen (3.15a)* und *(3.15b)*, da weder periodenübergreifende Effekte, noch Absatzverbundenheit zwischen den einzelnen Gegenwaren berücksichtigt werden; die optimalen Preis-Mengen-Kombinationen für jede Gegenware und jede Periode ergeben sich durch simultanes Lösen der *Gleichungen (3.19a)* und *(3.19b)* bzw. *(3.19c)* und *(3.19d)*. Der (maximale) **Kapitalwert** aus der Absatztransaktion resultiert somit als

$$C_0^* = \sum_{t=1}^{\tau} \{\sum_{j=1}^{J} [p_{gjt}^* \cdot x_{gjt}^* - K_{gjt}(x_{gjt}^*)]\} \cdot (1+i)^{-t} \tag{3.20}$$

mit p_{gjt}^* = optimaler Preis der Gegenware j in der Periode t,
x_{gjt}^* = zugehörige optimale Menge der Gegenware j in der Periode t.

Die Ermittlung der (optimalen) Gewinne bzw. Kapitalwerte stellt den ersten Schritt im Rahmen der Wirtschaftlichkeitsanalyse dar. Das auf diese Weise erzielte Ergebnis der Absatztransaktion geht als Inputdatum in die Ermittlung der Vorteilhaftigkeit eines Kompensationsgeschäfts im Vergleich zu einem herkömmlichen Importgeschäft ein. Im hier angenommenen Fall, daß es sich beim Absatz der Gegenleistung um ein Zusatzgeschäft handelt, die Absatztransaktion also ohne Kompensation nicht zustandekommen würde, ist der Gewinn aus der Absatztransaktion ein **Zusatzgewinn**, der auf die für die Hauptleistung anfallende Anschaffungsauszahlung in voller Höhe angerechnet werden kann. Zu vergleichen sind daher die Anschaffungsauszahlung für die Hauptleistung im Falle eines reinen Importgeschäfts mit der Anschaffungsauszahlung im Falle eines Kompensationsgeschäfts abzüglich des Gewinns bzw. des Kapitalwerts aus der Absatztransaktion.

Ein Kompensationsgeschäft anstelle eines herkömmlichen Importgeschäft lohnt sich für den ausländischen Nachfrager bei einer einmaligen Handelstransaktion dann, wenn gilt:

$$A_0^K - G^* < A_0^I, \text{ d. h.}$$

$$\alpha \cdot p_h^I \cdot x_h - G^* < p_h^I \cdot x_h \text{ bzw.}$$

$$G^* > p_h^I \cdot x_h \cdot (\alpha - 1). \qquad (3.21a)$$

Bei einem industriellen Großprojekt gilt entsprechend:

$$C_0^* > p_h^I \cdot x_h \cdot (\alpha - 1). \qquad (3.21b)$$

Das Ergebnis ist wie folgt zu interpretieren: Der Betrag $p_h^I \cdot x_h \cdot (\alpha - 1)$ entspricht der Differenz der Anschaffungsauszahlung für die Hauptleistung im Falle eines Kompensationsgeschäfts und im Falle eines herkömmlichen Importgeschäfts, $A_0^K - A_0^I$. Wegen der Annahme $\alpha > 1$ entspricht dies den Mehrausgaben bei Beschaffung der Hauptleistung im Wege eines Kompensationsgeschäfts (bei isolierter Betrachtung der Beschaffungstransaktion). Übersteigt der (Zusatz)-Gewinn bzw. Kapitalwert aus der Absatztransaktion die Mehrausgaben für die Hauptleistung im Falle eines Kompensationsgeschäfts, so ist das Kompensationsgeschäft vorteilhaft. Der Fall der Gleichheit stellt dabei einen Extremfall dar, da bei Gleichheit der ausländische Nachfrager zwischen den beiden Alternativen gemäß *Gleichung (3.21a)* bzw. *(3.21b)* indifferent ist. Wird jedoch berücksichtigt, daß im Falle eines Kompensationsgeschäfts der - hier nicht berücksichtigte - Anbahnungs- und Abwicklungsaufwand i. d. R. höher ist, kann im Falle der Gleichheit angenommen werden, daß der ausländische Nachfrager ein (in der Abwicklung einfacheres) Importgeschäft vorzieht.

Kritisch ist an dem Ansatz anzumerken, daß eine Beurteilung der Wirtschaftlichkeit von Kompensationsgeschäften erst dann möglich ist, wenn die alternativ möglichen **Formen** in Betracht gezogen werden. Aus diesem Grunde ist eine Entscheidung über die Durchführung eines Kompensationsgeschäfts **simultan** mit der Entscheidung über die Art der Transaktion zu treffen: Die Alternative "Importgeschäft ohne Kompensation" ist dann bei der Wahl der Form des Kompensationsgeschäfts als zusätzliche Alternative mitzuberücksichtigen (vgl. den nachfolgenden Abschnitt III.). Darüber hinaus wurde davon ausgegangen, der ausländische Nachfrager besitze bzgl. der Preisforderung des westlichen Anbieters für die Hauptleistung sichere Erwartungen; bzgl. der Nachfragefunktion des westlichen Anbieters für alle Gegenwaren j wurde ebenfalls von sicheren Erwartungen ausgegangen. Im folgenden soll daher die Prämisse der Sicherheit fallengelassen werden.

Mehrwertige Erwartungen können beim ausländischen Nachfrager für folgende Inputgrößen gegeben sein:
- für den Preis der Hauptleistung im Falle eines Importgeschäfts und im Falle eines Kompensationsgeschäfts, p_h^I bzw. p_h^K,
- für die Nachfragefunktionen des westlichen Anbieters bzgl. der einzelnen Gegenwaren.

Im folgenden soll aufgezeigt werden, auf welche Weise der ausländische Nachfrager zur Entscheidungsfindung gelangen kann, wenn eine oder mehrere der oben angeführten Inputgrößen nicht mit Sicherheit bekannt sind. Exemplarisch wird dies am Beispiel **einmaliger Handelstransaktionen** dargestellt, wobei hier nur der **Einproduktfall** betrachtet werden soll, d. h. Fall (1a) (für die Fälle (1b), (2a) und (2b) ist die Vorgehensweise analog anzuwenden). Dabei werden folgende **Unterfälle** behandelt:
- mehrwertige Erwartungen nur bzgl. des vom westlichen Anbieter geforderten Preises für die Hauptleistung (bei Import und bei Kompensation),
- mehrwertige Erwartungen nur bzgl. der Nachfragefunktion des westlichen Anbieters für die Gegenware,
- mehrwertige Erwartungen sowohl bzgl. des Preises für die Hauptleistung als auch bzgl. der Nachfragefunktion.

Zunächst soll der **erste Fall** mehrwertiger Erwartungen bzgl. der Preisforderung des westlichen Anbieters für die Hauptleistung betrachtet werden; dabei wird angenommen, der ausländische Nachfrager könne die Menge der zu erwartenden Preise mit den zugehörigen (ggf. subjektiv geschätzten) Eintrittswahrscheinlich angeben. Somit liegt eine **Risikosituation** vor. Gegeben sind also folgende Größen:
- die möglichen Preisforderungen für die Hauptleistung im Falle eines Importgeschäfts, $p_h{}^I{}_r$ ($r = 1,..., R$), und die zugehörigen Eintrittswahrscheinlichkeiten $P(p_h{}^I{}_r)$ (für alle $r = 1,..., R$) sowie
- die möglichen Preisforderungen für die Hauptleistung im Falle eines Kompensationsgeschäfts, $p_h{}^K{}_r = \alpha \cdot p_h{}^I{}_r$ (für alle $r = 1,..., R$).

Bezüglich der Risikoeinstellung der ausländischen Nachfragers wird von **Risikoneutralität** ausgegangen.

Es wird dabei angenommen, der durch den Faktor α ausgedrückte Mehrpreis im Falle eines Kompensationsgeschäfts sei mit Sicherheit angebbar, so daß bei jedem Importpreis $p_h{}^I{}_r$ eindeutig ein Preis $p_h{}^K{}_r$ im Falle eines Kompensationsgeschäfts resultiert.

Somit gilt für die Eintrittswahrscheinlichkeiten der einzelnen Preisforderungen im Falle eines Kompensationsgeschäfts:

$$P(p_h{}^K{}_r) = P(p_h{}^I{}_r) \qquad \text{(für alle } r = 1,\ldots, R).$$

Für den Wert der vom westlichen Anbieter zu erfüllenden Gegengeschäftsverpflichtung resultiert für alle r gemäß *Gleichung (3.3)*

$$p_g{}^r \cdot x_g{}^r = Q \cdot p_h{}^K{}_r \cdot x_h = Q \cdot \alpha \cdot p_h{}^I{}_r \cdot x_h \qquad \text{(für alle r);}$$

der ausländische Nachfrager hat gemäß der für den Fall der Sicherheitssituation beschriebenen Vorgehensweise unter Berücksichtigung der (mit Sicherheit bekannten) Nachfragefunktion des westlichen Anbieters diejenige $p_g{}^{r*}$-$x_g{}^{r*}$-Kombination zu bestimmen, welche seinen Gewinn maximiert; für jedes r resultiert gemäß *Gleichung (3.7)* folgender optimaler Gewinn:

$$G^{r*} = p_g{}^{r*} \cdot x_g{}^{r*} - K(x_g{}^{r*}) \qquad \text{(für alle r).}$$

Die um den Gewinn (bzw. den zugehörigen Zahlungsüberschuß) aus der Absatztransaktion bereinigte Anschaffungsauszahlung für die Hauptleistung bei einem Preis für die Hauptleistung in Höhe von $p_h{}^K{}_r$ beträgt

$$\begin{aligned} A_0{}^K{}_r{}^* &= p_h{}^K{}_r \cdot x_h{}^K{}_r - G^{r*} = \\ &= \alpha \cdot p_h{}^I{}_r \cdot x_h{}^I{}_r - G^{r*} \qquad \text{(für alle r);} \end{aligned} \tag{3.22}$$

die zugehörige Eintrittswahrscheinlichkeit beträgt $P(p_h{}^I{}_r)$, so daß für die Netto-Anschaffungsauszahlung folgender **Erwartungswert** resultiert:

$$E(A_0{}^{K*}) = \sum_{r=1}^{R} P(p_h{}^I{}_r{}^*) \cdot (\alpha \cdot p_h{}^I{}_r \cdot x_h{}^I{}_r - G^{r*}). \tag{3.23}$$

Das Kompensationsgeschäft ist bei risikoneutraler Einstellung solange vorteilhaft, wie der Erwartungswert der Netto-Anschaffungsauszahlung im Falle eines Kompensationsgeschäfts geringer als der Erwartungswert der Anschaffungsauszahlung im Falle eines Importgeschäfts ausfällt, d. h. es gilt folgende Entscheidungsregel:

$$\sum_{r=1}^{R} P(p_h{}^I{}_r{}^*) \cdot (\alpha \cdot p_h{}^I{}_r \cdot x_h{}^I{}_r - G^{r*}) < \sum_{r=1}^{R} P(p_h{}^I{}_r{}^*) \cdot p_h{}^I{}_r \cdot x_h{}^I{}_r \quad \text{bzw.}$$

$$\sum_{r=1}^{R} P(p_h{}^I{}_r{}^*) \cdot G^{r*} > \sum_{r=1}^{R} P(p_h{}^I{}_r{}^*) \cdot p_h{}^I{}_r \cdot x_h{}^I{}_r \cdot (\alpha - 1). \tag{3.24}$$

Die Entscheidungsregel gemäß *(3.24)* ist äquivalent zur Entscheidungsregel im Falle einer Sicherheitssituation gemäß *(3.21a)* und ist analog zu interpretieren: Ein Kompensationsgeschäft ist im Vergleich zu einem Importgeschäft dann vorteilhaft, wenn der Erwartungswert des Gewinns bzw. des Zahlungsüberschusses aus der Absatztransaktion den Erwartungswert der Mehrausgaben für die Hauptleistung im Falle eines Kompensationsgeschäfts übersteigt.

Der nun zu betrachtende **zweite Fall** beinhaltet mehrwertige Erwartungen bzgl. der Nachfragefunktion des westlichen Anbieters für die Gegenware; dagegen sind bzgl. der Preisforderung des westlichen Anbieters für die Hauptleistung sichere Erwartungen gegeben. Kann der ausländische Nachfrager die Menge der möglichen Nachfragefunktionen, $x_g^s(p_g^s)$ (s = 1,..., S) mit den zugehörigen Eintrittswahrscheinlichkeiten $P(x_g^s(p_g^s))$ (s = 1,..., S) angeben, so liegt wiederum eine Risikosituation vor. Zunächst hat der ausländische Nachfrager für jede mögliche Nachfragefunktion die gewinnoptimale Preis-Mengen-Kombination zu bestimmen; für jede Preis-Absatz-Funktion s resultiert gemäß *Gleichung (3.7)* folgender optimaler Gewinn:

$$G^{s*} = p_g^{s*} \cdot x_g^{s*} - K(x_g^{s*}) \qquad \text{(für alle s),}$$

welcher mit einer Wahrscheinlichkeit von $P(x_g^s(p_g^s))$ eintritt; somit resultiert folgender **Gewinnerwartungswert**:

$$E(G^*) = \sum_{s=1}^{S} P(x_g^s(p_g^s)) \cdot G^{s*}. \tag{3.25}$$

Zur Ermittlung der Vorteilhaftigkeit eines Kompensationsgeschäfts im Vergleich zu einem Importgeschäft ist bei risikoneutraler Einstellung folgende Entscheidungsregel heranzuziehen:

$$E(G^*) > p_h{}^I{}_r \cdot x_h{}^I{}_r \cdot (\alpha-1), \tag{3.26}$$

d. h. der Gewinnerwartungswert aus der Absatztransaktion muß die Mehrausgaben für die Beschaffung der Hauptleistung im Falle eines Kompensationsgeschäfts übersteigen.

Als **dritten Fall** wird nun die Situation betrachtet, daß sowohl bzgl. der Preise für die Hauptleistung als auch für die Nachfragefunktion des westlichen Anbieters eine Risikosituation gegeben ist. Folgende Größen werden als bekannt vorausgesetzt:

- die Menge der möglichen Preise für die Hauptleistung im Falle eines Importgeschäfts $p_h{}^I{}_r$ (r = 1,..., R) mit den zugehörigen Eintrittswahrscheinlichkeiten $P(p_h{}^I{}_r)$ (r = 1,..., R),

- die daraus resultierenden Preise für die Hauptleistung im Falle eines Kompensationsgeschäfts $p_h{}^K{}_r = \alpha \cdot p_h{}^I{}_r$ (r = 1,..., R) sowie
- die Menge der möglichen Nachfragefunktionen $x_g{}^s(p_g{}^s)$ (s = 1,..., S) mit den zugehörigen Eintrittswahrscheinlichkeiten $P(x_g{}^s(p_g{}^s))$ (s = 1,..., S).

Wiederum wird von Risikoneutralität des ausländischen Nachfragers ausgegangen.

Bei dieser Ausgangssituation hat der ausländische Nachfrager für jede mögliche Nachfragefunktion s und jeden möglichen Preis r für die Hauptleistung die jeweils gewinnmaximale Preis-Mengen-Kombination zu bestimmen. Der optimale Gewinn resultiert nach *Gleichung (3.7)* jeweils als

$$G^{rs*} = p_g{}^{rs*} \cdot x_g{}^{rs*} - K(x_g{}^{rs*}) \qquad \text{(für alle r, s).}$$

Bezüglich der Eintrittswahrscheinlichkeiten der jeweiligen Gewinnwerte ist von folgender Überlegung auszugehen: Die Ereignisse "Preisforderung für die Hauptleistung" und "Nachfragefunktion des westlichen Anbieters" können als unabhängig voneinander angenommen werden; somit ergibt sich ihre gemeinsame Wahrscheinlichkeit multiplikativ aus den jeweiligen Einzelwahrscheinlichkeiten (vgl. *Schaich*, 1990, S. 75). Es gilt demnach:

$$P(p_h{}^I{}_r{}^* \cap x_g{}^s(p_g{}^s)) = P(p_h{}^I{}_r{}^*) \cdot P(x_g{}^s(p_g{}^s)) \text{(für alle r, s).} \qquad (3.27)$$

Somit gilt für den **Gewinnerwartungswert** des ausländischen Nachfragers aus der Absatztransaktion:

$$E(G^*) = \sum_{r=1}^{R} \sum_{s=1}^{S} P(p_h{}^I{}_r{}^* \cap x_g{}^s(p_g{}^s)) \cdot G^{rs*}. \qquad (3.28)$$

Die Vorteilhaftigkeit eines Kompensationsgeschäfts im Vergleich zu einem Importgeschäft kann bei Risikoneutralität auf der Grundlage folgender Entscheidungsregel ermittelt werden:

$$E(G^*) > \sum_{r=1}^{R} P(p_h{}^I{}_r{}^*) \cdot p_h{}^I{}_r \cdot x_h{}^I{}_r \cdot (\alpha - 1). \qquad (3.29)$$

Ein Kompensationsgeschäft ist im Vergleich zu einem Importgeschäft wiederum dann vorteilhaft, wenn der Gewinnerwartungswert aus der Absatztransaktion den Erwartungswert der Mehrausgaben für die Hauptleistung im Falle eines Kompensationsgeschäfts übersteigt.[23)]

23) Abschließend ist noch darauf hinzuweisen, daß bei einer größeren Anzahl von Inputvariablen, für deren Ausprägungen mehrwertige Erwartungen herrschen, eine analytische Ermittlung der Wahrscheinlichkeitsverteilung der Gewinnwerte aufgrund der Vielzahl an Kombinationen möglicher-

III. Die Entscheidung über die Art des Kompensationsgeschäfts

Nachdem im vorangegangenen Abschnitt II. lediglich die grundsätzliche Vorteilhaftigkeit eines Kompensationsgeschäfts im Vergleich zu einem herkömmlichen Importgeschäft behandelt wurde, soll hier gezeigt werden, auf welche Weise der ausländische Nachfrager die Vorteilhaftigkeit alternativer **Formen** von Kompensationsgeschäften ermitteln kann. Wie im vorangegangenen Unterabschnitt bereits erwähnt worden ist, ist eine abschließende Beurteilung der Vorteilhaftigkeit eines Kompensationsgeschäfts im Vergleich zu einem reinen Importgeschäft aus der Sicht des ausländischen Nachfragers erst dann möglich, wenn die alternativen Formen von Kompensationsgeschäften in Betracht gezogen werden. Angesichts des sehr unterschiedlichen Planungshorizonts und des Geschäftsvolumens bei einmaligen Handelstransaktionen und bei industriellen Großprojekten ist die Entscheidung zwischen den einzelnen Formen von Kompensationsgeschäften dabei jeweils **innerhalb** der beiden Hauptgruppen "Handelskompensation" und "Industriekompensation" zu treffen.

1. Entscheidungsfindung bei einmaligen Handelstransaktionen

Im Falle einmaliger Handelstransaktionen ist zwischen folgenden Formen der **Handelskompensation** zu entscheiden:
- Barter,
- Kompensationsgeschäft i. e. S.,
- Parallelgeschäft und
- Junktimgeschäft (zu den einzelnen Formen vgl. Abschnitt A.III. im 2. Teil).

Der Handlungsspielraum wird dabei vor allem von finanziellen **Restriktionen** beschränkt. Bei Fehlen von Devisen und mangelnder Möglichkeit, Kredite zu akzeptablen Konditionen zu erhalten, kommen als mögliche Formen lediglich das Barter- und das Junktimgeschäft in Frage. Beim Bartergeschäft fließen von vornherein keine Zahlungsströme, beim Junktimgeschäft wird der Gegenkauf zeitlich vorgezogen, so daß der ausländische Nachfrager mit Devisen versorgt wird, um den Import der Hauptleistung zu finanzieren. Weitere Restriktionen können sein:
- Dringlichkeit des Bedarfs an der Hauptleistung und/oder
- Zeitbedarf zur Bereitstellung der Gegenwaren;

diese Restriktionen können beispielsweise die Abwicklung des Kompensationsgeschäfts als Junktimgeschäft ausschließen.

---

weise nicht mehr sinnvoll und - für komplexere funktionale Zusammenhänge - u. U. auch nicht mehr möglich ist. In diesem Falle kann die Wahrscheinlichkeitsverteilung des Gewinns aus den Wahrscheinlichkeitsverteilungen der stochastischren Inputgrößen mittels **Monte-Carlo-Simulation** gewonnen werden (zur Monte-Carlo-Simulation vgl. z. B. *Berndt*, 1992, S. 64 ff.).

Als **Ziel** des ausländischen Nachfragers wird wiederum die Minimierung der Anschaffungsauszahlung für die Hauptleistung zugrunde gelegt, wobei die Gewinne bzw. Kapitalwerte aus der Absatztransaktion auf die Anschaffungsauszahlung angerechnet werden. Grundlage für die folgenden Ausführungen ist die Überlegung, daß der Preis für die Hauptleistung unabhängig von der Form der Transaktion ist, d. h. die Anschaffungsauszahlung für die Hauptleistung ist bei allen Formen gleich (da hier ausschließlich Formen von Kompensationsgeschäften zu vergleichen sind, wird im folgenden auf den Kompensationsgeschäfte kennzeichnenden Index K verzichtet). Der Grund liegt darin, daß der Preis für die Hauptleistung auch - zumindest teilweise - die beim westlichen Anbieter anfallenden kompensationsspezifischen Kosten wie Stützungen, Provisionen etc. enthält, diese wiederum nicht von der Form der Transaktion, sondern von den konkreten Vertragsinhalten wie Art und Menge der Gegenwaren, Kompensationsquote u. ä. bestimmt werden; diese Vertragsinhalte sind jedoch von der Form der Transaktion weitgehend unabhängig. Es gilt somit für alle Formen:

$$A_0 = p_h \cdot x_h$$

mit A_0 = Anschaffungsauszahlung für die Hauptleistung,
p_h = Preis der Hauptleistung,
x_h = vom ausländischen Partner nachgefragte Menge der Hauptleistung.

Wie im vorangegangenen Abschnitt II. bereits in allgemeiner Form dargestellt wurde, ist bei der Entscheidung über die Art des Kompensationsgeschäfts ebenfalls zweistufig vorzugehen:

- In einem ersten Schritt ist für die verschiedenen Formen von Kompensationsgeschäften der Gewinn bzw. der Kapitalwert aus der Absatztransaktion zu bestimmen;
- in einem weiteren Schritt sind für alle erwogenen Formen die daraus resultierenden Netto-Anschaffungsauszahlungen für die Hauptleistung zu bestimmen, d. h. die Gewinne bzw. Kapitalwerte aus den einzelnen Absatztransaktionen sind von der Anschaffungsauszahlung für die Hauptleistung abzuziehen; die resultierenden Netto-Anschaffungsauszahlungen sind anschließend miteinander zu vergleichen.

Es werden dabei folgende **Annahmen** getroffen:

- Die Kompensationsquote Q ist gesetzlich vorgeschrieben;
- es wird eine einzige Gegenware angeboten;
- bezüglich der Preis-Mengen-Kombination $p_g x_g$, welche die *Nebenbedingung (3.3)*

$$p_g \cdot x_g = Q \cdot p_h \cdot x_h$$

mit p_g = Preis der Gegenware,
x_g = Menge der Gegenware,
Q = Kompensationsquote

erfüllt, kann der ausländische Nachfrager die für ihn optimale Preis-Mengen-Kombination gemäß der Vorgehensweise im vorangegangenen Abschnitt II. bestimmen. Dabei ist diese Preis-Mengen-Kombination für alle in Erwägung gezogenen Formen optimal, da sie ausschließlich von der Nachfragefunktion der potentiellen westlichen Anbieter, von der eigenen Kostenfunktion sowie ggf. von Kapazitätsrestriktionen abhängig ist, nicht jedoch von der Form der Transaktion. Unterschiedlich ist dagegen bei den einzelnen Formen der Zeitpunkt, an dem die Anschaffungsauszahlung anfällt.

Entscheidend ist hierbei, in welcher Reihenfolge die zeitliche Abwicklung der Absatztransaktion stattfindet. Zu unterscheiden sind folgende Fälle:
- Fall (1): zeitgleiche Abwicklung von Kauf und Gegenkauf (Bartergeschäft und Kompensationsgeschäft i. e. S.);
- Fall (2): zeitlich vorgelagerter Gegenkauf (Junktimgeschäft);
- Fall (3): zeitlich nachgelagerter Gegenkauf (Parallelgeschäft).

Im folgenden sollen diese drei Fälle gesondert betrachtet werden.

Fall (1): Zeitgleiche Abwicklung von Kauf und Gegenkauf

Beim **Barter** und beim **Kompensationsgeschäft i. e. S.** erfolgt die Abwicklung von Basis- und Gegengeschäft zeitgleich; der Unterschied besteht lediglich darin, daß beim Kompensationsgeschäft i. e. S. in einer vereinbarten Währung fakturiert wird, beim Barter-Geschäft dagegen nicht; dies hat auch zur Folge, daß beim Barter-Geschäft die Kompensationsquote immer 100% beträgt, da sich Haupt- und Gegenleistung wertmäßig entsprechen müssen.

Es kann jedoch auch beim Bartergeschäft davon ausgegangen werden, daß bei der Festlegung des Tauschverhältnisses zwischen Haupt- und Gegenleistung implizit ebenfalls eine monetäre Bewertung der ausgetauschten Güter erfolgt, wenn auch diese im Barter-Vertrag nicht explizit zum Vorschein kommt. Aus diesem Grunde kann Barter als eine Sonderform des Kompensationsgeschäfts i. e. S. aufgefaßt werden, so daß im folgenden keine getrennte Betrachtung der beiden Formen erfolgt.

Aufgrund der zeitgleichen Abwicklung von Kauf und Gegenkauf sind seitens des ausländischen Nachfragers keine finanziellen Mittel bereitzustellen, bzw. der Überbrückungszeitraum ist vernachlässigbar (beim Bartergeschäft fließen ohnehin keine Zahlungsströme). Dies hat zur Folge, daß keinerlei Finanzierungskosten anfallen, welche den Gewinn aus der Absatztransaktion mindern könnten. Der (optimale) Gewinn (bzw. Zahlungsüberschuß)[24] aus der Absatztransaktion bei zeitgleicher Abwicklung beträgt somit grundsätzlich

$$G = p_g \cdot x_g(p_g) - K(x_g) \tag{3.30}$$

mit $K(x_g)$ = mit Auszahlungen verbundene, direkt zurechenbare Kosten für die Erstellung der Gegenware,

wobei der Gewinn aus der Gegenlieferung zum gleichen Zeitpunkt wie die Anschaffungsauszahlung für die Hauptleistung (in $t = t_0$) anfällt. (Von sonstigen Kosten, wie z. B. für Transport, Versicherung u. ä. wird vereinfachend abgesehen.) Die um den Gewinn aus der Absatztransaktion bereinigte Anschaffungsauszahlung für die Hauptleistung beträgt somit:

$$A_0^{(1)} = p_h \cdot x_h - G =$$

$$= p_h \cdot x_h - p_g \cdot x_g(p_g) + K(x_g). \tag{3.31}$$

Fall (2): Zeitlich nachgelagerter Gegenkauf

Beim zeitlich nachgelagerten Gegenkauf (Parallelgeschäft) kann bis zur Erfüllung der Gegengeschäftsverpflichtung ein Zeitraum von mehreren Jahren liegen; aus diesem Grunde muß der ausländische Importeur zur Finanzierung der Hauptleistung entweder vorhandene Devisen bereitstellen oder einen Kredit aufnehmen, wobei der Kredit sowohl von einem Kreditinstitut als auch vom westlichen Lieferanten zur Verfügung gestellt werden kann. In jedem Falle entstehen ihm bis zum Eingang der Erlöse aus dem Absatz der Gegenwaren **Finanzierungskosten**.

Die Finanzierungskosten umfassen die dem ausländischen Nachfrager durch die Kreditaufnahme entstehende Zinsbelastung; diese wiederum setzt sich aus den pro Periode zu leistenden Zinszahlungen zusammen. Die Höhe der Zinszahlungen pro Periode ist von den vereinbarten Rückzahlungsmodalitäten des aufgenommenen Kredits abhängig; i. w. kann man unterscheiden zwischen:
- Gesamttilgung am Ende der Kreditlaufzeit,
- Ratentilgung sowie
- Annuitätentilgung.

Die pro Periode zu leistenden Zinszahlungen können dabei jeweils mit Hilfe eines Tilgungsplans ermittelt werden (zu den Einzelheiten vgl. z. B. *Perridon/Steiner*, 1993, S. 331 ff.). Unter der Annahme, daß die Zins- und Tilgungszahlungen im Zeitpunkt t'

24) Auch hier wird angenommen, die Erlöse wie auch die direkt zurechenbaren Kosten fallen mit Ein- und Auszahlungen in gleicher Höhe und in derselben Periode zusammen, so daß der Gewinn aus der Absatztransaktion einem Zahlungsüberschuß in gleicher Höhe entspricht.

beginnen, resultiert für die Zinsbelastung über den gesamten Tilgungszeitraum (bezogen auf den Ausgangszeitpunkt t_0):

$$Z_0 = \sum_{t=t'}^{T'} z_t \cdot (1+i)^{-t} \tag{3.32}$$

mit Z_0 = Barwert der zu entrichtenden Zinszahlungen,
z_t = zu entrichtende Zinszahlungen pro Periode,
T' = Ende des Tilgungszeitraums,
i = Kalkulationszins.

Im Falle des zeitlich nachgelagerten Gegenkaufs erfolgt in $t = t_0$ der Kauf der Hauptleistung, die Absatztransaktion wird dagegen erst in $t = t_1$ abgewickelt; bezogen auf den Zeitpunkt t_0 beträgt der um die Zinszahlungen bereinigte Kapitalwert aus der Absatztransaktion somit

$$C_0 = [p_g \cdot x_g(p_g) - K(x_g)] \cdot (1+i)^{-t_1} - \sum_{t=t'}^{T'} z_t \cdot (1+i)^{-t}. \tag{3.33}$$

Zu berücksichtigen ist darüber hinaus, daß *Gleichung (3.3)* zur Bestimmung der Höhe der Kompensationsverpflichtung in modifizierter Form zugrundegelegt werden muß, da der westliche Anbieter die Kompensationsverpflichtung erst zum Zeitpunkt $t = t_1$ erfüllt. Somit gilt:

$$p_g \cdot x_g \cdot (1+i)^{-t_1} = Q \cdot p_h \cdot x_h,$$

d. h. der absolute (nicht abgezinste) Gesamtwert der zu erfüllenden Kompensationsverpflichtung wird für den westlichen Anbieter höher als im Falle zeitgleicher Abwicklung von Kauf und Gegenkauf, da er den Gegenkauf erst später tätigt. Dies muß vom ausländischen Nachfrager bei der Ermittlung der optimalen Preis-Mengen-Kombination der Gegenware entsprechend berücksichtigt werden (die im vorangegangenen Abschnitt II. dargestellte Methode bleibt jedoch unverändert).

Die um den Kapitalwert aus der Absatztransaktion bereinigte Anschaffungsauszahlung für die Hauptleistung beträgt somit:

$$\begin{aligned} A_0^{(2)} &= p_h \cdot x_h - C_0 = \\ &= p_h \cdot x_h - [p_g \cdot x_g(p_g) - K(x_g)] \cdot (1+i)^{-t_1} + \sum_{t=t'}^{T'} z_t \cdot (1+i)^{-t}. \end{aligned} \tag{3.34}$$

Fall (3): Zeitlich vorgelagerter Gegenkauf

Beim zeitlich vorgelagerten Gegenkauf (Junktimgeschäft) wird die Absatztransaktion zuerst (in $t = t_0$) durchgeführt; dadurch erhält der ausländische Nachfrager Devisen, die zur Finanzierung des Imports der Hauptleistung benötigt werden. Im Falle der Vollkompensation entfallen somit die Kosten der Fremdfinanzierung vollständig, bei Teilkompensation teilweise, bei Überkompensation erhält der ausländische Nachfrager sogar Devisen über den benötigten Betrag hinaus. Im folgenden wird vom Fall der **Teilkompensation** ausgegangen, d. h. der ausländische Nachfrager muß in Höhe des Differenzbetrags aus dem Wert der Hauptleistung und dem Wert der Gegenleistung einen Kredit aufnehmen; hierdurch entstehen ihm Finanzierungskosten in Höhe der diskontierten Summe der zu entrichtenden Zinszahlungen. Die Zinszahlungen beginnen dabei erst ab dem Bezug der Hauptleistung (und damit dem Zeitpunkt der Kreditaufnahme) in t_2. Somit resultiert für die Absatztransaktion - bezogen auf den Ausgangszeitpunkt - unter Berücksichtigung der anfallenden Zinszahlungen folgender Kapitalwert:

$$C_0 = p_g \cdot x_g(p_g) - K(x_g) - \sum_{t=t_2}^{T'} z_t \cdot (1+i)^{-t}. \qquad (3.35)$$

Auch hier hat der ausländische Nachfrager im Hinblick auf den Gesamtwert der vom westlichen Anbieter zu erfüllenden Kompensationsverpflichtung den unterschiedlichen zeitlichen Anfall der beiden Teiltransaktionen zu berücksichtigen. *Gleichung (3.3)* ist wie folgt zu modifizieren:

$$p_g \cdot x_g = Q \cdot p_h \cdot x_h \cdot (1+i)^{-t_2},$$

d. h. der absolute (nicht abgezinste) Gesamtwert der zu erfüllenden Kompensationsverpflichtung wird für den westlichen Anbieter niedriger als im Falle zeitgleicher Abwicklung von Kauf und Gegenkauf, da er den Gegenkauf früher tätigt.

Hinsichtlich der Beschaffungstransaktion wird angenommen, daß sie erst nach Fertigstellung (in $t = t_2$) zu bezahlen ist. Bezogen auf den Zeitpunkt t_0 beträgt die Anschaffungsauszahlung somit

$$A_{0h} = p_h \cdot x_h \cdot (1+i)^{-t_2} \qquad (3.36)$$

und die Netto-Anschaffungsauszahlung unter Abzug des Kapitalwerts aus der Absatztransaktion

$$A_0^{(3)} = p_h \cdot x_h \cdot (1+i)^{-t_2} - C_0 =$$

$$= p_h \cdot x_h \cdot (1+i)^{-t_2} - p_g \cdot x_g(p_g) + K(x_g) + \sum_{t=t_2}^{T'} z_t \cdot (1+i)^{-t}. \quad (3.37)$$

Bei der Entscheidung über die Art des Kompensationsgeschäfts sind somit - unter Berücksichtigung der eingangs erwähnten Restriktionen, die den Auswahlspielraum einschränken können - die um den Gewinn bzw. Kapitalwert aus der Absatztransaktion bereinigten Anschaffungsauszahlungen für die Hauptleistung im Rahmen eines Kompensationsgeschäfts, $A_0^{(1)}$, $A_0^{(2)}$ und $A_0^{(3)}$, miteinander zu vergleichen. Bei simultaner Entscheidung über die Durchführung eines Kompensationsgeschäfts und die Form der Transaktion ist zusätzlich die Anschaffungsauszahlung für die Hauptleistung im Falle eines Importgeschäfts, A_0^I, ggf. unter Hinzunahme der anfallenden Zinszahlungen für die erforderliche Kreditaufnahme[25)], in den Vergleich einzubeziehen.

Zu beachten ist in diesem Zusammenhang jedoch die Tatsache, daß die westlichen Partner bezüglich der konkreten Form der Transaktion häufig Beeinflussungsmöglichkeiten haben, so daß die vom ausländischen Anbieter bevorzugte Form der Transaktion nicht unbedingt zustandekommen muß. Das in diesem Unterabschnitt dargestellte Verfahren kann jedoch auch entsprechend angewendet werden, um die Wirtschaftlichkeit von Transaktionsformen, die vom westlichen Partner präferiert werden, zu eruieren.

2. Entscheidungsfindung bei industriellen Großprojekten

Bei industriellen Großprojekten kommen folgende **Handlungsalternativen** in Frage:
- Fall (1): Buy-back-Geschäft mit den Unterformen
  - (1a): Buy-back mit Zahlungsströmen und
  - (1b): Buy-back auf Barterbasis;
- Fall (2): Offset-Geschäft mit den Unterformen
  - (2a): direktes Offset-Geschäft und
  - (2b): indirektes Offset-Geschäft.

Die Entscheidung zwischen direktem und indirektem Offset liegt dabei überwiegend im Ermessen des westlichen Partners, der ausländische Nachfrager hat also darüber i. d. R. nicht zu befinden. Dies macht es für ihn auch allerdings sehr schwierig, die mit der Offset-Transaktion verbundenen Erlöse abzuschätzen. Oft kann der ausländische Nachfrager jedoch bestimmte Forderungen durchsetzen, z. B., daß ein bestimmter Anteil der Offset-Verpflichtung in einer bestimmten Region und/oder aus einem be-

25) In der Regel gilt, daß bei einem reinen Importgeschäft die Zinsbelastung höher ausfällt, da u. U. ein Kredit über den Gesamtbetrag des Anschaffungswerts der Hauptleistung aufgenommen werden muß; bei einem Kompensationsgeschäft kann dagegen ein Teil der Anschaffungsauszahlung aus den Zahlungsüberschüssen der Absatztransaktion gedeckt werden, so daß der aufzunehmende Kredit und damit die Zinsbelastung geringer wird.

stimmten Industriezweig erfüllt wird; in diesem Falle sind die Erlöse aus dem Offset-Geschäft zumindest teilweise planbar.

Bei der Entscheidungsfindung sind zum einen finanzielle **Restriktionen** zu berücksichtigen: Bei Fehlen von Devisen und der Möglichkeit, Kredite zu akzeptablen Konditionen zu erhalten, kommt nur die Alternative "Buy-back auf Barterbasis" in Frage (Offset-Geschäfte sind immer mit Zahlungsströmen verbunden). Auch spielt die **Art der Hauptleistung** eine Rolle: Handelt es sich nicht um ein Produktivgut, kommen Buy-back-Geschäfte nicht in Frage (dies ist z. B. bei Projekten der Rüstungs- oder Raumfahrtindustrie der Fall, welche fast ausschließlich im Rahmen von Offset-Geschäften abgewickelt werden). Nicht zuletzt ist die Entscheidung auch von den verfolgten **Zielen** abhängig: Gerade Offset-Geschäfte werden nicht ausschließlich aus Wirtschaftlichkeitsüberlegungen abgeschlossen, sondern auch, um Ziele wie Technologietransfer, Beschäftigungsausgleich oder Industrialisierung strukturschwacher Gebiete zu erreichen (vgl. *Verzariu*, 1985, S. 51; *Ross*, 1991, S. 2 ff.). Die im folgenden dargestellten Wirtschaftlichkeitsüberlegungen sind daher i. d. R. durch die Berücksichtigung weiterer Ziele zu ergänzen. Eine simultane Berücksichtigung der einzelnen Ziele kann beispielsweise mit Hilfe eines **Scoring-Modells** erfolgen, in dem die einzelnen Entscheidungskriterien mit einem gemäß ihrer relativen Bedeutung unterschiedlichen Gewicht versehen werden (zu Scoring-Modellen vgl. z. B. *Berndt*, 1992, S. 53 ff.).

Im folgenden wird - wie im vorangegangenen Unterabschnitt 1. - davon ausgegangen, die Anschaffungsauszahlung für die Hauptleistung, $A_0 = p_h \cdot x_h$, sei von der Form der Gegengeschäftstransaktion unabhängig und damit für alle betrachteten Formen identisch. Somit sind für die Entscheidungsfindung lediglich die Gewinne bzw. die Kapitalwerte aus der Absatztransaktion relevant.

Fall (1): Buy-back-Geschäfte

Charakteristisch für Buy-back-Geschäfte ist die Tatsache, daß im Regelfall eine einzige Gegenware zur Erfüllung der Kompensationsverpflichtung angeboten wird, nämlich die, die mit Hilfe der beschafften Hauptleistung hergestellt wird; für Buy-back-Geschäfte wird daher im folgenden der **Einproduktfall** betrachtet. In den weiteren Ausführungen wird zunächst auf Buy-back-Geschäfte mit Zahlungsströmen eingegangen, anschließend auf Buy-back-Geschäfte auf Barterbasis.

(1a): Buy-back-Geschäft mit Zahlungsströmen

Beim Buy-back-Geschäft mit Zahlungsströmen werden beide Teiltransaktionen mit Zahlungen abgegolten. Aus dem Absatz der mit Hilfe der gelieferten Hauptleistung erstellten Gegenwaren erzielt der ausländische Nachfrager in jeder Periode Zahlungsüberschüsse in einer bestimmten Höhe. Die Ermittlung des Kapitalwerts aus der Absatztransaktion im Falle eines mit Zahlungsströmen verbundenen Buy-back-Geschäfts erfolgt unter folgenden **Annahmen**:

- Im Zeitpunkt $t = t_0$ erfolgt der Geschäftsabschluß.
- Die Anlage wird zum Zeitpunkt $t = T$ fertiggestellt und ist zu diesem Zeitpunkt zu bezahlen. Zur Finanzierung des Imports muß der ausländische Nachfrager einen Kredit aufnehmen, für den er ab $t = T+1$ Zins- und Tilgungszahlungen leistet; der Barwert der von ihm zu entrichtenden Zinszahlungen beträgt:

$$Z_0 = \sum_{t=T+1}^{T'} z_t \cdot (1+i)^{-t} \qquad (3.38)$$

mit Z_0 = Barwert der zu entrichtenden Zinszahlungen,
z_t = zu entrichtende Zinszahlungen pro Periode,
T' = Ende des Tilgungszeitraums,
i = Kalkulationszins.

- Ab dem Zeitpunkt $t = T+1$ (nach Aufnahme der Produktion) beginnen die Lieferungen der Gegenleistung; diese erstrecken sich bis zum Zeitpunkt $T+\tau$.
- Die Kompensationsquote Q ist gesetzlich vorgeschrieben.

Hinsichtlich des Werts der einzelnen Teillieferungen, $p_{gt} \cdot x_{gt}$, ist zu berücksichtigen, daß die Summe der (abgezinsten) Werte der Teillieferungen dem festgelegten Gesamtwert der Gegenleistung entsprechen muß. Bezieht man alle Zahlungen auf den Ausgangszeitpunkt $t = t_0$, so ist *Gleichung (3.13)* zu modifizieren, d. h. beide Seiten der Gleichung sind auf t_0 zu diskontieren:

$$\sum_{t=T+1}^{T+\tau} (p_{gt} \cdot x_{gt}) \cdot (1+i)^{-t} = Q \cdot p_h \cdot x_h \cdot (1+i)^{-T}$$

mit p_{gt} = Preis der Gegenware in der Periode t ($t = T+1,..., T+\tau$),
x_{gt} = Menge der Gegenware in der Periode t ($t = T+1,..., T+\tau$),
$T+\tau$ = Planungszeitraum.

Soll obige Nebenbedingung - wie in der Praxis üblich - durch jährlich wertmäßig gleichbleibende Teillieferungen erfüllt werden, so kann der jährliche Wert der Teillieferung gemäß der **Annuitätenmethode** errechnet werden (vgl. hierzu *Schmidt*, 1986, S. 69 ff.):

$$p_{gt} \cdot x_{gt} = Q \cdot p_h \cdot x_h \cdot \frac{(1+i)^{\tau} \cdot i}{(1+i)^{\tau}-1} \quad \text{(für alle t).} \qquad (3.39)$$

Unter der Annahme, die Nachfragefunktionen der westlichen Anbieter seien dem ausländischen Nachfrager mit Sicherheit bekannt (vgl. die im vorangegangenen Abschnitt II. getroffenen Annahmen), kann der ausländische Nachfrager diejenige $p_{gt}x_{gt}$-Kombination auswählen, die - bei feststehendem Wert $p_{gt} \cdot x_{gt}$ gemäß *Gleichung (3.39)* - seinen Kapitalwert maximiert (vgl. die Ausführungen im vorangegangenen Abschnitt II.).

Der Kapitalwert aus der Absatztransaktion - unter Berücksichtigung der anfallenden Zinszahlungen - ergibt sich demnach als:

$$C_0 = \sum_{t=T+1}^{T+\tau} [p_{gt} \cdot x_{gt} - K_{gt}(x_{gt})] \cdot (1+i)^{-t} - \sum_{t=T+1}^{T'} z_t \cdot (1+i)^{-t}; \qquad (3.40)$$

die um den Kapitalwert aus der Absatztransaktion bereinigte Anschaffungsauszahlung beträgt somit, bezogen auf den Ausgangszeitpunkt $t = t_0$:

$$A_0^{(1)} = p_h \cdot x_h \cdot (1+i)^{-T} - C_0 =$$

$$= p_h \cdot x_h \cdot (1+i)^{-T} - \sum_{t=T+1}^{T+\tau} [p_{gt} \cdot x_{gt} - K_{gt}(x_{gt})] \cdot (1+i)^{-t} + \sum_{t=T+1}^{T'} z_t \cdot (1+i)^{-t}. \qquad (3.41)$$

(1b): Buy-back auf Barterbasis

Beim Buy-back-Geschäft auf Barterbasis handelt es sich um einen Gütertausch ohne Zahlungsströme mit der Besonderheit, daß die Bezahlung der Hauptleistung durch den ausländischen Nachfrager in Form von Realgütern erfolgt und sich aus zeitlich verteilten Teillieferungen zusammensetzt. Bei der Ermittlung der beim Buy-back-Geschäft auf Barterbasis anfallenden Netto-Anschaffungsauszahlung für die Hauptleistung ist dabei von folgenden **Annahmen** auszugehen:

- Im Zeitpunkt $t = t_0$ erfolgt der Geschäftsabschluß.
- Die Anschaffungsauszahlung für die Hauptleistung wird ausschließlich durch Lieferungen der Gegenleistung gedeckt, da keine Zahlungsströme fließen; dies bedeutet, die Kompensationsquote beträgt in jedem Fall 100% und es ist keine Kreditaufnahme erforderlich. Allerdings erhält der ausländische Nachfrager bei dieser Form der Transaktion vom westlichen Nachfrager implizit einen Lieferantenkredit, der auch entsprechend (zu einem Zinssatz i) zu verzinsen ist. Die aus den zu leistenden Zinszahlungen resultierenden Finanzierungskosten sind jedoch bereits im Wert der Gegenlieferung enthalten und brauchen somit nicht gesondert ausgewiesen zu werden.
- Im Zeitpunkt $t = T+1$ (nach Aufnahme der Produktion) beginnen die Lieferungen der Gegenleistung; diese erstrecken sich bis zum Zeitpunkt $T+\tau$.

Der auf $t = t_0$ bezogene Gesamtwert der Gegenlieferung beträgt - analog zu *Gleichung (3.13)* -

$$\sum_{t=T+1}^{T+\tau} (p_{gt} \cdot x_{gt}) \cdot (1+i)^{-t} = p_h \cdot x_h \cdot (1+i)^{-T} \tag{3.42}$$

Mit Hilfe der Annuitätenmethode kann wiederum der jährlich gleichbleibende Wert der Teillieferungen bestimmt werden als:

$$p_{gt} \cdot x_{gt} = p_h \cdot x_h \cdot \frac{(1+i)^{\tau} \cdot i}{(1+i)^{\tau}-1} \qquad \text{(für alle t).} \tag{3.43}$$

Hinsichtlich des Kapitalwerts aus der Absatztransaktion gilt Folgendes:

- Es wird weiterhin angenommen, daß der ausländische Nachfrager von den möglichen $p_{gt}x_{gt}$-Kombinationen, die *Bedingung (3.43)* erfüllen, diejenige auswählt, die das von ihm verfolgte Ziel am besten erfüllt (vgl. den vorangegangenen Abschnitt II.). Bei gleichem Umsatz und dem Ziel der Gewinn- bzw. Kapitalwertmaximierung resultiert somit die Kombination mit den geringsten Kosten als optimal; dieses Ziel ist insofern plausibel, als Barter-Geschäfte i. d. R. aufgrund von Devisenmangel abgeschlossen werden, dem Ziel der Kostenminimierung somit eine besondere Bedeutung zukommt.
- Aufgrund des wertmäßigen Ausgleichs von Haupt- und Gegenleistung kann der ausländische Nachfrager jedoch nicht über die Zahlungsüberschüsse aus der Absatztransaktion verfügen, da die Erlöse aus der Absatztransaktion zur Deckung der Anschaffungsauszahlung für die Hauptleistung und der - im Gesamtwert der Gegenlieferungen implizit enthaltenen - Zinszahlungen verwendet werden müssen. Er muß sogar die negative Gewinnkomponente - die Produktionskosten für die Gegenware - tragen, d. h. aus der Absatztransaktion erzielt er negative Zahlungsüberschüsse in Höhe von insgesamt

$$C_0 = \sum_{t=T+1}^{T+\tau} [-K_{gt}(x_{gt})] \cdot (1+i)^{-t}. \tag{3.44}$$

Andererseits wird die Anschaffungsauszahlung für die Hauptleistung durch die Erlöse aus der Absatztransaktion gedeckt, d. h. die Netto-Anschaffungsauszahlung beträgt

$$A_0^{(2)} = -C_0 = \sum_{t=T+1}^{T+\tau} K_{gt}(x_{gt}) \cdot (1+i)^{-t}. \tag{3.45}$$

Fall (2): Offset-Geschäfte

Bei einem Offset-Geschäft - unabhängig davon, ob das Geschäft als direktes oder als indirektes Offset-Geschäft abgewickelt wird - ist der **Mehrproduktfall** die Regel. Die Entscheidung zwischen direktem und indirektem Offset liegt i. d. R. im Ermessen des westlichen Anbieters, es sei denn, in den Offset-Bedingungen ist ausdrücklich ein direktes Offset-Geschäft vorgeschrieben. Im folgenden wird angenommen, der ausländische Nachfrager könne die Offset-Bedingungen diktieren, oder zumindest abschätzen, ob der westliche Anbieter den direkten oder indirekten Offset wählen wird. Diese Annahme ist insofern unproblematisch, als die Entscheidung seitens des westlichen Anbieters davon abhängig ist, ob im Land des ausländischen Nachfragers eine geeignete Zulieferindustrie angesiedelt ist oder nicht; da dieser Tatbestand dem ausländischen Nachfrager bekannt ist, kann er auch abschätzen, ob der westliche Partner die Form des direkten oder des indirekten Offsets wählen wird und entsprechende Wirtschaftlichkeitsüberlegungen anstellen.

(2a): Direktes Offset-Geschäft

Beim direkten Offset verpflichtet sich der westliche Anbieter, bei der Erstellung der Hauptleistung bis zu einem bestimmten Anteil ihres Wertes lokale Zulieferer heranzuziehen; dies setzt voraus, daß im Land des ausländischen Partners eine entsprechende Industrie vorhanden ist. Die Wirtschaftlichkeit des direkten Offsets kann aus der Sicht des ausländischen Nachfragers wie folgt ermittelt werden:

- Zunächst wird angenommen, der ausländische Nachfrager könne abschätzen, welche Unterlieferanten j (j = 1,..., J) in seinem Land überhaupt in Frage kommen.
- Er kann die Höhe der für das Projekt anfallenden Anschaffungsauszahlung abschätzen; diese beläuft sich auf $A_0 = p_h \cdot x_h$.
- Die Kompensationsquote Q ist gesetzlich vorgeschrieben.
- Da beim direkten Offset die Gegenwaren als Inputgüter in den Produktionsprozeß eingehen, steht deren jeweilige Bedarfsmenge pro Periode fest, d. h. x_{gjt} ist bekannt.
- Es wird unterstellt, dem ausländischen Nachfrager sei die Nachfragefunktion der westlichen Anbieter bezüglich der einzelnen Inputgüter bekannt.
- Da x_{gjt} für alle Inputgüter vorgegeben ist, steht über die Nachfragefunktion auch der jeweilige Angebotspreis p_{gjt} fest.
- Für die einzelnen in Frage kommenden Gegenwaren bzw. Offset-Leistungen legt der ausländische Nachfrager spezifische Multiplikatoren β_j zugrunde, die seine Präferenzen bzgl. der einzelnen möglichen Offset-Leistungen zum Ausdruck bringen.
- Hinsichtlich der Hauptleistung wird angenommen, ihre Erstellung werde in $t = t_1$ begonnen; zu bezahlen ist sie erst nach Fertigstellung (im Zeitpunkt T), d. h. zu diesem Zeitpunkt ist eine Kreditaufnahme erforderlich. Ab dem Zeitpunkt T+1 sind von ihm Zinszahlungen zu entrichten, deren Barwert gemäß *(3.38)*

$$Z_0 = \sum_{t=T+1}^{T'} z_t \cdot (1+i)^{-t}$$

beträgt.

- Bezüglich der Gegenlieferungen kann der ausländische Nachfrager abschätzen, zu welchem Zeitpunkt sie geliefert werden müssen. Die Annahme ist naheliegend, da die Gegenlieferungen als Inputgüter in den Produktionsprozeß eingehen, deren Einsatzzeitpunkte t demnach mit hinreichender Genauigkeit angegeben werden können. Der ausländische Nachfrager kann sich zur Abschätzung der Einsatzzeitpunkte beispielsweise der Netzplantechnik bedienen (zur Netzplantechnik vgl. z. B. *Schwarze*, 1986). Da die Gegenwaren in den Produktionsprozeß eingehen, muß ihre Lieferung auf jeden Fall **vor** $t = T$ erfolgen.

Unter diesen Annahmen beläuft sich der auf $t = t_0$ bezogene Gesamtwert der Gegenlieferungen auf

$$\sum_{t=t_1}^{T} \sum_{j=1}^{J} \beta_j \cdot (p_{gjt} \cdot x_{gjt}) \cdot (1+i)^{-t} = Q \cdot p_h \cdot x_h \cdot (1+i)^{-T} \tag{3.46}$$

mit p_{gjt} = Preis der Gegenware j in der Periode t ($j = 1,..., J$, $t = t_1,..., T$);
x_{gjt} = Menge der Gegenware j in der Periode t ($j = 1,..., J$, $t = t_1,..., T$);
β_j = Multiplikator für die Offset-Leistung j.

Bezogen auf den Beginn des Projekts im Zeitpunkt $t = t_0 = 0$ erwirtschaftet der ausländische Nachfrager aus der Offset-Transaktion folgenden Kapitalwert:

$$C_0 = \sum_{t=t_1}^{T} \{\sum_{j=1}^{J} [(p_{gjt} \cdot x_{gjt}) - K_{gjt}(x_{gjt})]\} \cdot (1+i)^{-t} - \sum_{t=T+1}^{T'} z_t \cdot (1+i)^{-t}. \tag{3.47}$$

Unter Abzug des Kapitalwerts aus der Absatztransaktion und bezogen auf $t = t_0$ beträgt die Netto-Anschaffungsauszahlung für die Hauptleistung somit:

$$A_0^{(3)} = p_h \cdot x_h \cdot (1+i)^{-T} - C_0 =$$

$$= p_h \cdot x_h \cdot (1+i)^{-T} - \sum_{t=t_1}^{T} \{\sum_{j=1}^{J} [(p_{gjt} \cdot x_{gjt}) - K_{gjt}(x_{gjt})]\} \cdot (1+i)^{-t} + \sum_{t=T+1}^{T'} z_t \cdot (1+i)^{-t}. \tag{3.48}$$

(2b): Indirektes Offset-Geschäft

Oft kann der ausländische Nachfrager bei der Planung eines Kompensationsgeschäfts die Form des direkten Offsets ausschließen, z. B. dann, wenn er über keine geeignete Zulieferindustrie verfügt und daher erwarten kann, daß der westliche Anbieter die Form des indirekten Offset-Geschäfts wählen wird.

Zur Ermittlung der Vorteilhaftigkeit eines indirekten Offsets aus der Sicht des ausländischen Nachfragers wird von folgenden **Annahmen** ausgegangen:

- Bezüglich der Hauptleistung wird angenommen, ihre Erstellung beginne im Zeitpunkt $t = t_1$ und sie sei erst nach Fertigstellung (im Zeitpunkt T) zu bezahlen. Ab dem Zeitpunkt T+1 sind wie beim direkten Offset-Geschäft Zinszahlungen zu entrichten in Höhe von insgesamt

$$Z_0 = \sum_{t=T+1}^{T'} z_t \cdot (1+i)^{-t}.$$

- Der ausländische Nachfrager bietet einen Warenkorb bestehend aus j = 1,..., J Gegenwaren an.
- Bezüglich der einzelnen Gegenwaren besitzt er unterschiedliche Präferenzen, d. h. die einzelnen Gegenwaren werden von ihm mit unterschiedlichen Multiplikatoren β_j gewichtet.
- Für jede Gegenware und jede Periode ist ihm die Nachfragefunktion der westlichen Anbieter bekannt:

$$x_{gjt} = x_{gjt}(p_{gjt}).$$

- Die Lieferung der Gegenwaren beginnt unmittelbar nach Fertigstellung des Projekts und erstreckt sich über einen Zeitraum $t = T,...,T+\tau$.

Unter diesen Annahmen resultiert für den Gesamtwert der Gegengeschäftsverpflichtung (bezogen auf $t = t_0$):

$$\sum_{t=T}^{T+\tau} \sum_{j=1}^{J} \beta_j \cdot (p_{gjt} \cdot x_{gjt}) \cdot (1+i)^{-t} = Q \cdot p_h \cdot x_h \cdot (1+i)^{-T}. \tag{3.49}$$

Beim indirekten Offset-Geschäft stehen die Mengen der Gegenwaren, x_{gjt}, nicht von vornherein fest, da - im Gegensatz zum direkten Offset-Geschäft - kein Einsatz der Gegenwaren im Produktionsprozeß erfolgt. Somit ist für den ausländischen Nachfrager ein Optimierungsproblem gegeben, d. h. er kann die Gegenwaren in den Preis-Mengen-Kombinationen anbieten, die seinen Kapitalwert maximieren. Die optimalen Preis-Mengen-Kombinationen für jede Gegenware j resultieren aus der Maximierung folgender *Zielfunktion*:

$$C_0 = \sum_{t=T}^{T+\tau} \{\sum_{j=1}^{J} [(p_{gjt} \cdot x_{gjt}(p_{gjt})) - K_{gjt}(x_{gjt}(p_{gjt}))]\} \cdot (1+i)^{-t} -$$

$$- \lambda \cdot \{\sum_{t=T}^{T+\tau} \sum_{j=1}^{J} \beta_j \cdot p_{gjt} \cdot x_{gjt}(p_{gjt}) \cdot (1+i)^{-t} - Q \cdot p_h \cdot x_h \cdot (1+i)^{-T}\} \rightarrow \text{Max!} \tag{3.50}$$

Partielles Ableiten nach p_{gjt} und λ und Nullsetzen führt zu:

$$\frac{\partial C_0}{\partial p_{gjt}} = (p_{gjt} \cdot \frac{dx_{gjt}}{dp_{gjt}} + x_{gjt} - \frac{dK_{gjt}}{dx_{gjt}} \cdot \frac{dx_{gjt}}{dp_{gjt}}) \cdot (1+i)^{-t} -$$

$$- \lambda \cdot \beta_j \cdot [(p_{gjt} \cdot \frac{dx_{gjt}}{dp_{gjt}} + x_{gjt}) \cdot (1+i)^{-t}] = 0 \quad \text{(für alle j, t)} \tag{3.51a}$$

$$\frac{\partial C_0}{\partial \lambda} = - \sum_{t=T}^{T+\tau} \sum_{j=1}^{J} \beta_j \cdot p_{gjt} \cdot x_{gjt}(p_{gjt}) \cdot (1+i)^{-t} + Q \cdot p_h \cdot x_h \cdot (1+i)^{-T} = 0. \tag{3.51b}$$

Simultanes Lösen der *Gleichungen (3.51a)* und *(3.51b)* führt zu den für jede Gegenware j optimalen Preis-Mengen-Kombinationen.

Der Kapitalwert aus der Gegengeschäftstransaktion unter Berücksichtigung der (auf t_0 abgezinsten) Zinszahlungen resultiert somit als:

$$C_0 = \sum_{t=T}^{T+\tau} \{\sum_{j=1}^{J} [(p_{gjt}^* \cdot x_{gjt}^*) - K_{gjt}(x_{gjt}^*)]\} \cdot (1+i)^{-t} - \sum_{t=T+1}^{T'} z_t \cdot (1+i)^{-t} \tag{3.52}$$

mit p_{gjt}^* = optimaler Preis der Gegenware j in der Periode t (j = 1,..., J, t = T,..., T+τ);
x_{gjt}^* = optimale Menge der Gegenware j in der Periode t (j = 1,..., J, t = T,..., T+τ).

Die um den Kapitalwert aus der Absatztransaktion bereinigte Anschaffungsauszahlung für die Hauptleistung beträgt somit:

$$A_0^{(4)} = p_h \cdot x_h \cdot (1+i)^{-T} - C_0 =$$

$$= p_h \cdot x_h \cdot (1+i)^{-T} - \sum_{t=T}^{T+\tau} \{\sum_{j=1}^{J} [(p_{gjt}^* \cdot x_{gjt}^*) - K_{gjt}(x_{gjt}^*)]\} \cdot (1+i)^{-t} + \sum_{t=T+1}^{T'} z_t \cdot (1+i)^{-t}. \tag{3.53}$$

Der ausländische Nachfrager kann die für ihn vorteilhafteste Form durch Vergleich der um die jeweiligen Kapitalwerte aus der Absatztransaktion bereinigten Anschaffungsauszahlungen für die Hauptleistung, $A_0^{(1)}$, $A_0^{(2)}$, $A_0^{(3)}$ und $A_0^{(4)}$, ermitteln. Zu berücksichtigen sind dabei, wie eingangs erwähnt, etwaige Restriktionen, die die eine oder andere Form von vornherein ausschließen. Sollen die einzelnen Formen mit der Alternative "Import ohne Kompensationsgeschäft" verglichen werden, so ist die Anschaffungsauszahlung für den Bezug der Hauptleistung im Falle einer reinen Importtransaktion, A_0^I (unter Berücksichtigung der anfallenden Zinsbelastung), als Vergleichsgröße heranzuziehen (vgl. Abschnitt II.).

IV. Die Wahl der Geschäftspartner

Wie aus der *Abbildung 3.1* ersichtlich wird, stellt sich die Wahl der Geschäftspartner aus der Sicht des ausländischen Nachfragers in zweifacher Hinsicht: zum einen als Vorauswahl bei beschränkten Ausschreibungen und freihändigen Vergaben, zum anderen - nach Eingang der Angebote der potentiellen westlichen Lieferanten - als Feinauswahl im Zusammenhang mit der Zuschlagserteilung bzw. der Auftragsvergabe.

Während bei der Vorauswahl insbesondere qualitative Kriterien zu berücksichtigen sind (vgl. den nachfolgenden Unterabschnitt 2.), spielen bei der Feinauswahl insbesondere Wirtschaftlichkeitsüberlegungen eine Rolle (vgl. Unterabschnitt 3.). Im folgenden wird für die Vorauswahl der potentiellen Lieferanten ein modifizierter Portfolio-Ansatz vorgeschlagen; für die Feinauswahl werden dagegen Verfahren der Wirtschaftlichkeitsanalyse herangezogen. In beiden Fällen werden zur Entscheidungsfindung jedoch die Beschaffungs- und die Absatztransaktion **simultan** betrachtet.

1. Die Vorauswahl der Geschäftspartner bei beschränkten Ausschreibungen und freihändigen Vergaben

a. Grundlagen

Sowohl bei beschränkten Ausschreibungen als auch bei freihändigen Vergaben wird der Kreis der potentiellen Lieferanten vorab eingeschränkt. Im Gegensatz zu den herkömmlichen Geschäftstransaktionen ist es im Falle eines Kompensationsgeschäfts jedoch nicht ausreichend, einzig und allein die Beschaffungsseite zu analysieren, wie dies bei den herkömmlichen Ansätzen zur Lieferantenwahl der Fall ist (vgl. z. B. *Vyas/Woodside*, 1984), da im Rahmen von Gegengeschäften eine Beschaffungstransaktion mit einer Absatztransaktion gekoppelt wird; neben beschaffungsspezifischen Kriterien sind daher simultan absatzpolitische Kriterien zu berücksichtigen.

Die Eignung eines potentiellen westlichen Geschäftspartners ist demnach vom "Gesamtpaket" abhängig. Zur Grobauswahl der Geschäftspartner wird daher ein mehrstufiger Portfolio-Ansatz vorgeschlagen, in dem beide Teiltransaktionen simultan berücksichtigt werden können. In einem ersten Schritt werden anhand geeigneter Kriterien je ein Beschaffungs- und ein Absatzportfolio erstellt, in denen die potentiellen Geschäftspartner gemäß ihrer Kriterienerfüllung zu positionieren sind; in einem zweiten Schritt werden diese Portfolios zu einem Gesamtportfolio der Geschäftspartner-Attraktivität zusammengefaßt.

b. Die Herleitung entscheidungsrelevanter Kriterien

Die relevanten Kriterien zur Geschäftspartner-Bewertung sind generell aus den **Zielen** des ausländischen Nachfragers abzuleiten. Da es sich bei den ausländischen Nachfragern im Zusammenhang mit Kompensationsgeschäften oft um staatliche Außenhandelsorganisationen, Ministerien oder sonstige staatliche Stellen handelt, spielen neben den rein wirtschaftlichen Zielen auch politische Überlegungen eine Rolle; außerdem sind die durch Kompensationsgeschäfte verfolgten Ziele von Land zu Land unterschiedlich, so daß diesbezüglich keine allgemeingültigen Aussagen getroffen werden können. Die nachfolgend aufgeführten Kriterien sind daher lediglich als mögliche Ansatzpunkte zur Geschäftspartner-Bewertung zu verstehen und dienen der Verdeutlichung der dargestellten Methodik.

Charakteristisch für die Portfolio-Analyse ist die Positionierung der Objekte - in diesem Falle der potentiellen Geschäftspartner - in eine Matrix, welche durch zwei Dimensionen beschrieben wird. Aus diesem Grunde sind - sowohl für das Beschaffungs- als auch für das Absatzportfolio - zunächst die heranzuziehenden Bewertungsdimensionen festzulegen, welche anschließend durch geeignete Kriterien zu operationalisieren sind.

Im folgenden wird beim **Beschaffungsportfolio** von den Dimensionen
- Lieferantenattraktivität und
- Wettbewerbsposition gegenüber dem Lieferanten

ausgegangen. Die **Lieferantenattraktivität** bringt zum Ausdruck, inwieweit der potentielle westliche Anbieter in der Lage ist, den Bedarf des ausländischen Nachfragers seinen Zielen entsprechend zu befriedigen. Folgende Kriterien können zur Beurteilung der Lieferantenattraktivität herangezogen werden (vgl. z. B. die Zusammenstellung bei *Berndt*, 1988, S. 119 ff.):

(1) Qualität
Die Qualität der Produkte des westlichen Lieferanten spielt bei der Lieferantenbewertung eine ausschlaggebende Rolle, insbesondere dann, wenn bei den potentiellen Lieferanten deutliche Qualitätsunterschiede gegeben sind.

(2) Zuverlässigkeit
Eine Beurteilung der Zuverlässigkeit basiert hauptsächlich auf dem bisherigen Verhalten der potentiellen Lieferanten bei der Auftragsabwicklung. Hier geht es insbesondere um Aspekte wie Lieferfristen, Einhaltung der Vertragsbedingungen bzgl. Mengen, Qualität u. ä. (vgl. *Mai*, 1982, S. 117 ff.). In diesem Zusammenhang sind ggf. **Versorgungsrisiken** des westlichen Partners - z. B. aufgrund knapper Ressourcen - sowie Transportrisiken, Streikrisiken u. ä. zu berücksichtigen, welche dem westlichen Anbieter u. U. eine fristgerechte Erstellung und Lieferung der Hauptleistung unmöglich machen.

(3) Serviceleistungen
Zu den Serviceleistungen gehören solche Nebenleistungen des westlichen Anbieters, welche dazu dienen, die Funktionsträchtigkeit der gelieferten Produkte zu garantieren. Dazu gehören beispielsweise Know-how-Transfer (z. B. durch Schulungen), Wartung, Reparatur und Ersatzteilversorgung. Neben Umfang und Qualität der Serviceleistungen ist aber auch deren **Preis** zu berücksichtigen.

(4) Preisniveau
Der konkrete Angebotspreis der einzelnen potentiellen westlichen Lieferanten ist zu diesem Zeitpunkt noch unbekannt; i. d. R. können jedoch Aussagen über das zu erwartende Preisniveau der einzelnen Anbieter getroffen werden. Da der Angebotspreis für die Hauptleistung den Umfang der vom ausländischen Nachfrager bereitzustellenden Devisen bestimmt - es sei denn, das Gegengeschäft wird in der Form des Barters abgewickelt - dürfte diesem Kriterium schon bei der Vorauswahl der potentiellen Lieferanten eine große Bedeutung zukommen.

(5) Guthaben auf Treuhandkonten
Aus etwaigen bilateralen Handelsabkommen (vgl. die Ausführungen in Unterabschnitt A.III.3. im 2. Teil) verfügt der ausländische Nachfrager u. U. über Guthaben auf Treuhandkonten bei der Zentralbank von einzelnen potentiellen Lieferanten; dies verringert den Bedarf an Devisen und erhöht damit die Attraktivität der betreffenden westlichen Anbieter.

(6) Finanzierungshilfen
Sehr wichtig ist gerade bei Kompensationsgeschäften das Ausmaß, in dem vom westlichen Partner Finanzierungshilfen - z. B. Kredite - zu erwarten sind. Bei der derzeitigen Devisenknappheit vieler osteuropäischer und Entwicklungsländer, der gesunkenen Kreditwürdigkeit und damit einhergehend dem erschwerten Zugang zu Finanzierungsquellen ist die Gewährung eines Lieferantenkredits für diese Länder oft die einzige Möglichkeit, das Geschäft überhaupt zu finanzieren (vgl. *Frauendorfer*, 1988, S. 32 ff.).

(7) Wahrung der Unabhängigkeit
Die Wahrung der Unabhängigkeit gegenüber einem westlichen Lieferanten kann als eigenständiges beschaffungspolitisches Kriterium aufgefaßt werden. Verhindert werden soll beispielsweise der Kauf von überteuerten Ersatzteilen, Wartungs- und Reparaturleistungen, die Beschränkung der Wahlmöglichkeit bei Erweiterungsinvestitionen oder gar eine politische Beeinflußbarkeit.

Die Wettbewerbsposition gegenüber dem Lieferanten bringt zum Ausdruck, inwieweit der ausländische Nachfrager seine Position bei den einzelnen westlichen Anbietern durchsetzen kann und umfaßt solche Merkmale, welche die **Verhandlungs-**

macht gegenüber dem Lieferanten beschreiben. Im einzelnen handelt es sich um folgende Merkmale:

(1) Dringlichkeit des Bedarfs
Je größer die Importpriorität für die Hauptleistung ist, umso schlechter ist die Verhandlungsposition gegenüber dem westlichen Lieferanten, insbesondere dann, wenn man erwarten kann, daß dem potentiellen Lieferanten die Dringlichkeit des Bedarfs bekannt ist.

(2) Spezialisierung des Bedarfs
Je spezifischer der Bedarf ist, umso weniger Lieferanten kommen hierfür in Frage; unter Umständen ist nur ein einziger Lieferant in der Lage, den Bedarf zu decken. Die Anzahl der potentiellen Lieferanten hat Einfluß auf deren Konkurrenzsituation, diese wiederum auf die Verhandlungsposition des ausländischen Nachfragers: Seine Nachfragemacht ist umso größer, je verschärfter der Wettbewerb auf der Anbieterseite ist.

(3) Kapazitative Auslastung der potentiellen Lieferanten
Dieses Kriterium charakterisiert die Dringlichkeit, mit der ein potentieller westlicher Lieferant den Auftrag benötigt. Je ungünstiger die Kapazitätsauslastung beim westlichen Lieferanten ist, umso eher wird er bereit sein, zur Erlangung des Auftrags Zugeständnisse zu machen.

Analog zur Bewertung der Beschaffungstransaktion werden beim **Absatzportfolio** ebenfalls zwei Dimensionen berücksichtigt:
- Abnehmerattraktivität und
- Wettbewerbsposition gegenüber dem Abnehmer.

Die **Abnehmerattraktivität** charakterisiert das Ausmaß, in dem der westliche Partner bereit ist, aus der Sicht des ausländischen Anbieters attraktive Gegenleistungen zu erbringen, bspw. die Abnahme ansonsten schwer verkäuflicher Produkte. Im einzelnen kann die Abnehmerattraktivität durch folgende Merkmale charakterisiert werden:

(1) Kompensationsfähigkeit der Gegenwaren
Dieses Kriterium bezeichnet das Ausmaß, in dem der westliche Partner in der Lage ist, die Gegenwaren im Produktionsprozeß einzusetzen oder in das eigene Absatzprogramm aufzunehmen. Damit entfallen die an einen Fremdkompensateur zu zahlenden Stützungen, die häufig in der Praxis über den Preis der Hauptleistung auf den ausländischen Partner abgewälzt werden (vgl. *Samsinger*, 1986, S. 118 ff.). Überdies ist in einem solchen Fall seitens des westlichen Anbieters eine höhere Bereitschaft zu erwarten, größere Mengen der angebotenen Gegenwaren abzunehmen.

(2) Zusammensetzung des abgenommenen Warenkorbs
Ist zu erwarten (z. B. aufgrund vergangener Erfahrungen), daß ein westlicher Anbieter bereit ist, qualitativ minderwertige oder aus sonstigen Gründen schwer verkäufliche Gegenwaren abzunehmen, so ist dieses Unternehmen gegenüber einem anderen vorzuziehen, das hauptsächlich knappe, attraktive Waren abnimmt.

(3) Zuverlässigkeit
Aus der bisherigen Erfahrung mit Kompensationsgeschäften kann der ausländische Partner i. d. R. abschätzen, ob der westliche Lieferant seine Kompensationsverpflichtung vertragsgerecht erfüllen wird. Wie in Unterabschnitt B.II.1. im 2. Teil bereits dargelegt wurde, führen manche Länder - so z. B. Australien - sogar "schwarze Listen" über Unternehmen, die die Gegengeschäftsverpflichtung nicht ordnungsgemäß erfüllt haben.

(4) Gewährung von Marketing-Hilfen
Ein westlicher Geschäftspartner ist für einen ausländischen Nachfrager umso attraktiver, je mehr Marketing-Unterstützung er für den Absatz der Gegenwaren gewährt. Auf diese Weise kann der ausländische Partner u. U. Absatzkanäle erschließen, um später die eigenen Produkte gegen harte Devisen verkaufen zu können.

Die **Wettbewerbsposition gegenüber dem Abnehmer** umfaßt solche Kriterien, die die Verhandlungsmacht gegenüber dem Lieferanten in Bezug auf die Gegenwaren beschreiben. Zu nennen sind folgende Kriterien:

(1) Attraktivität der eigenen Gegenwaren
Sind die eigenen Gegenwaren für den westlichen Partner attraktiv - z. B. Erdöl - und/oder erfüllen sie im Land des westlichen Lieferanten die herrschenden technischen oder Umweltnormen, so ist die Verhandlungsposition des ausländischen Nachfragers stärker als im umgekehrten Fall.

(2) Wettbewerbs- und außenhandelsrechtliche Regelungen
Bestehen im Land des westlichen Partners bezüglich der eigenen Gegenwaren Anti-Dumping-Gesetze, Einfuhrbeschränkungen oder sonstige Handelshemmnisse, wird die Verhandlungsposition des ausländischen Nachfragers erschwert.

(3) Konkurrenzsituation
Steht der westliche Anbieter in Verhandlung mit anderen ausländischen Geschäftspartnern, die ihm möglicherweise ein attraktiveres Gegenwaren-Angebot unterbreiten, ist der Verhandlungsspielraum für den ausländischen Nachfrager geringer.

(4) Zugeständnisse bezüglich der Kompensationsquote
Ist bekannt, daß der westliche Anbieter das Ziel der Erschließung des Marktes des ausländischen Partners verfolgt, so wird er u. U. bereit sein, von sich aus höhere

Kompensationsquoten anzubieten bzw. wird er nicht versuchen, die Kompensationsquote zu drücken. Der ausländische Nachfrager kann in einem solchen Falle i. d. R. eine höhere Kompensationsquote durchsetzen.

c. *Die Erstellung des Beschaffungs- und des Absatzportfolios*

Zur Erstellung der beiden Portfolio-Matrizen ist es zunächst erforderlich, die einzelnen Kriterien in geeigneter Weise zu skalieren: In einem ersten Schritt sind auf jeder Dimension des jeweiligen Portfolios für jedes Kriterium die einzelnen möglichen Ausprägungen festzustellen. Den einzelnen Ausprägungen werden anschließend - analog zu einem Scoring-Modell - **Punktwerte** zugeordnet. Im folgenden wird wie beim Portfolio-Ansatz von *Mc Kinsey* (vgl. *Hinterhuber*, 1984, S. 97 ff.) von einer Skala im Intervall [0; 100] ausgegangen, wobei der Wert 0 den ungünstigsten, der Wert 100 den günstigsten Erfüllungsgrad des jeweiligen Kriteriums kennzeichnet. Dabei werden folgende **Klassen** unterschieden:
- 0 - 33: ungünstig,
- 34 - 67: mittel,
- 68 - 100: günstig.

Zur Erstellung des **Beschaffungsportfolios** wird in einem weiteren Schritt geprüft, inwieweit die einzelnen potentiellen westlichen Lieferanten der Hauptleistung die verschiedenen Kriterien auf den einzelnen Portfolio-Dimensionen erfüllen. Die Erfüllungsgrade können z. B. auf der Basis einer erfolgten Präqualifikation ermittelt werden. Mit V_i (i = 1,..., n) werden die Variablen zur Charakterisierung der Lieferantenattraktivität, mit V_j (j = 1,..., m) die Variablen zur Charakterisierung der Wettbewerbsposition gegenüber dem Lieferanten gekennzeichnet. Deren relative Bedeutung für den ausländischen Nachfrager wird mit Gewichtungsfaktoren g_i (für alle i) bzw. g_j (für alle j) zum Ausdruck gebracht. Der Erfüllungsgrad des Lieferanten l (l = 1,..., L) bezüglich des Kriteriums V_i - als Punktwert ausgedrückt - wird als e_{il}, bezüglich des Kriteriums V_j als e_{jl} bezeichnet.

Die **Position** der einzelnen potentiellen westlichen Lieferanten in der Portfolio-Matrix ergibt sich bezüglich der Lieferantenattraktivität als

$$P_l^{LA} = \sum_{i=1}^{n} g_i \cdot e_{il} \qquad \text{(für alle l)}$$

und bezüglich der Wettbewerbsposition als

$$P_l^{WP} = \sum_{j=1}^{m} g_j \cdot e_{jl} \qquad \text{(für alle l),}$$

auf jeder Dimension also als gewichtete Gesamtpunktzahl bzgl. aller jeweils relevanten Kriterien. Damit kann die Position eines jeden potentiellen Lieferanten anhand der Ausprägungen bei beiden Dimensionen in die Portfolio-Matrix eingetragen werden. Führt man dies für alle potentiellen Lieferanten durch, ergibt sich das gesamte Beschaffungsportfolio.

V_i	g_i	e_{il}				
		Anbieter 1	**Anbieter 2**	**Anbieter 3**	**Anbieter 4**	**Anbieter 5**
Qualität	0,2	85	40	35	85	40
Zuverlässigkeit	0,2	90	40	30	80	55
Service	0,1	65	25	45	90	80
Preisniveau	0,3	90	50	10	95	75
Treuhandkonten	0,1	85	30	50	70	35
Finanzierungshilfen	0,05	85	25	30	85	40
Unabhängigkeit	0,05	45	45	20	75	35
P_l^{LA}	$\Sigma=1$	83,5	40	28	85,5	56,75

Tab. 3.2: Matrix zur Bewertung der Lieferantenattraktivität

Die Vorgehensweise soll anhand eines einfachen **Beispiels** verdeutlicht werden: Ausgegangen wird von fünf potentiellen Lieferanten. Bezüglich der Lieferantenattraktivität gelten für jeden einzelnen Anbieter die Werte, die in *Tabelle 3.2* aufgeführt sind; *Tabelle 3.3* zeigt die entsprechenden Werte bezüglich der Wettbewerbsposition. Damit resultiert das Portfolio der *Abbildung 3.5*, wobei die einzelnen Lieferanten als Kreise in die Portfolio-Matrix eingetragen werden. Die Matrix ist wie folgt zu interpretieren:

- Lieferanten in den Feldern (2), (3) und (6) - hier Anbieter 4 und Anbieter 5 - haben eine mittlere bis hohe Lieferantenattraktivität, die Wettbewerbsposition des ausländischen Nachfragers bezüglich dieser Lieferanten ist ebenfalls mittel bis hoch; aus beschaffungspolitischer Sicht sind dies somit die attraktivsten Lieferanten.
- Lieferanten in den Feldern (1), (5) und (9) - hier Anbieter 1 - haben entweder eine hohe Lieferantenattraktivität bei ungünstiger Wettbewerbsposition, oder eine geringe Attraktivität bei guter Wettbewerbsposition des ausländischen Nachfragers, oder aber mittlere Ausprägungen bezüglich beider Dimensionen. Aus beschaffungspolitischer Sicht sind sie insgesamt als "durchschnittlich" zu bewerten.

v_j	g_j	e_{jl}				
		Anbieter 1	**Anbieter 2**	**Anbieter 3**	**Anbieter 4**	**Anbieter 5**
Dringlichkeit	0,3	20	40	55	75	55
Spezialisierung	0,5	30	30	60	80	90
Kapazitätsauslastung	0,2	15	10	40	60	75
P_l^{WP}	$\Sigma=1$	24	29	54,5	74,5	76,5

Tab. 3.3: Matrix zur Bewertung der Wettbewerbsposition gegenüber dem Lieferanten

- Lieferanten in den Feldern (4), (7) und (9) - im Beispiel Anbieter 2 und Anbieter 3 - haben bzgl. beider Dimensionen mittlere bis schlechte Ausprägungen und sind aus dem rein beschaffungspolitischen Aspekt als unattraktiv einzustufen.

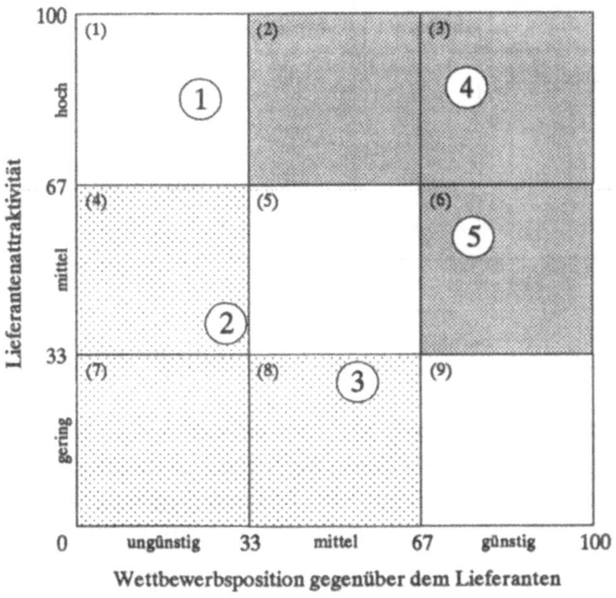

Abb. 3.5: Beschaffungsportfolio des ausländischen Nachfragers

In analoger Weise ist bei der Erstellung des **Absatzportfolios** vorzugehen. Bezeichnet man mit

- V_k die Variablen zur Charakterisierung der Abnehmerattraktivität (k = 1,..., s) und mit V_r die Variablen zur Charakterisierung der Wettbewerbsposition gegenüber dem westlichen Lieferanten bezüglich der Absatztransaktion (r = 1,..., u),
- mit g_k bzw. g_r die zugehörigen Gewichte (für alle k, r) sowie
- mit e_{kl} (e_{rl}) die Erfüllung des Kriteriums V_k (V_r) durch den Lieferanten l (jeweils als Punktwert ausgedrückt),

so resultiert die Position des Lieferanten l bezüglich der Abnehmerattraktivität als

$$P_l^{AA} = \sum_{k=1}^{s} g_k \cdot e_{kl} \qquad \text{(für alle l),}$$

bezüglich der Wettbewerbs- bzw. der Verhandlungsposition des ausländischen Nachfragers als

$$P_l^{VP} = \sum_{r=1}^{u} g_r \cdot e_{rl} \qquad \text{(für alle l).}$$

V_k	g_k	e_{kl}				
		Anbieter 1	**Anbieter 2**	**Anbieter 3**	**Anbieter 4**	**Anbieter 5**
Kompensationsfähigkeit	0,2	65	90	25	45	50
Warenkorb	0,4	75	80	45	55	35
Zuverlässigkeit	0,3	80	70	55	70	45
Marketinghilfen	0,1	70	60	30	90	65
P_l^{AA}	$\Sigma = 1$	72	75	42,5	61	48

Tab. 3.4: Matrix zur Bewertung der Abnehmerattraktivität

Bezüglich der Abnehmerattraktivität seien im Beispiel die in *Tabelle 3.4*, bezüglich der Verhandlungsposition gegenüber dem westlichen Lieferanten (als Abnehmer der Gegenwaren) die in *Tabelle 3.5* aufgeführten Werte gegeben; dann resultiert das in *Abbildung 3.6* dargestellte Portfolio. Die Portfolio-Matrix läßt folgende Interpretation zu:

- Potentielle Lieferanten in den Feldern (2), (3) und (6) - hier Anbieter 1 und Anbieter 4 - sind aus absatzpolitischer Sicht als günstig einzustufen, da sie bei beiden Dimensionen mittlere bis gute Ausprägungen aufweisen.
- Potentielle Geschäftspartner in den Feldern (1), (5) und (9) - hier Anbieter 2 und Anbieter 5 - sind als durchschnittlich günstig einzustufen.

V_r	g_r	e_{rl}				
		Anbieter 1	**Anbieter 2**	**Anbieter 3**	**Anbieter 4**	**Anbieter 5**
Gegenwaren	0,2	45	30	10	85	65
Wettbewerbsrecht	0,2	35	25	15	65	75
Konkurrenz	0,4	60	15	25	90	50
Kompensationsquote	0,2	40	35	20	75	55
P_l^{VP}	$\Sigma=1$	48	24	19	81	59

Tab. 3.5: Matrix zur Bewertung der Verhandlungsposition gegenüber dem Abnehmer

- Ungünstig im Hinblick auf die Absatztransaktion sind dagegen potentielle Lieferanten in den Feldern (4), (7) und (8), da sie bezüglich beider Dimensionen durchschnittliche bis schlechte Bewertungen aufweisen; im Beispiel ist es Anbieter 3.

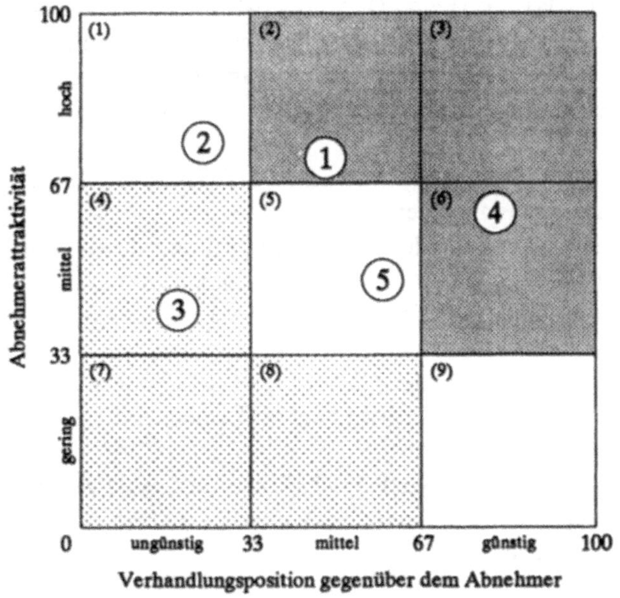

Abb. 3.6: Absatzportfolio des ausländischen Nachfragers

d. Die Erstellung des Gesamtportfolios und die Vorauswahl der Geschäftspartner

Zur Erstellung des Gesamtportfolios wird auf der Basis des Beschaffungs- und des Absatzportfolios in methodischer Anlehnung an *Albach* (1979, S. 75 f.) folgendermaßen vorgegangen: Zunächst wird das Beschaffungsportfolio in die Bereiche
- A (günstig, Felder (2), (3) und (6)),
- B (mittel, Felder (1), (5) und (9)) und
- C (ungünstig, Felder (4), (7) und (8))

unterteilt. Analog wird anschließend beim Absatzportfolio vorgegangen: Es resultieren die Bereiche
- I (günstig, Felder (2), (3) und (6)),
- II (mittel, Felder (1), (5) und (9)) und
- III (ungünstig, Felder (4), (7) und (8)).

Durch die auf diese Weise vorgenommene Aggregation wird es möglich, eine neue Portfolio-Matrix zu erstellen mit den beiden Dimensionen **"Beschaffungsattraktivität"** und **"Absatzattraktivität"**. Die einzelnen potentiellen westlichen Lieferanten werden bezüglich beider Dimensionen gemäß ihrer jeweiligen Klassenzugehörigkeit positioniert: Beispielsweise gehört Anbieter 1 bezüglich der Beschaffungsattraktivität in Klasse B (Feld (1) im Beschaffungsportfolio), bezüglich der Absatzattraktivität in Klasse I (Feld (2) im Absatzportfolio); somit ist er im Gesamtportfolio in Feld (f) zu positionieren. Führt man entsprechende Positionierungen auch für die übrigen Anbieter, so resultiert das Portfolio der *Abbildung 3.7.*

Eine Vorauswahl der potentiellen Lieferanten auf der Basis des Gesamtportfolios kann wie folgt vorgenommen werden:
- Potentielle Geschäftspartner in den Feldern (b), (c) und (f) - hier die Anbieter 1, 4 und 5 - sind auf jeden Fall weiter zu berücksichtigen, da sie sowohl im Hinblick auf die Beschaffungs- als auch im Hinblick auf die Absatztransaktion eine mittlere bis hohe Attraktivität vorzuweisen haben.
- Für Geschäftspartner in den Feldern (a), (e) und (i) ist keine eindeutige Bewertung möglich; eine weitere Berücksichtigung liegt im Ermessen des ausländischen Nachfragers.
- Aufgrund der mittleren bis geringen Beschaffungs- und Absatzattraktivität sind potentielle Lieferanten in den Feldern (d), (g) und (h) - im Beispiel die Anbieter 2 und 3 - nicht weiter zu berücksichtigen.

Auf diese Weise ist es aus der Sicht des ausländischen Nachfragers möglich, eine Vorselektion der potentiellen westlichen Lieferanten vorzunehmen und somit den Kreis der möglichen Geschäftspartner von vornherein einzuschränken, was beispielsweise bei einer späteren Ausschreibung den Verwaltungsaufwand und damit die Kosten deutlich reduzieren kann. Zu beachten ist, daß solche potentiellen westlichen Anbie-

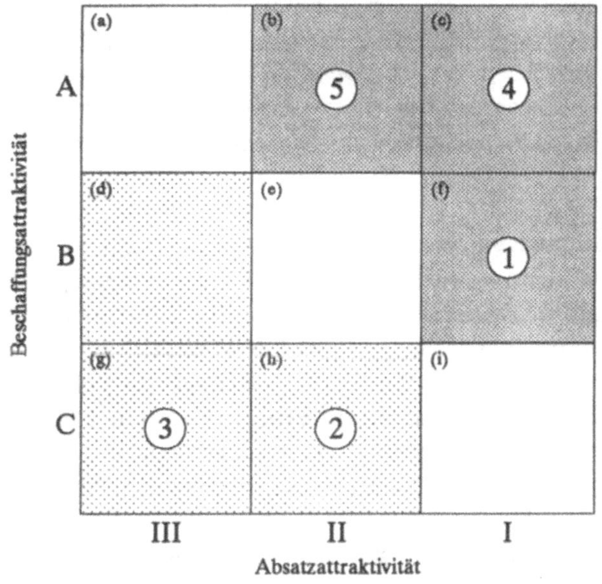

Abb. 3.7: Gesamtportfolio zur Wahl der Geschäftspartner aus der Sicht des ausländischen Nachfragers

ter, welche bestimmte Mindestanforderungen (z. B. im Hinblick auf die Produktqualität) nicht erfüllen, vorab auszusondern sind. Die potentiellen Anbieter, die die Vorauswahl überstanden haben, können nun zur Angebotsabgabe aufgefordert werden. In manchen Fällen kann es dabei hilfreich sein, eine (vorläufige) Rangfolge zu ermitteln, z. B. dann, wenn im Falle freihändiger Vergaben zunächst nur der am günstigsten zu beurteilende Anbieter berücksichtigt werden soll. In diesem Falle können die Beschaffungs- und die Absatzdimension so aggregiert werden, daß die beiden Dimensionen - je nachdem, ob überwiegend beschaffungs- oder absatzpolitische Ziele verfolgt werden - ein jeweils spezifisches Gewicht erhalten; die Gesamtbewertung der potentiellen Geschäftspartner erfolgt durch Bildung einer gewichteten Summe der Ausprägungen bzgl. der Beschaffungs- und der Absatzattraktivität. Dadurch kann auch der Portfolio-Modellen innewohnende Kritikpunkt beseitigt werden, daß beide Portfolio-Dimensionen implizit dasselbe Gewicht erhalten. Als problematisch kann sich hier jedoch - wie auch bei Scoring-Modellen - die subjektive Gewichtung der einzelnen Faktoren erweisen.

2. Die Feinauswahl der Geschäftspartner und die Auftragsvergabe

Die Feinauswahl der potentiellen Lieferanten und die endgültige Auftragsvergabe erfolgt erst dann, wenn die Angebote der zur Angebotsabgabe aufgeforderten Lieferanten beim ausländischen Nachfrager eingegangen sind. Unabhängig vom gewählten Vergabeverfahren und davon, ob zuvor eine Vorauswahl vorgenommen wurde, muß der ausländische Nachfrager die eingegangenen Angebote prüfen und nach Wirtschaftlichkeitskriterien beurteilen. Zu beachten ist hierbei, daß sich die Wirtschaftlichkeit der Angebote sowohl auf das Importgeschäft als auch auf das Exportgeschäft bezieht; somit sind beide Aspekte bei der Lieferantenwahl simultan zu berücksichtigen.

Die folgenden Ausführungen beschränken sich vereinfachend auf eine Ausschreibungssituation: Den Zuschlag erhält der wirtschaftlichste Anbieter, der Vergabeprozeß ist - bis auf mögliche Verhandlungen bezüglich Kompensationsquoten, Lieferbedingungen und sonstige Konditionen - abgeschlossen. Im Falle einer freihändigen Vergabe ändert sich am methodischen Ansatz zur Ermittlung der Wirtschaftlichkeit der Transaktion nichts, jedoch ist die Besonderheit zu beachten, daß der Vergabeprozeß mit der Feinauswahl nicht abgeschlossen ist, da zwischen der Lieferantenwahl und der Auftragsvergabe noch eine Verhandlungsphase zu durchlaufen ist.

Auszugehen ist zunächst vom Angebotspreis für die Hauptleistung bei den einzelnen potentiellen westlichen Lieferanten l ($l = 1,\ldots, L$). Da im Rahmen der Vorauswahl ungeeignete Anbieter bereits ausgesonder wurden, kann nun davon ausgegangen, daß alle verbleibenden potentiellen westlichen Lieferanten die Anforderungen bzgl. Qualität, Lieferbedingungen etc. in hinreichendem Ausmaß erfüllen, so daß nunmehr bei der Beurteilung der einzelnen Lieferanten verstärkt Wirtschaftlichkeitsgesichtspunkte in den Vordergrund treten. Bei isolierter Betrachtung des Importgeschäfts wird daher angenommen, der ausländische Nachfrager würde dem preisgünstigsten Anbieter den Zuschlag erteilen, d. h. demjenigen Anbieter l ($l = 1,\ldots, L$), dessen Preisforderung $p_h{}^l$ am geringsten ausfällt.

Können die Preis-Mengen-Kombinationen der Kompensationswaren vom ausländischen Nachfrager festgelegt werden, z. B. im Hinblick auf das Ziel der Gewinnmaximierung (vgl. die Ausführungen in den vorangegangenen Abschnitten B.II. und III.), so bestehen bei den potentiellen westlichen Anbietern keine Wahlmöglichkeiten bzgl. des abzunehmenden Warenkorbs, d. h. jeder westliche Lieferant wird genau denselben Warenkorb abnehmen (müssen). Somit ist der Gewinn bzw. Kapitalwert aus dem Absatz der Gegenwaren an die einzelnen potentiellen westlichen Lieferanten bei allen Geschäftspartnern gleich, da jeder potentielle Anbieter an den Bedingungen des ausländischen Nachfragers gebunden ist. In diesem Fall ist der Preis für die Hauptleistung als alleiniges Zuschlagskriterium ausreichend.

Anders ist der Fall gelagert, wenn der ausländische Nachfrager auf die Vorgabe von Preisen und Mengen der Kompensationswaren verzichtet und dem westlichen Anbieter einen Auswahlspielraum überläßt. Ein höherer Preis für die Hauptleistung kann dadurch relativiert werden, welche Gegenwaren in welchen Mengen von den einzelnen westlichen Anbietern im Wege der Kompensation abgenommen werden. Ist ein westlicher Anbieter bereit, größere Mengen schwer absetzbarer Gegenwaren - womöglich noch zu überhöhten Preisen - abzunehmen, so ist er einem Anbieter vorzuziehen, der - bei gleichem Angebotspreis für die Hauptleistung - aus der Sicht des ausländischen Nachfragers weniger attraktive Kompensationsleistungen erbringt. Bei isolierter Betrachtung des Exportgeschäfts würde - analog zur Zuschlagserteilung bei Einschreibungen - der Anbieter mit dem höchsten Gebot den Zuschlag erhalten (vgl. hierzu *Berndt*, 1992, S. 205 ff.), im hier vorliegenden Fall also derjenige Anbieter, der den aus der Sicht des ausländischen Nachfragers günstigsten Warenkorb (z. B. im Hinblick auf Gewinn- oder Erlösziele) abzunehmen bereit ist.

Zur simultanen Berücksichtigung der Beschaffungs- und der Absatztransaktion ist somit ein kombiniertes Zuschlagskriterium erforderlich, das die Wirtschaftlichkeit beider Teilgeschäfte simultan zu berücksichtigen vermag. Die nachfolgend vorgeschlagene Vorgehensweise geht dabei von ökonomisch rationalem Verhalten des ausländischen Nachfragers aus; politische Aspekte werden von der weiteren Betrachtung ausgeschlossen.

(1) Zeitgleiche Abwicklung von Kauf- und Gegenkauf

$$A_0^l = p_h^l \cdot x_h - \sum_{j=1}^{J} [p^l_{gj} \cdot x^l_{gj} - K_{gj}(x^l_{gj})] \qquad (3.54)$$

(2) Zeitlich nachgelagerter Gegenkauf

$$A_0^l = p_h^l \cdot x_h - \sum_{j=1}^{J} [p^l_{gj} \cdot x^l_{gj} - K_{gj}(x^l_{gj})] \cdot (1+i)^{-t_1} + \sum_{t=t'}^{T'} z_t \cdot (1+i)^{-t} \qquad (3.55)$$

(3) Zeitlich vorgelagerter Gegenkauf

$$A_0^l = p_h^l \cdot x_h \cdot (1+i)^{-t_2} - \sum_{j=1}^{J} [p^l_{gj} \cdot x^l_{gj} - K_{gj}(x^l_{gj})] + \sum_{t=t_2}^{T'} z_t \cdot (1+i)^{-t} \qquad (3.56)$$

p^l_{gj} = vom Anbieter l gebotener Preis für die Gegenware j
x^l_{gj} = vom Anbieter l zum Preis p^l_{gj} nachgefragte Menge der Gegenware j
p^l_h = vom Anbieter l geforderter Preis für die Hauptleistung
x_h = Bedarfsmenge der Hauptleistung
z_t = zu leistende Zinszahlungen pro Periode
T' = Ende des Tilgungszeitraums
i = Kalkulationszins

Tab. 3.6: Netto-Anschaffungsauszahlungen bei unterschiedlichen Formen von Kompensationsgeschäften bei einmaligen Handelstransaktionen

Jeder in die engere Wahl einbezogene potentielle Lieferant fragt einen bestimmten Warenkorb nach, der im Gesamtwert dem Produkt aus der Kompensationsquote und dem Wert der Hauptleistung, $Q \cdot p_h \cdot x_h$, entspricht. Der vom ausländischen Nachfrager erzielbare Gewinn bzw. Kapitalwert aus der Absatztransaktion mit dem jeweiligen westlichen Anbieter ist gemäß der Vorgehensweise im vorangegangenen Abschnitt B.III. von der jeweiligen Anschaffungsauszahlung für die Hauptleistung abzuziehen. Die bei den einzelnen Formen von Kompensationsgeschäften zugrunde zu legenden Netto-Anschaffungsauszahlungen bei den einzelnen Anbietern l sind zusammenfassend in den *Tabellen 3.6* und *3.7* wiedergegeben, wobei die Ergebnisse der einzelnen Teiltransaktionen jeweils auf den Ausgangszeitpunkt t_0 bezogen werden.

(1) Buy-back-Geschäft

(1a) Buy-back-Geschäft mit Zahlungsströmen

$$A_0^l = p_h^l \cdot x_h \cdot (1+i)^{-T} - \sum_{t=T+1}^{T+\tau} [p^l_{gt} \cdot x^l_{gt} - K_{gt}(x^l_{gt})] \cdot (1+i)^{-t} + \sum_{t=T+1}^{T'} z_t \cdot (1+i)^{-t} \quad (3.41)$$

(1b) Buy-back-Geschäft auf Barterbasis

$$A_0^l = \sum_{t=T+1}^{T+\tau} K_{gt}(x^l_{gt}) \cdot (1+i)^{-t} \quad (3.45)$$

(2) Offset-Geschäft

(2a) Direktes Offset-Geschäft

$$A_0^l = p_h^l \cdot x_h \cdot (1+i)^{-T} - \sum_{t=t_1}^{T} \{ \sum_{j=1}^{J} [p^l_{gjt} \cdot x^l_{gjt} - K_{gjt}(x^l_{gjt})]\} \cdot (1+i)^{-t} + \sum_{t=T+1}^{T'} z_t \cdot (1+i)^{-t} \quad (3.48)$$

(2b) Indirektes Offset-Geschäft

$$A_0^l = p_h^l \cdot x_h \cdot (1+i)^{-T} - \sum_{t=T}^{T+\tau} \{ \sum_{j=1}^{J} [p^l_{gjt} \cdot x^l_{gjt} - K_{gjt}(x^l_{gjt})]\} \cdot (1+i)^{-t} + \sum_{t=T+1}^{T'} z_t \cdot (1+i)^{-t} \quad (3.53)$$

p^l_{gt} = vom Anbieter l gebotener Preis für die Gegenware in der Periode t
x^l_{gt} = vom Anbieter l zum Preis p^l_{gt} nachgefragte Menge der Gegenware in der Periode t
p^l_{gjt} = vom Anbieter l gebotener Preis für die Gegenware j in der Periode t
x^l_{gjt} = vom Anbieter l zum Preis p^l_{gjt} nachgefragte Menge der Gegenware j in der Periode t
p^l_h = vom Anbieter l geforderter Preis für die Hauptleistung
x_h = Bedarfsmenge der Hauptleistung
z_t = zu leistende Zinszahlungen pro Periode
T' = Ende des Tilgungszeitraums
i = Kalkulationszins

Tab. 3.7: Netto-Anschaffungsauszahlungen bei unterschiedlichen Formen von Kompensationsgeschäften bei industriellen Großprojekten

Zu vergleichen sind die bei den einzelnen Anbietern l anfallenden Anschaffungsauszahlungen, jeweils um den Gewinn bzw. Kapitalwert aus der Absatztransaktion bereinigt. Der günstigste westliche Anbieter ist derjenige, bei dem die Netto-Anschaffungsauszahlung $A_0{}^l$ am geringsten ausfällt; der Gewinn bzw. Kapitalwert aus der Absatztransaktion wirkt sich somit wie eine Begünstigung aus.

Das Kriterium der *Gleichungen (3.54) - (3.56)* bzw. *(3.41)*, *(3.45)*, *(3.48)* und *(3.53)* geht implizit von einer gleichen Gewichtung der Import- und der Exporttransaktion aus. In Abhängigkeit davon, welche Ziele der ausländische Nachfrager durch Kompensationsgeschäfte verfolgt, sind beispielsweise folgende **Varianten** denkbar:

- Verfolgt der ausländische Nachfrager primär beschaffungspolitische Ziele, z. B. weil die Hauptleistung höchste Importpriorität besitzt, so kann der Gewinn bzw. Kapitalwert aus dem Exportgeschäft mit einem Faktor < 1 versehen werden, d. h. der Gewinn wird dem Anbieter l auf den Angebotspreis für die Hauptleistung nur anteilig angerechnet; schwerpunktmäßig wird also als Zuschlagskriterium der Beschaffungspreis für die Hauptleistung herangezogen.
- Verfolgt der ausländische Nachfrager dagegen primär absatzpolitische Ziele, so kann der Gewinn bzw. Kapitalwert aus dem Exportgeschäft mit einem Faktor > 1 versehen werden, der Gewinn aus der Absatztransaktion wird also im Vergleich zum Beschaffungspreis für die Hauptleistung überbewertet. Diesen Überlegungen entspringt auch die bei Offset-Geschäften übliche Gewichtung der einzelnen Offset-Leistungen mit spezifischen Multiplikatoren β_j in Abhängigkeit der Attraktivität der jeweiligen Offset-Leistung für den ausländischen Nachfrager (vgl. hierzu die Ausführungen in Unterabschnitt B.III.2.).[26] In diesem Fall bewertet der ausländische Nachfrager die einzelnen vom westlichen Lieferanten angebotenen Offset-Leistungen **einzeln**, die verschiedenen Gegenleistungen - z. B. die nachgefragten Gegenwaren - können somit mit einem individuellen Multiplikator β_j in die Berechnung des Kapitalwerts aus der Absatztransaktion eingehen. Die *Gleichungen (3.48)* und *(3.53)* sind daher wie folgt zu modifizieren:

(2a) Direktes Offset-Geschäft

$$A_0{}^l = p_h{}^l \cdot x_h \cdot (1+i)^{-T} - \sum_{t=t_1}^{T} \{ \sum_{j=1}^{J} \beta_j \cdot [p^l{}_{gjt} \cdot x^l{}_{gjt} - K_{gjt}(x^l{}_{gjt})]\} \cdot (1+i)^{-t} + \sum_{t=T+1}^{T'} z_t \cdot (1+i)^{-t} \tag{3.54}$$

(2b) Indirektes Offset-Geschäft

$$A_0{}^l = p_h{}^l \cdot x_h \cdot (1+i)^{-T} - \sum_{t=T}^{T+\tau} \{ \sum_{j=1}^{J} \beta_j \cdot [p^l{}_{gjt} \cdot x^l{}_{gjt} - K_{gjt}(x^l{}_{gjt})]\} \cdot (1+i)^{-t} + \sum_{t=T+1}^{T'} z_t \cdot (1+i)^{-t}. \tag{3.55}$$

26) Eine unterschiedliche Gewichtung der einzelnen Offset-Leistungen impliziert, daß der ausländische Nachfrager bereit ist, bei attraktiven Offset-Leistungen (welche von ihm mit einem höheren Multiplikator versehen werden) einen geringeren (ungewichteten) Gesamtwert der Offset-Verpflichtung in Kauf zu nehmen; umgekehrt muß der westliche Anbieter bei Erbringen von aus der Sicht des ausländischen Nachfragers unattraktiven Offset-Leistungen wegen der niedrigeren Gewichtung solcher Leistungen einen größeren Gesamtwert abnehmen.

C. Die Planung eines Kompensationsgeschäfts aus der Sicht des westlichen Anbieters

Nachdem im vorangegengenen Kapitel B die Seite des ausländischen Nachfragers betrachtet wurde, soll nun die Planung eines Kompensationsgeschäfts aus der Sicht eines westlichen Anbieters erörtert werden. Auch hier soll zunächst die allgemeine Entscheidungssituation des westlichen Anbieters dargestellt werden; anschließend wird auf ausgewählte Entscheidungstatbestände im Zusammenhang mit Kompensationsgeschäften detailliert eingegangen.

I. Die Entscheidungssituation des westlichen Anbieters bei internationalen Kompensationsgeschäften

1. Mit Kompensationsgeschäften verfolgte Ziele

An dieser Stelle soll der Frage nachgegangen werden, aus welchen Gründen Unternehmen aus westlichen Industriestaaten überhaupt auf die gestellten Kompensationsforderungen eingehen. Dabei sind die verfolgten Ziele teilweise davon abhängig, ob die westlichen Unternehmen Kompensationsgeschäfte als notwendiges Übel oder als aktives Marketinginstrument betrachten. Nachfolgend werden die wichtigsten Zielinhalte westlicher Anbieter angeführt.

a. Finanzpolitische Ziele

Projektfinanzierung
Diese Zielsetzung ist insbesondere für westliche Industrieländer von Bedeutung. In Ländern, welche durch politische Instabilität, unklare Eigentumsverhältnisse und Devisenmangel charakterisiert sind, wie z. B. viele osteuropäische Staaten und Entwicklungsländer, sind Banken oft wenig geneigt, Projekte zu finanzieren. Das Abschließen von Kompensationsgeschäften sichert - zumindest in Form von Realgütern - den Erhalt von Exporterlösen, so daß u. U. der Erhalt von Bankkrediten erleichtert wird.

Kapazitätsauslastung
Kompensationsgeschäfte werden als Zusatzaufträge aufgefaßt, die solange rentabel sind, wie der Wert der Gegenwaren die variablen Produktionskosten der Hauptleistung, die Marketing- und Distributionskosten sowie die sonstigen kompensationsspezifischen Kosten übersteigt; dadurch können Economies of Scale genutzt werden (vgl. *Neale/Shipley*, 1988, S. 59 und *Rabino/Shah*, 1987, S. 32).

b. Beschaffungspolitische Ziele

Aus beschaffungspolitischer Sicht spielt vordergründig die **Sicherung von Bezugsquellen** eine Rolle. Dieses Ziel wurde insbesondere während der Energiekrise in den siebziger Jahren verfolgt: So wurden äußerst bereitwillig Bartergeschäfte mit ölexportierenden Ländern abgeschlossen. In diesem Zusammenhang ist auch das Erdgas-Röhren-Geschäft mit der Sowjetunion zu erklären (vgl. *Engelhardt*, 1981, S. 305 und *Kaikati*, 1976, S. 19). Heute wird vor allem das Ziel der Diversifikation der Bezugsquellen für Rohstoffe und Halbfertigerzeugnisse verfolgt (vgl. *Gwiazda*, 1991, S. 116), oder auch - insbesondere durch Buy-back-Geschäfte - die Sicherung der Qualität der bezogenen Waren (vgl. *Hennart*, 1987, S. 17).

c. Absatzpolitische Ziele

Markteintritt und Exportförderung
Die Öffnung neuer Märkte ist nachweislich das wichtigste Ziel westlicher Industrienationen, die sich an Kompensationsgeschäften beteiligen: Laut einer britischen Studie von 1987 wurde dieses Ziel von rd. 90% der Befragten genannt (vgl. *Jalloh*, 1990, S. 41). Oft ist das Eingehen auf Kompensationsforderungen die einzige Möglichkeit, das Exportgeschäft über die Hauptleistung abzuschließen (vgl. *Bates*, 1986, S. 31 und *Hansson*, 1991, S. 31). Auch erhofft man sich, durch Kompensationsgeschäfte neue Märkte zu gewinnen und im Hinblick auf Folgegeschäfte Goodwill-Vorteile aufzubauen, um den Absatz westlicher Waren auf ausländischen Märkten langfristig zu erleichtern (vgl. *Gwiazda*, 1991, S. 116 f. und *Bragg*, 1988, S. 63). So ist auch zu erklären, warum manche Unternehmen u. U. Verluste hinnehmen, um sich auf einem bisher geschlossenen ausländischen Markt zu etablieren (vgl. auch die Ausführungen in Unterabschnitt C.II.2. im 2. Teil).

Verlängerung des Produktlebenszyklus
Mit Hilfe von Kompensationsgeschäften können Überproduktionen oder - gegen Ende des Produktlebenszyklus - obsolete Produkte u. U. noch eine Zeitlang in weniger entwickelten Märkten abgesetzt werden, was eine planvolle Rückzugsstrategie erleichtert (vgl. *Neale/Shipley*, 1988, S. 59 und *Bragg*, 1988, S. 62).

Erlangung von Wettbewerbsvorteilen
Der Erlangung von Wettbewerbsvorteilen kommt ebenfalls eine hohe Bedeutung zu; insbesondere erhofft man sich durch das Eingehen auf Kompensationsforderungen eine Erhöhung der Zuschlagswahrscheinlichkeit. So ist beispielsweise das Phänomen zu erklären, warum bei manchen Ausschreibungen die westlichen Konkurrenten sich bezüglich der angebotenen Kompensationsquoten zu überbieten versuchen (vgl. z. B. *OECD*, 1985, S. 20 und *Bragg*, 1988, S. 62). Das Eingehen auf Kompensationsforderungen ist überdies ein Muß, wenn auch die Konkurrenz dazu bereit ist (vgl. *Shi-*

pley/Neale, 1986, S. 4). So ergab eine US-amerikanische Untersuchung, daß US-Firmen im Durchschnitt rd. 5% ihrer Umsätze dadurch verloren, daß sie sich nicht an Kompensationsgeschäften beteiligten (vgl. *Bates*, 1986, S. 28). Insbesondere in Branchen mit geringen oder gar negativen Wachstumsraten ist das Eingehen auf Kompensationsforderungen oft die einzige Möglichkeit, den eigenen Marktanteil zu halten oder zu steigern; so ist es auch zu erklären, warum Wachstumsbranchen vergleichsweise selten in Countertrade-Transaktionen involviert sind (vgl. *Yoffie*, 1985, S. 16 f. und *Stankowsky*, 1986, S. 161).

Durchsetzung einer Preisdifferenzierung
Insbesondere in oligopolistischen Märkten ist das Motiv der Preisdifferenzierung (bis hin zum Dumping) eine häufige Erscheinung; möglich wird dies durch die oft nicht durchschaubare Preisstruktur bei Kompensationsverträgen. Ziel ist eine gezielte Unterbietung der Konkurrenz, ohne daß die Mitbewerber auf die preispolitische Maßnahme aufmerksam werden und nachziehen (vgl. *Neale/Shipley*, 1988, S. 59 und *Magenheim/Murrel*, 1988, S. 451 ff.).

d. Wirtschaftspolitische Ziele

Umgehung von Handelshemmnissen
Dieses Ziel ist auch für westliche Industrieländer von Bedeutung. Früher auch in den ehemaligen Ostblockstaaten, jetzt noch in vielen Entwicklungsländern sind Devisenbewirtschaftung und Importkontingentierung übliche Erscheinungen. Die Erteilung von Exportlizenzen für einen westlichen Anbieter wird dadurch erleichtert, wenn er sich bereit erklärt, heimische Produkte als Kompensationsware anzunehmen (vgl. *Bates*, 1986, S. 31 und *OECD*, 1985, S. 19).

Förderung strukturschwacher Gebiete
Dieses Ziel wird in hochentwickelten Industrieländern insbesondere im Rahmen von Offset-Geschäften verfolgt; dem Geschäftspartner wird vorgeschrieben, aus welchen Branchen bzw. Regionen er die Offset-Verpflichtung zu erfüllen hat.

2. Entscheidungsrelevante Daten

a. Unternehmensexterne Faktoren

Insbesondere im Hinblick auf Kompensationsgeschäfte spielen beim westlichen Anbieter folgende externe Rahmenbedingungen eine Rolle:
- gesamtwirtschaftliche Lage,
- nationale und supranationale Vorschriften,
- steuerliche Rahmenbedingungen und

- spezifische Risiken in den Partnerländern.

Bei der **gesamtwirtschaftlichen Lage** spielt insbesondere die Konjunkturentwicklung eine wichtige Rolle. So kann in Zeiten stagnierender oder gar rückläufiger Konjunktur in westlichen Industrieländern eine erhöhte Bereitschaft festgestellt werden, auf Kompensationsforderungen einzugehen. Insbesondere in Branchen, die von der Konjunkturflaute verstärkt betroffen sind, stellen Kompensationsgeschäfte eine willkommene Möglichkeit dar, Zusatzaufträge zu erlangen (vgl. *Yoffie*, 1985, S. 16 f.). Darüber hinaus spielen beschäftigungspolitische Aspekte eine Rolle. In Ländern mit zunehmender Arbeitslosigkeit steigt die Wahrscheinlichkeit, daß Kompensationsgeschäfte von staatlicher Seite aus gefördert werden.

Auch die Zinsentwicklung wie auch die übrigen Kreditbedingungen können das Zustandekommen von Kompensationsgeschäften begünstigen. So ist es u. U. leichter, von den Banken einen Kredit zur Vorfinanzierung eines Projekts im Ausland zu bekommen, wenn die zu erwartenden Exporterlöse durch Gegenwaren, die man aus dem betreffenden Land erhält, abgesichert sind. Dies gilt insbesondere für Buy-back-Geschäfte, bei denen mit einem regelmäßigen Zufluß an Produkten in nach westlichen Maßstäben angemessener bis guter Qualität über einen längeren Zeitraum hinweg gerechnet werden kann (vgl. *Jalloh*, 1990, S. 43).

Zu den **nationalen Vorschriften** gehören zum einen die verschiedenen Außenhandelsregelungen. Das Vorhandensein tarifärer und nichttarifärer Handelshemmnisse erhöht die Bereitschaft zur Teilnahme an Kompensationsgeschäften, da solche Restriktionen auf diese Weise teilweise umgangen werden können (vgl. *Bates*, 1986, S. 19). Zu beachten sind auch wettbewerbsrechtliche Vorschriften, beispielsweise in der Bundesrepublik das Verbot des Dumping sowie der Ausnutzung einer marktbeherrschenden Stellung. Letzteres kommt dann zum Tragen, wenn ein Unternehmen aufgrund seiner Position überhöhte Konzessionen bzgl. Kompensationsforderungen macht, die zu einer Behinderung oder Ausschaltung der Konkurrenz führen. Viele Fälle dieser Art sind beispielsweise in den USA bekannt geworden (vgl. *Bieber*, 1988, S. 70 f.).

Insbesondere für bundesdeutsche Investoren spielen auch die Bestimmungen der HERMES-Exportkreditversicherung eine Rolle (vgl. Abschnitt III. im 2. Teil; zu den Einzelheiten vgl. auch *Frauendorfer*, 1988, S. 44 ff.). So sichert HERMES keine Exportgeschäfte auf Kompensationsbasis ab (vgl. *Schuster*, 1988b, S. 45); bei Inanspruchnahme von HERMES ist daher darauf zu achten, daß das Kompensationsgeschäft als solches nicht in Erscheinung tritt und daß für die Export- und die Importtransaktion getrennte Verträge vorliegen. Ähnlich geartete Regelungen bzgl. staatlicher Exportkreditversicherungen liegen auch in einer Vielzahl weiterer westlicher Industrieländer vor; selbst bei Vorhandensein getrennter Verträge wird dabei i. d. R. nur die Exporttransaktion abgesichert, zur Absicherung der Importtransaktion kommen meist nur private Versicherungsgesellschaften in Frage (vgl. *United Nations*, 1984, S. 40 f.).

Bei den **supranationalen Regelungen** sind beispielsweise die verschiedenen EG-Richtlinien zu nennen, die sowohl den Handel der EG-Länder untereinander wie auch mit Nichtmitgliedern regeln; eine Rolle spielen ferner auch die verschiedenen bilateraren Handelsabkommen einzelner Länder, da man sich bei Vorhandensein eines solchen Abkommens nur schwer Kompensationsverpflichtungen entziehen kann. Früher relevant waren auch die COCOM-Bestimmungen (Coordinating Committee for East-West-Trade). Dieses Gremium, bestehend aus Vertretern der Regierungen von 16 führenden westlichen Industriestaaten, führte Listen über Güter, die prinzipiell nicht in den Ostblock exportiert werden durften (militärische und nukleare Güter) bzw. nur mit staatlicher Genehmigung (strategisch wichtige Güter aus dem High-Tech-Bereich; zu den Einzelheiten vgl. *Frauendorfer*, 1988, S. 55 ff. und *Hermanson*, 1989). Nach dem Fallen der COCOM-Listen seit der Wende in Osteuropa ist dieser Aspekt jedoch nicht mehr relevant.

Bei den **steuerlichen Rahmenbedingungen** ist zu beachten, daß in einigen westlichen Ländern Importe, die im Zusammenhang mit Kompensationsgeschäften getätigt werden, im Vergleich zu unverbundenen Importen einer Reihe von zusätzlichen Steuern und Abgaben unterliegen; dies kann die kompensationsspezifischen Kosten nicht unwesentlich erhöhen (vgl. *United Nations*, 1984, S. 44).

Die verschiedenen **Risiken** des Auslandsgeschäfts spielen auch bei Kompensationsgeschäften eine wesentliche Rolle. Zu nennen sind hier insbesondere das politische Risiko sowie das wirtschaftliche Risiko, das sich aus einer Reihe von Teilrisiken wie dem Zahlungsrisiko, dem Wechselkursrisiko u. a. zusammensetzt (zu den einzelnen Risiken wie auch den Möglichkeiten zu deren Bewältigung vgl. *Berndt*, 1991b und *Zimmermann*, 1984). Je höher diese Risiken im Partnerland sind, umso geringer ist i. d. R. die Bereitschaft eines westlichen Anbieters, dort Geschäfte abzuschließen. Eine Ausnahme bildet dabei das Zahlungsrisiko: Nach Aussage einiger der von der Verfasserin befragten Unternehmen werden Kompensationsgeschäfte häufig nicht ungern abgeschlossen, um sich die Exporterlöse - zumindest in Form von Realgütern - zu sichern.

b. Unternehmensinterne Faktoren

Die für einen westlichen Anbieter relevanten unternehmensinternen Faktoren sind in vielen Bereichen dieselben, die auch ein ausländischer Nachfrager zu beachten hat. Hierzu gehören
- Produktqualität,
- Angebots- und Nachfragesituation,

- Unternehmensgröße,
- Organisationstruktur,
- Kostenstruktur,
- finanzielle Situation,
- internationale Erfahrung und
- Verhandlungsmacht gegenüber dem ausländischen Nachfrager.

Die **Produktqualität** hat einen wesentlichen Einfluß darauf, ob man bei Kompensationsgeschäften als potentieller Lieferant überhaupt in die engere Wahl kommt; weiterhin können durch qualitativ hochwertige Produkte Konzessionen bezüglich der Kompensationsforderungen erreicht werden.

Das Einwilligen auf Kompensationsforderungen wird auch maßgeblich von der **Angebots- und Nachfragesituation** auf dem Absatzmarkt des westlichen Anbieters beeinflußt. In den in westlichen Industrieländern typischerweise vorhandenen Käufermärkten, die teilweise bereits gesättigt sind, ist eine Internationalisierung der Aktivitäten vielfach unumgänglich; das Eindringen in neue Märkte ist aber in vielen Fällen nur dann möglich, wenn man Kompensationsforderungen zu erfüllen bereit ist (vgl. *Hansson*, 1991, S. 31).

Im allgemeinen wird davon ausgegangen, daß die **Unternehmensgröße** für die Fähigkeit eines Unternehmens, sich an Kompensationsgeschäften zu beteiligen, eine bedeutsame Rolle spielt (vgl. *Samsinger*, 1986, S. 110 und *Schuster*, 1979, S. 99 ff.). Zum einen steigt mit der Unternehmensgröße auch die Wichtigkeit des Unternehmens für den Kompensationspartner (vgl. *Bieber*, 1988, S. 74); zum anderen sind große Unternehmen eher in der Lage, Kompensationsforderungen zu erfüllen, da sie i. d. R. über ein breiteres Produktions- und Absatzprogramm verfügen und damit verbunden auch ein differenzierteres Beschaffungsprogramm benötigen; große Unternehmen können daher Gegenwaren eher selbst verwenden als kleinere Unternehmen. Außerdem fehlt kleinen Unternehmen oft das Know-how, um Kompensationsgeschäfte erfolgreich abzuwickeln. So konnten schon *Altmann/Clement* (1979, S. 24) empirisch feststellen, daß Klein- und Mittelbetriebe nicht so häufig mit Kompensationsgeschäften konfrontiert werden wie Großunternehmen.

Auch die **Organisationsstruktur** eines Unternehmens kann die erfolgreiche Abwicklung von Kompensationsgeschäften maßgeblich beeinflussen. Wie in Abschnitt C.III. des 2. Teils bereits erwähnt wurde, berühren Gegengeschäftstransaktionen eine Vielzahl unternehmerischer Bereiche; erlaubt die vorhandene Organisationsstruktur des Unternehmens keine reibungslose Koordination zwischen den betroffenen Bereichen, so können bei der Bewertung, dem Abschluß und der Abwicklung des Geschäfts erhebliche Probleme auftreten (vgl. *Bieber*, 1988, S. 84 ff.).

Hinsichtlich der **Kostenstruktur** gilt - wie auch für den ausländischen Nachfrager -, daß ein hoher Fixkostenanteil das Eingehen auf Kompensationsforderungen begünstigt, insbesondere bei Unterauslastung der vorhandenen Kapazitäten. Im Falle eines hohen Anteils der Kosten für fremdbezogene Vorleistungen kann es außerdem aus beschaffungspolitischer Sicht für ein Unternehmen vorteilhaft sein, durch Gegengeschäfte die Einstandspreise für die Vorleistungen zu senken; dies gilt aber nur insofern, als der erzielte Preisvorteil die kompensationsspezifischen Kosten übersteigt (vgl. *Bieber*, 1988, S. 83).

Die **finanzielle Situation** eines Unternehmens wirkt sich u. a. auch auf seine Kreditwürdigkeit aus; wie im vorangegangenen Unterabschnitt a. bereits erwähnt wurde, kann eine Kompensationsvereinbarung den Erhalt von Krediten u. U. begünstigen.

Das Fehlen **internationaler Erfahrung** kann die Teilnahme an Kompensationsgeschäften in hohem Maße hemmen. Mangelnde Kenntnisse über die Partnerländer, das Fehlen von internationalen Distributionswegen und von Beziehungen zu international tätigen Handelshäusern können dazu führen, daß Kompensationsgeschäfte von vornherein abgelehnt werden müssen.

Bezüglich der **Verhandlungsmacht gegenüber dem ausländischen Nachfrager** gilt auch hier, daß diese wesentlich von den Marktseitenverhältnissen beeinflußt wird; die Ausführungen bzgl. des ausländischen Nachfragers in B.I.2.b. gelten daher spiegelbildlich. Zusätzlich ist noch zu beachten, daß die Verhandlungsmacht auch maßgeblich von den Importprioritäten im Partnerland beeinflußt wird: Je höher die Importpriorität für das vom westlichen Unternehmen angebotene Produkt ist, umso eher wird das Unternehmen in der Lage sein, die Kompensationsforderungen des Partners herunterzuhandeln und seine eigenen Vorstellungen durchzusetzen (vgl. *Menzler/Hokkanen*, 1989, S. 109 ff.).

3. Strategien und Handlungsalternativen im Rahmen von internationalen Kompensationsgeschäften

Je nach der Ausprägung der Rahmenbedingungen in Verbindung mit dem eigenen kompensationsspezifischen Know-how und unter Berücksichtigung der verfolgten Ziele lassen sich in Bezug auf Kompensationsgeschäfte vier **strategische Grundhaltungen** unterscheiden (vgl. *Jalloh*, 1990, S. 103; *Samsinger*, 1986, S. 171):

Defensive Strategie:
Allgemein wird bei einer defensiven Strategie nach Möglichkeit versucht, Kompensationsgeschäfte zu umgehen. Geschäfte auf Kompensationsbasis werden daher i. d. R. abgelehnt. Die Strategie ist zu empfehlen, wenn die Umweltentwicklung Kompensa-

tionsgeschäften nicht förderlich ist und die eigenen Stärken in bezug auf Kompensationsgeschäfte nicht ausreichend sind.

Passive Strategie:
Gegengeschäfte werden bei der passiven Strategie als letzter Ausweg oder notwendiges Übel angesehen; Grund kann auch hier mangelndes kompensationsspezifisches Potential sein. Auf Kompensationsgeschäfte wird nur dann eingegangen, wenn ein Geschäftsabschluß auf andere Weise nicht möglich ist.

Reaktive Strategie:
Kompensationsgeschäfte werden bei dieser Strategie als Chance erkannt, um den Eintritt in neue Märkte zu ermöglichen; hierzu werden auch spezielle Strukturen geschaffen, um Countertrade-Forderungen zielgerichtet zu begegnen. Es wird bei dieser Strategie versucht, Möglichkeiten zu finden, um vorgeschlagene Kompensationsgeschäfte gewinnbringend zu nutzen.

Proaktive Strategie:
Kompensationsgeschäfte werden bei der proaktiven Strategie als strategisches Marketing-Instrument zur Erlangung von Wettbewerbsvorteilen eingesetzt; hierzu gehört auch, daß bei Erkennen entsprechender Chancen auf interessanten Märkten aktiv Kompensation vorgeschlagen wird. Diese Strategie empfiehlt sich, wenn bei günstiger Umweltentwicklung ausreichend große kompensationsspezifische Potentiale vorhanden sind. In der Praxis ist jedoch eine proaktive Strategie eher selten anzutreffen.

Die bei einem aktuell anstehenden Kompensationsgeschäft zur Wahl stehenden **Handlungsalternativen** sind von der konkret vorliegenden Entscheidungssituation abhängig, so daß sie an dieser Stelle nicht näher erörtert werden sollen. Zu unterscheiden sind Handlungsalternativen im Rahmen
- der Grundsatzentscheidung über die Teilnahme an einem Kompensationsgeschäft,
- der Wahl der Geschäftspartner sowie
- der Entscheidung über die Art des Kompensationsgeschäfts.

Auf sie wird an den entsprechenden Stellen der Arbeit im einzelnen eingegangen.

II. Die Grundsatzentscheidung über die Teilnahme an Kompensationsgeschäften

1. Der Planungsprozeß zur Entscheidung über die Teilnahme an Kompensationsgeschäften

Die Grundsatzentscheidung über die Teilnahme an Kompensationsgeschäften fällt beim westlichen Anbieter i. d. R. erst dann, wenn er erstmalig mit einer Kompensationsforderung im Zusammenhang mit einer konkreten Ausschreibung bzw. Anfrage konfrontiert wird. In Unternehmen, bei denen Kompensationsgeschäfte zur Routine gehören, ist lediglich die Vorteilhaftigkeit des einzelnen, konkreten Geschäfts zu überprüfen, die Phase der Grundsatzentscheidung ist somit zu überspringen.

Im Rahmen der Grundsatzentscheidung über die Teilnahme an Kompensationsgeschäften hat der westliche Anbieter noch nicht über die Durchführung eines anfallenden Kompensationsgeschäfts zu entscheiden - dies geschieht erst mit der Wahl der zu bearbeitenden Anfragen (vgl. die Ausführungen in den Unterabschnitten C.II.3. und C.II.4.) -, sondern nur prinzipiell darüber zu befinden, ob Kompensationsgeschäfte überhaupt in Erwägung gezogen werden sollen oder nicht. Ist dies nicht der Fall, so werden Ausschreibungen bzw. Anfragen, die Kompensationsforderungen beinhalten, ohne weitere Prüfung abgelehnt. Hat man sich dagegen grundsätzlich zugunsten von Kompensationsgeschäften entschieden, so werden Anfragen mit Kompensationsforderungen auf ihre Vorteilhaftigkeit hin untersucht, ggf. im Vergleich mit anderen eingegangenen Anfragen bzw. Ausschreibungen.

Abbildung 3.8 zeigt die im Zusammenhang mit der Entscheidung über die Durchführung eines Kompensationsgeschäfts zu durchlaufenden Phasen. In einem ersten Schritt ist zu überprüfen, ob die Unternehmensphilosophie - und die daraus abgeleiteten Unternehmensziele - die Teilnahme an Kompensationsgeschäften überhaupt zulassen. Ist dies der Fall, so ist im Rahmen einer Umweltanalyse zu untersuchen, ob die Umfeldbedingungen die Durchführung von Kompensationsgeschäften begünstigen. Bei positivem Ausgang ist anschließend mittels einer Stärken-Schwächen-Analyse zu überprüfen, ob die eigenen Potentiale eine erfolgreiche Abwicklung von Kompensationsgeschäften ermöglichen. Ist dies nicht der Fall, so ist noch zu untersuchen, ob entsprechende Potentiale kurz- bis mittelfristig geschaffen werden können, oder zumindest die Potentiale Dritter (Handelshäuser, externe Berater, Banken) zu angemessenen Bedingungen genutzt werden können. Erscheint dies möglich, so sind Kompensationsgeschäfte prinzipiell nicht abzulehnen. Die Beurteilung der Wirtschaftlichkeit des einzelnen Geschäfts erfolgt erst im Zusammenhang mit den zu bearbeitenden Anfragen und ist somit nicht Gegenstand dieses Kapitels.

2. Methodische Vorgehensweise zur Entscheidungsfindung

a. Ziele

Im Zusammenhang mit der Grundsatzentscheidung über die Teilnahme an Kompensationsgeschäften kommt der **Unternehmensphilosophie** eine besondere Bedeutung zu (vgl. *Taprogge*, 1991, S. 123). Läßt die Unternehmensphilosophie keine Geschäfte auf Kompensationsbasis zu, wie dies z. B. bei IBM der Fall ist, so kommen Kompen

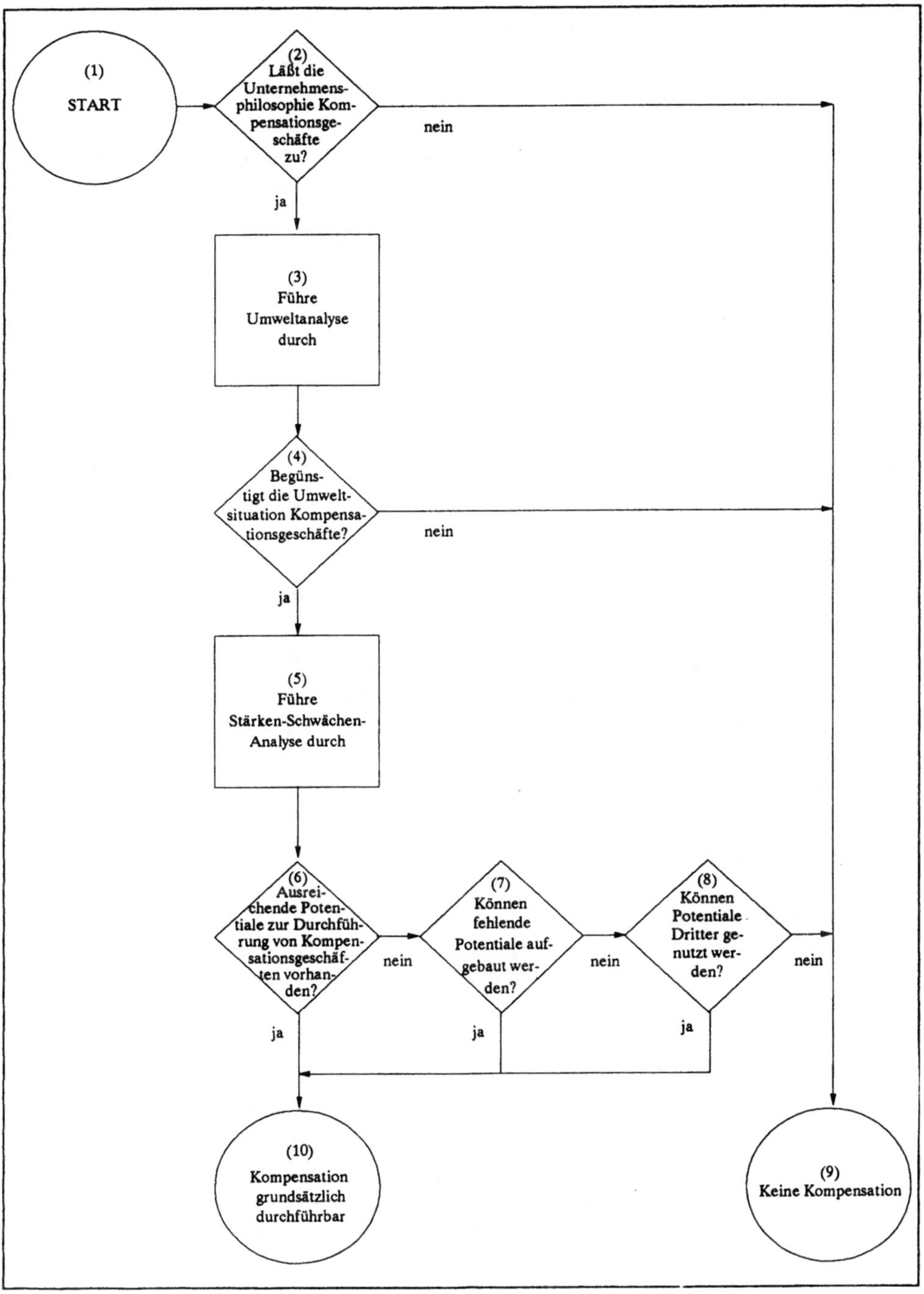

Abb. 3.8: Die Entscheidung über die Durchführung eines Kompensationsgeschäfts aus der Sicht des westlichen Anbieters

sationsgeschäfte für das Unternehmen nicht in Frage.[27] Aus der Unternehmensphilosophie lassen sich die einzelnen **Ziele** ableiten; die Analyse der Ziele erlaubt es, eine grundsätzliche Aussage darüber zu treffen, ob Kompensationsgeschäfte mit dem Zielsystem des Unternehmens vereinbar sind. Im Rahmen der Grundsatzentscheidung über die Teilnahme an Kompensationsgeschäften sind die auf Unternehmensebene verfolgten Ziele dabei davon abhängig, welche grundsätzliche Geschäftspolitik im jeweiligen Unternehmen praktiziert wird. Manche westliche Unternehmen verfolgen eine sog. **"Company advantage policy"**, d. h. die Ziele sind nur an dem (kurzfristigen) Interesse der eigenen Firma ausgerichtet. Dagegen verfolgen andere eine **"Mutual advantage policy"**, welche auf eine langfristige partnerschaftliche Beziehung mit den ausländischen Geschäftspartnern abzielt. Gerade Letzteres kann die Durchführung von Kompensationsgeschäften begünstigen (vgl. *Alexandrides/Bowers*, 1988, S. 44 f.; *Verzariu*, 1988, S. 50).

Die Teilnahme an Kompensationsgeschäften kann insb. zur Erreichung folgender **Zielgrößen** beitragen (vgl. *Peemöller*, 1981, S. 118 ff. und die Ausführungen in Abschnitt I.):
- Erleichterung des Eintritts in bislang nicht bearbeitete Märkte (u. U. unter Hinnahme anfänglicher Verluste im Hinblick auf spätere Folgegeschäfte),
- Erhöhung oder Verteidigung von Marktanteilen,
- bei schwacher Konjunktur Auslastung der vorhandenen Kapazitäten.
- Außerdem können die für moderne Technologie anfallenden hohen F&E-Kosten durch Kompensationsgeschäfte auf eine größere Zahl ähnlicher Projekte verteilt werden (vgl. *Hammond*, 1990, S. 86).

Werden o. g. Ziele im Unternehmen verfolgt und sind Kompensationsgeschäfte mit der Unternehmensphilosophie vereinbar, so ist die Teilnahme an Kompensationsgeschäften grundsätzlich in Erwägung zu ziehen.

Bei der Festlegung der durch Kompensationsgeschäfte verfolgten Ziele ist dabei darauf zu achten, daß die Ziele der einzelnen Unternehmensbereiche im Einklang mit dem Zielsystem des Unternehmens stehen: So können absatzpolitische Ziele durchaus mit den Zielen des Beschaffungs- und Finanzbereichs kollidieren, wenn z. B. durch ein Kompensationsgeschäft zwar ein attraktiver Auftrag erlangt werden kann, die erhaltenen Gegenwaren jedoch nur unter hohen Kosten in den Produktionsprozeß eingesetzt werden können. Bei Auftreten solcher Zielkonflikte sind daher auf Gesamtunternehmensebene Prioritäten festzulegen. Um Unzufriedenheit und Motivationsverlusten in den ggf. benachteiligten Unternehmensbereichen vorzubeugen empfiehlt es sich daher, im Sinne des "Management by Objectives" die im Zusammenhang mit der Grundsatzentscheidung über die Teilnahme an Kompensationsgeschäften re-

---

27) Befürchtet werden von den Unternehmen vor allem Imageeinbußen, die durch Bekanntwerden eines Kompensationsgeschäfts eintreten könnten. Verstärkt wird dieser Tatbestand durch Pressemeldungen, die sich negativ über solche Geschäfte äußern (Titel wie "Kompensationsgeschäfte - ansteckender Virus" oder "Rückfall in die Steinzeit" sind nicht unüblich).

levanten Ziele mit den einzelnen betroffenen Unternehmensbereichen abzustimmen und diese an der Zielfestlegung zu beteiligen.

b. Umweltanalyse

Ist die Teilnahme an Kompensationsgeschäften prinzipiell mit den Unternehmenszielen kompatibel, so ist in einem weiteren Schritt zu überprüfen, ob die allgemeinen Rahmenbedingungen der Umwelt sowie die Situation von Branche und Wettbewerb der Durchführung von Kompensationsgeschäften förderlich sind.

Die einzelnen **allgemeinen Umweltbedingungen** lassen sich wie folgt untergliedern:

Wirtschaftliche Entwicklung
Zum einen ist hier die wirtschaftliche Entwicklung im eigenen Land zu beachten (z. B. Entwicklung von Bruttosozialprodukt, Wechselkurse, Zinsen etc.); zum anderen ist jedoch auch die allgemeine weltwirtschaftliche Entwicklung zu berücksichtigen, insbesondere in den Ländern, mit denen Geschäftsbeziehungen bereits bestehen oder aufgebaut werden sollen und bei denen Kompensationsforderungen erwarten werden können. Speziell in Osteuropa und in Entwicklungsländern sind zum einen Zahlungsunfähigkeit und Devisenmangel zu verzeichnen, zum anderen aber auch ein im Volumen begrenztes Angebot für den internationalen Handel sowie eine nur bedingt wettbewerbsfähige Warenstruktur. Einerseits erschwert das begrenzte Angebot an Gegenwaren die Durchführung internationaler Kompensationsgeschäfte, andererseits sind aber Exporte in diese Länder gegen harte Devisen derzeit kaum möglich; verbunden mit der derzeitigen Rezession in westlichen Industrieländern sind Außenhandelsgeschäfte auf Kompensationsbasis für beide Parteien eine willkommene Alternative.

Demographische Entwicklung
Insbesondere im eigenen Land bestimmt die (aktuelle und zukünftige) demographische Entwicklung das Nachfragerpotential, aber auch das Angebot an Arbeitskräften.

Technologische Entwicklung
Die technologische Entwicklung umfaßt den Bereich der Verfahrens-, Material- und Produktinnovation und ist ein wesentlicher Faktor für wirtschaftliches Wachstum. Zum einen kann der technische Fortschritt im Westen mit der damit einhergehenden Verkürzung der Produktlebenszyklen Kompensationsgeschäfte insofern fördern, als der Produktlebenszyklus durch Export in weniger entwickelte Märkte verlängert werden kann (vgl. *Iske*, 1986, S. 243); zum anderen aber erschwert der geringe technologische Stand der Wirtschaft in vielen Ländern, welche Kompensationsgeschäfte fordern, das Auffinden kompensationsfähiger Produkte. Insbesondere im Rahmen

von direkten Offset-Geschäften ist die Einbindung lokaler Unterlieferanten oft nahezu unmöglich.

Sozio-kulturelle Entwicklung
Veränderungen der Wertvorstellungen im eigenen Land - z. B. Umweltbewußtsein, Vorurteile gegenüber Fremden - beeinflussen mittel- bis langfristig das Kaufverhalten (vgl. *Springer*, 1991, S. 1). So können Produkte, die z. B. den ökologischen Vorstellungen im Westen nicht entsprechen, in Auslandsmärkten untergebracht werden; umgekehrt ist für Gegenwaren, die den westlichen Werten und Normen entgegenstehen, mit Absatzschwierigkeiten und möglichen Imageeinbußen zu rechnen; dies kann auch allein durch das Herkunftsland bedingt sein (bspw. Irak, Südafrika).

Politisch-rechtliche Entwicklung
Die mit hoher Dynamik voranschreitende Neuordnung politischer und rechtlicher Strukturen, wie sie derzeit in Osteuropa vorzufinden ist, und die damit einhergehende Rechtsunsicherheit erschweren nicht nur den Kompensationshandel, sonder den Handel überhaupt (vgl. *Springer*, 1991, S. 1). Auch viele Entwicklungsländer sind durch politische Instabilität gekennzeichnet; gerade diese beiden Ländergruppen fordern jedoch verstärkt Kompensationsgeschäfte. Weitere wichtige Faktoren sind Handelshemmnisse im In- und Ausland, das Vorhandensein bilateraler Handelsabkommen sowie die Möglichkeit, Geschäfte auf Kompensationsbasis abzusichern.

Zu den Faktoren von **Branche und Wettbewerb**, die Einfluß auf die Teilnahme an Kompensationsgeschäften haben, zählen folgende:

Branchenstrukturfaktoren
Branchenstrukturfaktoren beschreiben die aktuelle und erwartete Situation der Branche, der das betrachtete westliche Unternehmen angehört. Dazu zählen beispielsweise Eintrittsbarrieren auf ausländischen Märkten, welche u. U. durch Kompensationsgeschäfte umgangen werden können; aber auch Branchenkrisen können das Abschließen von Kompensationsgeschäften fördern, da auf diese Weise Zusatzaufträge erlangt werden können.

Wettbewerbsfaktoren
Beteiligen sich die Hauptkonkurrenten an internationalen Kompensationsgeschäften, so ist die Ablehnung dieser Geschäftsform für ein Unternehmen aus Wettbewerbsgründen kaum möglich. Kompensationsgeschäfte können auch dann empfehlenswert sein, wenn der Eintritt neuer Konkurrenten in die bearbeiteten Auslandsmärkte zu erwarten ist und man durch Gegengeschäfte Goodwill-Vorteile aufbauen will. Unumgänglich sind Kompensationsgeschäfte auch dann, wenn die Konkurrenten Kompensationsgeschäfte als aggressives Marketing-Instrument einsetzen und durch das Angebot überhöhter Kompensationsquoten und sonstige Zugeständnisse einen gezielten Verdrängungswettbewerb betreiben.

Markt- und Kundenfaktoren
Zu untersuchen ist z. B., inwieweit im Ausland Präferenzen bzgl. der eigenen Produkte bestehen; je höher diese sind, umso verhandlungsfähiger sind i. d. R. die Kompensationsforderungen. Allgemein sind noch die übrigen Faktoren des Nachfragerverhaltens (einschl. Zuschlagskriterien) zu berücksichtigen.

Ob Kompensationsgeschäfte als Außenhandelsform weiter zu berücksichtigen sind, kann analog wie beim ausländischen Nachfrager durch Ermittlung einer gewichteten Gesamtpunktzahl der Ausprägungen der einzelnen relevanten Kriterien entschieden werden. Bezeichnet man mit U_i ($i = 1,..., n$) die relevanten Umweltfaktoren, mit g_i ($i = 1,..., n$) die zugehörigen Gewichte und mit e_i ($i = 1,..., n$) das als Punktwert ausgedrückte Ausmaß, mit dem der Umweltfaktor i die Teilnahme an Kompensationsgeschäften begünstigt, so ergibt sich die gewichtete Gesamtpunktzahl bezüglich der Umweltsituation als

$$GGPZ(U) = \sum_{i=1}^{n} g_i \cdot e_i.$$

Die Entscheidung für oder gegen Kompensationsgeschäfte kann vom Erreichen einer Mindestpunktzahl insgesamt oder bezüglich der wichtigsten Faktoren abhängig gemacht werden. Vorteilhaft ist an diesem Verfahren die Berücksichtigung der unterschiedlichen Bedeutung der einzelnen Faktoren für die Entscheidungsfindung. Allerdings enthält die Gewichtung der Faktoren subjektive Elemente, die das Ergebnis verzerren können. Darüber hinaus ist mindestens Intervallskalenniveau der Kriterien erforderlich; des weiteren ist auf Unkorreliertheit der Faktoren zu achten.

Folgendes hypothetisches **Beispiel** soll die Vorgehensweise illustrieren: Ausgegangen wird von einem bundesdeutschen Automobilhersteller, der bislang nicht an Kompensationsgeschäften beteiligt war, der aber in der derzeitigen Rezession die Teilnahme an Kompensationsgeschäften erwägt. Die Beurteilung der Umweltsituation im Hinblick darauf, ob sie Kompensationsgeschäften förderlich ist, soll dabei anhand des obigen Kriterienkatalogs vorgenommen werden; zugrunde gelegt wird dabei bei allen Faktoren eine Fünf-Punkte-Skala mit den Ausprägungen:

- 1: sehr ungünstig,
- 2: ungünstig,
- 3: durchschnittlich,
- 4: günstig,
- 5: sehr günstig.

Die Umweltsituation wird dann als vorteilhaft für die Teilnahme an Kompensationsgeschäften angesehen, wenn die gewichtete Gesamtpunktzahl mindestens den Wert 3 erreicht, d. h. über alle Kriterien ist insgesamt eine mindestens durchschnittliche Bewertung erforderlich.

Die Einzelbewertungen der zugrunde gelegten Faktoren lauten folgendermaßen:

Allgemeine Umweltbedingungen
- **Wirtschaftliche Entwicklung**: Angesichts der derzeitigen Rezession wird die wirtschaftliche Lage als sehr günstig im Hinblick auf die Durchführung von Kompensationsgeschäften betrachtet (5 Punkte).
- **Demographische Entwicklung**: Die stagnierende Bevölkerungsentwicklung in der Bundesrepublik läßt in unmittelbarer Zukunft keine nennenswerte Steigerung des inländischen Nachfragerpotentials erwarten, so daß die Öffnung neuer Märkte durch Kompensationsgeschäfte zu erwägen ist (4 Punkte).
- **Technologische Entwicklung**: Die zu beobachtende Verkürzung der Produklebenszyklen legt Kompensationsgeschäfte mit weniger entwickelten Ländern nahe, um den Produktlebenszylus zu verlängern (4 Punkte).
- **Sozio-kulturelle Entwicklung**: Angesichts der derzeitigen Vorurteile gegenüber Fremden erscheint es dem Unternehmen aus Imagegründen nicht angebracht, Geschäftsverbindungen mit weniger entwickelten Ländern zu knüpfen (2 Punkte).
- **Politisch-rechtliche Entwicklung**: Die derzeitige politische Instabilität in vielen Ländern, die Kompensationsgeschäfte fordern, gefährdet in hohem Maße eine reibungslose Abwicklung von Kompensationsgeschäften (1 Punkt).

Branche und Wettbewerb
- **Branchenstrukturfaktoren**: Die derzeitige Krise der Automobilbranche fördert die Durchführung von Kompensationsgeschäften (4 Punkte).
- **Wettbewerbsfaktoren**: Aufgrund der oligopolistischen Struktur der Automobilbranche ist der Wettbewerb sehr intensiv; außerdem beteiligt sich die Konkurrenz an Kompensationsgeschäften, so daß aus Wettbewerbsgründen die Teilnahme an Kompensationsgeschäften sehr empfehlenswert erscheint (5 Punkte).
- **Markt- und Kundenfaktoren**: Für die Produkte der Automobilbranche besteht auch im Ausland derzeit keine besonders große Nachfrage, so daß mit hohen Kompensationsforderungen zu rechnen ist (2 Punkte).

Die einzelnen Faktoren, ihre Ausprägungen und die zugehörigen Gewichte sind in *Tabelle 3.8* enthalten. Die gewichtete Gesamtpunktzahl der Umweltsituation beträgt 3,5, so daß gemäß der zugrunde gelegten Entscheidungsregel Kompensationsgeschäfte grundsätzlich in Erwägung gezogen werden können.

c. *Stärken-Schwächen-Analyse*

Begünstigt die Umweltentwicklung die Teilnahme an Kompensationsgeschäften, so sind im Rahmen der Stärken-Schwächen-Analyse die eigenen Potentiale zu untersuchen. Zweckmäßigerweise sollte dabei nach **Funktionsbereichen** vorgegangen werden.

Umweltfaktoren		Gewichte g_i	Bewertung e_i	Gewichtete Punktzahl $g_i \cdot e_i$
Allgemeine Umweltbedingungen	Wirtschaftliche Entwicklung	0,2	5	1
	Demographische Entwicklung	0,05	4	0,2
	Technologische Entwicklung	0,15	4	0,6
	Sozio-kulturelle Entwicklung	0,1	2	0,2
	Politisch-rechtliche Entwicklung	0,1	1	0,1
Branche und Wettbewerb	Branchenstrukturfaktoren	0,15	4	0,6
	Wettbewerbsfaktoren	0,1	5	0,5
	Markt- und Kundenfaktoren	0,15	2	0,3
Summe		1,0		**3,5**

Tab. 3.8: Beispielhafte Bewertung der Umweltsituation

Produktionsprogramm
Zu untersuchen ist, ob die eigenen Produkte einem weltweiten Standard entsprechen, oder ob jeweils länderspezifische Modifikationen erforderlich und auch möglich sind (vgl. *Berekoven*, 1985, S. 106). Auch ist zu überprüfen, ob durch Kompensationsgeschäfte eine Verlängerung der Produktlebenszyklen möglich ist (vgl. *Iske*, 1986, S. 243).

Produktionspotential
Zum einen ist festzustellen, ob freie Kapazitäten vorhanden sind; ist dies der Fall, so sind Kompensationsgeschäfte als Zusatzaufträge durchführbar. Andererseits ist zu überprüfen, ob die Produktionsanlagen ausreichend flexibel sind, um Wünsche der Geschäftspartner zu berücksichtigen und um ggf. Kompensationslieferungen wie Materialien und Betriebsmittel in den Produktionsprozeß einzubinden.

Forschung und Entwicklung
Sehr wichtig ist der Aspekt, ob der Schutz von firmeneigenem Know-how bei Teilnahme an internationalen Kompensationsgeschäften gesichert werden kann (vgl. *Taprogge*, 1991, S. 125); dies gilt insbesondere im Falle der Industriekompensation. Für Kompensationsgeschäfte spricht möglicherweise die Tatsache, daß Investitionen in F&E auf eine größere Zahl ähnlicher Projekte verteilt werden können.

Personal

Zum einen ist zu untersuchen, ob die eigenen Mitarbeiter über ausreichendes Know-how verfügen (z. B. Länderkenntnisse), um die im Zusammenhang mit Kompensationsgeschäften anfallenden komplexen Entscheidungen bewältigen zu können (vgl. *Taprogge*, 1991, S. 140). Bedeutsam ist auch, ob Kontakte zu Fremdkompensateuren, Countertrade-Beratern etc. vorhanden sind oder aufgebaut werden können, um an externes Know-how heranzukommen.

Beschaffung

Je diversifizierter das Beschaffungsprogramm ist, umso eher ist die Verwendung von Kompensationswaren im eigenen Produktionsprozeß möglich. Andererseits kann es zu Friktionen mit den bisherigen Lieferanten kommen, welche die Wiederaufnahme der Geschäftsbeziehungen nach Beendigung der Gegengeschäftstransaktion gefährden können. Kurzfristig sind auch entgehende Rabatte bei den Stammlieferanten ins Kalkül zu ziehen.

Absatz

Ein diversifiziertes Absatzprogramm erleichtert die Aufnahme der Kompensationswaren in das eigene Sortiment, ebenso der Zugang zu etablierten Vertriebskanälen. Als förderlich wirkt es sich auch aus, wenn bereits mit großen Handelshäusern zusammengearbeitet wird. In diesem Zusammenhang ist auch unbedingt abzuschätzen, in welchem Ausmaß das Marketing-Instrumentarium eingesetzt werden muß, um Kompensationswaren unterzubringen.

Kosten

Zum einen ist zu überprüfen, ob durch das Eingehen auf Kompensationsgeschäfte Economies of Scale erzielt werden können. Außerdem muß die Möglichkeit untersucht werden, die kompensationsspezifischen Kosten auf die ausländischen Nachfrager abwälzen zu können; dies ist umso eher möglich, je stärker die Marktstellung des Unternehmens ist.

Finanzen

Wichtige Faktoren sind vor allem Liquidität, aktueller und erwarteter Auftragseingang, Gewinnperspektiven; zu überprüfen sind auch die Möglichkeiten der Exportfinanzierung sowie der Deckung kompensationsspezifischer Risiken.

Management-Qualität

Hier kommt zum einen die allgemeine Einstellung des Managements zu Kompensationsgeschäften zum Tragen, zum anderen auch dessen Verhandlungsgeschick und Kreativität.

Auch bei der Stärken-Schwächen-Analyse kann die Entscheidung für oder gegen Kompensationsgeschäfte auf der Basis einer gewichteten Gesamtpunktzahl herbeigeführt werden. Bezeichnet man mit S_j (j = 1,..., m) die relevanten Faktoren, mit g_j (j = 1,..., m) die zugehörigen Gewichte und mit e_j (j = 1,..., m) das als Punktwert ausgedrückte Ausmaß, mit dem der Faktor j die Teilnahme an Kompensationsgeschäften begünstigt, so ergibt sich die gewichtete Gesamtpunktzahl bezüglich der eigenen Stärken und Schwächen als

$$\text{GGPZ(S)} = \sum_{j=1}^{m} g_j \cdot e_j.$$

Die Entscheidung kann auch in diesem Falle vom Erreichen einer Mindestpunktzahl insgesamt oder bezüglich der wichtigsten Faktoren abhängig gemacht werden (zur Beurteilung des Verfahrens vgl. die Ausführungen im vorangegangenen Unterabschnitt b.).

Als **Beispiel** soll wiederum die Situation des fiktiven bundesdeutschen Automobilherstellers betrachtet werden. Die Bewertung der eigenen Stärken und Schwächen im Hinblick auf die Durchführbarkeit von Kompensationsgeschäften wird wiederum anhand einer Fünf-Punkte-Skala von 1 = sehr ungünstig bis 5 = sehr günstig vorgenommen. Die eigenen Potentiale werden für die Teilnahme an Kompensationsgeschäften dann als ausreichend betrachtet, wenn eine gewichtete Gesamtpunktzahl von mindestens 3 ("durchschnittlich") resultiert. Die einzelnen Faktoren werden wie folgt bewertet:

- **Produktionsprogramm:** Die eigenen Produkte werden bereits in einer ausreichenden Anzahl von Varianten hergestellt, so daß weitergehende länderspezifische Modifikationen nicht erforderlich sind (5 Punkte).
- **Produktionspotential:** Es sind ausreichende freie Kapazitäten verfügbar, so daß Zusatzaufträge im Rahmen von Kompensationsgeschäften zu befürworten sind (4 Punkte).
- **Forschung und Entwicklung:** Es besteht die Gefahr, daß durch Kompensationsgeschäfte firmeneigenes Know-how verlorengeht (2 Punkte).
- **Personal:** Im Unternehmen selbst ist keine Countertrade-Erfahrung vorhanden, aber es bestehen gute Kontakte zu Handelshäusern, Countertrade-Beratern und Banken (3 Punkte).
- **Beschaffung:** Das Unternehmen verfügt über ein diversifiziertes Beschaffungsprogramm, so daß eine teilweise Verwendung von Gegenwaren im Produktionsprozeß möglich erscheint (3 Punkte).
- **Absatz:** Eine Aufnahme von Kompensationswaren in das eigene Absatzprogramm erscheint nicht möglich (1 Punkt).
- **Kosten:** Durch Kompensationsgeschäfte können Economies of Scale erzielt werden; außerdem erscheint es möglich, die kompensationsspezifischen Kosten zumindest teilweise auf die ausländischen Partner abzuwälzen (4 Punkte).

- **Finanzen:** Die gespannte Liquiditätslage und der in absehbarer Zeit zu erwartende eher geringe Auftragseingang fördert die Durchführung von Kompensationsgeschäften (4 Punkte).
- **Management-Qualität:** Die Einstellung des Managements zu Kompensationsgeschäften ist positiv, deren Verhandlungsfähigkeiten werden aber eher als gering eingestuft (3 Punkte).

Faktoren	Gewichte g_j	Bewertung e_j	Gewichtete Punktzahl $g_j \cdot e_j$
Produktionsprogramm	0,1	5	0,5
Produktionspotential	0,2	5	1
Forschung und Entwicklung	0,1	2	0,2
Personal	0,05	3	0,15
Beschaffung	0,1	3	0,3
Absatz	0,1	1	0,1
Kosten	0,15	4	0,6
Finanzen	0,15	4	0,6
Management-Qualität	0,05	3	0,15
Summe	1,0		**3,6**

Tab. 3.9: Beispielhafte Bewertung der kompensationsspezifischen Stärken und Schwächen

Die Gewichte und Einzelbewertungen der Faktoren sind in *Tabelle 3.9* zusammengefaßt. Die resultierende gewichtete Gesamtpunktzahl beträgt 3,6, d. h. die eigenen Potentiale sind im Hinblick auf die Durchführbarkeit von Kompensationsgeschäften aus ausreichend zu bewerten.

III. Die Wahl der Geschäftspartner

1. Planungsphasen im Rahmen der Wahl der Geschäftspartner

Beim westlichen Anbieter stellt sich die Wahl der Geschäftspartner in mehrfacher Hinsicht. Nach der Grundsatzentscheidung über die Teilnahme an Kompensationsgeschäften stellt sich zunächst die Frage, mit welchen Ländern grundsätzlich Kompensationsgeschäfte abgeschlossen werden sollen (vgl. Unterabschnitt C.III.2.). Diese Entscheidung ist insofern von Bedeutung, als die einzelnen Kompensation fordernden

Länder zum einen durch eine unterschiedliche Marktattraktivität und unterschiedliche Länderrisiken charakterisierbar sind, welche die grundsätzliche Eignung eines Landes für die Internationalisierung der eigenen Aktivitäten beeinflussen; zum anderen herrschen in den einzelnen Ländern auch unterschiedliche Kompensationspraktiken. Bei der Länderselektion sind somit die o. g. Gegebenheiten gegeneinander abzuwägen.

In einer zweiten Stufe sind die konkret eingegangenen Anfragen bzw. Ausschreibungen zu prüfen und die attraktivsten Angebote anhand geeigneter Kriterien zu wählen. Nach einer Grobauswahl der zu bearbeitenden Anfragen (vgl. Unterabschnitt C.III.3.) ist dann im Rahmen einer Wirtschaftlichkeitsanalyse festzulegen, für welche Anfragen bzw. Ausschreibungen Angebote abgegeben werden sollen (vgl. Unterabschnitt C.III.4.). Hierbei ist zunächst die Entscheidung zwischen Eigen- und Fremdkompensation zu treffen, da diese Entscheidung die durch das Kompensationsgeschäft anfallenden Kosten wesentlich mitbestimmt; anschließend ist die konkrete Wirtschaftlichkeitsanalyse auf der Basis ökonomischer Zielgrößen wie Gewinn oder Kosten durchzuführen.

2. Die Vorauswahl der in Frage kommenden Länder

a. Die Herleitung entscheidungsrelevanter Kriterien

Wie eingangs bereits erwähnt wurde, läßt sich die Attraktivität der einzelnen Länder anhand folgender Kriteriengruppen beurteilen:
- Marktattraktivität,
- Länderrisiko und
- Kompensationspraxis.

Zur allgemeinen Entscheidung, ob man in den einzelnen Ländern tätig werden soll, wird üblicherweise vorgeschlagen, die Marktattraktivität des jeweiligen Landes dem Länderrisiko gegenüberzustellen (vgl. z. B. *Meissner*, 1987, S. 133 f.). Die Beurteilung der **Marktattraktivität** kann z. T. anhand der Faktoren für die Analyse der weiteren Umwelt, welche im vorangegangenen Unterabschnitt I.2. aufgeführt wurden, durchgeführt werden, jedoch jetzt im konkreten Zusammenhang mit den einzelnen Ländern (ein sehr ausführlicher Kriterienkatalog findet sich beispielsweise bei *Iske*, 1986, S. 152 - 159).

Zu nennen sind zunächst **wirtschaftliche Faktoren** wie Bruttosozialprodukt (nach Wirtschaftssektoren und pro Kopf), Pro-Kopf-Einkommen, Verschuldungsgrad, Preisstabilität, Entwicklung der Wechselkurse, Leistungsbilanzsituation, Beschäftigung und Arbeitslosenquote (vgl. z. B. *AWT Consulting*, 1991, S. 32; *Meissner*, 1987, S. 88). Bezogen auf die Absatzchancen der eigenen Produkte sind in diesem Zusammenhang auch Marktpotential, Marktvolumen, Marktanteile der Konkurrenz, Markteintrittsbarrieren und Phase im Produktlebenszyklus von Bedeutung (vgl. *Iske*, 1986, S. 153).

Eine besondere Rolle spielen auch **politisch-rechtliche Faktoren** wie z. B. Regierungsform, Regierungspartei, Vorhandensein nationaler Minderheiten, Rolle und Einfluß des Militärs, Vorhandensein diplomatischer Spannungen (vgl. *Meissner*, 1987, S. 89; *AWT Consulting*, 1991, S. 4 ff.). Diese Faktoren kennzeichnen insbesondere die politische Stabilität eines Landes. Relevante rechtliche Bedingungen sind weiterhin der Einfluß des Staates auf die Wirtschaft, die Einstellung gegenüber ausländischen Unternehmen und Produkten sowie das Wettbewerbs- und Außenhandelsrecht (vgl. *Meissner*, 1987, S. 89; *Iske*, 1986, S. 155 f.).

Das **technologische Umfeld** spielt insbesondere eine Rolle im Zusammenhang mit der Möglichkeit (oder gar Notwendigkeit), die Industrie vor Ort in die eigenen Projekte einzubinden; auch ist zu beachten, daß bei einem niedrigen technologischen Niveau der Wirtschaft der Absatz komplexer Produkte i. d. R. ergänzende Dienstleistungen wie Beratung, Schulung und Wartung erforderlich werden.

Die Beurteilung eines Landes muß auch die **physische Komponente** einschließen: Diese umfaßt neben klimatischen und geographischen Bedingungen insbesondere auch infrastrukturelle Faktoren wie Verkehrswesen, Medienstruktur, Energieversorgung und Urbanisierungsgrad (vgl. *Iske*, 1986, S. 157).

Schließlich ist noch die **soziale Stabilität** eines Landes zu untersuchen: Wenn z. B. die individuelle Nachfrage nach Basisgütern nicht befriedigt werden kann, wachsen die sozialen Spannungen (vgl. *AWT Consulting*, 1991, S. 27).

Im Internationalen Marketing sind insbesondere auch die einzelnen **Risiken des Auslandsgeschäfts** zu beachten; die verschiedenen Risiken werden auch in der Literatur entsprechend ausführlich behandelt (vgl. u. a. *Zimmermann*, 1984; *Meissner*, 1987, S. 86 ff.; *Meffert/Althans*, 1982, S. 71 ff.). Zu nennen sind beispielsweise folgende Risikofaktoren:

- Zahlungsrisiko (Risiko der Zahlungsunfähigkeit bzw. -unwilligkeit des ausländischen Geschäftspartners),
- Währungsrisiko (Risiko von Gewinnschmälerungen aufgrund ungünstiger Wechselkursentwicklungen),
- politisches Risiko (Risiko politischer Umwälzungen, welche das Geschäft beeinträchtigen oder ganz zunichte machen),
- Transport- und Lagerrisiko (Risiko von Schwund, Verderb etc. im Zusammenhang mit der Wahrnehmung logistischer Aufgaben),
- Substitutionsrisiko (Risiko der Substitution der eigenen Produkte durch die Konkurrenz oder gar durch den ausländischen Partner selbst).

Die bisher betrachteten Kriterien beziehen sich auf die grundsätzliche Attraktivität eines Landes im Hinblick auf die Marktbearbeitung. Speziell im Zusammenhang mit internationalen Kompensationsgeschäften sind die Marktattraktivität und das Länderrisiko noch um zusätzliche **kompensationsspezifische Faktoren** zu ergänzen; zu nennen sind hier beispielsweise:
- Vorhandensein gesetzlicher Vorschriften bzgl. Kompensationsgeschäfte,
- bisherige Countertrade-Praxis (geforderte Quoten, Pönalen, Zusatzklauseln wie "Additionality" und "Distributionality", bevorzugte Formen etc.),
- Möglichkeiten zur Erfüllung von Kompensationsverpflichtungen, z. B. angebotener Gegenwarenkorb, Möglichkeit der Einbindung lokaler Unterlieferanten bei Offset-Forderungen.

Die o. g. kompensationsspezifischen Kriterien können die allgemeine Länderattraktivität durchaus relativieren und dienen dazu, festzustellen, ob in den einzelnen Ländern mit Kompensationsforderungen zu rechnen ist und welcher Art diese sind; somit kennzeichnen sie die Attraktivität eines Landes speziell als Kompensationspartner.

b. Ländersegmentierung und Länderselektion

Zur Selektion von Auslandsmärkten ist eine Vielzahl von Konzepten vorgeschlagen worden, die von einfachen Checklisten über Scoring-Ansätze und Profile bis zu Portfolio-Modellen reichen (vgl. z. B. *Meissner*, 1987, S. 133 f.; *Meffert/Althans*, 1982, S. 69 ff.). Gemeinsam ist diesen Ansätzen, daß sie im Kern eine Segmentierung in attraktive und unattraktive Länder vornehmen, so daß eine Vorselektion der zu bearbeitenden Auslandsmärkte möglich wird (vgl. hierzu die Übersicht über diesbezügliche Publikationen bei *Meffert/Althans*, 1982, S. 60).

Da zur Beurteilung der Länderattraktivität eine Vielzahl von qualitativen und quantitativen Kriterien simultan zu berücksichtigen sind, erscheinen insbesondere Scoring-Modelle und Portfolio-Ansätze als geeignet; zu erweitern sind solche Ansätze um die Dimension "Attraktivität des Landes als Kompensationspartner". Beispielsweise kann bei einem Portfolio-Modell so vorgegangen werden, daß von den Dimensionen
- Länderattraktivität und
- Länderrisiko

ausgegangen wird, wobei sich die Länderattraktivität aus den beiden Teildimensionen "Marktattraktivität des Landes" und "Attraktivität als Kompensationspartner" (mit den jeweils zugehörigen Kriterien) zusammensetzt. Die Positionierung der einzelnen Länder in die Portfolio-Matrix kann z. B. auf der Basis gewichteter Gesamtpunktzahlen über alle relevanten Kriterien auf der jeweiligen Dimension erfolgen, wobei bei der Dimension "Länderattraktivität" zusätzlich die beiden genannten Teildimensionen gesondert zu gewichten sind (zur allgemeninen Vorgehensweise bei der Positionierung von Objekten in eine Portfolio-Matrix vgl. die Ausführungen in den Unterabschnitten B.IV.2.c. und d.). Zu erwägen ist auch die Herausstellung absatzpolitischer Kriterien; dies kann beispielsweise dadurch erfolgen, daß die einzelnen Länder als Kreise in die Portfolio-Matrix eingetragen werden, wobei die Größe der Kreise das eigene Absatz- oder Umsatzpotential im betreffenden Land repräsentiert.

Wird von einer Bewertungsskala im Intervall [0; 100] und der Klasseneinteilung
- 0 - 33: ungünstig,
- 34 - 67: mittel,
- 68 - 100: günstig,

ausgegangen, so hat das resultierende Portfolio das Aussehen der *Abbildung 3.9*. Die Matrix erlaubt folgende Interpretation:
- Länder in den Feldern (2), (3) und (6) - in der *Abbildung 3.9* Land 2 und Land 5 - sind mittel bis sehr attraktiv bei geringem bis mittlerem Risiko und kommen damit als Geschäftspartner - auch im Hinblick auf Kompensationsgeschäfte - in Frage.
- Länder in den Feldern (4), (7) und (8) - im Beispiel Land 6 und Land 7 - haben eine mittlere bis geringe Attraktivität bei gleichzeitig mittlerem bis hohem Risiko. Eine Bearbeitung dieser Märkte ist nicht zu empfehlen.

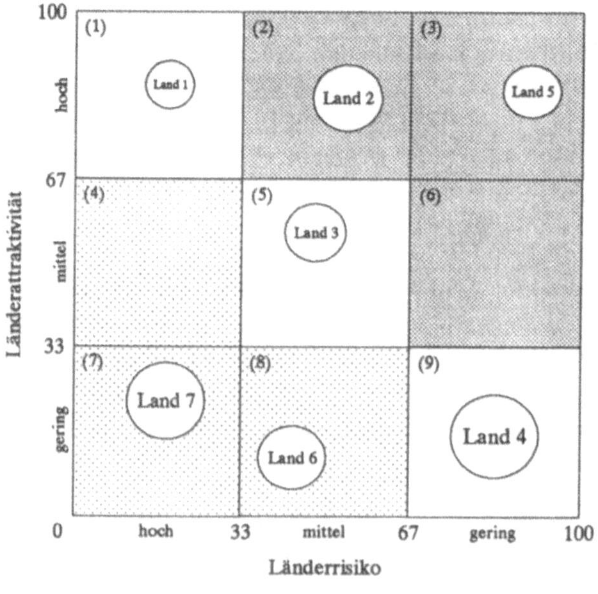

Abb. 3.9: Portfolio-Matrix zur Länderselektion bei Kompensationsgeschäften

- Länder in den Feldern (1), (5) und (9) - hier Land 1, Land 3 und Land 4 - sind ambivalent zu beurteilen und erfordern zusätzliche Entscheidungskriterien. Werden vorwiegend absatzpolitische Ziele verfolgt, kann als zusätzliches Entscheidungskriterium das durch die Kreisgröße zum Ausdruck gebrachte Absatz- bzw. Umsatzvolumen dienen. So ist z. B. Land 4 aufgrund des hohen Absatzpotentials weiter zu berücksichtigen, die Länder 1 und 3 aufgrund des ohnehin geringen zu erwartenden Geschäftsvolumens nicht weiter zu betrachten.

3. Die Grobauswahl der zu bearbeitenden Anfragen

a. Grundlagen

Während die in den vorangegangenen Unterabschnitten 1. und 2. dargestellten Entscheidungssituationen den Charakter von Grundsatzentscheidungen haben, also keinen konkreten Bezug zu aktuell anstehenden Kompensationsgeschäften aufweisen, ist im Rahmen der Grobauswahl der zu bearbeitenden Anfragen über die Vorteilhaftigkeit tatsächlich eingegangener Anfragen bzw. Ausschreibungen zu befinden. Den Ausgangspunkt der Überlegungen bildet der Tatbestand, daß ein westlicher Anbieter häufig gleichzeitig mit mehreren Anfragen bzw. Ausschreibungen mit Kompensationscharakter konfrontiert wird, er aber nicht für alle ein Angebot abgeben kann oder will; daher hat er in einer ersten Stufe eine Vorselektion derjenigen Angebote vorzunehmen, die vielversprechend erscheinen. Auch der westliche Anbieter muß dabei zur Beurteilung der Vorteilhaftigkeit eines Kompensationsgeschäfts die Beschaffungs- und Absatztransaktion simultan betrachten; auszugehen ist also von beschaffungs- und absatzpolitischen Zielen, welche im Einklang mit den übergeordneten Unternehmenszielen stehen müssen.

Die Vorselektion der zu bearbeitenden Anfragen - und damit der Geschäftspartner - erfolgt analog zu der Methode, welche für den ausländischen Nachfrager in Unterabschnitt B.IV.2. dargestellt wurde: Zunächst werden isoliert je ein Beschaffungs- und ein Absatzportfolio erstellt, in denen die einzelnen Anfragen bzw. Ausschreibungen gemäß geeigneter Kriterien positioniert werden; anschließend werden die beiden Portfolio-Matrizen zu einem Gesamtportfolio der Attraktivität der einzelnen Kompensationsgeschäfte aggregiert. Aus organisatorischer Sicht ist dabei folgende Vorgehensweise zu empfehlen:
- Die Erstellung des Beschaffungsportfolios wird dem Einkauf überlassen;
- der Vertrieb wird mit der Erstellung des Absatzportfolios betraut;
- mit der Integration der beiden Portfolio-Matrizen und der Entscheidung der weiter zu berücksichtigenden Anfragen wird die Kompensationsabteilung (bzw. die im Unternehmen vorhandene Countertrade-Einheit) beauftragt; ist im Unternehmen keine spezielle Countertrade-Einheit vorhanden, obliegt diese Aufgabe der Geschäftsleitung.

Diese Vorgehensweise ermöglicht eine angemessene Berücksichtigung der betroffenen Unternehmensbereiche (vgl. die Ausführungen in Kapitel C.III. im 2. Teil).

Die Vorauswahl der zu bearbeitenden Anfragen fällt mit der Wahl der übergeordneten Geschäftspartner zusammen (ausländische Ministerien, staatliche Außenhandelsorganisationen u. ä.), da Anfragen mit Kompensationscharakter i. d. R. von solchen Institutionen initiiert werden. Die untergeordneten Geschäftspartner i. S. von Unternehmen, welche die Gegenwaren liefern, werden erst bei der Detailauswahl im nachfolgenden Unterabschnitt 4. berücksichtigt.

b. Die Herleitung entscheidungsrelevanter Kriterien

Die zur Entscheidungsfindung heranzuziehenden Kriterien sind aus den beschaffungs- und absatzpolitischen Ziele abzuleiten; jede Portfolio-Matrix ist dabei durch jeweils zwei Dimensionen zu beschreiben, welche durch spezielle Kriterien zu operationalisieren sind. Die im folgenden herangezogenen Kriterien erheben keinen Anspruch auf Vollständigkeit und sollen lediglich aufzeigen, auf welcher Grundlage eine Entscheidungsfindung vorgenommen werden kann.

Beim **Beschaffungsportfolio** geht es um die Beurteilung der einzelnen Anfragen im Hinblick auf die Vorteilhaftigkeit der darin enthaltenen Kompensationsverpflichtung. Als Dimensionen können herangezogen werden
- die Attraktivität der Kompensationsverpflichtung und
- der Verhandlungsspielraum bezüglich der Kompensationsforderung.

Die **Attraktivität der Kompensationsverpflichtung** kennzeichnet das Ausmaß, in dem die Kompensationsforderung mit den beschaffungspolitischen Zielen übereinstimmt und vom Unternehmen auch durchführbar ist. Denkbar sind dabei folgende Kriterien:

(1) Art und Qualität der Gegenwaren
Dieses Kriterium beschreibt die Attraktivität des angebotenen Warenkorbs; dies schließt auch die gegebenen Wahlmöglichkeiten ein (je breiter der Warenkorb ist, umso einfacher ist die Erfüllung der Kompensationsverpflichtung; vgl. *Bieber*, 1988, S. 89 ff.). Zu beachten ist hier auch die Kompensationsfähigkeit der Gegenwaren im Sinne der Möglichkeit, sie im eigenen Produktionsprozeß einsetzen oder in das eigene Absatzprogramm aufnehmen zu können.

(2) Geforderte Kompensationsquote
Die Höhe der Kompensationsquote ist von der Priorität der Importe, der Bedarfsdringlichkeit und dem Devisenbestand des ausländischen Partners abhängig. Von westlicher Seite werden i. d. R. niedrige Kompensationsquoten bevorzugt, es sei denn,

die Kompensationsware ist besonders attraktiv und es wird das Ziel der Bezugsquellensicherung verfolgt.

(3) Form der Transaktion
Selbst wenn bezüglich der Form der Transaktion häufig ein gewisser Verhandlungsspielraum gegeben ist, wird man i. d. R. vom ausländischen Nachfrager mit einer ganz konkreten Forderung konfrontiert. Jede Form hat andere Anforderungen an die Organisation, andere Erfüllungsbedingungen und Risiken; die Bewertung der vorgeschlagenen Form seitens des westlichen Anbieters ist dabei vor allem von Erfahrungen mit Kompensationsgeschäften in der Vergangenheit abhängig.

(4) Pönale
Bevorzugt werden solche Geschäfte abgeschlossen, bei denen keine oder eine nur geringe Pönale im Falle der Nichterfüllung zu erwarten ist. Dies ist insbesondere dann der Fall, wenn die Zahlung der Pönale von der Kompensationsverpflichtung entbindet.

(5) Kompensationsspezifische Kosten
In Abhängigkeit des angebotenen Warenkorbs kann eine Abschätzung der bei dessen jeweiliger geplanter Verwendung anfallenden Kosten vorgenommen werden. Bei Fremdkompensation fallen z. B. Stützungen und Provisionen an; bei Einsatz im Produktionsprozeß evtl. höhere Beschaffungskosten, wenn ein bisheriger, kostengünstigerer Lieferant nicht mehr berücksichtigt wird (vgl. *Arnolds/Heege/Tussing*, 1990, S. 305 ff.). Bei Aufnahme in das eigene Absatzsortiment fallen schließlich Kosten für Markierung, Verpackung etc. an (vgl. *Verzariu*, 1988, S. 41 ff.). Genauere Kostenschätzungen sind im Zusammenhang mit der Entscheidung zwischen Eigen- und Fremdkompensation erforderlich (vgl. die Ausführungen in Unterabschnitt C.III.4.). Auf dieser Stufe ist eine genaue Angabe der anfallenden Kosten nur dann möglich, wenn die Verwendung der Gegenwaren von vornherein feststeht; dies ist jedoch eher selten der Fall.

(6) Vorhandensein von Absatzbeschränkungen
Zu berücksichtigen sind hier zum einen Absatzbeschränkungen, die vom ausländischen Partner ausgehen, z. B. eine Einschränkung der Märkte, in denen die Gegenwaren abgesetzt werden dürfen, der Ausschluß der Möglichkeit der Übertragung der Kompensationsverpflichtung an Dritte oder Mindestpreisauflagen (vgl. *Alexandrides/Bowers*, 1988, S. 44 ff.). Zum anderen sind im eigenen Land Handelshemmnisse sowie technische Normen und Standards, die die Gegenwaren betreffen, zu beachten.

(7) Zuverlässigkeit
In diesem Zusammenhang spielt insbesondere die Liefersicherheit eine Rolle; zu denken ist beispielsweise an Produktionsstörungen, Transportprobleme u. ä. (vgl. *Frauendorfer*, 1988, S. 115 ff.; *Jalloh*, 1990, S. 29 f.). Besonders bedeutsam ist dieses

Kriterium, wenn die Gegenwaren im eigenen Produktionsprozeß eingesetzt werden sollen und Lieferverzögerungen zu Engpässen in der Produktion führen.

(8) Countertrade-Erfahrung
Schließlich ist die erfolgreiche Durchführbarkeit eines Kompensationsgeschäfts maßgeblich vom vorhandenen Know-how abhängig. Neben dem allgemeinen kompensationsspezifischen Know-how, der bereits zur Grundsatzentscheidung über die Teilnahme an Kompensationsgeschäften heranzuziehen ist, spielen hier insbesondere detaillierte Kenntnisse über das Partnerland und dessen Umternehmen eine Rolle.

Die zweite Dimension im Beschaffungsportfolio, der **Verhandlungsspielraum bezüglich der Kompensationsforderung**, drückt das Ausmaß aus, in dem die eigenen Bedingungen durchgesetzt werden können. So kann eine an sich unattraktive Kompensationsverpflichtung dadurch relativiert werden, daß die Kompensationsbedingungen in weiten Bereichen verhandelbar sind. Folgende Kriterien können herangezogen werden:

(1) Dringlichkeit des Bedarfs beim ausländischen Nachfrager
Je dringender der ausländische Nachfrager die Hauptleistung benötigt, umso größer ist der Verhandlungsspielraum bezüglich der Kompensationsforderung.

(2) Eigene Kapazitätsauslastung
Bei Unterauslastung der eigenen Kapazitäten ist der Druck, den Auftrag zu erhalten, größer als bei Vollbeschäftigung. Dies kann den eigenen Verhandlungsspielraum mindern, insbesondere dann, wenn davon ausgegangen werden kann, daß die eigene kapazitative Situation dem ausländischen Nachfrager bekannt ist.

(3) Rechtliche Regelungen bzgl. Kompensationsgeschäfte
Ist für bestimmte Importe Kompensation gesetzlich vorgeschrieben und existieren Vorschriften bzgl. Quote, Abwicklungsformen etc. sowie Zusatzklauseln wie "Additionality", "Distributionality" oder gesetzlich vorgeschriebene Pönalen, so sind Kompensationsforderungen nicht verhandelbar. Gegenstand von Verhandlungen sind hier allenfalls Details der Geschäftsabwicklung wie Lieferzeitpunkte u. ä.

(4) Verhalten der Konkurrenz
Wenig Spielraum ist dann gegeben, wenn die Konkurrenz auf Kompensationsforderungen eingeht oder die vom ausländischen Nachfrager gestellten Forderungen aus Wettbewerbsgründen sogar überbietet.

Beim **Absatzportfolio** können folgende Dimensionen zugrunde gelegt werden:
- Attraktivität der Absatztransaktion und
- Wettbewerbsvorteile gegenüber der Konkurrenz.

Die **Attraktivität der Absatztransaktion** ist auf der Grundlage der verfolgten absatzpolitischen Ziele zu beurteilen; folgende Kriterien können herangezogen werden:

(1) Geschäftsvolumen
Je höher der Wert der nachgefragten Leistung (in Abhängigkeit der Menge und des erzielbaren Preises) und die erwartete Gewinnspanne sind, umso lukrativer ist das Geschäft.

(2) Aussicht auf Folgegeschäfte
Unter dem Blickwinkel des Aufbaus und der Erhaltung langfristiger Geschäftsbeziehungen können Geschäfte, die bei Kriterium (1) schlecht abschneiden, durch später erzielbare Folgeaufträge kompensiert werden (vgl. *Heger*, 1988, S. 43). Von Bedeutung ist dieses Kriterium insbesondere dann, wenn als Ziel der Markteintritt oder die Erhöhung des Marktanteils verfolgt wird.

(3) Risiken und Möglichkeiten zu deren Absicherung
Zu berücksichtigen sind hier zum einen das Abnahmerisiko in wirtschaftlicher und politischer Hinsicht, technische Unwägbarkeiteten u. a., welche die Attraktivität der Absatztransaktion beeinträchtigen können; zum anderen sind die Möglichkeiten zu beachten, Risiken abzusichern, z. B. im Wege einer HERMES-Bürgschaft (vgl. *Backhaus*, 1993, S. 504).

(4) Möglichkeiten des Schutzes des eigenen Know-hows
Insbesondere bei industriellen Großprojekten muß die Gefahr berücksichtigt werden, durch den geleisteten Know-how-Transfer die Entstehung von Konkurrenz zu fördern.

Die **Wettbewerbsvorteile gegenüber den Konkurrenten** beinhalten ein Urteil über die eigenen Chancen zur Zuschlagserhaltung. Hierzu muß es allerdings möglich sein, die einzelnen potentiellen Konkurrenten und ihre eigenen Stärken und Schwächen zu identifizieren. Die Wettbewerbsvorteile sind von folgenden Faktoren abhängig:

(1) Eigenes Preisniveau
Aus der Erfahrung mit vergangenen Ausschreibungen ist es i. d. R. möglich, festzustellen, ob das eigene Preisniveau konkurrenzfähig ist und ob es bei der aktuellen Anfrage wahrscheinlich ist, die Konkurrenten zu unterbieten. Das eigene Preisniveau hängt dabei auch von der eigenen Kostensituation ab, welche u. a. vom eigenen Produktionsverfahren und der Prozeßwirtschaftlichkeit bedingt wird.

(2) Geschäftsbeziehungen mit dem ausländischen Partner
Sind Geschäftsbeziehungen zum ausländischen Partner bereits vorhanden, hat ein westliches Unternehmen u. U. Vorteile im Hinblick auf die Informationsbeschaffung,

die Berücksichtigung beim Zuschlag, die abschließenden Verhandlungen und die Begrenzung der Risiken (vgl. *Frauendorfer*, 1988, S. 172).

(3) Qualität des eigenen Angebots
Die Qualität des eigenen Angebots hängt vom eigenen technischen Know-how und von der Möglichkeit ab, insb. bei Großprojekten im Vergleich zur Konkurrenz überlegene Problemlösungen anzubieten (z. B. aufgrund vorhandener Patente, zur Verfügung stehender Lizenzen, F&E-Qualität usw.).

(4) Nebenleistungen
Zu beurteilen ist hier das Potential, für die nachgefragte Leistung bessere Nebenleistungen als die Konkurrenz anbieten zu können (vgl. *Bieber*, 1988, S. 104 ff.). Neben primär technischen Dienstleistungen sind gerade bei Kompensationsgeschäften auch Finanzierungs- und Marketinghilfen von Bedeutung.

(5) Qualifikation der Führungskräfte
Gefragt sind hier insbesondere Verhandlungsgeschick, Kreativität und Fähigkeit zum strategischen Management.

c. *Die Erstellung des Beschaffungs- und des Absatzportfolios*

Die Erstellung des Beschaffungs- und des Absatzportfolios erfolgt in analoger Weise wie beim ausländischen Nachfrager (vgl. die Ausführungen in Unterabschnitt B.IV.2.c.): Zunächst sind die einzelnen Kriterien auf beiden Dimensionen der jeweiligen Portfolio-Matrix korrespondierend zu skalieren, den einzelnen möglichen Ausprägungen sind anschließend Punktwerte zuzuordnen. Auch hier wird von einer 100-Punkte-Skala ausgegangen mit der Unterteilung
- 0 - 33: ungünstig,
- 34 - 67: mittel und
- 68 - 100: günstig.

Beim **Beschaffungsportfolio** werden mit V_i die Variablen der Attraktivität der Kompensationsverpflichtung bezeichnet ($i = 1,\ldots, n$), mit V_j die Variablen des Verhandlungsspielraums ($j = 1,\ldots, m$). Deren relative Bedeutung wird durch Gewichtungsfaktoren g_i bzw. g_j zum Ausdruck gebracht. Bezeichnet man mit e_{ia} (e_{ja}) das als Punktwert ausgedrückte Ausmaß der Erfüllung von Kriterium V_i (V_j) durch die Anfrage bzw. Ausschreibung a ($a = 1,\ldots, A$), so kann die Positionierung der Anfrage a bezüglich beider Dimensionen durch Bildung folgender gewichteter Gesamtpunktzahlen erfolgen:

Bezüglich der Attraktivität der Kompensationsverpflichtung gilt:

$$P_a^{KV} = \sum_{i=1}^{n} g_i \cdot e_{ia} \qquad \text{(für alle a)}$$

und bezüglich des Verhandlungsspielraums

$$P_a^{VS} = \sum_{j=1}^{m} g_j \cdot e_{ja} \qquad \text{(für alle a).}$$

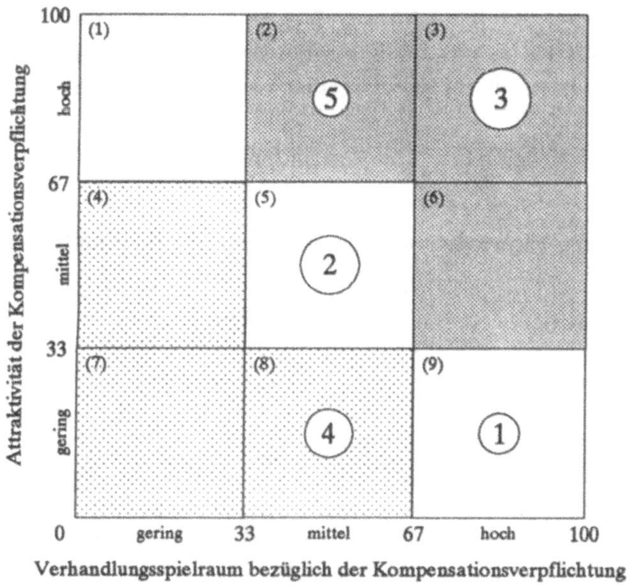

Abb. 3.10: Beschaffungsportfolio des westlichen Anbieters

Abbildung 3.10 zeigt ein beispielhaftes Beschaffungsportfolio für den westlichen Anbieter, wobei die Größe der Kreise den wertmäßigen Umfang der Kompensationsverpflichtung repräsentiert. Das Portfolio der *Abbildung 3.10* läßt folgende Interpretation zu:

- Anfragen in den Feldern (2), (3) und (6) - hier die Anfragen 3 und 5 - sind die attraktivsten, da sie auf beiden Dimensionen mittlere bis hohe Ausprägungen erreichen.
- Anfragen in den Feldern (4), (7) und (8) - hier Anfrage 4 - sind in beschaffungspolitischer Hinsicht unattraktiv, da sie bei beiden Dimensionen mittlere bis schlechte Ausprägungen aufweisen.

- Anfragen in den Feldern (1), (5) und (9) - hier die Anfragen 1 und 2 - sind nicht eindeutig zu beurteilen; ihre weitere Berücksichtigung ist vor allem von der Attraktivität der damit verbundenen absatzpolitischen Transaktion abhängig.

Analog ist auch beim **Absatzportfolio** vorzugehen. Mit V_k werden die Variablen der Attraktivität der Kompensationsverpflichtung bezeichnet (k = 1,..., s), mit V_r die Variablen des Wettbewerbsvorteils gegenüber der Konkurrenz (r = 1,..., u). Deren relative Bedeutung wird durch Gewichtungsfaktoren g_k bzw. g_r zum Ausdruck gebracht. Bezeichnet man mit e_{ka} (e_{ra}) das als Punktwert ausgedrückte Ausmaß der Erfüllung von Kriterium V_k (V_r) durch die Anfrage a (a = 1,..., A), so kann die Positionierung die Anfrage a bezüglich beider Dimensionen durch Bildung gewichteter Gesamtpunktzahlen erfolgen. Bezüglich der **Attraktivität der Absatztransaktion** gilt:

$$P_a^{AA} = \sum_{k=1}^{s} g_k \cdot e_{ka} \qquad \text{(für alle a)}$$

und bezüglich des **Wettbewerbsvorteils gegenüber der Konkurrenz**

$$P_a^{WV} = \sum_{r=1}^{u} g_r \cdot e_{ra} \qquad \text{(für alle a).}$$

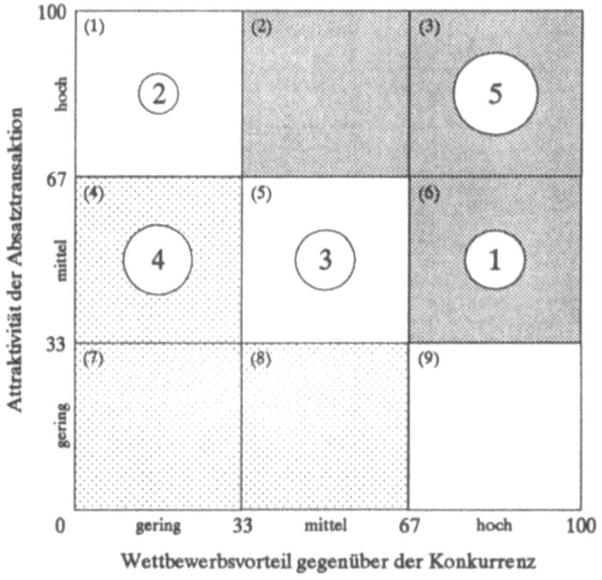

Abb. 3.11: Absatzportfolio des westlichen Anbieters

Das resultierende Portfolio hat das Aussehen der *Abbildung 3.11*. Die Größe der Kreise repräsentiert dabei das Geschäftsvolumen der Absatztransaktion. Die abgebildete Portfolio-Matrix ist wie folgt zu interpretieren:

- Anfragen in den Feldern (2), (3) und (6) - hier die Anfragen 1 und 5 - sind die attraktivsten, da sie auf beiden Dimensionen mittlere bis hohe Ausprägungen erreichen.
- Anfragen in den Feldern (4), (7) und (8) - hier Anfrage 4 - sind aus absatzpolitischer Sicht abzulehnen, da sie bei geringer Attraktivität auch eine ungünstige Wettbewerbsposition aufweisen.
- Anfragen in den Feldern (1), (5) und (9) - hier die Anfragen 2 und 3 - sind ambivalent zu beurteilen; ihre weitere Berücksichtigung hängt vor allem von der Attraktivität der damit verbundenen Kompensationsverpflichtung ab.

d. *Die Erstellung des Gesamtportfolios und die Vorauswahl der zu bearbeitenden Anfragen*

Die methodische Vorgehensweise zur Aggregation der beiden Portfolio-Matrizen in ein Gesamtportfolio entspricht dem in Unterabschnitt B.IV.2.d. dargestellten Verfahren. Das Beschaffungsportfolio wird in die Klassen

- A: günstig (Felder (2), (3) und (6)),
- B: mittel (Felder (1), (5) und (9)) und
- C: ungünstig (Felder (4), (7) und (8))

eingeteilt, das Absatzportfolio in die Klassen

- I: günstig (Felder (2), (3) und (6)),
- II: mittel (Felder (1), (5) und (9)) und
- III: ungünstig (Felder (4), (7) und (8)).

Daraus resultiert eine zusammenfassende Portfolio-Matrix mit den Dimensionen

- Beschaffungsattraktivität und
- Absatzattraktivität.

Die einzelnen Anfragen können somit gemäß ihrer Klassenzugehörigkeit in die neue Matrix positioniert werden. So ist Anfrage 1 beispielsweise bezüglich des Beschaffungsportfolios in Klasse B einzustufen, bezüglich des Absatzportfolios in Klasse I, so daß sie insgesamt in Feld f zu positionieren ist. Ausgehend von den in den *Abbildungen 3.10 und 3.11* dargestellten Portfolios resultiert die in *Abbildung 3.12* dargestellte Matrix. In den Kreisen werden dabei das Geschäftsvolumen der Beschaffungstransaktion und das Geschäftsvolumen der Absatztransaktion einander gegenübergestellt; deren Verhältnis, welches von der geforderten Kompensationsquote abhängig ist, kann als zusätzliches Entscheidungskriterium herangezogen werden: So ist bei den Anfragen 1, 4 und 5 das Volumen der Absatztransaktion größer als das der Beschaffungstransaktion (Kompensationsquote < 100%), bei Anfrage 2 verhält es sich genau umgekehrt (Kompensationsquote > 100%); bei Anfrage 3 entsprechen sich die beiden Teiltransaktionen wertmäßig, es ist also der Fall der Vollkompensation gegeben.

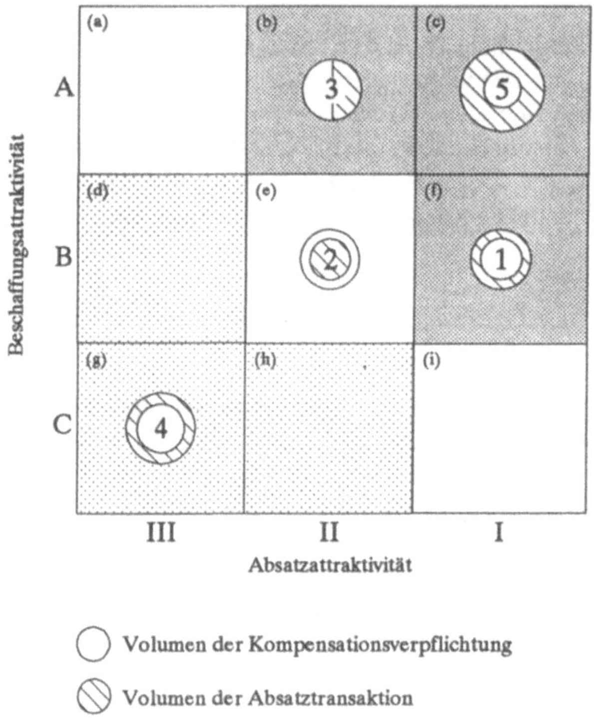

Abb. 3.12: Gesamtportfolio zur Wahl der Geschäftspartner aus der Sicht des westlichen Anbieters

Die in *Abbildung 3.12* dargestellte Portfolio-Matrix bietet folgende **Entscheidungshilfe:**

- Anfragen in den Feldern (b), (c) und (f) - hier die Anfragen 1, 3 und 5 - beinhalten die attraktivsten Gesamtpakete; sie sind auf jeden Fall in die engere Wahl zu nehmen und einer Wirtschaftlichkeitsanalyse zu unterziehen, da sie sowohl bezüglich der Beschaffungs- als auch bezüglich der Absatztransaktion eine mittlere bis hohe Attraktivität aufweisen.
- Anfragen in den Feldern (d), (g) und (h) - hier Anfrage 4 - sind sowohl aus beschaffungs- als auch aus absatzpolitischer Sicht abzulehnen, da sie bei beiden Teiltransaktionen eine mittlere bis geringe Attraktivität aufweisen.
- Anfragen in den Feldern (a), (e) und (i) - hier die Anfrage 2 - sind ambivalent zu beurteilen. Hier kann als zusätzliches Entscheidungskriterium die Relation vom Ab-

satz- zum Kompensationsvolumen herangezogen werden: So übersteigt bei Anfrage 2 die Kompensationsverpflichtung das Geschäftsvolumen der Absatztransaktion, so daß eine weitere Berücksichtigung nicht unbedingt empfehlenswert erscheint; zum Zwecke der Kapazitätsauslastung - ein positiver Ausgang der Wirtschaftlichkeitsanalyse vorausgesetzt - ist eine Angebotsabgabe jedoch in Erwägung zu ziehen.

Auch in diesem Falle ist eine Gesamtbeurteilung der einzelnen Anfragen dadurch möglich, daß beide Portfolio-Dimensionen - in Abhängigkeit davon, ob überwiegend beschaffungs- oder absatzpolitische Ziele verfolgt werden - einer weiteren Gewichtung unterzogen werden, so daß durch Bildung einer gewichteten Summe aus der Position einer Anfrage bzgl. der jeweiligen Dimension eine abschließende Rangfolge der Alternativen vorgenommen werden kann. Zwar wird dadurch die implizite Gleichgewichtung der beiden Portfolio-Dimensionen aufgehoben; allerdings geht durch diesen weiteren Aggregationsschritt ein Teil der durch die Matrixdarstellung ermöglichten Informationen verloren. Es resultiert dabei das gleiche Ergebnis wie bei der Anwendung eines Scoring-Modells bei Bildung einer gewichteten Gesamtpunktzahl über alle in die Portfolio-Analyse einbezogenen Kriterien.

4. Die Feinauswahl der zu bearbeitenden Anfragen

Die Anfragen, die die Grobauswahl überstanden haben, müssen noch auf Wirtschaftlichkeitskriterien hin überprüft werden, bevor sich der westliche Anbieter für die Angebotsabgabe entscheidet. In diesem Zusammenhang ist es zunächst erforderlich, die Entscheidung zwischen Eigen- und Fremdkompensation zu fällen, da die Art der Verwendung der im Wege der Kompensation erhaltenen Gegenwaren die Erlöse und Kosten der Gegengeschäftstransaktion wesentlich mitbestimmt. Bei der Feinauswahl ist dabei wie folgt vorzugehen: Für jede nach der Grobauswahl verbleibende Anfrage ist die Entscheidung über Eigen- und Fremdkompensation so zu treffen, daß - soweit Wahlmöglichkeiten bestehen - der jeweils für jede Alternative optimale Warenkorb ermittelt wird; anschließend ist die Zielerreichung der beiden Alternativen "Eigenkompensation" bzw. "Fremdkompensation" zu vergleichen. Damit steht für jede Anfrage die jeweils optimale Verwendung der Gegenwaren fest. Im Rahmen der sich daran anschließenden Wirtschaftlichkeitsanalyse wird dann unter Berücksichtigung der monetären Konsequenzen der (optimalen) Verwendung der Gegenwaren der Gesamtgewinn aus der Absatz- und der Beschaffungstransaktion ermittelt; Anfragen mit einem zu erwartenden positiven Gesamtgewinn sind weiter zu berücksichtigen, wobei ggf. Kapazitätsrestriktionen zu beachten sind.

a. Die Entscheidung zwischen Eigen- und Fremdkompensation als Grundlage der Feinauswahl

aa. Die allgemeine Entscheidungssituation bei der Wahl zwischen Eigen- und Fremdkompensation

Die Entscheidung zwischen Eigen- und Fremdkompensation ist zum einen von den verfolgten **Zielen** abhängig; in der Regel handelt es sich dabei um ökonomische Ziele wie Kostenminimierung oder Maximierung des Gewinns aus dem Absatz der Gegenwaren. Da bei einzelnen Formen von Kompensationsgeschäften eine mehrperiodige Betrachtung erforderlich ist, werden jedoch in den nachfolgend dargestellten Ansätzen keine Kosten- und Leistungsgrößen zugrunde gelegt, sondern - wie schon in Kapitel 3.B. für den ausländischen Nachfrager - die damit verbundenen Zahlungsreihen.

Die **Handlungsalternativen** bestehen in den alternativen Verwendungsmöglichkeiten der Gegenwaren. Zum einen können sie im Wege der **Eigenkompensation** in welcher Form auch immer im Unternehmen selbst verwendet werden. Zum anderen können sie gegen Zahlung einer Stützungsprämie einem Dritten überlassen werden; in diesem Falle handelt es sich um **Fremdkompensation**. Der Fremdkompensateur wickelt die Gegengeschäftstransaktion mit dem ausländischen Partner ab und sucht nach Käufern für die Gegenwaren; der westliche Anbieter kann dadurch das Risiko der Transaktion auf den Fremdkompensateur abwälzen. Innerhalb der Alternative "Eigenkompensation" ist dabei danach zu unterscheiden, ob die Gegenwaren als Inputgüter im eigenen Produktionsprozeß eingesetzt oder in das eigene Absatzprogramm aufgenommen werden können. Ist eine Aufnahme in das eigene Sortiment möglich, so ist eine weitere Unterscheidung danach zu treffen, ob die Produkte, die als Gegenwaren zu beziehen sind, bereits im eigenen Sortiment enthalten sind oder nicht.

Der Handlungsspielraum wird durch folgende **entscheidungsrelevante Daten** begrenzt: Zum einen stellt sich die Entscheidung zwischen Eigen- und Fremdkompensation nur dann, wenn die Gegenwaren in welcher Form auch immer im eigenen Unternehmen verwendet werden können; ist dies nicht der Fall, so kommt nur die Alternative "Fremdkompensation" in Frage. Im Rahmen von **direkten** Offset-Geschäften ist nur die Eigenkompensation relevant, da direkte Offset-Geschäfte gerade dadurch charakterisiert sind, daß lokale Unterlieferanten an der Erstellung des Projekts beteiligt werden. Wenn auch in diesen Fällen keine Entscheidung zwischen Eigen- und Fremdkompensation getroffen werden kann, so kann zumindest der vom ausländischen Nachfrager zu beziehende Warenkorb - innerhalb der vorgegebenen Verwendungsmöglichkeit - den verfolgten Zielen entsprechend optimiert werden, z. B. im Hinblick auf die bei der Verwendung entstehenden Kosten bzw. Auszahlungen. Als weitere Daten sind die für die einzelnen Gegenwaren geltenden Stützungssätze in die

Entscheidungsfindung einzubeziehen.[28]Die Stützungssätze sind auf jeden Fall rechtzeitig vor Vertragsabschluß vom Fremdkompensateur in Erfahrung zu bringen, da sie die Wirtschaftlichkeit eines Kompensationsgeschäfts wesentlich beeinflussen. Zu berücksichtigen sind des weiteren die Kosten für Modifikation der Produkte, Markierung und Verpackung, welche im Falle der Eigenkompensation möglicherweise zusätzlich entstehen. Eine Schätzung dieser Kosten - bzw. der damit verbundenen Auszahlungen - kann u. U. auf der Basis von vergangenen Erfahrungen mit den betreffenden Waren vorgenommen werden. Ist dies nicht möglich, so empfiehlt es sich, Muster der angebotenen Gegenwaren anzufordern oder eine Qualitätskontrolle vor Ort durchzuführen, um entsprechende Schätzungen vornehmen zu können (mit der Qualitätskontrolle vor Ort können auch internationale Inspektoren - wie z. B. Lloyds - beauftragt werden; vgl. *Jalloh*, 1990, S. 129).

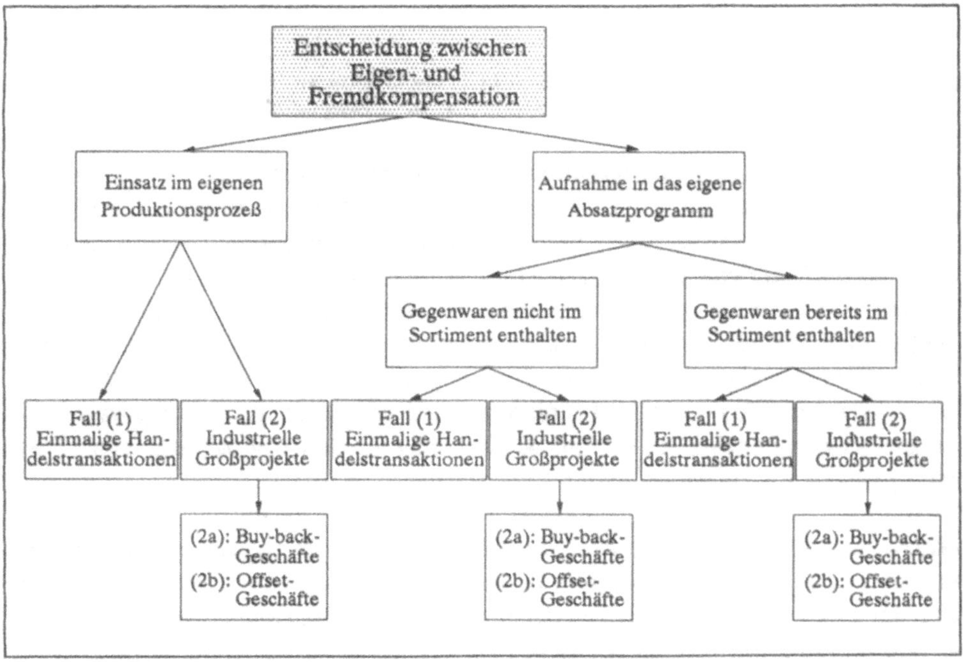

Abb. 3.13: Ausgangssituationen im Rahmen der Entscheidung zwischen Eigen- und Fremdkompensation

Die Analyse soll im folgenden sowohl für einmalige Handelstransaktionen, als auch für industrielle Großprojekte erfolgen. Eine zusammenfassende Übersicht der ein-

28) Die Stützungssätze werden in Prozent des Gegenwarenwerts ausgedrückt und haben den Charakter einer Provision, welche an den Fremdkompensateur für die Übernahme und Vermarktung der Gegenwaren zu entrichten ist. Ihre Höhe wird vom Fremdkompensateur festgelegt und hängt in hohem Maße von der Marktfähigkeit der einzelnen Gegenwaren ab.

zelnen hier behandelten Fälle findet sich in *Abbildung 3.13.* Dabei wird die Entscheidungsfindung jeweils zweistufig vorgenommen:

- In einem ersten Schritt wird sowohl für die Alternative "Fremdkompensation", als auch für den jeweils betrachteten Fall innerhalb der Alternative "Eigenkompensation" der zugehörige optimale, vom ausländischen Nachfrager zu beziehende Warenkorb ermittelt;
- in einem zweiten Schritt sind die monetären Konsequenzen des bei den beiden betrachteten Verwendungsalternativen jeweils optimalen Warenkorbs miteinander zu vergleichen, um die optimale Verwendungsalternative zu ermitteln.

Die Analyse hat dabei für jede Anfrage zu erfolgen, welche nach der Grobauswahl noch zur Disposition steht. Eine solche Vorgehensweise ermöglicht es, die Zielerreichung der einzelnen zur Auswahl stehenden Anfragen zu antizipieren und damit die Planung eines Kompensationsgeschäfts zu erleichtern.

bb. Die Entscheidung zwischen Eigen- und Fremdkompensation bei Möglichkeit der Verwendung der Gegenwaren im eigenen Produktionprozeß

Sind die vom ausländischen Nachfrager angebotenen Gegenwaren im eigenen Produktionsprozeß einsetzbar, so stehen dem westlichen Anbieter mehrere **Handlungsalternativen** zur Auswahl. Die einzelnen von ihm benötigten Inputgüter können zum einen nach wie vor von den bisherigen Lieferanten bezogen werden; die Gegenwaren werden in diesem Fall nicht im Produktionsprozeß eingesetzt - obwohl dies grundsätzlich möglich wäre -, sondern einem Fremdkompensateur gegen Zahlung einer Stützungsprämie überlassen (Fremdkompensation). Bezüglich der Alternative "Fremdkompensation" wird im Hinblick auf den vom ausländischen Nachfrager zu beziehenden Warenkorb als **Ziel** die Minimierung der Stützungszahlungen bzw. - bei mehrperiodiger Betrachtung - deren Barwerts zugrunde gelegt.

Alternativ kann der westliche Anbieter die Gegenwaren im eigenen Produktionsprozeß einsetzen (Eigenkompensation). In diesem Fall erfolgt eine (teilweise) Substitution der Lieferanten, d. h. ein Teil der bisher von den Stammlieferanten bezogenen Inputgüter wird nun vom ausländischen Nachfrager als Kompensationswaren bezogen. Das Entscheidungsproblem besteht bei dieser Alternative darin, darüber zu befinden, welche Inputgüter in welchen Mengen zum einen vom ausländischen Nachfrager, zum anderen von den bisherigen Lieferanten zu beziehen sind. Damit handelt es sich hier um die Wahl zwischen zwei verschiedenen **Beschaffungsalternativen.** Aufgrund der vorliegenden Entscheidungssituation sind hier **beschaffungspolitische Ziele** zugrunde zu legen, beispielsweise die Minimierung der Beschaffungskosten. Da jedoch im folgenden teilweise eine dynamische Betrachtung vorgenommen wird, wird in den weiteren Ausführungen von der Zielsetzung "Minimierung der Auszahlungssumme (bzw. des Auszahlungsbarwerts) für die Beschaffung der Inputgüter" ausgegangen.

Bei der Entscheidungsfindung wird von folgender **Datenkonstellation** ausgegangen:

- Der westliche Anbieter geht davon aus, daß er für die Hauptleistung einen Preis in Höhe von p_h durchsetzen kann bzw. er zu diesem Preis den Zuschlag erhalten wird.[29] Die Bedarfsmenge der Hauptleistung, x_h, wird vom ausländischen Nachfrager vorgegeben, d. h. sie ist für den westlichen Anbieter ebenfalls ein Datum.
- Die Kompensationsquote Q wird vom ausländischen Nachfrager vorgegeben bzw. sie ist im Land des ausländischen Partners gesetzlich vorgeschrieben. Damit steht der Gesamtwert der Gegenlieferung (als Anteil am Wert der Hauptleistung) bei einem eigenen Preis für die Hauptleistung in Höhe von p_h ebenfalls fest und beträgt $Q \cdot p_h \cdot x_h$. Die Entscheidung zwischen Eigen- und Fremdkompensation und über den jeweils optimalen Warenkorb hat demnach unter der Nebenbedingung zu erfolgen, daß der westliche Anbieter bei jeder betrachteten Alternative den Gesamtwert der Kompensationsverpflichtung zu erfüllen hat.
- Der westliche Anbieter benötigt für den eigenen Produktionsprozeß eine bestimmte Anzahl an Gütern in bestimmten Mengen; bisher wurden die einzelnen Inputgüter von den eigenen Stammlieferanten bezogen. Eine Teilmenge J dieser Güter ($j = 1,..., J$) kann jedoch grundsätzlich sowohl bei den bisherigen Lieferanten, als auch vom ausländischen Nachfrager im Wege der Kompensation beschafft werden.[30] Dabei wird vereinfachend unterstellt, alle vom ausländischen Nachfrager angebotenen Gegenwaren seien prinzipiell im Produktionsprozeß einsetzbar. Der westliche Anbieter kann die Gegenwaren nach Art und Menge innerhalb des vom ausländischen Nachfrager vorgegebenen Warenkorbs frei wählen.
- Es findet keine Lagerhaltung statt, d. h. die Inputgüter werden nach dem Einkauf sofort verbraucht.
- Die Preise für die Gegenwaren, p_{gj} ($j = 1,..., J$), werden vom ausländischen Nachfrager vorgegeben; der westliche Anbieter hat lediglich über die Beschaffungsmengen zu entscheiden. Bekannt sind auch die Preise für die einzelnen Inputgüter bei den bisherigen Lieferanten, p_j ($j = 1,..., J$), sowie - für alle Inputgüter - die von den einzelnen Stammlieferanten gewährten (mengenabhängigen) Rabattsätze.
- Im Falle der Fremdkompensation ist für jede Gegenware j ein spezifischer Stützungssatz s_j an den Fremdkompensateur zu entrichten; der Stützungssatz wird als Prozentsatz des Gegenwarenwerts berechnet und wird vom Fremdkompensateur vorgegeben, ist also für den westlichen Anbieter ebenfalls ein Datum.

---

29) Auf welche Weise der westliche Anbieter die Entscheidung zwischen Eigen- und Fremdkompensation und über den zu fordernden Preis **simultan** treffen kann, wird im 4. Teil der Arbeit ausführlich behandelt. Hier soll vereinfachend von einer einzigen vom westlichen Anbieter erwogenen Preisforderung ausgegangen werden.

30) Diejenigen Inputgüter, welche nicht vom ausländischen Nachfrager bezogen werden können, sind nach wie vor in den jeweils benötigten Mengen von den bisherigen Lieferanten zu beziehen. Da deren Beschaffungsmengen - und die damit verbundenen Beschaffungskosten - vom Kompensationsgeschäft in keinster Weise berührt werden, sind sie für die Entscheidungsfindung irrelevant und werden im folgenden daher nicht betrachtet.

Die Entscheidung zwischen Eigen- und Fremdkompensation ist wie folgt vorzunehmen: Zunächst ist für beide Alternativen der jeweils optimale Warenkorb zu bestimmen, d. h. derjenige Warenkorb, der unter Berücksichtigung der zu erfüllenden Kompensationsverpflichtung die Auszahlungssumme über alle J Gegenwaren (bzw. - bei mehrperiodiger Betrachtung - den Auszahlungsbarwert) minimiert; anschließend sind die bei beiden Alternativen jeweils anfallenden (minimalen) Auszahlungssummen (bzw. -barwerte) miteinander zu vergleichen, und es ist die günstigste Alternative zu wählen. Im folgenden soll die Analyse zunächst für einmalige Handelstransaktionen (Fall (1)), anschließend für industrielle Großprojekte (Fall (2)) erfolgen.

Fall (1): Einmalige Handelstransaktionen

Im Rahmen einmaliger Handelstransaktionen (Barter, Kompensationsgeschäfte i. e. S., Parallel- und Junktimgeschäfte) wird die Lieferung der Hauptleistung an eine einzige Gegenlieferung gekoppelt, welche zeitgleich oder zeitlich versetzt zur Lieferung der Hauptleistung erfolgen kann. Im folgenden wird vereinfachend der Fall **zeitgleicher Abwicklung von Kauf- und Gegenkauf** zugrunde gelegt; dabei soll der **Mehrproduktfall** betrachtet werden.

Im Fall der **Fremdkompensation** werden die Gegenwaren gegen Zahlung einer Stützungsprämie an einen Fremdkompensateur abgegeben. Der Warenkorb ist so zu wählen, daß die für alle Gegenwaren insgesamt zu leistende Stützungszahlung an den Fremdkompensateur minimiert wird. Bei gegebenen Preisen für die Gegenwaren ist somit lediglich über deren Mengen zu befinden. Folgende *Zielfunktion* ist zu minimieren:

$$S = \sum_{j=1}^{J} p_{gj} \cdot x_{gj} \cdot s_j \qquad \rightarrow \text{Min!} \tag{3.56}$$

mit S = an den Fremdkompensateur zu entrichtende Stützungszahlung,
p_{gj} = Preis für die Gegenware j (j = 1,..., J),
x_{gj} = zu bestimmende Menge der Gegenware j,
s_j = Stützungssatz für die Gegenware j.

Dabei sind folgende *Nebenbedingungen* zu berücksichtigen:

$$\sum_{j=1}^{J} (p_{gj} \cdot x_{gj}) \geq Q \cdot p_h \cdot x_h \tag{3.57}$$

$$x_{gj} \leq x_{gj}^F \qquad \text{(für alle j)} \tag{3.58}$$

$$x_{gj} \geq 0 \qquad \text{(für alle j).} \tag{3.59}$$

(3.57) besagt, daß der Gesamtwert der vom ausländischen Nachfrager bezogenen Waren die Kompensationsverpflichtung erfüllen muß. Durch *(3.58)* werden Absatzrestriktionen berücksichtigt: Der Fremdkompensateur nimmt die einzelnen Gegenwaren jeweils bis zu einer Obergrenze $x_{gj}{}^{F}$ ab.

Die Lösung des Entscheidungsproblems erfolgt dadurch, daß zunächst diejenige Gegenware abgenommen wird, deren Stützungssatz s_j am niedrigsten ist, und zwar bis zur Absatzobergrenze x_{gj}^{F} (es sei denn, die Kompensationsverpflichtung gemäß *Nebenbedingung (3.57)* ist bereits bei einer geringeren Menge erfüllt). Anschließend ist zur Gegenware mit dem zweitniedrigsten Stützungssatz überzugehen usw., bis die Kompensationsverpflichtung erfüllt ist. Daraus resultieren für jede Gegenware j die optimalen Beschaffungsmengen $x_{gj}{}^{*}$ für den Fall der Fremdkompensation, wobei jedoch nicht unbedingt alle J Gegenwaren beschafft werden müssen, d. h. $x_{gj}{}^{*}$ kann auch den Wert Null annehmen. Keine Lösung hat das Entscheidungsproblem dann, wenn der vom Fremdkompensateur abgenommene Gesamtwert der Gegenwaren zur Erfüllung der Kompensationsverpflichtung nicht ausreichend ist.

Bis jetzt wurden nur die optimalen Beschaffungsmengen der Gegenwaren im Falle der Fremdkompensation bestimmt. Um die Alternative "Fremdkompensation" mit der Alternative "Eigenkompensation" vergleichbar zu machen, ist für beide Alternativen die jeweils anfallende **Auszahlungssumme** für die Beschaffung der Inputgüter zugrunde zu legen, wobei diese im Falle der Fremdkompensation noch um die für die Gegenwaren anfallenden Stützungszahlungen erhöht wird. Bei der Alternative "Fremdkompensation" läßt sich die Auszahlungssumme für die Beschaffung der Inputgüter wie folgt bestimmen: Am bisherigen Beschaffungsprogramm ändert sich nichts, d. h. sämtliche Inputgüter werden nach wie vor von den bisherigen Lieferanten bezogen. Die gesamte Auszahlungssumme für die in die Produktion einzusetzenden J Inputgüter umfaßt also bei Fremdkompensation die mit den jeweiligen Beschaffungspreisen p_j bewerteten Bedarfsmengen x_j' ($p_j \cdot x_j'$ für alle Inputfaktoren j), abzüglich etwaiger Rabatte und zuzüglich der Stützungszahlung S. Bezüglich der Rabattstruktur wird dabei der Fall **durchgerechneter Rabattstaffeln** zugrundegelegt, d. h. ein bestimmter Rabattsatz gilt jeweils für die Gesamtmenge (vgl. *Berndt*, 1992, S. 217). Ist x_j' die Bedarfsmenge des Inputfaktors j in der Planperiode, so gilt für diese Menge beim bisherigen Lieferanten ein bestimmter (mengenabhängiger) Rabattsatz $q_j^{r'}$, d. h. die Netto-Auszahlung für das Inputgut j beim bisherigen Lieferanten beträgt:

$$A_j = (p_j \cdot x_j') \cdot (1-q_j^{r'}) \qquad \text{(für alle j);} \qquad (3.60)$$

die gesamte Auszahlungssumme für alle Inputgüter beläuft sich somit auf:

$$A = \sum_{j=1}^{J} (p_j \cdot x_j') \cdot (1-q_j^{r'}) \qquad (3.61)$$

mit r = 1,..., R die einzelnen Rabattstufen für die Mengen $x_j^r \leq x_j < x_j^{r+1}$ des Inputguts j,
$q_j^{r'}$ = Rabattsatz bei der Rabattstufe r', die für die Menge $x_j^{r'} \leq x_j' < x_j^{r'+1}$ des Inputguts j gilt.

Damit beträgt die gesamte Auszahlungssumme unter Berücksichtigung der bei Fremdkompensation anfallenden (minimalen) Stützungszahlungen

$$A^*_{FK} = \sum_{j=1}^{J} [(p_j \cdot x_j') \cdot (1-q_j^{r'}) + p_{gj} \cdot x_{gj}^* \cdot s_j]. \qquad (3.62)$$

Wird eine **Eigenkompensation** in Erwägung gezogen, so werden die Gegenwaren j zumindest teilweise als Inputgüter im Produktionsprozeß eingesetzt. Zur Formulierung eines geeigneten Ansatzes zur Wahl des optimalen Warenkorbs sind dabei einige **Vorüberlegungen** erforderlich. Zunächst gilt, daß es in Abhängigkeit der Qualität der gelieferten Gegenwaren möglich ist, daß für einzelne Gegenwaren im Vergleich zu den bei den Stammlieferanten beschafften Gütern Mehrkosten entstehen, die sich wie folgt zusammensetzen:

- Kosten für Ausschuß aufgrund geringwertigerer Qualität der Güter in Höhe von k_j^A pro Stück (für $j \in \{1,..., J\}$), und
- Kosten für Nachbesserung und Modifikation der Gegenwaren, damit sie überhaupt im Produktionsprozeß eingesetzt werden können, in Höhe von k_j^N pro Stück (für $j \in \{1,..., J\}$).[31]

Zusätzlich ist hier zu beachten, daß möglicherweise auch Mehrausgaben aufgrund entgangener Rabatte bei den Stammlieferanten entstehen, da im Falle der Eigenkompensation nicht mehr bei allen Inputgütern die gesamte Bedarfsmenge x_j', sondern nur ein Teil davon beim Stammlieferanten beschafft wird, so daß der westliche Anbieter u. U. in eine ungünstigere Rabattstufe kommt. Die Auszahlung beim Stammlieferanten für Produkt j, wenn eine bestimmte Menge x_{gj} durch Kompensation beschafft wird, beträgt nunmehr:

$$A_j = p_j \cdot (x_j' - x_{gj}) \cdot (1-q_j^r) \qquad (\text{für } j \in \{1,..., J\}) \qquad (3.63)$$

mit q_j^r = Rabattsatz bei der Rabattstufe r, die für die Menge $x_j^r = (x_j' - x_{gj})$ gilt,

wobei u. U. $r < r'$ ist, d. h. es wird eine ungünstigere Rabattstufe erreicht dadurch, daß beim Stammlieferanten nur noch die Menge x_j^r beschafft wird. Damit kann der Netto-Beschaffungspreis für das Inputgut j höher als bisher ausfallen.

31) Bei den o. g. Mehrkosten wird hier und im folgenden angenommen, sie würden mit Auszahlungen in gleicher Höhe und in derselben Periode zusammenfallen. Wie eingangs bereits erwähnt wurde, kann ihre Höhe aus Erfahrungswerten oder durch Anforderung von Mustern bzw. Sichtung der Gegenwaren vor Ort geschätzt werden.

Die - noch unbekannten - Kompensationsmengen x_{gj} können vom ausländischen Nachfrager jeweils zu dem von ihm vorgegebenen Preis p_{gj} beschafft werden,[32] d. h. die Auszahlung für die in den Produktionsprozeß eingehende Gegenware j beträgt, unter Berücksichtigung der jeweiligen Mehrkosten k_j^A und k_j^N,

$$A_{gj} = p_{gj} \cdot x_{gj} + (k_j^A + k_j^N) \cdot x_{gj} \qquad \text{(für alle j).} \qquad (3.64)$$

Gesucht sind für alle Gegenwaren j diejenigen Mengen $x_{gj}{}^*$, bei denen die Auszahlungssumme für die Beschaffung der Inputgüter im Falle der Eigenkompensation am geringsten ausfällt. Für die beschriebene Ausgangssituation läßt sich somit folgender **Ansatz** formulieren: Zu minimieren ist die *Zielfunktion*:

$$A_{EK} = \sum_{j=1}^{J} \left[\sum_{r=1}^{R} p_j \cdot x_j^r \cdot (1-q_j^r) + p_{gj} \cdot x_{gj} + (k_j^A + k_j^N) \cdot x_{gj} \right] \rightarrow \text{Min!} \qquad (3.65)$$

mit x_j^r = zu beschaffende Menge des Inputguts j beim Stammlieferanten

unter folgenden *Nebenbedingungen*:

$$x_j^r + x_{gj} = x_j' \qquad \text{(für alle j)} \qquad (3.66)$$

$$x_j^r \geq 0 \qquad \text{(für alle j)} \qquad (3.67)$$

$$x_{gj} \geq 0 \qquad \text{(für alle j)} \qquad (3.68)$$

$$x_{uj}^r \cdot u_j^r \leq x_j^r \leq x_{oj}^r \cdot u_j^r \qquad \text{(für alle j, r)} \qquad (3.69)$$

$$\sum_{r=1}^{R} u_j^r \leq 1 \qquad \text{(für alle j)} \qquad (3.70)$$

$$u_j^r \geq 0 \text{ und ganzzahlig} \qquad \text{(für alle j, r)} \qquad (3.71)$$

$$\sum_{j=1}^{J} (p_{gj} \cdot x_{gj}) \geq Q \cdot p_h \cdot x_h. \qquad (3.57)$$

Durch *(3.66)* wird gewährleistet, daß die gesamte auf welche Weise auch immer zu beschaffende Menge den Bedarf der Periode decken muß, ihn aber - da Lagerhaltung ausgeschlossen wurde - nicht überschreiten darf. Bei *(3.66)* handelt es sich somit um eine strenge Gleichheitsbedingung (zur Handhabung von Gleichheitsbedingungen im

32) Die Annahme, der Preis für die Gegenwaren werde vom ausländischen Nachfrager vorgegeben, entspricht der gängigen Praxis und ist daher unproblematisch.

Rahmen von Ansätzen der mathematischen Programmierung vgl. z. B. *Ellinger*, 1985, S. 46 ff. und *Hax*, 1974, S. 115 und 121).

Durch *(3.69)* in Verbindung mit *(3.70)* und *(3.71)* wird berücksichtigt, daß in Abhängigkeit der durch Kompensation beschafften Menge x_{gj} beim bisherigen Lieferanten unterschiedliche Rabattstufen erreicht werden können (in Anlehnung an *Bieber*, 1988, S. 214 f.). Die Menge $x_j^r = x_j' - x_{gj}$, die genau in die Rabattstufe r fällt, ist nur dann größer Null, wenn sie in das Rabattintervall $[x_{uj}^r; x_{oj}^r]$ fällt, wobei x_{uj}^r die Beschaffungsuntergrenze und x_{oj}^r die Beschaffungsobergrenze für die Rabattstufe r sind; u_j^r ist eine Binärvariable, die gewährleisten soll, daß für jedes Inputgut j eine einzige Rabattstufe r gilt; sie nimmt den Wert Eins an, wenn x_j^r in die Rabattstufe r fällt, Null sonst.

(3.57) gewährleistet schließlich, daß der Gesamtwert der Kompensationslieferungen die Kompensationsquote erfüllen muß.

Beim vorgestellten Modell handelt es sich um einen Ansatz der gemischt-ganzzahligen Programmierung. Die rechnerische Lösung gemischt-ganzzahliger Programme ist mit erheblichen Schwierigkeiten verbunden, da ein mit dem Simplex-Algorithmus vergleichbarer Lösungsansatz bislang fehlt. Folgende Lösungsansätze können herangezogen werden:

- **Schnittebenenverfahren**: Der Bereich zulässiger Lösungen wird durch Einführung weiterer Nebenbedingungen so eingeengt, daß mit Hilfe des Simplex-Algorithmus eine optimale ganzzahlige Lösung erzielt wird (vgl. z. B. *Ellinger*, 1985, S. 145 ff.).
- **Enumerationsverfahren**: Es werden alle Lösungen enumeriert und die Optimallösung, welche die Ganzzahligkeitsbedingungen erfüllt, ermittelt.
- **Branch-and-bound-Verfahren**: Branch-and-bound-Verfahren sind spezielle Enumerationsverfahren. Die Optimallösung wird systematisch durch sukzessives Aufspalten des zulässigen Lösungsbereichs eines Optimierungsproblems gesucht; die entstehenden Teilbereiche werden dann getrennt optimiert. Bereiche, deren Optimallösung schlechter ausfällt als in anderen Bereichen, werden nicht weiter berücksichtigt (vgl. z. B. *Ellinger*, 1985, S. 166 ff.).

Die Minimierung der *Zielfunktion (3.65)* unter den *Nebenbedingungen (3.66) - (3.71)* und *(3.57)* ergibt zum einen für alle Gegenwaren die gesuchten auszahlungsminimalen Mengen x_{gj}^*, die durch das Kompensationsgeschäft beschafft werden sollen, also den für die Alternative "Eigenkompensation" optimalen Warenkorb. Zum anderen resultieren auch die optimalen von den Stammlieferanten zu beschaffenden Mengen der Inputgüter x_j^{r*}, wobei über *(3.66)* gewährleistet ist, daß der Bedarf genau gedeckt wird. Das Entscheidungsproblem hat dann keine Lösung, wenn der (wertmäßige) Bedarf an Inputgütern - selbst dann, wenn sie sämtlich durch Kompensation beschafft werden - zur Erfüllung der Kompensationsverpflichtung gemäß *(3.57)* nicht ausreichend ist. Die Entscheidung zwischen Eigen- und Fremdkompensation erfolgt anschließend durch Vergleich der (jeweils minimalen) Auszahlungssummen der beiden Alternativen, A^*_{FK} und A^*_{EK}, die sich durch Einsetzen der jeweils optimalen Mengen x_{gj}^* und x_j^{r*} ergeben. Zu wählen ist die günstigere Alternative.

Fall (2): Industrielle Großprojekte

Bei **industriellen Großprojekten** ist eine Modifikation der Ansätze erforderlich, da sich die Lieferung der Gegenwaren über einen mehrperiodigen Zeitraum erstreckt. Somit ist eine dynamische Betrachtung erforderlich, d. h. zu vergleichen sind keine Auszahlungssummen, sondern **Auszahlungsbarwerte**. Die Analyse erfolgt dabei zunächst für Buy-back-Geschäfte (2a), anschließend für Offset-Geschäfte (2b).

(2a): Buy-back-Geschäfte

Buy-back-Geschäfte sind dadurch charakterisiert, daß die vom ausländischen Nachfrager gelieferten Gegenwaren mit Hilfe der vom westlichen Anbieter bereitgestellten Hauptleistung produziert werden. Ihre Lieferung setzt sich dabei aus zeitlich verteilten Teillieferungen zusammen. Im folgenden wird daber vereinfachend ausschließlich der Regelfall eines Buy-back-Geschäfts mit Zahlungsströmen betrachtet, d. h. sowohl die Hauptleistung, als auch die Gegenleistung werden durch Zahlungen abgegolten. Wie in der Praxis üblich soll bzgl. der Lieferung der Gegenwaren von jährlich wertmäßig gleichbleibenden Teillieferungen ausgegangen werden; dieser Wert kann mit Hilfe der Annuitätenmethode ermittelt werden (vgl. die Ausführungen in Unterabschnitt B.III.2.). Somit ist die Nebenbedingung bezüglich der Erfüllung der Kompensationsverpflichtung dahingehend abzuwandeln, daß für den unterstellten gleichbleibenden Wert der Teillieferungen pro Periode *Gleichung (3.39)* zugrunde gelegt wird:

$$p_{gt} \cdot x_{gt} = Q \cdot p_h \cdot x_h \cdot \frac{(1+i)^{\tau} \cdot i}{(1+i)^{\tau} - 1} \qquad \text{(für alle t)}$$

mit p_{gt} = Preis der Gegenware in der Periode t ($t = T+1,..., T+\tau$),
x_{gt} = Menge der Gegenware in der Periode t.

Wie in Unterabschnitt B.III.2. wird auch hier angenommen, die Hauptleistung werde in $t = T$ fertiggestellt und die Gegenlieferungen erstrecken sich über den Zeitraum $t = T+1,..., T+\tau$. Bei Buy-back-Geschäften ist dabei der **Einproduktfall** die Regel; bei vom ausländischen Nachfrager vorgegebenem Preis für die Gegenware steht somit über *Gleichung (3.39)* auch deren Menge pro Periode fest, so daß der westliche Anbieter diesbezüglich keinem Optimierungsproblem gegenübersteht.

Zunächst soll die Analyse für den Fall der **Fremdkompensation** erfolgen. Die pro Periode an einen Fremdkompensateur zu leistende Stützungszahlung für die Gegenware beträgt:

$$S_t = p_{gt} \cdot x_{gt} \cdot s_g \qquad \text{(für alle t),} \qquad (3.72)$$

mit S_t = Stützungszahlung für die Gegenware in der Periode t,
s_g = Stützungssatz für die Gegenware (im Zeitablauf konstant).[33]

Bei Betrachtung des gesamten Planungszeitraums gilt somit für den Barwert der Stützungszahlungen:

$$S = \sum_{t=T+1}^{T+\tau} (p_{gt} \cdot x_{gt} \cdot s_g) \cdot (1+i)^{-t}. \qquad (3.73)$$

Die pro Periode anfallende Auszahlungssumme für die Beschaffung der Inputgüter einschließlich der zu leistenden Stützungszahlung, $A_{FK,t}$, ergibt sich analog zu *Gleichung (3.62)* als

$$A_{FK,t} = \sum_{j=1}^{J} [(p_{jt} \cdot x_{jt}') \cdot (1-q_j^{r'}) + p_{gt} \cdot x_{gt} \cdot s_g] \qquad \text{(für alle t)} \qquad (3.74)$$

mit p_{jt} = Einstandspreis des Inputguts j in der Periode t (t = T+1,..., T+τ) beim bisherigen Lieferanten,
x_{jt}' = Bedarfsmenge des Inputguts j in der Periode t,
$q_j^{r'}$ = Rabattsatz bei der Rabattstufe r', die für die Menge $x_{jt}^{r'} \leq x_{jt}' < x_{jt}^{r'+1}$ gilt (im Zeitablauf konstant).

Im Falle der **Eigenkompensation** gilt dagegen, daß ein bestimmtes Inputgut j ganz oder teilweise durch die Gegenware substituiert wird. Wird dabei Lagerhaltung ausgeschlossen, ist die Voraussetzung für Eigenkompensation, daß die pro Periode gelieferte Menge den Periodenbedarf des Inputguts j, x_{jt}', nicht übersteigt, d. h.

$$x_{gt} \leq x_{jt}' \qquad \text{(für } g = j, j \in \{1,..., J\} \text{ und alle t).} \qquad (3.75)$$

Auch hier besteht kein Optimierungsproblem - sofern das übrige Beschaffungsprogramm bereits feststeht -, da Menge und Wert der Teillieferungen pro Periode wegen *Gleichung (3.39)* ein Datum sind. Die Auszahlung für den Bezug der Gegenware pro Periode, A_{gt}, unter Berücksichtigung der Mehrausgaben für Ausschuß und Nachbesserung, k_g^A und k_g^B, beträgt:

33) Voraussetzung dafür, daß Fremdkompensation überhaupt möglich ist, ist allerdings, daß der Fremdkompensateur auch bereit ist, pro Periode die Menge x_{gt} abzunehmen. Ist dies nicht der Fall, so ist die Alternative "Fremdkompensation" auszuschließen.

$$A_{gt} = p_{gt} \cdot x_{gt} + (k_g^A + k_g^B) \cdot x_{gt} \qquad \text{(für alle t);} \qquad (3.76)$$

die Auszahlungssumme für das gesamte Beschaffungsprogramm beträgt somit pro Periode analog zu *Gleichung (3.65)*:

$$A_{EK,t} = \sum_{\substack{j=1 \\ j \neq g}}^{J} [p_{jt} \cdot x_{jt}^{r'} \cdot (1-q_j^{r'}) + p_{jt} \cdot x_{jt}^{r} \cdot (1-q_j^{r}) + p_{gt} \cdot x_{gt} + (k_g^A + k_g^N) \cdot x_{gt}] \qquad \text{(für alle t)} \qquad (3.77)$$

(the second term with $j=g$)

mit $x_{jt}^r = (x_{jt}' - x_{gt})$ = zu beschaffende Menge des Inputguts j = g beim Stammlieferanten in der Periode t,

q_j^r = Rabattsatz bei der Rabattstufe r, die für die Menge x_{jt}^r gilt.

Zu beachten ist, daß der westliche Anbieter u. U. bezüglich der Gegenware $g = j$, $j \in \{1,..., J\}$ beim bisherigen Lieferanten des entsprechenden Inputguts in eine ungünstigere Rabattstufe fällt ($q^r < q^{r'}$), d. h. die Auszahlungssumme wird dadurch erhöht. Die Entscheidung zwischen Eigen- und Fremdkompensation kann dadurch herbeigeführt werden, daß die Auszahlungsbarwerte der beiden Alternativen, d. h. die über den gesamten Planungszeitraum aufsummierten und abgezinsten Auszahlungssummen, miteinander verglichen werden.

(2b): Offset-Geschäfte

Offset-Geschäfte als eine weitere Form der Industriekompensation beinhalten ebenfalls zeitlich verteilte Teillieferungen der Gegenwaren; im Gegensatz zu Buy-back-Geschäften besteht für den westlichen Anbieter jedoch ein Optimierungsproblem, da er zwischen mehreren potentiellen Unterlieferanten (beim direkten Offset) bzw. mehreren Gegenwaren (beim indirekten Offset) wählen kann. Beim direkten Offset ist jedoch keine Entscheidung zwischen Eigen- und Fremdkompensation zu treffen, da die erhaltenen Gegenleistungen zur eigenen Projektdurchführung beitragen, es handelt sich hier also immer um Eigenkompensation. Im folgenden wird daher nur das **indirekte Offset-Geschäft** betrachtet. Die Ermittlung des optimalen Warenkorbs beim direkten Offset entspricht formal der Ermittlung des optimalen Warenkorbs beim indirekten Offset bei Eigenkompensation und Einsatz der Gegenwaren im Produktionsprozeß, so daß kein gesonderter Ansatz erforderlich ist. Der einzige Unterschied liegt im Zeitindex, da beim direkten Offset die Gegenlieferungen j **vor** Abschluß des Projekts eingehen müssen, d. h. sie erstrecken sich über den Zeitraum $t = t_1,..., T$; dagegen wurde beim indirekten Offset angenommen, die Lieferungen der Gegenwaren würden unmittelbar nach Fertigstellung des Projekts (in T) beginnen und sich über einen Zeitraum von $t = T,..., T+\tau$ erstrecken (vgl. Unterabschnitt B.III.2.).

Im Falle von Offset-Geschäften ist dabei der **Mehrproduktfall** die Regel, wobei jede vom westlichen Anbieter erbrachte Gegenleistung j mit einem spezifischen Multiplikator β_j versehen wird, d. h. die Offset-Leistungen des westlichen Anbieters werden in Abhängigkeit der Präferenzen des ausländischen Nachfragers unterschiedlich gewichtet.

Im Falle der **Fremdkompensation** fallen in jeder Periode für die einzelnen Gegenwaren Stützungszahlungen an den Fremdkompensateur an. Ziel des westlichen Anbieters im Falle der Fremdkompensation ist es, den Warenkorb nach Art und Mengen der Gegenwaren so zu bestimmen, daß der Barwert der für alle Gegenwaren zu leistenden Stützungszahlungen über den gesamten Planungszeitraum minimal wird. Damit läßt sich folgender **Ansatz** formulieren: Zu minimieren ist die *Zielfunktion* :

$$S = \sum_{t=T}^{T+\tau} \left[\sum_{j=1}^{J} p_{gjt} \cdot x_{gjt} \cdot s_j \right] \cdot (1+i)^{-t} \rightarrow \text{Min!} \tag{3.78}$$

mit p_{gjt} = Preis der Gegenware j in der Periode t (t = T,..., T+τ),
x_{gjt} = Menge der Gegenware j in der Periode t.

Zu beachten sind dabei folgende *Nebenbedingungen*:

$$\sum_{t=T}^{T+\tau} \left[\sum_{j=1}^{J} \beta_j \cdot p_{gjt} \cdot x_{gjt} \right] \cdot (1+i)^{-t} \geq Q \cdot p_h \cdot x_h \cdot (1+i)^{-T}, \tag{3.79}$$

$$x_{gjt} \leq x^F{}_{gjt} \qquad \text{(für alle j, t) und} \tag{3.80}$$

$$x_{gjt} \geq 0 \qquad \text{(für alle j, t)} \tag{3.81}$$

mit $x^F{}_{gjt}$ = vom Fremdkompensateur maximal abgenommene Menge der Gegenware j in der Periode t.

(3.79) gewährleistet, daß die (gewichtete und abgezinste) Summe der vom westlichen Anbieter zu erbringenden Offset-Leistungen über den gesamten Planungszeitraum dem auf t = t_0 bezogenen Wert der Kompensationsverpflichtung mindestens entsprechen muß.

Die Lösung dieses Ansatzes liefert die pro Periode optimalen Mengen $x_{gjt}{}^*$ für alle Gegenwaren, d. h. diejenigen Mengen, durch die der Barwert der Stützungszahlungen minimal wird. Pro Periode beläuft sich die (minimale) Auszahlungssumme für die Beschaffung der Inputgüter, $A^*{}_{FK,t}$, einschließlich der anfallenden Stützungszahlungen auf

$$A^{*}_{FK,t} = \sum_{j=1}^{J} [(p_{jt} \cdot x_{jt}') \cdot (1-q_j^{r'}) + p_{gjt} \cdot x_{gjt}^{*} \cdot s_j] \quad \text{(für alle t)} \tag{3.82}$$

mit p_{jt} = Preis des Inputguts j in der Periode t,
x_{jt}' = Bedarfsmenge des Inputguts j in der Periode t.

Im Falle der **Eigenkompensation** ist - wie schon für den Fall einmaliger Handelstransaktionen dargestellt wurde - darüber zu befinden, welche Gegenwaren in welchen Mengen im Produktionsprozeß einzusetzen sind. Es findet hier wiederum eine (teilweise) Substitution von Gütern, welche bisher von den Stammlieferanten bezogen wurden, durch Kompensationswaren. Bei der Entscheidungsfindung sind wiederum die Mehrausgaben für Ausschuß bzw. Nachbesserung der u. U. qualitativ minderwertigen Gegenwaren sowie höhere Auszahlungen bei den Stammlieferanten dadurch, daß der westliche Anbieter bzgl. einzelner Inputgüter u. U. in eine ungünstigere Rabattstufe fällt, zu berücksichtigen. Der für einmalige Handelstransaktionen entwickelte und durch *(3.65) - (3.71)* und *(3.57)* beschriebene **Ansatz** ist für Offset-Geschäfte wie folgt zu modifizieren: Die *Zielfunktion*

$$A_{EK} = \sum_{t=T}^{T+\tau} \{\sum_{j=1}^{J} [\sum_{r=1}^{R} p_{jt} \cdot x_{jt}^{r} \cdot (1-q_j^{r}) + p_{gjt} \cdot x_{gjt} + (k_j^{A} + k_j^{N}) \cdot x_{gjt}]\} \cdot (1+i)^{-t}$$
$$\rightarrow \text{Min!} \tag{3.83}$$

mit x_{jt}^{r} = zu beschaffende Menge des Inputguts j beim Stammlieferanten in der Periode t,
q_j^{r} = Rabattsatz bei der Rabattstufe r, die für die Menge x_{jt}^{r} gilt

ist zu maximieren mit den *Nebenbedingungen*

$$x_{jt}^{r} + x_{gjt} = x_{jt}' \quad \text{(für alle j, t)} \tag{3.84}$$

$$x_{jt}^{r} \geq 0 \quad \text{(für alle j, t)} \tag{3.85}$$

$$x_{gjt} \geq 0 \quad \text{(für alle j, t)} \tag{3.81}$$

$$x_{uj}^{r} \cdot u_j^{r} \leq x_{jt}^{r} \leq x_{oj}^{r} \cdot u_j^{r} \quad \text{(für alle j, r, t)} \tag{3.86}$$

$$\sum_{r=1}^{R} u_j^{r} \leq 1 \quad \text{(für alle j)} \tag{3.70}$$

$$u_j^{r} \geq 0 \text{ und ganzzahlig} \quad \text{(für alle j, r)} \tag{3.71}$$

$$\sum_{t=T}^{T+\tau} [\sum_{j=1}^{J} \beta_j \cdot p_{gjt} \cdot x_{gjt}] \cdot (1+i)^{-t} \geq Q \cdot p_h \cdot x_h \cdot (1+i)^{-T}. \tag{3.79}$$

(3.84) berücksichtigt, daß die vom Stammlieferanten und vom ausländischen Nachfrager insgesamt bezogene Menge des Inputguts j genau dem Periodenbedarf ent-

sprechen muß; *(3.86)*, *(3.70)* und *(3.71)* gewährleisten, daß für alle j die Menge x_{jt}^{r} in genau eine Rabattstufe r fällt. *(3.79)* gewährleistet wiederum, daß der (gewichtete) Gesamtwert der Kompensationslieferungen die Kompensationsquote erfüllen muß.

Die Lösung dieses Ansatzes liefert die pro Periode optimalen Mengen x_{gjt}^{*} - d. h. die Mengen an Kompensationswaren, welche den Auszahlungsbarwert minimieren - für alle Gegenwaren im Falle der Eigenkompensation (sofern der wertmäßige Gesamtbedarf an Kompensationsgütern zur Erfüllung der Kompensationsverpflichtung ausreichend ist). Darüber hinaus resultieren auch die pro Periode von den Stammlieferanten zu beziehenden optimalen Mengen der Inputgüter, x_{jt}^{r*}. Pro Periode beläuft sich die (minimale) Auszahlungssumme für das gesamte Beschaffungsprogramm auf

$$A^{*}_{EK,t} = \sum_{j=1}^{J} [p_{jt} \cdot x_{jt}^{r*} \cdot (1-q_j^{r}) + p_{gjt} \cdot x_{gjt}^{*} + (k_j^{A} + k_j^{N}) \cdot x_{gjt}^{*}]$$

(für alle t). (3.87)

Die Entscheidung zwischen Eigen- und Fremdkompensation erfolgt anschließend durch Vergleich der (abgezinsten und aufsummierten) Auszahlungen der beiden Alternativen für den gesamten Planungszeitraum, A^{*}_{FK} und A^{*}_{EK}, die sich durch den Einsatz der jeweils optimalen Mengen x_{gjt}^{*} und x_{jt}^{r*} ergeben.

cc. *Die Entscheidung zwischen Eigen- und Fremdkompensation bei Möglichkeit der Aufnahme der Gegenwaren in das eigene Absatzprogramm*

(1) Die Ausgangssituation bei Möglichkeit der Aufnahme der Gegenwaren in das eigene Absatzprogramm

Sind die vom ausländischen Nachfrager angebotenen Gegenwaren prinzipiell mit dem eigenen Absatzprogramm kompatibel, so kann der westliche Anbieter zwischen folgenden **Handlungsalternativen** wählen: Zum einen kann er die Gegenwaren gegen Zahlung einer Stützung einem Fremdkompensateur überlassen (Fremdkompensation), zum anderen kann er sie im Rahmen der Eigenkompensation unter der eigenen Marke vertreiben.

Bei der Alternative "Fremdkompensation" wird wiederum vom Ziel der Minimierung der an den Fremdkompensateur zu leistenden Stützungszahlungen - bzw. deren Barwerts - ausgegangen. Bei der Alternative "Eigenkompensation" wird dagegen - da es sich um eine absatzpolitische Entscheidung handelt - die Maximierung des aus dem Absatz der Gegenwaren erzielbaren Gewinns bzw. Zahlungsüberschusses[34] zugrun-

34) Bzgl. der in die Gewinnermittlung eingehenden Kosten und Erlöse wird wiederum unterstellt, sie würden mit Zahlungen in gleicher Höhe und in derselben Periode zusammenfallen, so daß der (Perioden-)Gewinn einem Zahlungsüberschuß entspricht.

de gelegt (bei mehrperiodiger Betrachtung wird entsprechend das Ziel der Kapitalwertmaximierung verfolgt).

Die für den westlichen Anbieter geltende Ausgangssituation wird durch folgende **Datenkonstellation** charakterisiert:

- Der westliche Anbieter geht davon aus, daß er für die Hauptleistung einen Preis in Höhe von p_h durchsetzen kann bzw. er zu diesem Preis den Zuschlag erhalten wird. Die Bedarfsmenge der Hauptleistung, x_h, wird vom ausländischen Nachfrager vorgegeben, d. h. sie ist für den westlichen Anbieter ein Datum.
- Die Kompensationsquote Q wird vom ausländischen Nachfrager vorgegeben bzw. sie ist im Land des ausländischen Partners gesetzlich vorgeschrieben. Damit steht der Gesamtwert der Gegenlieferung (als Anteil am Wert der Hauptleistung) bei einem eigenen Preis für die Hauptleistung in Höhe von p_h ebenfalls fest und beträgt $Q \cdot p_h \cdot x_h$. Die Entscheidung zwischen Eigen- und Fremdkompensation und über den jeweils optimalen Warenkorb hat demnach unter der Nebenbedingung zu erfolgen, daß der westliche Anbieter bei jeder betrachteten Alternative den Gesamtwert der Kompensationsverpflichtung zu erfüllen hat.
- Der ausländische Nachfrager bietet einen aus J Gegenwaren bestehenden Warenkorb (j = 1,..., J) an, aus dem der westliche Anbieter frei wählen kann. Die Preise für die Gegenwaren, p_{gj} (j = 1,..., J), werden vom ausländischen Nachfrager vorgegeben; der westliche Anbieter hat somit lediglich über die Beschaffungsmengen der Gegenwaren x_{gj} (für alle j) zu entscheiden.
- Im Falle der Fremdkompensation ist für jede Gegenware j ein spezifischer Stützungssatz s_j an den Fremdkompensateur zu entrichten; der Stützungssatz wird als Prozentsatz des Gegenwarenwerts berechnet und wird vom Fremdkompensateur vorgegeben, ist also für den westlichen Anbieter ebenfalls ein Datum.
- Alle im Warenkorb enthaltenen Gegenwaren sind prinzipiell unter der eigenen Marke auf dem freien Markt absetzbar, und zwar jeweils bis zur Absatzobergrenze x_j^M. Darüber hinausgehende Mengen können unter der eigenen Marke nicht mehr abgesetzt werden, so daß x_j^M gleichzeitig die Beschaffungsobergrenze für die Menge des vom ausländischen Nachfrager zu beziehenden Produkts j darstellt. Der Marktpreis für das betreffende Produkt, p_j^M, ist vom westlichen Anbieter kurzfristig nicht beeinflußbar und ist somit für ihn ein Datum. Für den Absatz unter der eigenen Marke fallen dabei bei jeder Gegenware j (auszahlungswirksame) Marketingkosten (z. B. für Markierung und Verpackung) in Höhe von k_j^{Ma} pro Stück an.

Auch für den hier betrachteten Fall, daß die Gegenwaren in das eigene Absatzprogramm aufgenommen werden können, kann die Entscheidung zwischen Eigen- und Fremdkompensation dadurch herbeigeführt werden, daß für beide Alternativen zunächst der jeweils optimale Warenkorb ermittelt wird, d. h. für alle Gegenwaren die Mengen x_{gj}^*, welche dem Ziel der Gewinn- bzw. Kapitalwertmaximierung entsprechen und die insgesamt die Kompensationsverpflichtung erfüllen; anschließend sind

die optimalen Gewinne bzw. Kapitalwerte der beiden Alternativen miteinander zu vergleichen. Dabei sind zwei Fälle zu unterscheiden:
- Die vom ausländischen Partner angebotenen Gegenwaren sind bisher nicht im Absatzprogramm enthalten,
- die vom ausländischen Nachfrager angebotenen Waren sind bereits im eigenen Absatzprogramm enthalten und werden vom westlichen Anbieter selbst erstellt.

(2) Entscheidungsfindung bei nicht im Absatzprogramm enthaltenen Gegenwaren

Sind die Gegenwaren bisher nicht im Sortiment enthalten, so beinhaltet die Eigenkompensation eine **Erweiterung** des bisherigen Sortiments. Je nachdem, ob die Differenz aus dem Verkaufspreis und dem Einstandspreis der Produkte beim Kauf vom ausländischen Nachfrager (zuzüglich der Marketingkosten) positiv oder negativ ausfällt, kann der westliche Anbieter aus dem Verkauf der Gegenwaren entweder einen zusätzlichen Gewinn erzielen, oder aber einen Verlust, d. h. der Gewinn aus dem erweiterten Sortiment kann höher oder niedriger ausfallen als der Gewinn aus dem bisherigen Sortiment. Bei Fremdkompensation bleibt dagegen das bisherige Sortiment nach Art und Mengen erhalten, der Gewinn aus dem Absatz des bisherigen Sortiments wird jedoch durch die an den Fremdkompensateur zu leistende Stützungszahlung geschmälert. Die Analyse der monetären Konsequenzen der einzelnen Verwendungsalternativen der Gegenwaren soll im folgenden wiederum zum einen für einmalige Handelstransaktionen (Fall (1)), zum anderen für industrielle Großprojekte (Fall (2)) erfolgen.

Fall (1): Einmalige Handelstransaktionen

Im Rahmen einmaliger Handelstransaktionen soll hier wiederum der Fall zeitgleicher Abwicklung von Kauf und Gegenkauf betrachtet werden. Bei der Alternative **"Fremdkompensation"** berechnet sich der Gewinn aus dem Verkauf der Gegenwaren, G_{FK}, als Differenz aus dem Erlös aus dem Verkauf an den Fremdkompensateur und der Auszahlung für den Bezug der Gegenwaren beim ausländischen Nachfrager, d. h. der Summe aus den mit Einstandspreisen p_{gj} bewerteten Mengen der Gegenwaren x_{gj}. Der Erlös aus dem Verkauf der einzelnen Gegenwaren an den Fremdkompensateur entspricht dabei dem Wert der Gegenlieferung abzüglich eines vom Fremdkompensateur einbehaltenen Stützungsbetrags, welcher als Anteil am Wert der Gegenlieferung berechnet wird. Über alle Gegenwaren j gilt somit:

$$G_{FK} = \sum_{j=1}^{J} [p_{gj} \cdot x_{gj} \cdot (1 - s_j) - p_{gj} \cdot x_{gj}]. \quad (3.88)$$

Der Ausdruck $p_{gj} \cdot x_{gj} \cdot (1 - s_j)$ in der eckigen Klammer entspricht dem Verkaufserlös der Gegenware j an den Fremdkompensateur, abzüglich der - nach dem Gesamtwert der Gegenware berechneten - Stützungszahlung; der Ausdruck $p_{gj} \cdot x_{gj}$ entspricht der Auszahlung an den ausländischen Nachfrager für den Bezug der Gegenware j. Es wird ersichtlich, daß der Gewinn aus dem Verkauf der Gegenwaren im Falle der Fremdkompensation der (negativen) Summe der zu leistenden Stützungszahlungen gemäß *Gleichung (3.56)* entspricht:

$$G_{FK} = -S = -\sum_{j=1}^{J} p_{gj} \cdot x_{gj} \cdot s_j.$$

Auch in diesem Fall ist demnach die *Zielfunktion (3.56)* - analog zur Vorgehensweise im vorangegangenen Unterabschnitt C.III.4.a.bb. - zu minimieren unter den *Nebenbedingungen*

$$\sum_{j=1}^{J} (p_{gj} \cdot x_{gj}) \geq Q \cdot p_h \cdot x_h \qquad (3.57)$$

$$x_{gj} \leq x_{gj}^F \qquad \text{(für alle j)} \qquad (3.58)$$

$$x_{gj} \geq 0 \qquad \text{(für alle j)} \qquad (3.59)$$

mit x_{gj}^F = vom Fremdkompensateur maximal abgenommene Menge der Gegenware j (j = 1,..., J).

Die optimalen Mengen x_{gj}^* ergeben sich analog zur Vorgehensweise in Unterabschnitt C.III.4.a.bb.: Zunächst wird diejenige Gegenware abgenommen, deren Stützungssatz s_j am niedrigsten ist, und zwar bis zur Absatzobergrenze x_{gj}^F (es sei denn, die Kompensationsverpflichtung gemäß *Nebenbedingung (3.57)* ist bereits bei einer geringeren Menge erfüllt). Anschließend wird die Gegenware mit dem zweitniedrigsten Stützungssatz gewählt usw., bis die Kompensationsverpflichtung erfüllt ist. Daraus resultiert der optimale Warenkorb, d. h. diejenigen Mengen der Gegenwaren, welche die Summe der zu leistenden Stützungszahlungen minimieren.

Im Rahmen der **Eigenkompensation** können die Gegenwaren bis zur Absatzobergrenze x_j^M zum Preis p_j^M als eigene Marken abgesetzt werden. Der westliche Anbieter hat darüber zu entscheiden, welche Gegenwaren er in welchen Mengen abzunehmen hat, damit sein Gewinn aus dem Absatz der Gegenwaren maximal wird.[35]

---

35) Der Gewinn aus dem bisherigen Sortiment kann sowohl bei der Alternative "Eigenkompensation" als auch bei der Alternative "Fremdkompensation" vernachlässigt werden, da es sich hier um eine **Sortimentserweiterung** handelt, d. h. die Gegenwaren substituieren keinerlei bisher bereits vertriebene Produkte. Somit haben das Kompensationsgeschäft und die Verwendung der Gegenwaren keinerlei Einfluß auf den Gewinn aus dem bisherigen Sortiment, da dieser bei beiden Verwendungsalternativen c. p. in gleicher Höhe erhalten bleibt. Aus diesem Grunde sind hier lediglich die aus dem Kompensationsgeschäft resultierenden Zusatzgewinne (bzw. die zusätzlichen Stützungszahlungen) in die Entscheidungsfindung einzubeziehen.

Der Gewinn aus dem Verkauf der Gegenwaren errechnet sich als:

$$G_{EK} = \sum_{j=1}^{J} [(p_j^M - p_{gj}) \cdot x_{gj} - k_j^{Ma} \cdot x_{gj}] =$$

$$= \sum_{j=1}^{J} [(\Delta p_j - k_j^{Ma}) \cdot x_{gj}] \qquad (3.89)$$

mit Δp_j = Differenz aus Verkaufs- und Einstandspreis der Gegenware j.

Der Ausdruck $(\Delta p_j - k_j^{Ma})$ ist dabei der Stückdeckungsbeitrag des Produkts j, d. h. die Differenz aus dem Verkaufspreis und dem Einstandspreis des Produkts, abzüglich der zusätzlich anfallenden Marketingkosten. Die *Zielfunktion (3.89)* ist zu maximieren unter den *Nebenbedingungen*

$$\sum_{j=1}^{J} (p_{gj} \cdot x_{gj}) \geq Q \cdot p_h \cdot x_h \qquad (3.57)$$

$$x_{gj} \leq x_{gj}^M \qquad \text{(für alle j)} \qquad (3.90)$$

$$x_{gj} \geq 0 \qquad \text{(für alle j).} \qquad (3.59)$$

Der optimale Warenkorb, d. h. die für alle Gegenwaren gewinnmaximalen Mengen x_{gj}^*, ergeben sich folgendermaßen: Zunächst wird diejenige Gegenware abgenommen, bei der die Differenz $(\Delta p_j - k_j^{Ma})$ am höchsten ist, und zwar bis zur Absatzobergrenze x_{gj}^M oder bis zur Erfüllung der Kompensationsverpflichtung gemäß *Nebenbedingung (3.57)*. Anschließend wird die Gegenware mit dem zweithöchsten Deckungsbeitrag gewählt usw., bis die Kompensationsverpflichtung erfüllt ist. Zu beachten ist, daß - soweit die Gegenwaren einen positiven Stückdeckungsbeitrag haben - der westliche Anbieter durchaus seine Kompensationsverpflichtung übererfüllen kann, da durch den Absatz der Gegenwaren sein Gesamtgewinn in diesem Falle erhöht wird. Begrenzt wird die Menge der zu beziehenden Gegenwaren lediglich durch die jeweilige Absatzobergrenze x_j^M. Die Alternativen "Eigenkompensation" und "Fremdkompensation" können dadurch miteinander verglichen werden, d. h. es sind die Gewinne G_{EK}^* und G_{FK}^* unter Zugrundelegung der jeweils gewinnmaximalen Warenkörbe miteinander zu vergleichen.

Fall (2): Industrielle Großprojekte

(2a): Buy-Back-Geschäfte

Im Rahmen von Buy-back-Geschäften sollen hier wiederum lediglich Buy-back-Geschäfte mit Zahlungsströmen betrachtet werden. Dabei ist die Besonderheit zu berücksichtigen, daß im Rahmen von Buy-back-Geschäften i. d. R. eine einzige Gegenware angeboten wird, deren Lieferung sich über einen mehrperiodigen Zeitraum in Form wertmäßig gleichbleibender Teillieferungen erstreckt. Bezüglich des Wertes der Teillieferungen der Gegenware pro Periode gilt demnach *Gleichung (3.39)*:

$$p_{gt} \cdot x_{gt} = Q \cdot p_h \cdot x_h \cdot \frac{(1+i)^\tau \cdot i}{(1+i)^\tau - 1} \qquad \text{(für alle } t = T+1,\ldots,T+\tau\text{).}$$

Im Falle der **Fremdkompensation** entspricht der Gewinn aus dem Verkauf der Gegenware der Höhe der zu entrichtenden Stützungszahlungen an den Fremdkompensateur, d. h. pro Periode gilt:

$$G_{FK,t} = - p_{gt} \cdot x_{gt} \cdot s_g \qquad \text{(für alle t)} \qquad (3.91)$$

bzw. über den gesamten Planungszeitraum

$$C_{0FK} = - \sum_{t=T+1}^{T+\tau} (p_{gt} \cdot x_{gt} \cdot s_g) \cdot (1+i)^{-t}, \qquad (3.92)$$

mit p_{gt} = Preis der Gegenware in der Periode t ($t = T+1,\ldots, T+\tau$),
x_{gt} = Menge der Gegenware in der Periode t,
s_g = Stützungssatz für die Gegenware (im Zeitablauf konstant).

Bei vorgegebenem Preis für die Gegenware ist hier kein Optimierungsproblem gegeben, da eine einzige Gegenware gehandelt wird, deren Preis annahmegemäß vom ausländischen Nachfrager vorgegeben wird und deren Wert pro Periode über *Nebenbedingung (3.39)* damit feststeht. Die Alternative "Fremdkompensation" ist dabei nur dann möglich, wenn der Fremdkompensateur auch bereit ist, die Gegenware in der Menge x_{gt} pro Periode abzunehmen.

Wird eine **Eigenkompensation** in Erwägung gezogen, so erfolgt eine Sortimentserweiterung, die Gegenware g wird zusätzlich zum bisherigen Absatzprogramm abgesetzt und unter der eigenen Marke vertrieben. Wie bei einmaligen Handelstransaktionen wird auch hier angenommen, es erfolge keine Lagerhaltung; somit ist die Menge x_{gt} in derselben Periode abzusetzen. Gemäß der Nachfragefunktion des Marktes läßt sich bei dieser Menge ein Preis in Höhe von p_{gt}^M realisieren. Für den Absatz der Gegenware unter der eigenen Marke fallen dabei Marketingkosten in Höhe von

k_{gt}^{Ma} pro Stück an. Pro Periode berechnet sich der Gewinn bzw. der Zahlungsüberschuß aus dem Verkauf der Gegenware, $G_{EK,t}$, demnach als

$$G_{EK,t} = [(p_{gt}^{M} - p_{gt}) \cdot x_{gt} - k_{gt}^{Ma} \cdot x_{gt}] =$$

$$= (\Delta p_{gt} - k_{gt}^{Ma}) \cdot x_{gt} \qquad \text{(für alle t)} \qquad (3.93)$$

mit Δp_{gt} = Differenz aus Verkaufs- und Einstandspreis der Gegenware in der Periode t.

Über den gesamten Planungszeitraum beträgt der **Kapitalwert** C_{0EK} insgesamt

$$C_{0EK} = \sum_{t=T+1}^{T+\tau} (\Delta p_{gt} - k_{gt}^{Ma}) \cdot x_{gt} \cdot (1+i)^{-t}. \qquad (3.94)$$

Auch hier ist kein Optimierungsproblem gegeben; sämtliche in die Berechnung des Kapitalwerts eingehenden Größen sind für den westlichen Anbieter ein Datum. Die Entscheidung zwischen Eigen- und Fremdkompensation erfolgt durch Vergleich der jeweils anfallenden Kapitalwerte C_{0EK} und C_{0FK}.

(2b): Offset-Geschäfte

Anders als bei Buy-back-Geschäften besteht bei Offset-Geschäften ein Optimierungsproblem bezüglich der Zusammensetzung des Warenkorbs, da mehrere Gegenwaren zur Auswahl stehen bzw. - beim direkten Offset - mehrere potentielle Unterlieferanten.[36] Im Falle der **Fremdkompensation** entspricht der Gewinn aus dem Absatz der Gegenwaren dem (negativen) Barwert der Stützungszahlungen für die Überlassung der Gegenwaren an den Fremdkompensateur. Der optimale Warenkorb für die Alternative "Fremdkompensation" ergibt sich somit wiederum durch Minimierung der *Zielfunktion*

$$S = \sum_{t=T}^{T+\tau} [\sum_{j=1}^{J} p_{gjt} \cdot x_{gjt} \cdot s_j] \cdot (1+i)^{-t} \rightarrow \text{Min!} \qquad (3.78)$$

unter den *Nebenbedingungen*:

$$\sum_{t=T}^{T+\tau} [\sum_{j=1}^{J} \beta_j \cdot p_{gjt} \cdot x_{gjt}] \cdot (1+i)^{-t} \geq Q \cdot p_h \cdot x_h \cdot (1+i)^{-T}, \qquad (3.79)$$

$$x_{gjt} \leq x^{F}_{gjt} \qquad \text{(für alle j, t) und} \qquad (3.80)$$

36) Wie schon im Unterabschnitt C.III.4.a.bb. sollen auch hier lediglich **indirekte** Offset-Geschäfte betrachtet werden, da direkte Offset-Geschäfte immer eine Eigenkompensation beinhalten.

$$x_{gjt} \geq 0 \qquad \text{(für alle j, t)} \qquad (3.81)$$

mit p_{gjt} = Preis der Gegenware j in der Periode t (t = T,..., T+τ),
x_{gjt} = Menge der Gegenware j in der Periode t,
s_j = Stützungssatz für die Gegenware j (im Zeitablauf konstant),
x^F_{gjt} = vom Fremdkompensateur maximal abgenommene Menge der Gegenware j in der Periode t.

Auf der Basis dieses Ansatzes lassen sich für alle Gegenwaren die optimalen Mengen x_{gjt}^* ermitteln; pro Periode sind damit an den Fremdkompensateur Stützungszahlungen S_t^* in Höhe von

$$S_t^* = \sum_{j=1}^{J} p_{gjt} \cdot x_{gjt}^* \cdot s_j \qquad \text{(für alle t)} \qquad (3.95)$$

zu entrichten. Deren Barwert über den gesamten Planungszeitraum beträgt:

$$S^* = \sum_{t=T}^{T+\tau} \{\sum_{j=1}^{J} (p_{gjt} \cdot x_{gjt}^* \cdot s_j) \cdot (1+i)^{-t}. \qquad (3.96)$$

Bei **Eigenkompensation** können die Gegenwaren j auf dem freien Markt jeweils zum Preis p_{gjt}^M abgesetzt werden, und zwar bis zur jeweiligen Absatzobergrenze x_{jt}^M. Zur Vermarktung der Gegenwaren fallen dabei Marketingkosten in Höhe von k_{jt}^{Ma} pro Periode und Einheit an. Zu maximieren ist die *Zielfunktion*

$$C_{0EK} = \sum_{t=T}^{T+\tau} \{\sum_{j=1}^{J} [(p_{gjt}^M - p_{gjt}) \cdot x_{gjt} - k_{jt}^{Ma} \cdot x_{gjt}]\} \cdot (1+i)^{-t}$$

$$= \sum_{t=T}^{T+\tau} \{\sum_{j=1}^{J} [(\Delta p_{gjt}^M - k_{jt}^{Ma}) \cdot x_{gjt}]\} \cdot (1+i)^{-t} \rightarrow \text{Max!} \qquad (3.97)$$

mit Δp_{gjt} = Differenz aus Verkaufs- und Einstandspreis der Gegenware j in der Periode t (t = T,..., T+τ),
k_{jt}^{Ma} = Marketingkosten pro Stück für die Gegenware j in der Periode t

unter den *Nebenbedingungen*

$$\sum_{t=T}^{T+\tau} [\sum_{j=1}^{J} \beta_j \cdot p_{gjt} \cdot x_{gjt}] \cdot (1+i)^{-t} \geq Q \cdot p_h \cdot x_h \cdot (1+i)^{-T}, \qquad (3.79)$$

$$x_{gjt} \leq x_{jt}^M \qquad \text{(für alle j, t) und} \qquad (3.98)$$

$$x_{gjt} \geq 0 \qquad \text{(für alle j, t).} \qquad (3.81)$$

Die Lösung des Ansatzes liefert die für jede Periode optimalen Mengen x_{gjt}^* für alle neu in das Absatzprogramm aufzunehmenden Gegenwaren j. Der (optimale) **Kapitalwert** aus dem Absatz der Gegenwaren unter der eigenen Marke beläuft sich somit gemäß *(3.97)* auf

$$C_{0EK}^* = \sum_{t=T}^{T+\tau} \{ \sum_{j=1}^{J} [(\Delta p_{gjt}^{M} - k_{jt}^{Ma}) \cdot x_{gjt}^*] \cdot (1+i)^{-t}.$$

Durch Vergleich des Kapitalwerts C_{0EK}^* bei Eigenkompensation und des Barwerts der Stützungszahlungen S^* kann auch hier die Entscheidung zwischen Eigen- und Fremdkompensation getroffen werden. Die Aufnahme der Gegenwaren in das eigene Absatzprogramm ist auf jeden Fall vorteilhaft, solange C_{0EK}^* ein positives Vorzeichen aufweist, da der Absatz der Gegenwaren in diesem Fall den Kapitalwert aus dem bisherigen Sortiment erhöht (durch die Stützungszahlungen wird dagegen der Kapitalwert aus dem bisherigen Sortiment auf jeden Fall reduziert). Bei einem negativen Vorzeichen von C_{0EK}^* ist die Alternative zu wählen, deren (negativer) Barwert am geringsten ausfällt.

(3) Entscheidungsfindung bei bereits im Absatzprogramm enthaltenen Gegenwaren

Sind die vom ausländischen Partner angebotenen Produkte ihrer Art nach bereits im Sortiment enthalten, so findet im Rahmen der Alternative "Eigenkompensation" eine - zumindest teilweise - Substitution bisher selbst erstellter bzw. von anderen Lieferanten bezogener Produkte durch Kompensationswaren statt. Im folgenden soll dabei exemplarisch die Situation betrachtet werden, daß die im Absatzprogramm des westlichen Anbieters enthaltenen Produkte bisher sämtlich vom Unternehmen selbst erstellt werden, d. h. das bisherige Sortiment enthält keine fremdbezogenen Produkte. Vereinfachend wird dabei davon ausgegangen, sämtliche Produkte des Absatzprogramms könnten alternativ vom ausländischen Nachfrager als Gegenware bezogen werden. Innerhalb der Alternative "Eigenkompensation" hat der westliche Anbieter somit darüber zu befinden, welche der bisher selbst erstellten Produkte in welchen Mengen durch vom ausländischen Nachfrager gelieferte Gegenwaren zu substituieren sind. Somit handelt es sich um eine Entscheidung zwischen **Eigenfertigung** und **Fremdbezug.**

In einem ersten Schritt ist zunächst sowohl für den Fall der Eigenkompensation, als auch für den Fall der Fremdkompensation der jeweils optimale - i. S. von gewinn- bzw. kapitalwertmaximale - Warenkorb zu bestimmen; anschließend sind die Gewinne bzw. Kapitalwerte der beiden Alternativen miteinander zu vergleichen. Bei der Entscheidung zwischen Eigen- und Fremdkompensation gilt dabei, daß - anders als in dem im vorangegangenen Unterabschnitt (2) betrachteten Fall der Sortimentserweiterung - nicht mehr nur die zusätzlichen, durch das Kompensationsgeschäft verursachten Gewinne bzw. Kapitalwerte der beiden Alternativen zu vergleichen sind, sondern die jeweiligen Gesamtgewinne bzw. Kapitalwerte über das gesamte Sortiment. Der Grund liegt darin, daß das Kompensationsgeschäft im Falle der Alternative "Eigenkompensation" aufgrund der (teilweise) Substitution selbsterstellter Produkte durch Kompensationswaren die Zusammensetzung und damit die Wirtschaftlichkeit des bisherigen Sortiments verändert[37]; bei der Alternative "Fremdkompensation" bleibt dagegen das bisherige Sortiment gleich. Somit sind für die Entscheidungsfindung folgende Werte zu vergleichen:

- bei der Alternative "Eigenkompensation" der Gesamtgewinn bzw. -kapitalwert des neuen Sortiments,
- bei der Alternative "Fremdkompensation" der Gewinn bzw. der Kapitalwert des bisherigen Sortiments abzüglich der anfallenden Stützungszahlungen (bzw. deren Barwerts).

Bei den nachfolgend dargestellten Ansätzen werden dabei folgende **Annahmen** zugrunde gelegt:

- Es findet keine Lagerhaltung statt, d. h. die Produktionsmenge des Produktes j entspricht der Absatzmenge der jeweiligen Periode.
- Das bisherige Absatzprogramm ist bereits optimiert, d. h. die bisher realisierte Absatzmenge x_j^A (für alle j) ist die über alle Produkte gewinn- bzw. kapitalwertmaximale.

Die Analyse soll dabei wiederum zunächst für einmalige Handelstransaktionen (Fall (1)), anschließend für industrielle Großprojekte (Fall (2)) erfolgen.

Fall (1): Einmalige Handelstransaktionen

Ausgangspunkt der Überlegungen ist der realisierte Gewinn aus dem bisherigen Sortiment, also ohne Kompensationsgeschäft. Die im Absatzprogramm enthaltenen Produkte werden selbst erstellt; die einzelnen Produkte j verursachen dabei (auszahlungswirksame) variable Stückkosten der Produktion in Höhe von k_{vj} sowie kurzfristig abbaubare artikelspezifische Fixkosten in Höhe von K_j^F (zur Berücksichtigung artikelspezifischer Fixkosten vgl. z. B. *Dinkelbach/Hax*, 1962).[38] Die bisherigen (direkt

---

37) Ist nur eine Teilmenge des bisherigen Absatzprogramms durch Gegenwaren substituierbar, wie es bei Buy-back-Geschäften der Fall ist, so werden diejenigen Absatzgüter, welche nicht vom ausländischen Nachfrager bezogen werden können, nach wie vor selbst erstellt. Auch in diesem Falle ist das gesamte Sortiment neu zu optimieren, da die veränderte Wirtschaftlichkeit der durch Gegenwaren substituierten Produkte u. U. auch eine Veränderung der relativen Vorteilhaftigkeit der übrigen (nicht substituierten) Produkte nach sich ziehen kann.

38) Bzgl. der in die nachfolgend dargestellten Ansätze eingehenden Kosten und Erlöse wird wiederum unterstellt, sie würden mit Zahlungen in gleicher Höhe und in derselben Periode zusammenfallen, bzw. es sind nur solche Kosten und Erlöse in die Entscheidungsfindung einzubeziehen, welche mit

zurechenbaren) Produktionskosten des Produkts j und die damit verbundene Auszahlung beträgt somit:

$$A_j = k_{vj} \cdot x_j^A + K_j^F \qquad \text{(für alle j)} \qquad (3.99)$$

mit x_j^A = (optimale) Produktions- und Absatzmenge des Produkts j beim bisherigen Absatzprogramm.

Die einzelnen Produkte j sind auf dem freien Markt zum Preis p_j^M absetzbar. Der bisherige Gewinn über das gesamte Sortiment beläuft sich auf:

$$G = \sum_{j=1}^{J} [(p_j^M - k_{vj}) \cdot x_j^A - K_j^F] - K^F \qquad (3.100)$$

mit K^F = sonstige, kurzfristig nicht abbaubare Fixkosten.

Steht ein Kompensationsgeschäft an und wird zunächst die Alternative der **Fremdkompensation** betrachtet, so erfolgen die Produktion und der Absatz des bisherigen Sortiments unverändert; die Gegenwaren werden gegen Zahlung eines Stützungsbetrags einem Fremdkompensateur überlassen, die hierbei entstehenden Auszahlungen mindern den Gewinn aus dem Absatz des bisherigen Sortiments. Der **Gesamtgewinn** unter Berücksichtigung der Stützungszahlung, G_{FK}, beträgt nunmehr:

$$G_{FK} = \sum_{j=1}^{J} [(p_j^M - k_{vj}) \cdot x_j^A - K_j^F - p_{gj} \cdot x_{gj} \cdot s_j] - K^F. \qquad (3.101)$$

Die *Zielfunktion (3.101)* ist zu maximieren; unter der hier getroffenen Annahme, das bisherige Sortiment sei bereits optimiert, entspricht die Maximierung der *Zielfunktion (3.101)* der Minimierung der Stützungszahlung gemäß *Zielfunktion (3.56)* und den dazugehörigen *Nebenbedingungen (3.57), (3.58)* und *(3.59)*, da das Kompensationsgeschäft im Falle der Fremdkompensation das bisherige Absatzprogramm nicht berührt; die optimalen Mengen x_{gj}^* und die daraus resultierende minimale Stützungszahlung S^* sind damit mit den Ergebnissen aus dem vorangegangenen Unterabschnitt (2) identisch. Unter Berücksichtigung der minimalen Stützungszahlung S^* kann somit der optimale Gewinn bei Fremdkompensation, G^*_{FK}, ermittelt werden.

Im Falle der **Eigenkompensation** und unter der Annahme, unter der eigenen Marke könne maximal die Menge x_j^M abgesetzt werden, gilt Folgendes: Aufgrund der durch das Kompensationsgeschäft veränderten Wirtschaftlichkeit der einzelnen Produkte des Sortiments sind für die einzelnen Absatzgüter j die zugehörigen optimalen Ab-

entsprechenden Zahlungen verbunden sind. Damit entspricht der jeweils resultierende (Perioden-) Gewinn einem Zahlungsüberschuß.

satzmengen, x_j^A, neu zu bestimmen. Wird ein Teil der (gesuchten) Menge x_j^A durch das Kompensationsgeschäft fremdbezogen (x_{gj}), kann nur eine geringere (noch zu bestimmende) Menge $x_j^P = (x_j^A - x_{gj})$ selbst produziert werden, es gilt dabei:

$$x_j^P + x_{gj} \leq x_j^M \text{ bzw.}$$

$$x_j^P \leq x_j^M - x_{gj} \qquad (\text{für alle } g_j \in \{j = 1,..., J\}). \qquad (3.102)$$

Die anfallenden Produktionskosten und die damit verbundene Auszahlung für die - zumindest teilweise - noch selbsterstellten Produkte beträgt jetzt nur noch

$$A^P = \sum_{j=1}^{J} (k_{vj} \cdot x_j^P + K_j^F) + K^F, \qquad (3.103)$$

d. h. die variablen Produktionskosten reduzieren sich jeweils auf $k_{vj} \cdot x_j^P$.

Für die vom ausländischen Nachfrager zu beziehenden Produkte in den noch unbekannten Mengen x_{gj} wird wie im vorangegangenen Fall der Sortimentserweiterung davon ausgegangen, die zugehörigen Preise würden vom ausländischen Nachfrager festgelegt werden. Unter Berücksichtigung der für die Vermarktung der einzelnen Gegenwaren j anfallenden Marketingkosten, k_j^{Ma}, beträgt die Auszahlungssumme im Falle des Fremdbezugs:

$$A_g = \sum_{j=1}^{J} (p_{gj} + k_j^{Ma}) \cdot x_{gj}. \qquad (3.104)$$

Bei einem Abgabepreis an den Markt in Höhe von p_j^M für das jeweilige Produkt j resultiert der **Gesamtgewinn** im Falle der Eigenkompensation als:

$$G_{EK} = \sum_{j=1}^{J} [p_j^M \cdot (x_j^P + x_{gj}) - k_{vj} \cdot x_j^P - K_j^F - (p_{gj} + k_j^{Ma}) \cdot x_{gj}] - K^F =$$

$$= \sum_{j=1}^{J} [p_j^M \cdot x_j^A - k_{vj} \cdot (x_j^A - x_{gj}) - K_j^F - (p_{gj} + k_j^{Ma}) \cdot x_{gj}] - K^F \qquad (3.105a)$$

bzw.

$$G_{EK} = \sum_{j=1}^{J} [(p_j^M - k_{vj}) \cdot x_j^A - K_j^F - (p_{gj} + k_j^{Ma} - k_{vj}) \cdot x_{gj}] - K^F; \qquad (3.105b)$$

$(p_{gj} + k_j^{Ma} - k_{vj})$ ist dabei die Kostendifferenz, die dann anfällt, wenn eine Einheit von Produkt j nicht mehr selbst erstellt, sondern fremdbezogen wird. Diese Differenz ist als Grenzkosten für den Übergang von der Eigenfertigung zum Fremdbezug interpretierbar (zur Entscheidung zwischen Eigenfertigung und Fremdbezug vgl. z. B. *Männel*, 1980). Der Betrag $(p_{gj} + k_j^{Ma} - k_{vj}) \cdot x_{gj}$ repräsentiert somit die zusätzlichen Kosten, die anfallen, wenn nicht mehr die gesamte (noch zu bestimmende) Absatzmenge x_j^A, sondern nur $x_j^P = x_j^A - x_{gj}$ selbst erstellt wird (wobei nicht ausgeschlossen ist, daß die Mehrkosten ein negatives Vorzeichen haben, d. h. der ausländische Partner liefert Produkt j günstiger, als es der westliche Anbieter erstellen kann).

Die Erlöse bzw. die Einzahlungen aus dem Verkauf der j = 1,..., J Produkte betragen insgesamt $p_j^M \cdot x_j^A = p_j^M \cdot (x_j^P + x_{gj})$. Ein - noch zu bestimmender - Teil der Absatzmenge x_j^A, x_j^P, wird noch selbst produziert und verursacht eine Auszahlung in Höhe von A^P (*Gleichung (3.103)*). Die - ebenfalls noch zu bestimmende - durch Kompensation zu beziehende Menge x_{gj} führt zu einer Auszahlung in Höhe von A_g (*Gleichung (3.104)*). Daneben fallen für die zumindest teilweise noch selbsterstellten Produkte artikelspezifische Fixkosten in Höhe von K_j^F; die artikelspezifischen Fixkosten entfallen dagegen, wenn das Produkt j nicht mehr hergerstellt wird, sondern entweder nicht mehr angeboten ($x_j^A = 0$), oder ausschließlich vom ausländischen Nachfrager fremdbezogen wird ($x_j^P = 0$ und $x_j^A = x_{gj}$). Da die sonstigen Fixkosten K^F unabhängig von der Zusammensetzung des Sortiments sind, können sie bei der Optimierung des Absatzprogramms vernachlässigt werden.[39]

Damit läßt sich folgender **Ansatz** formulieren:

$$G_{EK} = \sum_{j=1}^{J} [p_j^M \cdot (x_j^P + x_{gj}) - k_{vj} \cdot x_j^P - K_j^F \cdot u_j - (p_{gj} + k_j^{Ma}) \cdot x_{gj}] \rightarrow \text{Max!} \qquad (3.106)$$

Zu beachten sind folgende *Nebenbedingungen*:

$$\sum_{j=1}^{J} (p_{gj} \cdot x_{gj}) \geq Q \cdot p_h \cdot x_h \qquad (3.57)$$

$$x_j^P \leq x_j^M \cdot u_j \qquad \text{(für alle j)} \qquad (3.107)$$

$$x_j^P + x_{gj} \leq x_j^M \qquad \text{(für alle j)} \qquad (3.102)$$

$$x_j^P \geq 0 \qquad \text{(für alle j)} \qquad (3.108)$$

$$x_{gj} \geq 0 \qquad \text{(für alle j)} \qquad (3.59)$$

$$0 \leq u_j \leq 1 \text{ und ganzzahlig} \qquad \text{(für alle j).} \qquad (3.109)$$

---

39) Die artikelspezifischen Fixkosten K_j^F sind dagegen Einzelkosten der Produktart und sind daher bei der Optimierung des Absatzprogramms weiter zu berücksichtigen.

Gegebenenfalls lassen sich im Ansatz auch Kapazitätsrestriktionen berücksichtigen. Die *Nebenbedingung (3.102)* soll gewährleisten, daß die Summe aus der selbsterstellten und der fremdbezogenen Menge der einzelnen Produkte j die jeweilige maximale Aufnahmefähigkeit des Marktes x_j^M (für alle j) nicht übersteigt. Die Hilfsvariable u_j hat folgende Bedeutung: Für $u_j = 0$ wird das Produkt j nicht mehr angeboten oder nur durch Kompensation beschafft, d. h. $x_j^P = 0$; damit entfallen auch die artikelspezifischen Fixkosten K_j^F. Ist $u_j = 1$, wird eine positive Menge x_j^P erstellt, so daß die zugehörigen artikelspezifischen Fixkosten erhalten bleiben.

Es handelt sich hier wiederum um einen Ansatz der gemischt-ganzzahligen Programmierung, dessen Lösung die optimalen Mengen x_{gj}^* der durch Kompensation zu beziehenden Produkte sowie die Mengen x_j^{P*} der noch selbst zu erstellenden Produkte liefert (für alle j). Damit steht auch die insgesamt abzusetzende, optimale Menge x_j^{A*} des neuen Absatzprogramms als $(x_j^{P*} + x_{gj}^*)$ ebenfalls fest. Durch Einsetzen der jeweils optimalen Mengen für alle Produkte j resultiert für die Alternative "Eigenkompensation" gemäß *(3.105a)* bzw. *(3.105b)* der optimale Gewinn G_{EK}^*. Die Entscheidung zwischen Eigen- und Fremdkompensation kann durch Vergleich der bei beiden Alternativen optimalen Gewinne, G_{EK}^* und G_{FK}^*, getroffen werden.

Fall (2): Industrielle Großprojekte

Im Falle **industrieller Großprojekte** ist auch in diesem Falle eine Modifikation der Ansätze erforderlich, da ein mehrperiodiger Planungszeitraum zugrunde zu legen ist. Ausgangspunkt der Überlegungen ist - wie schon bei einmaligen Handelstransaktionen - der bisherige Gewinn aus dem Absatzprogramm ohne Berücksichtigung des betrachteten Kompensationsgeschäfts. Die (direkt zurechenbaren) Produktionskosten der bisherigen Absatzmenge x_{jt}^A und die damit verbundene Auszahlung für Produkt j in der Periode t, A_{jt}, beträgt analog zum Fall einmaliger Handelstransaktionen bisher:

$$A_{jt} = k_{vjt} \cdot x_{jt}^A - K_{jt}^F \qquad \text{(für alle j, t).} \qquad (3.110)$$

Bei einem Perioden-Verkaufspreis der einzelnen Produkte in Höhe von p_{jt}^M beläuft sich der bisherige Gewinn bzw. der Zahlungsüberschuß pro Periode über das gesamte Sortiment auf:

$$G_t = \sum_{j=1}^{J} [(p_{jt}^M - k_{vjt}) \cdot x_{jt}^A - K_{jt}^F] - K_t^F \quad \text{(für alle t),} \qquad (3.111)$$

mit p_{jt}^M = auf dem Markt realisierbarer Preis für das Produkt j in der Periode t (t = T,..., T+τ),
x_{jt}^A = auf dem Markt unter der eigenen Marke bisher abgesetzte (optimale) Menge des Produkts j in der Periode t,
k_{vjt} = variable Stückkosten der Produktion von Produkt j in der Periode t,

K_{jt}^F = artikelspezifische Fixkosten von Produkt j in der Periode t,
K_t^F = sonstige Fixkosten in der Periode t.

Daraus resultiert folgender Kapitalwert:

$$C_0 = \sum_{t=T}^{T+\tau} \{\sum_{j=1}^{J} [(p_{jt}^M - k_{vjt}) \cdot x_{jt}^A - K_{jt}^F] - K_t^F\} \cdot (1+i)^{-t}. \qquad (3.112)$$

Wie bei einmaligen Handelstransaktionen wird auch hier davon ausgegangen, der westliche Anbieter hätte sein bisheriges Absatzprogramm bereits optimiert. Da die Gegenwaren bereits im Absatzprogramm enthalten sind, findet bei Teilnahme am betrachteten Kompensationsgeschäft eine (teilweise) Substitution von eigenerstellten durch fremdbezogene Produkte statt, so daß sich - in Abhängigkeit der veränderten Wirtschaftlichkeit der (teilweise) substituierten Produkte - die optimale Zusammensetzung des Gesamtsortiments ändern kann. Aus diesem Grunde sind bei der Entscheidung zwischen Eigen- und Fremdkompensation prinzipiell die Kapitalwerte aus dem Absatz des **gesamten** Sortiments zu vergleichen. Im folgenden sollen wiederum zunächst Buy-back-Geschäfte (2a), anschließend Offset-Geschäfte (2b) betrachtet werden.

(2a): Buy-back-Geschäfte

Betrachtet man wiederum ausschließlich Buy-back-Geschäfte mit Zahlungsströmen, so ist die Beschaffungsmenge der Gegenware pro Periode bei gegebenem Preis durch *Gleichung (3.39)* bestimmt:

$$p_{gt} \cdot x_{gt} = Q \cdot p_h \cdot x_h \cdot \frac{(1+i)^\tau \cdot i}{(1+i)^\tau - 1} \qquad \text{(für alle } t = T+1,\ldots, T+\tau).$$

Damit ist für den westlichen Anbieter bzgl. der Wahl des Warenkorbs kein Optimierungsproblem gegeben, da Preis und Menge der Gegenware pro Periode ein Datum sind.

Im Falle der **Fremdkompensation** ändert sich das bisherige Produktions- und Absatzprogramm nicht, der Gewinn wird jedoch durch die zu entrichtenden Stützungszahlungen geschmälert. Der Gewinn bzw. der Zahlungsüberschuß pro Periode aus dem bisherigen Sortiment und unter Berücksichtigung der an den Fremdkompensateur für die Vermarktung der Gegenware zu entrichtende Stützungszahlung beträgt:

$$G_{FK,t} = \sum_{j=1}^{J} [(p_{jt}^M - k_{vjt}) \cdot x_{jt}^A - K_{jt}^F] - p_{gt} \cdot x_{gt} \cdot s_g - K_t^F \quad \text{(für alle t).} \qquad (3.113)$$

Über den gesamten Planungszeitraum resultiert folgender **Kapitalwert**:

$$C_{0FK} = \sum_{t=T+1}^{T+\tau} \{ \sum_{j=1}^{J} [(p_{jt}^M - k_{vjt}) \cdot x_{jt}^A - K_{jt}^F] - p_{gt} \cdot x_{gt} \cdot s_g - K_t^F \} \cdot (1+i)^{-t}. \qquad (3.114)$$

Im Falle der **Eigenkompensation** sind einige Vorüberlegungen erforderlich. Bei Eigenkompensation erfolgt eine teilweise Substitution eines bisher selbst erstellten Produkts j durch die Gegenware g (mit g = j und $j \in \{1,..., J\}$). Die gesamte (noch zu bestimmende) Absatzmenge x_{gt}^A des Produktes j = g setzt sich somit aus einem selbsterstellten und einem fremdbezogenen Anteil zusammen, d. h. es gilt:

$$x_{gt}^A = x_{gt}^P + x_{gt} \qquad \text{(für } g = j,\ j \in \{1,..., J\} \text{ und alle t)} \qquad (3.115)$$

mit x_{gt}^P = Produktionsmenge des Produkts j = g in der Periode t,
x_{gt} = vom ausländischen Nachfrager zu beziehende Menge des Produkts j = g in der Periode t.

Für alle Produkte $j \neq g$ gilt dagegen:

$$x_{jt}^A = x_{jt}^P \qquad \text{(für } j \neq g \text{ und alle t).} \qquad (3.116)$$

Mit den zur Herstellung der Menge x_{jt}^P anfallenden Produktionskosten pro Periode ist eine (direkt zurechenbare) Auszahlung verbunden in Höhe von

$$A_{jt}^P = k_{vjt} \cdot x_{jt}^P + K_{jt}^F \qquad \text{(für } j \neq g \text{ und alle t);} \qquad (3.117a)$$

für die Herstellung des Produkts j = g gilt entsprechend:

$$A_{gt}^P = k_{vgt} \cdot x_{gt}^P + K_{gt}^F \qquad \text{(für } j = g \text{ und alle t);} \qquad (3.117b)$$

die für die Beschaffung der Gegenware g beim ausländischen Nachfrager anfallende Auszahlung zuzüglich der für deren Vermarktung erforderlichen Marketingkosten beläuft sich pro Periode auf

$$A_{gt} = (p_{gt} + k_{gt}^{Ma}) \cdot x_{gt} \qquad \text{(für alle t).} \qquad (3.118)$$

Aufgrund des veränderten Deckungsbeitrags des Produkts j = g, welches teilweise durch Kompensationsware zu substituieren ist, ist das gesamte Sortiment neu zu optimieren. Bei einem Abgabepreis an den Markt in Höhe von p_{jt}^M für die einzelnen Produkte $j \neq g$ bzw. von p_{gt}^M für j = g und sonstigen Fixkosten in Höhe von K_t^F resultiert für das gesamte Absatzprogramm der **Gesamtgewinn** pro Periode im Falle der Eigenkompensation als:

$$G_{EK,t} = \sum_{\substack{j=1 \\ j \neq g}}^{J} [(p_{jt}^M - k_{vjt}) \cdot x_{jt}^P - K_{jt}^F] +$$

$$+ p_{gt}^M \cdot (x_{gt}^P + x_{gt}) - k_{vgt} \cdot x_{gt}^P - (p_{gt} + k_{gt}^{Ma}) \cdot x_{gt} - K_{gt}^F - K_t^F$$

(für alle t). (3.119)

Über den gesamten Planungszeitraum resultiert somit folgender **Kapitalwert**:

$$C_{0EK} = \sum_{t=T+1}^{T+\tau} \{ \sum_{\substack{j=1 \\ j \neq g}}^{J} [(p_{jt}^M - k_{vjt}) \cdot x_{jt}^P - K_{jt}^F] +$$

$$+ p_{gt}^M \cdot (x_{gt}^P + x_{gt}) - k_{vgt} \cdot x_{gt}^P - (p_{gt} + k_{gt}^{Ma}) \cdot x_{gt} - K_{gt}^F - K_t^F\} \cdot (1+i)^{-t}.$$

(3.120)

Gesucht sind für $j \neq g$ die optimalen Produktions- und Absatzmengen $x_{jt}^{P*} = x_{jt}^{A*}$ sowie für das Produkt $j = g$ die optimale Produktionsmenge x_{gt}^{P*}. Dagegen steht die vom ausländischen Nachfrager zu beziehende Menge x_{gt} wegen *Gleichung (3.39)* fest. Die optimale Absatzmenge der Gegenware g in der Periode t, x_{gt}^{A*}, resultiert somit als $(x_{gt}^{P*} + x_{gt})$.

Da die sonstigen Fixkosten K_t^F keinen Einfluß auf das optimale Sortiment haben, können sie bei der Optimierung vernachlässigt werden. Somit läßt sich folgender **Ansatz** formulieren: Zu maximieren ist die *Zielfunktion* :

$$C_{0EK} = \sum_{t=T+1}^{T+\tau} \{ \sum_{\substack{j=1 \\ j \neq g}}^{J} [(p_{jt}^M - k_{vjt}) \cdot x_{jt}^P - K_{jt}^F \cdot u_j] +$$

$$+ p_{gt}^M \cdot (x_{gt}^P + x_{gt}) - k_{vgt} \cdot x_{gt}^P - (p_{gt} + k_{gt}^{Ma}) \cdot x_{gt} - K_{gt}^F \cdot u_g\} \cdot (1+i)^{-t}$$

$\rightarrow$ Max! (3.121)

Zu beachten sind dabei fogende *Nebenbedingungen*:

$x_{jt}^P \leq x_{jt}^M \cdot u_j$ (für alle $j \neq g$, t) (3.122)

$x_{gt}^P \leq x_{gt}^M \cdot u_g$ (für $j = g$ und alle t) (3.123)

$x_{gt}^P + x_{gt} \leq x_{gt}^M$ (für $j = g$ und alle t) (3.124)

$x_{jt}^P \geq 0$ (für alle $j \neq g$ und alle t) (3.125)

$x_{gt}^{P} \geq 0$ (für j = g und alle t) (3.126)

$0 \leq u_j \leq 1$ und ganzzahlig (für alle $j \neq g$) (3.109)

$0 \leq u_g \leq 1$ und ganzzahlig (für j = g). (3.127)

Für $x_{jt}^{P} = 0$ ist $u_j = 0$, d. h. das Produkt j wird nicht mehr angeboten; somit entfallen die artikelspezifischen Fixkosten K_{jt}^{F}. Für $x_{gt}^{P} = 0$ ist $u_g = 0$, d. h. das Produkt j = g wird nicht mehr selbst erstellt, sondern in Höhe von x_{gt} fremdbezogen und in dieser Menge auch angeboten. Somit entfallen auch hier die artikelspezifischen Fixkosten K_{gt}^{F}.

Die Lösung des obigen Ansatzes der gemischt-ganzzahligen Programmierung führt zu den optimalen Produktions- und Absatzmengen $x_{jt}^{P*} = x_{jt}^{A*}$ für $j \neq g$ sowie für das Produkt j = g zur optimalen Produktionsmenge x_{gt}^{P*}, damit auch zur optimalen Absatzmenge der Gegenware g in der Periode t, $x_{gt}^{A*} = (x_{gt}^{P*} + x_{gt})$. Einsetzen der einzelnen optimalen Mengen in *Gleichung (3.121)* führt zum optimalen Kapitalwert bei Eigenkompensation, C_{0EK}^{*}. Die Entscheidung zwischen Eigen- und Fremdkompensation kann durch Vergleich der bei beiden Alternativen resultierenden Kapitalwerte C_{0EK}^{*} und C_{0FK} erfolgen.

(2b): Offset-Geschäfte

Im Gegensatz zu Buy-back-Geschäften besteht bei Offset-Geschäften für den westlichen Anbieter bzgl. des abzunehmenden Warenkorbs ein Optimierungsproblem, d. h. für jede Alternative hat der westliche Anbieter bei vom ausländischen Nachfrager vorgegebenen Preisen für die Gegenwaren zunächst über die abzunehmenden Produkte und die jeweils optimalen Mengen zu befinden. Im folgenden sollen dabei wiederum ausschließlich indirekte Offset-Geschäfte betrachtet werden, da direkte Offset-Geschäfte immer eine Eigenkompensation beinhalten.

Im Falle der **Fremdkompensation** ergeben sich bzgl. der Vorgehensweise im Vergleich zum vorangegangenen Unterabschnitt (2) keine Änderungen: Zu minimieren ist die *Zielfunktion*

$$S = \sum_{t=T}^{T+\tau} \left[\sum_{j=1}^{J} p_{gjt} \cdot x_{gjt} \cdot s_j \right] \cdot (1+i)^{-t} \rightarrow \text{Min!} \qquad (3.78)$$

unter den *Nebenbedingungen*:

$$\sum_{t=T}^{T+\tau} [\sum_{j=1}^{J} \beta_j \cdot p_{gjt} \cdot x_{gjt}] \cdot (1+i)^{-t} \geq Q \cdot p_h \cdot x_h \cdot (1+i)^{-T}, \quad (3.79)$$

$$x_{gjt} \leq x^F{}_{gjt} \qquad \text{(für alle j, t) und} \quad (3.80)$$

$$x_{gjt} \geq 0 \qquad \text{(für alle j, t).} \quad (3.81)$$

Auf der Basis dieses Ansatzes lassen sich für alle Gegenwaren die optimalen Mengen x_{gjt}^* ermitteln, welche den Barwert der für alle Gegenwaren zu entrichtenden Stützungszahlungen minimieren; pro Periode sind damit an den Fremdkompensateur Stützungszahlungen S_t^* in Höhe von

$$S_t^* = \sum_{j=1}^{J} p_{gjt} \cdot x_{gjt}^* \cdot s_j \qquad \text{(für alle t)} \quad (3.95)$$

zu entrichten. Deren Barwert über den gesamten Planungszeitraum beträgt:

$$S^* = \sum_{t=T}^{T+\tau} \{\sum_{j=1}^{J} (p_{gjt} \cdot x_{gjt}^* \cdot s_j) \cdot (1+i)^{-t}. \quad (3.96)$$

Der um die Stützungszahlung bereinigte (optimale) Gewinn aus dem bisherigen Absatzprogramm beläuft sich (pro Periode) nunmehr auf:

$$G_{FK,t}^* = \sum_{j=1}^{J} [(p_{jt}^M - k_{vjt}) \cdot x_{jt}^A - p_{gjt} \cdot x_{gjt}^* \cdot s_j - K_{jt}^F] - K_t^F \qquad \text{(für alle t);} \quad (3.128)$$

über den gesamten Planungszeitraum beträgt der **Kapitalwert**:

$$C_{0FK}^* = \sum_{t=T}^{T+\tau} \{\sum_{j=1}^{J} [(p_{jt}^M - k_{vjt}) \cdot x_{jt}^A - p_{gjt} \cdot x_{gjt}^* \cdot s_j - K_{jt}^F] - K_t^F\} \cdot (1+i)^{-t}. \quad (3.129)$$

Wird dagegen eine **Eigenkompensation** in Erwägung gezogen, so gilt auch für Offset-Geschäfte, daß sich die (noch zu bestimmende) gesamte Absatzmenge x_{jt}^A eines Produkts j aus einem selbsterstellten Teil x_{jt}^P und einem vom ausländischen Nachfrager fremdbezogenen Teil x_{gjt} zusammensetzt.[40] Somit gilt:

$$x_{jt}^A = x_{jt}^P + x_{gjt} \qquad \text{(für alle } g_j = j \text{ und für alle t).} \quad (3.130)$$

Da die sonstigen nicht abbaubaren Fixkosten K_t^F unabhängig von der Zusammensetzung des Sortiments sind, können sie bei der Optimierung vernachlässigt werden. Zu

40) Selbstverständlich ist auch die Möglichkeit gegeben, einzelne Produkte vollständig selbst zu erstellen bzw. fremdzubeziehen. Bei vollständiger Eigenerstellung des Produkts j ist $x_{jt}^P = x_{jt}^A$ und $x_{gjt} = 0$; bei vollständigem Fremdbezug ist $x_{gjt} = x_{jt}^A$ und $x_{jt}^P = 0$.

maximieren ist - analog zum Falle einmaliger Handelstransaktionen - folgende *Zielfunktion*:

$$C_{0EK} = \sum_{t=T}^{T+\tau} \{\sum_{j=1}^{J} [(p_{jt}^{M} - k_{vjt}) \cdot x_{jt}^{P} + (p_{jt}^{M} - p_{gjt} - k_{jt}^{Ma}) \cdot x_{gjt} - K_{jt}^{F} \cdot u_j] \cdot (1+i)^{-t}$$

$$\rightarrow \text{Max!} \qquad (3.131)$$

Zu beachten sind folgende *Nebenbedingungen*:

$$\sum_{t=T}^{T+\tau} [\sum_{j=1}^{J} \beta_j \cdot p_{gjt} \cdot x_{gjt}] \cdot (1+i)^{-t} \geq Q \cdot p_h \cdot x_h \cdot (1+i)^{-T}, \text{[41]} \qquad (3.79)$$

$x_{jt}^{P} \leq x_{jt}^{M} \cdot u_j$ (für alle j, t) (3.123)

$x_{jt}^{P} + x_{gjt} \leq x_{jt}^{M}$ (für alle j, t) (3.132)

$x_{jt}^{P} \geq 0$ (für alle j, t) (3.125)

$x_{gjt} \geq 0$ (für alle j, t) (3.81)

$0 \leq u_j \leq 1$ und ganzzahlig (für alle j). (3.109)

Die Lösung des Ansatzes ergibt die optimalen Mengen x_{gjt}^{*} und x_{jt}^{P*} für alle j, t, welche den Kapitalwert maximieren. Über *Gleichung (3.130)* steht somit auch die optimale Angebotsmenge x_{jt}^{A*} fest. Der resultierende optimale Kapitalwert aus dem gesamten Absatzsortiment beträgt

$$C_{0EK}^{*} = \sum_{t=T}^{T+\tau} \{\sum_{j=1}^{J} [(p_{jt}^{M} - k_{vjt}) \cdot x_{jt}^{P*} + (p_{jt}^{M} - p_{gjt} - k_{jt}^{Ma}) \cdot x_{gjt}^{*} - K_{jt}^{F} - K_{t}^{F}] \cdot (1+i)^{-t}. \qquad (3.133)$$

Die optimale Alternative (Eigen- bzw. Fremdkompensation) ergibt sich wiederum durch Vergleich von C_{0EK}^{*} und C_{0FK}^{*}.

Im Rahmen der Entscheidung zwischen Eigen- und Fremdkompensation wurde für die einzelnen in die Analyse einbezogenen Ausgangssituationen (vgl. *Abbildung 3.13*) gezeigt, auf welche Weise der westliche Anbieter bei einem anstehenden Kompensationsgeschäft die jeweils optimale Alternative ermitteln kann. Damit steht für jedes

---

41) Zu beachten ist, daß bei der Nebenbedingung bzgl. der Kompensationsverpflichtung im Falle von Offset-Geschäften die vom ausländischen Nachfrager zugrundegelegten Multiplikatoren β_j zu berücksichtigen sind.

potentielle Kompensationsgeschäft die optimale Verwendung der Gegenwaren und der bei jeder Alternative optimale Warenkorb fest. In die abschließende Wirtschaftlichkeitsanalyse (vgl. den nachfolgenden Unterabschnitt C.III.4.b.) sind nur noch die jeweils optimalen Verwendungsalternativen und die zugehörigen (optimalen) monetären Konsequenzen einzubeziehen. Diese Vorgehensweise gewährleistet, daß der westliche Anbieter bei der Planung eines Kompensationsgeschäfts die damit verbundenen finanziellen Implikationen antizipiert und bei der Detailauswahl der zu bearbeitenden Anfragen jeweils nur die optimalen Handlungsalternativen berücksichtigt. Im Rahmen der nachfolgend dargestellten Wirtschaftlichkeitsanalyse wird dem westlichen Anbieter dadurch eine fundierte Beurteilung der Vorteilhaftigkeit der einzelnen zur Wahl stehenden Anfragen ermöglicht.

b. Wirtschaftlichkeitsanalyse

Ist für jede Anfrage, die die Vorauswahl bestanden hat, die Entscheidung zwischen Eigen- und Fremdkompensation gefällt und der jeweils optimale Warenkorb ermittelt worden, so können die einzelnen Anfragen unter Berücksichtigung der jeweils optimalen Verwendung der Gegenwaren einer abschließenden Wirtschaftlichkeitsanalyse unterzogen werden. Zu diesem Zwecke sind auch die Gewinne aus dem Absatz der jeweiligen Hauptleistung zu berücksichtigen; diesbezüglich wird angenommen, die einzelnen von den verschiedenen ausländischen Nachfragern eingegangenen Anfragen beinhalten jeweils unterschiedliche Hauptleistungen h_a ($a = 1,..., A$), welche jeweils in den Mengen x_{ha} nachgefragt werden.

Grundlage für die Wirtschaftlichkeitsanalyse ist der Gesamtgewinn bzw. der Gesamt-Deckungsbeitrag aus der Beschaffung und Verwendung der Gegenwaren und dem Absatz der Hauptleistung. Der **Gewinn** aus der Absatztransaktion ergibt sich beim Auftrag a als

$$G_{ha} = p_{ha} \cdot x_{ha} - K^P(x_{ha}) - K^T(x_{ha}) - K^V(x_{ha}) \qquad \text{(für alle a)} \qquad (3.134a)$$

mit $K^P(x_{ha})$ = Produktionseinzelkosten der Hauptleistung h_a,
$K^T(x_{ha})$ = Transporteinzelkosten der Hauptleistung h_a,
$K^V(x_{ha})$ = Vertriebseinzelkosten der Hauptleistung h_a.[42)]

Erstreckt sich die Erstellung der Hauptleistung über einen mehrperiodigen Zeitraum ($t = t_1,..., T$), so fallen die Auszahlungen zeitlich verteilt bis zur Fertigstellung der Hauptleistung, die mit dem Erlös verbundene Einzahlung dagegen erst bei Fertigstellung in $t = T$ an. Aus der Absatztransaktion resultiert somit - bezogen auf den Ausgangszeitpunkt $t = t_0$ - ein **Kapitalwert** in Höhe von

42) Auch bzgl. der Hauptleistung wird angenommen, die hier berücksichtigten direkt zurechenbaren (Perioden-)Kosten eines jeden Auftrags h_a seien mit Auszahlungen in gleicher Höhe und in derselben Periode identisch.

$$C_{0ha} = p_{ha} \cdot x_{ha} \cdot (1+i)^{-T} - \sum_{t=t_1}^{T} [K_t^P(x_{hat}) - K^T(x_{hat}) - K^V(x_{hat})] \cdot (1+i)^{-t}$$

(für alle a). (3.134b)

Aus der Beschaffungstransaktion lassen sich ebenfalls Gewinne bzw. Kapitalwerte errechnen; diese sind davon abhängig, ob Eigen- oder Fremdkompensation bevorzugt wird und ob im Falle der Eigenkompensation die Gegenwaren im eigenen Produktionsprozeß eingesetzt oder in das eigene Absatzprogramm aufgenommen werden (vgl. die Ausführungen im vorangegangenen Unterabschnitt C.III.4.a.). Dabei sind jedoch ausschließlich die auf das Kompensationsgeschäft zurückzuführenden Gewinne bzw. Kapitalwerte zu berücksichtigen, d. h. diejenigen Gewinne bzw. Kapitalwerte, die durch das Kompensationsgeschäft **zusätzlich** entstehen. Unterstellt man, daß bei jeder Alternative a der optimale Warenkorb feststeht, so lassen sich die einzelnen zusätzlichen Gewinne bzw. Kapitalwerte aus der Kompensationsverpflichtung, ΔG_K bzw. ΔC_{0K}, aus den in den Unterabschnitten C.III.4.a.aa. und bb. entwickelten Beziehungen herleiten. Dabei wird wiederum zwischen einmaligen Handelstransaktionen und industriellen Großprojekten unterschieden. *Abbildung 3.14* zeigt die nachfolgend behandelten Fälle im Überblick.

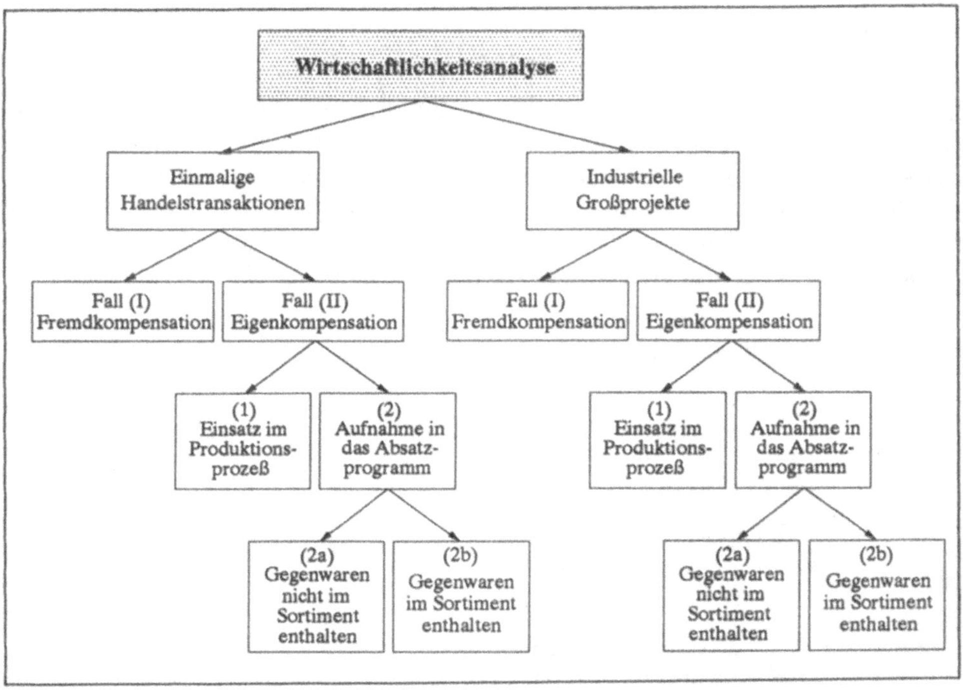

Abb. 3.14: Ausgangssituationen im Rahmen der Wirtschaftlichkeitsanalyse aus der Sicht des westlichen Anbieters

(1) Wirtschaftlichkeitsanalyse bei einmaligen Handelstransaktionen

Fall (I): Fremdkompensation

Im Falle der Fremdkompensation ist der (optimale) Zusatzgewinn aus dem Kompensationsgeschäft, ΔG_{FK}, mit den mit negativem Vorzeichen versehenen Stützungszahlungen identisch; der westliche Anbieter erhält aus der Übergabe der Gegenwaren an den Fremdkompensateur nicht den gesamten Gegenwert, sondern einen geringeren Betrag; die Differenz wird vom Fremdkompensateur als Stützung einbehalten. Somit gilt *(3.56)* in der Form:

$$\Delta G_{FK} = - S^{*} = - \sum_{j=1}^{J} p_{gj} \cdot x_{gj}^{*} \cdot s_j$$

mit S^{*} = minimale Stützungszahlung bei Fremdkompensation,
p_{gj} = Preis für die Gegenware j (j = 1,..., J),
x_{gj}^{*} = optimale Menge der Gegenware j,
s_j = Stützungssatz für die Gegenware j.

Fall (II): Eigenkompensation

(1) Einsatz im Produktionsprozeß

Bei Einsatz der Gegenwaren im Produktionsprozeß ergibt sich der zusätzliche Gewinn bzw. Zahlungsüberschuß aus dem Kompensationsgeschäft als Differenz zwischen der bisherigen Auszahlung A für die Beschaffung der Inputgüter bei den Stammlieferanten gemäß *Gleichung (3.61)* und der (minimalen) Auszahlung A^{*}_{EK} im Falle einer (teilweisen) Substitution bisheriger Inputgüter durch die vom ausländischen Nachfrager gelieferten Gegenwaren gemäß *Gleichung (3.65)*. Es gilt somit:

$$\Delta G_{EK}^{(1)} = A - A^{*}_{EK} =$$

$$= \sum_{j=1}^{J} \{(p_j \cdot x_j') \cdot (1-q_j^{r'}) - [p_j \cdot x_j^{r*} \cdot (1-q_j^{r}) + p_{gj} \cdot x_{gj}^{*} + (k_j^A + k_j^N) \cdot x_{gj}^{*}]\} =$$

$$= \sum_{j=1}^{J} \{p_j \cdot [x_j' \cdot (1-q_j^{r'}) - x_j^{r*} \cdot (1-q_j^{r})] - (p_{gj} + k_j^A + k_j^N) \cdot x_{gj}^{*}\} \qquad (3.135)$$

mit r = 1,..., R die einzelnen Rabattstufen,
x_j' = Bedarfsmenge des Inputguts j,
x_{gj}^{*} = optimale, durch Kompensation beschaffte Menge des Inputguts j,
x_j^{r*} = optimale, vom Stammlieferanten bezogene Menge des Inputguts j,
$q_j^{r'}$ = Rabattsatz bei der Rabattstufe r', die für die Menge $x_j^{r'} \leq x_j' < x_j^{r'+1}$ gilt,

q_j^r = Rabattsatz bei der Rabattstufe r, die für die Menge x_j^r gilt,
k_j^A = Kosten für Ausschuß bei Einsatz der Gegenware j im Produktionsprozeß (pro Stück),
k_j^N = Kosten für Nachbesserung der Gegenware j bei Einsatz im Produktionsprozeß (pro Stück).

Der Ausdruck $p_j \cdot [x_j' \cdot (1-q_j^{r'}) - x_j^{r*} \cdot (1-q_j^r)]$ in *Gleichung (3.135)* repräsentiert die Auszahlungsminderung für das Produkt j, welche daraus resultiert, daß vom betreffenden Inputgut beim Stammlieferanten eine geringere Menge als zuvor bezogen wird, nämlich $x_j^{r*} = (x_j' - x_{gj}^*)$; gleichzeitig wird hier berücksichtigt, daß bei einer geringeren Menge möglicherweise für den westlichen Anbieter eine ungünstigere Rabattstufe gilt. Der Ausdruck $(p_{gj} + k_j^A + k_j^N) \cdot x_{gj}^*$ entspricht der Auszahlung, welche dadurch entsteht, daß ein Teil der Bedarfsmenge des Inputguts j, x_{gj}^*, vom ausländischen Nachfrager bezogen wird, ggf. unter Berücksichtigung von Mehrausgaben für Ausschuß oder Nachbesserung der Gegenware. Ist diese Auszahlung größer als die Auszahlungsminderung beim Stammlieferanten, so entsteht dem westlichen Anbieter bzgl. Produkt j beim Kompensationsgeschäft im Vergleich zur Ausgangssituation eine zusätzliche Auszahlung, d. h. der gesamte Ausdruck in der geschweiften Klammer wird negativ. In Abhängigkeit der Vorzeichen des gesamten Ausdrucks für die einzelnen Inputgüter j kann der durch $\Delta G_{EK}^{(1)}$ repräsentierte Gesamteffekt positiv oder negativ ausfallen: Ist die bisherige Auszahlungssumme A bei den Stammlieferanten kleiner als die (minimale) Auszahlungssumme im Falle der Eigenkompensation, A^*_{EK}, so hat $\Delta G_{EK}^{(1)}$ ein negatives Vorzeichen; durch das Kompensationsgeschäft entstehen dem westlichen Anbieter nur zusätzliche Auszahlungen.

(2) Aufnahme in das Absatzprogramm

Hier muß unterschieden werden, ob mit der Aufnahme der Gegenwaren in das Absatzprogramm eine Sortimentserweiterung verbunden ist oder nicht.

(2a) Die Gegenwaren sind bisher nicht im Sortiment enthalten

Erfolgt eine Sortimentserweiterung, so handelt es sich beim Absatz der Gegenwaren um ein Zusatzgeschäft, dessen Gewinn in voller Höhe auf das Kompensationsgeschäft zurückzuführen ist. Es gilt demnach *Gleichung (3.89)*:

$$\Delta G_{EK}^{(2)} = \sum_{j=1}^{J} (\Delta p_j - k_j^{Ma}) \cdot x_{gj}^*$$

mit Δp_j = Differenz aus Verkaufs- und Einstandspreis der Gegenware j,
k_j^{Ma} = Kosten für Markierung und Verpackung der Gegenware j bei Aufnahme in das Absatzprogramm (pro Stück).

Der Ausdruck $(\Delta p_j - k_j^{Ma})$ ist dabei der Stückdeckungsbeitrag bei Aufnahme der vom ausländischen Nachfrager bezogenen Gegenware j in das eigene Absatzprogramm.

(2b) Die Gegenwaren sind bereits im Sortiment enthalten

Substituieren die im Wege der Kompensation erhaltenen Gegenwaren ganz oder teilweise bisher selbst erstellte Produkte, so resultiert der dem Kompensationsgeschäft zurechenbare Gewinn als Differenz aus dem bisherigen Gewinn G aus dem gesamten Sortiment (vgl. *Gleichung (3.100)*) und dem Gewinn G_{EK}^* gemäß *Gleichung (3.105a)*, der sich durch Übergang von Eigenfertigung zu Fremdbezug bei bestimmten Produkten ergibt. Es gilt somit:

$$\Delta G_{EK}^{(3)} = G - G_{EK}^* =$$

$$= \sum_{j=1}^{J} \{[(p_j^M - k_{vj}) \cdot x_j^A - K_j^F] - K^F\} -$$

$$- \sum_{j=1}^{J} \{[p_j^M \cdot x_j^{A*} - k_{vj} \cdot x_j^{P*} - K_j^{FP} - (p_{gj} + k_j^{Ma}) \cdot x_{gj}^*] - K^F\} =$$

$$= \sum_{j=1}^{J} [p_j^M \cdot (x_j^A - x_j^{A*}) - k_{vj} \cdot (x_j^A - x_j^{P*}) - K_j^F + K_j^{FP} + (p_{gj} + k_j^{Ma}) \cdot x_{gj}^*], \quad (3.136)$$

mit p_j^M = auf dem Markt realisierbarer Preis für das Produkt j,
x_j^A = auf dem Markt unter der eigenen Marke bisher abgesetzte Menge des Produkts j,
x_j^{A*} = nach der Neubestimmung des Sortiments optimale abzusetzende Menge des Produkts j,
x_j^{P*} = optimale zu produzierende Menge des Produkts j,
k_{vj} = variable Stückkosten der Produktion von Produkt j,
K_j^F = artikelspezifische Fixkosten von Produkt j,
K^F = sonstige Fixkosten,
K_j^{FP} = artikelspezifische Fixkosten der Produkte, welche nach der Neubestimmung des Sortiments noch (teilweise) selbst erstellt werden.

Der Ausdruck $p_j^M \cdot (x_j^A - x_j^{A*})$ entspricht der Erlösdifferenz, welche daraus resultiert, daß im Vergleich zur Ausgangssituation nicht mehr die Menge x_j^A, sondern die Mengen x_j^{A*} angeboten wird. Der Ausdruck $k_{vj} \cdot (x_j^A - x_j^{P*})$ repräsentiert die (auszahlungswirksame) Veränderung der variablen Produktionskosten, welche dadurch entsteht, daß eine andere Menge als bisher, $x_j^{P*} = x_j^{A*} - x_{gj}^*$, selbst hergestellt wird. Der Ausdruck $(- K_j^F + K_j^{FP})$ hat den Wert Null, wenn das Produkt j zumindest teilweise noch selbst erstellt wird, d. h. bzgl. der artikelspezifischen Fixkosten resultiert keine Änderung der damit verbundenen Auszahlung. Wird das Produkt j nicht mehr selbst produziert, so ist $K_j^{FP} = 0$, d. h. durch das Kompensationsgeschäft resultiert eine Minderung der artikelspezifischen Fixkosten in Höhe von K_j^F. Der Ausdruck $(p_{gj} + k_j^{Ma}) \cdot x_{gj}{*}$ repräsentiert die Auszahlung für den Fremdbezug des Produkts j beim ausländischen Nachfrager einschl. der anfallenden Marketingkosten. Das Vorzeichen des gesamten Ausdrucks in der eckigen Klammer ist davon abhängig, ob die Auszahlung an den ausländischen Nachfrager für Produkt j größer oder kleiner als die um die Auszahlungsminderung durch Übergang von Eigenfertigung zu Fremdbezug beim Produkt j bereinigte Erlösänderung ist; demnach kann $\Delta G_{EK}^{(3)}$ - je nachdem, welche Effekte überwiegen - insgesamt ebenfalls ein positives oder negatives Vorzeichen aufweisen. *Tabelle 3.10* zeigt die einzelnen Gewinne bei alternativer Verwendung der Gegenwaren im Überblick.

Setzt man für den Gewinn aus der Kompensationsverpflichtung die in Abhängigkeit der jeweils optimalen Verwendung der Gegenwaren resultierenden Zusatzgewinne ΔG_{FK}, $\Delta G_{EK}^{(1)}$, $\Delta G_{EK}^{(2)}$ oder $\Delta G_{EK}^{(3)}$ ein, so kann der **Gesamtgewinn** des Auftrags a bei simultaner Berücksichtigung beider Teiltransaktionen, G_a^G, wie folgt ermittelt werden:

$$G_a^G = G_{ha} + \Delta G_{Ka}^{opt} \tag{3.137}$$

mit G_{ha} = Gewinn aus dem Absatz der Hauptleistung beim Auftrag a,
$\Delta G_{Ka}^{opt} \in \{\Delta G_{FK}, \Delta G_{EK}^{(1)}, \Delta G_{EK}^{(2)}, \Delta G_{EK}^{(3)}\}$ = Zusatzgewinn aus der optimalen Verwendung der Gegenwaren beim Auftrag a.

Auf der Grundlage der für alle anstehenden Anfragen ermittelten Gewinne G_a^G können die einzelnen Anfragen a in eine Rangfolge bezüglich der Wirtschaftlichkeit bei simultaner Betrachtung beider Teiltransaktionen gebracht werden. Die endgültige Auswahl der zu bearbeitenden Anfragen muß dabei etwaige **Kapazitätsrestriktionen** berücksichtigen. Es handelt sich hier um eine Problemstellung der Auftragsselektion, so daß die entsprechenden Ansätze analog angewendet werden können. Dabei stehen die einzelnen Auftragsmengen x_{ha} für die nachgefragten Hauptleistungen fest, so daß die Aufträge nicht teilbar sind. Sie sind entweder vollständig zu bearbeiten, oder nicht zu berücksichtigen. Folgende Fälle werden dabei unterschieden:
- es bestehen keine Engpässe in der Produktion,
- in der Produktion ist ein Engpaß gegeben oder
- es sind mehrere Engpässe zu berücksichtigen.

Dabei wird vom Ziel der Gewinn- bzw. Deckungsbeitragsmaximierung ausgegangen. Da bei der Ermittlung des Gewinns bzw. des Zahlungsüberschusses beider Teiltransaktionen jeweils nur direkt zurechenbare Ein- und Auszahlungen berücksichtigt wurden, haben die einzelnen Gewinne G_a^G der Charakter von **Deckungsbeiträgen** (vgl. *Schweitzer/Küpper*, 1991, S. 339 f. und 403).

Fall (I): Fremdkompensation

$$\Delta G_{FK} = -S^{*} = -\sum_{j=1}^{J} p_{gj} \cdot x_{gj}^{*} \cdot s_j$$

Fall (II): Eigenkompensation

(1) Einsatz im Produktionsprozeß

$$\Delta G_{EK}^{(1)} = \sum_{j=1}^{J} \{p_j \cdot [x_j' \cdot (1-q_j^{r'}) - x_j^{r*} \cdot (1-q_j^{r})] - (p_{gj} + k_j^{A} + k_j^{N}) \cdot x_{gj}^{*}\}$$

(2) Aufnahme in das Absatzprogramm

(2a) Die Gegenwaren sind bisher nicht im Sortiment enthalten

$$\Delta G_{EK}^{(2)} = \sum_{j=1}^{J} (\Delta p_j - k_j^{Ma}) \cdot x_{gj}^{*}$$

(2b) Die Gegenwaren sind bereits im Sortiment enthalten

$$\Delta G_{EK}^{(3)} = \sum_{j=1}^{J} [p_j^{M} \cdot (x_j^{A} - x_j^{A*}) - k_{vj} \cdot (x_j^{A} + x_j^{P*}) - K_j^{F} + K_j^{FP} + (p_{gj} + k_j^{Ma}) \cdot x_{gj}^{*}]$$

p_{gj} = Preis für die Gegenware j (j = 1,..., J)
x_{gj} = Menge der Gegenware j
s_j = Stützungssatz für die Gegenware j
p_j = Preis für die Gegenware j beim Stammlieferanten
x_j' = Bedarfsmenge des Inputguts j
x_{gj}^{*} = optimale, durch Kompensation beschaffte Menge des Inputguts (bzw. des Produkts) j
x_j^{r*} = optimale, vom Stammlieferanten bezogene Menge des Inputguts j
$q_j^{r'}$ = Rabattsatz bei der Rabattstufe r', die für die Menge $x_j^{r'}$ gilt
q_j^{r} = Rabattsatz bei der Rabattstufe r, die für die Menge x_j^{r} gilt
k_j^{A} = Stückkosten für Ausschuß bei Einsatz der Gegenware j im Produktionsprozeß
k_j^{N} = Stückkosten für Nachbesserung der Gegenware j bei Einsatz im Produktionsprozeß
Δp_j = Differenz aus Verkaufs- und Einstandspreis der Gegenware j
k_j^{Ma} = Stückkosten für Markierung und Verpackung der Gegenware j bei Aufnahme in das Absatzprogramm
k_{vj} = variable Stückkosten der Produktion von Produkt j
p_j^{M} = auf dem Markt realisierbarer Preis für das Produkt j
x_j^{P*} = verbleibende selbsterstellte Menge des Produkts j
x_j^{A} = auf dem Markt unter der eigenen Marke bisher abgesetzte Menge des Produkts j
x_j^{A*} = nach der Neubestimmung des Sortiments optimale abzusetzende Menge des Produkts j
K_j^{F} = artikelspezifische Fixkosten von Produkt j
K_j^{FP} = artikelspezifische Fixkosten der Produkte, welche noch (teilweise) selbst erstellt werden

Tab. 3.10: Zusätzliche Gewinne bei einmaligen Handelstransaktionen bei alternativer Verwendung der Gegenwaren

Fall (1): Kein Engpaß

Bestehen bezüglich der Erstellung der einzelnen Hauptleistungen h_a keine Engpässe, so sind bei dem Ziel der Gewinn- bzw. Deckungsbeitragsmaximierung alle Aufträge zu bearbeiten, für die gilt:

$$G_a^G \geq 0,$$

da Aufträge, die diese Bedingung erfüllen, einen Beitrag zur Deckung der fixen Kosten leisten. (Werden andere Ziele als Gewinnmaximierung verfolgt, z. B. Erlangung von Folgeaufträgen oder Markteintritt, können u. U. auch verlustbringende Aufträge in Kauf genommen werden.)

Fall (2): Ein Engpaß

Seien z = 1,..., Z die einzelnen Kapazitätsarten. Besteht nur bei einer einzigen Kapazitätsart z ein Engpaß, so kann die Entscheidung mit Hilfe der relativen Deckungsbeitragsrechnung herbeigeführt werden (vgl. hierzu *Schweitzer/Küpper*, 1991, S. 367 f.). Bezeichnet man mit c_{za} die Beanspruchung der Kapazitätsart z durch den Auftrag a, so läßt sich der relative Deckungsbeitrag des Auftrags a errechnen als:

$$DB_a^{rel} = \frac{G_a^G}{c_{za}}. \qquad (3.138)$$

Die relativen Deckungsbeiträge können in eine Rangfolge gebracht werden. Zunächst ist derjenige Auftrag a zu bearbeiten, bei dem DB_a^{rel} am höchsten ausfällt; sind noch freie Kapazitäten verfügbar, so ist der Auftrag mit dem zweithöchsten relativen Deckungsbeitrag zu bearbeiten usw., bis die Kapazität erschöpft ist.

Fall (3): Mehrere Engpässe

Sind mehrere Engpässe zu berücksichtigen, so kann die Entscheidung mit Hilfe eines Ansatzes der mathematischen Programmierung herbeigeführt werden (vgl. hierzu *Berndt*, 1983, S. 41). Zu maximieren ist die *Zielfunktion*

$$G = \sum_{a=1}^{A} G_a^G \cdot u_a =$$

$$= \sum_{a=1}^{A} (G_{ha} + \Delta G_{Ka}^{opt}) \cdot u_a =$$

$$= \sum_{a=1}^{A} [p_{ha} \cdot x_{ha} - K^P(x_{ha}) - K^T(x_{ha}) - K^V(x_{ha}) + \Delta G_{Ka}{}^{opt}] \cdot u_a \rightarrow \text{Max!} \qquad (3.139)$$

mit den *Nebenbedingungen*:

$$\sum_{a=1}^{A} c_{za} \cdot u_a \leq C_z \qquad \text{(für alle z)} \qquad (3.140)$$

$$0 \leq u_a \leq 1 \text{ und ganzzahlig} \qquad \text{(für alle a).} \qquad (3.141)$$

Aus dem obigen Ansatz resultieren die optimalen Werte der Binärvariablen u_a, welche angeben, welche Aufträge bearbeitet werden sollen. Für $u_a = 1$ wird der Auftrag a in der Menge x_{ha} bearbeitet, für $u_a = 0$ dagegen nicht ($x_{ha} = 0$). Wird der Auftrag a bearbeitet, fällt aus dem Absatz der Hauptleistung ein Gewinn in Höhe von G_{ha}, aus der Beschaffung und Verwendung der Gegenwaren ein Zusatzgewinn in Höhe von $\Delta G_{Ka}{}^{opt}$ an. Gleichzeitig werden c_{za} Einheiten der (knappen) Kapazitätsart z beansprucht. Wird der Auftrag a nicht bearbeitet, so sind sowohl G_{ha} als auch $\Delta G_{Ka}{}^{opt}$ Null; damit entfällt für den Auftrag a der Gesamtgewinn (bzw. der Gesamtdeckungsbeitrag) $G_a{}^G$ und es wird keine Kapazität beansprucht.

Durch die hier dargestellte Vorgehensweise ist es möglich, die Anfragen zu selektieren, für die ein Angebot abgegeben werden soll. Erhält man für einzelne Aufträge den Zuschlag, so ist durch die antizipative Planung gewährleistet, das der jeweilige Auftrag erstens überhaupt ausgeführt werden kann, zweitens auch Wirtschaftlichkeitsgesichtspunkten genügt.[43)]

(2) Wirtschaftlichkeitsanalyse bei industriellen Großprojekten

Auch bei industriellen Großprojekten sind nur solche monetäre Konsequenzen in die Wirtschaftlichkeitsanalyse einzubeziehen, welche ausschließlich auf das Kompensationsgeschäft zurückzuführen sind. Die dem Kompensationsgeschäft zurechenbaren Kapitalwerte in Abhängigkeit der Verwendung der Gegenwaren ergeben sich folgendermaßen:

---

43) Es besteht auch die Möglichkeit, den Ansatz dahingehend zu erweitern, daß mehrwertige Erwartungen bzgl. der Auftragsstruktur berücksichtigt werden - z. B. im Sinne mehrwertiger Erwartungen bzgl. des Zuschlags bei den einzelnen Aufträgen (vgl. hierzu *Berndt*, 1983, S. 45 ff.).

Fall (I): Fremdkompensation

Auch bei industriellen Großprojekten entspricht der Kapitalwert aus dem Kompensationsgeschäft dem (negativen) Barwert der zu entrichtenden Stützungszahlungen. Bei **Buy-back-Geschäften** gilt somit *Gleichung (3.92)*:

$$\Delta C_{0FK} = - S = - \sum_{t=T+1}^{T+\tau} (p_{gt} \cdot x_{gt} \cdot s_g) \cdot (1+i)^{-t}$$

mit p_{gt} = Preis der Gegenware in der Periode t (t = T+1,..., T+τ),
x_{gt} = zu beziehende Menge der Gegenware in der Periode t,
s_g = Stützungssatz für die Gegenware (im Zeitablauf konstant),
i = Kalkulationszins.

Bei **indirekten Offset-Geschäften** gilt analog:

$$\Delta C_{0FK} = - S^* = - \sum_{t=T}^{T+\tau} \left[\sum_{j=1}^{J} p_{gjt} \cdot x_{gjt}^* \cdot s_j \right] \cdot (1+i)^{-t} \qquad (3.142)$$

mit p_{gjt} = Preis der Gegenware j in der Periode t (t = T,..., T+τ),
x_{gjt}^* = optimale Menge der Gegenware j in der Periode t,
s_j = Stützungssatz für die Gegenware j (im Zeitablauf konstant).

Beim **direkten Offset** ist die Alternative "Fremdkompensation" nicht möglich.

Fall (II): Eigenkompensation

(1) Einsatz im Produktionsprozeß

Bei Einsatz der Gegenwaren im Produktionsprozeß ergibt sich der (zurechenbare) Kapitalwert aus dem Kompensationsgeschäft auch bei industriellen Großprojekten als Differenz zwischen dem bisherigen Auszahlungsbarwert für die Beschaffung der Inputgüter bei den Stammlieferanten und dem Auszahlungsbarwert im Falle einer (teilweisen) Substitution bisheriger Inputgüter durch die Gegenwaren.

Bei **Buy-back-Geschäften** gilt somit:

$$\Delta C_{0EK}^{(1)} = A - A_{EK} =$$

$$= \sum_{t=T+1}^{T+\tau} \Big\{ \sum_{j=1}^{J} \big[(p_{jt} \cdot x_{jt}') \cdot (1-q_j^{r'}) - \big[\sum_{\substack{j=1 \\ j \neq g}}^{J} p_{jt} \cdot x_{jt}^{r'} \cdot (1-q_j^{r'}) + \underset{j=g}{p_{jt} \cdot x_{jt}^{r} \cdot (1-q_j^{r})} +$$

$$+ p_{gt} \cdot x_{gt} + (k_g^A + k_g^N) \cdot x_{gt}]]\} \cdot (1+i)^{-t} =$$

$$= \sum_{t=T+1}^{T+\tau} \{p_{jt} \cdot [x_{jt}' \cdot (1-q_j^{r'}) - x_{jt}^r \cdot (1-q_j^r)] - (p_{gt} + k_g^A + k_g^N) \cdot x_{gt}\} \cdot (1+i)^{-t}$$

$$(\text{für } j = g) \qquad (3.143)$$

mit p_{jt} = Einstandspreis des Inputguts j in der Periode t (t = T+1,..., T+τ),
x_{jt}' = Bedarfsmenge des Inputguts j in der Periode t,
$q_j^{r'}$ = Rabattsatz bei der Rabattstufe r', die für die Menge $x_{jt}^{r'} \leq x_{jt}' < x_{jt}^{r'+1}$ gilt (im Zeitablauf konstant),
x_{jt}^r = $(x_{jt}' - x_{gt})$ = zu beschaffende Menge des Inputguts j beim Stammlieferanten in der Periode t,
q_j^r = Rabattsatz bei der Rabattstufe r, die für die Menge x_{jt}^r gilt,
x_{gt} = vom ausländischen Nachfrager zu beziehende Menge der Gegenware in der Periode t.

Gleichung (3.143) ist analog zu interpretieren wie *Gleichung (3.135)* bei einmaligen Handelstransaktionen: Der Ausdruck $p_{jt} \cdot [x_{jt}' \cdot (1-q_{jt}^{r'}) - x_{jt}^r \cdot (1-q_{jt}^r)]$ repräsentiert die Auszahlungsminderung für das Produkt j = g, welche daraus resultiert, daß vom betreffenden Inputgut beim Stammlieferanten in der Periode t eine geringere Menge als zuvor bezogen wird, nämlich $x_{jt}^r = (x_{jt}' - x_{gt})$; der Ausdruck $(p_{gt} + k_j^A + k_j^N) \cdot x_{gt}$ entspricht der Auszahlung, welche dadurch entsteht, daß ein Teil der Bedarfsmenge des Imputguts j in der Periode t, x_{gt}, vom ausländischen Nachfrager im Rahmen des Buy-back-Geschäfts bezogen und im Produktionsprozeß eingesetzt wird. Ist diese Auszahlung größer als die Auszahlungsminderung beim Stammlieferanten, so entsteht dem westlichen Anbieter bzgl. Produkt j beim Kompensationsgeschäft in der Periode t im Vergleich zur Ausgangssituation eine zusätzliche Auszahlung. Zu beachten ist, daß für alle j ≠ g die bisherige Auszahlungssumme für die Beschaffung der Inputgüter unverändert bleibt, d. h. deren Differenz beträgt Null. Somit ist die Wirtschaftlichkeit des Kompensationsgeschäfts in diesem Falle nur von der Auszahlungsdifferenz für das Produkt j = g abhängig.

Bei **indirekten Offset-Geschäften** ist ebenfalls die Differenz aus dem Auszahlungsbarwert des bisherigen Beschaffungsprogramms, A, und dem (minimalen) Auszahlungsbarwert, welcher durch teilweise Substitution einzelner Inputgüter durch vom ausländischen Nachfrager bezogene Gegenwaren entsteht, A^*_{EK}, zu ermitteln (zu den entsprechenden Auszahlungen pro Periode $A^*_{EK,t}$ vgl. *Gleichung (3.87)*). Der dem Kompensationsgeschäft direkt zurechenbare, zusätzliche Kapitalwert resultiert als:

$$\Delta C_{0EK}^{(1)} = A - A^*_{EK} =$$

$$= \sum_{t=T}^{T+\tau} \{\sum_{j=1}^{J} [(p_{jt} \cdot x_{jt}') \cdot (1-q_j^{r'}) - [p_{jt} \cdot x_{jt}^{r*} \cdot (1-q_j^r) + p_{gjt} \cdot x_{gjt}^* +$$

$$+ (k_j^A + k_j^N) \cdot x_{gjt}^*]]\} \cdot (1+i)^{-t} =$$

$$= \sum_{t=T}^{T+\tau} \{\sum_{j=1}^{J} [p_{jt} \cdot [x_{jt}' \cdot (1-q_j^{r'}) - x_{jt}^{r*} \cdot (1-q_j^{r})] - (p_{gjt} + k_j^A + k_j^N) \cdot x_{gjt}^{*}]\} \cdot (1+i)^{-t}, \tag{3.144}$$

mit p_{gjt} = Preis der Gegenware j in der Periode t (t = T,..., T+τ),
x_{gjt}^{*} = vom ausländischen Nachfrager zu beziehende optimale Menge der Gegenware j in der Periode t,
x_{jt}^{r*} = vom Stammlieferanten zu beziehende optimale Menge der Gegenware j in der Periode t.

Entsprechend gilt für **direkte Offset-Geschäfte:**

$$\Delta C_{0EK}^{(1)} = \sum_{t=t_1}^{T} \{\sum_{j=1}^{J} [p_{jt} \cdot [x_{jt}' \cdot (1-q_j^{r'}) - x_{jt}^{r*} \cdot (1-q_j^{r})] - (p_{gjt} + k_j^A + k_j^N) \cdot x_{gjt}^{*}]\} \cdot (1+i)^{-t}. \tag{3.145}$$

Es wird ersichtlich, daß sich die Kapitalwertermittlung beim direkten Offset-Geschäft vom indirekten Offset-Geschäft lediglich durch den unterschiedlichen Zeitraum ($t = t_1,..., T$) unterscheidet. Die *Gleichungen (3.144)* und *(3.145)* sind entsprechend *Gleichung (3.143)* zu interpretieren.

(2) Aufnahme in das Absatzprogramm

Auch bei industriellen Großprojekten muß unterschieden werden, ob die Gegenwaren im bisherigen Sortiment enthalten sind oder nicht, d. h. ob eine Sortimentserweiterung oder lediglich ein Übergang von Eigenfertigung zu Fremdbezug stattfindet.

(2a) Die Gegenwaren sind bisher nicht im Sortiment enthalten

Erfolgt eine Sortimentserweiterung, so handelt es sich auch im Falle industrieller Großprojekte beim Absatz der Gegenwaren um ein Zusatzgeschäft, dessen Kapitalwert in voller Höhe auf das Kompensationsgeschäft zurückzuführen ist.

Für **Buy-back-Geschäfte** gilt somit *Gleichung (3.94)*:

$$\Delta C_{0EK}^{(2)} = \sum_{t=T+1}^{T+\tau} (\Delta p_{gt} - k_{gt}^{Ma}) \cdot x_{gt} \cdot (1+i)^{-t}$$

mit Δp_{gt} = Differenz aus Verkaufs- und Einstandspreis der Gegenware in der Periode t,
k_{gt}^{Ma} = (auszahlungswirksame) Marketingkosten pro Stück für die Gegenware in der Periode t,
x_{gt} = vom ausländischen Nachfrager zu beziehende Menge der Gegenware in der Periode t.

Der Ausdruck $(\Delta p_{jt} - k_j^{Ma})$ ist dabei der Stückdeckungsbeitrag bei Aufnahme der vom ausländischen Nachfrager bezogenen Gegenware j in das eigene Absatzprogramm in der Periode t. Somit ist $\Delta C_{0EK}^{(2)}$ der zusätzlich erwirtschaftete Kapitalwert dadurch, daß die Gegenware in das eigene Absatzprogramm neu aufgenommen wird.

Für **indirekte Offset-Geschäfte** resultiert der dem Kompensationsgeschäft direkt zurechenbare, zusätzliche Kapitalwert gemäß *Gleichung (3.97)* als:

$$\Delta C_{0EK}^{(2)} = \sum_{t=T}^{T+\tau} \{\sum_{j=1}^{J} [(p_{gjt}^{M} - p_{gjt}) \cdot x_{gjt}^{*} - k_{jt}^{Ma} \cdot x_{gjt}^{*}]\} \cdot (1+i)^{-t} =$$

$$= \sum_{t=T}^{T+\tau} \{\sum_{j=1}^{J} [(\Delta p_{gjt} - k_{jt}^{Ma}) \cdot x_{gjt}^{*}]\} \cdot (1+i)^{-t},$$

mit p_{gjt}^{M} = Verkaufspreis der Gegenware j in der Periode t (t = T,..., T+τ),
Δp_{gjt} = Differenz aus Verkaufs- und Einstandspreis der Gegenware j in der Periode t,
k_{jt}^{Ma} = Marketingkosten pro Stück für die Gegenware j in der Periode t,
x_{gjt}^{*} = optimale Menge der Gegenware j in der Periode t.

Entsprechend gilt für **direkte Offset-Geschäfte**:

$$\Delta C_{0EK}^{(2)} = \sum_{t=t_1}^{T} \{\sum_{j=1}^{J} [(\Delta p_{gjt} - k_{jt}^{Ma}) \cdot x_{gjt}^{*}]\} \cdot (1+i)^{-t}. \tag{3.146}$$

(2b) Die Gegenwaren sind bereits im Sortiment enthalten

Substituieren die Gegenwaren ganz oder teilweise bisher selbst erstellte Produkte, so resultiert der dem Kompensationsgeschäft zurechenbare Kapitalwert wie bei einmaligen Handelstransaktionen als Differenz aus dem bisherigen Kapitalwert aus dem gesamten Sortiment und dem Kapitalwert, der sich durch Übergang von Eigenfertigung zu Fremdbezug bei bestimmten Produkten ergibt.

Für **Buy-back-Geschäfte** resultiert der zusätzliche Kapitalwert aus dem Kompensationsgeschäft als Differenz zwischen dem Kapitalwert der Ausgangssituation - also ohne Kompensationsgeschäft - gemäß *Gleichung (3.112)* und dem Kapitalwert bei Eigenkompensation gemäß *Gleichung (3.121)*:

$$\Delta C_{0EK}^{(3)} = C_0 - C_{0EK}^{*} =$$

$$= \sum_{t=T+1}^{T+\tau} \{ \sum_{j=1}^{J}[(p_{jt}^{M} - k_{vjt}) \cdot x_{jt}^{A} - K_{jt}^{F} - K_t^{F}]\} \cdot (1+i)^{-t} -$$

$$- \sum_{t=T+1}^{T+\tau} \{ \sum_{\substack{j=1 \\ j \neq g}}^{J} [(p_{jt}^{M} - k_{vjt}) \cdot x_{jt}^{P*} - K_{jt}^{FP}] +$$

$$+ p_{gt}^{M} \cdot (x_{gt}^{P*} + x_{gt}) - k_{vgt} \cdot x_{gt}^{P*} - (p_{gt} + k_{gt}^{Ma}) \cdot x_{gt} - K_{gt}^{FP} - K_{t}^{F}\} \cdot (1+i)^{-t} =$$

$$= \sum_{t=T+1}^{T+\tau} \{ \sum_{\substack{j=1 \\ j \neq g}}^{J} [(p_{jt}^{M} - k_{vjt}) \cdot (x_{jt}^{A} - x_{jt}^{P*}) - K_{jt}^{F} + K_{jt}^{FP}] +$$

$$+ [p_{gt}^{M} \cdot (x_{gt}^{A} - x_{gt}^{P*} - x_{gt}) - k_{vgt} \cdot (x_{gt}^{A} - x_{gt}^{P*}) - (p_{gt} + k_{gt}^{Ma}) \cdot x_{gt} -$$

$$- K_{gt}^{F} + K_{gt}^{FP}]\} \cdot (1+i)^{-t} \quad (3.147)$$

mit p_{jt}^M = Verkaufspreis der Gegenware j in der Periode t ($t = T+1,..., T+\tau$),
x_{jt}^M = auf dem Markt unter der eigenen Marke maximal absetzbare Menge des Produkts j in der Periode t,
x_{jt}^P = Produktionsmenge des Produkts j in der Periode t,
x_{gt} = vom ausländischen Nachfrager zu beziehende Menge der Gegenware in der Periode t,
k_{vjt} = variable Stückkosten der Produktion von Produkt j in der Periode t,
k_{gt}^{Ma} = Marketingkosten pro Stück für die Gegenware in der Periode t,
K_{jt}^F = artikelspezifische Fixkosten von Produkt $j \neq g$ in der Periode t,
K_{jt}^{FP} = artikelspezifische Fixkosten der Produkte $j \neq g$ in der Periode t, welche nach der Neubestimmung des Sortiments noch (teilweise) selbst erstellt werden,
K_{gt}^F = artikelspezifische Fixkosten von Produkt $j = g$ in der Periode t,
K_{jt}^{FP} = artikelspezifische Fixkosten des Produkts $j = g$ in der Periode t, falls es nach der Neubestimmung des Sortiments noch (teilweise) selbst erstellt wird,
K_t^F = sonstige Fixkosten in der Periode t.

Der dem Kompensationsgeschäft zurechenbare Kapitalwert beinhaltet somit zum einen die Deckungsbeitragsänderung im Vergleich zur Ausgangssituation, welche daraus resultiert, daß von den Produkten $j \neq g$ nicht mehr die Menge x_{jt}^A, sondern die Menge x_{jt}^{P*} hergestellt und angeboten wird. Der Ausdruck $(- K_{jt}^F + K_{jt}^{FP})$ hat den Wert Null, wenn das Produkt $j \neq g$ noch hergestellt und angeboten wird und den Wert $-K_{jt}^F$, wenn das Produkt nicht mehr produziert wird; dieser Ausdruck repräsentiert somit die Veränderung der artikelspezifischen Fixkosten dadurch, daß u. U. einzelne Produkte aus dem Sortiment genommen werden. Der Ausdruck in der 2. Zeile von *Gleichung (3.147)* zeigt die Deckungsbeitragsänderung pro Periode beim Produkt $j = g$, welches (teilweise oder vollständig) durch die Gegenware zu substituieren ist; $(p_{gt} + k_{gt}^{Ma}) \cdot x_{gt}$ repräsentiert dabei die Auszahlung für den Fremdbezug des Produkts j beim ausländischen Nachfrager in der Periode t und in der (vorgegebenen) Menge x_{gt}. Das Vorzeichen des gesamten Ausdrucks ist davon abhängig, ob in der Periode t die Auszahlung an den ausländischen Nachfrager für Produkt $j = g$ größer oder kleiner als die Erlösänderung des Produkts ist (bereinigt um die Auszahlungsminderung durch Übergang von Eigenfertigung zu Fremdbezug beim Produkt $j = g$).

Bei **indirekten Offset-Geschäften** resultiert der dem Kompensationsgeschäft direkt zurechenbare, zusätzliche Kapitalwert als Differenz zwischen dem Kapitalwert des bisherigen Absatzprogramms gemäß *Gleichung (3.112)* und dem Kapitalwert aus dem neuen Absatzprogramm gemäß *Gleichung (3.133)*:

$$\Delta C_{0EK}^{(3)} = C_0 - C_0{}^{*}{}_{EK} =$$

$$= \sum_{t=T}^{T+\tau} \{\sum_{j=1}^{J} [(p_{jt}^{M} - k_{vjt}) \cdot x_{jt}^{A} - K_{jt}^{F}] - K_t^{F}\} \cdot (1+i)^{-t} -$$

$$- \sum_{t=T}^{T+\tau} \{\sum_{j=1}^{J} [(p_{jt}^{M} - k_{vjt}) \cdot x_{jt}^{P*} + (p_{jt}^{M} - p_{gjt} - k_{jt}^{Ma}) \cdot x_{gjt}^{*} -$$

$$- K_{jt}^{FP} - K_t^{F}] \cdot (1+i)^{-t} =$$

$$= \sum_{t=T}^{T+\tau} \{\sum_{j=1}^{J} [p_{jt}^{M} \cdot (x_{jt}^{A} - x_{jt}^{P*} - x_{gjt}^{*}) - k_{vjt} \cdot (x_{jt}^{A} - x_{jt}^{P*}) - K_{jt}^{F} + K_{jt}^{FP} +$$

$$+ (p_{gjt} + k_{jt}^{Ma}) \cdot x_{gjt}^{*}]\} \cdot (1+i)^{-t} \qquad (3.148)$$

mit x_{gjt}^{*} = optimale, vom ausländischen Nachfrager zu beziehende Menge des Produkts j in der Periode t,

k_{jt}^{Ma} = (auszahlungswirksame) Marketingkosten pro Stück für die Gegenware j in der Periode t.

Für **direkte Offset-Geschäfte** gilt entsprechend:

$$\Delta C_{0EK}^{(3)} = \sum_{t=t_1}^{T} \{\sum_{j=1}^{J} [p_{jt}^{M} \cdot (x_{jt}^{A} - x_{jt}^{P*} - x_{gjt}^{*}) - k_{vjt} \cdot (x_{jt}^{A} - x_{jt}^{P*}) - K_{jt}^{F} + K_{jt}^{FP} +$$

$$+ (p_{gjt} + k_{jt}^{Ma}) \cdot x_{gjt}^{*}]\} \cdot (1+i)^{-t}. \qquad (3.149)$$

Die *Gleichungen (3.148)* und *(3.149)* sind analog zu interpretieren wie *Gleichung (3.136)* bei einmaligen Handelstransaktionen und *Gleichung (3.147)* bei Buy-back-Geschäften. Die *Tabellen 3.11* und *3.12* zeigen die einzelnen (Zusatz-)Kapitalwerte im Falle von Buy-back- bzw. (indirekten) Offset-Geschäften bei alternativer Verwendung der Gegenwaren im Überblick. Auf eine tabellarische Darstellung der Kapitalwerte bei direkten Offset-Geschäften wird verzichtet, da der einzige formale Unterschied zu indirekten Offset-Geschäften im unterschiedlichen Zeitraum besteht. Darüber hinaus ist bei direkten Offset-Geschäften zu beachten, daß die Alternative "Fremdkompensation" entfällt, da im Rahmen direkter Offset-Geschäfte die Offset-Leistungen zur Projekterstellung benötigt werden.

Fall (I): Fremdkompensation

$$\Delta C_{0FK} = -S = -\sum_{t=T}^{T+\tau} (p_{gt} \cdot x_{gt} \cdot s_g) \cdot (1+i)^{-t}$$

Fall (II): Eigenkompensation

(1) Einsatz im Produktionsprozeß

$$\Delta C_{0EK}^{(1)} = \sum_{t=T+1}^{T+\tau} \{p_{jt} \cdot [x_{jt}' \cdot (1-q_j^{r'}) - x_{jt}^{r} \cdot (1-q_j^{r})] - (p_{gt}+k_g^{A}+k_g^{N}) \cdot x_{gt}\} \cdot (1+i)^{-t} \quad (\text{für } j = g)$$

(2) Aufnahme in das Absatzprogramm

(2a) Die Gegenwaren sind bisher nicht im Sortiment enthalten

$$\Delta C_{0EK}^{(2)} = \sum_{t=T+1}^{T+\tau} (\Delta p_{gt} - k_{gt}^{Ma}) \cdot x_{gt} \cdot (1+i)^{-t}$$

(2b) Die Gegenwaren sind bereits im Sortiment enthalten

$$\Delta C_{0EK}^{(3)} = \sum_{t=T+1}^{T+\tau} \{ \sum_{\substack{j=1 \\ j \neq g}}^{J} [(p_{jt}^{M}-k_{vjt}) \cdot (x_{jt}^{A}-x_{jt}^{P*})-K_{jt}^{F} + K_{jt}^{FP}] + [p_{gt}^{M} \cdot (x_{gt}^{A}-x_{gt}^{P*}-x_{gt}) - k_{vgt} \cdot (x_{gt}^{A} - x_{gt}^{P*}) - (p_{gt}+k_{gt}^{Ma}) \cdot x_{gt} - K_{gt}^{F} + K_{gt}^{FP}]\} \cdot (1+i)^{-t}$$

p_{gt} = Preis der Gegenware in der Periode t ($t = T+1,..., T+\tau$)
x_{gt} = vom ausländischen Nachfrager zu beziehende Menge der Gegenware in der Periode t
s_g = Stützungssatz für die Gegenware (im Zeitablauf konstant)
i = Kalkulationszins
p_{jt} = Einstandspreis des Inputguts $j = g$ in der Periode t
x_{jt}' = Bedarfsmenge des Inputguts $j = g$ in der Periode t
$q_j^{r'}$ = Rabattsatz bei der Rabattstufe r', die für die Menge x_{jt}' gilt (im Zeitablauf konstant)
x_{jt}^{r} = $(x_{jt}' - x_{gt})$ = zu beschaffende Menge des Inputguts $j = g$ beim Stammlieferanten in der Periode t
q_j^{r} = Rabattsatz bei der Rabattstufe r, die für die Menge x_{jt}^{r} gilt
k_g^{A} = Stückkosten für Ausschuß bei Einsatz der Gegenware im Produktionsprozeß
k_g^{N} = Stückkosten für Nachbesserung der Gegenware bei Einsatz im Produktionsprozeß
Δp_{gt} = Differenz aus Verkaufs- und Einstandspreis der Gegenware in der Periode t
k_{gt}^{Ma} = Marketingkosten pro Stück für die Gegenware in der Periode t
k_{vjt} = variable Stückkosten der Produktion von Produkt $j \neq g$ in der Periode t
k_{vgt} = variable Stückkosten der Produktion von Produkt $j = g$ in der Periode t
x_{jt}^{P*} = optimale Produktionsmenge von Produkt $j \neq g$ in der Periode t
x_{jt}^{A} = auf dem Markt unter der eigenen Marke bisher abgesetzte Menge von Produkt j in der Periode t
K_{jt}^{F} = artikelspezifische Fixkosten von Produkt $j \neq g$ in der Periode t
K_{gt}^{F} = artikelspezifische Fixkosten von Produkt $j = g$ in der Periode t
K_{jt}^{FP} = artikelspezifische Fixkosten der Produkte $j \neq g$ in der Periode t, welche noch (teilweise) selbst erstellt werden
K_{gt}^{FP} = artikelspezifische Fixkosten des Produkts $j = g$ in der Periode t, falls es noch (teilweise) selbst erstellt wird

Tab. 3.11: Zusätzliche Kapitalwerte bei Buy-back-Geschäften bei alternativer Verwendung der Gegenwaren

Fall (I): Fremdkompensation

$$\Delta C_{0FK} = -S^* = -\sum_{t=T}^{T+\tau} \left[\sum_{j=1}^{J} p_{gjt} \cdot x_{gjt}^* \cdot s_j\right] \cdot (1+i)^{-t}$$

Fall (II): Eigenkompensation

(1) Einsatz im Produktionsprozeß

$$\Delta C_{0EK}^{(1)} = \sum_{t=T}^{T+\tau} \left\{ \sum_{j=1}^{J} [p_{jt} \cdot [x_{jt}' \cdot (1-q_j^{r'}) - x_{jt}^{r*} \cdot (1-q_j^{r})] - (p_{gjt} + k_j^A + k_j^N) \cdot x_{gjt}^*]\right\} \cdot (1+i)^{-t}$$

(2) Aufnahme in das Absatzprogramm

(2a) Die Gegenwaren sind bisher nicht im Sortiment enthalten

$$\Delta C_{0EK}^{(2)} = \sum_{t=T}^{T+\tau} \left\{\sum_{j=1}^{J} [(\Delta p_{gjt} - k_{jt}^{Ma}) \cdot x_{gjt}^*]\right\} \cdot (1+i)^{-t}$$

(2b) Die Gegenwaren sind bereits im Sortiment enthalten

$$\Delta C_{0EK}^{(3)} = \sum_{t=T}^{T+\tau} \left\{ \sum_{j=1}^{J} [p_{jt}^M \cdot (x_{jt}^A - x_{jt}^{P*} - x_{gjt}^*) - k_{vjt} \cdot (x_{jt}^A - x_{jt}^{P*}) - K_{jt}^F + K_{jt}^{FP} + \right.$$

$$\left. + (p_{gjt} + k_{jt}^{Ma}) \cdot x_{gjt}^*]\right\} \cdot (1+i)^{-t}$$

p_{gjt} = Preis der Gegenware j in der Periode t
x_{gjt}^* = optimale Menge der Gegenware j in der Periode t
s_j = Stützungssatz für die Gegenware j (im Zeitablauf konstant)
p_{jt} = Preis des Inputguts j in der Periode t
x_{jt}' = Bedarfsmenge des Inputguts j in der Periode t
x_{jt}^{r*} = optimale zu beschaffende Menge des Inputguts j beim Stammlieferanten in der Periode t
$q_j^{r'}$ = Rabattsatz bei der Rabattstufe r', die für die Menge x_{jt}' gilt
q_j^{r} = Rabattsatz bei der Rabattstufe r, die für die Menge x_{jt}^{r} gilt
k_j^A = Stückkosten für Ausschuß bei Einsatz der Gegenware j im Produktionsprozeß
k_j^N = Stückkosten für Nachbesserung der Gegenware j bei Einsatz im Produktionsprozeß
Δp_{gjt} = Differenz aus Verkaufs- und Einstandspreis der Gegenware j in der Periode t
k_{jt}^{Ma} = Marketingkosten pro Stück für die Gegenware j in der Periode t
x_{jt}^{P*} = optimale Produktionsmenge von Produkt j in der Periode t
x_{jt}^{A} = auf dem Markt unter der eigenen Marke bisher abgesetzte Menge von Produkt j in der Periode t
k_{vjt} = variable Stückkosten der Produktion von Produkt j in der Periode t
K_{jt}^{F} = artikelspezifische Fixkosten von Produkt j in der Periode t
K_{jt}^{FP} = artikelspezifische Fixkosten der Produkte j in der Periode t, welche noch (teilweise) selbst erstellt werden

Tab. 3.12: Zusätzliche Kapitalwerte bei indirekten Offset-Geschäften bei alternativer Verwendung der Gegenwaren

Setzt man für den Kapitalwert aus der Kompensationsverpflichtung die in Abhängigkeit der jeweils optimalen Verwendung der Gegenwaren resultierenden zusätzlichen Kapitalwerte ΔC_{0FK}, $\Delta C_{0EK}^{(1)}$, $\Delta C_{0EK}^{(2)}$ oder $\Delta C_{0EK}^{(3)}$, so kann auch in diesem Fall der **Gesamt-Kapitalwert** eines Auftrags a bei simultaner Berücksichtigung beider Teiltransaktionen, $C_{0a}{}^{G}$, als Summe aus dem Kapitalwert aus dem Absatz der Hauptleistung, C_{0ha} gemäß *Gleichung (3.134b)*, und dem zusätzlichen Kapitalwert aus der jeweils optimalen Verwendung der Gegenwaren, $\Delta C_{0Ka}{}^{opt}$, errechnet werden:

$$C_{0a}{}^{G} = C_{0ha} + \Delta C_{0Ka}{}^{opt} \qquad \text{(für alle a)} \qquad (3.150)$$

mit C_{0ha} = Kapitalwert aus dem Absatz der Hauptleistung beim Auftrag a,
$\Delta C_{0Ka}{}^{opt} \in \{\Delta C_{0FK}, \Delta C_{0EK}^{(1)}, \Delta C_{0EK}^{(2)}, \Delta C_{0EK}^{(3)}\}$ = Kapitalwert aus der optimalen Verwendung der Gegenwaren beim Auftrag a.

Auf der Grundlage der für alle anstehenden Anfragen ermittelten Kapitalwerte $C_{0a}{}^{G}$ können die einzelnen Anfragen a wie bei einmaligen Handelstransaktionen in eine Rangfolge bezüglich der Wirtschaftlichkeit bei simultaner Betrachtung beider Teiltransaktionen gebracht werden. Auch bei industriellen Großprojekten muß dabei die endgültige Auswahl der zu bearbeitenden Anfragen unter Beachtung etwaiger **Kapazitätsrestriktionen** erfolgen. Dabei werden folgende Fälle unterschieden:
- es bestehen keine Engpässe in der Produktion,
- es sind mehrere Engpässe zu berücksichtigen.

Der bei einmaligen Handelstransaktionen betrachtete Fall eines einzigen Engpasses in der Produktion ist für langfristig angelegte industrielle Großprojekte nicht relevant: Eine Bildung relativer Deckungsbeiträge als Kennziffer für die Vorziehenswürdigkeit einzelner Projekte ist nur dann möglich, wenn mit einer konstanten Engpaßbelastung im gesamten Planungszeitraum bei einer einzigen Kapazitätsart zu rechnen ist. In Wirklichkeit ist jedoch davon auszugehen, daß während der Erstellung des Projekts jeweils unterschiedliche Kapazitätsarten zum Engpaß werden (können) und daß die Engpaßbelastung im Zeitablauf jeweils unterschiedlich ist. Darüber hinaus ist auch der Zahlungsüberschuß pro Periode unterschiedlich; beispielsweise geht die Einzahlung aus dem Absatz der Hauptleistung erst nach Fertigstellung der Projekts in $t = T$ ein, die Ein- und Auszahlungen aus der Verwendung der Gegenwaren dagegen während des gesamten Planungszeitraums. Somit ist die Bildung eines für den gesamten Planungszeitraum gültigen relativen Deckungsbeitrags i. d. R. nicht möglich.

Ausgegangen wird bei der Detailauswahl der anstehenden Anfragen vom Ziel der Kapitalwertmaximierung. Da bei der Ermittlung des Kapitalwerts beider Teiltransaktionen jeweils nur direkt zurechenbare Ein- und Auszahlungen berücksichtigt wurden, haben die einzelnen Kapitalwerte $C_{0a}{}^{G}$ den Charakter von **Deckungsbeitrag-Barwerten.**

Fall (1): Kein Engpaß

Bestehen bezüglich der Erstellung der einzelnen Hauptleistungen h_a keine Engpässe, so sind bei dem Ziel der Kapitalwertmaximierung alle Aufträge zu bearbeiten, für die gilt:

$$C_{0a}{}^{G} \geq 0,$$

da Aufträge, die diese Bedingung erfüllen, eine höhere Verzinsung des gebundenen Kapitals beinhalten als der zugrunde gelegte Kalkulationszins; somit ist das betrachtete Kompensationsgeschäft insgesamt vorteilhaft.

Fall (2): Mehrere Engpässe

Sind mehrere Engpässe zu berücksichtigen, so kann die Entscheidung wiederum mit Hilfe eines Ansatzes der mathematischen Programmierung herbeigeführt werden. Zu maximieren ist die *Zielfunktion*

$$C_0 = \sum_{a=1}^{A} C_{0a}{}^{G} \cdot u_a =$$

$$= \sum_{a=1}^{A} (C_{0ha} + \Delta C_{0Ka}{}^{opt}) \cdot u_a =$$

$$= \sum_{a=1}^{A} \{p_{ha} \cdot x_{ha} \cdot (1+i)^{-T} - \sum_{t=t_1}^{T} [K_t{}^{P}(x_{hat}) - K^{T}(x_{hat}) - K^{V}(x_{hat})] \cdot (1+i)^{-t} +$$

$$+ \quad \Delta C_{0Ka}{}^{opt}\} \cdot u_a \quad \rightarrow \quad \text{Max!} \qquad (3.151)$$

mit den *Nebenbedingungen*:

$$\sum_{a=1}^{A} c_{zat} \cdot u_a \leq C_{zt} \qquad \text{(für alle z, t)} \qquad (3.152)$$

$$0 \leq u_a \leq 1 \text{ und ganzzahlig} \qquad \text{(für alle a).} \qquad (3.141)$$

Gesucht sind die optimalen Werte der Hilfsvariablen u_a für alle Aufträge a. Wird der Auftrag a bearbeitet ($u_a = 1$), so erzielt der westliche Anbieter einen Kapitalwert von insgesamt $C_{0a}{}^{G}$; gleichzeitig werden die einzelnen Kapazitätsarten z in Höhe von c_{zat} pro Periode beansprucht. Dagegen wird der Auftrag a nicht bearbeitet, wenn $u_a = 0$ wird; in diesem Falle entfällt der Kapitalwert $C_{0a}{}^{G}$ und die einzelnen Kapazitätsarten werden durch den Auftrag a nicht in Anspruch genommen. Die *Nebenbedingung (3.152)* berücksichtigt, daß die einzelnen Kapazitätsarten $z = 1,..., Z$ im Zeitablauf variieren können und daß für die einzelnen Kapazitätsarten durch die betrachteten Aufträge a eine im Zeitablauf unterschiedliche Engpaßbelastung möglich ist.

IV. Die Entscheidung über die Art des Kompensationsgeschäfts

In der Regel wird die grundlegende Form der Transaktion vom ausländischen Nachfrager festgelegt (z. B. ob Barter, Gegenkauf, Buy-back oder Offset). Die vorgeschlagenen Formen sind jedoch nach Aussage von *Wesser* häufig verhandlungsfähig; insbesondere hat der westliche Anbieter einen Einfluß auf die konkrete Umsetzung, z. B. ob ein Gegenkaufgeschäft in Form eines Parallel- oder eines Junktimgeschäfts abgewickelt werden soll, oder ob ein vorgeschlagenes Buy-back-Geschäft auf Barterbasis oder mit Zahlungsströmen stattzufinden hat. Wie bereits in Kapitel B. bei der Betrachtung des ausländischen Nachfragers soll auch hier eine Unterteilung in einmalige Handelstransaktionen und industrielle Großprojekte vorgenommen werden, da sich beide Bereiche grundlegend unterscheiden.

Im folgenden wird von einem einzigen anstehenden Kompensationsgeschäft ausgegangen, bei dem die Wirtschaftlichkeitsanalyse positiv ausgefallen ist und für das daher ein Angebot abzugeben ist. Gemäß der Vorgehensweise im vorangegangenen Abschnitt C.III. steht der Warenkorb der Gegenwaren nach Art, Mengen und Preisen bereits fest, ebenso dessen Verwendung; die aus der Beschaffungstransaktion resultierenden Gewinne bzw. Kosten können somit als bekannt vorausgesetzt werden. Zu vergleichen sind in dieser Phase die aus den einzelnen Formen resultierenden Gesamtgewinne aus den beiden verbundenen Teiltransaktionen; die Entscheidungsfindung ist dabei vergleichsweise einfach, da sämtliche zur Entscheidungsfindung benötigten Informationen über die wirtschaftlichen Konsequenzen der einzelnen Geschäftsformen bereits ermittelt wurden (vgl. den vorangegangenen Unterabschnitt C.III.4.).

1. Entscheidungsfindung bei einmaligen Handelstransaktionen

Wie in Kapitel B. bereits aufgeführt wurde, ist bei einmaligen Handelstransaktionen die Beurteilung der Vorteilhaftigkeit der einzelnen Formen von Kompensationsgeschäften von der zeitlichen Abfolge von Haupt- und Gegengeschäft abhängig. Demnach soll auch hier unterschieden werden zwischen

- zeitgleiche Abwicklung von Kauf und Gegenkauf (Fall (1)),
- zeitlich nachgelagerter Gegenkauf (Fall (2))und
- zeitlich vorgelagerter Gegenkauf (Fall (3).

Dabei soll jeweils eine einzige Anfrage betrachtet werden, so daß im folgenden auf den Index a zur Kennzeichnung alternativer Anfragen verzichtet wird.

Grundlage für die Beurteilung der Vorteilhaftigkeit der einzelnen Formen von Kompensationsgeschäften sind die in Unterabschnitt C.III.4. ermittelten Gewinne aus der Absatz- und der Beschaffungstransaktion bei optimaler Verwendung der Gegenwaren. Der Gewinn aus dem Verkauf der Hauptleistung beträgt bei jeder Form gemäß *Gleichung (3.134a)*

$$G_h = p_h \cdot x_h - K^P(x_h) - K^T(x_h) - K^V(x_h)$$

mit p_h = vom westlichen Anbieter erwogener Preis für die Hauptleistung,
x_h = vom ausländischen Nachfrager nachgefragte Menge der Hauptleistung,
$K^P(x_h)$ = Produktionseinzelkosten der Hauptleistung,
$K^T(x_h)$ = Transporteinzelkosten der Hauptleistung,
$K^V(x_h)$ = Vertriebseinzelkosten der Hauptleistung;

unterschiedlich ist lediglich der Zeitpunkt, zu dem der Gewinn anfällt.

Aus der Beschaffungstransaktion resultieren bei den einzelnen Formen von Kompensationsgeschäften jeweils unterschiedliche Gewinnhöhen je nachdem, ob Eigen- oder Fremdkompensation betrieben wird und ob - im Falle der Eigenkompensation - die Gegenwaren im eigenen Produktionsprozeß eingesetzt oder in das eigene Absatzprogramm aufgenommen werden. Die einzelnen möglichen, dem Kompensationsgeschäft direkt zurechenbaren Zusatzgewinne in den verschiedenen aufgeführten Fällen sind in der *Tabelle 3.10* enthalten (vgl. den vorangegangenen Unterabschnitt C.III.4.b.); wie bei der Wirtschaftlichkeitsanalyse sind auch hier ausschließlich die Gewinne aus der optimalen Verwendung der Gegenwaren, ΔG_K^{opt}, zugrunde zu legen.

Fall (1): Zeitgleiche Abwicklung von Kauf- und Gegenkauf

Bei zeitgleicher Abwicklung von Kauf- und Gegenkauf werden beide Teiltransaktionen zum Zeitpunkt $t = t_0$ abgewickelt. Für den Gesamtgewinn gilt somit *Gleichung (3.137)*:

$$\begin{aligned} G^{(1)} &= p_h \cdot x_h - K^P(x_h) - K^T(x_h) - K^V(x_h) + \Delta G_K^{opt} \\ &= G_h + \Delta G_K^{opt}. \end{aligned}$$

Fall (2): Zeitlich nachgelagerter Gegenkauf

Beim zeitlich nachgelagerten Gegenkauf, wie dies häufig bei Parallelgeschäften der Fall ist, erfolgt in $t = t_0 = 0$ der Verkauf der Hauptleistung; bis zur Erfüllung der Gegengeschäftsverpflichtung kann dagegen ein Zeitraum von mehreren Jahren liegen, d. h. die (ggf. negativen) Zahlungsüberschüsse aus dem Gegengeschäft fallen erst zu einem späteren Zeitpunkt ($t = t_1$) an. Bezogen auf den Zeitpunkt t_0 resultiert somit folgender Kapitalwert:

$$C_0^{(2)} = p_h \cdot x_h - K^P(x_h) - K^T(x_h) - K^V(x_h) + \Delta G_K^{opt} \cdot (1+i)^{-t_1}$$

$$= G_h + \Delta G_K^{opt} \cdot (1+i)^{-t_1}. \qquad (3.153)$$

Fall (3): Zeitlich vorgelagerter Gegenkauf

Im Falle eines zeitlich vorgelagerten Gegenkaufs (Junktim-Geschäft) wird in $t = t_0$ der Kauf der Gegenwaren getätigt; damit wird der ausländische Partner mit Devisen versorgt, die er zur Bezahlung der Hauptleistung benötigt. Der Absatz der Hauptleistung erfolgt erst zu einem späteren Zeitpunkt (in $t = t_2$). Somit resultiert der gesamte Kapitalwert als:

$$C_0^{(3)} = [p_h \cdot x_h - K^P(x_h) - K^T(x_h) - K^V(x_h)] \cdot (1+i)^{-t_2} + \Delta G_K^{opt}$$

$$= G_h \cdot (1+i)^{-t_2} + \Delta G_K^{opt}. \qquad (3.154)$$

Sofern für den westlichen Anbieter eine Wahlmöglichkeit zwischen den einzelnen Formen besteht, kann er durch Vergleich von $G^{(1)}$, $C_0^{(2)}$ und $C_0^{(3)}$ die für ihn wirtschaftlichste Abwicklungsform wählen.

2. Entscheidungsfindung bei industriellen Großprojekten

Bei industriellen Großprojekten ist analog wie bei einmaligen Handelstransaktionen vorzugehen. Zu beachten ist hierbei, daß die grundlegende Form - Buy-back-Geschäft oder Offset-Geschäft - i. d. R. von der Beschaffenheit der nachgefragten Leistung abhängig ist und demnach nicht zur Disposition steht; eine Wahlmöglichkeit kann jedoch bezüglich der Abwicklungsform innerhalb der beiden Grundtypen bestehen. Somit hat der westliche Anbieter zwischen
- Buy-back-Geschäft auf Barterbasis oder mit Zahlungsströmen bzw.
- direktem oder indirektem Offset-Geschäft

zu entscheiden.

Auch hier sind bzgl. der Beschaffungstransaktion ausschließlich die zusätzlichen Kapitalwerte aus der optimalen Verwendung der Gegenwaren, ΔC_{0K}^{opt}, zugrunde zu legen. Die einzelnen möglichen, den Kompensationsgeschäfte direkt zurechenbaren Kapitalwerte in den verschiedenen aufgeführten Fällen sind in den *Tabellen 3.11* und *3.12* enthalten (vgl. den vorangegangenen Unterabschnitt C.III.4.b.).

Fall (1): Buy-back-Geschäfte

(1a): Buy-back-Geschäft mit Zahlungsströmen

Beim Buy-back-Geschäft mit Zahlungsströmen wird davon ausgegangen, die Hauptleistung werde in $t = t_0$ in Auftrag gegeben und in $t = T$ fertiggestellt. Die Gegenlieferungen erstrecken sich im Zeitraum $t = T+1,..., T+\tau$. Aus der Absatztransaktion erzielt der westliche Anbieter gemäß *Gleichung (3.134b)* einen Kapitalwert in Höhe von

$$C_{0h} = p_h \cdot x_h \cdot (1+i)^{-T} - \sum_{t=t_1}^{T} [K_t{}^P(x_{ht}) - K^T(x_{ht}) - K^V(x_{ht})] \cdot (1+i)^{-t}$$

mit x_{ht} = vom westlichen Anbieter bereitgestellte Menge der Hauptleistung in der Periode t,
$K_t{}^P(x_{ht})$ = Produktionseinzelkosten der Hauptleistung in der Periode t,
$K_t{}^T(x_{ht})$ = Transporteinzelkosten der Hauptleistung in der Periode t,
$K_t{}^V(x_{ht})$ = Vertriebseinzelkosten der Hauptleistung in der Periode t.

Somit ist für den Kapitalwert aus beiden Teiltransaktionen *Gleichung (3.150)* heranzuziehen:

$$C_0{}^{(1)} = C_{0h} + \Delta C_{0K}{}^{opt}.$$

(1b): Buy-back-Geschäft auf Barterbasis

Auch beim Buy-back-Geschäft auf Barterbasis wird annahmegemäß die Hauptleistung in $t = t_0$ in Auftrag gegeben und in $t = T$ fertiggestellt. Die Gegenlieferungen erstrecken sich über den Zeitraum $t = T+1,..., T+\tau$. Aus der Absatztransaktion erzielt der westliche Anbieter gemäß *Gleichung (3.134b)* einen Kapitalwert in Höhe von

$$C_{0h} = p_h \cdot x_h \cdot (1+i)^{-T} - \sum_{t=t_1}^{T} [K_t{}^P(x_{ht}) - K^T(x_{ht}) - K^V(x_{ht})] \cdot (1+i)^{-t}.$$

Da beim Buy-back-Geschäft auf Barterbasis die Kompensationsquote Q immer 100% beträgt, entspricht der Erlös aus der Absatztransaktion, $p_h \cdot x_h$, genau dem (abgezinsten) Gesamtwert der Gegenlieferungen, d. h. bezogen auf $t = t_0$ gilt:

$$C_{0h} = \sum_{t=T+1}^{T+\tau} p_{gt} \cdot x_{gt} \cdot (1+i)^{-t} - \sum_{t=t_1}^{T} [K_t{}^P(x_{ht}) - K_t{}^T(x_{ht}) - K_t{}^V(x_{ht})] \cdot (1+i)^{-t} \qquad (3.155)$$

mit p_{gt} = Preis der Gegenware in der Periode t ($t = T+1,... T+\tau$),
x_{gt} = Menge der Gegenware in der Periode t ($t = T+1,... T+\tau$),

$i \quad = $ Kalkulationszins.[44)]

Durch die Abzinsung von $p_{gt} \cdot x_{gt}$ wird berücksichtigt, daß die Bezahlung der Hauptleistung (in diesem Fall durch die mit Hilfe der Hauptleistung erstellten Produkte) erst nach Fertigstellung der Hauptleistung beginnt; die Erlöskomponente von *Gleichung (3.155)* beinhaltet somit auch die beim ausländischen Nachfrager anfallenden Finanzierungskosten der Hauptleistung, da durch die später erfolgenden Gegenlieferungen der westliche Anbieter dem ausländischen Nachfrager einen Lieferantenkredit in Höhe von $p_h \cdot x_h$ gewährt, dessen Verzinsung im Gesamtwert der Gegenlieferungen enthalten sein muß.

Für den Kapitalwert aus der Absatztransaktion ist - wie auch bei einmaligen Handelstransaktionen - der optimale Kapitalwert aus der Verwendung der Gegenwaren einzusetzen; der **gesamte Kapitalwert** über beide Teiltransaktionen beträgt wiederum gemäß *Gleichung (3.150)*

$$C_0^{(1)} = C_{0h} + \Delta C_{0K}^{opt}.$$

Fall (2): Offset-Geschäfte

(2a): Direktes Offset-Geschäft

Auch beim direkten Offset-Geschäft wird die Hauptleistung in $t = t_0$ in Auftrag gegeben und in $t = T$ fertiggestellt. Die Gegenlieferungen erstrecken sich jedoch über den Zeitraum $t = t_1, \ldots, T$, da sie als Inputfaktoren für die Erstellung der Hauptleistung eingehen. Aus der Absatztransaktion erzielt der westliche Anbieter gemäß *Gleichung (3.134b)* einen Kapitalwert in Höhe von

$$C_{0h} = p_h \cdot x_h \cdot (1+i)^{-T} - \sum_{t=t_1}^{T} [K_t^P(x_{ht}) - K^T(x_{ht}) - K^V(x_{ht})] \cdot (1+i)^{-t};$$

somit resultiert für den **gesamten Kapitalwert** aus beiden Teiltransaktionen wie beim Buy-back-Geschäft mit Zahlungsströmen:

$$C_0^{(1)} = C_{0h} + \Delta C_{0K}^{opt}.$$

44) Es wird hier unterstellt, der westliche Anbieter verlange vom ausländischen Nachfrager den gleichen Kreditzinssatz wie den, den er bei seiner eigenen Kalkulation zugrundelegt.

(2b): Indirektes Offset-Geschäft

Rein formal ist die Bestimmung des Kapitalwerts beim indirekten Offset-Geschäft mit dem Fall des direkten Offsets identisch; es gelten also *(3.134b)* und *(3.150)* analog:

$$C_{0h} = p_h \cdot x_h \cdot (1+i)^{-T} - \sum_{t=t_1}^{T} [K_t^P(x_{ht}) - K^T(x_{ht}) - K^V(x_{ht})] \cdot (1+i)^{-t}$$

und

$$C_0^{(2)} = C_{0h} + \Delta C_{0K}^{opt}.$$

Der einzige formale Unterschied zum direkten Offset-Geschäft liegt darin, daß die Lieferungen der Gegenwaren erst nach Fertigstellung der Hauptleistung beginnen (in $t = T$) und sich bis zum Zeitpunkt $t = T+\tau$ erstrecken, so daß bei der Ermittlung von C_{0K}^{opt} unterschiedliche Zeitindizes zu berücksichtigen sind.

Der westliche Anbieter kann somit innerhalb der i. d. R. feststehenden Formen "Buy-back-Geschäft" und "Offset-Geschäft" die jeweils für ihn optimale Abwicklungsform durch Vergleich der Kapitalwerte $C_0^{(1)}$ und $C_0^{(2)}$ bei der jeweils betrachteten Grundform ermitteln.

Somit verfügt der westliche Anbieter nach dieser Phase der Planung eines internationalen Kompensationsgeschäfts über sämtliche Informationen über die wirtschaftlichen Konsequenzen der von ihm zu bearbeitenden Anfragen, und zwar jeweils in der für ihn optimalen Ausprägung. Allerdings wurde bislang von einer einzigen von ihm erwogenen Preisforderung für die Hauptleistung ausgegangen, so daß sämtliche Ergebnisse der Analyse in diesem Kapitel 3.C. lediglich in bezug auf die betrachtete Preisforderung optimal sind. Der westliche Anbieter hat jedoch auch über die für ihn optimale Preisforderung für die Hauptleistung zu befinden; in Abhängigkeit der einzelnen möglichen Preisforderungen können sich der optimale Warenkorb, die optimale Verwendungsmöglichkeit der Gegenwaren sowie die optimale Abwicklungsform des Kompensationsgeschäfts ändern. Die Bestimmung der optimalen Preisforderung für die Hauptleistung unter Berücksichtigung der übrigen Entscheidungstatbestände im Zusammenhang mit der Planung eines internationalen Kompensationsgeschäfts wird ausführlich im nachfolgenden 4. Teil erörtert. Eine zusammenfassende Beispielrechnung zu den einzelnen Teilentscheidungen im Zusammenhang mit internationalen Kompensationsgeschäften - einschl. der Bestimmung des optimalen Preises - findet sich im 5. Teil dieser Arbeit.

4. Teil: Die Preisfindung als zentrales Problem bei der Planung internationaler Kompensationsgeschäfte

A. Überblick

Im Rahmen der bisherigen Ausführungen wurde davon ausgegangen, der westliche Anbieter würde von gegebenen (bzw. abschätzbaren) Preisen sowohl für die Hauptleistung, als auch für die Gegenleistung ausgehen.[45] Bei Kompensationsgeschäften ist jedoch die Bestimmung des **Angebotspreises** für die Hauptleistung das zentrale Problem; aus diesem Grunde soll in diesem 4. Teil ausführlich auf die einzelnen Möglichkeiten zur Preisbestimmung unter Berücksichtigung von Kompensationsforderungen aus der Sicht des westlichen Anbieters eingegangen werden.

Kompensationsforderungen werden sowohl im Rahmen üblicher Export- bzw. Importgeschäfte gestellt als auch im Rahmen internationaler Ausschreibungen. Da das Vergabeverfahren Konsequenzen für das Angebotsverhalten des westlichen Geschäftspartners hat - z. B. dahingehend, ob der Preis und die Kompensationsforderung verhandlungsfähig sind oder nicht -, erscheint es zweckmäßig, die beiden Fälle getrennt zu behandeln.

Bei der Kalkulation des Angebotspreises hat der westliche Anbieter darauf zu achten, daß auch die spezifischen Kosten eines Gegengeschäfts - Stützungen, Provisionen etc. - gedeckt sind; dies kann jedoch nur dann der Fall sein, wenn entweder die Kompensationsforderung vor der Angebotsabgabe bekannt ist, oder wenn man eine potentielle, aber noch nicht bekannte Kompensationsforderung antizipiert und die erwarteten Kosten beim eigenen Angebotspreis bereits berücksichtigt. Hierbei entsteht jedoch das Problem, daß der kalkulierte Preis u. U. überhöht ist, weil Kompensationsforderungen berücksichtigt werden, die gar nicht oder zumindest nicht in der angenommenen Höhe gestellt werden. Insbesondere in einer Ausschreibungssituation, bei der Nachverhandlungen über den Preis ausgeschlossen sind, kann dies dazu führen,

45) Beim ausländischen Nachfrager wurde in Unterabschnitt B.II.2.b.dd. im 3. Teil bereits gezeigt, auf welche Weise er für die einzelnen Gegenwaren die für ihn optimalen Preis-Mengen-Kombinationen bestimmen kann; implizit wurde dort unterstellt, der ausländische Nachfrager könne dem westlichen Anbieter die Preise für die Gegenwaren diktieren.

daß der eigene Preis höher als die Preise der Konkurrenten ausfällt und man damit keinen Zuschlag erhält. Aus diesem Grunde sollte sich der westliche Anbieter in jedem Falle bemühen, die kompensationsspezifischen Kosten in Grenzen zu halten, insbesondere die von ihm zu entrichtenden Stützungszahlungen. Wie im Zusammenhang mit der Entscheidung zwischen Eigen- und Fremdkompensation bereits ausführlich gezeigt wurde (vgl. die Ausführungen in Unterabschnitt C.III.4. des 3. Teils), kann der westliche Anbieter - sofern bzgl. der abzunehmenden Gegenwaren Wahlfreiheit besteht - den für ihn optimalen Warenkorb unter Berücksichtigung der Verwendungsmöglichkeiten der Gegenwaren bestimmen.

Der westliche Anbieter hat grundsätzlich folgende Möglichkeiten, die Preisstützung und damit die Kosten zu reduzieren:
- Er kann versuchen, die Kompensationsquote zu drücken; dies ist allerdings nur dann möglich, wenn erstens die Quote nicht gesetzlich vorgeschrieben ist, zweitens der westliche Anbieter über genügend Verhandlungsmacht verfügt.
- Er kann versuchen, über die Gegenwaren selbst zu verhandeln, um solche zu erhalten, für die der Stützungssatz vergleichsweise gering ist bzw. die er in wirtschaftlicher Weise in seinem Produktionsprozeß einsetzen bzw. in das eigene Absatzprogramm aufnehmen kann. Die Möglichkeit der Einflußnahme auf den Warenkorb sollte auf jeden Fall **vor** Eintritt in die Preisverhandlungen geprüft werden (vgl. Unterabschnitt C.III.4. im 3. Teil).

Im folgenden wird unterstellt, die Entscheidung zwischen Eigen- und Fremdkompensation sei bereits gefallen; damit sind die Stützungssätze bzw. die mit der Verwendung der Gegenwaren zusammenhängenden Kosten und Erlöse abschätzbar. Gegenstand der Angebotsverhandlungen sind damit
- der Preis für die Hauptleistung,
- ggf. der Preis für die Gegenleistung und
- ggf. die Kompensationsquote.

Zunächst sollen in Kapitel B. die **Praktikermethoden** zur Preisfindung auf die Problemstellung internationaler Kompensationsgeschäfte angewendet werden; behandelt werden im einzelnen
- die kostenorientierte Preisbestimmung,
- die konkurrenzorientierte Preisbestimmung,
- die nachfrageorientierte Preisbestimmung sowie
- die nutzenorientierte Preisbestimmung.

Anschließend werden in Kapitel C. **Optimierungsmodelle** zur Preisfindung bei internationalen Kompensationsgeschäften entwickelt, wobei zum einen zwischen freihändigen Vergaben und (öffentlichen oder beschränkten) Ausschreibungen unterschieden wird, zum anderen unterschiedliche Formen von Kompensationsgeschäften zugrunde gelegt werden. Sowohl bei den Praktikermethoden als auch bei den Optimierungsmodellen wird die Preisfindung aus der Sicht des westlichen Anbieters in den Vordergrund gestellt. Eine Ausnahme bilden die aus Ansätzen des bilateralen Monopols abgeleiteten Optimierungsmodelle, bei denen die Preise für die Hauptleistung und für die Gegenwaren simultan bestimmt werden.

B. Praktikermethoden zur Preisfindung bei internationalen Kompensationsgeschäften

I. Kostenorientierte Preisbestimmung

Im Rahmen der kostenorientierten Preisbestimmung erfolgt die Ermittlung des Angebotspreises durch den westlichen Anbieter dadurch, daß auf die kalkulierten Kosten der Auftragserfüllung ein (intuitiver) Gewinnzuschlag aufgeschlagen wird. Grundlage für die Preisbestimmung ist somit eine **Kostenkalkulation** (vgl. z. B. *Diehl*, 1977, S. 178 ff.).

Bei **einmaligen Handelstransaktionen** handelt es sich i. d. R. um marktgängige Produkte, deren Kosten problemlos aus der Kostenrechnung in Erfahrung gebracht werden können. Der resultierende Angebotspreis ist davon abhängig, ob eine Vollkosten- oder eine Teilkostenrechnung zugrunde gelegt wird. Im Rahmen einer Vollkostenkalkulation werden die Selbstkosten eines Produkts unter Berücksichtigung sämtlicher anfallenden Einzel- und Gemeinkosten bestimmt; der Angebotspreis errechnet sich aus den Selbstkosten plus einem (prozentualen) Gewinnzuschlag. Dagegen werden bei der Teilkostenkalkulation in Abhängigkeit des herangezogenen Kostenrechnungssystems lediglich variable bzw. Einzelkosten bei der Kostenkalkulation zugrunde gelegt; auch darauf wird zur Preisermittlung ein Gewinnzuschlag aufgeschlagen (zur Kostenkalkulation bei verschiedenen Systemen der Kostenrechnung vgl. ausführlich *Schweitzer/Küpper*, 1991). Da Kompensationsgeschäfte - wie schon mehrfach erwähnt - als **Zusatzaufträge** zu behandeln sind, ist eine Teilkostenkalkulation zu empfehlen, da (bei Unterbeschäftigung) die kurzfristige Preisuntergrenze durch die direkt zurechenbaren Kosten des Auftrags wiedergegeben wird (vgl. *Schweitzer/Küpper*, 1991, S. 375 und 408).

Komplexer ist die Kostenkalkulation bei **industriellen Großprojekten**, für die aufgrund ihrer Neuartigkeit Erfahrungswerte fehlen. In der Praxis sind folgende Kalkulationsverfahren geläufig:

Die Kilokostenmethode

Bei der Kilokostenmethode wird die Entwicklung der Herstellkosten vom Gewicht der Anlage abhängig gemacht. Zugrunde gelegt werden dabei Erfahrungskostenwerte je kg Anlage. Auch weitere Größen, wie Kubikmeter umbauter Raum, Längenmeter

Walzstraße etc., finden dabei Anwendung (vgl. *Backhaus*, 1993, S. 474 ff.). Die Schwäche des Verfahrens ist offensichtlich.

Die Einflußgrößenkalkulation

Im Rahmen der Einflußgrößenkalkulation ist wie folgt vorzugehen (vgl. *Eversheim* u. a., 1977, S. 53 ff.):
- In einem ersten Schritt werden die potentiellen Kosteneinflußgrößen analysiert. Hierzu ist zunächst zu prüfen, welche Einflußgrößen im Angebotsstadium bekannt sind bzw. abgeschätzt werden können, da nur solche zur Kalkulation verwendet werden können.
- Anschließend wird der Einfluß der einzelnen Kosteneinflußgrößen auf die Höhe der Herstellkosten regressionsanalytisch ermittelt. Für die einzelnen Kosteneinflußgrößen wird in einem multiplen Regressionsansatz auf der Grundlage von Vergangenheitsdaten ermittelt, welchen Erklärungsbeitrag sie für die Höhe der Herstellkosten leisten. Somit wird ein multiples Regressionsmodell ermittelt, welches lediglich solche Einflußfaktoren enthält, welche die Kostenhöhe signifikant beeinflussen.
- Schließlich wird das auf diese Weise ermittelte Regressionsmodell durch Einsetzen der aktuell zu erwartenden Ausprägungen der relevanten Kosteneinflußgrößen zur Prognose der Herstellkosten beim aktuellen Projekt zugrunde gelegt.

Diese Vorgehensweise führt zwar zu besseren Ergebnissen als die Kilokostenmethode, ist aber mit einer ganzen Reihe von **Problemen** behaftet (vgl. *Backhaus*, 1993, S. 478 f.):
- Die unterschiedliche Kostenentwicklung bei einzelnen Inputfaktoren kann nicht prognostiziert werden.
- Es erfolgt kein getrennter Ausweis von Einzel- und Gemeinkosten.
- Auf welche Weise sonstige Kosten wie Vertriebskosten, Versicherungen, Provisionen etc. geschätzt werden sollen, bleibt offen.

Der Grobprojektierungsansatz

Der grundsätzliche Ablauf des Grobprojektierungsansatzes ist in *Abbildung 4.1* skizziert. Ausgangspunkt ist ein technisches Grobkonzept einer Anlage, das häufig für die Präqualifizierung bei beschränkten Ausschreibungen zu erstellen ist. Die einzelnen Komponenten des Grobkonzepts werden mit den jeweils zu erwartenden Kosten bewertet; daraus resultiert der **Basispreis** der Anlage. Zu modifizieren ist der Basispreis unter Hinzunahme derjenigen Kosten, die aus kundenindividuellen Sonderleistungen herrühren, z. B. Reise-, Transport-, Montage- und Inbetriebsetzungskosten; Ergebnis ist der **kundenindividuelle Basispreis**. Unter Berücksichtigung der Kosten, die aus besonderen Liefer-, Zahlungs- und Finanzierungsbedingungen entstehen - wozu auch kompensationsspezifische Kosten zu rechnen sind - resultiert der **anfragenadaptierte Basispreis** als Ausgangspreisforderung (vgl. *Backhaus*, 1993, S. 479

f.). **Kritisch** an der Methode ist einzuwenden, daß eine Berücksichtigung möglicher Kostenveränderungen für einzelne Kostenarten aufgrund der geringen Differenzierung des Ansatzes nicht möglich ist.

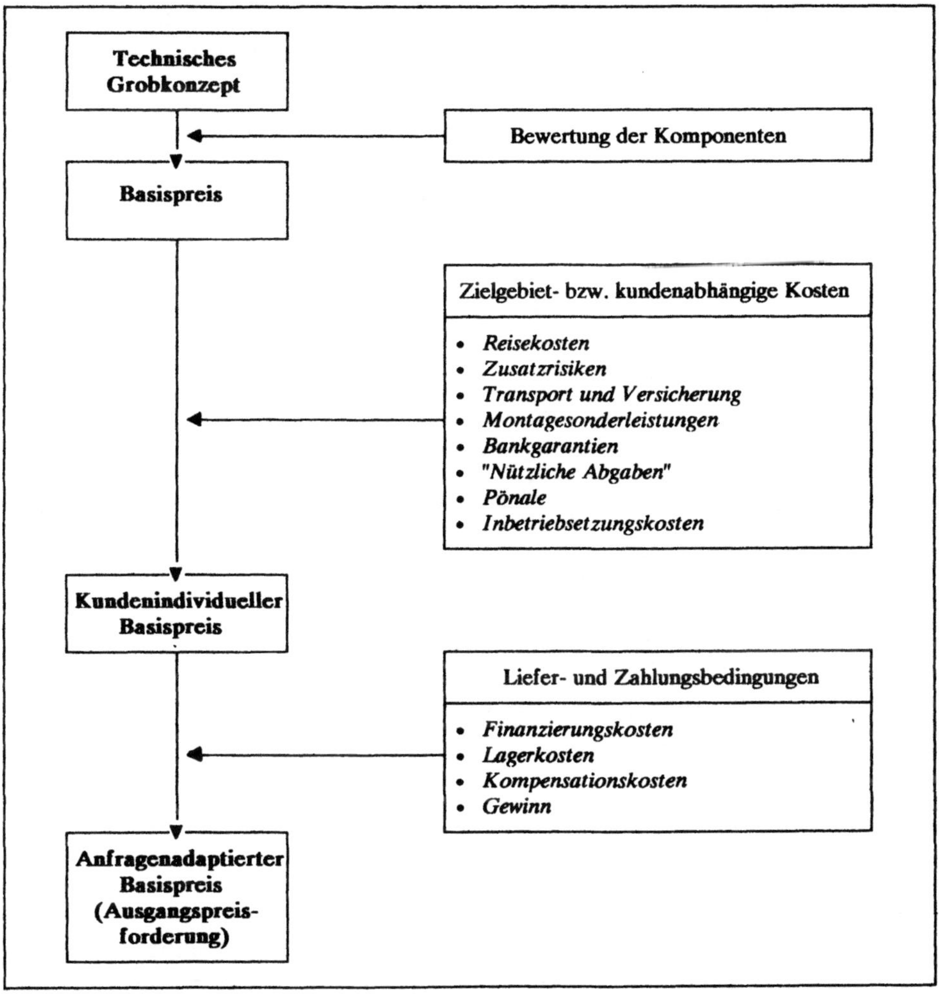

Quelle: In Anlehnung an *Backhaus*, 1993, S. 480.

Abb. 4.1: Ermittlung der Ausgangspreisforderung bei Grobprojektierung

Der Lernansatz

Dem Lernansatz liegt die Idee zugrunde, daß die Komponenten vergangener Projekte in eine systematische hierarchische Struktur gebracht und in einer EDV-Datenbank gespeichert werden können (ein Beispiel für die hierarchische Strukturierung einer Anlage findet sich in *Abbildung 4.2*). Bei steigender Zahl von Projekten wird ein Datenpool erzeugt, auf dem bei neuen Projekten zurückgegriffen werden kann, da viele Komponenten i. d. R. wieder verwendet werden können. Auf diese Weise kann für einzelne Subsysteme eine Neuprojektierung entfallen und eine Kostenermittlung wird erleichtert, da auf Vergangenheitswerte zurückgegriffen werden kann (vgl. *Backhaus*, 1993, S. 481 ff.).

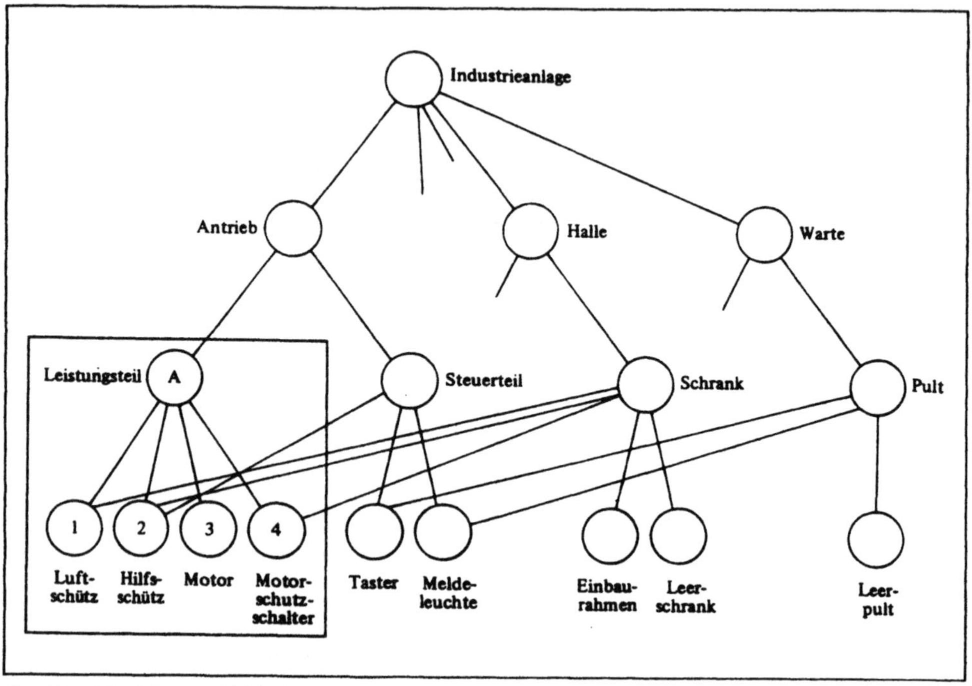

Quelle: *Backhaus*, 1993, S. 482.

Abb. 4.2: Hierarchische Strukturierung einer Anlage

Problematisch an den dargestellten Ansätzen zur kostenorientierten Preisbestimmung ist generell, daß im Prinzip Vollkosten als Bewertungsgrößen zugrunde gelegt werden. Gerade bei Kompensationsgeschäften ist diese Vorgehensweise jedoch kritisch zu hinterfragen, da sie i. d. R. den Charakter von Zusatzaufträgen haben.

Einige Besonderheiten im Rahmen der kostenorientierten Preisbestimmung ergeben sich, wenn der ausländische Nachfrager eine staatliche Stelle ist, da in den meisten Ländern detaillierte Regelungen für die **öffentliche Beschaffung** vorliegen. Beispielsweise werden in der Bundesrepublik Deutschland die für öffentliche Aufträge geltenden VPöA (Verordnung über Preise bei öffentlichen Aufträgen) und VPöA-Bau (Verordnung über Preise für Bauleistungen bei öffentlichen oder mit öffentlichen Mitteln finanzierten Aufträgen) jeweils durch Leitsätze zur Ermittlung von Preisen auf Grund von Selbstkosten ergänzt (LSP und LSP-Bau) (vgl. *Berndt*, 1988, S. 36; s. a. *Zuber*, 1977, S. 145). So sieht z. B. Nr. 10 Abs. 3 LSP folgendes **Kalkulationsschema** vor (vgl. z. B. *Berndt*, 1988, S. 37):

Fertigungsstoffkosten
\+ Fertigungskosten
\+ Entwicklungs- und Entwurfskosten
\+ Verwaltungskosten
\+ Vertriebskosten

Selbstkosten
\+ Kalkulatorischer Gewinn

Selbstkostenpreis.

Im Detail geregelt werden auch für die wichtigsten Kostenarten die zugrunde zu legenden Mengen- und Bewertungsansätze. Darüber hinaus herrscht der Grundsatz **fester Preise**, d. h. die vereinbarten Preise dürfen durch einen der Vertragspartner nicht mehr einseitig geändert werden (vgl. *Berndt*, 1988, S. 33). Dies schließt jedoch nicht aus, daß bei Vertragsabschluß eine **Preisgleitklausel** vereinbart wird, wie z. B. (vgl. *Backhaus*, 1993, S. 486):

$$p = \frac{p_0}{100} \cdot (a + m \cdot \frac{M}{M_0} + l \cdot \frac{L}{L_0}) \qquad (4.1)$$

mit p = endgültiger Preis,
p_0 = Preis am Basisstichtag (z. B. bei Vertragsabschluß),
a = nicht gleitender Preisanteil,
m = Anteil der Materialkosten am Preis,
l = Lohnanteil am Preis,
M_0 = Materialkosten am Basisstichtag,
M = Materialkosten zum Abrechnungsstichtag,
L_0 = Lohnkosten am Basisstichtag,
L = Lohnkosten zum Abrechnungsstichtag.

Dabei gilt:

$$a + m + l = 100.$$

Auf der Basis der ermittelten kostenorientierten Preise können bei freihändigen Individualtransaktionen unterschiedliche **Vertragstypen** abgeschlossen werden (vgl. *Berndt*, 1988, S. 107 ff. und 200 ff.; *Hansen*, 1973, S. 136 ff.):
- Firm-Fixed-Price-Vertrag (FFP-Vertrag),
- Cost-Plus-Fixed-Fee-Vertrag (CPFF-Vertrag),
- Fixed-Price-Incentive-Vertrag (FPI-Vertrag),
- Cost-Plus-Incentive-Fee-Vertrag (CPIF-Vertrag),

Firm-Fixed-Price-Vertrag	• Kostenfestpreis-Vertrag • feste Preisvereinbarung bei Vertragsabschluß gemäß geschätzter Kosten zuzüglich eines geplanten Gewinns • spätere Preisänderung aufgrund der tatsächlichen Kostenentwicklung nicht möglich
Cost-Plus-Fixed-Fee-Vertrag	• Kostenerstattungspreis-Vertrag • Preisvereinbarung gemäß geschätzter Kosten zuzüglich eines geplanten Gewinns • der zu zahlende Preis steigt mit steigenden tatsächlichen Kosten • der Gewinn bleibt dabei konstant
Fixed-Price-Incentive-Vertrag	• Festpreis-Vertrag mit Anreiz zu einer wirtschaftlichen Auftragserfüllung • Aushandlung von geplanten Gesamtkosten und geplantem Gewinn, welche zusammen einen geplanten Preis bilden • bei Abweichung der tatsächlichen von den geplanten Kosten Verteilung der Kostendifferenz gemäß eines auszuhandelnden Teilungssatzes auf Auftragnehmer und Auftraggeber • Vereinbarung eines vom Auftraggeber zu zahlenden Höchstpreises (für den Fall sehr großer Kosteneinsparungen kann auch eine Preisuntergrenze vereinbart werden) • der tatsächlich realisierte Preis und der tatsächlich erzielbare Gewinn sind vom Teilungssatz abhängig
Cost-Plus-Incentive-Fee-Vertrag	• Kostenerstattungspreis-Vertrag mit Anreiz zu einer wirtschaftlichen Auftragserfüllung • Aushandlung von geplanten Gesamtkosten, geplantem Gewinn, Mindest- und ggf. Höchstgewinn • bei Abweichung der tatsächlichen von den geplanten Kosten Verteilung der Kostendifferenz gemäß eines auszuhandelnden Teilungssatzes auf Auftragnehmer und Auftraggeber unter Beachtung des Mindestgewinns (ggf. auch eines Höchstgewinns)
Multiple-Incentive-Vertrag	• mögliche Erweiterung eines Fixed-Price-Incentive- bzw. eines Cost-Plus-Incentive-Fee-Vertrags • Vorgabe von geplanten Kosten sowie zumindest von geplanter Abschlußzeit und geplanten Qualitäten • Bestimmung des zu zahlenden Preises sowie des erzielbaren Gewinns in Abhängigkeit der Differenzen zwischen - tatsächlichen und geplanten Kosten, - tatsächlichen und geplanten Abschlußzeiten, - tatsächlichen und geplanten Qualitäten, einer Gewichtung und Aggregation dieser Differenzen sowie einer Aufteilung der Differenzen auf die Vertragspartner
Fixed-Price-Redeterminable-Vertrag	• Selbstkostenrichtpreis • Vereinbarung eines mutmaßlichen Grundpreises sowie eines festen Höchstpreises • zu gegebener Zeit Umwandlung in einen Festpreis-Vertrag

Quelle: *Berndt*, 1988, S. 108.

Tab. 4.1: Vertragstypen bei freihändigen Individualtransaktionen auf der Basis von Kostenpreisen

- Multiple-Incentive-Vertrag (MI-Vertrag) und
- Fixed-Price-Redeterminable-Vertrag (FPR-Vertrag).

Die Einzelheiten der einzelnen Vertragstypen sind in *Tabelle 4.1* enthalten. Es wird ersichtlich, daß sich die einzelnen Vertragsformen insbesondere darin unterscheiden, ob sich Abweichungen von den geplanten Kosten auf den endgültigen Abschlußpreis und damit auf den geplanten Gewinn auswirken.

Die Berücksichtigung **kompensationsspezifischer Kosten** bei der Preiskalkulation kann grundsätzlich dadurch erfolgen, daß diese auf den Angebotspreis aufgeschlagen werden. Bezeichnet man mit p_h den Preis für die Hauptleistung, der für ein herkömmliches Exportgeschäft kalkuliert wurde (Basispreis), so ergibt sich der Preis im Falle einer Kompensationsforderung grundsätzlich als (vgl. *Moser*, 1981, S. 200):

$$p_h^K = p_h + p_h^K \cdot Q \cdot s \qquad (4.2a)$$

mit p_h^K = Preis für die Hauptleistung im Falle eines Kompensationsgeschäfts,
p_h = Basispreis der Hauptleistung bei einem herkömmlichen Exportgeschäft,
Q = Kompensationsquote,
s = Stützungsatz für die Gegenware.

Der Preis für die Hauptleistung im Falle eines Kompensationsgeschäfts setzt sich also aus dem kalkulierten Basispreis p_h und den kompensationsspezifischen Kosten zusammen, welche auf der Grundlage des (noch zu bestimmenden) Angebotspreises im Falle eines Kompensationsgeschäfts berechnet werden, $p_h^K \cdot Q \cdot s$. Umformen von *(4.2a)* und Auflösen nach p_h^K führt zu:

$$p_h^K = \frac{p_h}{1 - Q \cdot s}. \qquad (4.2b)$$

Gleichung (4.2b) gilt in der Form für einmalige Handelstransaktionen, Fremdkompensation und eine einzige Gegenware; im Mehrproduktfall bzw. im Fall industrieller Großprojekte sind dem Ausgangs-Angebotspreis p_h die jeweiligen kompensationsspezifischen Kosten aufzuschlagen. (Zur Ermittlung der kompensationsspezifischen Kosten bei den einzelnen Formen von Kompensationsgeschäften bei alternativer Verwendung der Gegenwaren vgl. die Ausführungen in Abschnitt C.III.4. im 3. Teil).

Implizit geht *Gleichung (4.2a)* von 100%iger Deckung der kompensationsspezifischen Kosten durch den Angebotspreis für die Hauptleistung aus, da die durch den Ausdruck $p_h^K \cdot Q \cdot s$ repräsentierten Kosten in voller Höhe auf den Basispreis p_h aufgeschlagen werden. In der Praxis ist dies jedoch eher selten der Fall: Im Rahmen der durchgeführten Interviews gaben nur wenige Unternehmen an, sie würden die kompensationsspezifischen Kosten auf den Angebotspreis aufschlagen; genannt wurden Zuschlagssätze zwischen 4% und 5%. Wird nur ein bestimmter Anteil γ der kompensationsspezifischen Kosten berücksichtigt, so ist *Gleichung (4.2b)* wie folgt zu modifizieren:

$$p_h^K = \frac{p_h}{1 - \gamma \cdot Q \cdot s}. \tag{4.2c}$$

Werden die kompensationsspezifischen Kosten nicht explizit berücksichtigt, sondern lediglich ein prozentualer Aufschlag δ auf den Basispreis berechnet, so resultiert:

$$\begin{aligned} p_h^K &= p_h + p_h \cdot \delta \\ &= p_h \cdot (1 + \delta) \\ &= \alpha \cdot p_h \end{aligned} \tag{4.2d}$$

mit $\alpha = (1 + \delta)$.

Unternehmen, die auf eine Berücksichtigung kompensationsspezifischer Kosten verzichten, gaben dafür folgende Gründe an:
- Bei öffentlichen Aufträgen innerhalb der NATO sei der Ansatz von Kompensationskosten nicht zulässig;
- der starke Wettbewerb in der Branche verhindere die Berücksichtigung kompensationsspezifischer Kosten beim Angebotspreis;
- für viele Produkte existieren Marktpreise, die dem Nachfrager auch bekannt seien.

Die meisten der befragten Unternehmen gaben daher an, sie würden versuchen, die Kompensationsverpflichtung zu reduzieren, um die kompensationsspezifischen Kosten in Grenzen zu halten und damit eine ausreichende Gewinnmarge zu erzielen. Wenn doch kompensationsspezifische Kosten beim Angebotspreis einkalkuliert werden, so wird darauf geachtet, sie nicht gesondert auszuweisen, da der ausländische Nachfrager im Rahmen von Kompensationsgeschäften i. d. R. kostenlose Zusatzleistungen erwartet.

Bei allen Verfahren der kostenorientierten Preisbestimmung ist **kritisch** anzumerken, daß weder das Zuschlagsverhalten des Nachfragers, noch die Angebotspreise der Konkurrenz berücksichtigt werden. Eine Kostenkalkulation als alleinige Grundlage für die Preisbestimmung ist daher unzureichend.

II. Konkurrenzorientierte Preisbestimmung

Die Grundidee der konkurrenzorientierten Preisbestimmung basiert darauf, daß man sich bei den eigenen Preisforderungen an den (aktuellen oder erwarteten) Preisen der Konkurrenz orientiert. Unterschieden werden generell die dominierende und die barometrische Preisführerschaft: Eine **dominierende Preisführerschaft** liegt vor, wenn ein Preisführer mit hohem Marktanteil das Preisniveau auf dem Markt bestimmt und die konkurrierenden Unternehmen sich dem Preis des Marktführers anschließen, um einem ruinösen Wettbewerb zu entgehen (vgl. *Schmalen*, 1982, S. 170). Bei der **barometrischen Preisführerschaft** schließen sich die Unternehmen preispolitisch demjenigen Unternehmen an, von dem sie eine bessere Marktübersicht vermuten; diese Vorgehensweise impliziert bewußtes Parallelverhalten (vgl. *Berndt*, 1992, S. 144).

Im Falle von **Ausschreibungen** muß die Preispolitik der Konkurrenten insofern berücksichtigt werden, als ein relativ hoher Preis zwar den Gewinn im Falle des Zuschlags erhöht, andererseits aber die Wahrscheinlichkeit, daß man von einem Konkurrenten preislich unterboten wird und damit den Zuschlag nicht erhält, dadurch ebenfalls steigt (vgl. *Edelman*, 1965, S. 11). Es handelt sich somit um zwei gegenläufige Tendenzen, die in angemessener Weise nur durch **Competitive-Bidding-Modelle** berücksichtigt werden können (vgl. die Ausführungen in Abschnitt C.II. in diesem Teil). In der Praxis wird versucht, bei anstehenden Ausschreibungen die Konkurrenzpreise vorab in Erfahrung zu bringen und sich ggf. preislich anzupassen (vgl. *Backhaus*, 1993, S. 494). Da aber die Konkurrenz ein berechtigtes Interesse daran hat, die Angebote geheimzuhalten, erweist sich die Ermittlung der Konkurrenzpreise bei einer aktuellen Ausschreibung als äußerst schwierig. Als Hilfsmittel können die Konkurrenzpreise vergangener Ausschreibungen herangezogen werden (vgl. hierzu *Berndt*, 1988, S. 141); dies ist auch die Grundlage für die in C.II. beschriebenen Competitive-Bidding-Modelle. Weitere Anhaltspunkte für die Preisbestimmung können sich ergeben, wenn die Kostensituation und die Kapazitätsauslastung der einzelnen Konkurrenten bekannt sind bzw. geschätzt werden können. Letzteres kann Aufschluß über die Dringlichkeit geben, mit der der Konkurrent den Auftrag benötigt, und damit über das zu erwartende Preisniveau. Anders liegt der Fall, wenn aus der Sicht des Nachfragers der Preis als Qualitätsindikator dient: So zitiert *Diehl* (1977, S. 181 f.) einen Fall, bei dem ein Anbieter - in diesem Fall ein Konsortium - um ganze 50 % höher als der günstigste Anbieter lag und trotzdem den Zuschlag erhielt, weil der Kunde der Meinung war, daß es sich bei einem derartigen Preisunterschied nicht um qualitativ vergleichbare Leistungen handelte. Eine Möglichkeit, den Preiswettbewerb von vornherein zu umgehen, besteht darin, eine technisch völlig andere Lösung als die Konkurrenz anzubieten, um Nachverhandlungen beim Auftraggeber zu erzwingen (vgl. *Backhaus*, 1993, S. 494).

Bei **freihändigen Vergaben** ist eine konkurrenzorientierte Preisbestimmung insbesondere bei freihändigen Routinetransaktionen geläufig (vgl. *Berndt*, 1988, S. 214). Die Preisforderungen eines Out-Suppliers (d. h. eines Anbieters, der vom ausländischen Nachfrager bisher nicht herangezogen wurde) sollten bei einem stark preisorientierten Zuschlagsverhalten des Nachfragers jene eines In-Suppliers (d. h. eines Anbieters, der bereits zu den Zulieferern des ausländischen Nachfragers gehört) nicht übersteigen. In diesem Zusammenhang ist auch die in der Praxis häufige Erscheinung erheblicher Preiszugeständnisse zu sehen, um sich auf dem Markt des ausländischen Nachfragers zu etablieren und um sich Folgeaufträge zu sichern (vgl. *Diehl*, 1977, S. 182). Ist die eigene Position auf dem ausländischen Markt gefestigt, können für weitere Aufträge höhere Preise verlangt werden; dies entspricht einer Anwendung der Penetration-Preispolitik im internationalen Marketing. Auf diese Weise können Konkurrenten vom Markteintritt abgehalten werden.

Hinsichtlich der Berücksichtigung **kompensationsspezifischer Kosten** bei der Preisbestimmung gilt, daß gerade Wettbewerbsgründe eine 100%ige Kostendeckung häufig verhindern (vgl. die Ausführungen im vorangegangenen Abschnitt B.I.). In einer Situation verschärften Wettbewerbs und der notwendigerweise erforderlichen Orientierung an Konkurrenzpreisen müssen die kompensationsspezifischen Kosten in der Regel vom westlichen Anbieter getragen werden. Da diese die Gewinnmarge z. T. erheblich schmälern, kann eine an sich attraktive Absatztransaktion durch das Kompensationsgeschäft völlig unrentabel werden.

III. Nachfrageorientierte Preisbestimmung

Gegenstand der nachfrageorientierten Preisbestimmung ist die Ermittlung der Preisvorstellungen der potentiellen Abnehmer, die Prüfung beabsichtigter Preise und die Feststellung angemessener Preishöhen. Während dies im Konsumgütermarketing vergleichsweise problemlos mit Hilfe diverser **Preistests** möglich ist (vgl. hierzu *Berndt*, 1992, S. 140 ff.), ist bei internationalen Kompensationsgeschäften das Problem gegeben, daß diese vielfach in Form von Ausschreibungen initiiert werden, so daß eine direkte Ermittlung der Preisvorstellungen des ausländischen Nachfragers nicht möglich ist.

Grundsätzlich gilt auch für internationale Kompensationsgeschäfte, daß im Rahmen einer nachfrageorientierten Preisbestimmung der westliche Anbieter bei der Festlegung seines Angebotspreises das Nachfrageverhalten des ausländischen Nachfragers zu berücksichtigen hat. Neben allgemeinen Vorschriften, die insbesondere bei öffentlichen Nachfragern bei der Preisstellung zu beachten sind (z. B. Marktpreise, staatlich gebundene Preise oder Selbstkostenpreise), gilt es, Faktoren wie
- Preisvorstellung und Zahlungsbereitschaft sowie
- Zuschlagsverhalten

des ausländischen Nachfragers in Erfahrung zu bringen.

Im Falle von **Ausschreibungen** läßt sich die Zahlungsbereitschaft des ausländischen Nachfragers nicht direkt ermitteln. Erste Hinweise können jedoch dadurch gewonnen werden, daß man bestimmte **Indikatoren** heranzieht. Solche Indikatoren können beispielsweise der Verschuldungsgrad und der Devisenbestand des Landes sein: Bei hohem Verschuldungsgrad und geringem Devisenbestand kann davon ausgegangen werden, daß dem Preis als Beschaffungskriterium eine große Rolle zukommt. Wenn dagegen bekannt ist, daß die nachgefragte Leistung eine hohe Importpriorität genießt, erhöht sich der Preisspielraum für den westlichen Anbieter; dasselbe gilt für den Fall, daß der ausländische Nachfrager bzgl. der Leistung des betrachteten westlichen Anbieters bestimmte Präferenzen hat.

Solche Indikatoren können zwar hilfreich sein, dem westlichen Anbieter eine Vorstellung über seinen Preisspielraum zu ermöglichen, sie können jedoch nur grobe Anhaltspunkte liefern. Eine genauere Einschätzung der Preisbereitschaft des ausländischen Nachfragers kann durch **Auswertung von Vergangenheitsdaten** erfolgen. Hierzu wird folgende Vorgehensweise vorgeschlagen:

- In einem ersten Schritt ist eine möglichst vollständige Erfassung der einzelnen Einflußfaktoren auf die Zahlungsbereitschaft des ausländischen Nachfragers erforderlich. Hierzu gehören beispielsweise:
  - Verschuldungsgrad,
  - Devisenbestand,
  - Bruttosozialprodukt,
  - Vorhandensein von Importprioritäten.
- In einem zweiten Schritt ist eine Analyse von in der Vergangenheit abgeschlossenen Geschäften erforderlich. Zu ermitteln ist bei jedem Geschäft, welcher Preis für den Import einer westlichen Leistung zustandegekommen ist und welche Ausprägungen die jeweils relevanten Einflußfaktoren bei jedem betrachteten Geschäft aufwiesen;
- bei einem ausreichenden Umfang von in der Vergangenheit abgeschlossenen Geschäften können die vorhandenen Daten regressionsanalytisch ausgewertet werden. Die einzelnen Preise sind dabei durch eigene Kostenschätzungen zu relativieren, um volumenmäßig unterschiedliche Geschäftsabschlüsse miteinander vergleichbar zu machen.

Im einfachsten Fall eines linearen Zusammenhangs kann beispielsweise von folgender Funktion ausgegangen werden:

$$p_i^{rel} = -\alpha_1 \cdot V_i + \alpha_2 \cdot D_i + \alpha_3 \cdot B_i + \alpha_4 \cdot I_i \tag{4.3}$$

mit p_i^{rel} = durch die eigene Kostenschätzung relativierter zustandegekommener Abschlußpreis beim Geschäft i (i = 1,..., I),
V_i = Verschuldungsgrad des Landes des ausländischen Nachfragers zum Zeitpunkt des Abschlusses des Geschäfts i,
D_i = Devisenbestand des Landes des ausländischen Nachfragers zum Zeitpunkt des Abschlusses des Geschäfts i,
B_i = Bruttosozialprodukt des Landes des ausländischen Nachfragers zum Zeitpunkt des Abschlusses des Geschäfts i,
I_i = Vorhandensein einer Importpriorität bzgl. der beim Geschäft i beschafften Leistung,
$\alpha_1, \alpha_2, \alpha_3, \alpha_4$ = Parameter.

I_i ist dabei eine 0-1-Variable, welche den Wert 1 annimmt, wenn eine Importpriorität vorhanden ist, den Wert 0 sonst. In die Regressionsanalyse geht sie dabei als **Dummy-Variable** ein (zur Berücksichtigung von Dummy-Variablen im Rahmen der Regressionsanalyse vgl. ausführlich *Bortz*, 1989, S. 578 ff.).

Die Parametrisierung der *Funktion (4.3)* mit Hilfe von Vergangenheitsdaten erlaubt es, einen Zusammenhang zwischen den einzelnen Einflußfaktoren und dem letztlich zustandegekommenen Preis herzustellen. Bei einem anstehenden Geschäft kann somit - unter Zugrundelegung der geltenden Ausprägungen der Einflußfaktoren - eine **Prognose** bezüglich des zu erwartenden (relativen) Abschlußpreises erstellt werden. Eine Multiplikation mit den Auftragserfüllungskosten des betrachteten Geschäfts (welche z. B. gemäß der in Abschnitt B.I. dargestellten Methoden ermittelt werden können) führt zum absoluten Abschlußpreis, der beim aktuellen Geschäft zu erwarten ist. Dieser prognostizierte Preis kann als Richtgröße für die eigene Preisforderung herangezogen werden. Bei starkem Interesse des westlichen Partners an der Zuschlagserteilung kann er z. B. diesen Richtpreis unterbieten.

Speziell im Falle von Kompensationsgeschäften kann auf diese Weise auch ermittelt werden, in welchem Ausmaß **Kompensationsleistungen** der westlichen Anbieter auf die Preisforderung angerechnet werden: Die einzelnen Kompensationsleistungen aus vergangenen Geschäften - ausgedrückt z. B. als Wert der nachgefragten Gegenwaren - können als zusätzliche Variable in die Regressionsfunktion der *Gleichung (4.3)* einbezogen werden. Auf diese Weise ist es möglich, abzuschätzen, inwieweit vom westlichen Anbieter erbrachte Kompensationsleistungen die Durchsetzung eines höheren Preises für die Hauptleistung ermöglichen.

Bei **freihändigen Vergaben** sind der Ausgangspunkt der Preisverhandlungen
- der absolute Mindestgewinn des potentiellen westlichen Lieferanten und
- die absolute Preisobergrenze des ausländischen Nachfragers (vgl. *Berndt*, 1988, S. 208 f.).

Um von vornherein den Verhandlungsspielraum in Erfahrung zu bringen, empfiehlt es sich, diese Werte vorab zu ermitteln. Einen Anhaltspunkt bzgl. der Preisvorstellung des ausländischen Nachfragers kann der westliche Anbieter z. B. durch regressionsanalytische Auswertung von Vergangenheitsdaten gemäß der oben beschriebenen Vorgehensweise gewinnen. Ausgehend von dem auf diese Weise ermittelten Richtpreis hat der westliche Anbieter abzuschätzen, um wieviel Prozent höher der absolute Höchstpreis liegt, den der ausländische Nachfrager noch zu akzeptieren bereit ist. Diese Schätzung kann nur subjektiv erfolgen; aus diesem Grunde werden beide Partner i. d. R. von verschiedenen Preisgrenzen ausgehen (vgl. *Abbildung 4.3*), d. h. die Vorstellungen der einzelnen Partner über die Verhandlungsbereiche und die einzelnen Preisgrenzen sind nicht unbedingt deckungsgleich und können in bestimmten Bereichen vorgetäuscht sein. Welches Ergebnis letztlich zustandekommt, ist von der **Verhandlungsposition** der beiden Partner abhängig.

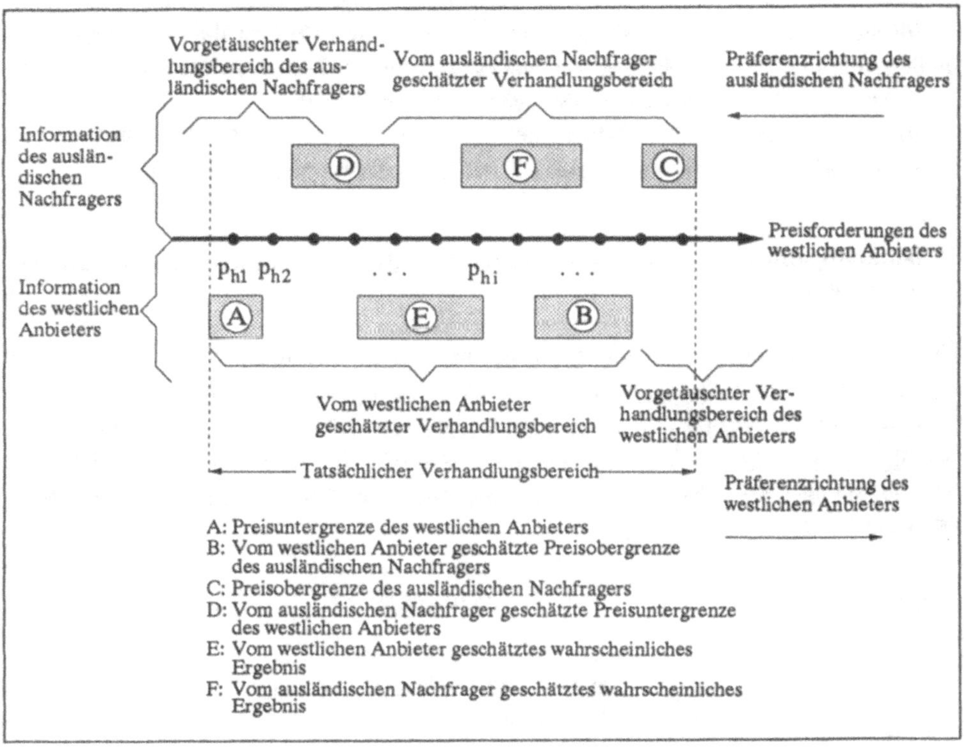

Quelle: In Anlehnung an *Crott/Kutschker/Lamm*, 1977, S. 47.

Abb. 4.3: Subjektiv geschätzter, vorgetäuschter und tatsächlicher Verhandlungsbereich

An den vorgeschlagenen Methoden zur nachfrageorientierten Preisbestimmung ist **kritisch** anzumerken, daß sie auf der Auswertung von Vergangenheitsdaten beruhen; Änderungen im Zuschlagsverhalten des Nachfragers können somit nicht erfaßt werden. Außerdem wird das Angebotsverhalten der Mitanbieter nicht berücksichtigt: Eine auf diese Weise ermittelte Preisforderung muß somit trotz der Orientierung an den Preisvorstellungen des Nachfragers nicht unbedingt zum Zuschlag führen.

IV. Nutzenorientierte Preisbestimmung

Die nutzenorientierte Preisbestimmung stellt eine Sonderform bzw. Weiterentwicklung der nachfrageorientierten Preisbestimmung dar: Bei der Festlegung des Angebotspreises orientiert sich ein Anbieter am **wahrgenommenen Nutzen** des Produkts (vgl. *Kotler*, 1989, S. 406). Eine nutzenorientierte Preispolitik ist dabei immer dann angebracht, wenn der Kaufentscheidung ein extensiver Kaufentscheidungsprozeß zugrunde liegt; insofern ist diese Art der Preisbestimmung bei internationalen Kompensationsgeschäften grundsätzlich geeignet. Die zentrale Frage ist dabei die Operationalisierung und Quantifizierung des wahrgenommenen Nutzens durch die potentiellen Abnehmer. Hierzu sind folgende **Ansatzpunkte** gegeben:

- nutzenorientierte Preisbestimmung auf der Basis von Leistungsmerkmalen,
- nutzenorientierte Preisbestimmung auf der Basis ökonomischer Größen.

1. Nutzenorientierte Preisbestimmung auf der Grundlage von Leistungsmerkmalen

Die nutzenorientierte Preisfindung auf der Basis von Leistungsmerkmalen beruht auf der Annahme, die Zahlungsbereitschaft eines potentiellen Nachfragers sei vom Erfüllungsgrad der bei der Produktbewertung herangezogenen Leistungsmerkmale abhängig. Ist ein einziges Leistungsmerkmal relevant, so kann ein **Preis-Leistungs-Verhältnis** aus dem Preis und der Leistung des betreffenden Produkts gebildet werden (vgl. *Simon*, 1982, S. 430 f.):

$$PLV_h^l = \frac{p_h^l}{l_h^l} \qquad \text{(für alle l)} \qquad (4.4)$$

mit PLV_h^l = Preis-Leistungs-Verhältnis des Produkts h des Anbieters l,
p_h^l = Preis des Produkts h beim Anbieter l,
l_h^l = Leistung des Produkts h beim Anbieter l.

Als Maßgrößen für die Leistung können z. B. bei Elektromotoren KW, bei Mieträumen m^2 u. ä. herangezogen werden. Der westliche Anbieter kann damit - bei bekannten Markt- bzw. Listenpreisen der Konkurrenten - für jeden Wettbewerber das jeweilige Preis-Leistungs-Verhältnis errechnen und seine Preisforderung danach richten, z. B. dergestalt, daß er ein besseres Preis-Leistungs-Verhältnis bietet als die Konkurrenten.

Bei komplexen industriellen Großprojekten wird jedoch die Regel sein, daß der ausländische Nachfrager **mehrere Kriterien** zur Beurteilung der Angebote der potentiellen Lieferanten heranzieht. In der Regel sind dabei die einzelnen herangezogenen Kriterien für die Gesamtbewertung der nachgefragten Leistung von unterschiedlicher Bedeutung; das zentrale Problem für einen westlichen Anbieter besteht somit in der Ermittlung

- der für den ausländischen Nachfrager entscheidungsrelevanten Kriterien und
- der relativen Bedeutung der einzelnen Kriterien bei der Beschaffungsentscheidung.

Liegt eine **Ausschreibungssituation** vor, so können diese Informationen durch Auswertung vergangener Ausschreibungen ermittelt werden. Zugrunde zu legen sind ähnliche Projekte, die in der Vergangenheit vom ausländischen Nachfrager ausgeschrieben wurden. In vielen Ländern ist nach Abschluß des Vergabeverfahrens eine Veröffentlichung des Ausschreibungsergebnisses vorgesehen, im Rahmen derer die Rangfolge der Anbieter und die jeweils geforderten Preise bekanntgemacht werden (vgl. *Fischbein*, 1984, S. 13 f.). Auf dieser Basis läßt sich für ein vergleichbares Projekt in der Vergangenheit unmittelbar die **Präferenzordnung** des ausländischen Nachfragers bezüglich der einzelnen Angebote feststellen. Die relevanten Merkmale, die bei der betrachteten Ausschreibung zur Bewertung der Angebote zugrunde gelegt wurden, lassen sich i. d. R. aus der im Lastenheft enthaltenen Leistungsbeschreibung ablesen. Schließlich ist noch die konkrete **Ausgestaltung der Angebote** der einzelen Mitbieter bzgl. der einzelnen Merkmale in Erfahrung zu bringen.

Liegen diese Informationen vor, so können sie mit Hilfe der **Conjoint-Analyse** ausgewertet werden (zur Conjoint-Analyse vgl. *Backhaus* u. a., 1990, S. 345 ff.). Der Grundgedanke der Conjoint-Analyse besteht darin, daß aus Gesamtnutzenurteilen bezüglich alternativer Objekte auf die relative Bedeutung einzelner Objekteigenschaften geschlossen werden kann. In diesem Falle ist also aus der Präferenzordnung des ausländischen Nachfragers bezüglich der Angebote aus vergangenen Ausschreibungen auf die Bedeutung der einzelnen Merkmale der verschiedenen Angebote zu schließen - darunter in diesem Fall auf die Bedeutung des Preises. Die Conjoint-Analyse vollzieht sich in folgenden Schritten:

(1) Festlegung der relevanten Merkmale

Wie eingangs bereits erwähnt wurde, lassen sich die relevanten Merkmale aus der in den Ausschreibungsunterlagen enthaltenen Leistungsbeschreibung ermitteln.

(2) Auswahl des Präferenzmodells

Meist wird unterstellt, der Gesamtnutzen eines Objekts setze sich additiv aus den Teilnutzen der einzelnen Objekteigenschaften zusammen. In diesem Fall ist das **additive Teilnutzenwertmodell** heranzuziehen:

$$N_h^l = \sum_{s=1}^{S} \sum_{k=1}^{K} \beta_{sk} \cdot x_{sk}^{hl} \qquad \text{(für alle } l = 1,\ldots, L) \qquad (4.5)$$

mit N_h^l = Nutzen der Hauptleistung h des Anbieters l für den ausländischen Nachfrager (globaler Präferenzwert);

β_{sk} = zu bestimmender Teilnutzen von Ausprägung s beim Merkmal k (s = 1,..., S, k = 1,..., K);

x_{sk}^{hl} = 0-1-Variable, die den Wert 1 annimmt, wenn die Ausprägung s von Merkmal k beim Angebot h des Konkurrenten l vorliegt, Null sonst.

(3) Wahl des Datenerhebungsverfahrens

In diesem Schritt ist die Präferenzordnung des ausländischen Nachfragers bzgl. der einzelnen Angebote zu erheben. Diese Informationen liegen bei Veröffentlichung der Ausschreibungsergebnisse in der Vergangenheit i. d. R. bereits vor. Ergebnis sind die Rangwerte r_h^l der einzelnen Angebote.

(4) Auswertung der Daten

Im Rahmen der Datenauswertung sind die einzelnen Teilnutzenwerte β_{sk} so zu bestimmen, daß die resultierenden Gesamtnutzenwerte N_h^l möglichst genau die empirischen Rangwerte r_h^l der Angebote abbilden. Hierzu wird i. d. R. die monotone Varianzanalyse (MONANOVA) angewendet (vgl. *Backhaus* u. a., 1990, S. 355 ff.). Die erhobenen Rangwerte r_h^l werden zunächst durch eine monotone Funktion in metrische Werte Z_h^l transformiert; dies ist deswegen erforderlich, weil die zu schätzenden Teilnutzenwerte β_{sk} als metrisch skaliert angenommen werden. Die einfachste Möglichkeit bei einer Anzahl L von Konkurrenzangeboten ist, dem am meisten präferierten Angebot den Wert L, dem zweitbesten den Wert L-1, dem am wenigsten präferierten den Wert 1 zuzuordnen. Anschließend sind die Teilnutzenwerte β_{sk} so zu bestimmen, daß die aus dem Teilnutzenwertmodell resultierenden N_h^l-Werte möglichst genau den transformierten Werten Z_h^l entsprechen.
Formal soll gelten:

$$Z_h^l \simeq N_h^l = \sum_{s=1}^{S} \sum_{k=1}^{K} \beta_{sk} \cdot x_{sk}^{hl} \qquad \text{(für alle l)} \qquad (4.6)$$

(vgl. *Hüttner*, 1989, S. 264 f.).

Die resultierenden Werte β_{sk} bezüglich der einzelnen Merkmale geben an, welche Merkmalsausprägungen im Vergleich zu anderen präferiert werden (bei jedem Merkmal k). So können die einzelnen Ausprägungen bzgl. der relevanten Merkmale (z. B. technische Ausstattung, Serviceleistungen, Preishöhe) in eine Rangfolge gebracht werden. Gleichzeitig kann auch die relative Bedeutung der einzelnen Merkmale i. S. des jeweiligen relativen Beitrags zum Gesamtnutzen ermittelt werden (vgl. *Backhaus* u. a., 1990, S. 356): Die relative Bedeutung eines jeweiligen Merkmals resultiert aus der Differenz aus dem maximalen und dem minimalen Teilnutzenwert je Merkmal, d. h.

$$w^k = \underset{s}{\mathrm{Max}}\, \beta_{sk} - \underset{s}{\mathrm{Min}}\, \beta_{sk} \qquad \text{(für alle k).} \qquad (4.7)$$

Aus der Conjoint-Analyse lassen sich wertvolle Hinweise zum einen über die **Zahlungsbereitschaft** des ausländischen Nachfragers, zum anderen über die **relative**

Bedeutung des Preises bei der Beschaffungsentscheidung gewinnen. Durch die Feststellung der Bedeutung aller übrigen beschaffungsrelevanten Merkmale kann darüber hinaus ermittelt werden, ob ein evtl. höherer Preis durch besondere technische Leistungen o. ä. kompensiert werden kann. Auf diese Weise läßt sich auch das **Zuschlagskriterium** des ausländischen Nachfragers abschätzen.

Gerade im Falle von Kompensationsgeschäften können die **Kompensationsleistungen** der einzelnen Anbieter bei vergangenen Ausschreibungen als zusätzliches Merkmal für die Angebotsbewertung in die Conjoint-Analyse einbezogen werden. Dadurch läßt sich feststellen, in welchem Ausmaß Kompensationsleistungen angerechnet werden und zur Präferenzordnung des ausländischen Nachfragers beitragen. Auf diese Weise kann ermittelt werden, ob besondere Kompensationsleistungen sich quasi wie Begünstigungen auswirken und die Durchsetzung eines höheren Preises ermöglichen (zur Berücksichtigung von Kompensationsleistungen im Rahmen von Competitive-Bidding-Modellen bei Ausschreibungen vgl. die Ausführungen in Kapitel C.II. in diesem Teil).

Die auf der Basis der Conjoint-Analyse ermittelten Werte bzgl. der relativen Bedeutung der einzelnen Merkmale können in einem weiteren Schritt normiert werden dergestalt, daß sie Werte zwischen 0 und 1 annehmen; dies wird dadurch erreicht, daß die einzelnen Gewichte w^k jeweils durch die Gesamtsumme der Gewichte w^k dividiert werden:

$$w^{k*} = \frac{w^k}{\sum_{k=1}^{K} w^k} \qquad \text{(für alle k).} \qquad (4.8)$$

Die Summe der auf diese Weise ermittelten Gewichtungsfaktoren w^{k*} beträgt Eins. Dadurch wird es möglich, die auf diese Weise ermittelten Kriteriengewichte im Rahmen eines **Scoring-Modells** zu verwenden.

Mit Hilfe eines Scoring-Modells kann jedem Angebot h des Konkurrenten l ein Leistungsindex zugeordnet werden, der sich als gewichtete Gesamtpunktzahl der Ausprägungen über alle entscheidungsrelevanten Merkmale errechnet. Neben dem eigenen Angebot sind in entsprechender Weise die Angebote der Konkurrenz zu bewerten. Es gilt (vgl. *Berndt*, 1992, S. 146):

$$L_h^l = \sum_{k=1}^{K} w^{k*} \cdot l_{sk}^{hl} \qquad \text{(für alle l)} \qquad (4.9)$$

mit L_h^l = Gesamtbewertung des Angebots h des Konkurrenten l (Leistungskennziffer),
w^{k*} = Gewicht des Leistungsmerkmals k,
l_{sk}^{hl} = Ausprägung s des Leistungsmerkmals k beim Angebot h des Konkurrenten l.

Das **Preis-Leistungs-Verhältnis** der einzelnen Angebote h^l errechnet sich somit als

$$PLV_h{}^l = \frac{p_h{}^l}{L_h{}^l} \qquad \text{(für alle l).} \qquad (4.10)$$

Umfaßt die Conjoint-Analyse auch die Messung der relativen Bedeutung des Preises, ist die Bedeutung des Angebotspreises bereits in der Leistungskennziffer enthalten, d. h. der Gesamtnutzen des Angebots wird durch die Leistungskennziffer selbst angegeben; somit entfällt in diesem Falle die Bildung eines Preis-Leistungs-Verhältnisses.

Annahmegemäß wurde davon ausgegangen, die Preise und Leistungsmerkmale der Konkurrenten aus vergangenen Ausschreibungen seien bekannt. Für die aktuelle Ausschreibung sind jedoch die aktuellen Leistungsmerkmale und die aktuellen Preise der Konkurrenten zu bestimmen. Bezüglich der Leistungsmerkmale kann auf die Angebote bei vergangenen vergleichbaren Projekten zurückgegriffen werden; schwieriger ist dagegen die Schätzung der Angebotspreise, da gerade bei Ausschreibungen die Angebote geheimgehalten werden. Aus vergangenen Ausschreibungen läßt sich jedoch eine Häufigkeitsverteilung der (durch eigene Kostenschätzungen) relativierten Konkurrenzpreise bestimmen (vgl. *Berndt*, 1988, S. 141). Die Überführung in relative Häufigkeiten führt bei ausreichender Fallzahl zur gesuchten Wahrscheinlichkeit der Konkurrenzpreise (bei zu geringer Fallzahl ist ein χ^2-Anpassungstest durchzuführen). Auf der Basis der ermittelten Wahrscheinlichkeiten für das Auftreten der (relativen) Preisforderungen der einzelnen Konkurrenten läßt sich für jedes einzelne Konkurrenzangebot h^l der erwartete Preis folgendermaßen errechnen:

$$E(p_h{}^{l,rel}) = \sum_{q=1}^{Q} P(p_{hq}{}^{l,rel}) \cdot p_{hq}{}^{l,rel} \qquad \text{(für alle l)} \qquad (4.11)$$

mit $P(p_{hq}{}^{l,qel})$ = Wahrscheinlichkeit des Auftretens einer relativen Preisforderung $p_{hq}{}^{l,rel}$ beim Angebot h des Konkurrenten l (q = 1,..., Q),
$p_{hq}{}^{l,rel}$ = relative Preisforderung beim Angebot h des Konkurrenten l.

Eine Multiplikation mit den geschätzten **Auftragserfüllungskosten** c_h führt zum erwarteten absoluten Konkurrenzpreis $E(p_h{}^l)$.

Somit kann für jedes Konkurrenzangebot das **erwartete Preis-Leistungs-Verhältnis** als

$$E(PLV_h{}^l) = \frac{E(p_h{}^l)}{L_h{}^l} \qquad \text{(für alle l)} \qquad (4.12)$$

ermittelt werden. Der westliche Anbieter kann dann versuchen, bei der aktuellen Ausschreibung ein günstigeres Preis-Leistungs-Verhältnis als die Konkurrenz anzubieten.

2. Nutzenorientierte Preisbestimmung auf der Basis ökonomischer Größen

Eine nutzenorientierte Preisbestimmung auf der Basis ökonomischer Größen kann dann angewendet werden, wenn dem jeweiligen Produkt auf Kundenseite Erlöse zugerechnet werden können. Dieser Tatbestand ist vor allem bei Investitionsgütern gegeben: Bei Kompensationsgeschäften ist das Verfahren somit auf industrielle Großprojekte auf jeden Fall anwendbar; bei einmaligen Handelstransaktionen ist es dann anwendbar, wenn es sich bei der zu beschaffenden Hauptleistung um ein Investitionsgut handelt.

Der Grundgedanke ist dabei, daß davon ausgegangen werden kann, daß der ausländische Nachfrager - sofern er sich rational verhält - bei der Beschaffung eines Investitionsguts ein **Investitionsrechnungskalkül** zugrunde legt; der westliche Anbieter muß daher versuchen, dieses Kalkül zu antizipieren. Dabei ergeben sich folgende **Probleme** (vgl. *Simon*, 1982, S. 436):

- Der westliche Anbieter muß schätzen, welches Investitionsrechnungsverfahren der ausländische Nachfrager heranzieht;
- er muß abschätzen, welche Ausprägungen der Inputdaten der ausländische Nachfrager zugrunde legt (z. B. Zahlungsüberschüsse, Planungszeitraum, Kalkulationszins).

Im folgenden soll exemplarisch von der **Kapitalwertmethode** ausgegangen werden. Dabei wird angenommen, jeder potentielle Konkurrent l bietet jeweils eine unterschiedliche Leistung h^l an. Aus der Sicht eines ausländischen Nachfragers beträgt der Kapitalwert für die Hauptleistung allgemein:

$$C_{0h}^{l} = - p_h^{l} \cdot x_h + \sum_{t=1}^{T} D_t^{l} \cdot (1+i)^{-t} \qquad \text{(für alle l)} \qquad (4.13)$$

mit C_{0h}^{l} = Kapitalwert der Hauptleistung des Anbieters l,
p_h^{l} = Preis für die Hauptleistung beim Anbieter l,
x_h = vom ausländischen Nachfrager nachgefragte Menge der Hauptleistung,
D_t^{l} = Zahlungsüberschuß für die vom Anbieter l angebotene Hauptleistung in der Periode t (t = 1,..., T),
i = Kalkulationszins.

Der Ausdruck $-p_h^{l} \cdot x_h$ repräsentiert die Anschaffungsauszahlung für die Hauptleistung beim westlichen Anbieter l aus der Sicht des ausländischen Nachfragers; der Zahlungsüberschuß in t , D_t, beinhaltet zum einen die der Hauptleistung zurechenbaren Einzahlungen (z. B. Erlöse der mit Hilfe der Hauptleistung hergestellten Produkte), zum anderen Auszahlungen z. B. für Betrieb, Wartung, Reparatur etc. sowie ggf. Finanzierungskosten der Anlage i. S. von anfallenden Zinszahlungen (vgl. *Backhaus*, 1993, S. 501 und *Simon*, 1982, S. 436 f.).

Der westliche Anbieter muß die eingehenden Inputgrößen für die Angebote sämtlicher Konkurrenten schätzen. Sein eigenes Angebot ist für den ausländischen Nachfrager dann vorteilhaft, wenn es zu einem höheren Kapitalwert als die der Konkurrenz führt. Die auf dieser Weise ermittelten Kapitalwerte für die einzelnen Konkurrenzangebote können preispolitisch wie folgt genutzt werden:

- Der westliche Anbieter kann feststellen, welcher Konkurrent für den ausländischen Nachfrager den höchsten Kapitalwert herbeiführt; dieser Kapitalwert wird mit $C_{0h}{}^{1*}$ bezeichnet und fungiert als Bezugsgröße.
- Der ausländische Nachfrager wird zwischen dem (besten) Konkurrenzangebot und dem eigenen Angebot dann indifferent sein, wenn sie zum gleichen Kapitalwert führen, d. h. wenn gilt:

$$C_{0h}{}^{W} = C_{0h}{}^{1*} \tag{4.14}$$

mit $C_{0h}{}^{W}$ = Kapitalwert der Hauptleistung des betrachteten westlichen Anbieters.

Es gilt also bei Indifferenz:

$$0 = C_{0h}{}^{W} - C_{0h}{}^{1*} =$$

$$= - p_h{}^{W} \cdot x_h + \sum_{t=1}^{T} D_t{}^{W} \cdot (1+i)^{-t} - [- p_h{}^{1*} \cdot x_h + \sum_{t=1}^{T} D_t{}^{1*} \cdot (1+i)^{-t}] \tag{4.15a}$$

bzw.

$$p_h{}^{W} \cdot x_h = p_h{}^{1*} \cdot x_h + \sum_{t=1}^{T} (D_t{}^{W} - D_t{}^{1*}) \cdot (1+i)^{-t} \tag{4.15b}$$

mit $p_h{}^{W}$ = Preis für die Hauptleistung beim westlichen Anbieter,
$D_t{}^{W}$ = Zahlungsüberschuß für die vom westlichen Anbieter angebotene Hauptleistung in der Periode t,
$D_t{}^{1*}$ = Zahlungsüberschuß für die vom Anbieter 1* angebotene Hauptleistung in der Periode t.

Aus *Gleichung (4.15b)* wird ersichtlich, daß der westliche Anbieter solange vom ausländischen Nachfrager dem Konkurrenten 1^* vorgezogen wird, wie sein Preis, multipliziert mit der nachgefragten Menge x_h (also die Anschaffungsauszahlung für die Hauptleistung beim westlichen Anbieter), niedriger liegt als der mit x_h multiplizierte Preis für die Hauptleistung des Konkurrenten 1^*, zuzüglich der Summe der abgezinsten Zahlungsüberschuß-Differenzen. *Gleichung (4.15b)* gibt somit die **Preisobergrenze** für den westlichen Anbieter an.

Ist im Falle eines **Kompensationsgeschäfts** der Warenkorb nach Art, Mengen und Preisen vorgegeben, so ist der Gewinn aus der Absatztransaktion für den ausländischen Nachfrager bei allen Anbietern der Hauptleistung gleich, so daß $C_{0h}{}^{1}$ als Entscheidungskriterium aus der Sicht des ausländischen Nachfragers ausreichend ist. Ist dagegen der Warenkorb frei wählbar, so wird der ausländische Nachfrager auch den bei jedem Anbieter l erzielbaren Gewinn bzw. Kapitalwert aus der Absatztransaktion ins Kalkül ziehen, G^l bzw. C_0^l.[46] Die Kapitalwertfunktion ist somit wie folgt zu erweitern:

$$C_{0h}{}^l = -p_h{}^l \cdot x_h + \sum_{t=1}^{T} D_t{}^l \cdot (1+i)^{-t} + C_0{}^l \text{ (für alle l)} \tag{4.16}$$

mit $C_0{}^l$ = Kapitalwert aus der Absatztransaktion beim Anbieter l.

Der betrachtete westliche Anbieter wird dem Konkurrenten l^* dann vorgezogen, wenn analog zu *(4.15b)* gilt:

$$p_h{}^W \cdot x_h \leq p_h{}^{l^*} \cdot x_h + \sum_{t=1}^{T} (D_t{}^W - D_t{}^{l^*}) \cdot (1+i)^{-t} + (C_0{}^W - C_0{}^{l^*}) \tag{4.17}$$

mit $C_0{}^W$ = Kapitalwert aus der Absatztransaktion beim westlichen Anbieter,
$C_0{}^{l^*}$ = Kapitalwert aus der Absatztransaktion beim Konkurrenten l^*.

Sofern der betrachtete westliche Anbieter einen attraktiveren Warenkorb nachfragt als der Konkurrent l^*, d. h. $C_0{}^W > C_0{}^{l^*}$, wird sein preispolitischer Spielraum um die Differenz $(C_0{}^W - C_0{}^{l^*})$ erhöht, und umgekehrt.

Kritisch ist an diesem Ansatz anzumerken, daß die Preise der Konkurrenzprodukte im Angebotsstadium nicht oder nur näherungsweise bekannt sind; aus vergangenen Ausschreibungen kann jedoch für jeden Konkurrenten l zumindest der erwartete Angebotspreis ermittelt werden (vgl. die Ausführungen im vorangegangenen Unterabschnitt B.IV.1.), so daß bezüglich der zu erwartenden Konkurrenzpreise zumindest Anhaltspunkte abgeleitet werden können. Weit problematischer ist dagegen die Schätzung der Wirkungen der einzelnen Angebote auf den Zahlungsüberschuß (vgl. *Backhaus*, 1993, S. 502) sowie die Prognose des von jedem potentiellen Konkurrenten nachgefragten Warenkorbs. Das Nachfrageverhalten der einzelnen Konkurrenten ist vor allem von den Verwendungsmöglichkeiten der Gegenwaren und den jeweils damit verbundenen wirtschaftlichen Konsequenzen abhängig (vgl. die Ausführungen in C.III.4. im 3. Teil): Der westliche Anbieter muß somit für jeden potentiellen Konkurrenten entsprechende Kalküle vornehmen; dies setzt jedoch voraus, daß er für jeden Konkurrenten über genaue Informationen über das jeweilige Beschaffungs- und Absatzprogramm verfügen muß, was in der Regel nicht der Fall sein wird.

---

46) Die allgemeine (nicht anbieterbezogene) Ermittlung der Gewinne bzw. Kapitalwerte aus der Absatztransaktion bei alternativen Formen von Kompensationsgeschäften ist ausführlich in Abschnitt B.III. im 3. Teil beschrieben.

C. Optimierungsmodelle zur Preisfindung bei internationalen Kompensationsgeschäften

Neben den im vorangegangenen Kapitel dargestellten Praktikermethoden besteht auch die Möglichkeit, zur Preisfindung bei Kompensationsgeschäften Optimierungsmodelle heranzuziehen. Dabei sollen zum einen freihändige Vergaben, zum anderen eine Ausschreibungssituation betrachtet werden; hierfür lassen sich jeweils unterschiedliche theoretische Lösungsansätze herleiten, die im folgenden ausführlich betrachtet werden. Exemplarisch werden dabei im Rahmen einmaliger Handelstransaktionen **Parallelgeschäfte** und bei industriellen Großprojekten **Offset-Geschäfte** als die in der Praxis bedeutsamsten Formen der Handels- bzw. der Industriekompensation betrachtet (vgl. Abschnitt A.III. im 2. Teil); die im folgenden dargestellte Vorgehensweise läßt sich mit entsprechenden Modifikationen auch auf die übrigen Formen von Kompensationsgeschäften übertragen, indem in die nachfolgend dargestellten Ansätze die bei jeweils optimaler Verwendung der Gegenwaren resultierenden Gewinne eingesetzt werden (vgl. Kapitel C. im 3. Teil). Die meisten der nachfolgend dargestellten Modelle gehen von einer diskreten Verteilung der vom westlichen Anbieter erwogenen Preisforderungen aus; lediglich bei den Modellen für die spezielle Situation des bilateralen Monopols wird von einer stetigen Variierbarkeit der Preise ausgegangen.

I. Optimale Preispolitik bei freihändigen Vergaben

1. Die Besonderheiten von Kompensationsgeschäften bei freihändigen Vergaben

Freihändige Vergaben sind dadurch charakterisiert, daß der ausländische Nachfrager direkt mit dem westlichen Anbieter in Verbindung tritt. Der Importeur benötigt ein bestimmtes Gut in einer festgelegten Menge, der Exporteur ist aufgefordert, hierfür einen Preis zu nennen. Über den Preis und über die übrigen Angebotsmodalitäten wird anschließend verhandelt. Der ausländische Nachfrager hat seinerseits Interesse am Export bestimmter Waren oder Dienstleistungen; er versucht daher, das Importgeschäft mit einem Exportgeschäft zu koppeln dergestalt, daß sich der westliche Anbieter verpflichtet, zu einem bestimmten Prozentsatz des Wertes der Hauptleistung vom ausländischen Nachfrager Waren oder Dienste zu beziehen. Grundsätzlich lassen sich folgende **Fälle** unterscheiden:

Fall (1):
Im Land des ausländischen Nachfragers ist die Kompensationsquote **gesetzlich vorgeschrieben**. In diesem Fall kann über die Höhe der Kompensationsforderung nicht verhandelt werden; andererseits ist die Quote dem westlichen Anbieter mit Sicherheit **bekannt**, so daß er die mit dem Bezug der Gegenwaren verbundenen Kosten bei seiner Preiskalkulation frühzeitig berücksichtigen kann. Prinzipiell bietet sich dem west-

lichen Anbieter auch die Möglichkeit, eine höhere Kompensationsquote als die gesetzlich vorgeschriebene zu bieten; dies kann in folgenden Fällen sinnvoll sein:
- Der westliche Anbieter hat ein großes Interesse an das Zustandekommen des Exportgeschäfts und will durch das Anbieten einer höheren Kompensationsquote seine Position beim ausländischen Nachfrager stärken;
- er hat Interesse an den angebotenen Gegenwaren, z. B. weil er dafür bereits einen Käufer hat, der ihm einen günstigen Preis bietet;
- er zweifelt an der Zahlungsfähigkeit des ausländischen Nachfragers und akzeptiert im Falle der Nichtzahlung die Gegenwaren an Zahlung statt; dies muß jedoch vorher vertraglich vereinbart werden.

Fall (2):
Die Kompensationsquote ist nicht gesetzlich vorgeschrieben, d. h. über sie kann prinzipiell auch verhandelt werden. Das Angebotsverhalten des westlichen Exporteurs ist hier u. a. davon abhängig, zu welchem Zeitpunkt der ausländische Importeur die Kompensationsforderung stellt. Wird die Forderung vor der Angebotsabgabe des westlichen Anbieters gestellt, so kann er sie bei seiner Preiskalkulation berücksichtigen. Er kann aber auch darüber verhandeln: Zum Beispiel kann er für die Hauptleistung einen niedrigeren Preis verlangen, um die Kompensationsquote zu drücken, bzw. bei gleichbleibender Quote einen höheren Preis für die Hauptleistung durchsetzen. Seine Verhandlungsmöglichkeiten sind u. a.
- von seiner eigenen relativen Machtposition und
- von der Dringlichkeit des Imports der Hauptleistung bzw. des Exports der Gegenleistung für den ausländischen Nachfrager abhängig.

Erwartet der westliche Anbieter eine Kompensationsforderung, deren Höhe jedoch vom ausländischen Nachfrager erst nach Nennung des Angebotspreises für die Hauptleistung genannt wird, so liegt keine Sicherheitssituation mehr vor. Der westliche Anbieter sollte in diesem Falle potentielle Kompensationsforderungen antizipieren - nach Möglichkeit auch unter Angabe der zugehörigen Eintrittswahrscheinlichkeiten - und sie bei seiner Angebotsabgabe berücksichtigen. Nach Nennung der Kompensationsquote durch den ausländischen Partner besteht für den westlichen Anbieter zwar nach wie vor die Möglichkeit der Verhandlung; eine Antizipation der Kompensationsforderung ist jedoch trotzdem geboten, da die Nennung eines zunächst niedrigeren Preises für die Hauptleistung anschließend nur mit Mühe nach oben revidiert werden kann. Die auch in diesem Fall gegebene Möglichkeit des Anbietens einer höheren Kompensationsquote als der geforderten bleibt davon unberührt.

2. Optimale Preispolitik bei Parallelgeschäften

Wie bereits in Abschnitt A.III. des 2. Teils dargelegt wurde, umfaßt die Handelskompensation sämtliche Formen von Gegengeschäften kurzfristiger Natur; sie entsprechen i. w. herkömmlichen Import-Export-Geschäften mit der Besonderheit, daß Import- und Exportgeschäft miteinander gekoppelt sind. Bei **Parallelgeschäften** werden dabei für beide Teilgeschäfte jeweils getrennte Verträge abgeschlossen, es sind zwei getrennte Güter- und Zahlungsströme vorhanden; die Verbindung beider Geschäfte wird in einem gesonderten Rahmenvertrag festgeschrieben. Im folgenden wird dabei von **zeitgleicher Abwicklung** von Kauf- und Gegenkauf ausgegangen; darüber hinaus wird ausschließlich der Fall der **Fremdkompensation** betrachtet.

a. Optimale Preispolitik bei bekannter Kompensationsquote

aa. Entscheidungsfindung bei vorgegebenen Preisen für die Gegenwaren

In vielen Fällen werden die Preise für die Gegenwaren vom ausländischen Nachfrager vorgegeben. Der westliche Anbieter hat den Preis für die Hauptleistung so zu wählen, daß das von ihm verfolgte Ziel unter Berücksichtigung
- der Gegenwarenpreise und
- der zu erfüllenden Kompensationsquote

am besten erreicht wird.

Es werden dabei folgende **Annahmen** getroffen:
- Der westliche Anbieter verfolgt das Ziel der **Gewinnmaximierung**.
- Die Kompensationsquote ist im Land des ausländischen Nachfragers gesetzlich vorgeschrieben bzw. sie wird von ihm diktiert und ist nicht verhandlungsfähig.
- Der westliche Anbieter kann die Gegenwaren aus einem J Positionen umfassenden Warenkorb (j = 1,..., J) beliebig auswählen; die jeweiligen Preise p_{gj} werden vom ausländischen Nachfrager vorgegeben.
- Der westliche Anbieter kann die Gegenwaren weder im eigenen Produktionsprozeß einsetzen, noch in das eigene Absatzprogramm aufnehmen, d. h. für ihn kommt nur die Alternative "**Fremdkompensation**" in Frage.
- Für die einzelnen Gegenwaren j sind die zugehörigen Stützungssätze s_j mit Sicherheit bekannt.
- Die Bedarfsmenge der Hauptleistung, x_h, steht seitens des ausländischen Nachfragers fest.

Die Ermittlung des **Angebotspreises** für die Hauptleistung kann folgendermaßen erfolgen: Zunächst ist von alternativen erwogenen Preisforderungen für die Hauptleistung, p_{hi}, auszugehen. Der Gewinn des westlichen Anbieters aus dem Absatz der Hauptleistung, G_{hi}^W, errechnet sich für jede erwogene Preisforderung p_{hi} als

$$G_{hi}^W = p_{hi} \cdot x_h - K(x_h) \qquad \text{(für alle i)} \qquad (4.18)$$

mit p_{hi} = i-ter erwogener Preis für die Hauptleistung (i = 1,..., I),

x_h = Bedarfsmenge der Hauptleistung,
$K(x_h)$ = für die Erstellung der Hauptleistung anfallenden Kosten.

Die Höhe der eigenen Preisforderung p_{hi} bestimmt den Gesamtwert der zu beziehenden Gegenwaren; die Kompensationsverpflichtung ist dabei dann erfüllt, wenn gilt:

$$\sum_{j=1}^{J} p_{gj} \cdot x^i_{gj} = Q \cdot p_{hi} \cdot x_h, \text{ bzw.}$$

$$p_{hi} \cdot x_h = \frac{\sum_{j=1}^{J} p_{gj} \cdot x^i_{gj}}{Q} \qquad \text{(für alle i)} \qquad (4.19)$$

mit p_{gj} = vorgegebener Preis für die Gegenware j,
x^i_{gj} = zu bestimmende Menge der Gegenware j beim eigenen Preis p_{hi},
Q = Kompensationsquote.

Im Falle der hier unterstellten Fremdkompensation hat der westliche Anbieter gemäß *Gleichung (3.56)* folgende Stützungszahlung zu leisten:

$$S^i = \sum_{j=1}^{J} p_{gj} \cdot x^i_{gj} \cdot s_j$$

mit S^i = an den Fremdkompensateur zu leistende Stützungszahlung beim Preis p_{hi},
s_j = Stützungssatz für die Gegenware j.

Für jede eigene Preisforderung p_{hi} hat der westliche Anbieter - ausgehend vom jeweiligen Gesamtwert der zu beziehenden Gegenwaren - zunächst den für ihn auszahlungsminimalen Warenkorb gemäß der in Unterabschnitt C.III.4.a.bb. des 3. Teils beschriebenen Vorgehensweise zu bestimmen. Zu minimieren ist für alle p_{hi} die *Zielfunktion (3.56)* unter den *Nebenbedingungen*

$$\sum_{j=1}^{J} p_{gj} \cdot x^i_{gj} \geq Q \cdot p_{hi} \cdot x_h \qquad (3.57)$$

$$x^i_{gj} \leq x_{gj}^F \qquad \text{(für alle j)} \qquad (3.58)$$

$$x^i_{gj} \geq 0 \qquad \text{(für alle j)} \qquad (3.59)$$

mit x_{gj}^F = maximale vom Fremdkompensateur abgenommene Menge der Gegenware j.

Die Lösung des Entscheidungsproblems ergibt sich dadurch, daß zunächst die Gegenware mit dem geringsten Stützungssatz abgenommen wird, und zwar entweder bis zur Erfüllung der Kompensationsverpflichtung, oder bis zur maximalen Menge x_{gj}^F; sofern die Kompensationsverpflichtung noch nicht erfüllt ist, ist zur Gegenware mit dem zweitniedrigsten Stützungssatz überzugehen usw., bis die Kompensationsverpflichtung erfüllt ist. Auf diese Weise erhält der westliche Anbieter für jede eigene erwogene Preisforderung für die Hauptleistung den jeweils optimalen Warenkorb, der die von ihm zu entrichtende Stützungszahlung minimiert; sein **Gesamtgewinn** bei simultaner Berücksichtigung beider Teiltransaktionen beträgt somit für jeden Preis p_{hi}:

$$G_i^{W*} = p_{hi} \cdot x_h - K(x_h) - \sum_{j=1}^{J} p_{gj} \cdot x^{i*}_{gj} \cdot s_j \quad \text{(für alle i)}. \tag{4.20}$$

Diejenige Preisforderung $p_{hi}{}^*$ ist optimal, welche unter Berücksichtigung der zu beziehenden Gegenwaren zum höchsten Gesamtgewinn führt. Zu beachten ist, daß $p_{hi}{}^*$ lediglich die Ausgangspreisforderung darstellt; der letztlich zustandekommende Preis ist von der jeweiligen Verhandlungsmacht beider Partner abhängig.

bb. Entscheidungsfindung bei noch zu bestimmenden Preisen für die Gegenwaren

Sind die Preise der Gegenwaren nicht vorgegeben, so besteht grundsätzlich die Möglichkeit, die Preise für die Hauptleistung und für die einzelnen Gegenwaren so zu bestimmen, daß der gemeinsame Gewinn beider Partner maximal wird. Auszugehen ist dabei von folgenden **Annahmen**:

- Der westliche Partner ist der einzige (für den ausländischen Nachfrager in Frage kommende) Anbieter der Hauptleistung h, er hat also die Position eines Monopolisten; die Bedarfsmenge x_h wird vom ausländischen Nachfrager vorgegeben und ist somit ein Datum.
- Soll das Geschäft zustandekommen, **muß** der westliche Anbieter die Gegenwaren vom ausländischen Nachfrager beziehen, d. h. auch der ausländische Nachfrager nimmt die Stellung eines Monopolisten ein; damit handelt es sich bei einem solchen Kompensationsgeschäft um die spezielle Situation eines **bilateralen Monopols.**
- Die Kompensationsquote im Land des ausländischen Nachfragers ist gesetzlich vorgeschrieben bzw. sie wird von ihm diktiert und ist nicht verhandelbar.
- Der westliche Anbieter kann die Gegenwaren aus einem J Positionen umfassenden Warenkorb beliebig wählen (j = 1,..., J).
- Unterstellt man, daß sich der westliche Anbieter im Falle der Fremdkompensation frühzeitig mit einem Fremdkompensateur in Verbindung setzt, sind ihm die für die Gegenwaren zu entrichtenden Stützungssätze (jeweils in Prozent des Gegenwarenwerts) mit Sicherheit bekannt.
- Ziel ist die **Maximierung des gemeinsamen Gewinns.**

Zunächst soll hier der Einfachheit halber der **Einproduktfall** betrachtet werden, d. h. der Fall, daß der westliche Anbieter aus dem angebotenen Warenkorb eine einzige

Gegenware abnimmt (beim Ziel der Gewinnmaximierung und der Alternative "Fremdkompensation" diejenige mit dem geringsten Stützungssatz). Es läßt sich folgender Ansatz formulieren:

Über beide Teiltransaktionen erzielt der westliche Anbieter einen Gewinn in Höhe von

$$G^W = p_h \cdot x_h - K(x_h) - p_g \cdot x_g \cdot s_g \tag{4.21}$$

mit p_h = zu bestimmender Preis für die Hauptleistung,
x_h = vorgegebene Menge der Hauptleistung,
p_g = zu bestimmender Preis für die Gegenware,
x_g = zu bestimmende Menge der Gegenware,
s_g = Stützungssatz für die Gegenware.

Für den ausländischen Nachfrager - i. d. R. ein Ministerium oder eine staatliche Außenhandelsorganisation - wird vereinfachend angenommen, daß er die zum Preis p_h bezogene Hauptleistung zum gleichen Preis an die einzelnen Betriebe verkauft; sein Gewinn aus dem Hauptgeschäft beträgt demnach Null.[47] Aus dem Gegengeschäft erzielt er dagegen einen Gewinn in Höhe von

$$G_g^A = p_g \cdot x_g - K(x_g) \tag{4.22}$$

mit $K(x_g)$ = für die Erstellung der Gegenware anfallenden Kosten.

Der Wert der Gegenleistung, $p_g \cdot x_g$, ist ein festgelegter Prozentsatz Q des Wertes der Hauptleistung $p_h \cdot x_h$, d. h. es gilt die Beziehung

$$p_g \cdot x_g = p_h \cdot x_h \cdot Q; \tag{4.23}$$

damit kann für p_h geschrieben werden

$$p_h = \frac{p_g \cdot x_g}{x_h \cdot Q}. \tag{4.24}$$

Unter Berücksichtigung von *Gleichung (4.24)* kann die Gewinnfunktion des westlichen Anbieters umformuliert werden zu

---

47) Im Gegensatz zu industriellen Großprojekten, deren Gegenstand meist Güter der Rüstungs- und Raumfahrtindustrie oder größere Bauprojekte sind, welche i. d. R. im Eigentum der staatlichen Stelle verbleiben, ist bei einmaligen Handelstransaktionen davon auszugehen, daß die von der staatlichen Stelle bezogenen Produkte an die einzelnen Betriebe im Land weitergegeben werden. Die Annahme eines Weiterverkaufs an die einzelnen Betriebe zum gleichen Preis stellt eine Vereinfachung dar, um die Übersichtlichkeit der Modellstruktur zu erhalten; sie kann jedoch problemlos aufgegeben werden.

$$G^W = \frac{p_g \cdot x_g}{x_h \cdot Q} \cdot x_h - K(x_h) - p_g \cdot x_g \cdot s_g =$$

$$= \frac{p_g \cdot x_g}{Q} - K(x_h) - p_g \cdot x_g \cdot s_g =$$

$$= p_g \cdot x_g \cdot \left(\frac{1}{Q} - s_g\right) - K(x_h). \tag{4.25}$$

Die an den westlichen Anbieter absetzbare Menge x_g ist abhängig vom geforderten Preis p_g, das heißt, je geringer der Preis der Gegenware ist, umso größer ist die Menge, die der westliche Anbieter abzunehmen bereit ist; es gilt also:

$$x_g = x_g(p_g). \tag{4.26}$$

Unter Berücksichtigung der Preis-Absatz-Funktion der *Gleichung (4.26)* beträgt der Gewinn des westlichen Anbieters

$$G^W = p_g \cdot x_g(p_g) \cdot \left(\frac{1}{Q} - s_g\right) - K(x_h) \tag{4.27}$$

und der Gewinn des ausländischen Nachfragers

$$G^A = p_g \cdot x_g(p_g) - K[x_g(p_g)]; \tag{4.28}$$

der Gesamtgewinn beider Partner resultiert somit als

$$G^G = p_g \cdot x_g(p_g) \cdot \left(1 + \frac{1}{Q} - s_g\right) - K(x_h) - K[x_g(p_g)]. \tag{4.29}$$

Es wird ersichtlich, daß der Gewinn beider Partner formal nur von p_g abhängt. Ableiten der *Zielfunktion (4.29)* nach p_g und Nullsetzen führt zu

$$\frac{dG^G}{dp_g} = \left(p_g \cdot \frac{dx_g}{dp_g} + x_g\right) \cdot \left(1 + \frac{1}{Q} - s_g\right) - \frac{dK}{dx_g} \cdot \frac{dx_g}{dp_g} = 0$$

$$\Leftrightarrow \left(p_g \cdot \frac{dx_g}{dp_g} + x_g\right) \cdot \left(1 + \frac{1}{Q} - s_g\right) = \frac{dK}{dx_g} \cdot \frac{dx_g}{dp_g}. \tag{4.30}$$

Gleichung (4.30) stellt die notwendige Bedingung für das Erreichen des gemeinsamen Gewinnmaximums dar. Wird vereinfachend ein linearer Zusammenhang zwischen p_g und x_g angenommen, so gilt:

$$x_g = a - b \cdot p_g; \tag{4.31}$$

ferner wird im folgenden von linearen Kostenfunktionen ausgegangen der Form

$$K(x_h) = k_{vh} \cdot x_h + K_h{}^F \text{ und} \tag{4.32}$$

$$K(x_g) = k_{vg} \cdot x_g + K_g{}^F \tag{4.33}$$

mit k_{vh} = variable Stückkosten für die Erstellung der Hauptleistung,
$K_h{}^F$ = fixe Kosten für die Erstellung der Hauptleistung,
k_{vg} = variable Stückkosten für die Erstellung der Gegenware,
$K_g{}^F$ = fixe Kosten für die Erstellung der Gegenware.

Wird unterstellt, daß es sich bei den einzelnen Teiltransaktionen für beide Partner um ein **Zusatzgeschäft** handelt, so sind in dem nachfolgend zugrunde gelegten Fall der Unterbeschäftigung jeweils nur die anfallenden variablen Kosten zu berücksichtigen (vgl. *Schweitzer/Küpper*, 1991, S. 297 f.);[48] unter Einbeziehung der Preis-Absatz-Funktion gilt für den Gesamtgewinn beider Geschäftspartner:

$$G^G = p_g \cdot (a - b \cdot p_g) \cdot (\frac{1}{Q} - s_g) - k_{vh} \cdot x_h + (p_g - k_{vg}) \cdot (a - b \cdot p_g). \tag{4.34}$$

Ableiten der *Zielfunktion (4.34)* nach p_g und Nullsetzen führt zu

$$\frac{dG^G}{dp_g} = (a - 2b \cdot p_g) \cdot (\frac{1}{Q} - s_g) + a - 2b \cdot p_g + b \cdot k_{vg} = 0. \tag{4.35}$$

Nach Umformungen resultiert für den optimalen Preis $p_g{}^*$:

$$p_g{}^* = \frac{a}{2b} + \frac{k_{vg}}{2(1 + 1/Q - s)}. \tag{4.36}$$

Damit ist gemäß den *Gleichungen (4.31)* und *(4.24)*:

$$x_g{}^* = a - b \cdot p_g{}^* \text{ und}$$

$$p_h{}^* = \frac{p_g{}^* \cdot x_g{}^*}{x_h \cdot Q}.$$

Es wird ersichtlich, daß in diesem Fall - im Gegensatz zum herkömmlichen Grundmodell des bilateralen Monopols (vgl. hierzu *Krelle*, 1976, S. 583 ff.) - eindeutige

48) Der Fall ausgelasteter Kapazitäten bei beiden Geschäftspartnern wird deswegen ausgeklammert, weil zum einen der westliche Anbieter bei Vollbeschäftigung wohl kaum ein (i. d. R. zeitaufwendiges und kostenintensives) Kompensationsgeschäft in Erwägung ziehen wird; zum anderen hätte der ausländische Nachfrager bei ausgelasteten Kapazitäten das Fordern von Kompensation nicht nötig.

Werte für p_h^* und p_g^* resultieren; der Aussage von *Bieber* (1988, S. 140), daß die Anwendung des Modells des bilateralen Monopols auf Kompensationsgeschäfte zu keiner eindeutigen Lösung bzgl. der zu bestimmenden Preise führt, kann damit nicht uneingeschränkt zugestimmt werden.[49] Allerdings sind die resultierenden Optimalpreise unabhängig von der Höhe der (variablen) Auftragserfüllungskosten k_{vh}; der für den westlichen Anbieter resultierende Optimalpreis p_h^* ist nur dann akzeptabel, wenn die Auftragserfüllungskosten und die Stützungszahlung gedeckt sind. Ist dies nicht der Fall, so muß über den Preis verhandelt werden.

Die Zusammenhänge sollen anhand eines **Beispiels** veranschaulicht werden. Gegeben sind folgende Werte:

k_{vh} = 1.000.000,
x_h = 5,
Q = 0,8,
s_g = 0,05,
a = 10.000,
b = 3,
k_{vg} = 2.000.

Einsetzen dieser Werte in die Optimalitätsbedingung der *Gleichung (4.36)* führt zu:

$$p_g^* = \frac{10.000}{2 \cdot 3} + \frac{2.000}{2(1 + 1/0,8 - 0,05)} = 2.121,21.$$

Damit ist

$$x_g^* = 10.000 - 3 \cdot 2.121,21 = 3.636,36$$

und

$$p_h^* = \frac{2.121,21 \cdot 3.636,36}{5 \cdot 0,8} = 1.928.374.$$

Es resultiert ein **Gesamtgewinn** in Höhe von

G^G = 4.696.969,

der sich wie folgt auf die beiden Geschäftspartner aufteilt:

G^W = 4.256.196 und

49) Diese eindeutige Lösung ergibt sich dabei u. a. dadurch, daß wie in der Praxis üblich von einem gegebenen Bedarf der Hauptleistung, x_h, ausgegangen wurde. Die von *Bieber* unterstellte gleichzeitige Bestimmung der optimalen Menge der Hauptleistung entspricht nicht der gängigen Praxis internationaler Kompensationsgeschäfte und hat daher nur theoretische Bedeutung.

$G^A = 440.763.$

Würde der westliche Anbieter die stärkere Verhandlungsposition haben in dem Sinne, daß er dem ausländischen Partner die Preise diktieren kann, so würde er isoliert die für ihn gewinnmaximale Preis-Mengen-Kombination bestimmen; die Optimalpreise würden aus folgendem Ansatz resultieren:

$$G^W = p_g \cdot (a - b \cdot p_g) \cdot \left(\frac{1}{Q} - s_g\right) - k_{vh} \cdot x_h \rightarrow \text{Max!} \tag{4.37}$$

$$\frac{dG^W}{dp_g} = (a - 2b \cdot p_g) \cdot \left(\frac{1}{Q} - s_g\right) = 0 \tag{4.38}$$

$$p_g^* = \frac{a}{2b}. \tag{4.39}$$

Im Beispiel ergibt sich

$$p_g^* = \frac{10.000}{2 \cdot 3} = 1.666{,}67;$$

daraus resultieren

$$x_g^* = 10.000 - 3 \cdot 1.666{,}67 = 5000 \text{ und}$$

$$p_h^* = 2.083.333\,.$$

Der Gewinn des westlichen Anbieters beträgt in diesem Fall

$$G^W = 5.000.000\,;$$

dagegen erwirtschaftet der ausländische Nachfrager einen Verlust in Höhe von

$$G^A = -1.666.646\,;$$

der Gesamtgewinn beider Partner beläuft sich somit auf

$$G^G = 3.333.353\,.$$

Ist die Position des ausländischen Nachfragers so stark, daß er die Preise diktieren kann, so resultieren die Optimalpreise für den ausländischen Nachfrager aus folgendem Ansatz:

$$G^A = (p_g - k_{vg}) \cdot (a - b \cdot p_g) \tag{4.40}$$

$$\frac{dG^A}{dp_g} = a - 2b \cdot p_g + b \cdot k_{vg} = 0\,. \qquad (4.41)$$

Für den Optimalpreis ergibt sich aus *(4.41)*:

$$p_g^* = \frac{a}{2b} + \frac{k_{vg}}{2}, \qquad (4.42)$$

beim vorliegenden Beispiel also

$$p_g^* = 2.666{,}67;$$

daraus resultieren:

$$x_g^* = 2.000 \text{ und}$$

$$p_h^* = 1.333.328\,.$$

Der ausländische Nachfrager erzielt somit einen Gewinn in Höhe von

$$G^A = 1.333.333\,,$$

der westliche Anbieter dagegen

$$G^W = 1.399.976\,;$$

der Gesamtgewinn beider Partner beträgt

$$G^G = 2.733.309\,.$$

Die Zusammenhänge werden graphisch in *Abbildung 4.4* dargestellt. Der westliche Anbieter erzielt im Intervall $p_g \in [0; 2845{,}8]$ einen Gewinn; die isolierte Gewinnmaximierung des westlichen Anbieters ist dabei für den ausländischen Nachfrager mit einem Verlust in Höhe von -1.666.646 verbunden. Einen Gewinn erzielt der ausländische Nachfrager im Intervall $p_g \in [2000; 3333{,}33]$; betreibt er isoliert Gewinnmaximierung, erzielt der westliche Anbieter ebenfalls einen positiven Gewinn, und zwar in Höhe von 1.399.976. Da davon ausgegangen werden kann, daß die Preisunter- bzw. -obergrenze bei beiden Partnern dort liegt, wo die Kosten gedeckt sind, ergibt sich bei Verfolgen anderer Ziele als der isolierten oder gemeinsamen Gewinnmaximierung ein **Einigungsbereich**, der durch das Intervall

$$p_g \in [2000; 2845{,}18]$$

beschrieben wird; der letzlich zustandekommende Preis ist von der relativen Verhandlungsposition beider Partner abhängig.

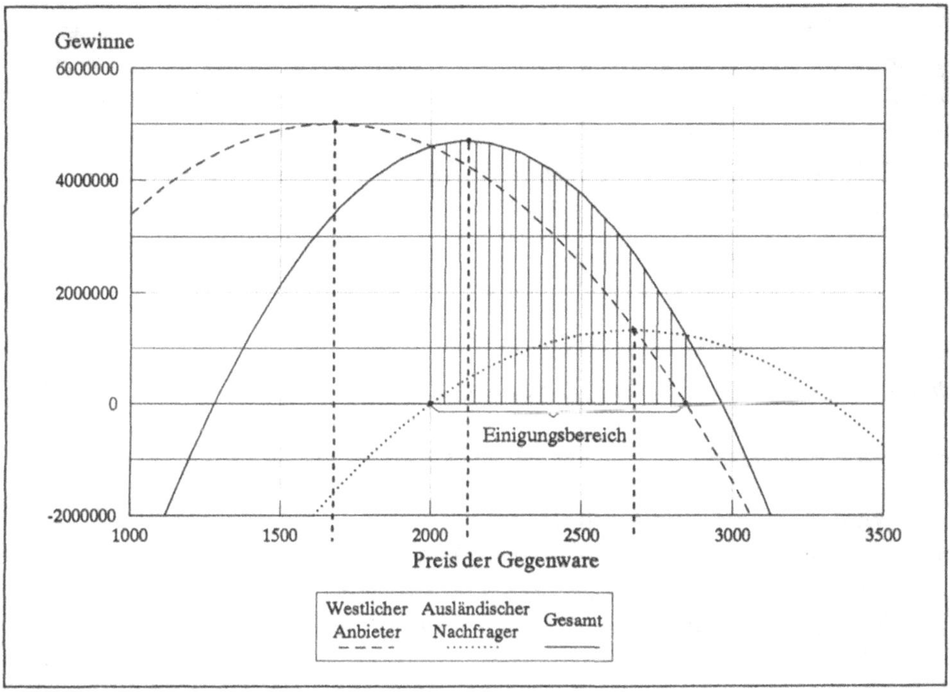

Abb. 4.4: Gewinne der beteiligten Geschäftspartner in Abhängigkeit des Gegenwaren-Preises

Der Ansatz im **Mehrproduktfall** unter der Zielsetzung der gemeinsamen Gewinnmaximierung ergibt sich analog zum Einproduktfall durch Maximierung der *Zielfunktion*[50])

$$G^G = \sum_{j=1}^{J} \{p_{gj} \cdot x_{gj}(p_{gj}) \cdot (1 + \frac{1}{Q} - s_j) - K_{gj}[x_{gj}(p_{gj})]\} - K(x_h) \quad \rightarrow \text{Max!} \qquad (4.43)$$

mit $K_{gj}[x_{gj}(p_{gj})] =$ für die Erstellung der Gegenware j anfallenden Kosten.

Partielles Ableiten der *Zielfunktion (4.43)* und Nullsetzen führt zur Optimalitätsbedingung

$$\frac{dG^G}{dp_{gj}} = (p_{gj} \cdot \frac{dx_{gj}}{dp_{gj}} + x_{gj}) \cdot (1 + \frac{1}{Q} - s_j) - \frac{dK_{gj}}{dx_{gj}} \cdot \frac{dx_{gj}}{dp_{gj}} = 0 \qquad \text{(für alle j)}$$

$$\Leftrightarrow (p_{gj} \cdot \frac{dx_{gj}}{dp_{gj}} + x_{gj}) \cdot (1 + \frac{1}{Q} - s_j) = \frac{dK_{gj}}{dx_{gj}} \cdot \frac{dx_{gj}}{dp_{gj}} \qquad \text{(für alle j),} \qquad (4.44)$$

50) Im folgenden wird wie bisher davon ausgegangen, daß zwischen den einzelnen gehandelten Produkten keinerlei absatzmäßigen Verflechtungen bestehen.

d. h. der Grenzerlös aus dem Verkauf der Gegenware j (bereinigt um die an den Fremdkompensateur zu entrichtende Stützungszahlung) entspricht den Grenzkosten der Produktion für die Gegenware j. Auflösen des aus der Beziehung *(4.44)* resultierenden Gleichungssystems führt zu den optimalen Preis-Mengen-Kombinationen p_{gj}^*, x_{gj}^*; der optimale Preis für die Hauptleistung, p_h^*, resultiert aus folgender Beziehung:

$$p_h^* = \frac{\sum_{j=1}^{J} p_{gj}^* \cdot x_{gj}^*}{Q \cdot x_h}. \tag{4.45}$$

b. Optimale Preispolitik bei unbekannter Kompensationsquote

aa. Entscheidungsfindung bei vorgegebenen Preisen für die Gegenwaren

Im Gegensatz zu dem in Unterabschnitt C.I.2.a. beschriebenen Fall wird hier davon ausgegangen, daß der westliche Anbieter zwar eine Kompensationsforderung erwartet, deren Höhe ihm jedoch unbekannt ist. Er kann allerdings die Menge der in Frage kommenden Kompensationsquoten abschätzen wie auch die zugehörigen Eintrittswahrscheinlichkeiten.

Die Gewinnung der zur Entscheidungsfindung erforderlichen **Daten** ist i. d. R. mit Hilfe von Vergangenheitswerten möglich: So haben beispielsweise *Altmann* und *Clement* (1979, S. 38 ff.) für die verschiedenen ehemaligen RGW-Staaten die Verteilung der

- geforderten,
- vertraglich vereinbarten und
- tatsächlich realisierten Kompensationsquoten

erhoben. *Abbildung 4.5* zeigt exemplarisch die (relative) Häufigkeitsverteilung der einzelnen Quoten für die ehemalige Sowjetunion und die ehemalige DDR; es wird ersichtlich, daß die letztlich realisierten Kompensationsquoten z. T. erheblich von den ursprünglichen Forderungen abweichen. Da die Untersuchung mittlerweile mehrere Jahre zurückliegt, haben die ermittelten Verteilungen sicherlich an Aktualität eingebüßt; eine vergleichbare, aktuelle Untersuchung fehlt jedoch bislang. Ein Unternehmen, das die zu erwartende Kompensationsquote abschätzen will, muß daher entsprechende Häufigkeitsverteilungen aus eigenen Erfahrungswerten zusammenstellen; bei genügend großer Fallzahl können die relativen Auftrittshäufigkeiten der einzelnen Kompensationsquoten als **Eintrittswahrscheinlichkeiten** interpretiert werden. Zweckmäßigerweise ist dabei zweistufig vorzugehen: Zu ermitteln sind zunächst aus den empirischen Häufigkeitsverteilungen

- die a-priori-Eintrittswahrscheinlichkeiten der einzelnen geforderten Kompensationsquoten, $P(Q_f)$, sowie

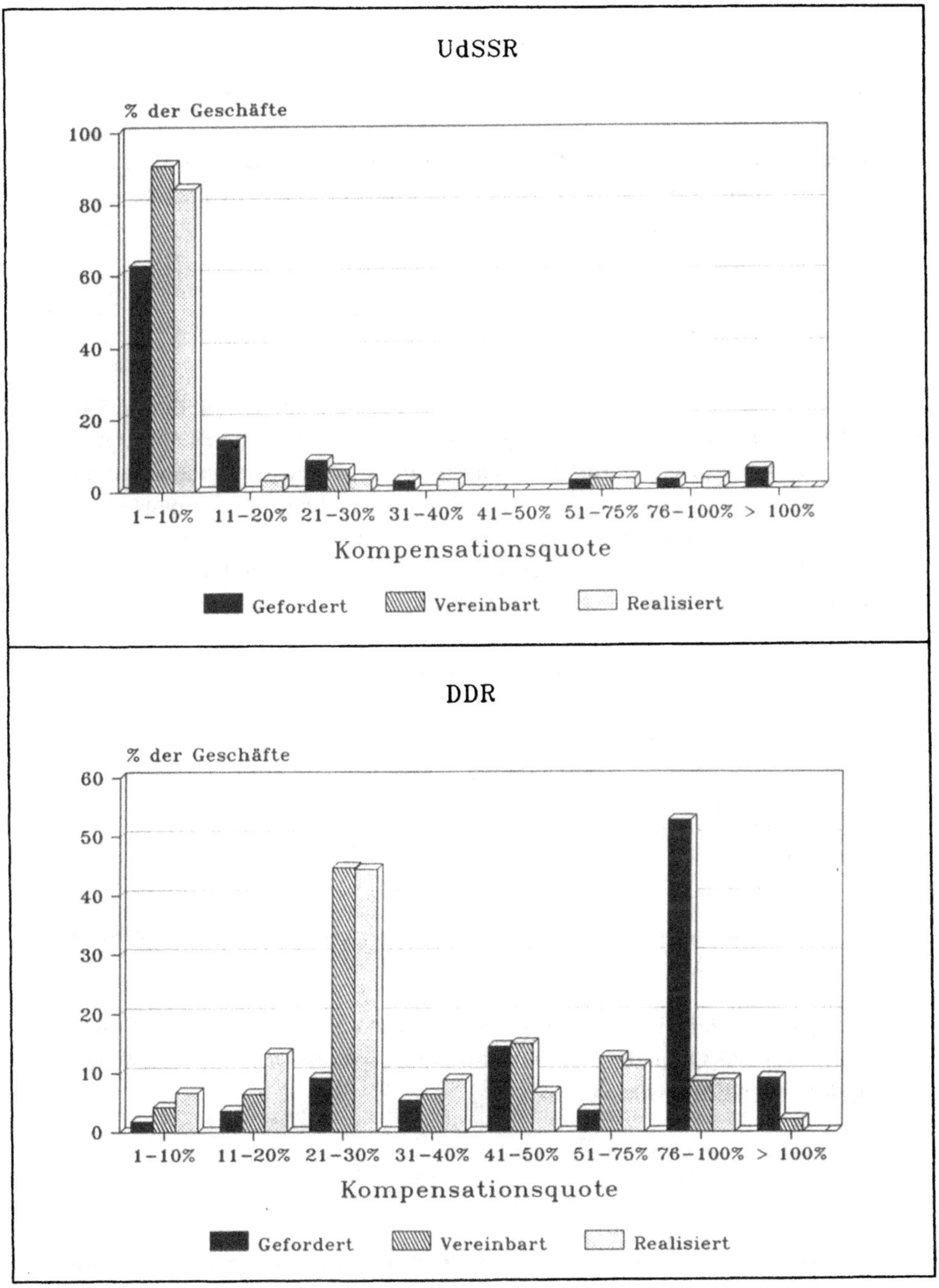

Quelle: Nach *Altmann/Clement*, 1979, S. 40 f.

Abb. 4.5: Geforderte, vertraglich vereinbarte und realisierte Kompensationsquoten am Beispiel der ehemaligen Sowjetunion und der ehemaligen DDR

- die bedingten Wahrscheinlichkeiten, daß eine Kompensationsquote Q_z tatsächlich zustandekommt, wenn zuvor eine Kompensationsquote in Höhe von Q_f gefordert wurde, $P(Q_z \mid Q_f)$.

Die **unbedingte** Wahrscheinlichkeit, daß eine Kompensationsquote Q_z realisiert wird, $P(Q_z)$, ergibt sich gemäß dem Theorem der absoluten Wahrscheinlichkeiten (vgl. *Schaich u. a.*, 1979, S. 28) als

$$P(Q_z) = \sum_{z=1}^{Z} P(Q_f) \cdot P(Q_z \mid Q_f) \qquad \text{(für alle } f = 1,\dots, F). \qquad (4.46)$$

Zu berücksichtigen ist dabei, daß die Bereitschaft des ausländischen Partners, von der zunächst geforderten Kompensationsquote nach unten abzuweichen, umso größer ist, je höher die Importpriorität für die Hauptleistung ist; die in die Bestimmung von $P(Q_z)$ eingehenden bedingten Wahrscheinlichkeiten, daß eine Kompensationsquote in Höhe von Q_z realisiert wird, wenn zuvor eine Kompensationsquote in Höhe von Q_f gefordert wurde, $P(Q_z \mid Q_f)$, sind daher - nach ihrer Ermittlung auf der Grundlage von Vergangenheitswerten - ggf. zu korrigieren.

Ausgangspunkt der Überlegungen sind wieder alternative erwogene Preise für die Hauptleistung, p_{hi} ($i = 1,\dots, I$). Für jede erwartete Kompensationsquote Q_z ($z = 1,\dots, Z$) gilt *Gleichung (4.19)*, d. h.

$$p_{hi} \cdot x_h = \frac{\sum_{j=1}^{J} p_{gj} \cdot x^{iz}_{gj}}{Q_z} \qquad \text{(für alle i, z)}$$

mit x^{iz}_{gj} = zu bestimmende Menge der Gegenware j beim eigenen Preis p_{hi} und der Kompensationsquote Q_z.

Somit resultiert bei jedem erwogenen Preis p_{hi} und jeder für möglich erachteten Kompensationsquote Q_z unter Heranziehung der *Gleichung (3.1b)* der Gesamtwert der zu beziehenden Gegenwaren als

$$\sum_{j=1}^{J} p_{gj} \cdot x^{iz}_{gj} = Q_z \cdot p_{hi} \cdot x_h \qquad \text{(für alle i, z).}$$

Bei dem hier angenommenen Fall gegebener Preise für die einzelnen Gegenwaren wird der westliche Anbieter diejenigen Gegenwaren j in der Menge x_{gj} abnehmen, für die - in Abhängigkeit der geplanten Verwendung - der Gewinn maximal bzw. die Auszahlung minimal wird (vgl. die Ausführungen in C.III.4. im 3. Teil). In dem hier angenommenen Fall der Fremdkompensation entsteht dem westlichen Anbieter eine

Auszahlung(-ssumme) in Höhe der zu leistenden (minimalen) Stützungszahlungen, d. h. es gilt gemäß *Gleichung (3.56)*:

$$S^{iz*} = \sum_{j=1}^{J} p_{gj} \cdot x^{iz*}_{gj} \cdot s_j \qquad \text{(für alle i, z)}$$

mit S^{iz*} = an den Fremdkompensateur zu leistenden (minimalen) Stützungszahlungen beim eigenen Preis p_{hi} und der Kompensationsquote Q_z;

für jeden erwogenen Preis p_{hi} und jede Kompensationsquote Q_z resultiert folgender Gewinn:

$$G(p_{hi} \mid Q_z) = p_{hi} \cdot x_h - K(x_h) - S^{iz*} \qquad \text{(für alle i, z).} \tag{4.47}$$

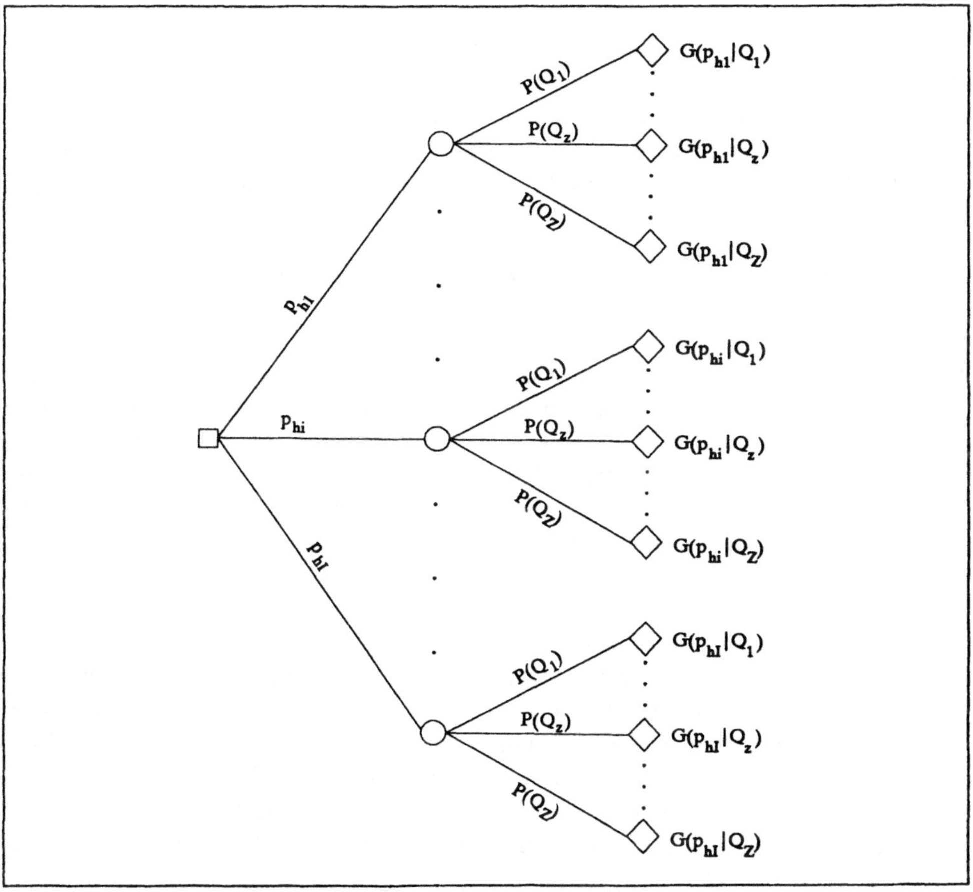

Abb. 4.6: Entscheidungsbaum zur Ermittlung der optimalen Preisforderung bei freihändigen Vergaben bei unbekannter Kompensationsquote und bekannten Gegenwaren-Preisen

Abbildung 4.6 zeigt den Entscheidungsbaum für die vorliegende Entscheidungssituation. Verfolgt der westliche Anbieter das Ziel der **Gewinnmaximierung** und besitzt er eine risikoneutrale Einstellung, so lautet die Entscheidungsregel

$$E[G(p_{hi}^*)] = \max_i \{ \sum_{z=1}^{Z} P(Q_z) \cdot G(p_{hi} \mid Q_z)\}$$

$$= \max_i \{ \sum_{z=1}^{Z} P(Q_z) \cdot [p_{hi} \cdot x_h - K(x_h) - S^{iz*}]\}; \quad (4.48)$$

derjenige Preis p_{hi}^* ist optimal, bei dem der **Gewinnerwartungswert** maximal wird. Zwar handelt es sich in einer Verhandlungssituation lediglich um eine Ausgangspreisforderung, die vom endgültigen Abschlußpreis durchaus abweichen kann; andererseits sind einmal abgegebene Preisforderungen kaum nach oben zu revidieren, so daß eine Antizipierung potentieller Kompensationsforderungen bei der eigenen Preisbestimmung unerläßlich ist. Darüber hinaus kann sich der westliche Anbieter in einer Verhandlungssituation dahingehend taktisch verhalten, daß er zunächst einen höheren als den optimalen Preis verlangt; im Rahmen der sich anschließenden Preisverhandlungen kann er seine Preisforderung bis zum Optimalpreis p_{hi}^* reduzieren.

bb. Entscheidungsfindung bei noch zu bestimmenden Preisen für die Gegenwaren

In vielen Fällen enthält die Anfrage seitens des ausländischen Nachfragers keinerlei Hinweise auf eine mögliche Kompensationsforderung, obwohl mit einer solchen aus Erfahrung zu rechnen ist; in einem solchen Fall ist nicht nur die Kompensationsquote unbekannt, sondern auch der angebotene Warenkorb sowie die einzelnen Gegenwarenpreise. Ist eine Kompensationsforderung zu erwarten, so hat der westliche Anbieter zusätzlich zu den möglichen Kompensationsquoten und den zugehörigen Eintrittswahrscheinlichkeiten auch die möglicherweise angebotenen Gegenwaren sowie die jeweils geforderten Preise zu schätzen.

In der Regel kann auch in einem solchen Fall auf Erfahrungswerte zurückgegriffen werden; im folgenden wird daher angenommen, der westliche Anbieter könne den Warenkorb umreißen dergestalt, daß er mit Sicherheit von einem aus J Gegenwaren (j = 1,... J) bestehenden Warenkorb ausgehen kann. Bezüglich der möglichen Kompensationsquoten und der zugehörigen Eintrittswahrscheinlichkeiten kann er wie im vorangegangenen Unterabschnitt C.I.2.aa. vorgehen; zu ermitteln sind noch für die einzelnen Gegenwaren j die möglichen Preisforderungen und die zugehörigen Eintrittswahrscheinlichkeiten.

Ausgangspunkt der Überlegungen ist die Erfahrung, daß das Preisniveau für die Gegenwaren umso höher ausfällt, je höher die eigene Ausgangspreisforderung liegt, d. h. bei einer vergleichsweise hohen eigenen Preisforderung für die Hauptleistung wird der ausländische Nachfrager i. d. R. mit einem entsprechend hohen Preis für die Gegenwaren reagieren. Auf der Basis dieser Überlegung sind die bedingten Wahrscheinlichkeiten zu ermitteln, daß der ausländische Nachfrager in Abhängigkeit der einzelnen erwogenen eigenen Preisforderungen für die Gegenwaren ein bestimmtes Preisniveau fordert.

Die Schätzung der o. g. bedingten Wahrscheinlichkeiten kann auf der Grundlage von Vergangenheitswerten folgendermaßen erfolgen: Für in der Vergangenheit bekanntgewordene Geschäfte mit dem betrachteten ausländischen Nachfrager sind die Ausgangspreisforderungen für die jeweiligen Hauptleistungen zunächst anhand der (ggf. geschätzten) Auftragserfüllungskosten zu relativieren, um sie miteinander vergleichbar zu machen. Für jede vergangene Ausgangspreisforderung ist schließlich das (durchschnittliche) Preisniveau der im Warenkorb enthaltenen Gegenwaren zu ermitteln; dies geschieht ebenfalls anhand einer Relativierung der absoluten geforderten Gegenwarenpreise durch entsprechende Kostenschätzungen, d. h. das Preisniveau drückt sich als (durchschnittlicher) Prozentsatz der für die Erstellung der Gegenwaren anfallenden (geschätzten) Kosten aus. Ein Preisniveau von 110% besagt beispielsweise, daß beim betrachteten Geschäft die geforderten Gegenwarenpreise im Durchschnitt 10% höher als die jeweils anfallenden (geschätzten) Kosten für die Erstellung der Gegenwaren liegen. (Als Bezugsgröße für den Gegenwarenpreis kann alternativ - sofern bekannt - der jeweilige Weltmarktpreis zugrunde gelegt werden, der dann als 100% definiert wird.)

Bei genügend großer Fallzahl kann für jede vergangene (und relativierte) eigene Preisforderung, p_{hi}^{rel}, die relative Häufigkeitsverteilung des Gegenwaren-Preisniveaus als Wahrscheinlichkeitsverteilung interpretiert werden. Ergebnis der Analyse sind somit für alle erwogenen eigenen Preisforderungen p_{hi}^{rel} die bedingten Wahrscheinlichkeiten, daß der ausländische Nachfrager für die Gegenwaren ein Preisniveau $p_{gj}^{s,rel}$ fordert (s = 1,..., S), also $P(p_{gj}^{s,rel} \mid p_{hi}^{rel})$. *Tabelle 4.2* zeigt die Zusammenhänge für i = 1,..., I eigene Preisforderungen und s = 1,..., S Preisniveaus der Gegenwaren im Überblick. Anstelle des durchschnittlichen Preisniveaus kann selbstverständlich für jede einzelne Gegenware die Wahrscheinlichkeitsverteilung der (relativen) Preisforderungen **individuell** ermittelt werden; in diesem Falle ist für jede einzelne (potentielle) Gegenware eine der *Tabelle 4.2* entsprechende Tabelle aufzustellen. Allerdings dürfte aufgrund der Tatsache, daß die angebotenen Gegenwaren häufig wechseln, die Erhebung ausreichend großer Fallzahlen für die einzelnen Kombinationen schwierig sein; aus diesem Grunde wird im folgenden eine Durchschnittsbetrachtung des gesamten Warenkorbs zugrunde gelegt.

$p_{gj}^{s,rel}$ \ p_{hi}^{rel}	$p_{gj}^{1,rel}$	...	$p_{gj}^{s,rel}$	...	$p_{gj}^{S,rel}$
p_{h1}^{rel}	$P(p_{gj}^{1,rel} \mid p_{h1}^{rel})$	...	$P(p_{gj}^{s,rel} \mid p_{h1}^{rel})$	...	$P(p_{gj}^{S,rel} \mid p_{h1}^{rel})$
⋮		⋮		⋮	
p_{hi}^{rel}	$P(p_{gj}^{1,rel} \mid p_{hi}^{rel})$	...	$P(p_{gj}^{s,rel} \mid p_{hi}^{rel})$	...	$P(p_{gj}^{S,rel} \mid p_{hi}^{rel})$
⋮		⋮		⋮	
p_{hI}^{rel}	$P(p_{gj}^{1,rel} \mid p_{hI}^{rel})$	...	$P(p_{gj}^{s,rel} \mid p_{hI}^{rel})$	...	$P(p_{gj}^{S,rel} \mid p_{hI}^{rel})$

Tab. 4.2: Bedingte Eintrittswahrscheinlichkeiten des Gegenwaren-Preisniveaus in Abhängigkeit der eigenen Preisforderung

Auf der Basis der gemäß der oben beschriebenen Vorgehensweise ermittelten Wahrscheinlichkeitsverteilungen der Gegenwarenpreise kann die **Entscheidungsfindung** über die eigene Ausgangspreisforderung folgendermaßen getroffen werden:

- Zunächst hat der westliche Anbieter gemäß der Vorgehensweise im Unterabschnitt C.III.4. des 3. Teils für jedes als möglich erachtete Preisniveau der Gegenwaren, $p_{gj}^{s,rel}$, und jede mögliche Kompensationsquote Q_z in Abhängigkeit der geplanten Verwendung der Gegenwaren den für ihn **optimalen Warenkorb** zu ermitteln; dies hat unter Berücksichtigung der *Gleichung 4.45*, welche die Beziehung zwischen der eigenen Preisforderung und dem Gesamtwert der Kompensationsverpflichtung wiedergibt, zu erfolgen. Hierzu sind vorab in Abhängigkeit des betrachteten Preisniveaus die absoluten Preise der einzelnen Gegenwaren zu ermitteln, indem das zugrunde gelegte Preisniveau $p_{gj}^{s,rel}$ mit den geschätzten Stückkosten für die Erstellung der Gegenware j, k_{gj}, multipliziert wird.
- Ist der optimale Warenkorb für jede eigene Preisforderung p_{hi}^{rel} und jede $p_{gj}^{s,rel}$-Q_z-Kombination ermittelt, so kann der zugehörige Gewinn errechnet werden als

$$G(p_{hi} \mid p_{gj}^{s,rel}; Q_z) = p_{hi} \cdot x_h - K(x_h) - S^{isz*} \text{ (für alle i, s, z)}, \qquad (4.49)$$

wobei auch hier vereinfachend vom Fall der Fremdkompensation ausgegangen wird; es gilt also für jedes Preisniveau *Gleichung (3.56)* analog:

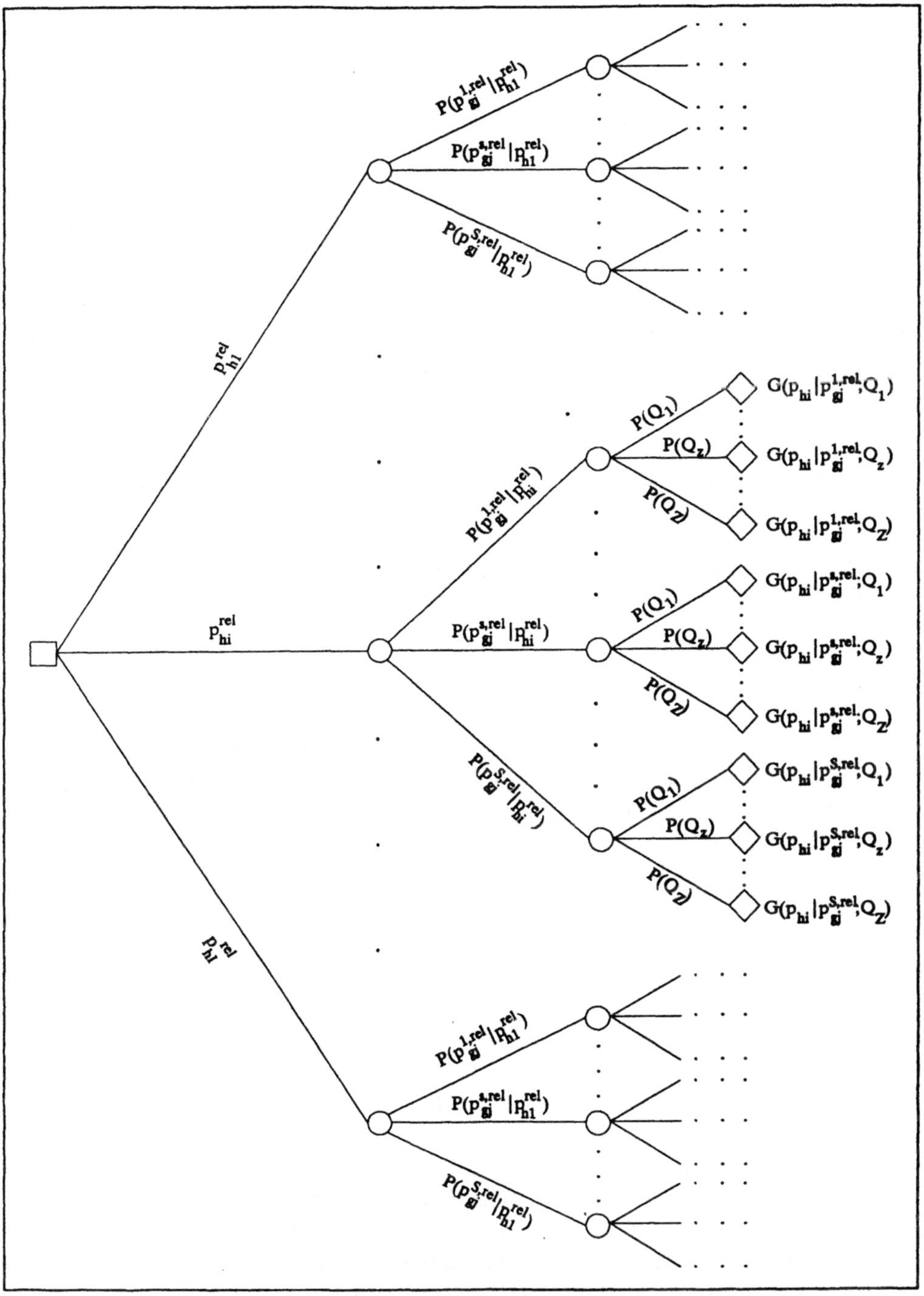

Abb. 4.7: Entscheidungsbaum zur Ermittlung der optimalen Preisforderung bei freihändigen Vergaben bei unbekannter Kompensationsquote und unbekannten Gegenwaren-Preisen

$$S^{isz*} = \sum_{j=1}^{J} p^s_{gj} \cdot x^{isz*}_{gj} \cdot s_j \qquad \text{(für alle i, s, z)}$$

mit S^{isz*} = an den Fremdkompensateur zu leistenden (minimalen) Stützungszahlungen beim eigenen Preis p_{hi}, dem Preisniveau $p_{gj}^{s,rel}$ für die Gegenwaren und der Kompensationsquote Q_z,

p^s_{gj} = $p_{gj}^{s,rel} \cdot k_{gj}$ = Preis für die Gegenware j beim Preisniveau $p_{gj}^{s,rel}$,

x^{isz*}_{gj} = abzunehmende optimale Menge der Gegenware j beim eigenen Preis p_{hi}, dem Preisniveau $p_{gj}^{s,rel}$ für die Gegenwaren und der Kompensationsquote Q_z.

Die *Abbildung 4.7* zeigt den Entscheidungsbaum für die vorliegende Entscheidungssituation. Die optimale (relative) Preisforderung ergibt sich bei der Zielsetzung der Gewinnmaximierung und risikoneutraler Einstellung aus folgender **Entscheidungsregel**:

$$E[G(p_{hi}^{rel*})] = \max_i \left\{ \sum_{s=1}^{S} P(p_{gj}^{s,rel} \mid p_{hi}^{rel}) \cdot \sum_{z=1}^{Z} P(Q_z) \cdot G(p_{hi} \mid p_{gj}^{s,rel}; Q_z) \right\}; \qquad (4.50)$$

die optimale **absolute** Preisforderung, p_{hi}^*, ergibt sich durch Multiplikation von p_{hi}^{rel*} mit den geschätzten aktuellen Auftragserfüllungskosten.

3. Optimale Preispolitik bei Offset-Geschäften

Von den Formen der Industriekompensation sind Offset-Geschäfte die in der Praxis relevanteste Form. Wie im 2. Teil bereits dargelegt wurde, sind Offset-Geschäfte dadurch charakterisiert, daß sich der westliche Lieferant der Hauptleistung verpflichtet, zu einem festgelegten Prozentsatz des Wertes des Projekts entweder lokale Unterlieferanten heranzuziehen (direktes Offset-Geschäft), oder zumindest Waren abzunehmen oder für ihre Abnahme zu vermitteln (indirektes Offset-Geschäft).

Im folgenden wird lediglich vom Fall des **direkten** Offsets ausgegangen, da es sich beim indirekten Offset de facto um eine Handelstransaktion handelt, welche sich von dem im vorangegangenen Unterabschnitt C.I.2 dargestellten Fall lediglich durch den längeren Planungs- und Abwicklungszeitraum unterscheidet. Im Vergleich zu Parallelgeschäften sind bei direkten Offset-Geschäften folgende **Unterschiede** zu beachten:

- Die Gegenlieferungen gehen als Inputgüter in die Produktion der Hauptleistung ein, es handelt sich also immer um **Eigenkompensation**;
- Offset-Geschäfte erstrecken sich über einen **mehrperiodigen Zeitraum**;
- die vom westlichen Anbieter erbrachten Gegenleistungen werden i. d. R. gemäß der Präferenzordnung des ausländischen Nachfragers mit spezifischen **Multiplikatoren** bewertet;

- Offset-Projekte werden i. d. R. nicht von einem einzelnen westlichen Unternehmen, sondern durch eine **Kooperation** realisiert. Im folgenden wird dabei davon ausgegangen, daß die Kooperationsmitglieder gemeinsame Zielvorstellungen und gemeinsame Erwartungen besitzen, so daß sie wie ein einzelner Anbieter behandelt werden können (zur Problematik der Angebotspolitik bei Kooperationen vgl. *Berndt*, 1988, S. 227 ff.).

Wie schon bei Parallelgeschäften wird im folgenden auch hier danach unterschieden, ob die Kompensationsquote bekannt ist oder nicht und ob die Preise der Gegenwaren vorgegeben oder noch zu bestimmen sind.

a. Optimale Preispolitik bei bekannter Kompensationsquote

aa. Entscheidungsfindung bei vorgegebenen Preisen für die Gegenwaren

Die Preisfindung bei direkten Offset-Geschäften im Falle einer gegebenen Kompensationsquote und gegebenen Preisen für die Gegenwaren erfolgt unter folgenden **Annahmen**:

- Der westliche Anbieter verfolgt das Ziel der **Kapitalwertmaximierung**.
- Die Kompensationsquote ist im Land des ausländischen Nachfragers gesetzlich vorgeschrieben bzw. sie wird von ihm diktiert und ist nicht verhandlungsfähig.
- Zur Erstellung der Hauptleistung sind J Inputgüter ($j = 1,..., J$) erforderlich, welche entweder von den bisherigen Lieferanten oder als Offset-Leistungen von ausländischen Unterlieferanten bezogen werden können.
- Der westliche Anbieter kann die Offset-Leistungen aus einem J Positionen umfassenden Warenkorb beliebig auswählen; für die einzelnen Offset-Leistungen gelten spezifische Multiplikatoren β_j.
- Die Bedarfsmenge der Hauptleistung, x_h, steht seitens des ausländischen Nachfragers fest.
- Die Erstellung der Hauptleistung erstreckt sich über den Zeitraum $t = t_1,..., T$. In $t = T$ wird sie vom westlichen Anbieter geliefert und vom ausländischen Nachfrager bezahlt.
- Da die Offset-Leistungen j als Inputgüter in den Produktionsprozeß eingehen, werden sie im Zeitraum $t = t_1,..., T$ geliefert.

Wie bei Parallelgeschäften ist von alternativen erwogenen eigenen Preisen für die Hauptleistung, p_{hi}, auszugehen. Der Kapitalwert aus dem Absatz der Hauptleistung ergibt sich für jede eigene Preisforderung p_{hi} analog zu *Gleichung (4.18)* als

$$C_{0hi}{}^{W} = p_{hi} \cdot x_h \cdot (1+i)^{-T} - \sum_{t=t_1}^{T} K_t(x_h) \cdot (1+i)^{-t} \quad \text{(für alle i)} \tag{4.51}$$

mit p_{hi} = i-ter erwogener Preis für die Hauptleistung (i = 1,..., I),
x_h = Bedarfsmenge der Hauptleistung,
$K_t(x_h)$ = für die Erstellung der Hauptleistung anfallenden Kosten in der Periode t.[51)]

Von der Höhe der eigenen Preisforderung hängt der Gesamtwert der Kompensationsverpflichtung ab; diese ist dabei dann erfüllt, wenn gemäß *Gleichung (3.46)* gilt:

$$\sum_{t=t_1}^{T} \left[\sum_{j=1}^{J} \beta_j \cdot p_{gjt} \cdot x^i_{gjt} \right] \cdot (1+i)^{-t} = Q \cdot p_{hi} \cdot x_h \cdot (1+i)^{-T} \qquad \text{(für alle i)}$$

mit p_{gjt} = vorgegebener Preis für das Inputgut j in der Periode t beim lokalen Unterlieferanten,
x^i_{gjt} = zu bestimmende Menge des beim lokalen Unterlieferanten zu beziehenden Inputguts j in der Periode t beim eigenen Preis p_{hi},
i = Kalkulationszins,
Q = Kompensationsquote.

Die (auszahlungswirksamen) Kosten zur Erstellung der Hauptleistung, $K_t(x_h)$, setzen sich in jeder Periode t aus der Auszahlungssumme für die Beschaffung der einzelnen Inputgüter j und sonstigen Auszahlungen zusammen, d. h. es gilt:

$$K_t(x_h) = A_t^B(x_h) + A_t^S(x_h) \qquad (4.52)$$

mit $A_t^B(x_h)$ = Auszahlungssumme für die Beschaffung der Inputgüter in der Periode t (t = t_1,..., T),
$A_t^S(x_h)$ = sonstige Auszahlungen für die Erstellung der Hauptleistung in der Periode t.

Zu minimieren ist der Auszahlungbarwert für die Beschaffung der Inputgüter in Abhängigkeit der eigenen Preisforderung p_{hi} und des damit verbundenen Gesamtwerts der zu erfüllenden Offset-Leistungen; berücksichtigt werden sollen ferner Mengenrabatte (vgl. die Ausführungen in bezug auf indirekte Offset-Geschäfte in Unterabschnitt C.III.4.a.bb. im 3. Teil). Somit ist folgender **Ansatz** zugrunde zu legen: Zu minimieren ist für alle erwogenen Preisforderungen p_{hi} die *Zielfunktion*

$$A^{Bi}(x_h) = \sum_{t=t_1}^{T} \left\{ \sum_{j=1}^{J} \left[\sum_{r=1}^{R} p_{jt} \cdot x_{jt}^r \cdot (1-q_j^r) + p_{gjt} \cdot x^i_{gjt} + (k_j^A + k_j^N) \cdot x^i_{gjt} \right] \right\} \cdot (1+i)^{-t}$$
$$\text{(für alle i)} \qquad (4.53)$$

mit p_{jt} = Preis für die Gegenware j in der Periode t beim Stammlieferanten,
x_{jt}^r = beim Stammlieferanten zu beziehende Menge des Inputguts j in der Periode t,
q_j^r = Rabattsatz in der Rabattstufe r für die Menge x_{jt}^r des Inputguts j (für alle Perioden gleich),
k_j^A = Stückkosten für Ausschuß beim Einsatz im Produktionsprozeß des Inputguts j (für alle Perioden gleich),

51) Wie bereits im 3. Teil dieser Arbeit wird auch hier und im folgenden unterstellt, die in die Modelle eingehenden Kostengrößen würden mit Auszahlungen in gleicher Höhe und in der gleichen Periode zusammenfallen.

k_j^N = Stückkosten für die Nachbesserung des Inputguts j beim Einsatz im Produktionsprozeß (für alle Perioden gleich).

Zu berücksichtigen sind folgende *Nebenbedingungen*

$$\sum_{t=t_1}^{T} \left[\sum_{j=1}^{J} \beta_j \cdot p_{gjt} \cdot x^i_{gjt} \right] \cdot (1+i)^{-t} \geq Q \cdot p_{hi} \cdot x_h \cdot (1+i)^{-T} \qquad \text{(für alle i)} \qquad (3.79)$$

$$x_{jt}^r + x_{gjt} = x_{jt}' \qquad \text{(für alle j, t)} \qquad (3.84)$$

$$x_{jt}^r \geq 0 \qquad \text{(für alle j, t)} \qquad (3.85)$$

$$x_{gjt} \geq 0 \qquad \text{(für alle j, t)} \qquad (3.81)$$

$$x_{uj}^r \cdot u_j^r \leq x_{jt}^r \leq x_{oj}^r \cdot u_j^r \qquad \text{(für alle j, r, t)} \qquad (3.86)$$

$$\sum_{r=1}^{R} u_j^r \leq 1 \qquad \text{(für alle j)} \qquad (3.70)$$

$$u_j^r \geq 0 \text{ und ganzzahlig} \qquad \text{(für alle j, r)} \qquad (3.71)$$

mit x_{jt}' = Bedarfsmenge des Inputguts j in der Periode t,
x_{uj}^r = Untergrenze für die Rabattstufe r,
x_{oj}^r = Obergrenze für die Rabattstufe r.

Der Auszahlungsbarwert für die Beschaffung der Inputgüter setzt sich also zusammen aus dem Auszahlungsbarwert bei den Stammlieferanten und dem Auszahlungsbarwert bei den lokalen Unterlieferanten; zu bestimmen sind die von den jeweiligen Lieferanten zu beziehenden Mengen der einzelnen Inputgüter dergestalt, daß der Periodenbedarf eines jeden Inputguts gedeckt ist, die Kompensationsverpflichtung insgesamt erfüllt wird und der Auszahlungsbarwert insgesamt minimal wird, d. h. es ist das Beschaffungsprogramm zu optimieren (vgl. die analoge Vorgehensweise in Unterabschnitt C.III.4.a.bb. des 3. Teils). Dabei gilt: Je höher das eigene Preisniveau ausfällt, umso größer wird wegen *(3.46)* der Wert der zu übernehmenden Offset-Verpflichtung; aufgrund des feststehenden Gesamtbedarfs an den einzelnen Inputgütern wird dadurch der Beschaffungswert bei den Stammlieferanten kleiner.

Die Lösung des oben beschriebenen Ansatzes der gemischt-ganzzahligen Programmierung führt für jedes Inputgut j bei jedem eigenen Preis p_{hi} zur optimalen Kompensationsmenge $x^i_{gjt}{}^*$ und zur optimalen Beschaffungsmenge beim Stammlieferanten x_{jt}^*. Ausgehend vom jeweils optimalen Beschaffungsprogramm kann anschließend für jede eigene Preisforderung p_{hi} der zugehörige Kapitalwert errechnet werden; diejenige Preisforderung p_{hi}^* ist optimal, welche zum höchsten Kapitalwert führt.

bb. Entscheidungsfindung bei noch zu bestimmenden Preisen für die Gegenwaren

Sind die Preise für die Gegenwaren nicht vom ausländischen Nachfrager vorgegeben, so besteht auch bei Offset-Geschäften die Möglichkeit, die Preise für die Hauptleistung und für die einzelnen Gegenwaren so zu bestimmen, daß der gemeinsame Kapitalwert beider Partner maximal wird. Auszugehen ist dabei von folgenden **Annahmen**:

- Der westliche Partner ist der einzige (für den ausländischen Nachfrager in Frage kommende) Anbieter der Hauptleistung h, er hat also die Position eines Monopolisten.
- Soll das Geschäft zustandekommen, **muß** der westliche Anbieter die Gegenwaren vom ausländischen Nachfrager beziehen, d. h. auch der ausländische Nachfrager nimmt die Stellung eines Monopolisten ein; damit handelt es sich bei einem solchen Kompensationsgeschäft um die spezielle Situation eines **bilateralen Monopols.**
- Die Kompensationsquote im Land des ausländischen Nachfragers ist gesetzlich vorgeschrieben bzw. sie wird von ihm diktiert und ist nicht verhandelbar.
- Zur Erstellung der Hauptleistung sind J Inputgüter ($j = 1,..., J$) erforderlich; der Gesamtbedarf eines jeden Inputguts j beläuft sich auf x_{jt}' pro Periode.
- Die einzelnen Inputgüter können entweder von den Stammlieferanten zum Preis p_{jt}, oder als Offset-Leistung von ausländischen Unterlieferanten zu einem noch zu bestimmenden Preis p_{gjt} bezogen werden; es gilt also:

$$x_{jt}' = x_{jt} + x_{gjt} \qquad (4.54)$$

mit x_{jt} = beim Stammlieferanten zu beziehende Menge des Inputguts j in der Periode t.

- Der westliche Anbieter kann die Offset-Leistungen aus einem J Positionen umfassenden Warenkorb beliebig auswählen; für die einzelnen Offset-Leistungen gelten Multiplikatoren β_j in Höhe von 1 für alle j, d. h. der ausländische Nachfrager besitzt keine Präferenzen im Hinblick auf die einzelnen möglichen Offset-Leistungen.
- Die Bedarfsmenge der Hauptleistung, x_h, steht seitens des ausländischen Nachfragers fest.
- Die Erstellung der Hauptleistung erstreckt sich über den Zeitraum $t = t_1,..., T$.
- Von Rabatten bei den Stammlieferanten wird abgesehen.
- Ziel ist die **Maximierung des gemeinsamen Kapitalwerts.**

Welche Menge des Inputguts j von welchem Lieferanten jeweils bezogen wird, ist von den Preisen p_{jt} bei den Stammlieferanten und den noch zu bestimmenden Preisen p_{gjt} bei den ausländischen Unterlieferanten abhängig. Für die **Preis-Absatz-Funktionen** gilt allgemein:

$$x_{gjt} = x(p_{gjt}, p_{jt}), \text{ bzw.} \qquad (4.55a)$$

$$x_{jt} = x(p_{jt}, p_{gjt}). \quad (4.55b)$$

Der Kapitalwert aus dem Absatz der Hauptleistung ergibt sich gemäß *Gleichung (4.51)* als

$$C_{0h}^{W} = p_h \cdot x_h \cdot (1+i)^{-T} - \sum_{t=t_1}^{T} K_t(x_h) \cdot (1+i)^{-t} \qquad \text{(für alle i);}$$

die Kosten zur Erstellung der Hauptleistung in der Periode t, $K_t(x_h)$, setzen sich dabei aus der Auszahlungssumme für die Beschaffung der einzelnen Inputgüter j und den sonstigen Auszahlungen zusammen, d. h. es gilt auch hier gemäß *(4.52)*:

$$K_t(x_h) = A_t^B(x_h) + A_t^S(x_h).$$

Der gesamte Beschaffungswert bei den ausländischen Unterlieferanten muß dabei die Kompensationsverpflichtung erfüllen, d. h. es gilt gemäß *(3.17a)*:

$$\sum_{t=t_1}^{T} [\sum_{j=1}^{J} p_{gjt} \cdot x_{gjt}] \cdot (1+i)^{-t} = Q \cdot p_h \cdot x_h \cdot (1+i)^{-T}.$$

Der Auszahlungsbarwert für die Beschaffung der Inputgüter bei den Stammlieferanten beträgt insgesamt:

$$A^{BL}(x_h) = \sum_{t=t_1}^{T} [\sum_{j=1}^{J} p_{jt} \cdot x_{jt}(p_{jt}, p_{gjt})] \cdot (1+i)^{-t} \quad (4.56)$$

und bei den lokalen Unterlieferanten

$$A^{BU}(x_h) = \sum_{t=t_1}^{T} [\sum_{j=1}^{J} p_{gjt} \cdot x_{gjt}(p_{gjt}, p_{jt})] \cdot (1+i)^{-t}. \quad (4.57)$$

Der Kapitalwert des westlichen Anbieters unter Berücksichtigung des Gewinns aus dem Absatz der Hauptleistung beläuft sich somit auf:

$$C_0^W = p_h \cdot x_h \cdot (1+i)^{-T} - \sum_{t=t_1}^{T} [\sum_{j=1}^{J} p_{gjt} \cdot x_{gjt}(p_{gjt}, p_{jt}) + p_{jt} \cdot x_{jt}(p_{jt}, p_{gjt}) +$$

$$+ A_t^S(x_h)] \cdot (1+i)^{-t}; \quad (4.58a)$$

wegen $x_{jt} = x_{jt}' - x_{gjt}$ folgt

$$C_0^W = p_h \cdot x_h \cdot (1+i)^{-T} - \sum_{t=t_1}^{T} \{\sum_{j=1}^{J} p_{gjt} \cdot x_{gjt}(p_{gjt}, p_{jt}) + p_{jt}[x_{jt}' - x_{gjt}(p_{gjt}, p_{jt})] +$$

$$+ A_t^S(x_h)\} \cdot (1+i)^{-t}. \tag{4.58b}$$

Dem ausländischen Nachfrager entstehen aus dem Kompensationsgeschäft zum einen Erlöse durch die Lieferung der Inputgüter, zum anderen eine Anschaffungsauszahlung für die Beschaffung der Hauptleistung, d. h. bezogen auf $t = t_0$ gilt:[52)]

$$C_0^A = - p_h \cdot x_h \cdot (1+i)^{-T} + \sum_{t=t_1}^{T} \{\sum_{j=1}^{J} p_{gjt} \cdot x_{gjt}(p_{gjt}, p_{jt}) - K_{gjt}[x_{gjt}(p_{gjt}, p_{jt})]\} \cdot (1+i)^{-t} \tag{4.59a}$$

mit $K_{gjt}(x_{gjt})$ = (auszahlungswirksame) Kosten für die Herstellung des Inputguts j in der Periode t.

Wegen *Gleichung (3.17a)* gilt:

$$C_0^A = - p_h \cdot x_h \cdot (1+i)^{-T} + Q \cdot p_h \cdot x_h \cdot (1+i)^{-T} - \sum_{t=t_1}^{T} \{\sum_{j=1}^{J} K_{gjt}[x_{gjt}(p_{gjt}, p_{jt})]\} \cdot (1+i)^{-t}. \tag{4.59b}$$

Somit beläuft sich der gemeinsame Kapitalwert beider Partner auf:

$$C_0^G = Q \cdot p_h \cdot x_h \cdot (1+i)^{-T} - \sum_{t=t_1}^{T} \{\sum_{j=1}^{J} p_{gjt} \cdot x_{gjt}(p_{gjt}, p_{jt}) + p_{jt} \cdot [x_{jt}' - x_{gjt}(p_{gjt}, p_{jt})] +$$

$$+ A_t^S(x_h) + K_{gjt}[x_{gjt}(p_{gjt}, p_{jt})]\} \cdot (1+i)^{-t}. \tag{4.60}$$

Partielles Ableiten der *Zielfunktion (4.60)* nach p_{gjt} und Nullsetzen führt zu:

$$\frac{\partial C_0^G}{\partial p_{gjt}} = \left(- x_{gjt} - p_{gjt} \cdot \frac{dx_{gjt}}{dp_{gjt}} + p_{jt} \cdot \frac{dx_{gjt}}{dp_{gjt}} - \frac{dK_{gjt}}{dx_{gjt}} \cdot \frac{dx_{gjt}}{dp_{gjt}}\right) \cdot (1+i)^{-t} = 0$$

(für alle j, t)

$$\Leftrightarrow \quad x_{gjt} + p_{gjt} \cdot \frac{dx_{gjt}}{dp_{gjt}} - p_{jt} \cdot \frac{dx_{gjt}}{dp_{gjt}} = \frac{dK_{gjt}}{dx_{gjt}} \cdot \frac{dx_{gjt}}{dp_{gjt}}$$

(für alle j, t). (4.61)

Die Lösung des aus *(4.61)* resultierenden Gleichungssystems führt zu den gesuchten optimalen Preis-Mengen-Kombinationen x_{gjt}^*, p_{gjt}^* und über *(4.54)* auch zu x_{jt}^* für

52) Da im Rahmen von Offset-Geschäften industrielle Großprojekte gehandelt werden, welche i. d. R. im Eigentum der beschaffenden staatlichen Stelle verbleiben, kann hier nicht mehr - wie bei einmaligen Handelstransaktionen - davon ausgegangen werden, daß die betroffene staatliche Stelle die beschaffte Hauptleistung an die einzelne im Land ansässigen Betriebe weiterverkauft. Daher wirkt sich die Anschaffungsauszahlung für die Hauptleistung in voller Höhe kapitalwertmindernd aus.

alle Inputgüter j und alle Perioden t. Der gesuchte Optimalpreis für die Hauptleistung, p_h*, resultiert durch Umformung von *(3.17a)* aus:

$$p_h^* = \frac{\sum_{t=t_1}^{T} [\sum_{j=1}^{J} p_{gjt}^* \cdot x_{gjt}^*] \cdot (1+i)^{-t}}{Q \cdot x_h \cdot (1+i)^{-T}}. \qquad (4.62)$$

Es wird ersichtlich, daß der Preis für die Hauptleistung von den sonstigen bei der Herstellung der Hauptleistung anfallenden Auszahlungen unabhängig ist; i. d. R. wird der westliche Anbieter daher den auf diese Weise ermittelten Optimalpreis nur dann akzeptieren, wenn zumindest Deckung des gesamten anfallenden Auszahlungsbarwerts erreicht wird.

Im folgenden sollen exemplarisch lineare Preis-Absatz-Funktionen der Form:

$$x_{gjt} = a_j - b_j \cdot p_{gjt} + c_j \cdot p_{jt} \qquad \text{(für alle j, t),} \qquad (4.63)$$

lineare Kostenfunktionen der Form

$$K_{gjt}(x_{gjt}) = k_{vgjt} \cdot x_{gjt} + K_t^F \qquad \text{(für alle j, t)} \qquad (4.64)$$

für die Gegenwaren und

$$A_t^S(x_h) = k_{vht}^S \cdot x_h + K_{ht}^{SF} \qquad \text{(für alle t)} \qquad (4.65)$$

für die Hauptleistung unterstellt werden,

mit k_{vgjt} = variable Stückkosten für die Produktion des Inputguts j in der Periode t,
K_t^F = fixe Kosten für die Produktion des Inputguts j in der Periode t,
k_{vht}^S = sonstige variable Stückkosten für die Produktion der Hauptleistung in der Periode t,
K_{ht}^{SF} = sonstige fixe Kosten für die Produktion der Hauptleistung in der Periode t.

Betrachtet man die beiden Teiltransaktionen als Zusatzaufträge für beide Partner, können die fixen Kosten vernachlässigt werden. Für die Funktion des **Gesamt-Kapitalwerts** beider Partner resultiert somit:

$$C_0^G = Q \cdot p_h \cdot x_h \cdot (1+i)^{-T} - \sum_{t=t_1}^{T} \{ \sum_{j=1}^{J} [p_{gjt} \cdot (a_j - b_j \cdot p_{gjt} + c_j \cdot p_{jt}) + p_{jt} \cdot [x_{jt}' - p_{gjt} \cdot$$

$$\cdot (a_j - b_j \cdot p_{gjt} + c_j \cdot p_{jt})] + k_{vht}^S \cdot x_h + k_{vgjt} \cdot (a_j - b_j \cdot p_{gjt} + c_j \cdot p_{jt})]\} \cdot (1+i)^{-t} =$$

$$= Q \cdot p_h \cdot x_h \cdot (1+i)^{-T} - \sum_{t=t_1}^{T} \{ \sum_{j=1}^{J} [(p_{gjt} - p_{jt} + k_{vgjt}) \cdot (a_j - b_j \cdot p_{gjt} + c_j \cdot p_{jt}) +$$

$$+ \quad p_{jt} \cdot x_{jt}' + k_{vht}^{S} \cdot x_h]\} \cdot (1+i)^{-t} \qquad \rightarrow \text{Max!} \qquad (4.66)$$

Partielles Ableiten der *Zielfunktion (4.66)* nach p_{gjt} und Nullsetzen führt zu:

$$\frac{\partial C_0^G}{\partial p_{gjt}} = -(a_j - 2b_j \cdot p_{gjt} + c_j \cdot p_{jt} - b_j \cdot k_{vgjt}) \cdot (1+i)^{-t} = 0 \qquad \text{(für alle j, t);} \qquad (4.67)$$

nach einigen Umformungen resultiert der optimale Preis für die einzelnen Inputgüter, p_{gjt}^*, als:

$$p_{gjt}^* = \frac{a_j}{2b_j} + \frac{b_j + c_j}{2b_j} \cdot p_{jt} - \frac{k_{vgjt}}{2} \qquad \text{(für alle j, t);} \qquad (4.68)$$

die zugehörigen kapitalwertmaximalen Mengen resultieren aus *(4.63)* als:

$$x_{gjt}^* = a_j - b_j \cdot p_{gjt}^* + c_j \cdot p_{jt} \qquad \text{(für alle j, t);}$$

damit sind auch die optimalen bei den Stammlieferanten zu beschaffenden Mengen der einzelnen Inputgüter wegen *(4.54)* bestimmt:

$$x_{jt}^* = x_{jt}' - x_{gjt}^* \qquad \text{(für alle j, t).}$$

Der optimale Preis für die Hauptleistung ergibt sich wiederum aus *(4.62)* als

$$p_h^* = \frac{\sum_{t=t_1}^{T} [\sum_{j=1}^{J} p_{gjt}^* \cdot x_{gjt}^*] \cdot (1+i)^{-t}}{Q \cdot x_h \cdot (1+i)^{-T}}.$$

Die Vorgehensweise soll anhand eines einfachen **Beispiels** veranschaulicht werden. Es gilt folgende Ausgangssituation:

- Für die Erstellung der Hauptleistung werden zwei Inputgüter A und B benötigt.
- Für die Preise der Inputgüter bei den Stammlieferanten gilt:

$$p_{At} = 1.000 \qquad \text{(für alle t),}$$
$$p_{Bt} = 2.000 \qquad \text{(für alle t).}$$

- Die Bedarfsmengen der Inputgüter betragen pro Periode

$$x_{At}' = 5.000 \qquad \text{(für alle t),}$$
$$x_{Bt}' = 4.000 \qquad \text{(für alle t).}$$

- Die Inputgüter können alternativ von ausländischen Unterlieferanten bezogen werden zu den (noch zu bestimmenden) Preisen p_{gAt} und p_{gBt}; es gelten folgende Preis-Absatz-Funktionen:

$$x_{gAt} = 6.000 - 4 \cdot p_{gAt} + 2 \cdot p_{At}$$
$$= 8.000 - 4 \cdot p_{gAt} \qquad \text{(für alle t),}$$

$$x_{gBt} = 8.000 - 2 \cdot p_{gBt} + p_{Bt}$$
$$= 10.000 - 2 \cdot p_{gBt} \qquad \text{(für alle t).}$$

- Zur Herstellung der Gegenwaren fallen bei den ausländischen Unterlieferanten variable Stückkosten an in Höhe von

$$k_{vgAt} = 1.000 \qquad \text{(für alle t),}$$
$$k_{vgBt} = 1.000 \qquad \text{(für alle t).}$$

- Für die Bedarfsmenge der Hauptleistung gilt

$$x_h = 1.$$

- Die sonstigen variablen Stückkosten (außer Beschaffungskosten der Inputgüter) für die Herstellung der Hauptleistung betragen:

$$k_{vht}{}^S = 1.000.000 \qquad \text{(für alle t);}$$

- die Erstellung der Hauptleistung erstreckt sich über 2 Perioden;
- die Kompensationsquote beträgt

$$Q = 0{,}8;$$

- der Kalkulationszins beträgt

$$i = 10\%.$$

Damit gilt für die optimalen Preis-Mengen-Kombinationen der von den ausländischen Unterlieferanten zu beziehenden Inputgüter A und B

$$p_{gAt}^* = \frac{6.000}{8} + \frac{6}{8} \cdot 1.000 - \frac{1.000}{2} = 1.000 \qquad \text{(für alle t)}$$

$$p_{gBt}^* = \frac{8.000}{4} + \frac{3}{4} \cdot 2.000 - \frac{1.000}{2} = 3.000 \qquad \text{(für alle t);}$$

die zugehörigen kapitalwertmaximalen Mengen betragen:

$$x_{gAt}^* = 4.000 \qquad \text{(für alle t),}$$
$$x_{gBt}^* = 4.000 \qquad \text{(für alle t).}$$

Die bei den Stammlieferanten zu beschaffenden Mengen der einzelnen Inputgüter betragen demnach:

$x_{At}^* = 1.000$ (für alle t)
$x_{Bt}^* = 0$ (für alle t),

d. h. das Inputgut B wird nicht mehr vom Stammlieferanten, sondern ausschließlich durch Kompensation beschafft.

Einsetzen der optimalen Preis-Mengen-Kombinationen der durch Kompensation zu beschaffenden Inputgüter A und B in *Gleichung (4.62)* führt zu folgendem Optimalpreis für die Hauptleistung:

$p_h^* = 41.999.998.$

Unter Zugrundelegung von *Gleichung (4.66)* resultiert somit folgender (maximaler) **Kapitalwert:**

$C_0^{G*} = -17.355.401,$[53)]

der sich wie folgt auf die beiden Geschäftspartner verteilt:

$C_0^{W*} = 3.471.074$
$C_0^{A*} = -20.826.475.$

Der ausländische Geschäftspartner erwirtschaftet somit aus dem Kompensationsgeschäft einen Verlust; andererseits ist zu berücksichtigen, daß bei einem herkömmlichen Importgeschäft der Erlös aus der Absatztransaktion entfallen würde, d. h. er müßte die Beschaffungskosten für die Hauptleistung in voller Höhe tragen. Der westliche Anbieter würde die Inputgüter ausschließlich von den Stammlieferanten beziehen; unter Zugrundelegung der obigen Datenkonstellation würde sich sein Auszahlungsbarwert für die Erstellung der Hauptleistung über beide Perioden auf

$A^{BL} = 24.297.521$

belaufen. Unterstellt man, er würde für die Hauptleistung einen Preis verlangen, bei dem er mindestens Deckung des Auszahlungsbarwerts erzielt, so würde gelten:

$p_h^{mind} = 24.297.521;$

dieser Preis wäre in voller Höhe vom ausländischen Nachfrager zu entrichten. Durch das Kompensationsgeschäft kann er dagegen einen Teil des (in diesem Falle höheren)

53) Der negative Gesamt-Kapitalwert ist dadurch zu erklären, daß der ausländische Nachfrager die bezogene Hauptleistung annahmegemäß nicht weiterverkauft; somit kommt die von ihm zu leistende Anschaffungsauszahlung für die Hauptleistung bei der Berechnung des gemeinsamen Kapitalwerts als negative Komponente voll zum Tragen.

Beschaffungspreises durch die Erlöse aus dem Absatz der Gegenwaren decken, d. h. de facto realisiert der ausländische Nachfrager durch das Kompensationsgeschäft eine **Minderung der Anschaffungsauszahlung** in Höhe von (mindestens)

$$\Delta A_0 = 24.297.521 - 20.826.475 = 3.471.046\ ;$$

auch für ihn ist das Kompensationsgeschäft demnach vorteilhaft.

b. *Optimale Preispolitik bei unbekannter Kompensationsquote*

aa. *Entscheidungsfindung bei vorgegebenen Preisen für die Gegenwaren*

Analog zu dem im Unterabschnitt C.I.2.b. beschriebenen Fall bei Parallelgeschäften wird auch hier die Situation betrachtet, daß der westliche Anbieter zwar eine Kompensationsforderung erwartet, deren Höhe ihm allerdings unbekannt ist; er kann jedoch die Menge der zu erwartenden Kompensationsquoten angeben sowie die zugehörigen Eintrittswahrscheinlichkeiten.

Gemäß der bei Parallelgeschäften beschriebenen Vorgehensweise kann der westliche Anbieter aus Erfahrungswerten der Vergangenheit folgende Größen schätzen:
- die a-priori-Eintrittswahrscheinlichkeiten der einzelnen geforderten Kompensationsquoten, $P(Q_f)$, sowie
- die bedingten Wahrscheinlichkeiten, daß eine Kompensationsquote Q_z realisiert wird, wenn zuvor eine Kompensationsquote in Höhe von Q_f gefordert wurde, $P(Q_z \mid Q_f)$.

Die unbedingte Wahrscheinlichkeit, daß eine Kompensationsquote Q_z realisiert wird, $P(Q_z)$, ergibt sich demnach als

$$P(Q_z) = \sum_{z=1}^{R} P(Q_f) \cdot P(Q_z \mid Q_f) \qquad \text{(für alle } f = 1,\ldots, F). \qquad (4.46)$$

Die übrigen in Unterabschnitt C.I.3.a.aa. getroffenen Annahmen gelten unverändert. Wie bei Parallelgeschäften sind der Ausgangspunkt der Überlegungen die alternativen erwogenen Preise für die Hauptleistung, p_{hi} ($i = 1,\ldots, I$). Für jede erwartete Kompensationsquote Q_z ($z = 1,\ldots, Z$) gilt *Gleichung (3.46)*, d. h.

$$\sum_{t=t_1}^{T} \Big[\sum_{j=1}^{J} \beta_j \cdot p_{gjt} \cdot x^{iz}{}_{gjt} \Big] \cdot (1+i)^{-t} = Q_z \cdot p_{hi} \cdot x_h \cdot (1+i)^{-T} \qquad \text{(für alle i, z)}$$

mit p_{gjt} = vorgegebener Preis für die Gegenware j in der Periode t,

x^{iz}_{gjt} = zu bestimmende Menge der Gegenware j in der Periode t beim eigenen Preis p_{hi} und der Kompensationsquote Q_z,
i = Kalkulationszins,
Q_z = Kompensationsquote.

Sind die Preise p_{gjt} und die Multiplikatoren β_j für die einzelnen Offset-Leistungen vom ausländischen Nachfrager vorgegeben und bekannt, so hat der westliche Anbieter diejenigen Offset-Leistungen zu erbringen, durch die sein **Beschaffungsprogramm** optimal, d. h. der von ihm insgesamt zu entrichtende Auszahlungsbarwert minimal wird, wobei das gesamte Beschaffungsprogramm auf die bisherigen Stammlieferanten und auf die lokalen Unterlieferanten aufzuteilen ist (vgl. hierzu die Vorgehensweise in Unterabschnitt C.III.4.a.bb. des 3. Teils). Dabei ist das Beschaffungsprogramm für jede erwogene Preisforderung p_{hi} und jede mögliche Kompensationsquote Q_z zu optimieren, da in Abhängigkeit dieser beiden Größen gemäß *Gleichung (3.46)* ein jeweils unterschiedlicher Gesamtwert der zu erbringenden Offset-Leistungen resultiert.

Zugrunde zu legen ist wiederum der durch die *Zielfunktion (4.53)* und die *Nebenbedingungen (3.79), (3.81), (3.84) - (3.86), (3.70)* und *(3.71)* beschriebene Ansatz (vgl. die Ausführungen in Unterabschnitt C.I.3.a.aa.). Die Lösung dieses Ansatzes liefert die pro Periode optimalen Mengen $x^{iz}_{gjt}{}^*$ für alle Offset-Leistungen j sowie die optimalen Beschaffungsmengen bei den Stammlieferanten x_{jt}^{r*}. Der (minimale) Auszahlungsbarwert des gesamten Beschaffungsprogramms zur Erstellung der Hauptleistung in der (gegebenen) Menge x_h, $A^{Biz*}(x_h)$, beträgt somit gemäß *(4.53)*

$$A^{Biz*}(x_h) = \sum_{t=t_1}^{T} \{ \sum_{j=1}^{J} [p_{jt} \cdot x_{jt}^{r*} \cdot (1-q_j^r) + p_{gjt} \cdot x^{iz}_{gjt}{}^* + (k_j^A + k_j^N) \cdot x^{iz}_{gjt}{}^*]\} \cdot (1+i)^{-t}$$
(für alle i, z)

mit p_{jt} = Preis des Inputguts j in der Periode t beim Stammlieferanten,
x_{jt}^{r*} = optimale zu beschaffende Menge des Inputguts j beim Stammlieferanten in der Periode t,
q_j^r = Rabattsatz bei der Rabattstufe r, die für die Menge x_{jt}^r gilt (r = 1,..., R),
k_j^A = Stückkosten für Ausschuß bei Einsatz der Gegenware j im Produktionsprozeß (im Zeitablauf konstant),
k_j^N = Kosten für Nachbesserung der Gegenware j bei Einsatz im Produktionsprozeß (im Zeitablauf konstant).

Für jeden erwogenen Preis p_{hi} und jede Kompensationsquote Q_z resultiert folgender **Kapitalwert**:

$$C_0(p_{hi} \mid Q_z) = p_{hi} \cdot x_h \cdot (1+1)^{-T} - A^{Biz*}(x_h) - A^S(x_h) \quad \text{(für alle i, z)}, \qquad (4.69)$$

mit $A^S(x_h)$ = Barwert der sonstigen Auszahlungen für die Erstellung der Hauptleistung.

Auch für Offset-Geschäfte kann der Entscheidungsbaum der *Abbildung 4.6* zugrunde gelegt werden, da rein formal kein Unterschied zum Entscheidungsbaum bei Parallelgeschäften vorhanden ist; der inhaltliche Unterschied liegt darin, daß anstelle der jeweiligen Gewinnwerte $G(p_{hi} \mid Q_z)$ nun die entsprechenden Kapitalwerte $C_0(p_{hi} \mid Q_z)$ einzusetzen sind, da in diesem Fall mehrere Perioden zu berücksichtigen sind; darüber hinaus ist die zugrunde gelegte Verwendung der Gegenwaren unterschiedlich, da es sich bei direkten Offset-Geschäften immer um **Eigenkompensation** bei Einsatz der Gegenleistungen im Produktionsprozeß handelt.

Verfolgt der westliche Anbieter das Ziel der **Kapitalwertmaximierung** und besitzt er eine risikoneutrale Einstellung, so lautet die Entscheidungsregel analog zum Falle von Parallelgeschäften

$$E[C_0(p_{hi}^*)] = \max_i \left\{ \sum_{z=1}^{Z} P(Q_z) \cdot C_0(p_{hi} \mid Q_z) \right\} =$$

$$= \max_i \left\{ \sum_{z=1}^{Z} P(Q_z) \cdot [p_{hi} \cdot x_h \cdot (1+1)^{-T} - A^{Biz*}(x_h) - A^S(x_h)] \right\}; \qquad (4.70)$$

derjenige Preis p_{hi}^* ist optimal, bei dem der **Kapitalwert-Erwartungswert** maximal wird.

bb. Entscheidungsfindung bei noch zu bestimmenden Preisen für die Gegenwaren

Hier soll der Fall betrachtet werden, daß die Anfrage seitens des ausländischen Nachfragers keinerlei Hinweise auf eine Kompensationsforderung enthält, mit einer solchen aber zu rechnen ist. Zusätzlich zu den möglichen Kompensationsquoten und den zugehörigen Eintrittswahrscheinlichkeiten hat der westliche Anbieter somit auch die möglicherweise angebotenen Gegenwaren sowie die jeweils geforderten Preise zu schätzen.

Wie auch schon bei Parallelgeschäften wird hier davon ausgegangen, der westliche Anbieter könne den Warenkorb dergestalt umreißen, daß er mit Sicherheit von einem aus J (j = 1,... J) Gegenwaren bestehenden Warenkorb ausgehen kann. Zur Bestimmung der möglichen Kompensationsquoten und der zugehörigen Eintrittswahrscheinlichkeiten kann er wie im vorangegangenen Unterabschnitt C.I.3.aa. vorgehen; zu ermitteln sind noch für die einzelnen Offset-Leistungen die möglichen Preisforderungen und die zugehörigen Eintrittswahrscheinlichkeiten.

Ausgangspunkt ist wie bei Parallelgeschäften die Überlegung, daß das Preisniveau für die Offset-Leistungen i. d. R. umso höher ausfällt, je höher die eigene Ausgangspreisforderung liegt, d. h. bei einer vergleichsweise hohen eigenen Preisforderung für die Hauptleistung wird der ausländische Nachfrager sein eigenes Preisniveau hochsetzen. Auf der Basis dieser Überlegung sind die bedingten Wahrscheinlichkeiten zu ermitteln, daß der ausländische Nachfrager in Abhängigkeit der einzelnen erwogenen eigenen Preisforderungen für die Offset-Leistungen ein bestimmtes Preisniveau fordert. Zu bestimmen sind also auf der Grundlage von Vergangenheitswerten (vgl. die in Unterabschnitt C.I.2.b.bb. dargestellte Vorgehensweise) für alle erwogenen eigenen (relativen) Preisforderungen p_{hi}^{rel} (i = 1,..., I) die bedingten Wahrscheinlichkeiten dafür, daß der ausländische Nachfrager für die Offset-Leistung j ein Preisniveau $p_{gj}^{s,rel}$ fordert (s = 1,..., S), also $P(p_{gj}^{s,rel} \mid p_{hi}^{rel})$. Im folgenden wird angenommen, die einzelnen Preisniveaus gelten für alle Offset-Leistungen und sind im Zeitablauf stabil, d. h. sie gelten für alle j und für alle t = t_1,..., T (bei genügend umfangreichem Datenmaterial kann selbstverständlich eine differenziertere Analyse vorgenommen werden). Die übrigen im vorangegangenen Unterabschnitt C.I.3.b.aa. getroffenen Annahmen gelten unverändert.

Auf der Basis der gemäß der oben beschriebenen Vorgehensweise ermittelten Wahrscheinlichkeitsverteilungen der Gegenwarenpreise kann die **Entscheidungsfindung** über die eigene Ausgangspreisforderung folgendermaßen getroffen werden: Zunächst hat der westliche Anbieter gemäß der im vorangegangenen Unterabschnitt C.I.3.b.aa. beschriebenen Vorgehensweise für jeden eigenen Angebotspreis p_{hi}, für jedes für möglich erachtete Preisniveau der Offset-Leistungen $p_{gj}^{s,rel}$ und für jede mögliche Kompensationsquote Q_z die für ihn optimale Zusammenstellung der zu erbringenden Offset-Leistungen zu ermitteln. Hierzu sind vorab in Abhängigkeit des betrachteten Preisniveaus die absoluten Preise der einzelnen Offset-Leistungen zu bestimmen: Der (absolute) Preis der einzelnen Offset-Leistungen bei einem bestimmten Preisniveau s, p^s_{gjt}, ergibt sich dabei durch Multiplikation des jeweiligen Preisniveaus mit den geschätzten Stückkosten für die Erstellung der Offset-Leistung j, k_{gjt}:

$$p^s_{gjt} = p_{gj}^{s,rel} \cdot k_{gjt}. \tag{4.71}$$

Der (minimale) Auszahlungsbarwert des gesamten Beschaffungsprogramms bei einem eigenen Angebotspreis p_{hi}, einem Preisniveau der Offset-Leistungen $p_{gj}^{s,rel}$ und eine Kompensationsquote Q_z, $A^{Bisz}(x_h)$, beträgt gemäß *(4.53)*

$$A^{Bisz*}(x_h) = \sum_{t=t_1}^{T} \{ \sum_{j=1}^{J} [p_{jt} \cdot x_{jt}^{r*} \cdot (1-q_j^r) + p^s_{gjt} \cdot x^{isz}_{gjt}{}^* + (k_j^A + k_j^N) \cdot x^{isz}_{gjt}{}^*] \} \cdot (1+i)^{-t}$$

(für alle i, s, z)

mit $x^{isz}_{gjt}{}^*$ = optimale Menge der Gegenware j in der Periode t beim eigenen Preis p_{hi}, einem Preisniveau p^s_{gjt} für die Gegenwaren und einer Kompensationsquote Q_z.

x_{jt}^{r*} = optimale vom Stammlieferanten zu beschaffende Menge des Inputguts j in der Periode t.

Für jeden erwogenen Preis p_{hi} und jede Kompensationsquote Q_z resultiert bei jedem Preisniveau $p^s{}_{gjt}$ folgender **Kapitalwert:**

$$C_0(p_{hi} \mid p_{gj}{}^{s,rel}; Q_z) = p_{hi} \cdot x_h \cdot (1+i)^{-T} - A^{Bisz*}(x_h) - A^S(x_h) \text{ (für alle i, s, z).} \quad (4.72)$$

Der Entscheidungsbaum der *Abbildung 4.7* kann auch für Offset-Geschäfte herangezogen werden, da - bis auf die Tatsache, daß anstelle der Gewinnwerte $G(p_{hi} \mid p_{gj}{}^{s,rel}; Q_z)$ nun die entsprechenden Kapitalwerte $C_0(p_{hi} \mid p_{gj}{}^{s,rel}; Q_z)$ einzusetzen sind - kein formaler Unterschied zum entsprechenden Entscheidungsbaum bei Parallelgeschäften gegeben ist. Die optimale (relative) Preisforderung ergibt sich bei Offset-Geschäften bei der Zielsetzung der Kapitalwertmaximierung und risikoneutraler Einstellung aus folgender **Entscheidungsregel:**

$$E[C_0(p_{hi}{}^{rel*})] = \max_i \left\{ \sum_{s=1}^{S} P(p_{gj}{}^{s,rel} \mid p_{hi}{}^{rel}) \cdot \sum_{z=1}^{Z} P(Q_z) \cdot C_0(p_{hi} \mid p_{gj}{}^{s,rel}; Q_z) \right\}; \quad (4.73)$$

die optimale **absolute** Preisforderung ergibt sich durch Multiplikation von $p_{hi}{}^{rel*}$ mit den geschätzten Auftragserfüllungskosten.

II. Optimale Preispolitik bei Ausschreibungen

1. Die Besonderheiten von Kompensationsgeschäften bei Ausschreibungen

Wie bereits in Unterabschnitt B.I.1.a. des 3. Teils dargelegt wurde, ist eine **Ausschreibung** ein Verfahren der organisierten Anbieterkonkurrenz, bei dem die Anbieter aufgefordert werden, Angebote für eine nachgefragte Leistung einzureichen; charakteristisch ist dabei, daß

- die Angebote bis zum Ende der Angebotsfrist geheimzuhalten und
- Nachverhandlungen über den Preis ausgeschlossen sind (vgl. *Berndt*, 1988, S. 29 f.).

In der Gegengeschäftspraxis spielen Ausschreibungen - insb. bei Großaufträgen staatlicher Institutionen - eine bedeutende Rolle. In aller Regel ist die Kompensationsforderung bereits in den Ausschreibungsunterlagen enthalten, jedoch nicht immer konkret spezifiziert; dies gilt insbesondere bezüglich der zu beziehenden Gegenwaren. Hinsichtlich der **Kompensationsquote** gilt generell - mit Ausnahme des Falles einer gesetzlich vorgeschriebenen Kompensationsquote -, daß über sie zumindest partiell verhandelt werden kann, nicht jedoch über den Preis für die Hauptleistung, an den der westliche Anbieter nach der Angebotsabgabe gebunden ist. In einigen - mittlerweile selten gewordenen - Fällen wird die Kompensationsforderung jedoch erst nach Nennung des Angebotspreises für die Hauptleistung gestellt; aus diesem Grunde ist es unerläßlich, selbst bei Fehlen einer Kompensationsforderung genaue Erkundigungen einzuholen, ob und ggf. in welchem Ausmaß mit einer solchen zu rechnen ist.

Charakteristisch für Kompensationsgeschäfte, die in Form einer Ausschreibung initiiert werden, sind dabei folgende **Merkmale**:
- Bei der Bestimmung des Angebotspreises für die Hauptleistung ist bezüglich des Verhaltens der Konkurrenten nicht nur deren Preisforderung, sondern auch deren Gegengeschäftsangebot (z. B. nachgefragte Gegenwaren, gebotene Kompensationsquote) zu antizipieren.
- Die Berücksichtigung der kompensationsspezifischen Kosten bei der Preiskalkulation führt i. a. zu einer Erhöhung der Preisforderung; damit einhergehend resultiert zunächst auch eine Verringerung der Zuschlagswahrscheinlichkeit.
- Andererseits ist zu berücksichtigen, daß u. U. die erbrachte Gegenleistung beim Zuschlagskriterium des ausländischen Nachfragers mit einbezogen wird, d. h. es erhält nicht unbedingt der preisgünstigste Anbieter den Zuschlag, sondern derjenige, der das attraktivste "Gesamtpaket" aus der Export- und der Importtransaktion anbietet: So kann eine höhere Preisforderung durch die Bereitschaft zur Abnahme schwer verkäuflicher Gegenwaren oder durch das Anbieten einer höheren Kompensationsquote durchaus relativiert werden (dies war lange Zeit beispielsweise in Malaysia üblich; vgl. *Hansson*, 1991, S. 38 f.).

Bezüglich der Kompensationsforderung können in einer Ausschreibungssituation folgende Fälle auftreten:

Fall (1):
In den Ausschreibungsunterlagen ist die Kompensationsforderung nach Art und Höhe explizit enthalten, oder Kompensation ist im Land des ausländischen Partners gesetzlich vorgeschrieben. In diesem Falle gilt analog zu der in Abschnitt C.I. dargestellten Situation bei freihändigen Vergaben, daß der westliche Anbieter bzgl. der Kompensationsquote sichere Information besitzt und er damit die kompensationsspezifischen Kosten in seinen Angebotspreis einkalkulieren kann. Dabei hat der westliche Anbieter grundsätzlich folgende **Handlungsmöglichkeiten**:
- Er geht von der vorgegebenen Kompensationsquote aus und berücksichtigt sie bei seiner eigenen Preisforderung.
- Er bietet eine höhere Kompensationsquote als die geforderte an. Wenn beim ausländischen Nachfrager am Export der Gegenwaren ein besonderes Interesse besteht, kann sich der westliche Anbieter Wettbewerbsvorteile gegenüber der Konkurrenz verschaffen und einen möglicherweise höheren Angebotspreis für die Hauptleistung kompensieren. Diese Verhaltensweise kann in der Praxis jedoch dazu führen, daß die Anbieter versuchen, sich gegenseitig zu überbieten, was nach Aussage einiger der von der Verfasserin befragten Unternehmen in der Vergangenheit schon zu einem ruinösen Quotenwettbewerb geführt hat.

Fall (2):
In den Ausschreibungsunterlagen ist keine Kompensationsforderung explizit enthalten, eine solche ist auch gesetzlich nicht vorgeschrieben; aus Erfahrung ist jedoch be-

kannt, daß im Lande des ausländischen Nachfragers häufig Kompensationsforderungen gestellt werden. In diesem Falle ist bzgl. der Kompensationsforderung keine Sicherheitssituation mehr gegeben. Kann der westliche Anbieter jedoch die Menge der zu erwartenden Kompensationsforderungen mit den zugehörigen Eintrittswahrscheinlichkeiten abschätzen, so liegt eine **Risikosituation** vor. Er kann dann die möglichen Kompensationsforderungen mit ihren Eintrittswahrscheinlichkeiten bei der Ermittlung seiner eigenen Preisforderung berücksichtigen. Der westliche Anbieter kann sich dabei folgendermaßen verhalten:

- Er ignoriert die Möglichkeit einer Kompensationsforderung und ermittelt seinen Angebotspreis unter Vernachlässigung der (potentiellen) kompensationsspezifischen Kosten. Erhält er den Zuschlag und wird er nachträglich mit einer Kompensationsforderung konfrontiert, so ist er durch die bei Ausschreibungen geltende Bindung an den einmal geforderten Preis möglicherweise nicht mehr in der Lage, den Auftrag kostendeckend zu erfüllen.
- Er berücksichtigt die potentiellen Kompensationsforderungen bei seiner Preissetzung; im Falle des Zuschlags kann er damit Kostendeckung erzielen, aufgrund der sich aber dadurch zwangsweise ergebenden höheren Preisforderung wird die Zuschlagswahrscheinlichkeit geringer.
- Er bietet selbst aktiv Kompensation an, um einerseits dem ausländischen Nachfrager zuvorzukommen, andererseits die angebotene Kompensationsleistung bei seiner eigenen Preisforderung einkalkulieren zu können. Da - insbesondere bei Großprojekten - der Kreis der potentiellen Mitanbieter bekannt ist, kann er zusätzlich mit ihnen eine Ansprache über die maximal anzubietende Quote treffen, um einen ruinösen Wettbewerb zu vermeiden (dies wird in der Praxis nach Aussage eines der befragten Unternehmen bereits gelegentlich durchgeführt).

Die Bestimmung der optimalen Preisforderung bei Kompensationsgeschäften, welche in Form einer Ausschreibung initiiert werden, wird in den folgenden Abschnitten auf der Grundlage von **Competitive-Bidding-Modellen** vorgenommen; die Ansätze sind dabei unter Berücksichtigung der bei Kompensationsgeschäften gegebenen Besonderheiten in geeigneter Weise zu modifizieren und zu erweitern. Analog zu den in Abschnitt C.I. dargestellten freihändigen Vergaben werden exemplarisch Parallelgeschäfte und Offset-Geschäfte betrachtet; dabei wird jeweils zunächst der Fall einer bekannten, anschließend der Fall einer unbekannten Kompensationsquote untersucht. Eine weitere Fallunterscheidung wird danach vorgenommen, ob die Preise für die Gegenwaren vom ausländischen Nachfrager von vornherein vorgegeben sind oder nicht.

2. Optimale Preispolitik bei Parallelgeschäften

a. Optimale Preispolitik bei bekannter Kompensationsquote

Im Falle einer gesetzlich vorgeschriebenen oder von vornherein explizit geforderten Kompensationsquote hat der westliche Anbieter die Möglichkeit, die kompensationsspezifischen Kosten (z. B. Stützungen, Provisionen etc.) in seine Preiskalkulation einzubeziehen. Die Spezifikation der Kompensationsforderung ist dabei in der Praxis sehr unterschiedlich: So wird gelegentlich vom westlichen Anbieter nur eine allgemeine Verpflichtung gefordert, im Falle des Zuschlags zu einem bestimmten Prozentsatz des Wertes der Hauptleistung heimische Waren abzunehmen oder für ihre Abnahme zu vermitteln; in der Mehrheit der Fälle wird ein bestimmter (mehr oder weniger enger) Warenkorb angeboten, aus dem der westliche Anbieter die Gegenwaren frei wählen kann; in selteneren Fällen werden die abzunehmenden Gegenwaren nach Art und Menge exakt vorgeschrieben.

aa. Entscheidungsfindung bei vorgegebenen Preisen für die Gegenwaren

Die Bestimmung der optimalen Preisforderung im Falle vorgegebener Preise für die Gegenwaren erfolgt unter folgenden **Annahmen**:

- Der westliche Anbieter verfolgt das Ziel der **Gewinnmaximierung**.
- Die Kompensationsquote ist im Land des ausländischen Nachfragers gesetzlich vorgeschrieben bzw. sie wird von ihm diktiert und ist nicht verhandlungsfähig.
- Der westliche Anbieter kann die Gegenwaren aus einem J Positionen umfassenden Warenkorb (j = 1,..., J) beliebig auswählen; die zugehörigen Preise für die Gegenwaren sind vorgegeben.
- Der westliche Anbieter kann die Gegenwaren weder im eigenen Produktionsprozeß einsetzen, noch in das eigene Absatzprogramm aufnehmen, d. h. für ihn kommt nur die Alternative "**Fremdkompensation**" in Frage.
- Für die einzelnen Gegenwaren j sind die zugehörigen Stützungssätze s_j mit Sicherheit bekannt.
- Die Bedarfsmenge der Hauptleistung, x_h, steht seitens des ausländischen Nachfragers fest.

Ausgangspunkt der Überlegungen sind alternative eigene Preisforderungen für die Hauptleistung, p_{hi} (i = 1,..., I). Für jede erwogene eigene Preisforderung resultiert der Gesamtwert der abzunehmenden Gegenwaren gemäß *Gleichung (3.9)* als:

$$\sum_{j=1}^{J} p_{gj} \cdot x^i_{gj} = Q \cdot p_{hi} \cdot x_h \qquad \text{(für alle i)}$$

mit p_{gj} = vorgegebener Preis für die Gegenware j,
x^i_{gj} = zu bestimmende Menge der Gegenware j bei einem eigenen Preis p_{hi},

Q = Kompensationsquote,
p_{hi} = i-ter erwogener Preis für die Hauptleistung,
x_h = Bedarfsmenge der Hauptleistung.

Der Gewinn des westlichen Anbieters aus dem Absatz der Hauptleistung, G_{hi}, errechnet sich nach *Gleichung (4.18)* als

$$G_{hi} = p_{hi} \cdot x_h - K(x_h) \qquad \text{(für alle i)}$$

mit $K(x_h)$ = für die Erstellung der Hauptleistung anfallende Kosten.

Im Falle der Fremdkompensation entstehen dem westlichen Anbieter kompensationsspezifische Kosten in Höhe der zu entrichtenden Stützungszahlung an den Fremdkompensateur; es gilt also für jede Preisforderung p_{hi} *Gleichung (3.56)*:

$$S^i = \sum_{j=1}^{J} p_{gj} \cdot x^i_{gj} \cdot s_j$$

mit S^i = an den Fremdkompensateur zu leistenden Stützungszahlungen bei einem eigenen Preis p_{hi},
s_j = Stützungssatz für die Gegenware j;

sein **Gesamtgewinn** bei simultaner Berücksichtigung beider Teiltransaktionen beträgt somit gemäß *Gleichung (4.20)*:

$$G(p_{hi}) = p_{hi} \cdot x_h - K(x_h) - \sum_{j=1}^{J} p_{gj} \cdot x^i_{gj} \cdot s_j \quad \text{(für alle i).}$$

In einem ersten Schritt hat der westliche Anbieter wie in Unterabschnitt C.I.2.a.aa. bereits beschrieben für jede eigene Preisforderung p_{hi} und den damit verbundenen zu erfüllenden Gesamtwert der Gegengeschäftsverpflichtung den jeweils optimalen (im Falle der Fremdkompensation kostenminimalen) **Warenkorb** zu bestimmen. Jede Preisforderung p_{hi} wird dadurch mit einem (optimalen) Gegengeschäftsangebot gekoppelt, d. h. der westliche Anbieter bietet ein aus dem Haupt- und Gegengeschäft bestehendes "Gesamtpaket" an.

Im Vergleich zu den in C.I. behandelten freihändigen Vergaben ist bei einer Ausschreibungssituation zusätzlich das **Zuschlagsverhalten** des ausländischen Nachfragers zu berücksichtigen. Wie eingangs bereits erwähnt wurde, wird im folgenden angenommen, daß der wirtschaftlichste Anbieter zum Zuge kommt; dies bedeutet im konkreten Fall jedoch nicht, daß der billigste Anbieter den Zuschlag erhält, sondern derjenige, der aus der Sicht des ausländischen Nachfragers die günstigste Kombination aus Angebotspreis und Kompensationsleistung anbietet, d. h. die übernommene Kompensationsverpflichtung wirkt sich de facto wie eine Begünstigung aus. Aus der

Sicht des ausländischen Nachfragers wird als Zuschlagskriterium somit die **Netto-Anschaffungsauszahlung** zugrunde gelegt, d. h. die um den Gewinn aus dem Absatz der Gegenwaren verminderte Anschaffungsauszahlung für die Hauptleistung beim jeweiligen Anbieter l, A_0^l. Derjenige Anbieter erhält den Zuschlag, bei dem A_0^l am geringsten ausfällt.[54)]

Betrachtet man vereinfachend den Fall zeitgleicher Abwicklung von Kauf und Gegenkauf, so wird für alle Anbieter l die Netto-Anschaffungsauszahlung gemäß *Gleichung (3.54)* bestimmt:

$$A_0^l = p_h^l \cdot x_h - G^l =$$

$$= p_h^l \cdot x_h - \sum_{j=1}^{J} [p_{gj} \cdot x^l_{gj} - K_{gj}(x^l_{gj})] \quad \text{(für alle l)}$$

mit G^l = Gewinn des ausländischen Nachfragers aus dem Absatz der Gegenwaren an den Anbieter l,
p_h^l = vom Anbieter l geforderter Preis für die Hauptleistung,
x^l_{gj} = vom Anbieter l nachgefragte Menge der Gegenware j,
$K_{gj}(x^l_{gj})$ = Herstellkosten für die Menge x^l_{gj} der Gegenware j.

Zur Bestimmung des optimalen Angebotspreises für die Hauptleistung muß in einem weiteren Schritt noch das **Verhalten der Konkurrenten** berücksichtigt werden, konkret
- die bei jedem Konkurrenten zu erwartende Preisforderung,
- das zu erwartende Gegenkauf-Angebot der einzelnen Konkurrenten, d. h. welche Gegenwaren in welchen Mengen von jedem einzelnen Konkurrenten abgenommen werden.

Um aus der Sicht des westlichen Anbieters den optimalen Angebotspreis zu bestimmen, kann ein **Competitive-Bidding-Modell** herangezogen werden; der allgemeine Ablauf zur Ermittlung der optimalen Preisforderung im Rahmen eines Competitive-Bidding-Modell unter Berücksichtigung einer Kompensationsforderung ist in *Abbildung 4.8* skizziert. Es wird dabei angenommen
- sämtliche l Konkurrenten werden vom westlichen Anbieter individuell betrachtet,
- alle l Konkurrenten werden mit Sicherheit an der aktuellen Ausschreibung teilnehmen.

Die Entscheidungsfindung vollzieht sich in folgenden **Schritten:**

54) Die Ermittlung der Netto-Anschaffungsauszahlung des ausländischen Nachfragers bei unterschiedlichen Formen von Kompensationsgeschäften ist ausführlich in Unterabschnitt B.III.3. des 3. Teils beschrieben.

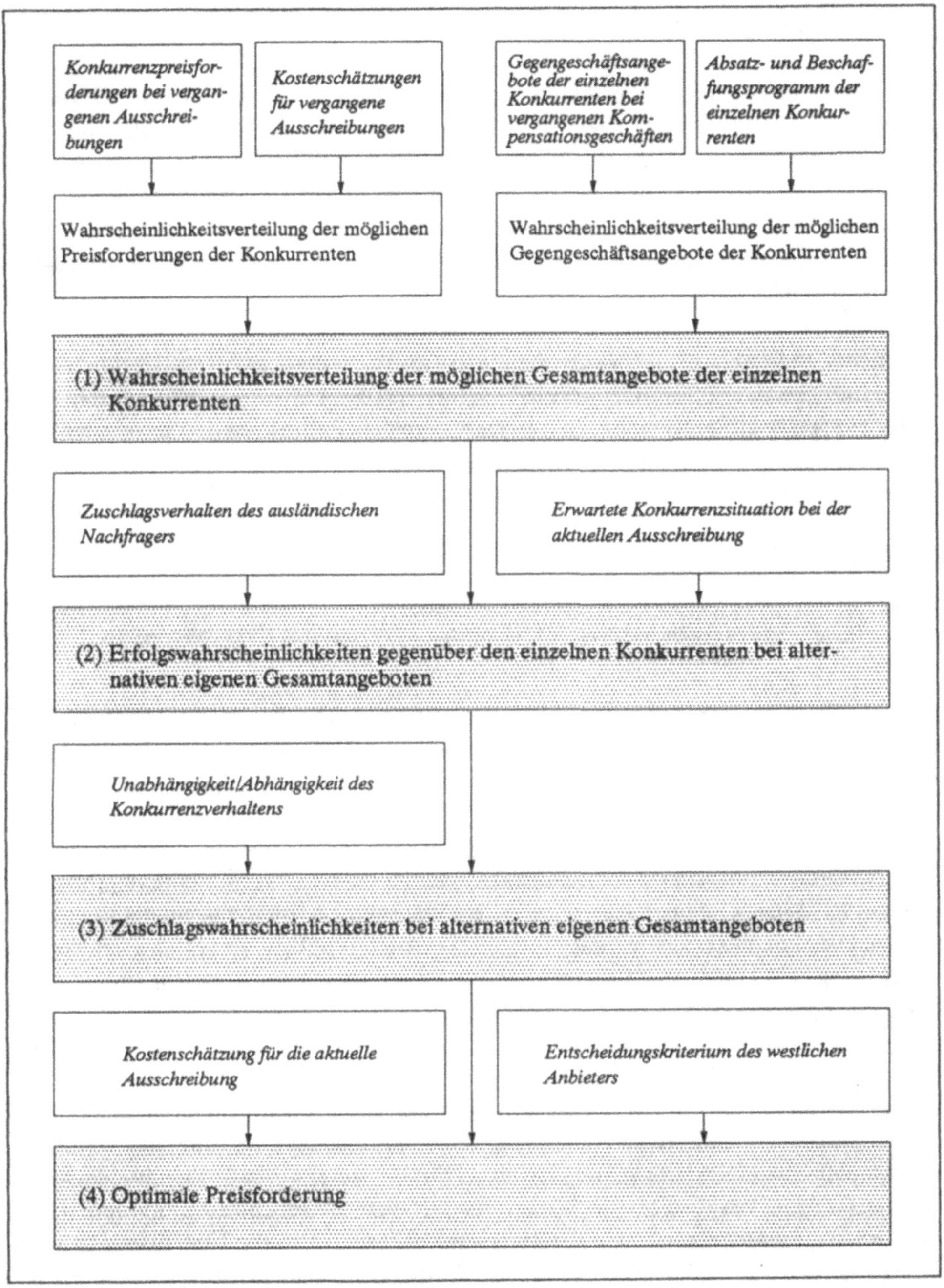

Quelle: In Anlehnung an *Berndt*, 1988, S. 140.

Abb. 4.8: Der allgemeine Ablauf eines Competitive-Bidding-Modells zur Bestimmung der Preisforderung des westlichen Anbieters unter Berücksichtigung eines Kompensationsgeschäfts

1. Schritt: Ermittlung der Wahrscheinlichkeitsverteilung der Konkurrenzangebote

Für jeden einzelnen Konkurrenten l ist zunächst die Wahrscheinlichkeitsverteilung der einzelnen Angebote (bestehend aus Preisforderung für die Hauptleistung und Gegengeschäftsangebot) zu bestimmen; dabei ist zu berücksichtigen, daß nicht allein die Preise für die Hauptleistung p_h^l zugrunde zu legen sind, sondern die bei jeder Preisforderung und bei jedem abgenommenen Warenkorb resultierende **Netto-Anschaffungsauszahlung** für den ausländischen Nachfrager, da diese das Zuschlagskriterium darstellt. Hierzu ist zweistufig vorzugehen:

In einem ersten Schritt ist für die einzelnen Konkurrenten aus Vergangenheitsdaten die Häufigkeitsverteilung der anhand eigener Kostenschätzungen relativierten **Konkurrenzpreise** zu bestimmen; bei genügend großer Fallzahl kann die relative Häufigkeitsverteilung als Wahrscheinlichkeitsverteilung interpretiert werden (vgl. *Schaich*, 1990, S. 70). Ergebnis der Analyse sind demnach

$$P(p_{hq}^{l,rel}) \qquad \text{(für alle q, l)}$$

mit $p_{hq}^{l,rel}$ = q-ter relativer Preis beim Konkurrenten l (q = 1,..., Q, l = 1,..., L),
$P(p_{hq}^{l,rel})$ = Wahrscheinlichkeit des Eintretens der relativen Preisforderung $p_{hq}^{l,rel}$ beim Konkurrenten l.

Durch Multiplikation der relativen Preisforderungen eines jeden Konkurrenten l mit den (geschätzten) aktuellen Kosten der Auftragserfüllung resultiert die Verteilung der absoluten Konkurrenzpreise p_{hq}^l bei der aktuellen Ausschreibung.

In einem zweiten Schritt ist eine Schätzung der von den einzelnen Konkurrenten abgenommenen **Warenkörbe** vorzunehmen; Ziel der Analyse ist es, bei jedem Konkurrenten die Menge der in Frage kommenden Warenkörbe sowie die zugehörigen Eintrittswahrscheinlichkeiten zu bestimmen. Das Schätzproblem ist weitaus schwieriger als bei der Schätzung der Wahrscheinlichkeitsverteilung der Konkurrenzpreisforderungen, da in diesem Fall eine ausreichende Zahl an vergleichbaren Vergangenheitswerten aufgrund des eher individuellen Charakters eines jeden Kompensationsgeschäfts kaum vorhanden sein dürfte; i. d. R. ist man daher auf eine subjektive Schätzung der Warenkörbe und der zugehörigen Eintrittswahrscheinlichkeiten angewiesen. Als hilfreich kann es sich dabei erweisen, wenn das Beschaffungs- und das Absatzprogramm der einzelnen Konkurrenten hinreichend bekannt sind, um abschätzen zu können, welche Verwendungsmöglichkeiten für welche Gegenwaren bei den einzelnen Konkurrenten gegeben sind. Zu beachten ist ferner, daß die Eintrittswahrscheinlichkeiten der einzelnen Warenkörbe als **bedingte** Wahrscheinlichkeiten in Abhängigkeit der Konkurrenzpreisforderung für die Hauptleistung anzugeben sind, da der Gesamtwert der abzunehmenden Gegenwaren von der Höhe der Preisforderung für die Hauptleistung abhängig ist.

Ergebnis der Schätzung sind die bedingten Wahrscheinlichkeiten, daß Anbieter l einen Warenkorb W_k^l (k = 1,..., K) abnimmt, wenn er einen Preis in Höhe von p_{hq}^l fordert, $P(W_k^l \mid p_{hq}^l)$ (für alle k, q, l). Die **gemeinsame Wahrscheinlichkeit**, daß Anbieter l einen Warenkorb W_k^l (k = 1,..., K) abnimmt und einen Preis in Höhe von p_{hq}^l fordert, ergibt sich aus dem Multiplikationssatz für abhängige Ereignisse als (vgl. *Bortz*, 1989, S. 73):

$$P(W_k^l \cap p_{hq}^l) = P(W_k^l \mid p_{hq}^l) \cdot P(p_{hq}^l) \qquad \text{(für alle k, q, l).} \qquad (4.74)$$

Für jeden in die Analyse einbezogenen Warenkorb bei jedem Konkurrenten sind in einem weiteren Schritt die aus der Sicht des ausländischen Nachfragers zur Herstellung des jeweiligen Warenkorbs anfallenden **Kosten** zu schätzen; damit kann für jeden vom Konkurrenten l nachgefragten Warenkorb W_k^l der vom ausländischen Nachfrager aus der Absatztransaktion erzielbare **Gewinn** G_k^l geschätzt werden. Jeder W_k^l-p_{hq}^l-Kombination kann somit ein eindeutiger Wert für die beim ausländischen Nachfrager jeweils anfallende **Netto-Anschaffungsauszahlung** A_{0kq}^l zugeordnet werden, welche mit der Wahrscheinlichkeit $P(W_k^l \cap p_{hq}^l)$ zu erwarten ist.[55]

2. Schritt: Ermittlung der Erfolgswahrscheinlichkeiten gegenüber den einzelnen Konkurrenten

Auf der Grundlage der im 1. Schritt ermittelten Wahrscheinlichkeitsverteilung der bei jedem einzelnen Konkurrenten resultierenden Netto-Anschaffungsauszahlung für den ausländischen Nachfrager läßt sich für jede eigene Preisforderung (im Zusammenhang mit dem vorab ermittelten dazugehörigen optimalen Warenkorb) die **Erfolgswahrscheinlichkeit** gegenüber jedem einzelnen Konkurrenten l bestimmen. Mit A_{0i}^W wird dabei die beim westlichen Anbieter aus der eigenen Preisforderung p_{hi} und dem zugehörigen optimalen Warenkorb resultierende Netto-Anschaffungsauszahlung aus der Sicht des ausländischen Nachfragers bezeichnet. Wie aus *Abbildung 4.9* ersichtlich wird, resultiert die Erfolgswahrscheinlichkeit gegenüber jedem einzelnen Konkurrenten l folgendermaßen (vgl. die analoge Vorgehensweise bei *Berndt*, 1988, S. 142):

$$P[z_l(A_{0i}^W)] = 0 \cdot \sum_{A_{0kq}^l \leq A_{0i}^W} P(W_k^l \cap p_{hq}^l) + 1 \cdot \sum_{A_{0kq}^l > A_{0i}^W} P(W_k^l \cap p_{hq}^l)$$

$$= \sum_{A_{0kq}^l > A_{0i}^W} P(W_k^l \cap p_{hq}^l) \qquad \text{(für alle i, k, q, l).} \qquad (4.75)$$

55) Zu beachten ist, daß ein bestimmter Wert A_{0kq}^l u. U. aus **verschiedenen** W_k^l-p_{kq}^l-Kombinationen resultieren kann. Tritt ein bestimmter numerischer Wert für A_{0kq}^l mehrfach auf, so sind die zugehörigen Eintrittswahrscheinlichkeiten der zugrundeliegenden Preis-Warenkorb-Kombinationen entsprechend zu addieren.

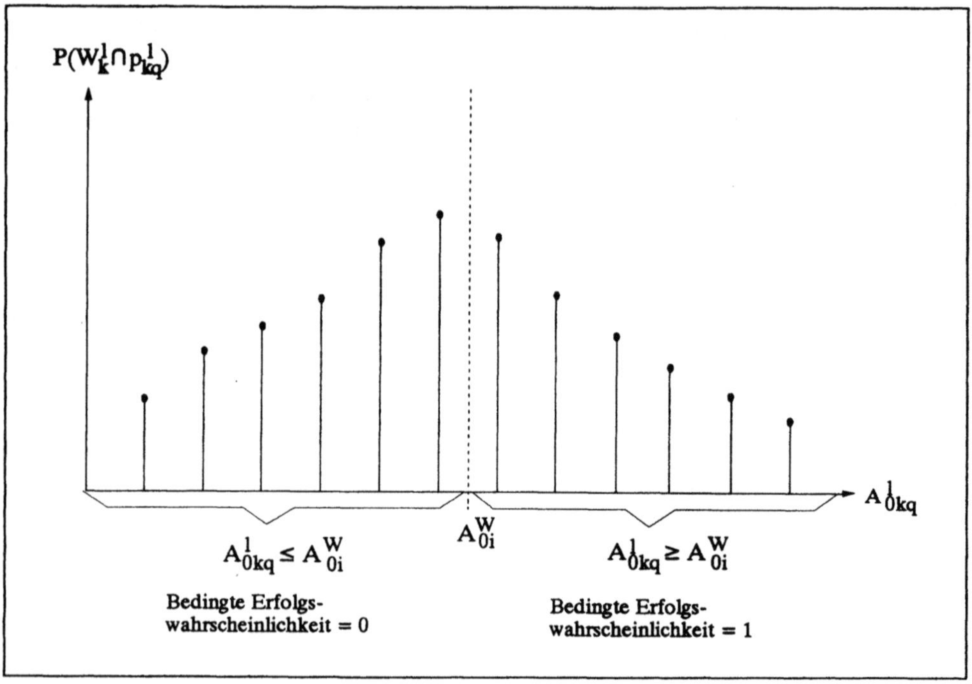

Quelle: In Anlehnung an *Berndt*, 1988, S. 142.

Abb. 4.9: Ermittlung der Erfolgswahrscheinlichkeit gegenüber den einzelnen Konkurrenten

3. Schritt: Ermittlung der Zuschlagswahrscheinlichkeit

Aus den ermittelten Erfolgswahrscheinlichkeiten gegenüber den einzelnen Konkurrenten und unter der Annahme eines unabhängigen Verhaltens der einzelnen Konkurrenten resultiert die **Zuschlagswahrscheinlichkeit** (d. h. die Erfolgswahrscheinlichkeit gegenüber **allen** Konkurrenten l) als:

$$P[z(A_{0i}{}^W)] = \prod_{l=1}^{L} P[z_l(A_{0i}{}^W)] \qquad \text{(für alle i).} \qquad (4.76)$$

4. Schritt: Ermittlung der optimalen Preisforderung

Auf der Basis der ermittelten Zuschlagswahrscheinlichkeiten für die einzelnen eigenen Preisforderung-Warenkorb-Kombinationen resultiert für jede eigene Preisforderung p_{hi} (welche eindeutig einem bestimmten (optimalen) Warenkorb und damit einem feststehenden Wert $A_{0i}{}^W$ zugeordnet ist) folgender **Gewinnerwartungswert**:

$$E[G(p_{hi})] = P[z(A_{0i}{}^{W})] \cdot G(p_{hi}) =$$

$$= \prod_{l=1}^{L} P[z_l(A_{0i}{}^{W})] \cdot G(p_{hi}) \qquad \text{(für alle i).} \qquad (4.77)$$

Bei risikoneutraler Einstellung und der Zielsetzung der Gewinnmaximierung ist derjenige Preis $p_{hi}{}^*$ optimal, welcher $E[G(p_{hi})]$ maximiert. Der für diese Entscheidungssituation zugrunde zu legende **Entscheidungsbaum** ist aus *Abbildung 4.10* ersichtlich.

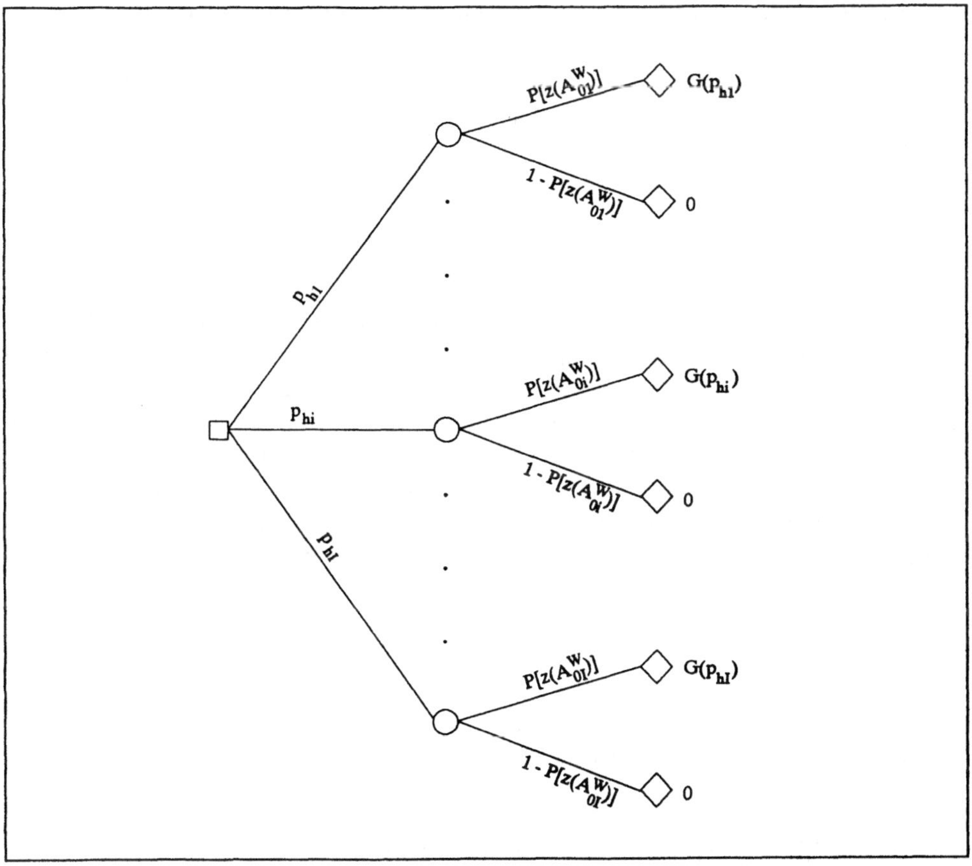

Abb. 4.10: Entscheidungsbaum zur Ermittlung der optimalen Preisforderung bei Ausschreibungen bei bekannter Kompensationsquote und bekannten Gegenwaren-Preisen

bb. Entscheidungsfindung bei noch zu bestimmenden Preisen für die Gegenwaren

Im Unterschied zu dem im vorangenangenen Unterabschnitt C.II.2.a.aa. beschriebenen Fall wird hier die Situation betrachtet, daß nicht nur bezüglich des Zuschlags, sondern auch bezüglich der zu erwartenden Gegenwarenpreise mehrwertige Erwartungen gegeben sind; analog zum entsprechenden Fall bei freihändigen Vergaben wird jedoch auch hier angenommen, der westliche Anbieter könne auf der Grundlage von Vergangenheitsdaten die in Abhängigkeit seiner eigenen (relativen) Preisforderung p_{hi}^{rel} zu erwartenden Preisniveaus für die Gegenwaren, $p_{gj}^{s,rel}$ (s = 1,..., S), sowie die zugehörigen bedingten Wahrscheinlichkeiten, daß der ausländische Nachfrager bei einer eigenen Preisforderung in Höhe von p_{hi} für die Gegenwaren ein Preisniveau $p_{gj}^{s,rel}$ fordert, also $P(p_{gj}^{s,rel} \mid p_{hi}^{rel})$, ermitteln (zur Vorgehensweise vgl. die ausführliche Darstellung in Unterabschnitt C.I.2.a.bb.). Die sonstigen im vorangegangenen Unterabschnitt C.II.2.a.aa. getroffenen **Annahmen** gelten unverändert.

Für jede eigene Preisforderung p_{hi} hat der westliche Anbieter zunächst den von ihm abzunehmenden Gesamtwert der Gegenlieferung zu bestimmen, der sich gemäß *Gleichung (3.9)* als

$$\sum_{j=1}^{J} p_{gj} \cdot x^{i}_{gj} = Q \cdot p_{hi} \cdot x_h \qquad \text{(für alle i)}$$

errechnet. Ausgehend vom Gesamtwert der Gegenleistung in Abhängigkeit der eigenen Preisforderung hat der westliche Anbieter anschließend für jedes erwartete Preisniveau der Gegenwaren den jeweils optimalen (im Falle der Fremdkompensation kostenminimalen) Warenkorb zu bestimmen (zur Vorgehensweise vgl. die Ausführungen in Unterabschnitt C.I.2.a.aa.). Jede Preisforderung p_{hi} wird dadurch für jedes erwartete Preisniveau für die Gegenwaren mit einem (optimalen) Gegengeschäftsangebot verbunden. Der Gewinn des westlichen Anbieters aus dem Absatz der Hauptleistung, G_{hi}, errechnet sich unter Heranziehung von *Gleichung (4.18)* als

$$G_{hi} = p_{hi} \cdot x_h - K(x_h) \qquad \text{(für alle i).}$$

Im Falle der Fremdkompensation entstehen dem westlichen Anbieter gemäß *(3.56)* kompensationsspezifische Kosten in Höhe der zu entrichtenden (minimalen) Stützungszahlung an den Fremdkompensateur:

$$S^{is*} = \sum_{j=1}^{J} p^{s}_{gj} \cdot x^{is}_{gj}{}^{*} \cdot s_j \qquad \text{(für alle i, s)}$$

mit S^{is*} = an den Fremdkompensateur zu leistende (minimale) Stützungszahlung bei einem eigenen Preis p_{hi} und einem Preisniveau $p_{gj}^{s,rel}$ für die Gegenwaren,

p^{s}_{gj} = $p_{gj}^{s,rel} \cdot k_{gj}$ = Preis für die Gegenware j beim Preisniveau $p_{gj}^{s,rel}$,

k_{gj} = geschätzte Stückkosten für den ausländischen Nachfrager zur Bereitstellung der Gegenware j,

$x^{s}_{gj}{}^{*}$ = optimale abzunehmende Menge der Gegenware j bei einem eigenen Preis p_{hi} und einem Preisniveau $p_{gj}^{s,rel}$ für die Gegenwaren;

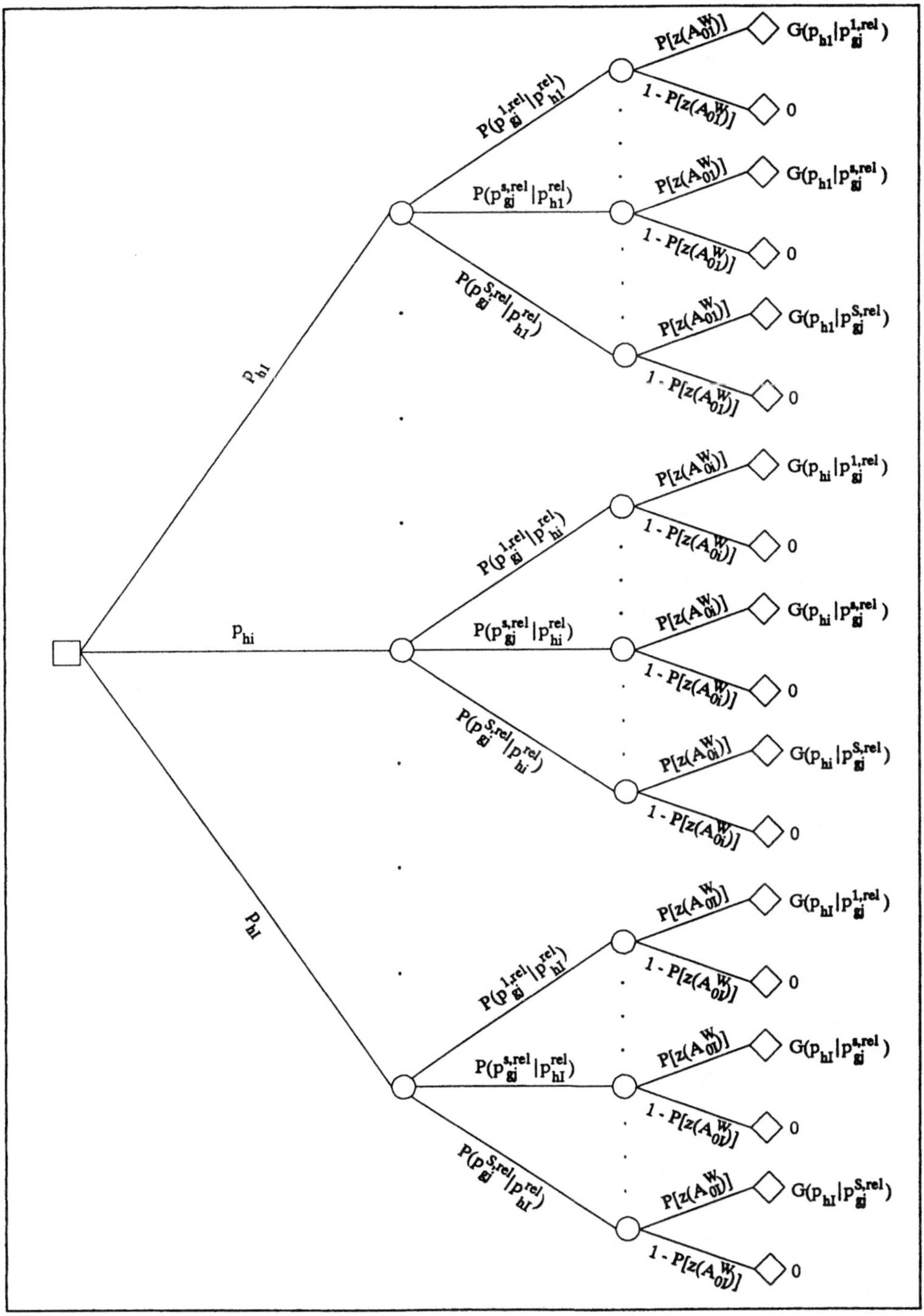

Abb. 4.11: Entscheidungsbaum zur Ermittlung der optimalen Preisforderung bei Ausschreibungen bei bekannter Kompensationsquote und unbekannten Gegenwaren-Preisen

sein **Gesamtgewinn** bei simultaner Berücksichtigung beider Teiltransaktionen beträgt somit bei einem eigenen Preis in Höhe von p_{hi} und einem Preisniveau in Höhe von $p_{gj}^{s,rel}$ gemäß *Gleichung (4.20)*:

$$G(p_{hi} \mid p_{gj}^{s,rel}) = p_{hi} \cdot x_h - K(x_h) - \sum_{j=1}^{J} p^s_{gj} \cdot x^{is}_{gj}{}^* \cdot s_j \quad \text{(für alle i, s).}$$

Aus jeder eigenen Preisforderung p_{hi} und dem damit verbundenen abzunehmenden optimalen Warenkorb resultiert ein Gesamtangebot, das aus der Sicht des ausländischen Nachfragers eine Netto-Anschaffungsauszahlung für die Hauptleistung in Höhe von A_{0i}^W verursacht. Gemäß der im vorangegangenen Unterabschnitt C.II.2.a.aa. ausführlich dargestellten Vorgehensweise hat der westliche Anbieter für jedes Gesamtangebot A_{0i}^W auf der Basis der zu erwarteten Preisforderungen der Konkurrenten die zugehörige **Zuschlagswahrscheinlichkeit** $P[z(A_{0i}^W)]$ zu bestimmen.

Für die Entscheidungsfindung ist der Entscheidungsbaum der *Abbildung 4.11* heranzuziehen. Bei der Zielsetzung der Gewinnmaximierung und risikoneutraler Einstellung ist als Entscheidungskriterium der bei jeder eigenen Preisforderung resultierende **Gewinnerwartungswert** zugrunde zu legen:

$$E[G(p_{hi})] = \sum_{s=1}^{S} P(p_{gj}^{s,rel} \mid p_{hi}^{rel}) \cdot P[z(A_{0i}^W)] \cdot G(p_{hi} \mid p_{gj}^{s,rel}) \quad \text{(für alle i);} \qquad (4.78)$$

derjenige Preis p_{hi}^* ist optimal, welcher $E[G(p_{hi})]$ maximiert.

b. *Optimale Preispolitik bei unbekannter Kompensationsquote*

Ist die Kompensationsquote weder gesetzlich vorgeschrieben, noch in den Ausschreibungsunterlagen explizit enthalten, so muß der westliche Anbieter zunächst abschätzen, ob überhaupt mit einer Kompensationsforderung zu rechnen ist; ist dies der Fall, so kann er gemäß der in Unterabschnitt C.I.2.b. beschriebenen Vorgehensweise die Menge der zu erwartenden Kompensationsquoten Q_z ($z = 1,\ldots, Z$) mit den zugehörigen Eintrittswahrscheinlichkeiten $P(Q_z)$ angeben.[56)]

Die erwarteten Kompensationsforderungen mit den zugehörigen Eintrittswahrscheinlichkeiten sind bei der Preisfindung für die Hauptleistung zu berücksichtigen, da durch sie die Höhe der kompensationsspezifischen Kosten für den westlichen Anbieter wesentlich mitbestimmt wird. Im Vergleich zu dem in Abschnitt C.I. dargestellten entsprechenden Fall bei freihändigen Vergaben bestehen hier jedoch nicht nur

56) Die Wahrscheinlichkeit, daß keine Kompensationsforderung gestellt wird, entspricht dabei der Wahrscheinlichkeit, daß eine Kompensationsquote in Höhe von Null gefordert wird; sie ist ebenfalls in die Entscheidungsfindung einzubeziehen.

bezüglich der Kompensationsforderungen, sondern auch bezüglich des Zuschlags mehrwertige Erwartungen.

aa. Entscheidungsfindung bei vorgegebenen Preisen für die Gegenwaren

Sind die Preise für die Gegenwaren vom ausländischen Partner vorgegeben, so können sie als deterministische Größen in die Entscheidungsfindung eingehen. Der nachfolgend dargestellte Ansatz basiert auf folgenden **Annahmen**:

- Der westliche Anbieter verfolgt das Ziel der **Gewinnmaximierung.**
- Der westliche Anbieter kann die Gegenwaren aus einem J Positionen umfassenden Warenkorb ($j = 1,..., J$) beliebig auswählen; für jede Gegenware j steht der Preis p_{gj} fest.
- Für den westlichen Anbieter kommt nur die Alternative "**Fremdkompensation**" in Frage.
- Für die einzelnen Gegenwaren j sind die zugehörigen Stützungssätze s_j mit Sicherheit bekannt.
- Die Bedarfsmenge der Hauptleistung, x_h, steht seitens des ausländischen Nachfragers fest.

Ausgangspunkt der Entscheidungsfindung sind wiederum alternative erwogene eigene Preisforderungen p_{hi} ($i = 1,..., I$); für jede erwogene eigene Preisforderung resultiert der Gesamtwert der abzunehmenden Gegenwaren bei jeder Kompensationsquote Q_z gemäß *Gleichung (3.9)* als:

$$\sum_{j=1}^{J} p_{gj} \cdot x^{iz}{}_{gj} = Q_z \cdot p_{hi} \cdot x_h \qquad \text{(für alle i, z)}$$

mit p_{gj} = vorgegebener Preis für die Gegenware j,
$x^{iz}{}_{gj}$ = zu bestimmende Menge der Gegenware j bei einem eigenen Preis p_{hi} und einer Kompensationsquote Q_z,
Q_z = Kompensationsquote.

Im Falle der Fremdkompensation entstehen dem westlichen Anbieter Kosten in Höhe der zu leistenden Stützungszahlungen, d. h. es gilt *Gleichung (3.56)*:

$$S^{iz} = \sum_{j=1}^{J} p_{gj} \cdot x^{iz}{}_{gj} \cdot s_j \qquad \text{(für alle i, z)}$$

mit S^{iz} = an den Fremdkompensateur zu leistenden Stützungszahlungen bei einem eigenen Preis p_{hi} und einer Kompensationsquote Q_z,
s_j = Stützungssatz für die Gegenware j;

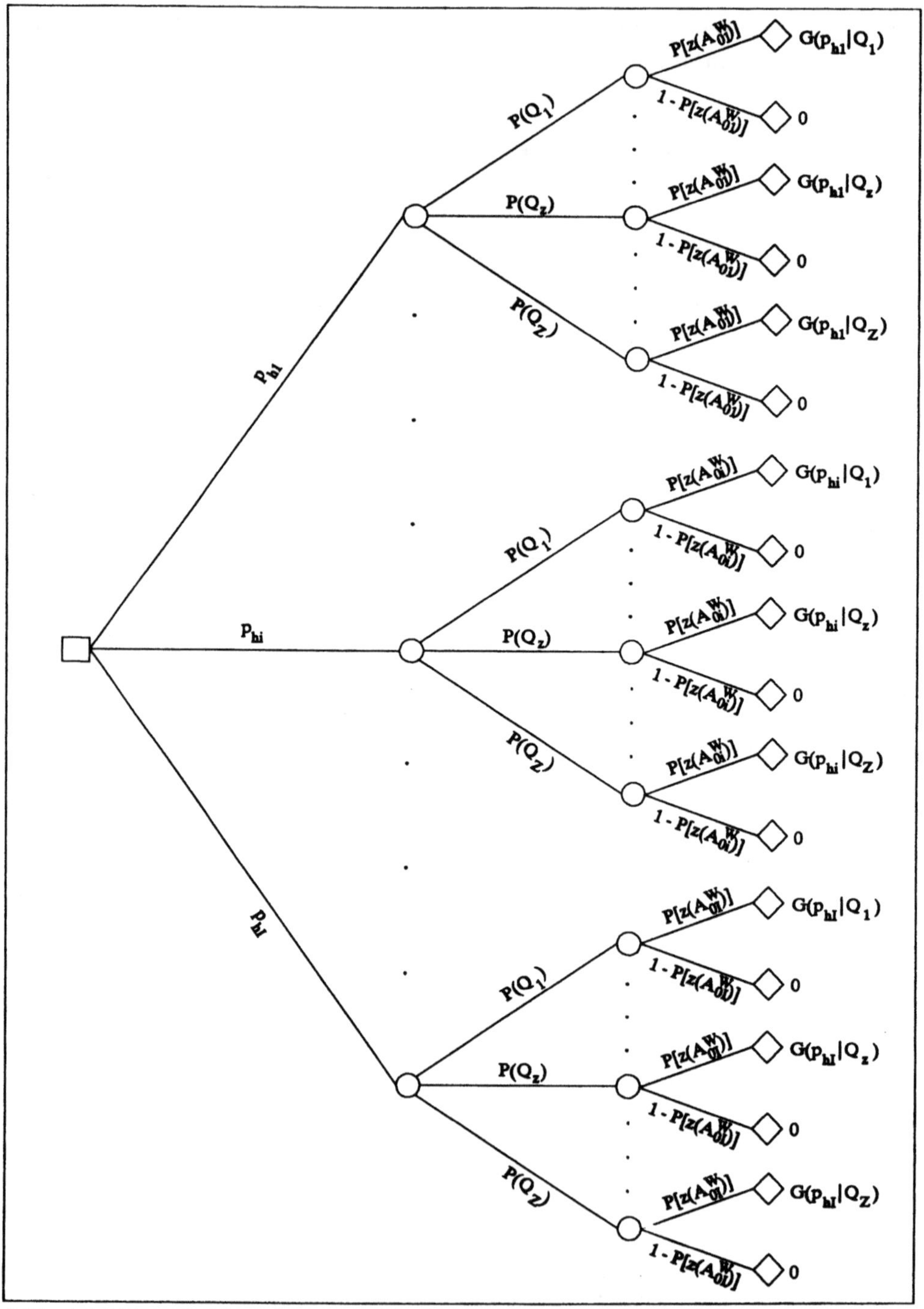

Abb. 4.12: Entscheidungsbaum zur Ermittlung der optimalen Preisforderung bei Ausschreibungen bei unbekannter Kompensationsquote und bekannten Gegenwaren-Preisen

für jeden erwogenen Preis p_{hi} und jede Kompensationsquote Q_z resultiert nach *Gleichung (4.47)* folgender Gewinn:

$$G(p_{hi} \mid Q_z) = p_{hi} \cdot x_h - K(x_h) - S^{iz}.$$

In einem ersten Schritt hat der westliche Anbieter wiederum gemäß der in Unterabschnitt C.I.2.a.aa. beschriebenen Vorgehensweise bei jeder möglichen Kompensationsquote Q_z den für jede eigene Preisforderung und dem damit verbundenen zu erfüllenden Gesamtwert der Gegengeschäftsverpflichtung den jeweils optimalen (im Falle der Fremdkompensation kostenminimalen) **Warenkorb** zu bestimmen. Aus jeder eigenen Preisforderung p_{hi} und dem damit verbundenen abzunehmenden optimalen Warenkorb resultiert ein Gesamtangebot, das aus der Sicht des ausländischen Nachfragers eine Netto-Anschaffungsauszahlung für die Hauptleistung in Höhe von $A_{0i}{}^{W}$ verursacht.

Im Vergleich zu der in C.I. behandelten Situation bei freihändigen Vergaben ist in einer Ausschreibungssituation zusätzlich das **Zuschlagsverhalten** des ausländischen Nachfragers zu berücksichtigen. Gemäß der im Unterabschnitt C.II.2.a.aa. ausführlich dargestellten Vorgehensweise hat der westliche Anbieter für jedes eigene Gesamtangebot $A_{0i}{}^{W}$ auf der Basis der zu erwarteten Gesamtangebote der Konkurrenten, $A_{0kq}{}^{1}$, die zugehörige **Zuschlagswahrscheinlichkeit** $P[z(A_{0i}{}^{W})]$ zu bestimmen.

Für die Entscheidungsfindung ist der Entscheidungsbaum der *Abbildung 4.12* heranzuziehen. Für jede eigene Preisforderung p_{hi} resultiert folgender **Gewinnerwartungswert**:

$$E[G(p_{hi})] = \sum_{z=1}^{Z} P(Q_z) \cdot P[z(A_{0i}{}^{W})] \cdot G(p_{hi} \mid Q_z) \qquad \text{(für alle i).} \qquad (4.79)$$

Bei der Zielsetzung der Gewinnmaximierung und risikoneutraler Einstellung ist derjenige Preis $p_{hi}{}^{*}$ optimal, welcher $E[G(p_{hi})]$ maximiert.

bb. Entscheidungsfindung bei noch zu bestimmenden Preisen für die Gegenwaren

Sind die Preise für die Gegenwaren zunächst noch unbekannt, so ist der im vorangegangenen Unterabschnitt C.II.2.b.aa. dargestellte Ansatz zu modifizieren. Analog zum entsprechenden Fall bei freihändigen Vergaben wird angenommen, der westliche Anbieter könne auf der Grundlage von Vergangenheitsdaten die in Abhängigkeit seiner eigenen (relativen) Preisforderung $p_{hi}{}^{rel}$ zu erwartenden Preisniveaus für die Gegenwaren, $p_{gj}{}^{s,rel}$ ($s = 1,..., S$), sowie die zugehörigen bedingten Wahrscheinlichkeiten, daß der ausländische Nachfrager bei einer eigenen Preisforderung in Höhe von p_{hi}

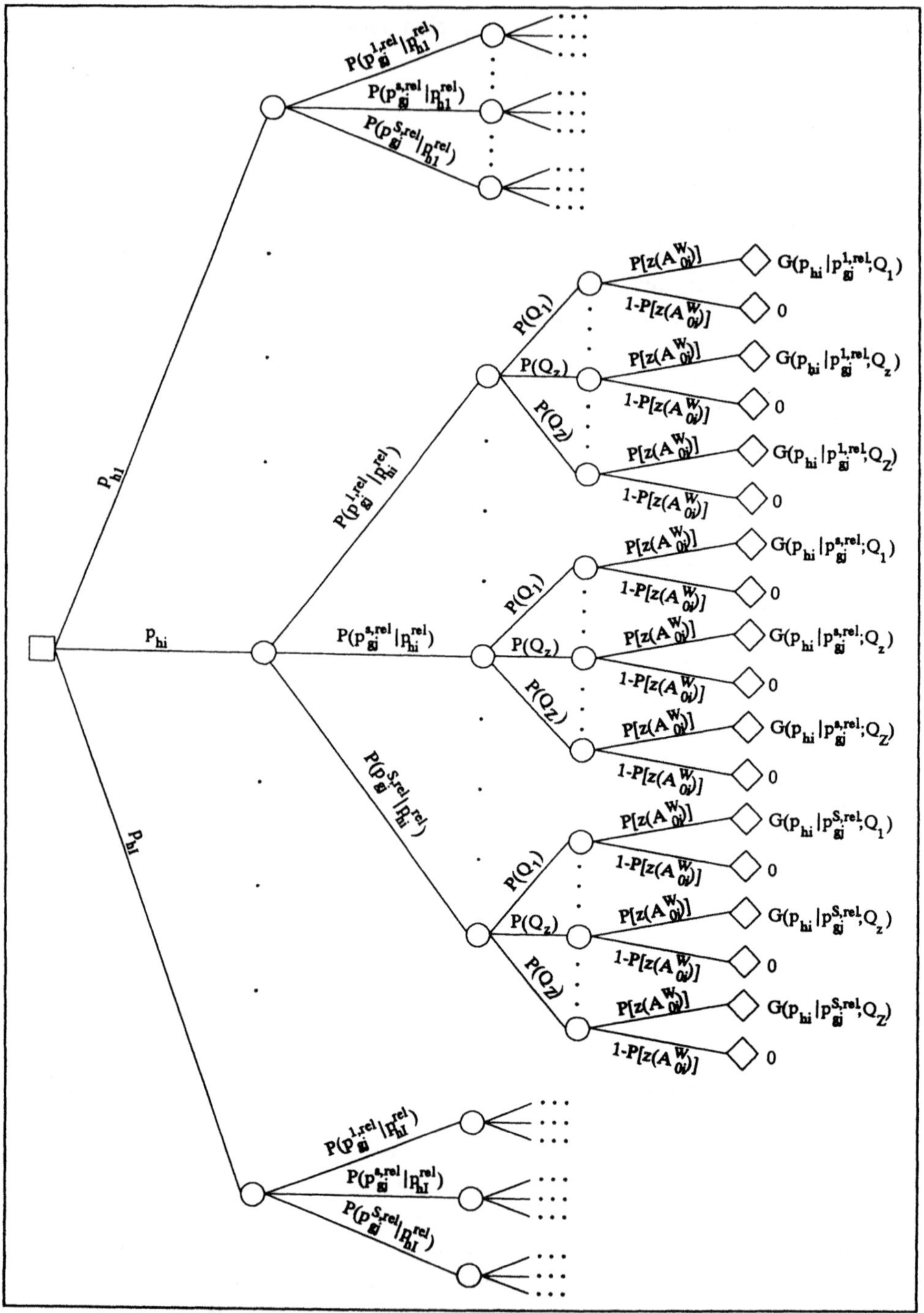

Abb. 4.13: Entscheidungsbaum zur Ermittlung der optimalen Preisforderung bei Ausschreibungen bei unbekannter Kompensationsquote und unbekannten Gegenwaren-Preisen

für die Gegenwaren ein Preisniveau $p_{gj}^{s,rel}$ fordert, also $P(p_{gj}^{s,rel} \mid p_{hi}^{rel})$, ermitteln. Die übrigen im vorangegangenen Unterabschnitt C.II.b.aa. getroffenen **Annahmen** gelten unverändert.

Bei jeder möglichen Kompensationsquote Q_z und jedem möglichen Preisniveau $p_{gj}^{s,rel}$ hat der westliche Anbieter zunächst für jede eigene erwogene Preisforderung p_{hi} den jeweils optimalen Warenkorb zu bestimmen; auf der Basis des optimalen Warenkorbs resultiert nach *Gleichung (4.20)* jeweils folgender **Gewinn**:

$$G(p_{hi} \mid p_{gj}^{s,rel};Q_z) = p_{hi} \cdot x_h - K(x_h) - \sum_{j=1}^{J} p^s_{gj} \cdot x^{isz}_{gj}{}^{*} \cdot s_j \qquad \text{(für alle i, s, z)}$$

mit $x^{isz}_{gj}{}^{*}$ = optimale Menge der Gegenware j bei einem eigenen Preis p_{hi}, einem Preisniveau $p_{gj}^{s,rel}$ für die Gegenwaren und einer Kompensationsquote Q_z.

Aus jeder eigenen Preisforderung p_{hi} und dem damit verbundenen abzunehmenden optimalen Warenkorb resultiert ein Gesamtangebot, das aus der Sicht des ausländischen Nachfragers eine Netto-Anschaffungsauszahlung für die Hauptleistung in Höhe von A_{0i}^W verursacht. Der westliche Anbieter hat für jedes Gesamtangebot A_{0i}^W auf der Basis der zu erwartenden Angebote der Konkurrenten, A_{0kq}^l, die zugehörige **Zuschlagswahrscheinlichkeit** $P[z(A_{0i}^W)]$ zu bestimmen. Unter Berücksichtigung der Wahrscheinlichkeitsverteilung der möglichen Kompensationsforderungen sowie der Wahrscheinlichkeitsverteilung für das Auftreten alternativer Preisforderungen für die Gegenwaren resultiert der Entscheidungsbaum der *Abbildung 4.13*. Für jede eigene Preisforderung p_{hi} resultiert folgender **Gewinnerwartungswert**:

$$E[G(p_{hi})] = \sum_{s=1}^{S} P(p_{gj}^{s,rel} \mid p_{hi}^{rel}) \cdot \sum_{z=1}^{Z} P(Q_z) \cdot P[z(A_{0i}^W)] \cdot G(p_{hi} \mid p_{gj}^{s,rel}; Q_z) \quad \text{(für alle i).} \qquad (4.80)$$

Bei der Zielsetzung der Gewinnmaximierung und risikoneutraler Einstellung ist derjenige Preis p_{hi}^* optimal, welcher $E[G(p_{hi})]$ maximiert.

3. Optimale Preispolitik bei Offset-Geschäften

Für Offset-Geschäfte ist nach Aussage der von der Verfasserin befragten Unternehmen die Form der - öffentlichen oder beschränkten - Ausschreibung das am häufigsten angewandte Vergabeverfahren. Wie bereits bei freihändigen Vergaben sollen auch hier ausschließlich **direkte** Offset-Geschäfte betrachtet werden, also der Fall, daß die vom westlichen Anbieter zu erfüllenden Offset-Leistungen in die Erstellung der Hauptleistung eingehen. Im Vergleich zu Parallelgeschäften ist noch die Besonderheit zu beachten, daß die einzelnen möglichen Offset-Leistungen vom ausländischen Nachfrager unterschiedlich bewertet werden, d. h. in Abhängigkeit der Präferenzstruktur des ausländischen Nachfragers gelten für die verschiedenen möglichen Offset-Leistungen jeweils spezifische Multiplikatoren.

Die modelltheoretische Analyse erfolgt auch hier zum einen für den Fall einer bekannten, zum anderen für den Fall einer unbekannten Kompensationsquote; des weiteren wird danach unterschieden, ob die Preise für die zu erbringenden Offset-Leistungen vom ausländischen Nachfrager vorgegeben sind oder nicht.

a. Optimale Preispolitik bei bekannter Kompensationsquote

aa. Entscheidungsfindung bei vorgegebenen Preisen für die Gegenwaren

Die Preisfindung bei direkten Offset-Geschäften im Falle einer gegebenen Kompensationsquote und gegebenen Preisen für die Gegenwaren erfolgt unter folgenden **Annahmen**:

- Der westliche Anbieter verfolgt das Ziel der **Kapitalwertmaximierung.**
- Die Kompensationsquote ist im Land des ausländischen Nachfragers gesetzlich vorgeschrieben bzw. sie wird von ihm diktiert und ist nicht verhandlungsfähig.
- Zur Erstellung der Hauptleistung sind J Inputgüter ($j = 1,..., J$) erforderlich, welche entweder von den Stammlieferanten oder als Offset-Leistung von ausländischen Unterlieferanten bezogen werden können.
- Der westliche Anbieter kann die Offset-Leistungen aus einem J Positionen umfassenden Warenkorb beliebig auswählen; für die einzelnen Offset-Leistungen gelten spezifische Multiplikatoren β_j.
- Die Bedarfsmenge der Hauptleistung, x_h, steht seitens des ausländischen Nachfragers fest.
- Die Erstellung der Hauptleistung erstreckt sich über den Zeitraum $t = t_1,..., T$.
- Die Offset-Leistungen werden vor Fertigstellung des Projekts im Zeitraum $t = t_1,..., T$ geliefert.

Wie bei Parallelgeschäften sind der Ausgangspunkt der Überlegungen die alternativen erwogenen Preise für die Hauptleistung, p_{hi} ($i = 1,..., I$). Der Gesamtwert der zu erbringenden Offset-Leistungen bei jeder eigenen Preisforderung p_{hi} resultiert aus *Gleichung (3.46)* als:

$$\sum_{t=t_1}^{T} \left[\sum_{j=1}^{J} \beta_j \cdot p_{gjt} \cdot x^i_{gjt} \right] \cdot (1+i)^{-t} = Q \cdot p_{hi} \cdot x_h \cdot (1+i)^{-T} \quad \text{(für alle i)}$$

mit p_{gjt} = vorgegebener Preis für die Offset-Leistung j in der Periode t,
x^i_{gjt} = zu bestimmende Menge der Offset-Leistung j in der Periode t bei einem eigenen Preis p_{hi},
β_j = Multiplikator für die Offset-Leistung j,

i = Kalkulationszins,
Q = Kompensationsquote.

Bei dem hier zugrunde gelegten Fall bekannter Preise p_{gjt} und Multiplikatoren β_j für die einzelnen Offset-Leistungen hat der westliche Anbieter diejenigen Offset-Leistungen zu erbringen, durch die sein **Beschaffungsprogramm** optimal wird, d. h. durch die der Auszahlungsbarwert für die Beschaffung der Inputgüter minimal wird (vgl. die entsprechende Vorgehensweise im Rahmen freihändiger Vergaben). Das gesamte Beschaffungsprogramm ist auf die bisherigen Stammlieferanten und auf die lokalen Unterlieferanten aufzuteilen; dabei ist das Beschaffungsprogramm für jede erwogene Preisforderung p_{hi} zu optimieren, da in Abhängigkeit der eigenen Preisforderung gemäß *Gleichung (3.46)* ein jeweils unterschiedlicher Gesamtwert der zu erbringenden Offset-Leistungen und damit ein unterschiedlicher optimaler Warenkorb resultieren.

Zugrunde zu legen ist wiederum der durch die *Zielfunktion (4.53)* und die *Nebenbedingungen (3.79), (3.81), (3.84) - (3.86), (3.70)* und *(3.71)* beschriebene Ansatz (vgl. die Ausführungen in Unterabschnitt C.I.3.a.aa.). Die Lösung dieses Ansatzes liefert - für jede eigene Preisforderung p_{hi} - die pro Periode optimalen Mengen $x^i_{gjt}{}^*$ für alle zu erbringenden Offset-Leistungen j dergestalt, daß die Kompensationsverpflichtung insgesamt erfüllt wird. Der (minimale) **Auszahlungsbarwert** des gesamten Beschaffungsprogramms bei einer eigenen Preisfprderung p_{hi}, $A^{Bi*}(x_h)$, beträgt somit gemäß *(4.53)*

$$A^{Bi*}(x_h) = \sum_{t=t_1}^{T} \{ \sum_{j=1}^{J} [p_{jt} \cdot x_{jt}^{r*} \cdot (1-q_j^r) + p_{gjt} \cdot x^i_{gjt}{}^* + (k_j^A + k_j^N) \cdot x^i_{gjt}{}^*] \} \cdot (1+i)^{-t}$$

(für alle i)

mit p_{jt} = Preis des Inputguts j in der Periode t beim Stammlieferanten,
x_{jt}^{r*} = optimale zu beschaffende Menge des Inputguts j beim Stammlieferanten in der Periode t,
$x^i_{gjt}{}^*$ = optimale Menge der Offset-Leistung j in der Periode t,
q_j^r = Rabattsatz bei der Rabattstufe r, die für die Menge x_{jt}^r gilt (r = 1,..., R),
k_j^A = Stückkosten für Ausschuß bei Einsatz der Offset-Leistung j im Produktionsprozeß (im Zeitablauf konstant),
k_j^N = Stückkosten für die Nachbesserung der Offset-Leistung j bei Einsatz im Produktionsprozeß (im Zeitablauf konstant).

Für jeden erwogenen Preis p_{hi} resultiert folgender **Kapitalwert:**

$$C_0(p_{hi}) = p_{hi} \cdot x_h \cdot (1+i)^{-T} - A^{Bi*}(x_h) - A^S(x_h) \text{ (für alle i)}, \tag{4.81}$$

mit $A^S(x_h)$ = Barwert der sonstigen Auszahlungen für die Erstellung der Hauptleistung.

Da hier im Unterschied zu den in C.I. behandelten freihändigen Vergaben eine **Ausschreibungssituation** betrachtet wird, ist seitens des westlichen Anbieters zusätzlich das **Zuschlagsverhalten** des ausländischen Nachfragers zu berücksichtigen. Wie bereits bei Parallelgeschäften dargelegt wurde, wird im folgenden angenommen, daß der wirtschaftlichste Anbieter zum Zuge kommt, d. h. im Falle eines Kompensationsgeschäfts derjenige, der aus der Sicht des ausländischen Nachfragers die günstigste Kombination aus dem Angebotspreis p_{hq}^{l} ($l = 1,..., L$, $q = 1,..., Q$) und der Kompensationsleistung W_k^l ($k = 1,..., K$) anbietet.

Aus der Sicht des ausländischen Nachfragers wird als Zuschlagskriterium somit wiederum die **Netto-Anschaffungsauszahlung** zugrunde gelegt, d. h. die um den Kapitalwert aus dem Absatz der Gegenwaren verminderte Anschaffungsauszahlung für die Hauptleistung beim jeweiligen Anbieter l. Für alle Anbieter l wird die Netto-Anschaffungsauszahlung bei einer Preisforderung in Höhe von p_{hq}^{l} und einem abgenommenen Warenkorb W_k^l gemäß *Gleichung (3.48)* bestimmt (vgl. die Ausführungen in Unterabschnitt B.III.3. im 3. Teil):

$$A_{0kq}^{l} = p_h^l \cdot x_h \cdot (1+i)^{-T} - C_{0k}^{l} =$$

$$= p_h^l \cdot x_h \cdot (1+i)^{-T} - \sum_{t=t_1}^{T} \left\{ \sum_{j=1}^{J} \left[p^l_{gjt} \cdot x^l_{gjt} - K(x^l_{gjt}) \right] \right\} \cdot (1+i)^{-t} + \sum_{t=T+1}^{T'} z_t \cdot (1+i)^{-t}$$

(für alle l)

mit p_h^l = vom Anbieter l geforderter Preis für die Hauptleistung,
C_{0k}^l = Kapitalwert des ausländischen Nachfragers aus dem Absatz des aus den einzelnen Offset-Leistungen bestehenden Warenkorbs W_k^l an Anbieter l,
p^l_{gjt} = vom Anbieter l gebotener Preis für die Offset-Leistung j in der Periode t,
x^l_{gjt} = vom Anbieter l zum Preis p^l_{gjt} nachgefragte Menge der Offset-Leistung j in der Periode t,
$K_{gjt}(x^l_{gjt})$ = (auszahlungswirksame) Kosten des ausländischen Nachfragers zur Erstellung der Menge x^l_{gjt} der Offset-Leistung j in der Periode t,
z_t = beim ausländischen Nachfrager anfallenden Zinszahlungen in der Periode t.

Derjenige Anbieter erhält den Zuschlag, bei dem A_{0kq}^{l} am geringsten ausfällt. Zur Bestimmung des optimalen Angebotspreises für die Hauptleistung muß der westliche Anbieter in einem weiteren Schritt noch das **Verhalten der Konkurrenten** berücksichtigen, konkret

- die bei jedem Konkurrenten zu erwartende Preisforderung,
- das zu erwartende Gegenkauf-Angebot der einzelnen Konkurrenten, d. h. welche Gegenwaren in welchen Mengen von jedem einzelnen Konkurrenten abgenommen werden.

Gemäß der in Unterabschnitt C.II.2.a.aa. ausführlich beschriebenen Vorgehensweise ist für jeden einzelnen Konkurrenten l zunächst die Wahrscheinlichkeitsverteilung der (relativierten) Konkurrenzpreise zu bestimmen, $P(p_{hq}^{l,rel})$ ($q = 1,..., Q$, $l = 1,..., L$).

Durch Multiplikation der relativen Preisforderungen eines jeden Konkurrenten l mit den aktuellen Kosten der Auftragserfüllung resultiert die Verteilung der absoluten Konkurrenzpreise p_{hq}^{l} bei der aktuellen Ausschreibung.

In einem zweiten Schritt ist eine (ggf. subjektive) Schätzung der von den einzelnen Konkurrenten nachgefragten **Offset-Leistungen** sowie der zugehörigen Eintrittswahrscheinlichkeiten vorzunehmen; Ergebnis sind die bedingten Wahrscheinlichkeiten, daß Anbieter l einen aus einer bestimmten Kombination von Offset-Leistungen bestehenden Warenkorb W_k^l (k = 1,..., K) nachfragt, wenn er einen Preis in Höhe von p_{hq}^l fordert, $P(W_k^l \mid p_{hq}^l)$ (für alle k, q, l). Die gemeinsame Wahrscheinlichkeit, daß Anbieter l einen Warenkorb W_k^l (k = 1,..., K) abnimmt und einen Preis in Höhe von p_{hq}^l fordert, ergibt sich nach *Gleichung (4.74)* als:

$$P(W_k^l \cap p_{hq}^l) = P(W_k^l \mid p_{hq}^l) \cdot P(p_{hq}^l) \qquad \text{(für alle k, q, l).}$$

Für jeden in die Analyse einbezogenen Warenkorb (als Kombination bestimmter Offset-Leistungen) bei jedem Konkurrenten sind anschließend die aus der Sicht des ausländischen Nachfragers zur Herstellung des jeweiligen Warenkorbs anfallenden **Kosten** zu schätzen; damit kann für jeden vom Konkurrenten l nachgefragten Warenkorb W_k^l der vom ausländischen Nachfrager aus der Absatztransaktion erzielbare **Gewinn** G_k^l geschätzt werden. Jeder W_k^l-p_{hq}^l-Kombination kann somit ein eindeutiger Wert für die beim ausländischen Nachfrager jeweils anfallende **Netto-Anschaffungsauszahlung** A_{0kq}^l zugeordnet werden, welche mit der Wahrscheinlichkeit $P(W_k^l \cap p_{hq}^l)$ zu erwarten ist.

Mit A_{0i}^W wird wiederum die beim westlichen Anbieter aus der eigenen Preisforderung p_{hi} und dem zugehörigen optimalen Warenkorb resultierende Netto-Anschaffungsauszahlung aus der Sicht des ausländischen Nachfragers bezeichnet. Die **Erfolgswahrscheinlichkeit** bei einem eigenen Gesamtangebot A_{0i}^W gegenüber jedem einzelnen Konkurrenten l läßt sich wiederum nach *Gleichung (4.75)* bestimmen (vgl. auch *Abbildung 4.9* in Unterabschnitt C.II.a.aa.):

$$P[z_l(A_{0i}^W)] = \sum_{A_{0kq}^l > A_{0i}^W} P(W_k^l \cap p_{hq}^l) \qquad \text{(für alle i, k, q, l).}$$

Aus den ermittelten Erfolgswahrscheinlichkeiten gegenüber den einzelnen Konkurrenten und unter der Annahme eines unabhängigen Verhaltens der einzelnen Konkurrenten resultiert die **Zuschlagswahrscheinlichkeit** gemäß *Gleichung (4.76)* schließlich als:

$$P[z(A_{0i}^W)] = \prod_{l=1}^{L} P[z_l(A_{0i}^W)] \qquad \text{(für alle i).}$$

Auf der Basis der ermittelten Zuschlagswahrscheinlichkeiten erhält man für jede eigene Preisforderung p_{hi} (welche eindeutig einem bestimmten (optimalen) Warenkorb und damit einem feststehenden Wert $A_{0i}{}^{W}$ zugeordnet ist) folgenden **Kapitalwert-Erwartungswert**:

$$E[C_0(p_{hi})] = P[z(A_{0i}{}^{W})] \cdot C_0(p_{hi}) =$$

$$= \prod_{l=1}^{L} P[z_l(A_{0i}{}^{W})] \cdot C_0(p_{hi}) \qquad \text{(für alle i).} \qquad (4.82)$$

Bei risikoneutraler Einstellung und der Zielsetzung der Kapitalwertmaximierung ist derjenige Preis $p_{hi}{}^{*}$ optimal, welcher $E[C_0(p_{hi})]$ maximiert. Es wird ersichtlich, daß formal kein Unterschied zu den in Unterabschnitt C.II.a.aa. betrachteten Parallelgeschäften besteht, so daß auch hier der **Entscheidungsbaum** der *Abbildung 4.12* zugrunde gelegt werden kann; unterschiedlich sind jedoch aus inhaltlicher Sicht die zugrunde zu legenden Ergebniswerte, da es sich bei einem Offset-Geschäft um **Kapitalwerte** bei Eigenkompensation und Verwendung der Offset-Leistungen im Produktionsprozeß handelt.

bb. Entscheidungsfindung bei noch zu bestimmenden Preisen für die Gegenwaren

Wenn nicht nur bezüglich des Zuschlags, sondern auch bezüglich der zu erwartenden Gegenwarenpreise mehrwertige Erwartungen gegeben sind, ist der im vorangenangenen Unterabschnitt C.II.3.a.aa. dargestellte Ansatz zu modifizieren: Analog zum entsprechenden Fall bei freihändigen Vergaben wird hier angenommen, der westliche Anbieter könne auf der Grundlage von Vergangenheitsdaten folgende Größen ermitteln (zur Vorgehensweise vgl. die ausführliche Darstellung in Unterabschnitt C.I.2.a.bb.):

- die in Abhängigkeit seiner eigenen (relativen) Preisforderung $p_{hi}{}^{rel}$ zu erwartenden Preisniveaus für die Gegenwaren, $p_{gj}{}^{s,rel}$ (s = 1,..., S), sowie
- die zugehörigen bedingten Wahrscheinlichkeiten, daß der ausländische Nachfrager bei einer eigenen Preisforderung in Höhe von p_{hi} für die Gegenwaren ein Preisniveau $p_{gj}{}^{s,rel}$ fordert, also $P(p_{gj}{}^{s,rel} \mid p_{hi}{}^{rel})$.

Die sonstigen im vorangegangenen Unterabschnitt C.II.3.a.aa. getroffenen **Annahmen gelten unverändert.**

Zunächst hat der westliche Anbieter für jede eigene Preisforderung p_{hi} und jedes als möglich erachtete Preisniveau der Offset-Leistungen $p_{gj}{}^{s,rel}$ die für ihn optimale Zusammenstellung der zu erbringenden Offset-Leistungen zu ermitteln. Hierzu sind vorab in Abhängigkeit des betrachteten Preisniveaus die absoluten Preise der einzelnen Offset-Leistungen zu bestimmen (vgl. C.I.3.b.bb.). Der optimale Warenkorb resultiert anschließend aus dem durch die *Zielfunktion (4.53)* und die *Nebenbedingun-*

gen (3.79), (3.81), (3.84) - (3.86), (3.70) und *(3.71)* beschriebenen Ansatz (vgl. die Ausführungen in Unterabschnitt C.I.3.a.aa.). Die Lösung dieses Ansatzes liefert - für jede eigene Preisforderung p_{hi} und jedes als möglich erachtete Preisniveau der Offset-Leistungen $p_{gj}^{s,rel}$ - die pro Periode optimalen Mengen $x^{is}_{gjt}{}^*$ für alle zu erbringenden Offset-Leistungen j dergestalt, daß die Kompensationsverpflichtung insgesamt erfüllt wird. Der (minimale) Auszahlungsbarwert des gesamten Beschaffungsprogramms bei einem bestimmten Preisniveau s, $A^{Bis*}(x_h)$, beträgt gemäß *(4.53)*

$$A^{Bis*}(x_h) = \sum_{t=t_1}^{T} \{ \sum_{j=1}^{J} [p_{jt} \cdot x_{jt}^{r*} \cdot (1-q_j^r) + p^s_{gjt} \cdot x^{is}_{gjt}{}^* + (k_j^A + k_j^N) \cdot x^{is}_{gjt}{}^*] \} \cdot (1+i)^{-t};$$

für jeden erwogenen Preis p_{hi} und jedes Preisniveau $p_{gj}^{s,rel}$ resultiert analog zu *(4.81)* folgender **Kapitalwert**:

$$C_0(p_{hi} \mid p_{gj}^{s,rel}) = p_{hi} \cdot x_h \cdot (1+i)^{-T} - A^{Bis*}(x_h) - A^S(x_h) \quad \text{(für alle i, s).} \qquad (4.83)$$

Aus jeder eigenen Preisforderung p_{hi} und dem damit verbundenen abzunehmenden optimalen Warenkorb resultiert ein Gesamtangebot, das aus der Sicht des ausländischen Nachfragers eine Netto-Anschaffungsauszahlung für die Hauptleistung in Höhe von A_{0i}^W verursacht. Wie in Unterabschnitt C.II.2.a.aa. ausführlich beschrieben hat der westliche Anbieter für jedes Gesamtangebot A_{0i}^W auf der Basis der zu erwarteten Angebote der Konkurrenten die zugehörige **Zuschlagswahrscheinlichkeit** $P[z(A_{0i}^W)]$ zu bestimmen.

Für die Entscheidungsfindung kann wiederum der Entscheidungsbaum der *Abbildung 4.11* herangezogen werden, da sich der Ansatz bis auf die Ermittlung des in die Entscheidungsfindung eingehenden Kapitalwerts von dem entsprechenden Ansatz bei Parallelgeschäften nicht unterscheidet. Bei der Zielsetzung der Kapitalwertmaximierung und risikoneutraler Einstellung ist als Entscheidungskriterium der bei jeder eigenen Preisforderung resultierende **Kapitalwert-Erwartungswert** analog zu *Gleichung (4.78)* heranzuziehen:

$$E[C_0(p_{hi})] = \sum_{s=1}^{S} P(p_{gj}^{s,rel} \mid p_{hi}^{rel}) \cdot P[z(A_{0i}^W)] \cdot C_0(p_{hi} \mid p_{gj}^{s,rel}) \text{(für alle i);} \qquad (4.84)$$

derjenige Preis $p_{hi}{}^*$ ist optimal, welcher $E[C_0(p_{hi})]$ maximiert.

b. Optimale Preispolitik bei unbekannter Kompensationsquote

aa. Entscheidungsfindung bei vorgegebenen Preisen für die Gegenwaren

Ist die Kompensationsquote weder gesetzlich vorgeschrieben, noch in den Ausschreibungsunterlagen explizit enthalten, so muß der westliche Anbieter zunächst abschätzen, ob überhaupt mit einer Kompensationsforderung zu rechnen ist; ist dies der Fall, so kann er gemäß der in Unterabschnitt C.I.2.b. beschriebenen Vorgehensweise die Menge der zu erwartenden Kompensationsquoten Q_z (z = 1,..., Z) mit den zugehörigen Eintrittswahrscheinlichkeiten $P(Q_z)$ angeben. Die sonstigen in Unterabschnitt C.II.3.a.aa. getroffenen **Annahmen** gelten unverändert.

Wie bei Parallelgeschäften sind der Ausgangspunkt der Überlegungen die alternativen erwogenen Preise für die Hauptleistung, p_{hi} (i = 1,..., I). Für jeden eigenen Preis p_{hi} und jede erwartete Kompensationsquote Q_z (z = 1,..., Z) gilt *Gleichung (3.46)*, d. h.

$$\sum_{t=t_1}^{T} \left[\sum_{j=1}^{J} \beta_j \cdot p_{gjt} \cdot x^{iz}_{gjt} \right] \cdot (1+i)^{-t} = Q_z \cdot p_{hi} \cdot x_h \cdot (1+i)^{-T} \qquad \text{(für alle i, z)}$$

mit p_{gjt} = vorgegebener Preis für die Gegenware j in der Periode t,
x^{iz}_{gjt} = zu bestimmende Menge der Gegenware j bei einem eigenen Preis p_{hi} und einer Kompensationsquote Q_z in der Periode t,
i = Kalkulationszins,
Q_z = Kompensationsquote.

Sind die Preise p_{gjt} und die Multiplikatoren β_j für die einzelnen Offset-Leistungen vom ausländischen Nachfrager vorgegeben und bekannt, so hat der westliche Anbieter für jede erwogene Preisforderung p_{hi} und jede mögliche Kompensationsquote Q_z diejenigen Offset-Leistungen zu erbringen, durch die sein **Beschaffungsprogramm** optimal, d. h. der von ihm zu entrichtende Auszahlungsbarwert für die Beschaffung der Inputgüter insgesamt minimal wird; zugrunde zu legen ist wiederum der durch die *Zielfunktion (4.53)* und die *Nebenbedingungen (3.79), (3.81), (3.84) - (3.86), (3.70)* und *(3.71)* beschriebene Ansatz (vgl. die Ausführungen in Unterabschnitt C.I.3.a.aa.). Der (minimale) Auszahlungsbarwert des gesamten Beschaffungsprogramms, $A^{Biz*}(x_h)$, errechnet sich gemäß *(4.53)* als

$$A^{Biz*}(x_h) = \sum_{t=t_1}^{T} \left\{ \sum_{j=1}^{J} [p_{jt} \cdot x_{jt}^{r*} \cdot (1-q_j^r) + p_{gjt} \cdot x^{iz}_{gjt}{}^* + (k_j^A + k_j^N) \cdot x^{iz}_{gjt}{}^*] \right\} \cdot (1+i)^{-t}$$

(für alle i, z).

Für jeden erwogenen Preis p_{hi} und jede Kompensationsquote Q_z resultiert gemäß *(4.69)* folgender **Kapitalwert**:

$$C_0(p_{hi} \mid Q_z) = p_{hi} \cdot x_h \cdot (1+i)^{-T} - A^{Biz*}(x_h) - A^S(x_h) \text{ (für alle i, z).}$$

Aus jeder eigenen Preisforderung p_{hi} und dem damit verbundenen abzunehmenden optimalen Warenkorb resultiert ein Gesamtangebot, das aus der Sicht des ausländischen Nachfragers eine Netto-Anschaffungsauszahlung für die Hauptleistung in Höhe von A_{0i}^W verursacht. Der westliche Anbieter hat anschließend für jedes eigene Gesamtangebot A_{0i}^W auf der Basis der zu erwarteten Preisforderungen der Konkurrenten die zugehörige **Zuschlagswahrscheinlichkeit** $P[z(A_{0i}^W)]$ zu bestimmen.

Für die Entscheidungsfindung ist wie bei Parallelgeschäften der Entscheidungsbaum der *Abbildung 4.12* heranzuziehen, wobei im Falle von Offset-Geschäften anstelle der Gewinne $G(p_{hi} \mid Q_z)$ nun die entsprechenden Kapitalwerte $C_0(p_{hi} \mid Q_z)$ heranzuziehen sind. Für jede eigene Preisforderung p_{hi} resultiert folgender **Kapitalwert-Erwartungswert**:

$$E[C_0(p_{hi})] = \sum_{z=1}^{Z} P(Q_z) \cdot P[z(A_{0i}^W)] \cdot C_0(p_{hi} \mid Q_z) \qquad \text{(für alle i).} \qquad (4.85)$$

Bei der Zielsetzung der Kapitalwertmaximierung und risikoneutraler Einstellung ist derjenige Preis p_{hi}^* optimal, welcher $E[C_0(p_{hi})]$ maximiert.

bb. Entscheidungsfindung bei noch zu bestimmenden Preisen für die Gegenwaren

Sind die Preise für die Gegenwaren zunächst noch unbekannt, so hat der westliche Anbieter in einem ersten Schritt folgende Größen zu schätzen:

- die in Abhängigkeit seiner eigenen (relativen) Preisforderung p_{hi}^{rel} zu erwartenden Preisniveaus für die Gegenwaren, $p_{gj}^{s,rel}$ (s = 1,..., S), sowie
- die zugehörigen bedingten Wahrscheinlichkeiten, daß der ausländische Nachfrager bei einer eigenen Preisforderung in Höhe von p_{hi} für die Gegenwaren ein Preisniveau $p_{gj}^{s,rel}$ fordert, also $P(p_{gj}^{s,rel} \mid p_{hi}^{rel})$.

Die übrigen in Unterabschnitt C.II.3.a.aa. getroffenen **Annahmen** gelten unverändert.

Bei jeder möglichen Kompensationsquote Q_z und jedem möglichen Preisniveau $p_{gj}^{s,rel}$ hat der westliche Anbieter zunächst für jede eigene erwogene Preisforderung p_{hi} den jeweils optimalen Warenkorb (bestehend aus der für ihn auszahlungsminimalen Kombination von Offset-Leistungen) zu bestimmen; auf der Basis des optimalen Warenkorbs resultiert nach *Gleichung (4.72)* jeweils folgender **Kapitalwert**:

$$C_0(p_{hi} \mid p_{gj}^{s,rel}; Q_z) = p_{hi} \cdot x_h \cdot (1+i)^{-T} - A^{Bisz*}(x_h) - A^S(x_h) \qquad \text{(für alle i, s, z).}$$

Für jedes aus jeder eigenen Preisforderung p_{hi} und dem damit verbundenen abzunehmenden optimalen Warenkorb resultierende Gesamtangebot A_{0i}^W hat der westliche Anbieter auf der Basis der zu erwartenden Angebote der Konkurrenten die zugehörige **Zuschlagswahrscheinlichkeit** $P[z(A_{0i}^W)]$ zu bestimmen. Unter Berücksichtigung der Wahrscheinlichkeitsverteilung der möglichen Kompensationsforderungen sowie der Wahrscheinlichkeitsverteilung für das Auftreten alternativer Preisforderungen für die Offset-Leistungen resultiert folgender **Kapitalwert-Erwartungswert:**

$$E[C_0(p_{hi})] = \sum_{s=1}^{S} P(p_{gj}^{s,rel} \mid p_{hi}^{rel}) \cdot \sum_{z=1}^{Z} P(Q_z) \cdot P[z(A_{0i}^{W})] \cdot C_0(p_{hi} \mid p_{gj}^{s,rel}; Q_z)$$

(für alle i). (4.86)

Bei der Zielsetzung der Gewinnmaximierung und risikoneutraler Einstellung ist derjenige Preis p_{hi}^* optimal, welcher $E[C_0(p_{hi})]$ maximiert. Auch hier kann wie bei Parallelgeschäften aufgrund der formalen Gleichheit der Ansätze der Entscheidungsbaum der *Abbildung 4.13* zugrunde gelegt werden, wobei anstelle der in *Abbildung 4.13* enthaltenen Gewinnwerte nun die entsprechenden Kapitalwerte einzusetzen sind.

Die Ausführungen in diesem Kapitel B des 4. Teils haben für ausgewählte Ausgangssituationen gezeigt, auf welche Weise ein westlicher Anbieter im Falle eines anstehenden Kompensationsgeschäfts eine simultane Bestimmung der optimalen Preisforderung für die Hauptleistung sowie - bei gegebener Verwendung der Gegenwaren - des jeweils optimalen Warenkorbs vornehmen kann. Selbstverständlich können entsprechende Analysen für die einzelnen jeweils möglichen Verwendungsalternativen der Gegenwaren vorgenommen werden, so daß der westliche Anbieter auch simultan über die optimale Verwendung der Gegenwaren entscheiden kann.57) Die monetären Konsequenzen des auf diese Weise optimierten Kompensationsgeschäfts können somit herangezogen werden, um eine endgültige Beurteilung der Wirtschaftlichkeit und damit der Vorteilhaftigkeit der Teilnahme am betrachteten Kompensationsgeschäft vorzunehmen. Im nachfolgenden 5. Teil findet sich ein zusammenfassendes Beispiel zur simultanen Optimierung der Preisforderung für die Hauptleistung, der Verwendung der Gegenwaren und des jeweils vom ausländischen Nachfrager abzunehmenden Warenkorbs.

---

57) Die Entscheidung zwischen Eigen- und Fremdkompensation bei alternativen Ausgangssituationen ist ausführlich in Unterabschnitt C.III.4.a. des 3. Teils beschrieben.

5. Teil: Ein zusammenfassendes Beispiel zur simultanen Entscheidung über die optimale Preisforderung und die optimale Verwendung der Gegenwaren bei internationalen Kompensationsgeschäften

Im Rahmen des nachfolgenden Beispiels soll anhand einer hypothetischen Entscheidungssituation gezeigt werden, auf welche Weise ein westlicher Anbieter die Entscheidung über die optimale Preisforderung, über die optimale Verwendung der Gegenwaren und den jeweils optimalen Warenkorb[58] **simultan** treffen kann. Um dem Demonstrationscharakter des Beispiels gerecht zu werden, wird dabei bei den einzelnen in die Entscheidungsfindung eingehenden Variablen von jeweils nur wenigen Ausprägungen ausgegangen.

A. Die Entscheidungssituation

Betrachtet wird folgende Entscheidungssituation: Ein westliches Unternehmen wird mit einer Anfrage eines ausländischen Nachfragers konfrontiert. Der ausländische Nachfrager fragt eine bestimmte Hauptleistung in der Menge $x_h = 1$ nach; die betrachtete Hauptleistung ist dabei weder produktionstechnisch, noch absatzmäßig mit dem übrigen Sortiment verbunden. Die zur Erstellung der Hauptleistung erforderlichen Kapazitäten sind ausreichend, d. h. bzgl. der Hauptleistung handelt es sich für den westlichen Anbieter um einen Zusatzauftrag bei Unterbeschäftigung. Der westliche Anbieter wird aufgefordert, ein Angebot abzugeben. Das Geschäft wird in Form einer **Ausschreibung** angebahnt.

Die Anfrage enthält keine Kompensationsforderung, der westliche Anbieter weiß jedoch aus Erfahrung, daß mit einer solchen zu rechnen ist. Aus diesem Grunde versucht er, die monetären Konsequenzen des zu erwartenden Kompensationsgeschäfts zu antizipieren und bei seiner eigenen Preiskalkulation zu berücksichtigen. Aufgrund der Beschaffenheit der nachgefragten Hauptleistung geht er dabei davon aus, daß das

58) Als Warenkorb wird wie bisher die Zusammensetzung der vom westlichen Anbieter abzunehmenden Gegenwaren nach Art und Mengen verstanden.

Geschäft als **einmalige Handelstransaktion** abzuwickeln ist. Aus Erfahrungen aus der Vergangenheit rechnet er damit, daß die **Kompensationsquote** entweder

$Q_1 = 0{,}7$ oder
$Q_2 = 0{,}8$

betragen wird. Da er über eine ausreichende Fallzahl vergangener Ausschreibungen mit Kompensationsforderungen verfügt, kann er die **Eintrittswahrscheinlichkeiten** der möglichen Kompensationsquoten über deren relativen Häufigkeiten als

$P(Q_1) = 0{,}3$ und
$P(Q_2) = 0{,}7$

schätzen.

Das Produktions- und Absatzprogramm des westlichen Anbieters umfaßt neben der betrachteten Hauptleistung drei weitere Produkte, welche er auch im Wege der Kompensation vom ausländischen Nachfrager fremdbeziehen kann. Die **Marktpreise** der drei Produkte sind von ihm kurzfristig nicht beeinflußbar und betragen:

$p_1^M = 650$,
$p_2^M = 500$ und
$p_3^M = 700$.

Bisher hat der westliche Anbieter die einzelnen Produkte selbst erstellt. Für die einzelnen Produkte fallen dabei **variable Stückkosten** sowie **artikelspezifische Fixkosten** in Höhe von:

$k_{v1} = 500$ und $K_1^F = 60.000$ für Produkt 1,
$k_{v2} = 450$ und $K_2^F = 20.000$ für Produkt 2,
$k_{v3} = 600$ und $K_3^F = 40.000$ für Produkt 3

an; weitere Fixkosten entstehen ihm nicht.59)

Die einzelnen Produkte sind nicht unbegrenzt absetzbar; folgende **Absatzobergrenzen** sind gegeben:

$x_1^M = 2.000$,
$x_2^M = 1.500$,

59) Fallen sonstige Fixkosten an, so sind sie bei der Ermittlung der einzelnen Gewinnwerte entsprechend zu berücksichtigen; für die Entscheidungsfindung sind sie jedoch irrelevant, da im Rahmen dieser Arbeit sowohl beim westlichen Anbieter als auch beim ausländischen Nachfrager von der Situation eines Zusatzauftrags bei Unterbeschäftigung ausgegangen wird.

$x_3^M = 3.000.$

Für die Herstellung der drei Produkte sind zwei Maschinen erforderlich; dabei gilt, daß eine Herstellung der maximalen Absatzmengen aller drei Produkte auf beiden Maschinen nicht möglich ist, d. h. beide Maschinen stellen einen Engpaß dar. Im einzelnen gelten folgende **Kapazitätsrestriktionen:**

$$5x_1^P + 20x_2^P + 10x_3^P \leq 40.000$$
$$10x_1^P + 10x_2^P + 30x_3^P \leq 100.000.$$

Werden die Produkte vom ausländischen Nachfrager bezogen, so entstehen dem westlichen Anbieter zusätzliche **Stückkosten für Markierung und Verpackung** der Gegenwaren in Höhe von:

$k_{g1}^{Ma} = 50,$
$k_{g2}^{Ma} = 50,$
$k_{g3}^{Ma} = 80.$

Die Höhe der **Gegenwaren-Preise** ist dem westlichen Anbieter nicht mit Sicherheit bekannt. Er geht jedoch davon aus, daß der ausländische Nachfrager zwei alternative (relative) Preisniveaus für die Gegenwaren fordern kann. Beim Preisniveau 1, also $p_g^{1,rel}$, rechnet der westliche Anbieter mit folgenden absoluten Preisforderungen:

$p_{g1} = 550,$
$p_{g2} = 350,$
$p_{g3} = 600.$

Dagegen erwartet er im Falle des (höheren) Preisniveaus 2, $p_g^{2,rel}$, folgende absoluten Preisforderungen:

$p_{g1} = 580,$
$p_{g2} = 400,$
$p_{g3} = 650.$

Der westliche Anbieter schätzt des weiteren, daß dem ausländischen Nachfrager folgende **variable Stückkosten** für die Herstellung der Gegenwaren anfallen:

$k_{vg1} = 500,$
$k_{vg2} = 300,$
$k_{vg3} = 500.$

Von Fixkosten sieht er ab, da er davon ausgeht, daß es sich beim Absatz der Gegenwaren für den ausländischen Nachfrager ebenfalls um ein Zusatzgeschäft handelt. Ob der ausländische Nachfrager ein niedriges oder ein hohes Preisniveau für die einzelnen Gegenwaren fordert, ist u. a. von der eigenen Preisforderung des westlichen Anbieters für die Hauptleistung abhängig. Konkret geht der westliche Anbieter davon aus, daß die Wahrscheinlichkeit eines hohen Preisniveaus für die Gegenwaren umso größer ist, je höher die eigene Preisforderung ausfällt.

Dem westlichen Anbieter entstehen für die Herstellung der Hauptleistung insgesamt (geschätzte) Auftragserfüllungskosten in Höhe von 2.400.000. Als alternative eigene **Preisforderungen** erwägt er:

p_{h1} = 2.500.000,
p_{h2} = 2.750.000 oder
p_{h3} = 3.000.000.

Die **Eintrittswahrscheinlichkeiten** der alternativen Preisniveaus des ausländischen Nachfragers in Abhängigkeit der eigenen Preisforderung für die Hauptleistung schätzt der westliche Anbieter wie folgt ein:

$P(p_g^{1,rel} \mid p_{h1}) = 0{,}6$
$P(p_g^{2,rel} \mid p_{h1}) = 0{,}4;$

$P(p_g^{1,rel} \mid p_{h2}) = 0{,}5$
$P(p_g^{2,rel} \mid p_{h2}) = 0{,}5;$

$P(p_g^{1,rel} \mid p_{h3}) = 0{,}3$
$P(p_g^{2,rel} \mid p_{h3}) = 0{,}7.$

Im Fall der Fremdkompensation können die Gegenwaren gegen Zahlung einer Stützungsprämie an einen Fremdkompensateur abgegeben werden. Für die drei Gegenwaren gelten dabei folgende Stützungssätze:

s_1 = 5 % für die Gegenware 1,
s_2 = 15 % für die Gegenware 2 und
s_3 = 10 % für die Gegenware 3.

Allerdings ist der Fremdkompensateur nicht bereit, die einzelnen Gegenwaren in unbegrenzter Menge abzunehmen. Für die Abgabe der Gegenwaren an den Fremdkompensateur gelten folgende **Obergrenzen:**

x_{g1}^F = 2.000 für die Gegenware 1,
x_{g2}^F = 1.600 für die Gegenware 2 und
x_{g3}^F = 1.200 für die Gegenware 3.

Für jede eigene erwogene Preisforderung p_{hi}, für jede mögliche Kompensationsquote Q_Z und für jedes mögliche Preisniveau für die Gegenwaren $p_{gj}^{s,rel}$ hat der westliche Anbieter zunächst über die jeweils optimale Verwendung der Gegenwaren zu entscheiden, d. h. er hat für die Alternativen Eigen- und Fremdkompensation den jeweils optimalen Warenkorb zu bestimmen. Unter Berücksichtigung des jeweils optimalen Warenkorbs kann er anschließend die für ihn optimale Preisforderung bestimmen.

B. Die Entscheidung über die optimalen Warenkörbe bei Eigen- und Fremdkompensation

Im folgenden wird davon ausgegangen, der westliche Anbieter verfolge das Ziel der Gewinnmaximierung. Im Rahmen der Alternativen Eigen- und Fremdkompensation hat er zunächst für jede Verwendungsalternative der Gegenwaren den jeweils optimalen vom ausländischen Nachfrager zu beziehenden Warenkorb zu bestimmen; anschließend kann er durch Vergleich der bei beiden Alternativen resultierenden (maximalen) Gewinne die für ihn optimale Verwendungsmöglichkeit der Gegenwaren ermitteln. Zu beachten ist dabei, daß der vom westlichen Anbieter abgenommene Warenkorb Einfluß auf die Höhe der Netto-Anschaffungsauszahlung des ausländischen Nachfragers und damit auf die Zuschlagswahrscheinlichkeit hat, da unterschiedliche Gegengeschäftsangebote auch unterschiedliche Gewinnhöhen für den ausländischen Nachfrager aus dem Verkauf der Gegenwaren zur Folge haben. Somit ist es möglich, daß der westliche Anbieter die an sich optimale Verwendungsalternative der Gegenwaren nicht realisiert, und zwar dann, wenn das Produkt aus Gewinn und Zuschlagswahrscheinlichkeit geringer ist als der entsprechende Wert bei der absolut gesehen "schlechteren" Alternative.

Im Rahmen der Alternative **"Fremdkompensation"** hat das Kompensationsgeschäft keinen Einfluß auf das optimale Sortiment. Somit kann der westliche Anbieter unabhängig voneinander zum einen das für ihn optimale Sortiment bestimmen, zum anderen den Gegenwarenkorb, durch welchen die an den Fremdkompensateur zu entrichtende Stützungszahlung minimal wird. Unter der gegebenen Datenkonstellation läßt sich das optimale Sortiment aus folgendem **Ansatz** bestimmen:

$$G = 150\,x_1^P + 50\,x_2^P + 100\,x_3^P - 60.000\,u_1 - 20.000\,u_2 - 40.000\,u_3 \rightarrow \quad \text{Max!}$$

Zu berücksichtigen sind folgende *Nebenbedingungen*:

(1) Kapazitätsrestriktionen

$$5x_1^P + 20x_2^P + 10x_3^P \leq 40.000$$
$$10x_1^P + 10x_2^P + 30x_3^P \leq 100.000.$$

(2) Absatzrestriktionen

$x_1{}^P \leq 2.000 \cdot u_1$
$x_2{}^P \leq 1.500 \cdot u_2$
$x_3{}^P \leq 3.000 \cdot u_3$

(3) Nichtnegativitätsbedingungen

$x_1{}^P \geq 0$
$x_2{}^P \geq 0$
$x_3{}^P \geq 0.$

Der Ansatz wird - wie auch sämtliche nachfolgend herangezogenen Modelle der mathematischen Programmierung - mit Hilfe der Software "Lindo" berechnet. Die Lösung des Ansatzes liefert folgende optimalen Produktions- und Absatzmengen für die einzelnen Produkte:

$x_1{}^{P*} = 2000$
$x_2{}^{P*} = 0$
$x_3{}^{P*} = 2667.$

Daraus resultiert ein Gewinn in Höhe von 466.700. Dieser Gewinn verringert sich um die an den Fremdkompensateur zu leistenden Stützungszahlungen.

Der Warenkorb ist im Falle der Fremdkompensation so zu wählen, daß die für alle Gegenwaren insgesamt zu leistende Stützungszahlung an den Fremdkompensateur minimiert wird. Bei gegebenen Preisen für die Gegenwaren ist somit lediglich über deren Mengen zu befinden. Für alle eigenen Preisforderungen, jede mögliche Kompensationsquote und jedes mögliche Preisniveau für die Gegenwaren ist der in Unterabschnitt C.III.4.a.cc.(3) im 3. Teil beschriebene **Ansatz** heranzuziehen. Folgende *Zielfunktion* ist zu minimieren:

$$S = \sum_{j=1}^{J} p_{gj} \cdot x_{gj} \cdot s_j \qquad \rightarrow \text{Min!} \tag{3.56}$$

mit S = an den Fremdkompensateur zu entrichtende Stützungszahlung,
p_{gj} = Preis für die Gegenware j (j = 1,..., J),
x_{gj} = zu bestimmende Menge der Gegenware j,
s_j = Stützungssatz für die Gegenware j.

Dabei sind folgende *Nebenbedingungen* zu berücksichtigen:

$$\sum_{j=1}^{J} (p_{gj} \cdot x_{gj}) \geq Q \cdot p_h \cdot x_h \tag{3.57}$$

$x_{gj} \leq x_{gj}^F$ (für alle j) (3.58)

$x_{gj} \geq 0$ (für alle j). (3.59)

Am Beispiel der eigenen Preisforderung p_{hi} = 2.500.000, des Preisniveaus 1 und der Kompensationsquote Q_1 = 0,7 lautet der zahlenmäßig spezifizierte Ansatz folgendermaßen:

$$S = 550 \cdot x_{g1} \cdot 0{,}05 + 350 \cdot x_{g2} \cdot 0{,}15 + 600 \cdot x_{g3} \cdot 0{,}1 \rightarrow \text{Min!}$$

unter folgenden *Nebenbedingungen*:

(1) Kompensationsverpflichtung

$$550 \cdot x_{g1} + 350 \cdot x_{g2} + 600 \cdot x_{g3} \geq 0{,}7 \cdot 2.500.000$$

(2) Absatzrestriktionen

$x_{g1}^F \leq 2.000$
$x_{g2}^F \leq 1.600$
$x_{g3}^F \leq 1.200$

(3) Nichtnegativitätsbedingungen

$x_{g1} \geq 0$
$x_{g2} \geq 0$
$x_{g3} \geq 0.$

Die Lösung des Ansatzes liefert folgende optimalen Mengen der einzelnen Gegenwaren:

$x_{g1}^* = 2.000$
$x_{g2}^* = 1$
$x_{g3}^* = 1.083.$

Die vom westlichen Anbieter an den Fremdkompensateur zu leistende (minimale) Stützungszahlung beträgt:

$S^* = 120.033;$

sein Gesamtgewinn unter Abzug der Stützungszahlung beträgt somit:

$G_{FK}^* = 346.967.$

p_{h1} = 2.500.000					
Situationen		Ergebnisse			
		Fremdkompensation		Eigenkompensation	
$Q_1 = 0{,}7$	Gegenwaren-Preisniveau 1	x_1^{P*}	2.000	x_1^{P*}	0
		x_2^{P*}	0	x_2^{P*}	0
		x_3^{P*}	2.667	x_3^{P*}	2.792
		x_{g1}^*	2.000	x_{g1}^*	2.000
		x_{g2}^*	1	x_{g2}^*	1.500
		x_{g3}^*	1.083	x_{g3}^*	208
		S^*	120.033		
		G_{FK}^*	**346.967**	G_{EK}^*	**[493.333]**
	Gegenwaren-Preisniveau 2	x_1^{P*}	2.000	x_1^{P*}	0
		x_2^{P*}	0	x_2^{P*}	0
		x_3^{P*}	2.667	x_3^{P*}	3.000
		x_{g1}^*	2.000	x_{g1}^*	2.000
		x_{g2}^*	0	x_{g2}^*	1.500
		x_{g3}^*	908	x_{g3}^*	0
		S^*	117.020		
		G_{FK}^*	**349.680**	G_{EK}^*	**[375.000]**
$Q_2 = 0{,}8$	Gegenwaren-Preisniveau 1	x_1^{P*}	2.000	x_1^{P*}	0
		x_2^{P*}	0	x_2^{P*}	0
		x_3^{P*}	2.667	x_3^{P*}	2.375
		x_{g1}^*	2.000	x_{g1}^*	2.000
		x_{g2}^*	516	x_{g2}^*	1.500
		x_{g3}^*	1.199	x_{g3}^*	625
		S^*	154.050		
		G_{FK}^*	**312.670**	G_{EK}^*	**[460.000]**
	Gegenwaren-Preisniveau 2	x_1^{P*}	2.000	x_1^{P*}	0
		x_2^{P*}	0	x_2^{P*}	0
		x_3^{P*}	2.667	x_3^{P*}	2.630
		x_{g1}^*	2.000	x_{g1}^*	2.000
		x_{g2}^*	150	x_{g2}^*	1.500
		x_{g3}^*	1.200	x_{g3}^*	370
		S^*	145.000		
		G_{FK}^*	**321.700**	G_{EK}^*	**[326.900]**
[ ] **Gewinn aus der jeweils optimalen Verwendung der Gegenwaren**					

Tab. 5.1: **Erzielbare Gewinne des westlichen Anbieters bei Eigen- bzw. Fremdkompensation und einer eigenen Preisforderung in Höhe von 2.500.000**

p_{h2}= 2.750.000					
Situationen		Ergebnisse			
		Fremdkompensation		Eigenkompensation	
$Q_1 = 0{,}7$	Gegenwaren-Preisniveau 1	x_1^{P*}	2.000	x_1^{P*}	0
		x_2^{P*}	0	x_2^{P*}	0
		x_3^{P*}	2.667	x_3^{P*}	2.500
		x_{g1}^*	2.000	x_{g1}^*	2.000
		x_{g2}^*	300	x_{g2}^*	1.500
		x_{g3}^*	1.200	x_{g3}^*	500
		S^*	142.750		
		G_{FK}^*	323.950	G_{EK}^*	**470.000**
	Gegenwaren-Preisniveau 2	x_1^{P*}	2.000	x_1^{P*}	0
		x_2^{P*}	0	x_2^{P*}	0
		x_3^{P*}	2.667	x_3^{P*}	2.746
		x_{g1}^*	2.000	x_{g1}^*	2.000
		x_{g2}^*	0	x_{g2}^*	1.500
		x_{g3}^*	1.177	x_{g3}^*	254
		S^*	134.505		
		G_{FK}^*	332.195	G_{EK}^*	**341.990**
$Q_2 = 0{,}8$	Gegenwaren-Preisniveau 1	x_1^{P*}	2.000	x_1^{P*}	2.000
		x_2^{P*}	0	x_2^{P*}	0
		x_3^{P*}	2.667	x_3^{P*}	0
		x_{g1}^*	2.000	x_{g1}^*	0
		x_{g2}^*	1.086	x_{g2}^*	1.500
		x_{g3}^*	1.200	x_{g3}^*	3.000
		S^*	184.015		
		G_{FK}^*	282.685	G_{EK}^*	**450.000**
	Gegenwaren-Preisniveau 2	x_1^{P*}	2.000	x_1^{P*}	0
		x_2^{P*}	0	x_2^{P*}	0
		x_3^{P*}	2.667	x_3^{P*}	2.323
		x_{g1}^*	2.000	x_{g1}^*	2.000
		x_{g2}^*	650	x_{g2}^*	1.500
		x_{g3}^*	1.200	x_{g3}^*	677
		S^*	175.000		
		G_{FK}^*	**291.700**	G_{EK}^*	286.990

☐ Gewinn aus der jeweils optimalen Verwendung der Gegenwaren (boxed values shown in bold)

Tab. 5.2: Erzielbare Gewinne des westlichen Anbieters bei Eigen- bzw. Fremdkompensation und einer eigenen Preisforderung in Höhe von 2.750.000

$p_{h3} = 3.000.000$					
Situationen		Ergebnisse			
		Fremdkompensation		Eigenkompensation	
$Q_1 = 0{,}7$	Gegenwaren-Preisniveau 1	x_1^{P*}	2.000	x_1^{P*}	2000
		x_2^{P*}	0	x_2^{P*}	0
		x_3^{P*}	2.667	x_3^{P*}	0
		x_{g1}^*	2.000	x_{g1}^*	0
		x_{g2}^*	800	x_{g2}^*	1.500
		x_{g3}^*	1.200	x_{g3}^*	3.000
		S^*	169.000		
		G_{FK}^*	**297.700**	G_{EK}^*	**450.000**
	Gegenwaren-Preisniveau 2	x_1^{P*}	2.000	x_1^{P*}	0
		x_2^{P*}	0	x_2^{P*}	0
		x_3^{P*}	2.667	x_3^{P*}	2.476
		x_{g1}^*	2.000	x_{g1}^*	2.000
		x_{g2}^*	400	x_{g2}^*	1.500
		x_{g3}^*	1.200	x_{g3}^*	524
		S^*	160.000		
		G_{FK}^*	**306.700**	G_{EK}^*	**306.880**
$Q_2 = 0{,}8$	Gegenwaren-Preisniveau 1	x_1^{P*}	keine Lösung	x_1^{P*}	1.864
		x_2^{P*}		x_2^{P*}	0
		x_3^{P*}		x_3^{P*}	0
		x_{g1}^*		x_{g1}^*	136
		x_{g2}^*		x_{g2}^*	1.500
		x_{g3}^*		x_{g3}^*	3.000
		S^*			
		G_{FK}^*		G_{EK}^*	**436.364**
	Gegenwaren-Preisniveau 2	x_1^{P*}	2.000	x_1^{P*}	0
		x_2^{P*}	0	x_2^{P*}	0
		x_3^{P*}	2.667	x_3^{P*}	2.015
		x_{g1}^*	2.000	x_{g1}^*	2.000
		x_{g2}^*	1.150	x_{g2}^*	1.500
		x_{g3}^*	1.200	x_{g3}^*	985
		S^*	205.000		
		G_{FK}^*	**261.700**	G_{EK}^*	**246.950**
☐ **Gewinn aus der jeweils optimalen Verwendung der Gegenwaren**					

Tab. 5.3: Erzielbare Gewinne des westlichen Anbieters bei Eigen- bzw. Fremdkompensation und einer eigenen Preisforderung in Höhe von 3.000.000

In entsprechender Weise lassen sich für die übrigen Kombinationen aus eigener Preisforderung, Kompensationsquote und Preisniveau der Gegenwaren die jeweils optimalen Mengen der Gegenwaren mit den zugehörigen optimalen Werten für die Stützungszahlung und den Gesamtgewinn ermitteln. Die einzelnen Ergebnisse für die hier betrachteten alternativen Ausgangssituationen sind in den *Tabellen 5.1, 5.2* und *5.3* jeweils in der Spalte "Fremdkompensation" zu sehen.

Im Falle der **Eigenkompensation** vertreibt der westliche Anbieter die einzelnen Gegenwaren unter der eigenen Marke. Da er die betreffenden Produkte bereits in seinem Sortiment führt, findet durch die Aufnahme der Gegenwaren in das eigene Absatzprogramm eine - zumindest teilweise - Substitution bisher selbst erstellter Produkte durch die vom ausländischen Nachfrager bezogenen Gegenwaren. Für jede Kombination aus eigener Preisforderung, Kompensationsquote und Preisniveau für die Gegenwaren hat der westliche Anbieter für alle Produkte bzw. Gegenwaren die jeweils gewinnmaximalen Produktions- bzw. Einkaufsmengen, x_j^{P*} bzw. x_{gj}^*, zu bestimmen.

Allgemein kann die Entscheidungsfindung auf der Grundlage des in Unterabschnitt C.III.4.a.cc.(3) des 3. Teils dargestellten Ansatzes erfolgen: Zu maximieren ist die *Zielfunktion*

$$G_{EK} = \sum_{j=1}^{J} [p_j^M \cdot (x_j^P + x_{gj}) - k_{vj} \cdot x_j^P - K_j^F \cdot u_j - (p_{gj} + k_j^{Ma}) \cdot x_{gj}] \rightarrow \text{Max!} \qquad (3.106)$$

mit p_j^M = auf dem Markt realisierbarer Preis für Produkt j (j = 1,..., J),
x_j^P = zu bestimmende optimale Produktionsmenge des Produkts j,
k_{vj} = variable Stückkosten der Produktion von Produkt j,
K_j^F = artikelspezifische Fixkosten von Produkt j,
u_j = Hilfsvariable, die gewährleisten soll, daß die artikelspezifischen Fixkosten von Produkt j entfallen, wenn das Produkt nicht mehr hergestellt wird,
k_j^{Ma} = Stückkosten für Markierung und Verpackung der Gegenware j bei Aufnahme in das Absatzprogramm.

Zu berücksichtigen sind die *Nebenbedingungen*:

$$\sum_{j=1}^{J} (p_{gj} \cdot x_{gj}) \geq Q \cdot p_h \cdot x_h \qquad (3.57)$$

$$x_j^P \leq x_j^M \cdot u_j \qquad \text{(für alle j)} \qquad (3.107)$$

$$x_j^P + x_{gj} \leq x_j^M \qquad \text{(für alle j)} \qquad (3.102)$$

$$x_j^P \geq 0 \qquad \text{(für alle j)} \qquad (3.108)$$

$$x_{gj} \geq 0 \qquad \text{(für alle j)} \qquad (3.59)$$

$0 \leq u_j \leq 1$ und ganzzahlig (für alle j). (3.109)

Gegebenenfalls lassen sich im Ansatz noch Kapazitätsrestriktionen berücksichtigen.

Am Beispiel der Preisforderung für die Hauptleistung in Höhe von 2.500.000, einer Kompensationsquote von 0,7 und des Preisniveaus 1 für die Gegenwaren läßt sich der Ansatz unter der vorgegebenen Datenkonstellation wie folgt konkretisieren: Die zu maximierende *Zielfunktion* lautet:

$$G_{EK} = 150\, x_1^P + 50\, x_2^P + 100\, x_3^P + 50\, x_{g1} + 100\, x_{g2} + 20\, x_{g3} - 60.000\, u_1 - 20.000\, u_2 - 40.000\, u_3 \rightarrow \text{Max!}$$

Zu berücksichtigen sind folgende *Nebenbedingungen*:

(1) Kompensationsverpflichtung

$$550 \cdot x_{g1} + 350 \cdot x_{g2} + 600 \cdot x_{g3} \geq 0{,}7 \cdot 2.500.000$$

(2)Kapazitätsrestriktionen

$$5x_1^P + 20x_2^P + 10x_3^P \leq 40.000$$
$$10x_1^P + 10x_2^P + 30x_3^P \leq 100.000.$$

(3) Absatzrestriktionen

$$x_1^P \leq 2.000 \cdot u_1$$
$$x_2^P \leq 1.500 \cdot u_2$$
$$x_3^P \leq 3.000 \cdot u_3$$

$$x_1^P + x_{g1} \leq 2.000$$
$$x_2^P + x_{g2} \leq 1.500$$
$$x_3^P + x_{g3} \leq 3.000.$$

(4) Nichtnegativitätsbedingungen

$$x_1^P \geq 0$$
$$x_2^P \geq 0$$
$$x_3^P \geq 0$$
$$x_{g1} \geq 0$$
$$x_{g2} \geq 0$$
$$x_{g3} \geq 0.$$

(5) Bedingungen bezüglich der Null-Eins-Variablen

$0 \leq u_1 \leq 1$ und ganzzahlig
$0 \leq u_2 \leq 1$ und ganzzahlig
$0 \leq u_3 \leq 1$ und ganzzahlig.

Die Lösung des Ansatzes liefert folgende optimalen Mengen für die einzelnen Produkte:

$x_1^{P*} = 0$
$x_2^{P*} = 0$
$x_3^{P*} = 2.792$
$x_{g1}^* = 2.000$
$x_{g2}^* = 1.500$
$x_{g3}^* = 208.$

Der resultierende optimale Gewinn aus dem neuen Sortiment beträgt

$G_{EK}^* = 493.333.$

Es wird ersichtlich, daß im Falle der Eigenkompensation der optimale Gewinn deutlich höher ausfällt als der um die Stützungszahlung bereinigte optimale Gewinn bei der Alternative "Fremdkompensation". Bei der zugrunde gelegten Ausgangssituation einer eigenen Preisforderung in Höhe von 2.500.000, einer Kompensationsquote in Höhe von $Q_1 = 0{,}7$ und des Preisniveaus 1 für die Gegenwaren wäre somit die Alternative "Eigenkompensation" vorteilhaft.

Für die übrigen zugrunde gelegten Fälle lassen sich die optimalen Produktions- und Einkaufsmengen der einzelnen Produkte bzw. Gegenwaren in analoger Weise bestimmen. Die *Tabellen 5.1, 5.2* und *5.3* zeigen für beide Verwendungsalternativen der Gegenwaren die einzelnen optimalen Gewinne für die verschiedenen Ausgangssituationen im Vergleich. Es wird ersichtlich, daß in Abhängigkeit der Kombination aus eigener Preisforderung, Kompensationsquote und Preisniveau der Gegenwaren sowohl die optimalen Warenkörbe, als auch die optimalen Verwendungsalternativen variieren, ebenso die jeweils erzielbaren optimalen Gewinne. Dabei wird folgende Tendenz deutlich: Je höher die eigene Preisforderung ausfällt - und damit der Gewinn aus dem Absatz der Hauptleistung im Falle des Zuschlags - umso geringer wird der Gewinn aus der Gegengeschäftstransaktion. Diese beiden gegenläufigen Tendenzen spielen bei der Bestimmung der optimalen Preisforderung eine wesentliche Rolle; die Ermittlung der optimalen Preisforderung muß dabei unter Berücksichtigung der Eintrittswahrscheinlichkeiten für die einzelnen Situationen sowie der Zuschlagswahrscheinlichkeiten für die einzelnen Gesamtangebote des westlichen Anbieters erfolgen.

C. Die Ermittlung der optimalen Preisforderung und die Entscheidung zwischen Eigen- und Fremdkompensation

Die bisher angeführten Wirtschaftlichkeitsüberlegungen bezogen sich ausschließlich auf die Vorteilhaftigkeit der Gegengeschäftstransaktion; bei der Ermittlung der optimalen Preisforderung ist jedoch auch der Gewinn aus dem Absatz der Hauptleistung zu berücksichtigen. Bei den kalkulierten Auftragserfüllungskosten in Höhe von 2.400.000 realisiert der westliche Anbieter aus dem Absatz der Hauptleistung folgende **Gewinne**:

$G(p_{h1} = 2.500.000) = 100.000$
$G(p_{h2} = 2.750.000) = 350.000$
$G(p_{h3} = 3.000.000) = 600.000.$

Unter Berücksichtigung der bei der Gegengeschäftstransaktion anfallenden Gewinne läßt sich für jede Ausgangssituation der Gesamtgewinn aus beiden Teiltransaktionen errechnen, $G(p_{hi} \mid Q_z; p_{gj}^{s,rel})$. *Tabelle 5.4* zeigt die resultierenden Gesamtgewinne des westlichen Anbieters, die zugehörigen beim ausländischen Nachfrager anfallenden Gewinne aus dem Absatz der Gegenwaren sowie die sich daraus ergebenden Netto-Anschaffungsauszahlungen A_{0i}^W für die Hauptleistung im Überblick.[60] Die Ergebniswerte für den ausländischen Nachfrager errechnen sich dabei unter Heranziehung der beim ausländischen Nachfrager anfallenden variablen Stückkosten der Produktion der einzelnen Gegenwaren, k_{vgj}, und der vom westlichen Anbieter im Rahmen eines jeden Gegengeschäftsangebots nachgefragten (für ihn optimalen) Mengen der Gegenwaren, x_{gj}^*.

Zusätzlich kann überprüft werden, unter welchen Datenkonstellationen die Teilnahme am betrachteten Kompensationsgeschäft überhaupt vorteilhaft ist; dies kann dadurch erfolgen, daß die im Falle eines Kompensationsgeschäfts beim westlichen Anbieter resultierenden (optimalen) Gesamtgewinne mit dem optimalen Gewinn aus der Ausgangssituation - also ohne Kompensationsgeschäft - verglichen werden. Der optimale Gewinn aus dem bisherigen Sortiment wurde eingangs als 466.700 berechnet; das Kompensationsgeschäft ist demnach nur dann vorteilhaft, wenn der optimale Gesamtgewinn aus beiden Teiltransaktionen im Falle eines Kompensationsgeschäfts über diesem Wert liegt. Aus *Tabelle 5.4* wird ersichtlich, daß dies bei mehreren Datenkonstellationen nicht der Fall ist; wie nachfolgend dargelegt werden soll, sind daher die Wahrscheinlichkeiten, mit denen die einzelnen Datenkonstellationen auftreten, wie auch die Zuschlagswahrscheinlichkeiten für alternative eigene Gesamtangebote für die grundsätzliche Beurteilung der Vorteilhaftigkeit des Kompensationsgeschäfts entscheidend.

60) Vereinfachend wird hier ausschließlich der Fall zeitgleicher Abwicklung von Kauf und Gegenkauf betrachtet; stehen andere Abwicklungsformen des Kompensationsgeschäfts ebenfalls zur Disposition, so ist der Ansatz entsprechend zu erweitern.

Ausgangssituation				Optimaler Gesamtgewinn des westlichen Anbieters $G(p_{hi} \| p_{gj}^{s,rel}; Q_z)$	Gewinn des ausländischen Nachfragers aus dem Absatz der Gegenwaren	Netto-Anschaffungsauszahlung des ausländischen Nachfragers A_{0i}^{W}
p_{h1} = 2.500.000	Q_1 = 0,7	Gegenwaren-Preisniveau 1	FK	446.967	208.350	2.291.650
			EK	593.333	195.800	2.304.200
		Gegenwaren-Preisniveau 2	FK	449.680	296.200	2.203.800
			EK	475.000	310.000	2.190.000
	Q_2 = 0,8	Gegenwaren-Preisniveau 1	FK	412.670	245.700	2.254.300
			EK	560.000	237.500	2.262.500
		Gegenwaren-Preisniveau 2	FK	421.700	355.000	2.145.000
			EK	426.900	365.500	2.134.500
p_{h2} = 2.750.000	Q_1 = 0,7	Gegenwaren-Preisniveau 1	FK	673.950	235.000	2.515.000
			EK	820.000	225.000	2.525.000
		Gegenwaren-Preisniveau 2	FK	682.195	426.550	2.323.450
			EK	691.990	348.100	2.401.900
	Q_2 = 0,8	Gegenwaren-Preisniveau 1	FK	632.685	274.300	2.475.700
			EK	800.000	375.000	2.375.000
		Gegenwaren-Preisniveau 2	FK	641.700	405.000	2.345.000
			EK	636.990	411.550	2.338.450
p_{h3} = 3.000.000	Q_1 = 0,7	Gegenwaren-Preisniveau 1	FK	897.700	260.000	2.740.000
			EK	1.050.000	375.000	2.625.000
		Gegenwaren-Preisniveau 2	FK	906.700	380.000	2.620.000
			EK	906.880	388.600	2.611.400
	Q_2 = 0,8	Gegenwaren-Preisniveau 1	FK	- - -	- - -	- - -
			EK	1.036.664	381.800	2.618.200
		Gegenwaren-Preisniveau 2	FK	861.700	455.000	2.545.000
			EK	846.950	457.750	2.542.250

FK: Fremdkompensation
EK: Eigenkompensation

Tab. 5.4: Mögliche Ergebnisse aus dem Kompensationsgeschäft für den westlichen Anbieter und für den ausländischen Nachfrager

Da es sich bei der vorliegenden Entscheidungssituation um eine **Ausschreibung** handelt, sind zur Preisbestimmung zusätzlich
- das Angebotsverhalten der Konkurrenten sowie
- das Zuschlagsverhalten des ausländischen Nachfragers

zu berücksichtigen.

Bezüglich des **Zuschlagsverhaltens des ausländischen Nachfragers** wird angenommen, daß der wirtschaftlichste Anbieter, also derjenige, dessen Gesamtangebot aus Haupt- und Gegenleistung zur geringsten Netto-Anschaffungsauszahlung für den ausländischen Nachfrager führt, den Zuschlag erhält. Das **Angebotsverhalten der Konkurrenten** läßt sich wie folgt charakterisieren: Der westliche Anbieter weiß, daß genau drei Konkurrenten in der Lage sind, die vom ausländischen Partner nachgefragte Hauptleistung anzubieten. Dabei geht er davon aus, daß sie sich alle mit Sicherheit an der aktuellen Ausschreibung beteiligen werden. Aus vergangenen Ausschreibungen kann der westliche Anbieter zunächst feststellen, mit welchen absoluten Häufigkeiten die einzelnen Konkurrenten in der Vergangenheit bestimmte Preise gefordert haben. Um die unterschiedlichen Dimensionen der vergangenen Ausschreibungen miteinander vergleichbar zu machen, relativiert er dabei die verschiedenen vergangenen Preisforderungen anhand der von ihm geschätzten jeweiligen Auftragserfüllungskosten der einzelnen Aufträge. *Tabelle 5.5* zeigt die absolute **Häufigkeitsverteilung der relativen Preisforderungen** der drei Konkurrenten.

Relative Preisforderung $p_{hq}^{l,rel}$	**Absolute Häufigkeiten der relativen Konkurrenzpreisforderungen**		
	Konkurrent 1	**Konkurrent 2**	**Konkurrent 3**
95	5	5	0
100	15	10	10
105	20	15	15
110	10	15	20
115	0	5	5
Summe	50	50	50

Tab. 5.5: Absolute Häufigkeiten der relativen Konkurrenzpreisforderungen bei vergangenen Ausschreibungen

Die Relativierung der absoluten Häufigkeiten anhand der einzelnen Fallzahlen führt zu den gesuchten Eintrittswahrscheinlichkeiten für die relativen Konkurrenzpreisforderungen. Berücksichtigt man die für die aktuelle Ausschreibung geschätzten Auftragserfüllungskosten in Höhe von 2.400.000, so kann die Wahrscheinlichkeitsverteilung der absoluten Konkurrenzpreisforderungen bei der aktuellen Ausschreibung dadurch ermittelt werden, daß die einzelnen relativen Preisforderungen mit den aktuellen Auftragserfüllungskosten multipliziert werden (vgl. *Tabelle 5.6*).

Absolute Preisforderung p_{hq}^{l}	Eintrittswahrscheinlichkeiten der absoluten Konkurrenzpreisforderungen		
	Konkurrent 1 $P(p_{hq}^{1})$	**Konkurrent 2** $P(p_{hq}^{2})$	**Konkurrent 3** $P(p_{hq}^{3})$
2.280.000	0,1	0,1	0
2.400.000	0,3	0,2	0,2
2.520.000	0,4	0,3	0,3
2.640.000	0,2	0,3	0,4
2.760.000	0	0,1	0,1
Summe	1	1	1

Tab. 5.6: Wahrscheinlichkeitsverteilung der absoluten Konkurrenzpreisforderungen bei der aktuellen Ausschreibung

In einem weiteren Schritt hat der westliche Anbieter die **Gegengeschäftsangebote** der einzelnen Konkurrenten zu prognostizieren; die einzelnen Gegengeschäftsangebote schlagen sich dabei in einem bestimmten Gewinn für den ausländischen Nachfrager nieder. Der westliche Anbieter schätzt, daß die verschiedenen k Gegengeschäftsangebote der einzelnen $l = 1,..., 3$ Konkurrenten, W_k^l, mit folgenden Gewinnen $G(W_k^l)$ für den ausländischen Nachfrager verbunden sind:

$G(W_1^l) = 100.000,$
$G(W_2^l) = 150.000,$
$G(W_3^l) = 200.000,$
$G(W_4^l) = 250.000.$

Für jeden einzelnen Konkurrenten muß der westliche Anbieter eine Schätzung abgeben, mit welcher Wahrscheinlichkeit der Konkurrent l ein Gegengeschäftsangebot W_k^l macht, wenn er für die Hauptleistung eine Preisforderung in Höhe von p_{hq}^l stellt; gesucht sind also die **bedingten Wahrscheinlichkeiten** $P(W_k^l \mid p_{hq}^l)$ für alle k, q, l. Die Ergebnisse der (subjektiven) Wahrscheinlichkeitsschätzung des westlichen Anbieters sind in *Tabelle 5.7* enthalten.

Absolute Preisforderung p_{hq}^1		Bedingte Wahrscheinlichkeiten eines Gegengeschäftsangebots W_k^1 bei einer Preisforderung p_{hq}^1 $P(W_k^1 \mid p_{hq}^1)$				Summe
		Warenkorb 1 ($G(W_1^1) = 100.000$) $P(W_1^1 \mid p_{hq}^1)$	Warenkorb 2 ($G(W_2^1) = 150.000$) $P(W_2^1 \mid p_{hq}^1)$	Warenkorb 3 ($G(W_3^1) = 200.000$) $P(W_3^1 \mid p_{hq}^1)$	Warenkorb 4 ($G(W_4^1) = 250.000$) $P(W_4^1 \mid p_{hq}^1)$	
2.280.000	Konkurrent 1	0,4	0,3	0,2	0,1	1
2.400.000		0,3	0,3	0,2	0,2	1
2.520.000		0,2	0,3	0,4	0,1	1
2.640.000		0,2	0,2	0,4	0,2	1
2.760.000		0,1	0,2	0,3	0,4	1
2.280.000	Konkurrent 2	0,3	0,3	0,2	0,2	1
2.400.000		0,3	0,4	0,2	0,1	1
2.520.000		0,2	0,2	0,4	0,2	1
2.640.000		0,2	0,3	0,4	0,1	1
2.760.000		0,1	0,1	0,4	0,4	1
2.280.000	Konkurrent 3	0,3	0,3	0,2	0,2	1
2.400.000		0,2	0,3	0,4	0,1	1
2.520.000		0,3	0,2	0,2	0,3	1
2.640.000		0,2	0,2	0,3	0,3	1
2.760.000		0,1	0,2	0,3	0,4	1

Tab. 5.7: Bedingte Wahrscheinlichkeiten der einzelnen Gegengeschäftsangebote der Konkurrenten bei alternativen Preisforderungen für die Hauptleistung

Die **gemeinsamen Wahrscheinlichkeiten**, daß Konkurrent 1 ein Gegengeschäftsangebot W_k^1 macht und für die Hauptleistung eine Preisforderung in Höhe von p_{hq}^1 stellt, ergeben sich gemäß *Gleichung (4.74)* als:

$$P(W_k^1 \cap p_{hq}^1) = P(W_k^1 \mid p_{hq}^1) \cdot P(p_{hq}^1) \qquad \text{(für alle k, q, l).}$$

Diese Wahrscheinlichkeiten sind also jeweils einem bestimmten Gesamtangebot $W_k^1 \cap p_{hq}^1$ zugeordnet; jedes Gesamtangebot der Konkurrenten ist dabei aus der Sicht des ausländischen Nachfragers mit einer bestimmten Netto-Anschaffungsauszahlung

Netto-Anschaffungs-auszahlung für den ausländischen Nachfrager A^{1}_{0kq}	Gemeinsame Wahrscheinlichkeiten eines Gegengeschäftsangebots W^{1}_{k} und einer Preisforderung p^{1}_{hq} $P(W^{1}_{k} \cap p^{1}_{hq})$		
	Konkurrent 1 $P(W^{1}_{k} \cap p^{1}_{hq})$	Konkurrent 2 $P(W^{2}_{k} \cap p^{2}_{hq})$	Konkurrent 3 $P(W^{3}_{k} \cap p^{3}_{hq})$
2.030.000	0,01	0,02	0,00
2.080.000	0,02	0,02	0,00
2.130.000	0,03	0,03	0,00
2.150.000	0,06	0,02	0,02
2.180.000	0,04	0,03	0,00
2.200.000	0,06	0,04	0,08
2.250.000	0,09	0,08	0,06
2.270.000	0,04	0,06	0,09
2.300.000	0,09	0,06	0,04
2.320.000	0,16	0,12	0,06
2.370.000	0,12	0,06	0,06
2.390.000	0,04	0,03	0,12
2.420.000	0,08	0,06	0,09
2.440.000	0,08	0,12	0,12
2.490.000	0,04	0,09	0,08
2.510.000	0,00	0,04	0,04
2.540.000	0,04	0,06	0,08
2.560.000	0,00	0,04	0,03
2.610.000	0,00	0,01	0,02
2.660.000	0,00	0,01	0,01
Summe	1	1	1

Tab. 5.8: Gemeinsame Wahrscheinlichkeiten der einzelnen Gegengeschäftsangebote und Preisforderungen für die Hauptleistung der Konkurrenten

$A_{0kq}{}^{l}$ für die Hauptleistung verbunden. *Tabelle 5.8* zeigt für die verschiedenen Netto-Anschaffungsauszahlungen für den ausländischen Nachfrager, welche aus den einzelnen Kombinationen aus Preisforderung für die Hauptleistung und Gegengeschäftsangebot resultieren, die zugehörigen Eintrittswahrscheinlichkeiten bei den einzelnen Konkurrenten.

Auf der Basis der in *Tabelle 5.8* angegebenen Wahrscheinlichkeitsverteilungen lassen sich für alle Gesamtangebote des westlichen Anbieters, welche aus der Sicht des ausländischen Nachfragers mit Netto-Anschaffungsauszahlungen in Höhe von $A_{0i}{}^{W}$ verbunden sind, die zugehörigen **Erfolgswahrscheinlichkeiten gegenüber den einzelnen Konkurrenten** errechnen. Allgemein resultieren sie aus *Gleichung (4.75)* als:

$$P[z_l(A_{0i}{}^{W})] = \sum_{A_{0kq}{}^{l} > A_{0i}{}^{W}} P(W_k{}^{l} \cap p_{hq}{}^{l}) \qquad \text{(für alle i, k, q, l).}$$

Aus den ermittelten Erfolgswahrscheinlichkeiten gegenüber den einzelnen Konkurrenten und unter der Annahme, die Konkurrenten würden sich unabhängig voneinander verhalten, resultiert die **Zuschlagswahrscheinlichkeit** (d. h. die Erfolgswahrscheinlichkeit gegenüber **allen** Konkurrenten) durch Multiplikation der Erfolgswahrscheinlichkeiten gegenüber den einzelnen Konkurrenten für jedes eigene Gesamtangebot $A_{0i}{}^{W}$. Gemäß *Gleichung (4.76)* gilt also:

$$P[z(A_{0i}{}^{W})] = \prod_{l=1}^{L} P[z_l(A_{0i}{}^{W})] \qquad \text{(für alle i).}$$

Die für dieses Beispiel resultierenden Erfolgswahrscheinlichkeiten gegenüber den einzelnen Konkurrenten und die sich daraus ergebenden Zuschlagswahrscheinlichkeiten für den westlichen Anbieter sind aus *Tabelle 5.9* ersichtlich. Die *Abbildung 5.1* zeigt für die verschiedenen Gesamtangebote des westlichen Anbieters - bzw. für die damit verbundenen Netto-Anschaffungsauszahlungen beim ausländischen Nachfrager - die absoluten Gewinne, die Zuschlagswahrscheinlichkeiten und die zugehörigen (bedingten) Gewinnerwartungswerte im Falle des Zuschlags.[61)] Im Gegensatz zu den herkömmlichen Competitive-Bidding-Modellen ist der Verlauf der Gewinn- und der Gewinnerwartungswertfunktion nicht monoton. Der Grund ist darin zu sehen, daß sich die Gewinne des westlichen Anbieters aus der Kombination aus dem Gewinn aus dem Absatz der Hauptleistung und dem Gewinn aus der Verwendung der Gegenwaren ergeben; letzterer weist einen stark schwankenden Verlauf auf, da er bei gleicher eigener Preisforderung und gleicher Datenkonstellation je nachdem, ob Eigen- oder Fremdkompensation gewählt wird, unterschiedlich hoch ausfällt. Darüber hinaus

61) Es handelt sich insofern um bedingte Gewinnerwartungswerte, als die einzelnen darin eingehenden Gegengeschäftsangebote jeweils für eine spezifische Kombination aus eigener Preisforderung des westlichen Anbieters, Preisniveau der Gegenwaren und Kompensationsquote resultieren.

Ausgangssituation				Netto-Anschaffungsauszahlung des ausländischen Nachfragers A_{0i}^W	Erfolgswahrscheinlichkeiten gegenüber den einzelnen Konkurrenten			Zuschlagswahrscheinlichkeit $P[z(A_{0i}^W)]$
					$P[z_1(A_{0i}^W)]$	$P[z_2(A_{0i}^W)]$	$P[z_3(A_{0i}^W)]$	
p_{h1} = 2.500.000	Q_1 = 0,7	Gegenwaren-Preisniveau 1	FK	2.291.650	0,65	0,70	0,75	0,3413
			EK	2.304.200	0,56	0,64	0,71	0,2545
		Gegenwaren-Preisniveau 2	FK	2.203.800	0,78	0,84	0,90	0,5897
			EK	2.190.000	0,84	0,88	0,98	0,7244
	Q_2 = 0,8	Gegenwaren-Preisniveau 1	FK	2.254.300	0,69	0,76	0,84	0,4405
			EK	2.262.500	0,69	0,76	0,84	0,4405
		Gegenwaren-Preisniveau 2	FK	2.145.000	0,94	0,93	1	0,8742
			EK	2.134.500	0,94	0,93	1	0,8742
p_{h2} = 2.750.000	Q_1 = 0,7	Gegenwaren-Preisniveau 1	FK	2.515.000	0,04	0,12	0,14	0,0007
			EK	2.525.000	0,04	0,12	0,14	0,0007
		Gegenwaren-Preisniveau 2	FK	2.323.450	0,4	0,52	0,65	0,1352
			EK	2.401.900	0,24	0,43	0,47	0,0485
	Q_2 = 0,8	Gegenwaren-Preisniveau 1	FK	2.475.700	0,08	0,25	0,26	0,0052
			EK	2.375.000	0,28	0,46	0,59	0,0760
		Gegenwaren-Preisniveau 2	FK	2.345.000	0,4	0,52	0,65	0,1352
			EK	2.338.450	0,4	0,52	0,65	0,1352
p_{h3} = 3.000.000	Q_1 = 0,7	Gegenwaren-Preisniveau 1	FK	2.740.000	0	0	0	0
			EK	2.625.000	0	0,01	0,01	0
		Gegenwaren-Preisniveau 2	FK	2.620.000	0	0,01	0,01	0
			EK	2.611.400	0	0,01	0,01	0
	Q_2 = 0,8	Gegenwaren-Preisniveau 1	FK	- - -	- - -	- - -	- - -	- - -
			EK	2.618.200	0	0,01	0,01	0
		Gegenwaren-Preisniveau 2	FK	2.545.000	0	0,06	0,06	0
			EK	2.542.250	0	0,06	0,06	0

FK: Fremdkompensation
EK: Eigenkompensation

Tab. 5.9: Erfolgswahrscheinlichkeiten gegenüber der einzelnen Konkurrenten und Zuschlagswahrscheinlichkeiten bei alternativen eigenen Gesamtangeboten des westlichen Anbieters

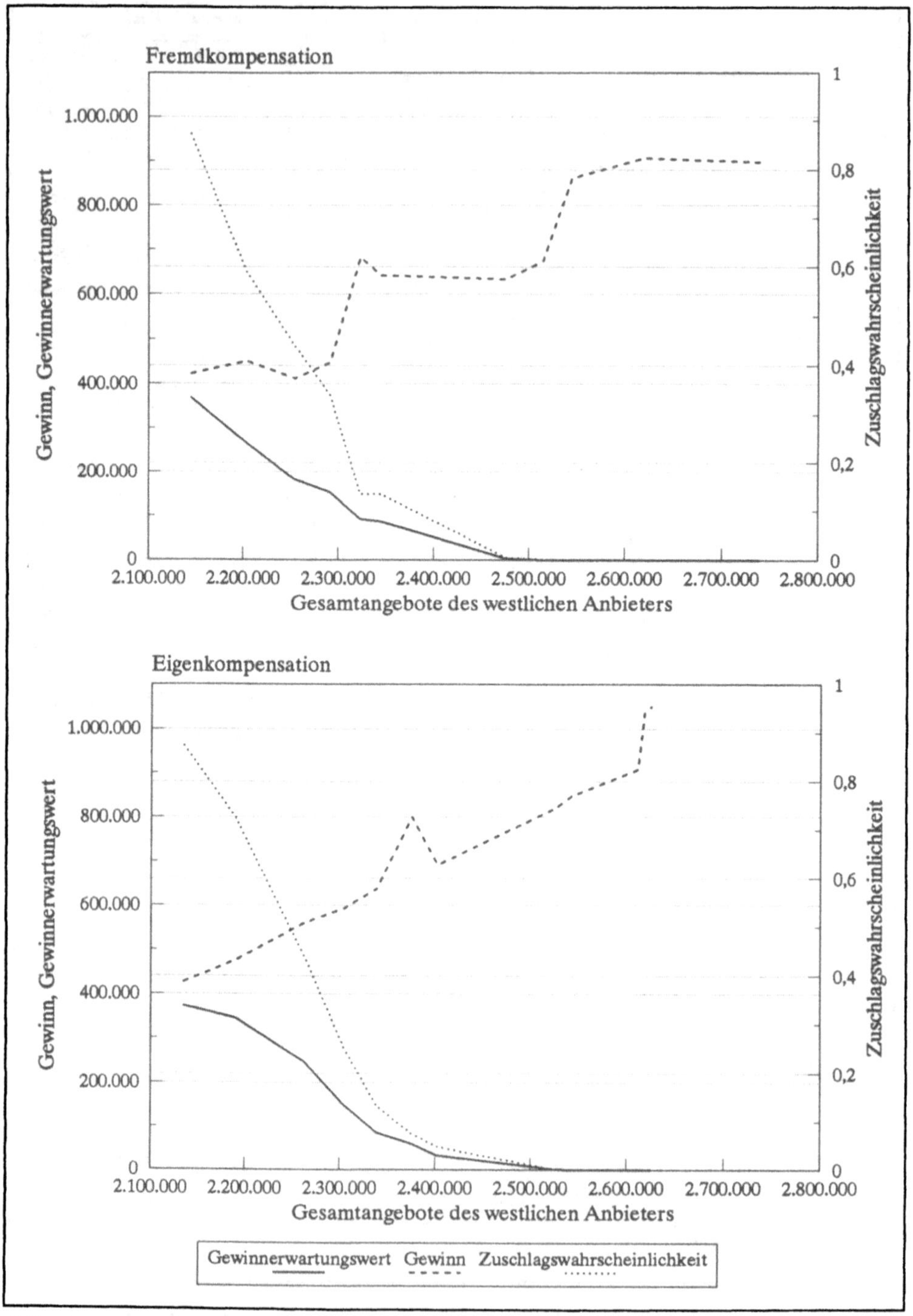

Abb. 5.1: Gewinne, Zuschlagswahrscheinlichkeiten und bedingte Gewinnerwartungswerte bei alternativen eigenen Gesamtangeboten des westlichen Anbieters

verläuft der Gewinn aus der Verwendung der Gegenwaren selbst **innerhalb** der beiden Verwendungsalternativen nicht monoton (vgl. *Tabelle 5.4*).

Der westliche Anbieter verfügt nun über sämtliche Daten, welche er zur Bestimmung der optimalen Preisforderung benötigt. Die Alternative $p_3 = 3.000.000$ ist dabei nicht weiter zu berücksichtigen, da die Zuschlagswahrscheinlichkeit für jede Verwendungsalternative der Gegenwaren und für jede mögliche Datenkonstellation durchweg Null beträgt; somit ist auch der zugehörige Gewinnerwartungswert $E[(G(p_3)] = 0$. Da bei den übrigen Preisalternativen in allen Fällen nicht-negative Gewinnwerte resultieren, sind die zugehörigen Gewinnerwartungswerte auf jeden Fall positiv, so daß die Alternative $p_3 = 3.000.000$ ineffizient und daher von der weiteren Betrachtung auszuschließen ist.

Zur simultanen Ermittlung der optimalen Preisforderung und der optimalen Verwendungsalternative für die Gegenwaren empfiehlt sich die Anwendung eines **flexiblen Planungsansatzes** (vgl. z. B. *Berndt*, 1992, S. 191 f.). In einem ersten Schritt ist für jede eigene Preisforderung und jede mögliche Datenkonstellation die optimale Folgeentscheidung zu treffen, d. h. die Entscheidung zwischen Eigen- oder Fremdkompensation; auf der Grundlage der jeweils optimalen Folgeentscheidungen sind anschließend die Gewinnerwartungswerte der alternativen Preisforderungen zu bestimmen. Bei risikoneutraler Einstellung ist diejenige Preisforderung optimal, welche den Gewinnerwartungswert maximiert.

Die Ermittlung der optimalen Folgeentscheidung erfolgt dadurch, daß die bei Eigen- bzw. Fremdkompensation bei jeder Preisforderung und jeder Datenkonstellation resultierenden Gewinne mit der zugehörigen Zuschlagswahrscheinlichkeit multipliziert werden (die hierfür erforderlichen Daten sind den *Tabellen 5.4* und *5.9* zu entnehmen). Die daraus resultierenden (bedingten) Gewinnerwartungswerte ermöglichen eine Aussage über die Vorteilhaftigkeit der beiden Verwendungsalternativen für jede Ausgangssituation; vorzuziehen ist die Alternative mit dem höheren Gewinnerwartungswert.

Die vorliegende Entscheidungssituation ist aus dem Entscheidungsbaum der *Abbildung 5.2* ersichtlich; die bedingten Gewinnerwartungswerte einer jeden Folgeentscheidung sind bei den einzelnen Ergebnisknoten in Klammern angegeben. Mit dem Symbol "*" wird dabei der Gewinnerwartungswert der jeweils optimalen Folgeentscheidung charakterisiert, $E[G^*(p_{hi} \mid p_{gj}^{s,rel}; Q_z)]$. Für die weitere Analyse sind ausschließlich die auf diese Weise errechneten optimalen Gewinnerwartungswerte zugrunde zu legen.

Unter Berücksichtigung der Wahrscheinlichkeitsverteilung der möglichen Kompensationsforderungen sowie der Wahrscheinlichkeitsverteilung für das Auftreten alterna-

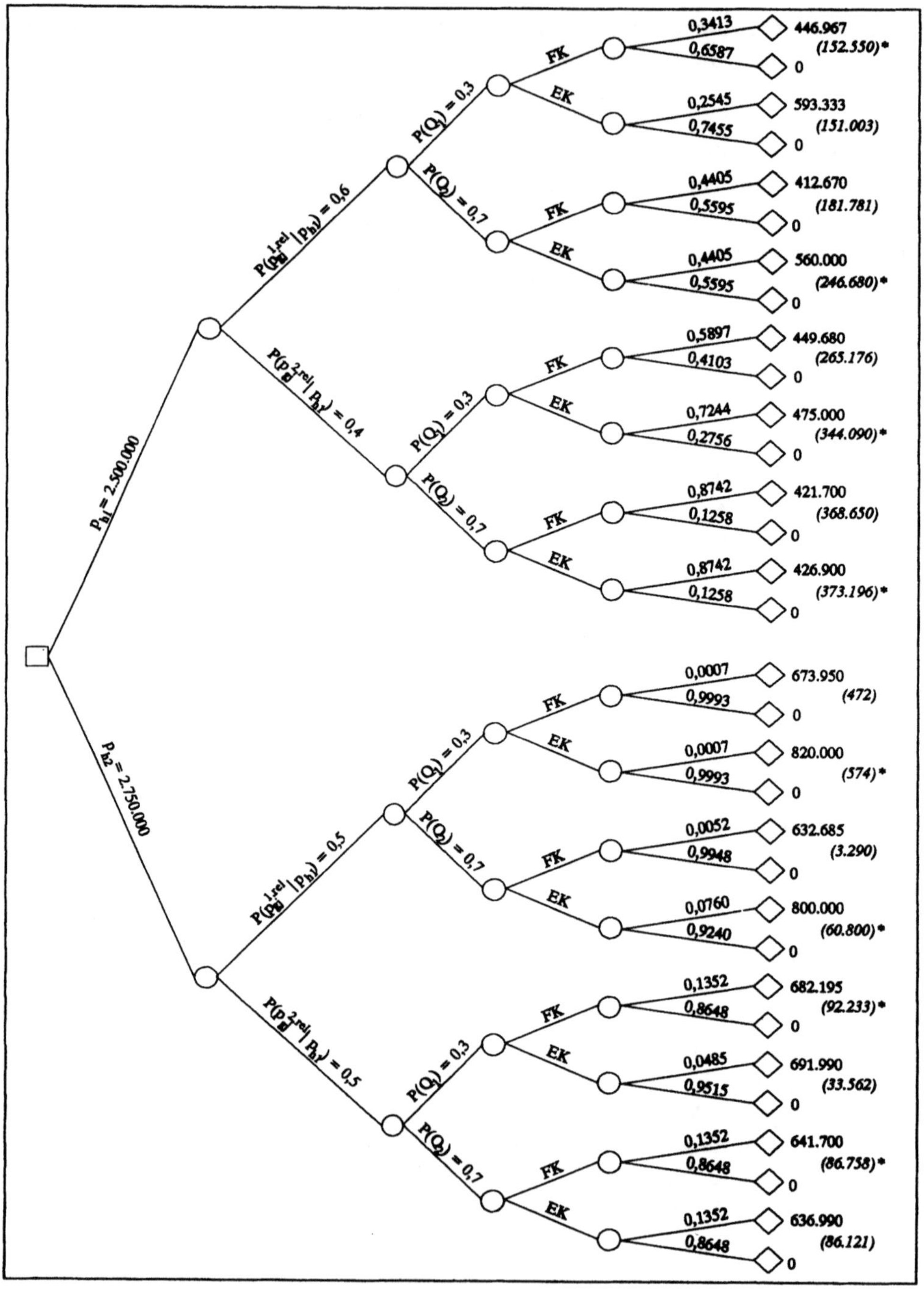

Abb. 5.2: Entscheidungsbaum zur simultanen Bestimmung der optimalen Preisforderung für die Hauptleistung und der optimalen Verwendung der Gegenwaren für den westlichen Anbieter

tiver Preisforderungen für die Gegenwaren resultiert für jede eigene Preisforderung p_{hi} gemäß *Gleichung (4.80)* allgemein folgender **Gewinnerwartungswert**:

$$E[G(p_{hi})] = \sum_{s=1}^{S} P(p_{gj}^{s,rel} \mid p_{hi}^{rel}) \cdot \sum_{z=1}^{Z} P(Q_z) \cdot P[z(A_{0i}^{W})] \cdot G^*(p_{hi} \mid p_{gj}^{s,rel}; Q_z)$$

(für alle i).

Bei der Zielsetzung der Gewinnmaximierung und risikoneutraler Einstellung ist derjenige Preis p_{hi}^* optimal, welcher $E[G(p_{hi})]$ maximiert.

Für die vorliegende Entscheidungssituation resultieren folgende **Gewinnerwartungswerte**:

$E[G(p_{h1})]$ = 276.850 und
$E[G(p_{h2})]$ = 65.566;

somit ist die Alternative p_1 = 2.500.000 optimal. Fordert der ausländische Nachfrager Gegenwaren-Preise gemäß Preisniveau 1 und eine Kompensationsquote in Höhe von Q_1 = 0,7, so ist vom westlichen Anbieter die Alternative "Fremdkompensation" mit dem zugehörigen, vorab ermittelten optimalen Warenkorb zu wählen; in allen anderen Fällen ist die Alternative "Eigenkompensation" überlegen, da sie zu höheren Gewinnerwartungswerten führt. An dieser Stelle ist darauf hinzuweisen, daß p_1 = 2.500.000 eine dominante Alternative darstellt, da sie bei gleicher Ausgangssituation durchweg bessere Ergebnisse zur Folge hat als p_2 = 2.750.000.

Auf der Basis der auf diese Weise ermittelten Ergebnisse kann abschließend die Entscheidung über die grundsätzliche Vorteilhaftigkeit des betrachteten Kompensationsgeschäfts getroffen werden; als Vergleichsgröße ist zu diesem Zweck der optimale Gewinn ohne Kompensationsgeschäft in Höhe von 466.700 heranzuziehen. Es wird ersichtlich, daß bei Verfolgen des Ziels der Gewinnmaximierung und risikoneutraler Einstellung der westliche Anbieter **nicht** am Kompensationsgeschäft teilnehmen wird, da der optimale Gewinnerwartungswert im Falle der Teilnahme am Kompensationsgeschäft in Höhe von 276.850 deutlich niedriger ausfällt als der (sichere) Gewinn bei Nichtteilnahme in Höhe von 466.700. Verfolgt der westliche Anbieter andere Ziele, z. B. Markteintritt (ggf. unter der Bedingung eines bestimmten Mindestgewinns), so kann - in Abhängigkeit des angestrebten Mindestgewinns - das Kompensationsgeschäft dagegen vorteilhaft sein. Dies kann auch dann der Fall sein, wenn der westliche Anbieter eine risikofreudige Einstellung hat. Bei risikofreudiger Einstellung kann zudem auch die Preisforderung p_2 = 2.750.000 optimal werden, da die absoluten Gewinne im Falle des Zuschlags durchweg höher sind als bei p_1 = 2.500.000 und bei Risikofreude höhere Ergebniswerte überproportional höher bewertet werden als niedrige; dies ist jedoch von der konkreten Entscheidungsregel abhängig.

6. Teil: Zusammenfassung und Ausblick

Aufgrund der gestiegenen Häufigkeit von Geschäften auf Kompensationsbasis hat die Planung und Durchführung von Kompensationsgeschäften eine besondere Aktualität gewonnen. Wie eingangs erwähnt wurde, entbehrt die Abwicklung von Gegengeschäften in der Praxis in vielen Fällen einer systematischen Vorgehensweise, so daß vielfach Geschäfte abgeschlossen werden, die sich im nachhinein als unrentabel entpuppen. Mag die Durchführung von Kompensationsgeschäften als Ergebnis von ad-hoc-Entscheidungen ausreichend sein, wenn ein Unternehmen nur selten mit solchen Geschäften konfrontiert wird, so ist bei großen, multinational tätigen Unternehmen eine systematische Einbindung von Gegengeschäften in die Unternehmensplanung fast unumgänglich, da gerade solche Unternehmen besonders häufig Kompensationsforderungen zu erfüllen haben. Aber auch mittelständische Unternehmen sehen sich zusehends mit Kompensationsforderungen konfrontiert - gerade bei diesen fehlt jedoch meist das Know-how, um Gegengeschäfte erfolgreich abzuwickeln, was häufig zur Folge hat, daß an sich attraktive Geschäfte abgelehnt werden müssen. Die Notwendigkeit, die Planung von Kompensationsgeschäften methodisch zu fundieren, wird noch dadurch verstärkt, daß diese Thematik in der Literatur in überwiegend deskriptiver Weise behandelt wird, so daß echte Entscheidungshilfen kaum gegeben sind.

Im Rahmen der vorliegenden Arbeit wurde zunächst im 2. Teil die bisherige Praxis von Kompensationsgeschäften analysiert; wertvolle Erkenntnisse konnten dabei vor allem aus einer Reihe von persönlichen Interviews mit Vertretern von Industrie und Handel gewonnen werden. Im 3. Teil wurde anschließend aufgezeigt, auf welche Weise die Planung eines Kompensationsgeschäfts auf der Grundlage geeigneter methodischer Ansätze vorgenommen werden kann. Aufgrund der besonderen Bedeutung der Preisfindung bei internationalen Kompensationsgeschäften - insbesondere bei solchen, die in Form internationaler Ausschreibungen initiiert werden - wurde diese Thematik im 4. Teil herausgegriffen und ausführlich behandelt. Es konnte gezeigt werden, daß es durchaus möglich ist, auch im Rahmen von Kompensationsgeschäften optimale Preise zu bestimmen; schwerpunktmäßig wurde dabei die Preisfindung aus der Sicht des westlichen Anbieters betrachtet, es wurde jedoch auch aufgezeigt, auf welche Weise eine simultane Optimierung der Preise für die Haupt- und für die Gegenleistung erfolgen kann.

Bei den vorgestellten Ansätzen wurde dabei ein besonderer Wert zum einen auf eine entscheidungsorientierte Vorgehensweise, zum anderen aber auch auf die Praktikabilität der Methoden gelegt; aus diesem Grunde wurde auch aufgezeigt, auf welche Weise die in die Modelle eingehenden Inputdaten in der Praxis gewonnen werden können. Dabei erfolgte die Analyse sowohl für einen westlichen Anbieter, als auch aus der Sicht eines ausländischen Nachfragers; letzteres schien deswegen besonders wichtig, weil es sich bei den ausländischen Nachfragern immer noch häufig um staatliche Stellen handelt, die in Kompensationsgeschäften eine Art "Patentrezept" zur Lösung der wirtschaftlichen Probleme des eigenen Landes sehen; die ausländischen Geschäftspartner vermögen aber häufig nicht zu erkennen, daß die von ihnen gestellten Bedingungen nicht den durchschlagenden Erfolg bringen können, den sie sich durch ein Kompensationsgeschäft versprechen.

Auch in Zukunft muß weiterhin mit einer großen Bedeutung von Kompensationsgeschäften gerechnet werden. Dies wurde auch von den meisten der von der Verfasserin befragten Unternehmen bestätigt: Gerade auch in westlichen Industrieländern werden Großprojekte im zivilen und insbesondere im militärischen Bereich immer häufiger als Offset-Geschäfte abgewickelt; mittlerweile ist für militärische Aufträge die Form des Offsets in 40 Ländern sogar gesetzlich vorgeschrieben. Speziell im **Ost-West-Geschäft** wird erwartet, daß die Häufigkeit von Kompensationsgeschäften zunehmen wird. Allgemein wird davon ausgegangen, daß die von den ausländischen Partnern gestellten Bedingungen härter werden: Die Spezifikation bzgl. der zu erbringenden Leistungen sowie Auflagen wie z. B. Transferklausel und Pönale werden immer enger gefaßt werden, bereits jetzt zeichnet sich ab, daß die einzelnen Countertrade fordernden Länder die Vertragsbedingungen aneinander anpassen, und zwar mit immer restriktiveren Klauseln.

Die Projekte werden nach Aussage der befragten Unternehmen aufgrund der angespannten wirtschaftlichen Lage in den Reformstaaten immer kleiner werden; mit Prestigeprojekten wie z. B. dem eingangs erwähnten Erdgas-Röhren-Geschäft mit der ehemaligen Sowjetunion ist in absehbarer Zeit nicht mehr zu rechnen, da vielfach nicht mehr mit staatlichen Institutionen, sondern mit den einzelnen Betrieben verhandelt wird. Demzufolge wird auch die angebotene Produktpalette kleiner, was für den westlichen Partner i. d. R. erhöhte Kosten - z. B. aufgrund hoher Stützungssätze für wenig attraktive Gegenwaren - zur Folge haben wird. Ein Problem wird dabei die Koordination der Countertrade-Aktivitäten darstellen: Aufgrund unklarer Kompetenzen und Zuständigkeiten in dieser Phase der wirtschaftlichen und politischen Umwälzung wird die Abwicklung von Kompensationsgeschäften tendenziell schwieriger werden.

Eine Zunahme von Kompensationsgeschäften - insbesondere in der Form der Handelskompensation - wird auch auf Betreiben der westlichen Seite forciert werden, da sich durch den Umbruch im Osten neue Märkte mit z. T. erheblichen Potentialen geöffnet haben; die Devisenknappheit und die z. T. hohe Auslandsverschuldung der Reformstaaten führt jedoch dazu, daß eine Marktbearbeitung im Wege herkömmlicher Außenhandelstransaktionen nicht möglich ist. Die Betriebe sind nunmehr selbst für die Beschaffung der benötigten Devisen verantwortlich; hinzu kommt, daß beispielsweise in der ehemaligen Sowjetunion die Gemeinden 20% Eigenbehalt der erwirtschafteten Devisen beanspruchen, wodurch das Problem zusätzlich verschärft wird. Die Geschäfte werden daher zumindest parallel geschaltet oder gar als Junktimgeschäfte abgewickelt werden müssen, um die Zahlungsfähigkeit der ausländischen Partner gewährleisten zu können.

Ob mit einem Anstieg der geforderten Kompensationsquoten zu rechnen sein wird, wird in der Praxis unterschiedlich beurteilt. Für ein Ansteigen der Quoten spricht die bereits erwähnte wirtschaftliche Krisensituation in vielen Ländern. Diese Erwartung wurde bislang jedoch nicht bestätigt; stattdessen konnte z. T. von einigen Unternehmen sogar eine weniger aggressive Gegengeschäftspolitik verzeichnet werden: Gerade deshalb, weil die meisten Geschäfte in Zukunft nicht mehr mit staatlichen Außenhandelsorganisationen, sondern mit den einzelnen Betrieben abgewickelt werden, ist damit zu rechnen, daß eine Rückkehr zu herkömmlichen Wirtschaftsmethoden stattfinden wird. Dagegen sieht einer der Befragten noch für die nächsten 10 bis 30 Jahre eine weiterhin anhaltende große Bedeutung von Kompensationsgeschäften im internationalen Handel: Gerade durch Kompensationsgeschäfte könne die Umstrukturierung von Staatshandels- zu Marktwirtschaften überhaupt bewerkstelligt werden. Erst wenn die Wirtschaft in den Reformstaaten ein Niveau erreicht haben wird, bei dem eine Konvertibilität der Währung auf Dauer gewährleistet ist, wird die Bedeutung von Countertrade zurückgehen.

Anhang: Interviewerleitfaden

A. Allgemeine Fragen

I. Bedeutung von Kompensationsgeschäften

(1) Können Sie eine Schätzung über den Anteil von Gegengeschäften am Welthandel abgeben
- insgesamt
- nach Ländergruppen (westliche Industrieländer, Osteuropa, Schwellen- und Entwicklungsländer)
- nach Formen von Geschäften (Barter, Kompensation i. e. S., Gegenkaufgeschäfte, Buy-back-Geschäfte, Offset-Geschäfte)?

(2) Ist die Bedeutung von Kompensationsgeschäften in letzter Zeit gestiegen? Wenn ja, worauf läßt sich das zurückführen?

II. Motive für die Teilnahme an Kompensationsgeschäften

(1) Beteiligen Sie sich regelmäßig an Kompensationsgeschäften, oder nur in Ausnahmefällen?

(2) Aus welchen Gründen beteiligen Sie sich an Kompensationsgeschäften?

(3) Haben Sie schon einmal Kompensationsgeschäfte abgelehnt? Wenn ja, warum?

(4) Haben Sie gelegentlich auch unrentable Geschäfte im Hinblick auf mögliche Folgeaufträge angenommen?

III. Geschäftsanbahnung

(1) Die Regel ist, daß Kompensationsforderungen vom ausländischen Partner gestellt werden. Ist es bei Ihnen auch der Fall, oder haben Sie schon selbst Kompensationsgeschäfte vorgeschlagen?

(2) In welcher Form treten die ausländischen Partner an Sie heran? (direkte Verhandlungen, Ausschreibungen, über Dritte...)

IV. Länder

(1) Mit welchen Ländern haben Sie bisher Kompensationsgeschäfte getätigt?

(2) Konnten Sie bei den einzelnen Ländergruppen feststellen, ob unterschiedliche Ziele verfolgt werden?

(3) Gibt es bei den einzelnen Ländergruppen bestimmte "typische" Geschäftspraktiken?

(4) In welchen Ländern sind offizielle Bestimmungen zur Abwicklung von Kompensationsgeschäften vorhanden? Können Sie einige konkrete Beispiele nennen?

V. Formen

(1) Welche Arten von Kompensationsgeschäften haben Sie bisher durchgeführt?

(2) Welche Formen treten am häufigsten auf? Konnten Sie im Zeitablauf Veränderungen feststellen?

(3) Gibt es bei den einzelnen Ländergruppen bestimmte Formen von Kompensationsgeschäften, die dort schwerpunktmäßig betrieben werden?

VI. Organisation

(1) Wie ist Countertrade in Ihrem Unternehmen organisatorisch angesiedelt?

(2) Welche Arten der organisatorischen Einbindung von Countertrade in ein Unternehmen halten Sie für sinnvoll, welche nicht? Aus welchen Gründen?

B. Vertragsinhalte

I. Kompensationsquote

(1) Welche Kompensationsquoten werden durchschnittlich in den einzelnen Ländergruppen verlangt?

(2) Von welchen Faktoren hängt die Höhe der Kompensationsquote ab?

(3) Kann über die Höhe der Kompensationsquote verhandelt werden, sofern sie nicht gesetzlich vorgeschrieben ist? Können Sie Beispiele nennen?

II. Gegenwaren

(1) Welche Arten von Gegenwaren werden von den einzelnen Ländergruppen angeboten?

(2) Kann über die abzunehmenden Gegenwaren verhandelt werden?

(3) Ist der Preis für die Gegenwaren höher, niedriger oder gleich dem Weltmarktpreis? Von welchen Faktoren hängt das Preisniveau der Gegenwaren ab?

(4) Werden die Preise der Gegenwaren vom ausländischen Geschäftspartner vorgegeben? Sind Verhandlungsspielräume vorhanden?

(5) Suchen Sie vor Vertragsabschluß gezielt nach potentiellen Lieferanten für die Gegenwaren? Wenn ja, nach welchen Kriterien werden sie ausgesucht?

(6) Verwenden Sie die Gegenwaren selbst, oder schalten Sie Dritte (z. B. Handelshäuser) ein?

(7) Wenn Sie die Gegenwaren selbst vermarkten: Zu welchem Zeitpunkt suchen Sie nach potentiellen Abnehmern?

(8) Zu welchem Zeitpunkt werden Dritte eingeschaltet? Vor oder nach Vertragsabschluß?

III. Kompensationsspezifische Kosten

(1) In welchem Rahmen bewegen sich die Preisstützungen für die einzelnen Warengruppen? (Agrarprodukte, Rohstoffe, Halbfertigerzeugnisse, Fertigwaren, High-Tech-Produkte)

(2) Welche zusätzlichen Kosten entstehen - außer Stützungen - im Vergleich zu einem herkömmlichen Exportgeschäft? (z. B. Provisionen, Kommissionen, etc.) Wie hoch sind sie durchschnittlich? Von welchen Faktoren hängt ihre Höhe ab?

(3) Welche Bedeutung hat die Pönale? Wo wird sie vereinbart? Wie bemißt sie sich? Wovon hängt ihre Höhe ab?

IV. Preise

(1) Werden die kompensationsspezifischen Kosten in voller Höhe auf den Angebotspreis für die Hauptleistung zugeschlagen? Wenn nicht, aus welchen Gründen?

(2) Verlangen sie bei Kompensationsgeschäften tendenziell einen höheren Preis für die Hauptleistung als bei einem herkömmlichen Exportgeschäft? Wenn ja, um wieviel Prozent (durchschnittlich)?

C. Erfahrungen und Perspektiven

(1) Speziell zum Ost-West-Geschäft: Haben Sie seit dem Umbruch im Osten Veränderungen in der Geschäftspraxis feststellen können? (Häufigkeit der Kompensationsforderungen, Höhe der Kompensationsforderungen, Größe des Geschäfts, Art der Partner, u. ä.)

(2) Welche Erfahrungen haben Sie bisher mit Kompensationsgeschäften gemacht? Welche Probleme sind aufgetreten? Welche Fehler sollten vermieden werden?

(3) Wie sehen Sie die Entwicklung von Kompensationsgeschäften für die Zukunft
- in bezug auf das Geschäftsvolumen
- in bezug auf die Art der Abwicklung?

(4) Wird deren Bedeutung zunehmen
- nach Ländergruppen
- nach Formen von Kompensationsgeschäften?

Literaturverzeichnis

Abdel-Latif, A. (1990): The Egyptian Experience with Countertrade. Case Studies, in: Journal of World Trade, Vol. 24 (1990), No. 5, S. 17 - 34

Abt, F. (1985): Risk Management im internationalen Industrieanlagegeschäft, in: io Management Zeitschrift, 54. Jg. (1985), Nr. 7/8, S. 335 - 338.

Abbott, J. (1989): New US Approaches, in: Countertrade and Barter, 1989, No. 21 (April/May), S. 32 - 35

Abbott, J. (1988): Offsets Rift Reaches Washington, in: Countertrade and Barter, 1988, No. 21 (August/September), S. 32 - 35

Agarwala, P. N. (1991): Countertrade: A Global Perspective, New Delhi 1991

Aggarwal, R. (1989): International Business through Barter and Countertrade, in: Long Range Planning, Vol. 22 (1989), No. 3, S. 75 - 81

Akerlof, G. A. (1970): The Market for "Lemons": Quality Uncertainty and the Market Mechanism, in: Quarterly Journal of Economics, Vol. LXXXIV (1970), S. 488 - 500

Albach, H. (1979): Beiträge zur Unternehmensplanung, 3. Aufl., Wiesbaden 1979

Albrecht, U. (1971): Der Handel mit Waffen, München 1971

Alexandrides, C. G., Bowers, B. (1988): The American Way to Countertrade, in: Countertrade and Barter, No. 18 (February/March 1988), S. 44 - 49

Altmann, F.-L., Clement, H. (1979): Die Kompensation als Instrument im Ost-West-Handel. Gutachten im Auftrag des Bundesministers für Wirtschaft, München, Wien 1979

Androsch, H. (1990a): Die weltwirtschaftliche Herausforderung, in: Androsch, H. (Hrsg.): Die weltwirtschaftliche Herausforderung und Konsequenzen für die Unternehmenspolitik, Wiesbaden 1990, S. 313 - 345

Androsch, H. (Hrsg.) (1990b): Die weltwirtschaftliche Herausforderung und Konsequenzen für die Unternehmenspolitik, Wiesbaden 1990

Arnolds, W., Heege, F., Tussing, W. (1990): Materialwirtschaft und Einkauf, 7., durchges. Aufl., Wiesbaden 1990

Aschheim, J. (1968): The Dollar Deficit and German Offseting. Memorandum, Hearing before the Joint Economic Committee, 90. Congr., 2. Sess., Washington 1968

Atkinson, T. R. (1985): How Countertrade is Linked to Foreign Direct Investment, in: Pringle, R. (Hrsg.): Countertrade in the World Economy, New York 1985, S. 53 - 63

Aus, R. M. (1986): Barter Can Save Troubled Loans, in: ABA Banking Journal, Vol. 78 (1986), No. 10, S. 149 - 150

AWT Consulting (1991): Risks and Opportunities for Traders and Investors in Eastern Europe, Presentation Norway 03, 1991

Backhaus, K. (1993): Investitionsgütermarketing, 3. Aufl., München 1993

Backhaus, K. (1977): Bestimmungsfaktoren der Lieferantenwahl als Basis einer Marktsegmentierung im internationalen Anlagengeschäft, in: ZfbF, 29. Jg. (1977), Sonderheft Nr. 7, S. 57 - 72

Backhaus, K. u. a. (1990): Multivariate Analysemethoden, 6. Aufl., Münster 1990

Balas, E. (1965): An Additive Algorithm for Solving Linear Programs with Zero-One-Variables, in: Operations Research, Vol. 13 (1965), S. 517 - 546

Balzer, H. (1991): Die Attraktivität der Länder Osteuropas für internationales Kapital - eine theoretische Betrachtung, Diskussionsmaterial, Hochschule für Ökonomie Berlin, Berlin 1991

Bamberg, G., Coenenberg, A. (1991): Betriebswirtschaftliche Entscheidungslehre, 6. überarb. Aufl., München 1991

Barrmayer, M. C. (1982): Die Angebotsplanung bei Submission, Diss. Münster 1982

Bates, C. (1986): Are Companies Ready for Countertrade? in: International Marketing Review, Vol. 3, No. 2 (Summer 1986), S. 28 - 36

Bea, F. X., Kötzle, A. (1983): Ursachen von Unternehmenskrisen und Maßnahmen zur Krisenvermeidung, in: Der Betrieb, 36. Jg. (1983), S. 565 - 571

Beck, D. (1984): Das Recht der Ost-West-Wirtschaftsbeziehungen, Baden Baden 1984

Berekoven, L. (1985): Internationales Marketing, 2., erw. Aufl., Wiesbaden 1985

Berndt, R. (1992): Marketing 2. Marketing-Politik, 2. Aufl., Berlin u. a. 1992

Berndt, R. (1991a): Marketing 3. Marketing-Management, Berlin u. a. 1991

Berndt, R. (1991b): Risk-Management im Rahmen des Internationalen Marketing, in: Marketing ZFP, 13. Jg. (1991), Nr. 1, S. 5 - 10

Berndt, R. (1988): Marketing für öffentliche Aufträge, München 1988

Berndt, R. (1983): Auftragsselektion bei sicheren bzw. unsicheren Erwartungen bezüglich der zukünftigen Auftragsstruktur und der Deckungsbeiträge der einzelnen Aufträge, in: Der Markt, 1983, Nr. 82/83, S. 40 - 49

Bethkenhagen, J., Machowaki, H. (1982): Entwicklung und Struktur des deutsch-sowjetischen Handels - Seine Bedeutung für die Volkswirtschaften der Bundesrepublik Deutschland und der Sowjetunion, Berlin 1982

Beyfuß, J. (1989): Exportkreditversicherung, in: Macharzina, K., Welge, M. (Hrsg.): Handwörterbuch Export und internationale Unternehmung, Stuttgart 1989, Sp. 563 - 578

Beyfuß, J. (1984): Formen staatlicher Exportförderung, in: E. Dichtl, O. Issing (Hrsg.): Exporte als Herausforderung für die Deutsche Wirtschaft, Köln 1984, S. 141 - 168

Bieber, B. (1988): Optimale Gegengeschäftspolitik. Eine Entwicklung entscheidungsorientierter Lösungsansätze zur Gestaltung und Beurteilung reziproker Geschäftsbeziehungen, Diss. Hamburg 1988

Binder, H. (1989): Kompensationsgeschäfte, in: Macharzina; K., Welge, M. (Hrsg.): Handwörterbuch Export und internationale Unternehmen, Stuttgart 1989, Sp. 1114 - 1117

Bloech, J. (1974): Lineare Optimierung für Wirtschaftswissenschaftler, Opladen 1974

Böhmer, R., Buchwald, H. (1992): Osthandel. Ein Koffer voll Dollar, in: Wirtschaftswoche, Nr. 51 vom 11. 12. 1992, S. 167 - 172

Bohunovsky, H. (1977): Besondere Zahlungsformen im Ostwestgeschäft, in: H. Lange-Prollius (Hrsg.): Praxis des Ost-West-Handels, Düsseldorf, Wien 1977, S. 349 ff.

Bopp, T. (1992): Vertragsstrukturen internationaler Kompensationsgeschäfte, Stuttgart 1992

Bortz, J. (1989): Statistik. Für Sozialwissenschaftler, 3. Aufl., Berlin u. a. 1989

Bragg, A. B. (1988): Bartering Comes of Age, in: Sales & Marketing Management, 1988, Nr. 1, S. 61 - 82

Briggs, J. (1984): Back to Barter, in: !Forbes, March 18. 1984, S. 40 - 42

Bürgin, R. (1986): Countertrade. Eine theoretische und empirische Analyse aus der Sicht einen kleinen offenen Volkswirtschaft (Schweiz), Diss. Basel 1986

Bundesverband des Deutschen Groß- und Einzelhandels e. V., Bundesverband des Deutschen Exporthandels e. V. (Hrsg.) (1992): Unternehmen im Kompensationshandel, Bonn und Hamburg 1992

Bundesverband des Deutschen Groß- und Einzelhandels e. V., Bundesverband des Deutschen Exporthandels e. V. (Hrsg.) (1988): Unternehmen im Kompensationshandel, Bonn und Hamburg 1988

Business International Corp. (Hrsg.) (1984): Threats and Opportunities of Global Countertrade, New York 1984

Bussard, W. A. (1984): Survey of Problems in U.S. Countertrade, National Foreign Trade Council, Washington D. C. 1984

Calvet, A. L. (1985): A Synthesis of Foreign Direct Investment Theories and Theories of the Multinational Firm, in: G. D. Gay, R. W. Kolb (eds.): International Finance. Concepts and Issues, Reston 1985

Carter, J. R., Gagne, J. (1988): The Dos and Don'ts of International Countertrade, in: Sloan Management Review, Vol. 29 (1988), No. 3, S. 31 - 37

Casey, M. (1985): The Growing Use of Countertrade among Developed Countries, in: Pringle, R. (Hrsg.): Countertrade in the World Economy, New York 1985, S. 33 - 37

Castillo-Gómez, A. (1988): Countertrade Regulations in Selected Developing Countries, UNCTAD-Bericht vom 28. März 1988, o. O. 1988

Chan, R., Hoy, M. (1991): East-West Joint Ventures and Buyback Contracts, in: Journal of International Economics, Vol. 30 (1991), No. 3/4, S. 331 - 343

Chasin, J. B., Jaffe, E. D. (1979): Industrial Buyer Attitudes towards Goods Made in Eastern Europe, in: Columbia Journal of World Business, 1979, S. 78

Cho, K. R. (1987): Using Countertrade as a Competitive Management Tool, in: Management International Review, Vol. 27 (1987), No. 1, S. 50 - 57

Corsten, H. (1982): Der nationale Technologietransfer. Formen, Elemente, Gestaltungsmöglichkeiten und Probleme, Berlin 1982

Cotton, S. S. (1988): Taming the Policies of Countertrade, in: Countertrade and Barter, 1988, No. 20 (June/July), S. 43 - 47

Crott, C., **Kutschker, M., Lamm, H.** (1977): Verhandlungen II. Organisationen und Gruppen als Konfliktparteien, Stuttgart 1977

Czinkota, M. R., Ronkainen, I. A. (1988): International Marketing, Chicago 1988

Debroy, B. (1989): An Updating of India's Recent Link Deals, in: Foreign Trade Review, Vol. XXIV (1989), No. 2, S. 137 - 148

DeMarines, R.J. (1985): Trends in Military Offsets, in: Pringle, R. (Hrsg.): Countertrade in the World Economy, New York 1985, S. 64 - 70

Dennis, R. D. (1982): The Countertrade Factor in China's Modernization Plan, in: Columbia Journal of World Business, Vol. 17 (1982), No. 1, S. 67 - 75

Dichtl, E., Issing, O. (Hrsg.) (1984): Exporte als Herausforderung für die Deutsche Wirtschaft, Köln 1984

Diehl, H. (1977): Probleme der Preisfindung im industriellen Anlagengeschäft, in: ZfbF, 29. Jg. (1977), Sonderheft Nr. 7, S. 173 - 184

Diller, H. (1985): Preispolitik, Stuttgart u. a. 1985

Dinkelbach, W., Hax, H. (1962): Die Anwendung der gemischt-ganzzahligen Programmierung auf betriebswirtschaftliche Entscheidungen, in: ZfhF, Neue Folge, 14. Jg. (1962), S. 179 - 196

Dooley, M. P. (1988): Buy-Backs and Market Valuation of External Debt, in: International Monetary Fund Staff Papers, Vol. 35 (1988), S. 215 ff.

Douglas, S. P., Craig, C. S. (1992): Advances in International Marketing, in: International Journal of Research in Marketing, 1992, No. 9, S. 291 - 318

Dreyer, A. (1974): Scoring-Modelle bei Mehrfachzielsetzungen. Eine Analyse des Entwicklungsstandes von Scoring-Modellen, in: ZfB, 44. Jg. (1974), S. 255 - 274

Duval, C. (1989): Regulatory and Contractual Aspects of Countertrade Agreement, in: International Chamber of Commerce (Hrsg.): Countertrade: Offset Contracts, Paris 1989, S. 9 - 33

Eckert, A. (1980): Rationelle Bearbeitung von Angeboten durch gezielte Bewertung der Anfragen, in: VDI-Berichte, Nr. 382, Düsseldorf 1980, S. 73 - 78.

Economic Commission for Europe (Hrsg.) (1989): East-West Joint Venture Contracts, New York 1989

Economic Commission for Europe (Hrsg.) (1981): Reciprocal Trading Arrangements at the Western Enterprise Level. With Special Reference to East-West Trade, New York 1981

Economic Commission for Europe (Hrsg.) (1979): Countertrade Practices in the ECE Region, New York 1979

Edelman, F. (1965): Art and Science of Competitive Bidding, in: Harvard Business Review, Vol. 43 (July-August 1965), S. 53 - 66

Elderkin, K. W., Nordquist, W. E. (1987): Creative Countertrade, Cambridge/Mass. 1987

Ellinger, F. (1985): Operations Research, 2. Aufl., Berlin u. a. 1985

Engelhardt, W. H. (1981): Strategien der Rohstoffsicherung - Eine beschaffungspolitische Aufgabe, in: Ökonomosche Theorie und wirtschaftliche Praxis, Festschr. z. 65. Geb. von R. Hanschmann, Herne, Berlin 1981, S. 296 - 308

Engelhardt, W. H. (1979): Bezugsquellensicherung, in: Kern, W. (Hrsg.): Handwörterbuch der Produktionswirtschaft, Stuttgart 1979, Sp. 362 - 372

Engelhardt, W. H. (1976): Erscheinungsformen und absatzpolitische Probleme von Angebots- und Nachfrageverbunden, in: ZfbF, 28. Jg. (1976), S. 77 - 90

Engelhardt, W. H., Günter, B. (1981): Investitionsgütermarketing, Stuttgart 1981

Engelhardt, W. H., Laßmann, G. (Hrsg.) (1977): Anlagen-Marketing, ZfbF, 29. Jg. (1977), Sonderheft Nr. 7

Engelhardt, W. H., Schuster, F. (1980): Kompensationsgeschäfte - Erscheinungsformen und Marketing-Probleme, in: ZfbF, 32. Jg. (1980), Nr. 2, S. 103 - 120

Engelmann, W. (1987): Kompensationen sind heikle Gegengeschäfte, in: FAZ "Blick durch die Wirtschaft" vom 16. 1. 1987, S. 7

Engels, B. (1989): Kompensationshandel der Entwicklungsländer - Bedeutung, Perspektiven, Problematik, in: Nord-Süd aktuell, 1989, Nr. 3, S. 407 - 415

Eversheim, W. u. a. (1977): Angebotskalkulation mit Kostenfunktionen, Berlin, Köln 1977

Fahr, J. (1977): Determinanten und Methoden für ein Mareketing-Konzept beim Export westdeutscher Investitionsgüter nach Comecon-Staaten unter besonderer Berücksichtigung der ungarischen Verhältnisse, Diss. Stuttgart 1977

Ferenz, H. J. (1978): Gegengeschäfte - verkaufshemmend oder fördernd?, in: Journal für Betriebswirtschaft, 1978, Nr. 4, S. 196 - 208

Finance by Trade GmbH (FBT) (1990): Internes Arbeitspapier, Berlin 1990

Fischbein, W. (1984): So gewinnen Sie Auslandsausschreibungen, Landsberg a. L. 1984

Fisher, B. S., Harte, K. M. (Hrsg.) (1985): Barter in The World Economy, New York u. a. 1985

Fitzgerald, R. L. (1989): Investitionsgütermarketing auf Basis industrieller Beschaffungsmaßnahmen. Entcsheidungsprozesse beim Kauf von Industrieanlagen, Diss. Frankfurt a. M. 1989

Francis, D. (1987): The Countertrade Handbook, Cambridge 1987

Fraser, C., Hite, R. E. (1988): Compensation as an Alternative to Ownership in Developing Markets: Beliefs, Attitudes and Uses, in: Journal of World Trade, Vol. 22 (1988), No. 6, S. 96 - 106

Frauendörfer, S. (1988): Verbundgeschäfte im Handel mit den RGW-Staaten. Gestaltungsmöglichkeiten und Wirkungen aktiver Verbundgeschäftspolitik, München 1988

Fritsche, K. (1990): Rückkaufgeschäfte in den Witschaftsbeziehungen zwischen der Sowjetunion und den Entwicklungsländern, München 1990

Fuh, D. C. (1987): Ranges for Negotiation in International Countertrade, Diss. Case Western Reserve University, Cleveland 1987

Fuh, D. C., Reisman, A., Li, G. (1987): Ranges for Negotiating Countertrade Transactions under the Comparative Advantage Theory, Technical Memorandum 616A, Case Western Reserve University, Cleveland 1987

Gabrisch, H. (1986): Gegengeschäfte im Ost-West-Handel, in: Osteuropa Wirtschaft, 31. Jg. (1986), Nr. 3, S. 171 - 188

Gabrisch, H., Stankowsky, J. (1986): Sonderformen im Ost-West-Handel. Teil II. Das Gegengeschäft, Forschungsbericht des Wiener Instituts für internationale Wirtschaftsvergleiche Nr. 117, April 1986

Gadbaw, R. M. (1985): The Implications of Countertrade under the General Agreement on Tarifs and Trade, in: Fisher, B. S., Harte, K. M. (Hrsg.): Barter in the World Economy, New York 1985, S. 254 - 266

GATT (1988): Review of Developments in the Trading System, o. O. September 1988

Geue, D. H. (1992): Gegengeschäfte im Handel mit den Mitgliedsländern der Gemeinschaft Unabhängiger Staaten (GUS) aus Bankensicht, in: Bundesverband des Deutschen Groß- und Einzelhandels e. V., Bundesverband des Deutschen Exporthandels e. V. (Hrsg.): Unternehmen im Kompensationshandel, Bonn und Hamburg 1992, S. 9 - 12

Glied, C.-P. (1988): Kompensationsgeschäfte heute, in: Bundesverband des Deutschen Groß- und Einzelhandels e. V., Bundesverband des Deutschen Exporthandels e. V. (Hrsg.): Unternehmen im Kompensationshandel, Bonn und Hamburg 1988, S. 5 - 10

Goldsmith, C. S. (1982): US-Giants such as General Motors, Control Data and Douglas Aircraft Are Making Countertrade a Corporate Priority, in: China Business Review, 1982, No. 1, S. 48 - 50

Gordon, K. M., Gemmill, G. (1988): Commodity-Indexed Debt, in: The Columbia Journal of World Business, Vol. XXIII (1988), No. 4, S. 57 - 61

Gozlan, L. (1989): Iran: Trade and Countertrade Uncertainties, in: Countertrade and Barter, 1989, No. 25 (April/May), S. 40 - 45

Gozlan, L. (1988a): The Commodity of Leisure, in: Countertrade and Barter, 1988, Nr. 19 (April/May), S. 19 - 25

Gozlan, L. (1988b): Belgian Offsets. The Regional Factor, in: Countertrade and Barter, 1988, Nr. 22 (October/November), S. 11 - 15

Grabowsky, H., Kambartell, K.-H. (1978): Rationelle Angebotsbearbeitung in Unternehmen mit Auftragsfertigung, Essen 1978

Gröne, A. (1977): Marktsegmentierung bei Investitionsgütern, Diss. Wiesbaden 1977

Grosskopf, L. (1978): Informationen über Kompensations- und Gegengeschäfte mit den Ländern des Rats für gegenseitige Wirtschaftshilfe (RGW), Mitteilungen der Berliner Absatzorganisation, Berlin 1978

Gwiazda, A. (1991): Le renouveau de la compensation dans les relations économiques Est-Ouest, in: Revue d'études comparatives Est-Ouest, Vol. 22 (1991), n° 1, S. 111 - 122

Hadjiminas, C. (1989): Coming to Terms with Offset, in: Countertrade and Barter, 1989, No. 24 (February/March), S. 43 - 48

Hadjiminas, C. (1988): Offsets: The Greek Example, in: Countertrade and Barter, 1988, No. 21 (August/September), S. 45 - 47

Haedrich, G., Gussek, F. (1990): Ein Decision-Support-System für das strategische Beschaffungs-Management, in: Kliche, M. (Hrsg.): Investitionsgüter-Marketing, Wiesbaden 1990, S. 313 - 332

Hagedorn, W. (1975): Angebotsanalyse - Entscheidungsverfahren bei der Auswahl von Lieferanten, in: Der Betriebswirt, 16. Jg. (1975), Nr. 2, S. 36 - 40

Hague, G. (1987): High-Tech Countertrade. A Manufacturer's View, in: Countertrade and Barter, 1987, No. 13 (April/May), S. 12 - 16

Halbach, A. J., Osterkamp, R. (1988): Die Rolle des Tauschhandels für die Entwicklungsländer, Forschungsberichte des Bundesministeriums für wirtschaftliche Zusammenarbeit, Bd. 91, Köln 1988

Hammond, G. T. (1990): Countertrade, Offsets and Barter in International Political Economy, London 1990

Hansen, A. (1973): Öffentliche Aufträge für Forschung und Entwicklung, Frankfurt a. M. 1973

Hansson, A. H. (1991): Countertrade in the Asian-Pacific Region, in: Asian-Pacific Economic Literature, Vol. 1, No. 5 (March 1991), S. 27 - 43

Havighorst, D. (1979): Kompensationsgeschäfte, in: WiSt, 1979, Nr. 11, S. 539 - 542

Hax, H. (1974): Entscheidungsmodelle in der Unternehmung. Einführung in Operations Research, Reinbek bei Hamburg 1974

Healy, N. (1990): Back to Bartering Basics, in: Accountancy (UK), Vol. 105 (1990), No. 1159, S. 183 - 184

Heege, F. (1987): Lieferantenportfolio, Nürnberg 1987

Heger, G. (1988): Anfragenbewertung im industriellen Anlagengeschäft, Diss. Berlin 1988

Heinicke, G. (1991): Countertrade & Offset. Introduction, Vortrag anläßlich des Colt Representative Meeting in Paris am 17. Juni 1991

Helm, C. P. (1992): Kompensationsgeschäfte und seine Formen, in: Bundesverband des Deutschen Groß- und Einzelhandels e. V., Bundesverband des Deutschen Exporthandels e. V. (Hrsg.): Unternehmen im Kompensationshandel, Bonn und Hamburg 1992, S. 4 - 8

Hennart, J. F. (1990): Some Empirical Dimensions of Countertrade, in: Journal of International Business Studies, Vol. 21 (1990), No. 2, S. 243 - 270

Hennart, J. F. (1987): The Causes of Countertrade, o. O. 1987

Hermanson, T. (1989): Off-set Techniques: Restrictions by National Regulations and COCOM Questions, in: International Chamber of Commerce (Hrsg.): Countertrade: Offset Contracts, Paris 1989, S. 63 - 71

Hervey, J. L. (1989): Countertrade - Counterproductive?, in: Economic Perspectives (Federal Reserve Bank of Chicago), Vol. 13 (1989), No. 1, S. 17 - 24

Hinterhuber, H. (1992): Strategische Unternehmungsführung. Bd. I: Strategisches Denken, 5. Aufl., Berlin, New York 1992

Hobér, K. (1987): Countertrade: Negotiating the Terms, in: International Financial Review, Vol. 6 (1987), No. 3, S. 28 - 33

Hohmann, H. (1988): Die Neuordnung der Wirtschaft im Osten führt zu mehr Kompensationsgeschäften, in: Handelsblatt vom 8. 3. 88, S. 47

Holler, M. J., Illing, G. (1991): Einführung in die Spieltheorie, Berlin u. a. 1991

Howard, A., Yeakel, J. (1990): Who Wins in International Countertrade?, in: Financial Executive, Vol. 6 (1990), No. 3, S. 49 - 52

Hüttner, M. (1989): Grundzüge der Marktforschung, 4. Aufl., Berlin, New York 1989

Huszagh, S. M., Barksdale, H. C. (1986): International Barter and Countertrade: An Exploratory Study, in: Journal of the Academy of Marketing Science, Vol. 14 (1986), No. 1, S. 21 - 28

International Chamber of Commerce (Hrsg.) (1989): Countertrade: Offset Contracts, Paris 1989

Iske, T. (1986): Verbundgeschäfte. Betriebswirtschaftliche Analyse der modernen Erscheinungsformen und Möglichkeiten des Tauschhandels, Frankfurt a. M. u. a. 1986

Isu, H. O. (1989): Countertrade as an Economic Survival Strategy, in: Nigerian Financial Review, Vol. 2 (1989), No. 1, S. 49 - 58

Jalloh, S. B. (1990): Countertrade. Kompensations- und Offsetgeschäfte erfolgreich abwickeln, Landsberg a. L. 1990

Jalloh, S. B. (1989a): Countertrade im Außenhandel. Ergebnisse einer empirischen Untersuchung, Reihe: Beiträge zur Wirtschafts- und Sozialpolitik, hrsg. v. Institut der Deutschen Wirtschaft, Köln 1989

Jalloh, S. B. (1989b): Alternative Strategien in unterentwickelten Märkten, in: Der Arbeitgeber, 41. Jg. (1989), Nr. 5, S. 170 - 171

Jalloh, S. B. (1989c): Neue Entwicklungen im Kompensationshandel, in: Der Arbeitgeber, 41. Jg. (1989), Nr. 7, S. 262 - 263

Jalloh, S. B. (1989d): Bei Gegengeschäften werden viele Varianten gespielt, in: Handelsblatt vom 21. 2. 1989, S. 14

Jalloh, S. B. (1989e): Ökonomische Integration geht nicht per Knopfdruck, in: Der Arbeitgeber, 41. Jg. (1989), Nr. 11, S. 427 - 428

Jalloh, S. B. (1989f): Countertrade - Biß in den sauren Apfel, in: Wirtschaftsbild. Im Dienste der sozialen Marktwirtschaft, 40. Jg. (1989), Nr. 1, S. 10

Jalloh, S. B. (1988): Countertrade: Praxis, Theorie und Perspektiven, Reihe: Beiträge zur Wirtschafts- und Sozialpolitik, hrsg. v. Institut der Deutschen Wirtschaft, Köln 1988

Jones, S. F. (1984): North/South Countertrade. Barter and Reciprocal Trade with Developing Countries, Special Report No. 174, Hrsg. v. The Economist Intelligence Unit (EIU), London 1984

Jones, S. F., Jagoe, A. (1988): Third World Countertrade. Analysis of 1,350 Deals Involving Developing Countries, 1980-1987, Newbury 1988

Joson, S. S. (1988): Offsets and Development of Defence Support Industries in Small Economies, Working Paper in Economics No. 108, Department of Economics, The University of Sydney, Sydney 1988

Joson, S. S. (1987): Objectives of Offset Policies in Australia and Canada, Arbeitspapier im Rahmen des Sonderforschungsbereiches 5 "Staatliche Allokationspolitik im marktwirtcshaftlichen System" an der Universität Mannheim, Diskussionsbeitrag Nr. 355-87, Mannheim 1987

Kaikati, J. G. (1981): The International Barter Boom, in: Journal of International Marketing, Vol. 1 (1981), No. 1, S. 29 - 38

Kaikati, J. G. (1976): The Reincarnation of Barter Trade as a Marketing Tool, in: Journal of Marketing, Vol. 40 (April 1976), S. 17 - 24

Keller, D. (1991): Der Tauschhandel ist hoch im Kurs, in: Südwest-Presse vom 14. 2. 1991, o. S.

Kelly, S. (1987): Countertrade: A Transaction Cost Approach, Diss. Oregon State University 1987

Kliche, M. (Hrsg.) (1990): Investitionsgüter-Marketing, Wiesbaden 1990, S. 313 - 332

Köglmayr, H.-G. (1986): Erfassung und Handhabung von Länderrisiken, in: WiSt, 1986, Nr. 4, S. 211 - 214

Köglmayr, H.-G., Müller, S. (1987): Bewertung von Länderrisiken, in: Die Bank, 1987, Nr. 7, S. 378 - 384

Köppl, A. (1991): Internationalierungsstrategien der österreichischen Bauwirtschaft, in: Wirtschaftspolitische Blätter, 1991, Nr. 4, S. 527 - 536

Konrad, P. (1991): Kooperation als Marktstrategie für die Sowjetunion, Diss. St. Gallen 1991

Korth, C. M. (1988): International Countertrade, in: Business & Economic Review, Vol. 34 (1988), No. 4, S. 16 - 19

Kortzfleisch, G., Kaluza, B. (Hrsg.) (1984): Internationale und nationale Problemfelder der Betriebswirtschaftslehre, Berlin 1984

Kostecky, M. (1987): Should One Countertrade? in: Journal of World Trade Law, Vol. 21 (1987), No. 2, S. 7 - 19

Kotler, P. (1989): Marketing-Management. Analyse, Planung und Kontrolle, 4., völlig neubearb. Aufl., Stuttgart 1989

Krelle, W. (1976): Preistheorie, Bde. I und II, 2. Aufl., Tübingen 1976

Kruthaup, F. H. (1985): Barter-Business. Die Vermittlung und Verrechnung von Marktumsätzen durch Tauschhandelsbetriebe, Diss. Münster 1985

Kulhavy, E. (1989): Informationsbedarf für internationale Marketingentscheidungen, in: Macharzina, K., Welge, M. (Hrsg.): Handwörterbuch Export und internationale Unternehmung, Stuttgart 1989, Sp. 831 - 841

Laker, M. (1992): Schwerter zu Pflugscharen: Konversionsstrategien von der Wehrtechnik zu zivilen Märkten, in: ZfbF, 44. Jg. (1992), Nr. 2, S. 155 - 173

Lange-Prollius, H. (1977): Praxis des Ost-West-Handels, Düsseldorf, Wien 1977

Lauter, G. P., Dickie, P. M. (1975): Multinational Corporations in Eastern Europe and Socialist Economies, in: Journal of Marketing, Vol. 39 (October 1975), S. 40 - 46

Lecraw, D. J. (1989): The Management of Countertrade, in: Journal of International Business Studies, Vol. 20 (1989), No. 1, S. 41 - 59

Liesch, P. W. (1990): International Trade in an Imperfectly Competitive Environment: Mandated Counter-Trade, in: International Journal of Technology Management, Vol. 5 (1990), No. 4, S. 423 - 430

Liesch, P. W. (1987): Offsets Policy in Australia: A Rationale for Its Existence, Economic Research Centre, Nedlands, Western Australia 1987

Lyles, M. (1987): Common Mistakes of Joint Venture Experiences, in: The Columbia Journal of World Business, Vol. XXII (1987), No. 2, S. 79 - 85

Macdonald, G. M. (1984): New Directions in the Economic Theory of Agency, in: Canadian Journal of Economics, Vol. XVII, No. 3 (August 1984), S. 415 - 440

Macharzina, K., Welge, M. (Hrsg.) (1989): Handwörterbuch Export und internationale Unternehmen, Stuttgart 1989

Männel, W. (1980): Die Wahl zwischen Eigenfertigung und Fremdbezug. Theoretische Grundlagen - praktische Fälle, 2., völlig neubearb. Aufl., Stuttgart 1980

Magenheim, E., Murrell, P. (1988): How to Haggle and to Stay Firm: Barter as Hidden Price Discrimination, in: Economic Inquiry, Vol. XXVI (1988), S. 449 - 459

Mai, A. (1982): Lieferantenwahl, Diss. Frankfurt a. M. 1982

Maier, G. (1988): Costs and Benefits of International Barter, in: Intereconomics, 1988, May/June, S. 116 - 120

Marcuss, S. J., Grushkin, J. D. (1984): How to Negotiate Countertrade Deals, in: International Financial Law Review, Vol. 3 (1984), No. 3, S. 20 - 26

Marin, D. (1991): Warum Internationalisierung?, in: Wirtschaftspolitische Blätter, 1991, Nr. 3, S. 379 - 389

Marin, D. (1990): Tying in International Trade: Evidence on Countertrade, in: The World Economy, Vol. 13 (1990), S. 445 - 462

Marschner, H. (1988): Counter Trade: Ein Instrument für neue Märkte?, in: Absatzwirtschaft, 1988, Nr. 3, S. 68 - 78

McVey, T. B. (1985a): Overview of the Commercial Practice in Countertrade, in: Fisher, B. S., Harte, K. M. (eds.): Barter in the World Economy, New York u. a. 1985, S. 9 - 36

McVey, T. B. (1985b): Why Countries Find Countertrade a Double-edged Sword, in: Pringle, R. (Hrsg.): Countertrade in the World Economy, New York 1985, S. 38 - 44

Meffert, H., Althans, J. (1982): Internationales Marketing, Stuttgart u. a. 1982

Meissner, H. G. (1987): Strategisches Internationales Marketing, Berlin u. a. 1987

Mensah, C. (1989): La compensación en el comercio reciproco del tercer mundo: anotaciones, in: Caribbean Finance and Management, Vol. 4 (May 1989), S. 29 - 46

Menzler-Hokkanen, I. (1989): Countertrade Arrangements in International Trade: A Tool for Creating Competitive Advantage?, in: Scandinavian Journal of Management, Vol. 5 (1989), No. 2, S. 105 - 122

Metallgesellschaft Services GmbH (Hrsg.) (1991): Offset in Greece, Presentation, München, 3. September 1991

Meyer, M. (1987): Die Beurteilung von Länderrisiken der internationalen Unternehmen, Diss. Berlin 1987

Michaels, P. (1989): Countertrade: A Powerful Global Competitive Strategy for U. S. International Traders, in: Advanced Management Journal, Vol. 54 (1989), No. 3, S. 8 - 14

Mirus, R., Yeung, B. (1986): Economic Incentives for Countertrade, in: Journal of International Business Studies, Fall 1986, S. 27 - 39

Möhring, W. (1991): Gegengeschäfte. Analyse einer Handelsform, Frankfurt a. M. u. a. 1991

Morrison, M. (1985): Examples of Contemporary Countertrade, in: Pringle, R. (Hrsg.): Countertrade in the World Economy, New York 1985, S. 25 - 32

Moser, R. (1986): Gegengeschäfte als Instrument des internationalen Marketing, in: Marktforschung, 1986, Nr. 2, S. 48 - 51

Moser, R. (1981): Preispolitik bei Gegengeschäften - Ein Beitrag zur Preisbildung im internationalen Marketing, in: ZfbF, 33. Jg. (1981), Nr. 3, S. 195 - 210

Moser, R., Topritzhofer, E. (1978): Gegengeschäfte - ein Systematisierungsversuch, in: Journal für Betriebswirtschaft, 28. Jg. (1978), Nr. 4, S. 190 - 195

Müller, H.-J. (1988): Ratschläge für das Kompensationsgeschäft, in: Bundesverband des Deutschen Groß- und Einzelhandels e. V., Bundesverband des Deutschen Exporthandels e. V. (Hrsg.): Unternehmen im Kompensationshandel, Bonn und Hamburg 1988, S. 16 - 18

Müller-Merbach, H. (1973): Operations Research, 3. Aufl., München 1973

Murrell, P. (1982): Product Quality, Market Signaling and the Development of East-West-Trade, in: Economic Inquiry, Vol. XX (1982), No. 4, S. 589 - 603

Mylenbusch, H. (1988): Countertrade, in: FAZ - Blick durch die Wirtschaft vom 19. 4. 1988, S. 1

Neale, C. W., Sercu, P. (1991a): Accounting for Countertrade: International and Domestic, Working Paper 91-09, University of Bradford 1991

Neale, C. W., Sercu, P. (1991b): Accounting for Countertrade: International and Domestic, Onderzoeksrapport Nr. 9109, Katholieke Universiteit Leuven 1991

Neale, C. W., Shipley, D. (1988): Effects of Countertrade - Divergent Perceptions Between Practitioners and Non-Participants, in: Journal of Management Studies, Vol. 25 (1988), No. 1, S. 57 ff.

Neale, C. W., Shipley, D. D., Dodds, J. C. (1991): The Countertrading Experience of British and Canadian Firms, in: Management International Review, Vol. 31 (1991), No. 1, S. 19 - 35

Nerreter, W., Stöcher, J. (1988): Import und Export, 6. erw. u. verb. Aufl., Berlin 1988

Neuman, S. G. (1987): Coproduction, Barter and Countertrade. Offsets in the International Market, in: Orbis, Vol. 30 (Winter 1987), No. 7, S. 711 - 731

Niehans, J. (1980): Theorie des Geldes. Synthese der monetären Mikro- und Makroökonomie, Bern, Stuttgart 1980

Niggemann, F. (1987): Gestaltungsformen und Rechtsfragen bei Gegengeschäften, in: Recht der internationalen Wirtschaft, 33. Jg. (1987), Nr. 3, S. 169 - 178

Norquist, W. E. (1987): Countertrade: Another Horizon for Purchasing, in: Journal of Purchasing & Materials Management, Vol. 32 (1987), No. 2, S. 2 - 6

OECD (Hrsg.) (1985): Countertrade. Developing Countries Practices, Paris 1985

OECD (Hrsg.) (1981): East-West-Trade. Recent Developments in Countertrade, Paris 1981

Olashore, O. (1988): Nigeria's Oil Policy, the International Oil Market Counter-Trade, Current Realities and Prospects, in: Perspectives on Finance, Banking and Economic Policy in Nigeria, Ibadan 1988

Opitz, H., Brankamp, K., Kambartell, K.-H. (1971): Systematisierung der Angebotsplanung im Rahmen des integrierten Informationsflusses der Unternehmen, Opladen 1971

Outters-Jaeger, I. (1979): The Development Impact of Barter in Developing Countries, Paris 1979

o. V. (1992): Saudi Offset. The Kiss of Death or the Fast Lane?, in: Trade Finance, No. 124, May 1992, S. 2 - 3

o. V. (1991a): Der Handel mit der Sowjetunion schrumpft weiter, in: FAZ vom 25. 6. 1991, S. 17

o. V. (1991b): Die Sowjetunion begrüßt eine Assoziierung beim Währungsfonds, in: FAZ vom 25. 6. 1991, S. 17

o. V. (1991c): Kaum Chancen für Export aus Ostdeutschland, in: FAZ vom 1. 7. 1991, S. 15

o. V. (1991d): Auch Bartergeschäfte leiden unter dem politischen Chaos, in: Handelsblatt, Nr. 65 vom 28. 8. 1991, S. 3

o. V. (1989): New US Approaches, in: Countertrade and Barter, 1989, No. 25 (April/May), S. 11 - 14

o. V. (1987): Countertrade: Some Guidance for Exporters, hrsg. v. Project and Export Policy Division Departement of Trade and Industry, o. O. 1987

o. V. (1984): Ansteckender Virus, in: Wirtschaftswoche Nr. 26 vom 22. 6. 1984, S. 40 - 50

o. V. (1983): The Explosion of International Barter, in: Fortune, 1983, No. 7, S. 88 - 95

Palia, A. P., Liesch, P. W. (1991): Recent Trends in Australian Countertrade, in: Asia Pacific Journal of Management, Vol. 8 (1991), No. 1, S. 85 - 103

Peemöller, J. (1981): Gegenlieferungs- ("Kompensations-") Geschäfte. Die Politik reziproker Geschäftsbeziehungen, Diss. Düsseldorf 1981

Perridon, L., Steiner, M. (1993): Finanzwirtschaft der Unternehmung, 7. Aufl., München 1993

Peters, H.-J. (1988a): Turkey: Beyond the BOT, in: Countertrade and Barter, 1988, No. 21 (August/September), S. 12 - 14

Peters, H.-J. (1988b): Offsets: Seeking New Options, in: Countertrade and Barter, 1988, No. 21 (August/September), S. 21 - 35

Plottier, S. (1989): Technology Transfer and Offset Operations, in: International Chamber of Commerce (Hrsg.): Countertrade: Offset Contracts, Paris 1989, S. 35 - 57

Pollak, C. (1982): Neue Formen internationaler Unternehmenszusammenarbeit ohne Kapitalbeteiligung, München u. a. 1982

Ponomarjow, S. (1983): Die Zusammenarbeit auf Kompensationsgrundlage und die westliche Konzeption der "Verbundgeschäfte", in: Aussenhandel, 1983, Nr. 11, S. 28 - 32

Ponomarjow, S., Sawin W. (1983): Der gegenseitig vorteilhafte Charakter der Zusammenarbeit auf Kompensationsgrundlage, in: Außenhandel UdSSR, 1983, Nr. 8, S. 33 - 37

Pouteaux, A. (1989): The Legal Implications of Countertrade, in: Countertrade and Barter, No. 23 (December 1988/January 1989), S. 44 - 48

Pringle, R. (Hrsg.) (1985): Countertrade in the World Economy, New York 1985

Purdue, B. C., Summers, J. O. (1991): Purchasing Agents' Use of Negotiation Strategies, in: Journal of Marketing Research, Vol. 25 (1991), S. 175 - 189

Rabino, S., Shah, K. (1987): Countertrade and the Penetration of LDC's Markets, in: Columbia Journal of World Business, Vol. XXII (1987), No. 4, S. 31 - 37

Raffée, H., Kreutzer, R. (1984): Ansätze zur Erfassung von Länderrisiken in ihrer Bedeutung für Direktinvestitionsentscheidungen, in: Kortzfleisch, G., Kaluza, B. (Hrsg.): Internationale und nationale Problemfelder der Betriebswirtschaftslehre, Berlin 1984, S. 27 - 62

Reichardt, W. (1990): Gegengeschäfte im Osthandel. Praxis und Bedeutung der Kompensationsgeschäfte für die mittelständische Wirtschaft, Landsberg a. L. 1990

Reisman, A., Aggarwal, R., Fuh, D.-C. (1989): Seeking Out Profitable Countertrade Opportunities, in: Industrial Marketing Management, Vol. 18 (1989), S. 65 - 72

Reisman, A., Fuh, D. C., Li, G. (1988): Achieving an Advantage with Countertrade, in: Industrial Marketing Management, Vol. 17 (1988), No. 1, S. 55 - 63

Reisman, A., Li, G., Fuh, D. C. (1987): A General Model and Taxonomy for Countertrade Analysis, Technical Memorandum 612b, Case Western Reserve University, Cleveland 1987

Republic of Turkey, Ministry of National Defence, Undersecretariat for Defence Industries (Hrsg.) (1991): Off-Set Guidelines, Ankara 1991

Roosa, R. V. (1985): Countertrade in the World Economy, in: R. Pringle (Hrsg.): Countertrade in the World Economy, New York 1985, S. 3 - 12

Rosen, S. (1974): Hedonic Prices and Implicit Markets: Product Differentiation in Pure Competition, in: Journal of Political Economy, Vol. 82 (1974), S. 34 - 55

Ross, C. (1991): Offsets in a Buyer's Market, in: Trade Finance, 1991, No. 112, S. 2 - 4

Ross, C., Smiles, V. (1991): Offseting the Cost, in: Trade Finance, 1991, No. 118, S. 36 - 37

Samonis, V. (1990): Countertrade: A Strategy of the Second Best for the East and for The West, in: Journal of Global Marketing, Vol. 3 (1990), No. 4, S. 113 - 125

Samsinger, B. (1986): Countertrade - Eine alternative Marketing-Strategie, Bern und Stuttgart 1986

Schaffer, M. (1990): Countertrade as an Export Strategy, in: Journal of Business Strategy, Vol. 11 (1990), No. 3, S. 33 - 38

Schaich, E. (1990): Schätz- und Testmethoden für Sozialwissenschaftler, 2. Aufl., München 1990

Schaich, E. u. a. (1979): Statistik I, 2. Aufl., München 1979

Schill, J. (1988a): Finanzielle Beziehungen, Vertrags- und Kooperationsformen beim Industriegüter-Export aus der Bundesrepublik Deutschland, Diss. Kiel 1988

Schill, J. (1988b): Verbundgeschäft, Projektfinanzierung und Kooperation als Finanzierungsinstrumente im Maschinen- und Anlagenexport, Frankfurt a. M. 1988

Schmalen, H. (1982): Preispolitik, Stuttgart 1982

Schmidt, R. H. (1986): Investition und Finanzierung, 2., durchges. Aufl., Wiesbaden 1986

Schmitt, M. (1988): Das Ostgeschäft von morgen. Neue Perspektiven und Chancen, Baden-Baden 1988

Schneider, F. (1991): Gegengeschäfte, unveröffentlichtes Manuskript im Rahmen eines Seminars über technischen Vertrieb, Berlin 25. September 1991

Schrage, H., Wilhelm, F.-G. (1984): Der Tauschhandel über Barter-Clubs als eine Form der Schattenwirtschaft, Diskussionsbeiträge zur Wirtschaftstheorie, Institut für theoretische Volkswirtschaftslehre der Hochschule der Bundeswehr Hamburg, Hamburg 1984

Schulte-Döinghaus, U. (1991): Krieg der Gesetze, in: Wirtschaftswoche, Nr. 36 vom 30. 8. 1991, S. 129 - 132

Schuster, F. (1990): Countertrade: Ein Überblick über den Stand der betriebswirtschaftlichen Forschung sowie Ansatzpunkte zur Weiterentwicklung, in: ZfbF, 42. Jg. (1990), Nr. 1, S. 3 - 21

Schuster, F. (1988a): Westliche Firmen sollten Einfluß auf das Angebot der Gegenseite nehmen, in: Handelsblatt vom 6. 4. 1988

Schuster, F. (1988b): Countertrade professionell. Barter- Offset- und Switchgeschäfte im globalen Markt, Wiesbaden 1988

Schuster, F. (1987): Ohne Countertrade Chancen im Osthandel?, in: Gablers Magazin, 1987, Nr. 11, S. 47 - 50

Schuster, F. (1986): Das Kompensationsgeschäft als modernes Marketing-Instrument, in: WISU, 1986, Nr. 7, S. 130 - 136

Schuster, F. (1985a): Spielregeln für Kompensationsgeschäfte, Teil 3: Kompensation und Organisation, in: Beschaffung aktuell, 1985, Nr. 4, S. 42 - 45

Schuster, F. (1985b): Spielregeln für Kompensationsgeschäfte, Teil 3: Kompensation und Kooperation, in: Beschaffung aktuell, 1985, Nr. 6, S. 22 - 24

Schuster, F. (1980): Barter Arrangements with Money. The Modern Form of Compensation Trading, in: Columbia Journal of World Business, Vol. 15 (1980), No. 3, S. 61 - 66

Schuster, F. (1979): Gegen- und Kompensationsgeschäfte als Marketing-Instrumente im Investitionsgüterbereich, Berlin 1979

Schuster, F. (1978): Bartering Processes in Industrial Buying and Selling, in: Industrial Marketing Management, Vol. 7 (1987), S. 119 - 127

Schwanfelder, W. (1989): Internationale Anlagengeschäfte. Anbieterkonsortium, Projektabwicklung, Projektcontrolling, Wiesbaden 1989

Schwarze, J. (1986): Netzplantechnik, 5., überarb. u. erw. Aufl., Berlin 1986

Schwarze, J. (1978): Mathematik für Wirtschaftswissenschaftler. Band 2: Differential- und Integralrechnung, 4. Aufl., Herne, Berlin 1978

Schweitzer, M. (1990a): Industrielle Fertigungswirtschaft, in: Schweitzer, M. (Hrsg.): Industriebetriebslehre. Das Wirtschaften in Industrieunternehmungen, München 1990

Schweitzer, M. (Hrsg.) (1990b): Industriebetriebslehre. Das Wirtschaften in Industrieunternehmungen, München 1990

Schweitzer, M., Küpper, H.-U. (1991): Systeme der Kostenrechnung, 5. Aufl., Landsberg a. L. 1991

Schwenk, M. H. (1985): North-South Barter Trade, in: Fisher, B. S., Harte, K. M. (eds.): Barter in the World Economy, New York u. a. 1985, S. 94 - 119

Sell, F. (1988a): Der Kompensationshandel, in: WiSt, 1988, Nr. 9, S. 451 - 456

Sell, F. (1988b): Kompensationshandel als Mittel zur Erleichterung des Schuldendienstes? - Das Beispiel Brasilien, in: Die Weltwirtschaft, 1988, Nr. 2, S. 105 - 114

Sercu, P. (1990): Pros and Cons of Countertrade, in: Tijdschrift voor Economie en Management, Vol. XXXV (1990), Nr. 3, S. 257 - 274

Shipley, D., Neale, B. (1988): Successful Countertrading, in: Management Decision, 26. Jg. (1988), Nr. 1, S. 49 - 52

Shipley, D., Neale, B. (1987): Industrial Barter and Countertrade, in: Industrial Marketing Management, Vol. 16 (1987), S. 1 - 8

Simon, H. (1992): Preismanagement. Analyse, Strategie und Umsetzung, 2., vollst. überarb. Aufl., Wiesbaden 1992

Simon, H. (1982): Preismanagement, Wiesbaden 1982

Spitzer, W. (1988): Finanzierung von Kompensationsgeschäften, in: Bundesverband des Deutschen Groß- und Einzelhandels e. V., Bundesverband des Deutschen Exporthandels e. V. (Hrsg.): Unternehmen im Kompensationshandel, Bonn und Hamburg 1988, S. 11 - 15

Springer, R. (1991): Osteuropa-Marketing: Thesen. Wissenschaftliches Kolloquium, Hochschule für Ökonomie Berlin, 29. und 30. Mai 1991

Stahr, G. (1991): Internationales Marketing, Kiehl 1991

Stalberg, L. A. (1989): Techniques of Countertrade - The Official Position of a Government, in: International Chamber of Commerce (Hrsg.): Countertrade: Offset Contracts, Paris 1989, S. 59 - 61

Stankowsky, J. (1986): Bedeutung, Probleme und Usancen der Gegengeschäfte, in: Monatsberichte des Österreichischen Instituts für Wirtschaftsforschung, 1986, Nr. 3, S. 157 - 179

Strohm, G. (1988): Bilanzielle Behandlung von Barter, Countertrade und sonstigen Kompensationsgeschäften, in: Recht der internationalen Wirtschaft, 1988, Nr. 9, S. 724 - 727

Suro Bredie, C. (1985): Official Views on Countertrade, in: Pringle, R. (Hrsg.): Countertrade in the World Economy, New York 1985, S. 71 - 77

Swanson, D. H. (1985): The Reluctant Countertraders, in: Pringle, R. (Hrsg.): Countertrade in the World Economy, New York 1985, S. 45 - 52

Taprogge, C. (1991): Countertrade-Management. Unter besonderer Berücksichtigung eines praktischen Fallbeispiels, Frankfurt a. M. u. a. 1991

Thorpe, M. (1990): Economic Motivations and the Development of Countertrade, Working Paper Series, School of Economics and Finance, Curtin University of Technology, Perth 1990

Tolonen, Y. (1991): Countertrade in Radically Reforming Economies under Alternative Exchange Rates Regimes, in: Economic Systems, Vol. 15 (1991), No. 2, S. 283 - 294

UNCTAD (Hrsg.) (1986): Countertrade, Background Note By the UNCTAD Secretariat, TD/B/C. 7/82, 28. August 1986

UNCTAD (Hrsg.) (1985): Countertrade - Experiences of Some Latin American Countries, Report Prepared at the Request of the UNCTAD Secretariat by Isidoro Hodara, December 1984, o. O. 1985

United Nations (Hrsg.) (1991): International Buy-Back Contracts, New York 1991

United Nations (Hrsg.) (1990): International Counterpurchase Contracts, New York 1990

United Nations (Hrsg.) (1988a): Compensation Trade as it Affects Small and Medium-Sized Enterprises in the ECE Region. A Review of Problems Encountered and Possible Solutions, Genf 1988

United Nations (Hrsg.) (1988b): Compensation Trade as it Affects Small and Medium-Sized Enterprises in the ECE Region. A Review of Problems Encountered and Possible Solutions, Genf 1988, Annex 1: European Economic Community: Summaries of National Surveys of Enterprise Countertrade Experiencies

United Nations (Hrsg.) (1988c): Compensation Trade as it Affects Small and Medium-Sized Enterprises in the ECE Region. A Review of Problems Encountered and Possible Solutions, Genf 1988, Annex 2: European Free Trade Association: Summary of National Surveys of Enterprise Countertrade Experience

United Nations (Hrsg.) (1988d): Compensation Trade as it Affects Small and Medium-Sized Enterprises in the ECE Region. A Review of Problems Encountered and Possible Solutions, Genf 1988, Annex 3: North America: Summaries of National Surveys of Enterprise Countertrade Experience

United Nations (Hrsg.) (1988e): Compensation Trade as it Affects Small and Medium-Sized Enterprises in the ECE Region. A Review of Problems Encountered and Possible Solutions, Genf 1988, Annex 4: Countertrade Surveys Conducted by International Organizations

United Nations (Hrsg.) (1988f): Compensation Trade as it Affects Small and Medium-Sized Enterprises in the ECE Region. A Review of Problems Encountered and Possible Solutions, Genf 1988, Annex 5: Public Sector Measures in Selected ECE Member States That Provide Assistance for Countertrade Transactions

United Nations (Hrsg.) (1988g): Compensation Trade as it Affects Small and Medium-Sized Enterprises in the ECE Region. A Review of Problems Encountered and Possible Solutions, Genf 1988, Annex 6: Private Sector Measures in Selected ECE Member States that Provide Assistance for Countertrade Transactions

United Nations (Hrsg.) (1988h): Compensation Trade as it Affects Small and Medium-Sized Enterprises in the ECE Region. A Review of Problems Encountered and Possible Solutions, Genf 1988, Annex 7: Trading Companies in Selected ECE Member States that Specialize in Countertrade and Have State Participation or Are Subject to State Supervision, Genf 1988

United Nations (Hrsg.) (1988i): Compensation Trade as it Affects Small and Medium-Sized Enterprises in the ECE Region. A Review of Problems Encountered and Possible Solutions, Genf 1988, Annex 8: East-West-Compensation Trade: A Survey of the Experience of Polish Enterprises

United Nations (Hrsg.) (1988j): Compensation Trade as it Affects Small and Medium-Sized Enterprises in the ECE Region. A Review of Problems Encountered and Possible Solutions, Genf 1988, Annex 9: Countertrade Survey Conducted by the Secretariat of the Economic Commission for Europe through Member Governments

United Nations (Hrsg.) (1984): The Financing of Large Scale Compensation Projects in East-West-Trade since 1970: Mechanisms, Patterns and Trends, o. O. 1984

van Hoof, L. (1989): Analyse et classification des différentes types d'accords de compensation, Antwerpen 1989

Velte, P. J. (1992): Möllemann will tauschen, in: Schwäbisches Tagblatt vom 24. 9. 1992, S. 1

Verzariu, P. (1988): US Offsets. The Lingering Debate, in: Countertrade and Barter, 1988, No. 22 (October/November), S. 49 - 53

Verzariu, P. (1985): Countertrade, Barter, and Offsets. New Strategies for Profit in International Trade, New York u. a. 1985

Vogt, D. U. (1985): Barter of Agricultural Commodities Among Developing Countries, in: Fisher, B. S., Harte, K. M. (eds.): Barter in the World Economy, New York u. a. 1985

Vogt, G., Nowak, H. (1985): Countertrade - As Practiced in Eastern Europe, in: Fisher, B. S., Harte, K. M. (eds.): Barter in the World Economy, New York u. a. 1985, S. 85 - 93

Vyas, N., Woodside, A. G. (1984): An Inductive Model of Industrial Supplier Choice Processes, in: Journal of Marketing, Vol. 48 (1984), No. 1, S. 30 - 45

Waller, R. L. (1986): The Principles of Countertrade, Diss. Boston University Graduate School 1986

Weigand, R. E. (1977): International Trade without Money, in: Harvard Business Review, Vol. 55 (1977), No. 6, S. 28 - 42 und 166

Weimer, T. Schwarting, U. (1985): Die Bedeutung des Osthandels für mittelständische Unternehmen, Stuttgart 1985

Weiss, H. (1992): Umwälzungen in der RGW - Probleme für den deutschen Handel? in: WISU, 1992, Nr. 2, S. 102 - 103

Weiss, W. (1981): Gegengeschäfte im Ost-West-Handel, Eine handlungsorientierte Analyse, Diss. Wien 1981

Weissenbeck, F., Mehler, H. A. (1982): Barter, Landsberg a. L. 1987

Welt, L. G. B. (1985): Countertrade, London 1985

Welt, L. G. B. (1984): Trade without Money: Barter and Countertrade, New York 1984

Wesser, F. (1992): Risikobetrachtungen zu unterschiedlichen Formen von Gegengeschäften, Vortrag anläßlich des Countertrade-Roundtable am 4. 2. 1992 in München

Wiking-Johnsson, E. (1989): Experience of Indirect-Offset Operations in the Swedish IAS 39 Ggrpen Aircraft Project, in: International Chamber of Commerce (Hrsg.): Countertrade: Offset Contracts, Paris 1989, S. 73 - 81

Wörmann, C. (1988): Osthandel als Problem der Atlantischen Allianz. Erfahrungen aus dem Erdgas-Röhren-Geschäft mit der UdSSR, Bonn 1986

Wülker-Mirbach, M. (1990): New Trends in Countertrade, in: OECD Observer, No. 163 (April/May 1990), S. 13 - 16

Yoffie, D. B. (1985): What Motivates Countertrade?, in: Harvard Business Review, Vol. 62 (1984), No. 3, S. 8 - 16

Yoffie, D. B. (1984): Profiting from Countertrade, in: R. Pringle (Hrsg.): Countertrade in the World Economy, New York 1985, S. 13 - 24

Yuspeh, L. (1976): A Case for Increasing the Use of Competitive Procurement in the Department of Defense, in. Y. Amihud (ed.): Bidding and Auctioning for Procurement and Allocation, New York 1976, S. 104 - 128

Zimmermann, A. (1984): Spezifische Risiken des Auslandsgeschäfts, in: E. Dichtl und O. Issing (Hrsg.): Exporte als Herausforderung für die Deutsche Wirtschaft, Köln 1984, S. 105 - 139.

Zuber, H. (1977): Die öffentliche Hand als Nachfrager im industriellen Anlagengeschäft, in: ZfbF, 29. Jg. (1977), Sonderheft Nr. 7, S. 139 - 154

Verzeichnis der durchgeführten Gespräche

Herr Horst Bierhaus
MTU Motoren- und Turbinen-Union
Leiter der Abteilung Einkauf, Marktanalyse und Kooperation
Interview am 21. 1. 1992 in Friedrichshafen

Herr Jörg Böhlhoff
Daimler-Benz AG
Material im Konzern. Leiter Koordination Bezüge, materialwirtschaftliche Grundsätze und Global Sourcing
Interview am 22. 10. 1992 in Stuttgart-Möhringen

Herr J. K. Fischer
SEL Alcatel
Leiter Countertrade & Offset-Geschäfte, Joint Ventures und Intercompany Business
Interview am 30. 9. 1991 in Stuttgart-Zuffenhausen

Herrn Dr. Gerd Heinicke
Consultant
Interview am 14. 2. 1992 in München

Herr Wolfgang Kaeseler
Daimler-Benz AG
Material im Konzern (FM/MK). Leiter der Koordination
Interview am 22. 10 1991 in Stuttgart-Möhringen

Herr Horst von Khaelssberg
Robert Bosch Hausgeräte GmbH
Vertrieb Ausland. Regional Verkaufsleiter
Interview am 4. 2. 1992 in München

Herr Bernd Kuypers
(Dornier GmbH)
Abt. KAX
Interview am 21. 1. 1992 in Immenstaad/Bodensee

Herr Wolfgang Sammel
Industriehandel Handels- und Industrieausrüstung GmbH
Interview am 5. 2. 1992 in Stuttgart-Weilimdorf

Herr Holger Weidmann
Krauss Maffei Wehrtechnik
Kompensation - Offset. Abt. W-KD 15
Interview am 4. 2. 1992 in München

Herr Friedhelm Wesser
United Technologies
Manager, Business Development Europe
Interview am 14. 2. 1992 in München

Wirtschaftswissenschaftliche Beiträge

Band 55: P.-U. Paulsen, Sichtweisen der Wechselkursbestimmung, VI/264 Seiten, 1991

Band 56: B. Sporn, Universitätskultur, IX/213 Seiten, 1992

Band 57: A. Vilks, Neoklassik, Gleichgewicht und Realität, IX/112 Seiten, 1991

Band 58: M. Erlei, Unvollkommene Märkte in der keynesianischen Theorie, XII/267 Seiten, 1991

Band 59: D. Ostrusska, Systemdynamik nichtlinearer Marktreaktionsmodelle, VII/178 Seiten, 1992

Band 60: G. Bol, G. Nakhaeizadeh, K.-H. Vollmer (Hrsg.), Ökonometrie und Monetärer Sektor, VII/238 Seiten, 1992

Band 61: S. Feuerstein, Studien zur Wechselkursunion, VIII/132 Seiten, 1992

Band 62: H. Fratzl, Ein- und mehrstufige Lagerhaltung, VIII/190 Seiten, 1992

Band 63: P. Heimerl-Wagner, Strategische Organisations-Entwicklung, VIII/231 Seiten, 1992

Band 64: G. Untiedt, Das Erwerbsverhalten verheirateter Frauen in der Bundesrepublik Deutschland, XVIII/197 Seiten, 1992

Band 65: R. Herden, Technologieorientierte Außenbeziehungen im betrieblichen Innovationsmanagement, XVIII/265 Seiten, 1992

Band 66: P. B. Spahn, H. P. Galler, H. Kaiser, T. Kassella, J. Merz, Mikrosimulation in der Steuerpolitik, XVI/279 Seiten, 1992

Band 67: M. Kessler, Internationaler Technologiewettbewerb, X/232 Seiten, 1992

Band 68: J. Hertel, Design mehrstufiger Warenwirtschaftssysteme, XIII/319 Seiten, 1992

Band 69: H. Grupp/U. Schmoch, Wissenschaftsbindung der Technik, XIII/152 Seiten, 1992

Band 70: H. Legler/H. Grupp/B. Gehrke/U. Schasse, Innovationspotential und Hochtechnologie, XV/164 Seiten, 1992

Band 71: R. Schmidt, Modelle der Informationsvermittlung, 320 Seiten, 1992

Band 72: M. Kaiser, Konsumorientierte Reform der Unternehmensbesteuerung, XI/412 Seiten, 1992

Band 73: K. Meier, Modellbildung bei Mehrfachzielen, XVI/251 Seiten, 1992

Band 74: J. Thiele, Kombination von Prognosen, X/135 Seiten, 1993

Band 75: W. Sesselmeier, Gewerkschaften und Lohnfindung, XII/222 Seiten, 1993

Band 76: R. Frensch, Produktdifferenzierung und Arbeitsteilung, VIII/176 Seiten, 1993

Band 77: K. Kraft, Arbeitsmarktflexibilität, X/186 Seiten, 1993

Band 78: R. P. Hellbrück, Synergetik und Marktprozesse, XIV/190 Seiten, 1993

Band 79: L. Linnemann, Multinationale Unternehmungen und internationale Wirtschaftspolitik, X/207 Seiten, 1993

Band 80: K. Cuhls, Qualitätszirkel in japanischen und deutschen Unternehmen, XIV/215 Seiten, 1993

Band 81: B. Erke, Arbeitslosigkeit und Konjunktur auf segmentierten Arbeitsmärkten, X/228 Seiten, 1993

Band 82: M. Hillmer, Kausalanalyse makroökonomischer Zusammenhänge mit latenten Variablen, XI/408 Seiten, 1993

Band 83: M. Heinisch, W. Lanthaler, Im Brennpunkt Universität, XII/193 Seiten, 1993

Band 84: M. Göcke, Starke Hysteresis im Außenhandel, XII/216 Seiten, 1993

Band 85: T. Siegenführ, Optimale Gesundheitsinvestitionen in das Humankapital, XX/192 Seiten, 1993

Band 86: Matthias Wrede, Ökonomische Theorie des Steuerentzuges, XII/302 Seiten, 1993

Band 87: M. Raab, Steuerarbitrage, Kapitalmarktgleichgewicht und Unternehmensfinanzierung, X/185 Seiten, 1993

Band 88: K.-J. Duschek, Ein sequentielles empirisches allgemeines Gleichgewichtsmodell zur Beurteilung von Steuerreformprogrammen, XII/271 Seiten, 1993

Band 89: R. Schwager, Geld überlappende Nachfragestruktur und bilaterale Transaktionen, VIII/262 Seiten, 1994

Band 90: M. Sander, Die Bestimmung und Steuerung des Wertes von Marken, XVI/319 Seiten, 1994

Band 91: T. Ursprung, Propaganda, Interessengruppen und direkte Demokratie, X/187 Seiten, 1994

Band 92: G. Speckbacher, Alterssicherung und internationale Gerechtigkeit, VIII/151 Seiten, 1994

Band 93: G. Bol, G. Nakhaeizadeh, K.-H. Vollmer (Hrsg.), Finanzmarktanwendungen neuronaler Netze und ökonometrischer Verfahren, X/271 Seiten, 1994

Band 94: F. Kugler, Preisbildung auf spekulativen Märkten, IX/239 Seiten, 1994

Band 95: J. Schmoranz, Die Energienachfrage privater Haushalte, VII/215 Seiten, 1994

Band 96: M. Carlberg, Makroökonomische Szenarien für das vereinigte Deutschland, X/216 Seiten, 1994

Band 97: U. Schiller, Vertikale Unternehmensbeziehungen, XII/216 Seiten, 1994

Band 98: S. Huschens, Zur Modellierung der Erwartungsbildung in makroökonomischen Modellen, VIII/213 Seiten, 1994

Band 99: T. Gerhards, Theorie und Empirie flexibler Wechselkurse, XIV/358 Seiten, 1994

Band 100: K. Morasch, Strategische Allianzen, XIV/197 Seiten, 1994

Band 101: N. Lamar, Makroökonomische Konvergenz und Währungssystem, XVI/196 Seiten, 1994

Band 102: G.M. Winkler, Entscheidungen und Präferenzen, IX/189 Seiten, 1994

Band 103: L.E. Merkle, Frauenerwerbstätigkeit und Kinderbetreuung, VIII/308 Seiten, 1994

GPSR Compliance

The European Union's (EU) General Product Safety Regulation (GPSR) is a set of rules that requires consumer products to be safe and our obligations to ensure this.

If you have any concerns about our products, you can contact us on ProductSafety@springernature.com

In case Publisher is established outside the EU, the EU authorized representative is:

Springer Nature Customer Service Center GmbH
Europaplatz 3
69115 Heidelberg, Germany

Batch number: 10815974

Printed by Printforce, the Netherlands